国家科学技术学术著作出版基金资助出版

中国科学院战略性先导科技专项（A）课题（编号 XDA20040400）资助
科技部第二次青藏高原综合科学考察课题（编号 2019QZKK1005）资助

青藏高原城镇化及生态环境效应

方创琳　鲍　超　王振波　马海涛 等　著

科学出版社

北　京

内 容 简 介

青藏高原是我国重要的安全屏障和生态安全屏障,在高原上发育着 19 座城市和 474 座城镇,这些城市和城镇肩负着守护国家安全和护卫"亚洲水塔"的历史使命。高原城市建设和城镇化过程是青藏高原最强烈的人类活动过程,不可避免地对高原脆弱生态环境造成影响。开展青藏高原城镇化过程及生态环境效应的研究,就是为选择具有青藏高原特点的绿色城镇化发展之路、探索美丽青藏建设之道提供科学支撑。本书通过大量的实地调研,系统分析青藏高原城镇化发展的特殊性与不可替代的战略地位,解析高原城镇化发展的演变过程、时空演变格局与未来演变趋势,科学评估青藏高原城镇化对生态环境、水资源利用、土地利用、区域植被覆盖变化和区域环境质量的影响,分析青藏高原工业化、旅游业发展对城镇化及生态环境的影响,从总体上揭示青藏高原城镇化与生态环境耦合协调度,提出青藏高原城镇化高质量发展的对策建议。

本书可供各级发展改革部门、自然资源部门、城市发展与规划部门工作人员使用,也可作为高等院校和科研机构研究生教材与科研工作参考用书等。

审图号:GS 京(2023)1699 号

图书在版编目(CIP)数据

青藏高原城镇化及生态环境效应 / 方创琳等著. —北京:科学出版社,2023.5

ISBN 978-7-03-075670-1

Ⅰ.①青⋯ Ⅱ.①方⋯ Ⅲ.①青藏高原–城市化进程–关系–生态环境–协调发展–研究 Ⅳ.①F299.277②X321.27

中国国家版本馆 CIP 数据核字(2023)第 099861 号

责任编辑:杨逢渤 / 责任校对:王 瑞
责任印制:徐晓晨 / 封面设计:无极书装

科学出版社出版
北京东黄城根北街 16 号
邮政编码:100717
http://www.sciencep.com

北京捷迅佳彩印刷有限公司 印刷
科学出版社发行 各地新华书店经销

*

2023 年 5 月第 一 版 开本:787×1092 1/16
2023 年 5 月第一次印刷 印张:27 3/4
字数:660 000

定价:298.00 元
(如有印装质量问题,我社负责调换)

前　言

在"世界屋脊"青藏高原上发育着大大小小 19 座城市和 474 座城镇，这些城市和城镇是镶嵌在广袤高原上的璀璨明珠，守护着我国重要的安全屏障和生态安全屏障，传承着世界文化旅游目的地的特色民族文化，护卫着"亚洲水塔"避免失稳失衡，改善着高原城市居民生活，让高原城市更具活力更有魅力，让高原人民生活得更美好。高原城镇化和城市建设是青藏高原最强烈的人类活动过程，是高原社会经济发展的必然过程和迈向绿色现代化的必由之路，但也不可避免地对高原脆弱生态环境造成现实或潜在的生态安全威胁。正因为如此，习近平总书记致第二次青藏高原综合科学考察研究启动的贺信中特别强调："为守护好世界上最后一方净土、建设美丽的青藏高原作出新贡献，让青藏高原各族群众生活更加幸福安康"。可见，开展青藏高原城镇化过程及生态环境效应的研究，是深入贯彻落实习近平总书记重要指示精神的具体举措，对推进青藏高原城镇化融入国家新型城镇化发展大格局、选择具有青藏高原特点的绿色城镇化发展之路、探索美丽青藏建设之道、保障边疆民族地区社会稳定及长治久安，建设好"两屏四地"并守护好世界上最后一方净土等都具有不可替代的战略意义。

在"世界屋脊"青藏高原上推进新型城镇化发展，有着与内地截然不同的特殊自然基础、特殊发展性质、特殊发展阶段、特殊发展动力和特殊民族自治等"特殊性"，表现出来的是一个高寒缺氧型、客人带动型、投资拉动型、服务驱动型、文化传承型、对口支援型和社会包容型的低速低度城镇化，这些特殊性决定青藏高原的城镇化有着与内地地区完全不同的发展道路。受交通可达性及研究力量等诸多条件的限制，当前关于青藏高原城镇化进程的研究，仅局限于单个大城市地区，且时间和空间跨度较小，大区域长时段的综合大数据库缺乏，对青藏高原地区特殊的城镇化过程、格局、驱动因素及绿色发展途径等缺乏总体把握。从科学问题分析，发育在"世界屋脊"青藏高原上的城市和城镇是如何长大的？是什么力量驱动着高原城市的发育和扩张？高原城市未来能长多大，对青藏高原脆弱生态环境究竟造成多大的现实影响和潜在影响？如何进行预警与调控？高原城市如何让高原人民生活得更美好、如何选择特殊类型的城镇化发展路径？高原城镇化如何能让青藏高原更美丽？高原城镇化如何捍卫国家安全？如何选择符合青藏高原实际、满足资源环境约束条件、适应未来气候变化条件等多重约束的高原城镇化发展道路？这些亟待解决的科学问题是开展青藏高原城镇化研究的出发点和归宿点。

带着青藏高原城镇化与生态环境交互作用研究的这些科学问题，在第二次青藏高原综合科学考察课题"高原城镇化进程与绿色发展"（编号 2019QZKK1005）和中国科学院战略性先导科技专项（A）课题"城镇化过程的环境效应与调控"（编号 XDA20040400）的联合资助下，课题组 50 多人五年来 30 多次上青藏高原，深入青藏高原城市和城镇实地调研，系统分析了青藏高原城镇化的特殊性、演变历程和时空演变格局，预测了青藏高原城镇化发展目标与人口承载阈值，科学评估了青藏高原城镇化对生态环境、水资源利用、土地利用、区域植被覆盖变化和区域环境质量的影响，揭示了青藏高原工业化、旅游业发展对城镇化及生态环境的影响，从总体上揭示了青藏高原城镇化与生态环境耦合协调度，提出了青藏高原城镇化高质量发展的对策建议。研究认为，青藏高原推进城镇化具有特殊性和不可取代的特殊战略地位，高原人口呈缓慢增长态势，人口结构呈"年轻型"；高原城镇化发展处在中期阶段，城镇化水平偏低，城镇数量少、规模小；高原城镇化发展对区域生态环境尚未造成较大威胁，反而有所改善；高原城镇化对水土资源利用的影响微弱，引发的生态环境影响不明显；高原工业化处在中期阶段，工业发展对生态环境的影响较小但不可忽视；高原旅游业迅速发展面临超载风险，带来的生态环境压力日益凸显；高原城镇化发展带来的污染物排放水平降低，区域环境质量显著改善；高原城镇化与生态环境耦合协调度以 2.52% 的增速稳定上升，表明当前高原城镇化与生态环境之间保持着良好的协调状态，城镇化发展并没有对生态环境造成较大的负面影响，反而使二者交互作用保持动态协调态势，未来还将继续保持耦合协调态势。除特殊说明外，本书数据资料截至 2020 年。

本书是课题组全体专家辛勤劳动的集体成果。各章研究和撰写分工为：第一章由方创琳、戚伟撰写；第二章由鲍超、刘若文、徐牧天、徐岷钰撰写；第三章由方创琳、戚伟撰写；第四章由鲍超、王振波、刘若文、李嘉欣撰写；第五章由孙思奥撰写；第六章由冯险峰撰写；第七章由郭长庆、田莉、匡文慧撰写；第八章由马海涛、张芳芳撰写；第九章由王振波撰写；第十章由范育鹏、方创琳撰写；第十一章由方恺、刘庆燕撰写；第十二章由李广东、冯雨雪撰写；第十三章由方创琳撰写。全书由方创琳负责组织课题研究思路的具体设计、组织实地调研和大纲的具体编写、各章统稿等。

本书在撰写过程中，先后得到了以中国科学院陈发虎院士为首席科学家的项目组各位老师的指导和帮助，得到了西藏自治区人民政府各部门、青海省人民政府各部门的大力支持，毛汉英研究员、刘毅研究员、杜云艳研究员、刘盛和研究员、鲍超研究员、孙思奥研究员、王振波研究员、马海涛副研究员、李广东副研究员、冯险峰副研究员、许珺副研究员、戚伟副研究员、范育鹏副研究员、康蕾助理研究员等给予了指导和帮助，我的博士后陈万旭、贺三维，以及我的博士生陈丹、郭晓敏、刘志涛、廖霞、孙彪、刘梦航、陈泽慧等参与实地调研并协助搜集了大量资料，进行了数据加工和制图工作，在此对各位老师付出的辛勤劳动表示最真挚的感谢！本书出版得到了国家科学技术学术著作出版基金的资助。

作为一位从事城镇化与城市发展研究的科研工作者，研究青藏高原城镇化过程与生态环境效应是本课题组学术生涯中的重要尝试，由于对青藏高原城镇化及其生态环境效应等问题的研究尚处于初期阶段，加上收集数据极其困难，已搜集到的数据连续性、系统性又远远不够，学术界、政界和新闻界对此类问题的看法仁者见仁，智者见智，本书撰写时间仓促，此外课题组能力有限，书中疏忽之处在所难免，敬请广大同仁批评指正！本书在撰写过程中，参考了许多专家学者的论著或科研成果，对引用部分文中都一一做了注明，但仍恐有挂一漏万之处，诚请多加包涵。竭诚渴望阅读本书的同仁提出宝贵意见！

2022 年 12 月于中国科学院奥运科技园区

目　　录

第一章 | 青藏高原城镇化的特殊性与演变过程

青藏高原是我国重要的安全屏障与生态安全屏障,作为青藏高原最强烈人类活动过程的城镇化,是护卫国家安全屏障的固边型城镇化,是保护国家生态安全屏障的绿色城镇化,是保护"亚洲水塔"避免失稳失衡的护塔型城镇化,是传承中华民族传统文化的文化型城镇化,也是确保高原人民同全国一道基本实现现代化的新型城镇化。青藏高原的城镇化过程不可避免地对十分脆弱的高原生态环境造成现实影响和潜在影响。从科学问题分析,发育在"世界屋脊"青藏高原上的城市和城镇是如何长大的?是什么力量驱动着高原城市的发育和扩张?高原城市未来能长多大?对青藏高原脆弱生态环境究竟造成多大的现实影响和潜在影响?如何进行预警与调控?高原城市如何让高原人民生活得更美好、如何能让青藏高原更美丽、如何构建固边强边型城镇体系捍卫国家安全?带着这些科学问题,本章尝试从近半个世纪青藏高原城镇化的演变轨迹中解析其对高原生态环境的影响,旨在为选择符合青藏高原实际、满足生态环境约束条件、适应未来气候变化等多重约束的高原新型城镇化发展之路,为到 2035 年同全国一道基本实现现代化提供科学支撑。

第一节 青藏高原城镇化的研究范围与对象

一、研究范围界定

本书的青藏高原城镇化范围为我国境内的青藏高原,边界数据来源于国家青藏高原科学数据中心共享的青藏高原边界数据总集 (integration dataset of Tibet Plateau boundary),数据采用 TPBoundary_new (2021) 的最新版本数据 (张镱锂等,2021)。研究区面积约为 258.09 万 km^2,占青藏高原总面积的 83.7%,占全国陆地总面积的 26.9%,平均海拔约为 4400m,涉及西藏、青海、甘肃、四川、云南和新疆 6 省 (自治区)。行政范围包括 6 省 (自治区) 的两个省会 (首府) 城市、6 个地级市、11 个县级市、15 个市辖区、131 个县、8 个自治县和 1 个行政委员会 (图 1.1),2020 年第七次全国人口普查表明,研究区常住人口为 1313.4 万人,占全国总人口的 0.91%。另外,西藏和青海主体分布在高原范围内,约占高原总面积的 60.6%,青藏高原不规则的边界还涉及新疆的喀什地区、和田地区、巴音郭楞蒙古自治州 (简称巴音州)、克孜勒苏柯尔克孜自治州 (简称克州) 的南部极少部分地区,四川的成都市、攀枝花市、德阳市、绵阳市、广元市、雅安市的极少部分地区,云南的丽江市、大理白族自治州的小部分地区,甘肃的兰州市、武威市、张掖市、酒泉市、定西市、陇南市、临夏回族自治州 (简称临夏州) 的极少部分地区,由于这些地区的绝大部分区域或县城驻地不在青藏高原范围内，因此不将其纳入研究范围。

图 1.1　青藏高原城镇化进程研究范围图

　　按照上述范围统计，可知在"世界屋脊"青藏高原上发育着大大小小 19 座城市和 474 座城镇（图 1.2 和表 1.1），城市和城镇重点集中在西藏、青海，城市数量占青藏高原城市总数的 76.47%，城镇数量占青藏高原城镇总数的 59.25%。因此，受统计数据获取难度的限制，重点以西藏、青海的城市和城镇为研究范围，分析青藏高原城镇化进程及其对生态环境的影响。

二、高原城市

　　截至 2020 年底，在"世界屋脊"青藏高原上发育着大大小小 17 座城市，具体包括两个省会城市（拉萨市、西宁市）、6 个地级市（日喀则市、林芝市、山南市、昌都市、那曲市、海东市）、9 个县级市（格尔木市、德令哈市、玉树市、茫崖市、同仁市、马尔康市、康定市、香格里拉市、合作市）。2023 年 4 月 3 日，党中央国务院批准成立米林市、错那市，至此青藏高原共有 19 座城市。城市总面积约为 121.26 万 km²，总人口为 840.79 万人，其中城镇人口为 437.3 万人，按常住人口计算的城镇化率为 52.01%，远低于同期全国城镇化率的平均水平（63.8%）；城市人口密度为 6.93 人/km²，远低于全国平均人口密度的平均水平（148.35 人/km²），城镇密度约为 1.84 个/万 km²，远低于全国城镇密度的平均水平（20.14 个/万 km²）。青藏高原是一个人口稀少、人口与城镇密度极低、城镇化水平偏低的地区（表1.2）。

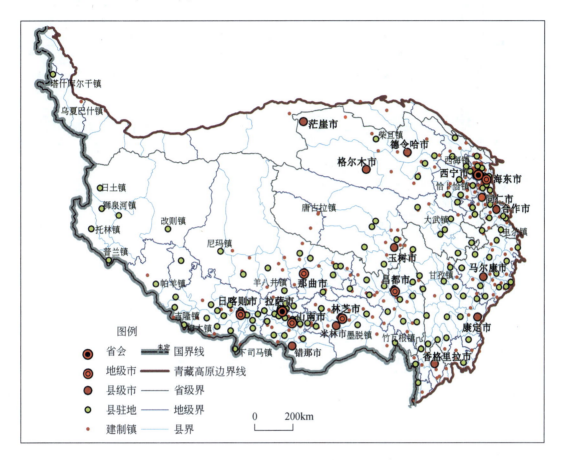

图 1.2　青藏高原城市与城镇空间分布图

表 1.1　青藏高原城市与城镇数量统计表（2023 年）

省（自治区）	城市数/个	城市数占青藏高原城市总数比例/%	城市名称	城镇数/个	建制镇占高原城镇总数比例/%
西藏	8	42.11	拉萨市、日喀则市、林芝市、山南市、昌都市、那曲市、米林市、错那市	140	29.54
青海	7	36.84	西宁市、海东市、德令哈市、格尔木市、玉树市、茫崖市、同仁市	140	29.54
四川	2	10.53	马尔康市、康定市	153	32.27
云南	1	5.26	香格里拉市	15	3.16
甘肃	1	5.26	合作市	21	4.43
新疆	0	0.0		5	1.06
青藏高原合计	19	100		474	100.00

表 1.2   青藏高原城市人口与城镇化水平统计表（2023 年）

城市名称	面积 /km²	总人口 /万人	城镇人口 /万人	城镇化水平 /%	人口密度 /(人/km²)	设市年份	行政级别
拉萨市	29 500	86.79	60.55	69.77	29.42	1960	省级行政中心
日喀则市	182 000	79.82	18.43	23.09	4.39	2014	地级市
昌都市	110 000	76.10	13.3	17.48	6.92	2014	地级市
林芝市	114 870	23.89	9.77	40.90	2.08	2015	地级市
山南市	79 300	35.40	11.30	31.92	4.46	2016	地级市
那曲市	430 000	50.48	11.60	22.98	1.17	2018	地级市
西宁市	7 660	246.80	194.06	78.63	322.19	1946	省级行政中心
海东市	13 200	135.85	54.89	40.40	102.92	2013	地级市
格尔木市	119 263	22.19	19.82	89.32	1.86	1960	县级市
德令哈市	27 700	8.82	7.16	81.18	3.18	1988	县级市
茫崖市	49 900	1.89	1.65	87.30	0.38	2018	县级市
同仁市	3 275	10.15	4.75	46.80	30.99	2020	县级市
玉树市	13 462	14.23	7.57	53.20	10.57	2013	县级市
马尔康市	6 633	5.84	3.04	52.05	8.80	2015	县级市
康定市	11 600	12.68	6.86	54.10	10.93	2015	县级市
香格里拉市	11 613	18.64	7.13	38.25	16.05	2014	县级市
合作市	2 670	11.22	5.42	48.31	42.02	1996	县级市
米林市	9 490	2.62	0.59	22.60	3.65	2023	县级市
错那市	35 120	1.39	0.29	20.61	1.38	2023	县级市
城市小计	1 257 256	844.80	438.18	51.86	6.72	1946~2023	
青藏高原总计	2 580 900	1313.41	624.95	47.58	5.09		

根据《中国城市建设统计年鉴 2020》统计结果，截至 2020 年底，青藏高原城市市区面积为 284 773.23km²，市区人口为 436.17 万人，市区暂住人口约为 77.91 万人，城区面积为 1820.02km²，其中建成区面积为 444.9km²（表 1.3）。

表 1.3   青藏高原城市建设情况统计表（2020 年）

城市名称	市区面积/ km²	市区人口 /万人	市区暂住人口 /万人	城区面积 /km²	建成区面积 /km²
拉萨市	5 541.93	40.67	28.31	505.42	89.55
日喀则市	3 875.0	12.7	5.7	42.00	28.60
昌都市	10 808.9	15.0	3.2	18.20	8.90
林芝市	10 237.0	3.8	2.2	12.50	12.50
山南市	2 211.0	9.0	2.3	34.00	10.80

续表

城市名称	市区面积/ km²	市区人口 /万人	市区暂住人口 /万人	城区面积 /km²	建成区面积 /km²
那曲市	16 195.0	11.4	1.0	20.05	18.04
西宁市	3 210.0	199.1	15.6	396.65	106.38
海东市	3 571.0	41.9	0.9	147.00	33.78
格尔木市	119 137.5	24.5	3.7	72.75	39.99
德令哈市	27 700.0	7.3	1.8	72.90	23.44
玉树市	15 413.0	14.2	3.2	15.50	14.26
茫崖市	31 173.1	2.9	1.3	9.85	9.85
同仁市	3 275.0	11.0	0.8	21.34	7.50
马尔康市	6 639.0	5.3	0.7	369.16	5.26
康定市	11 486.0	13.4	3.4	6.00	5.40
香格里拉市	11 614.1	15.0	2.7	61.10	16.90
合作市	2 685.7	9.0	1.1	15.60	13.75
青藏高原 城市合计	284 773.23	436.17	77.91	1 820.02	444.9

资料来源:《中国城市建设统计年鉴2020》,采用公安部户籍人口与暂住人口统计口径。

综观青藏高原城市的建市过程,最早设市的西宁市于1946年建市,最晚设市的米林市和错那市于2023年建市,建市跨度约78年,其中12座城市于2014年及以后建市,占比高达63.15%,说明青藏高原城市以年轻型城市为主。在建市至今的78年时间里,这19个城市沿青藏铁路、川藏铁路、唐蕃古道和边境地区散点分布,与重要的交通通道共同构成青藏高原固边型城市体系的基本骨架,成为护卫高原安全屏障的战略节点和重要枢纽。按照创新、协调、绿色、开放、共享的新发展理念,这些高原城市坚定不移地走生态优先、绿色建设和绿色发展之路,不断改善着高原城市居民生活,协调高原城市建设与自然、经济、历史文化传承之间的关系,高原城市正在建设得更具发展活力,更有特色魅力,高原城市让高原人民生活得更美好。

三、高原城镇

在"世界屋脊"青藏高原上除了发育着19座城市,还零零星星散布着规模不同、特色各异、职能不同的474座建制镇,建制镇名称见表1.4。据不完全统计,这些建制镇总面积约为72.92万km²,总人口约为574.85万人,镇区常住人口约为190.09万人,建成区面积约为0.66万km²,城镇化率平均为33.09%。这些建制镇在保护青藏高原生态安全、国防安全、守边固疆、特色文化保护和民族团结、社会稳定、口岸建设、兴边富民、改善高原人民生活水平、提高生活质量等方面发挥了重大作用,做出了重大贡献。

表1.4　青藏高原建制镇名称统计表（2020年）

省 （自治区）	城镇名称	数量 /个
西藏	重点镇（未设市的县级以上政府驻地，69个）：林周县甘丹曲果镇、当雄县当曲卡镇、尼木县塔荣镇、曲水县曲水镇、达孜区德庆镇、墨竹工卡县工卡镇、卡若区城关镇、江达县江达镇、贡觉县莫洛镇、类乌齐县桑多镇、丁青县丁青镇、察雅县烟多镇、八宿县白玛镇、左贡县旺达镇、芒康县嘎托镇、洛隆县孜托镇、边坝县草卡镇、扎囊县扎塘镇、贡嘎县吉雄镇、桑日县桑日镇、琼洁县琼结镇、曲松县曲松镇、措美县措美镇、洛扎县洛扎镇、加查县安绕镇、隆子县隆子镇、错那县错那镇、浪卡子县浪卡子镇、南木林县南木林镇、江孜县江孜镇、定日县协格尔镇、萨迦县萨迦镇、拉孜县曲下镇、昂仁县卡嘎镇、谢通门县卡嘎镇、白朗县洛江镇、仁布县德吉林镇、康马县康马镇、定结县江嘎镇、仲巴县帕羊镇、亚东县下司马镇、吉隆县宗嘎镇、聂拉木县聂拉木镇、萨嘎县加加镇、岗巴县岗巴镇、色尼区那曲镇、嘉黎县阿扎镇、比如县比如镇、聂荣县聂荣镇、安多县帕那镇、申扎县申扎镇、索县亚拉镇、班戈县普保镇、巴青县拉西镇、尼玛县尼玛镇、双湖县措折罗玛镇、普兰县普兰镇、札达县托林镇、噶尔县狮泉河镇、日土县日土镇、革吉县革吉镇、改则县改则镇、措勤县措勤镇、工布江达县工布江达镇、米林县米林镇、墨脱县墨脱镇、波密县扎木镇、察隅县竹瓦根镇、朗县朗镇 一般建制镇（73个）：当雄县羊八井镇、尼木县吞巴镇、曲水县达嘎镇、堆龙德庆区古荣镇、马镇、德庆镇；昌都市卡若区卡若镇、俄洛镇、江达县岗托镇、类乌齐县类乌齐镇、丁青县尺牍镇、察雅县吉塘镇、香堆镇、八宿县然乌镇、帮达镇、同卡镇、左贡县田妥镇、扎玉镇、芒康县如美镇、洛隆县硕督镇、康沙镇、马利镇、边坝县边坝镇、乃东区昌珠镇、扎囊县桑耶镇、贡嘎县杰德秀镇、甲竹林镇、岗堆镇、江塘镇、曲松县罗布沙镇、措美县哲古镇、洛扎县拉康镇、加查县加查镇、隆子县日当镇、浪卡子县打隆镇、定日县岗嘎镇、萨迦县吉定镇、拉孜县拉孜镇、昂仁县桑桑镇、白朗县嘎东镇、定结县陈塘镇、日屋镇、亚东县帕里镇、吉隆县吉隆镇、聂拉木县樟木镇、色尼区罗玛镇、古露镇、嘉黎县嘉黎镇、比如县夏曲镇、安多县扎仁镇、雁石坪镇、强玛镇、申扎县雄梅镇、索县荣布镇、班戈县佳琼镇、北拉镇、德庆镇、巴青县雅安镇、杂色镇、巴宜区林芝镇、百巴镇、鲁朗镇、八一镇、工布江达县金达镇、巴河镇、米林县卧龙镇、派镇、波密县倾多镇、松宗镇、察隅县下察隅镇、上察隅镇、朗县仲达镇、洞嘎镇	142
青海	重点镇（未设市的县级以上政府驻地，36个）：大通回族土族自治县（简称大通县）桥头镇、湟中县鲁沙尔镇、湟源县城关镇、平安区平安镇、互助县威远镇、化隆回族自治县（简称化隆县）巴燕镇、循化县积石镇、门源县浩门镇、祁连县八宝镇、海晏县西海镇（州府所在地）、三角城镇（县政府所在地）、刚察县沙柳河镇、同仁市隆务镇、尖扎县马克堂镇、泽库县泽曲镇、河南县优干宁镇、共和县恰卜恰镇、同德县尕巴松多镇、贵德县河阴镇、兴海县子科滩镇、贵南县茫曲镇、玛沁县大武镇、班玛县赛来塘镇、甘德县柯曲镇、达日县吉迈镇、玛多县玛查理镇、杂多县萨呼腾镇、称多县称文镇、治多县加吉博洛格镇、囊谦县香达镇、曲麻莱县约改镇、乌兰县希里沟镇、都兰县察汉乌苏镇、天峻县新源镇、茫崖市花土沟镇、大柴旦行委柴旦镇 一般建制镇（104个）：西宁市乐家湾镇、韵家口镇、总寨镇、彭家寨镇、大堡子镇、甘里铺镇、大通县城关镇、塔尔镇、东峡镇、新庄镇、黄家寨镇、长宁镇、景阳镇、多林镇、湟中区多巴镇、田家寨镇、西堡镇、上新庄镇、甘河滩镇、共和镇、拦隆口镇、上五庄镇、李家山镇、湟源县大华镇、平安区小峡镇、三合镇、民和回族土族自治县（简称民和县）满坪镇、李二堡镇、峡门镇、乐都区高庙镇、碾伯镇、瞿昙镇、洪水镇、雨润镇、高店镇、寿乐镇、互助县丹麻镇、高寨镇、南门峡镇、加定镇、五十镇、五峰镇、塘川镇、化隆县群科镇、甘都镇、牙什尕镇、扎巴镇、昂思多镇、循化县街子镇、白庄镇、门源县青石咀镇、泉口镇、东川镇、祁连县峨堡镇、默勒镇、海晏县西海镇、刚察县哈尔盖镇、同仁市保安镇、多哇镇、尖扎县康扬镇、坎布拉镇、泽库县麦秀镇、和日镇、宁秀镇、河南县宁木特镇、共和县倒淌河镇、龙羊峡镇、塘格木镇、黑马河镇、石乃亥镇、江西沟镇、同德县唐谷镇、贵德县河西镇、拉西瓦镇、常牧镇、兴海县河卡镇、曲什安镇、贵南县过马营镇、森多镇、玛沁县拉加镇、久治县智青松多镇、玛多县花石峡镇、玉树市隆宝镇、下拉秀镇、称多县歇武镇、扎朵镇、清水河镇、珍秦镇、格尔木市郭勒木德镇、唐古拉镇、德令哈市尕海镇、怀头他拉镇、柯鲁柯镇、乌兰县茶卡镇、柯柯镇、铜普镇、都兰县香日德镇、夏日哈镇、宗加镇、天峻县木里镇、江河镇、茫崖市茫崖镇、冷湖镇、大柴旦行委锡铁山镇	140

续表

省 （自治区）	城镇名称	数量 /个
四川	重点镇（未设市的县级以上政府驻地，24个）：木里县乔瓦镇，丹巴县章谷镇，九龙县呷尔镇，雅江县河口镇，炉霍县新都镇，道孚县鲜水镇，甘孜县甘孜镇，新龙县如龙镇，德格县更庆镇，白玉县建设镇，石渠县尼呷镇，色达县色柯镇，理塘县高城镇，巴塘县夏邛镇，乡城县香巴拉镇，稻城县金珠镇，金川县勒乌镇，小金县美兴镇，黑水县芦花镇，马尔康市马尔康镇，壤塘县岗木达镇，阿坝县阿坝镇，若尔盖县达扎寺镇，红原县邛溪镇。 一般建制镇（129个）：木里县茶布朗镇、瓦厂镇、雅砻江镇、水洛镇、列瓦镇、梅子坪镇，冕宁县锦屏镇、棉沙镇，康定市姑咱镇、新都桥镇、塔公镇、沙德镇、金汤镇、甲根坝镇、贡嘎山镇、鱼通镇，丹巴县巴底镇、革什扎镇、东谷镇、墨尔多山镇、甲居镇、格宗镇、半扇门镇、丹东镇，九龙县烟袋镇、魁多镇、雪洼龙镇、汤古镇、乌拉溪镇、湾坝镇、三垭镇，雅江县呷拉镇、西俄洛镇、红龙镇、麻郎措镇、波斯河镇，炉霍县朱倭镇、虾拉沱镇、上罗科马镇，道孚县八美镇、亚卓镇、瓦日镇、玉科镇、仲尼镇、泰宁镇，甘孜县查龙镇、来马镇，新龙县拉日马镇、大盖镇、通宵镇、色威镇、尤拉西镇，德格县阿须镇、马尼干戈镇、竹庆镇、麦宿镇、错阿镇、打滚镇、龚垭镇、温拖镇、中扎科镇，白玉县阿察镇、河坡镇、盖玉镇，石渠县洛须镇、色须镇、虾扎镇、温波镇、蒙宜镇、阿日扎镇，色达县洛若镇、翁达镇、甲学镇、泥朵镇，理塘县甲洼镇、木拉镇、拉波镇、君坝镇、格聂镇、觉吾镇，巴塘县中咱镇、措拉镇、甲英镇、地巫镇，乡城县青德镇、热打镇，稻城县香格里拉镇、桑堆镇、吉呷镇、噶通镇，得荣县瓦卡镇、白松镇、日雨镇、太阳谷镇；金川县观音桥镇、安宁镇、马奈镇，小金县四姑娘山镇、两河口镇、达维镇、沃日镇、宅垄镇、八角镇，黑水县卡龙镇、色尔古镇、西尔镇、木苏镇、沙石多镇、知木林镇、扎窝镇，马尔康市松岗镇、沙尔宗镇，壤塘县南木达镇、中壤塘镇，阿坝县贾洛镇、麦尔玛镇、河支镇、各莫镇、安斗镇，若尔盖县唐克镇、红星镇、辖曼镇、巴西镇、阿西镇，红原县刷经寺镇、瓦切镇、安曲镇、色地镇，宝兴县陇东镇	153
云南	重点镇（未设市的县级以上政府驻地，5个）：福贡县上帕镇，贡山县茨开镇，德钦县升平镇，香格里拉市建塘镇，维西县保和镇。 一般建制镇（10个）：泸水市大兴地镇，贡山县丙中洛镇，德钦县奔子栏镇，香格里拉市小中甸镇、虎跳峡镇、金江镇，维西县叶枝镇、塔城镇，玉龙县奉科镇、巨甸镇	15
甘肃	重点镇（未设市的县级以上政府驻地，6个）：玛曲县尼玛镇，碌曲县玛艾镇，迭部县电尕镇，甘南裕固族自治县（简称肃南县）红湾寺镇，肃北县党城湾镇，阿克塞哈萨克族自治县红柳湾镇。 一般建制镇（15个）：合作市那吾镇、勒秀镇、佐盖曼玛镇，玛曲县曼日玛镇、阿万仓镇、齐哈玛镇、采日玛镇、欧拉镇，碌曲县郎木寺镇、西仓镇、尕海镇、双岔镇，迭部县益哇镇、旺藏镇，天祝县祁连镇	21
新疆	重点镇（未设市的县级以上政府驻地，1个）：塔什库尔干县塔什库尔干镇。 一般建制镇（4个）：且末县阿羌镇，若羌县依吞布拉克镇，皮山县杜瓦镇、赛图拉镇	5
青藏高原合计		476

第二节　青藏高原城镇化的重要性和特殊性

一、青藏高原推进城镇化发展的重要性

推进青藏高原城镇化绿色发展，是深入贯彻落实习近平总书记"为守护好世界上最后一方净土、建设美丽的青藏高原作出新贡献，让青藏高原各族群众生活更加幸福安康"重

要指示的具体举措，是落实中央全面深化改革委员会第二十次会议审议通过的《青藏高原生态环境保护和可持续发展方案》（2021 年）的主要手段，是服务地方城镇化高质量发展的重要出口。通过研究，建立青藏高原城镇化发展的基础数据和资料库，厘清青藏高原城镇化的关键变化过程，探讨青藏高原城镇化发展的动力机制及核心要素的相互作用关系，提出一条生态友好、绿色低碳、高原特色的城镇化高质量发展之路，为青藏高原重点城镇化地区的绿色发展和到 2035 年基本实现现代化提供科学支撑（方创琳，2022）。

（一）推进民族地区城镇化融入国家新型城镇化发展大格局

2014 年 9 月 28 日召开的中央民族工作会议指出，我国少数民族地区要紧紧围绕全面建成小康社会目标，加强基础设施、扶贫开发、城镇化和生态建设，不断释放民族地区发展潜力。民族地区推进城镇化，要与我国经济支撑带、重要交通干线规划建设紧密结合，与推进农业现代化紧密结合。还要重视利用独特地理风貌和文化特点，规划建设一批具有民族风情的特色村镇。2014 年 12 月 31 日召开的西藏自治区经济工作会议指出，要贯彻落实习近平总书记系列重要讲话精神，特别是"治国必治边、治边先稳藏"的重要战略思想和"努力实现西藏持续稳定、长期稳定、全面稳定"的重要指示，坚持走有中国特色、青藏特点的发展路子，用好扩大就业、改善民生、推进新型城镇化这"三大载体"。

2015 年 1 月 15 日西藏自治区党委、政府召开全区推进新型城镇化工作会议，会上自治区党委书记在讲话中指出，推进城镇化是全面建成小康社会与基本实现现代化的必由之路，是解决"三农"问题的重要途径，是促进区域协调发展的有力支撑，是实现西藏长治久安的现实需要，事关国家现代化建设全局、事关西藏改革发展稳定大局。要充分认识推进新型城镇化的重大意义，切实增强做好城镇化工作的责任感和紧迫感。各级党委、政府要把推进新型城镇化作为一项重大战略任务摆上突出位置、纳入重要日程。

可见，青藏高原走绿色城镇化之路是青藏人民同全国一道同步基本实现现代化的必由之路，是青藏高原建设"两屏四地"（重要的国家安全屏障、重要的生态安全屏障、重要的战略资源储备基地、重要的高原特色农产品基地、重要的中华民族特色文化保护地和重要的世界旅游目的地）的重要举措，推进新型城镇化给青藏高原带来了新的重大发展机遇，实地调研期间作者深深体会到高原群众对建设美丽家乡的美好愿望十分迫切，因为城镇化直接影响着青藏高原的民生改善和富民稳边，能使高原生活水平提高的城镇化就是高质量的城镇化。眼下已经不是干与不干的争论问题，而是如何干、怎么干、如何开创青藏高原新型城镇化建设新局面的问题。要把青藏高原特色的新型城镇化融入国家新型城镇化的大格局中。

（二）选择具有中国特色与青藏高原特点的绿色城镇化发展之路

青藏高原地域广阔、地形复杂、资源丰富、生态脆弱、聚落分散、文化交融、经济落后，构成了极为复杂的自然-人文生态系统，并由此产生了多元化的地形区、气候区、文化区、经济区和聚落区。不同的类型区具有特殊的自然地理、生态系统和社会经济发展特征，发育了不同特色和类型的城镇。为保障与实现青藏高原"绿色发展"的战略目标，亟须针对不同类型区的本底特征与发展需求，构建青藏高原多元化、特色化、生态化、稳定化和可持续型城镇体系与城镇化发展模式。《国家新型城镇化规划（2014—2020年）》中明确指出要优化城镇化布局和形态，加快兰西城市群建设发展，促进以拉萨为中心的城市圈发展。可见，其在国家推进新型城镇化重大战略中的重要地位，促进兰西城市群、西宁都市圈、拉萨城市圈等发展成为带动青藏高原地区发展的重要增长极，对优化国家城镇化布局和形态具有重要意义。因此，构建青藏高原特色的绿色城镇体系和绿色城镇化发展模式，选择具有中国特色与青藏高原特点的绿色城镇化发展之路，是优化国家城镇化布局和形态的重大战略需求（方创琳，2014）。

（三）探索美丽中国建设的青藏高原模式和美丽青藏建设之道

2016年1月联合国大会第70届会议通过并发布了《2030年可持续发展议程》，中国政府积极响应并做出了重要战略部署，在党的十九大报告中明确提出将"美丽中国建设"作为议程落实的重要实践。2018年5月中国国家主席习近平在全国生态环境保护大会上进一步提出了美丽中国建设的"时间表"和"路线图"，"确保到2035年，生态环境质量实现根本好转，人与自然和谐共生，美丽中国目标基本实现"。为做好这项工作，中国科学院专家在实地考察青藏高原的过程中，向国家提交了开展美丽中国建设进程评估的建议报告，报告认为美丽中国建设存在"三缺一低"问题，包括缺乏通用的评估指标体系、缺乏可操作的评估技术标准、缺少美丽中国建设样板区，以及存在建设水平总体偏低、建设进程缓慢、建设的地区差异非常大等问题（方创琳等，2019）。针对这些问题，2019年1月1日中央领导做出实质性批示，要求国家发展和改革委员会、生态环境部、自然资源部、住房和城乡建设部、农业农村部等9个部委落实研究方案，科学构建美丽中国建设进程评估体系，及时发布美丽中国建设评估技术标准。体现出中国坚定不移地落实全球可持续发展议程和推动国家可持续发展的决心与信心！在美丽中国建设过程中，不可能搞一刀切的美丽中国建设评估体系，需要因地制宜地开展具有差异化、特色化的美丽中国建设。开展青藏高原城镇化进程及其生态环境效应的研究，就是要为因地制宜地开展高原美丽城市和美丽乡村建设探索出一条具有青藏特点的美丽中国建设新模式，提出美丽中国建设的青藏高原模式，提出美丽青藏建设新路径。

（四）巩固国家脱贫成果和保障边疆民族地区社会稳定及长治久安

青藏高原地区生态脆弱，气候恶劣，灾害频发，交通不畅，是中国生存环境最严酷的地区之一，也是国家取得脱贫攻坚与边疆民族稳定的决胜地。青藏高原人民生活水平低，贫困区分布广、程度深，致贫因素复杂，交织叠加。西藏曾经是中国唯一的省级集中连片贫困地区，青海同样曾经是中国扶贫开发任务重、难度大的地区之一。过去青藏高原民族地区贫困问题及与全国一道实现全面建成小康社会难度大的问题是党中央治边稳藏和民族团结重要战略实施的重大挑战。经过党和政府的长期不懈努力，青藏高原与全国一道整体实现了脱贫，进入了巩固脱贫成果、迈向同全国一道同步基本实现现代化的新阶段。而城镇化是青藏高原社会转型发展、逐步消除城乡二元结构、实现基本现代化的必然过程，也是各民族融合发展的过程。推进以人为核心的绿色城镇化，构建优势突出、特色各异的高原地区城镇化发展模式，有利于密切城乡联系，提升城乡基本公共服务水平，促进农牧民更多地实现转移就业、更好地融入现代城市、更快地提高生活水平，增强农牧民对现代化的自信心和自主力，有利于构建更加公平的社会保障制度，使各族群众进一步共享现代文明和改革发展成果，更加自觉维护和睦相处、和衷共济、和谐发展的良好局面。

（五）建设好"两屏四地"并守护好世界上最后一方净土

青藏高原是国家生态安全的制高点和平衡点，蕴藏着巨大的生态系统服务功能与价值，每年可创造近万亿元的服务价值，在人类生存与发展中起着至关重要且无可替代的作用，是国家重要的生态安全屏障。这一具有全球意义的世界上海拔最高的陆地自然生态系统又是人类活动与地表过程的强烈敏感区，具有不可替代性、物种多样性、不可逆转性和效应快速扩散性特征。习近平总书记致第二次青藏高原综合科学考察研究启动的贺信中强调："为守护好世界上最后一方净土、建设美丽的青藏高原作出新贡献，让青藏高原各族群众生活更加幸福安康"，这也是党的十九大报告提出的加快生态文明体制改革和美丽中国建设的核心内容之一。基于脆弱的自然生态条件，青藏高原要在科学发展的轨道上实现跨越式发展，就应最大限度地发挥城镇化对生态、环境、经济、社会、文化、旅游等全方位的助推作用，通过城镇化的绿色可持续发展，更加注重保护高原生态环境与人居环境，更加注重城乡社会经济协调，更加注重增强自我发展能力，实现经济增长、生活宽裕、生态良好、社会稳定、文明进步的统一发展。可见，开展青藏高原城镇化发展及生态环境效应的研究，是建设国家重要生态安全屏障及贯彻落实习近平总书记重要指示的重大战略需求。

二、青藏高原推进城镇化发展的特殊性

在青藏高原上推进城镇化绿色发展，有着与内地截然不同的特殊自然基础、特殊发展性质、特殊发展阶段、特殊发展动力和特殊民族自治等"特殊性"（方创琳和李广东，2015）。青藏高原城镇化的特殊性具体表现为：它是一个高寒缺氧型、游客带动型、服务驱动型、低度开发型、中段稳定型和社会包容型的城镇化，是一个投资拉动型、文化传承型和对口支援型的低速低水平城镇化（表1.5）。这些特殊性并不意味着在青藏高原就不能推进新型城镇化。青藏特色的新型城镇化是一个高寒民族牧区和高原生态文明地区背景下的城镇化，这些特殊性决定青藏高原的城镇化有着与内地地区完全不同的新型城镇化发展道路。

表 1.5　青藏高原城镇化绿色发展的特殊性对比分析表

序号	特殊性类别	青藏高原	内地地区	驱动要素
1	发展本底的特殊性	高寒缺氧型城镇化	低暖富氧型城镇化	供氧
2	人口集聚的特殊性	客人带动型城镇化	主人带动型城镇化	游客
3	土地开发的特殊性	低度开发型城镇化	高度开发型城镇化	土地
4	城镇化驱动力的特殊性	服务驱动型城镇化	工业驱动型城镇化	产业
5	城镇化阶段的特殊性	中段稳定型城镇化	逐步升级型城镇化	阶段
6	城镇化模式的特殊性	社会包容型城镇化	社会和谐型城镇化	民族
7	城镇化资本的特殊性	单一内资型城镇化	多元融资型城镇化	资金
8	城镇化内涵的特殊性	文化传承型城镇化	文化融合型城镇化	文化
9	城镇化外力的特殊性	对口支援型城镇化	自力更生型城镇化	外援
10	城镇化格局的特殊性	稀疏分散型城镇化	均衡发展型城镇化	格局
11	城镇化目标的特殊性	守土固边型城镇化	繁荣富强型城镇化	目标
12	城镇化道路的特殊性	高原文明型城镇化	生态文明型城镇化	道路

（一）城镇化发展本底的特殊性：高寒缺氧型城镇化

从特殊的自然本地分析，西藏、青海等省（自治区）位于青藏高原，高寒缺氧，全区 92% 以上地区海拔超过 4000m，生态环境十分脆弱，自然灾害严重，藏族人口集聚、民族文化底蕴深厚，文化传承价值巨大。这种本底决定不能过分强调人口等生产要素集聚，不能沿袭内地的被动式城镇化，不能建设类似内地的大城市群，不能追求城镇化的均衡布局，不能追求城镇化的速度和水平，只能追求城镇化的效益和质量，只能追求据点式发展。与内地平坦地区低暖富氧型城镇化相比，这是一种具有高原特色的高寒缺氧型城镇化。

（二）人口集聚的特殊性：客人带动型城镇化

青藏高原的城镇化不是一个简单的人口城镇化，是旅游人口带动的城镇化。根据 2020 年第七次全国人口普查数据，2020 年青藏高原总人口达到 1313.41 万人，这样的人口总量相当于东部地区一个地级城市的人口。其中西藏常住人口为 364.81 万人，青海常住人口为 592.39 万人。2000 年青藏高原旅游人口为 843.43 万人次，2019 年达到 25 137 万人次，年均增长率高达 20%。其中，国际旅游人口 2000 年为 21.39 万人次，2019 年为 206.2 万人次，年均增长率为 13%；国内旅游人口 2000 年为 818.75 万人次，2019 年为 24 930.75 万人次，年均增长率为 20%。预计未来 30 年青藏高原旅游业仍将保持较快发展势头，2050 年旅游人口将达到 5.58 亿人次。在这样的高原常住人口增加缓慢与旅游人口剧增的趋势下，通过单纯集聚城镇人口总量提升城镇化水平的人口城镇化模式在青藏高原并不适用。

（三）土地开发的特殊性：低度开发型城镇化

青藏高原的城镇化也不是一个简单的土地城镇化。虽然青藏高原地域辽阔，仅西藏土地面积达 120 多万 km^2，但海拔超过 4500m 不适于人类居住的面积高达 80% 以上，有大面积可供开发的土地但不适于人类生存居住。《西藏自治区主体功能区规划》显示，未来全区开发强度控制在 0.083%，城镇空间控制在 261.74km^2 以内，农村牧区居民点占地面积控制在 633.98km^2 以内。如此小的可供建设用地决定西藏无法沿袭内地走过的土地城镇化发展模式。

（四）城镇化驱动力的特殊性：服务驱动型城镇化

传统的城镇化主要依靠工业化驱动，通过工业化驱动城镇化发展。而青藏高原的城镇化不是一个工业拉动的城镇化，而是一个服务业拉动的城镇化。以西藏为例，西藏的工业化程度较低，刚刚迈入工业化中期阶段，第二产业增加值占 GDP 的比例由 1978 年的 27% 缓慢提升到 2014 年的 36.3%，2018 年提升到 42.5%，依靠工业化拉动城镇化、实现工业化进程与城镇化进程同步一致的模式不可取。2014 年全区第三产业增加值比例达到 53.5%，到 2018 年降为 48.3%，仍然占主导地位，非农产业增加值比例高达 90.8%，经济结构呈现出"虚高度化"的景象，这种经济结构无法提升居民的生活水平。再从就业结构分析，全区第二产业就业比例由 1978 年的 5.9% 增加到 2018 年的 13.4%，第一产业就业比例由 82% 降低为 46.4%，第三产业就业比例由 12.1% 提升到 40.2%。

（五）城镇化阶段的特殊性：中段稳定型城镇化

受到历史、地理、经济发展水平、高原降效等因素的制约，青藏高原的城镇化一直处于低位发展状态，未来青藏高原将稳妥进入城镇化发展的中期阶段并将长期稳定在中期阶段。人口普查数据计算表明，1990 年青藏高原城镇化水平为 22.03%，2000 年达到 28.11%，2010 年达到 37.05%，2020 年达到 47.58%。其中，1978 年西藏城镇化水平只有 11.3%，到 2013 年缓慢提升到 23.7%，比全国平均水平低 30 个百分点，到 2018 年提升到 31.14%，比全国平均水平低 27 个百分点，到 2020 年提高到 35.73%，比全国平均水平低 28.07 个百分点。对于处在"世界屋脊"上的西藏，经典的城镇化发展阶段性规律并不适用，经典的经济发展阶段性规律也不适用。西藏的城镇化刚刚进入中期阶段，西藏也不可能进行大规模的工业化推动城镇化发展，因而无法用正常的指标判断，更无法对比西藏所处城镇化发展阶段和经济发展阶段，这就是西藏城镇化发展阶段的特殊性。目前，青藏高原的城镇化发展刚刚告别城镇化发展的初期阶段，进入城镇化发展的中期阶段；到 2030 年城镇化水平可能达到 50.7% 左右，到 2050 年可能达到 57.3% 左右，将长期处在城镇化发展的中期阶段。

（六）城镇化模式的特殊性：社会包容型城镇化

青藏高原的城镇化不是一个追求速度和水平的城镇化，而是一个追求社会效益最大化的社会包容型城镇化。具体表现为：是一个不以追求城镇化速度和水平，而是以提升城镇化质量为核心的高原特色城镇化；是一个提升藏族等多民族农牧民生活水平的城镇化，是一个民族和谐型的城镇化，更是一个守土固边型的城镇化。城镇化的目标就是要将扩大就业、提升质量、延伸基本公共服务到重点村镇、确保社会稳定，把国家安全摆在优先重要的位置。城镇化不仅要使马路变宽，基础设施变好，重要的是使农牧民和城里人一样享受到相对均等的公共服务。

（七）城镇化目标的特殊性：守土固边型城镇化

长达4000多千米的青藏高原边境带是捍卫国防安全和生态安全的要冲地带，肩负着"神圣国土的守护者，幸福家园的建设者"的重要使命。青藏高原边境地区拥有喜马拉雅五条沟、藏东南"西藏江南"等海拔相对较低地区，这些区域是青藏高原难得的水资源充沛、气候温润、农林资源丰富的生态宜居地带，也是守护国门的关键地带。引导人口向青藏高原边境地区集聚，建设固边戍边的特色镇村，大力发展青藏高原边境生态旅游，确保边境地区适量的旅游活动人口，构建固边型村镇体系，沿沟谷、古道等构建"口岸（边境岗哨）—边贸镇（乡）—边境县城"梳齿纵轴，连通边境前沿军事中心、边贸中心与内陆腹地行政中心的固边城镇走廊，是青藏高原城镇化有别于内地城镇化发展的另外一个更加重要的战略目标。

（八）城镇化格局的特殊性：稀疏分散型城镇化

大部分居民分散分布在广大农牧区，使得青藏高原不仅城镇化发展水平低，而且城镇数量少，规模小，小集聚到西宁都市圈和拉萨城市圈，中分散到17个地级城市和县级市，大分散到474座城镇，形成了"小聚大散"的空间格局。其中，西藏只有140个城镇，城镇占乡镇总数的比例不到11.3%，城镇密度仅为1.2个/km^2，比全国平均城镇密度低19.5个/km^2，绝大部分城镇镇域总人口不到0.5万人，布局相当分散，间隔远，辐射带动能力弱，呈现出稀疏分散型城镇化的格局特点。西藏现有6个地级城市，城镇建成区面积约为200km^2，不到一个大城市的建成区面积，城镇化层次较低，辐射带动作用不明显，城镇化地域差距大，小城镇发展不平衡；建设资金严重不足，城镇基础设施薄弱，服务功能欠缺。

（九）城镇化资本的特殊性：单一内资型城镇化

青藏高原的新型城镇化是一个由单一内资拉动的城镇化，基本没有外资或其他资金的注入。在单一内资中，以国家投资拉动为主，民间资本注入很少。以西藏为例，从产投比分析，1993～2020年，西藏地区生产总值与全社会固定资产投资之比由2.1降低到0.83（表1.6），2020年西藏地区生产总值达到1902.74亿元，按可比价格计算比2019年增长7.4%，全社会固定资产投资达到2280亿元，比2019年增长5.4%，投资总量一直超过GDP。投资来源中，60%左右依靠国家预算内投资拉动。再从地方财政支收比分析，1993～2007年，西藏地方财政支收比由13.8降低到10.0，财政收入占财政支出的比例由1993年的 7.22% 缓慢提升到 2020 年的 10.01%，表明 90% 的地方财政支出由国家转移支付。这充分说明，青藏高原的城镇化是依靠外部的国家投资单一拉动的城镇化，这种情况与沿海地区部分城市主要依靠国外投资拉动发展完全不同。

表 1.6 西藏主要经济指标动态变化表

指标	1993 年	2000 年	2005 年	2011 年	2012 年	2013 年	2014 年	2015 年	2016 年	2017 年	2018 年	2019 年	2020 年
地区生产总值/亿元	37.42	117.80	248.80	605.83	701.03	807.67	925	1027.43	1151.41	1310.91	1477.63	1697.82	1902.74
全社会固定资产投资/亿元	18.15	66.50	196.19	549.27	709.98	918.48	1100	1320	1623	2013	2210	2163	2280
产投比	2.1	1.8	1.3	1.1	1.0	0.9	0.8	0.8	0.7	0.7	0.7	0.8	0.8
地方财政收入/亿元	1.56	6.33	14.33	64.53	95.63	110.40	164.75	175.83	206.75	259.11	319.42	222.00	220.98
地方财政支出/亿元	21.60	61.61	189.16	775.68	933.97	1047.13	1240.27	1424.82	1644.52	1768.17	2082.48	2180.88	2207.77
地方财政支收比	13.8	9.7	13.2	12.0	9.8	9.5	7.5	8.1	8.0	6.8	6.6	9.8	10.0

资料来源：2019 年和 2020 年《西藏统计年鉴》。

（十）城镇化内涵的特殊性：文化传承型城镇化

青藏高原独特的民族文化是中华文化体系中的瑰宝，是民族发展延续的根基，也是青藏高原未来持续健康发展的灵魂。青藏高原的城镇化是一个文化传承型的城镇化。青藏高原丰富独特神奇的高原生态旅游资源和民族文化旅游资源，吸引着世界各国游客前来观光。高原人民依托雪域高原独特的自然条件与生存环境，造就以藏文化为主体的多民族交叉融合的青藏文化体系，形成诸如门巴、象雄、格萨尔、昆仑、珞巴、纳西、僜人、夏尔巴等历史悠久、特色鲜明、内容丰富的多元文化。青藏文化既是中华民族宝贵的文化资源和世界多样文化的重要组成部分，又是维系民族团结的纽带和祖国稳定的基础。目前，西藏自治区级非物质文化遗产代表性名录项目共 323 项，青海省级非物质文化遗产代表性名录项目累计达 253 项。随着青藏铁路、拉日铁路和川藏铁路的陆续开通，每年到西藏旅游的游客正在以 30% 以上的速度增加，2020 年接待游客突破 3500 万人，未来突破 5000 万人是完全可行的。在这种情况下，西藏推行新型城镇化在加强物质和非物质文化遗产保护、保持历史文化魅力和浓郁民族风情的同时，就要为日益增多的游客提供各种便捷的基础设施和公共服务设施，促进现代文化与传统文化交相辉映，发展具有历史记忆、文化脉络、地域风貌、民族特色的美丽城镇。将最独特最具魅力和神秘色彩的高原文化展现在游客面前（葛全胜等，2015）。

（十一）城镇化外力的特殊性：对口支援型城镇化

内地地区的城镇化基本上依靠自身力量发展，除新疆和东北地区外，基本没有对口支援推动城镇化发展，为自力更生型城镇化。而青藏高原的城镇化发展和城市建设主要依靠国家的对口支援政策驱动，是一种依靠援建发展起来的城镇化。经过 20 年对口支援的探索和实践，中央各部门、全国各省市对口援藏工作已经形成全方位、多层次、宽领域的对口支援格局，构建了可持续和长效合作的对口援藏机制，通过市对市、市对镇、镇对镇等点对点的对口结对、互帮互学、互促互进，在城镇基础设施建设、公共服务设施均等化、战略通道建设和能源保障等领域，在现代农牧业发展合作、优势特色产业合作、高原生态环境建设合作、民生保障合作、农牧民镇民化成本分担合作等方面开展援助，注入新活力，共同推动着青藏高原城镇化的扎实推进，稳见成效。对口援藏有效助推了青藏高原的城市建设与发展，培育了一批地方特色优势产业，为青藏高原产业发展提供了支撑，为生态文明建设和可持续发展提供了资金、人才、科技和管理支撑。

（十二）城镇化道路的特殊性：高原文明型城镇化

2012 年 11 月党的十八大报告明确提出，坚持走中国特色新型工业化、信息化、城镇化、农业现代化道路，推动信息化和工业化深度融合、工业化和城镇化良性互动、城镇化和农业现代化相互协调，促进工业化、信息化、城镇化、农业现代化同步发展，要把生态文明理念和原则全面融入城镇化全过程，走集约、智能、绿色、低碳的新型城镇化道路。2014 年 3 月 16 日，党中央国务院批准实施《国家新型城镇化规划（2014—2020 年）》进一步提出要按照走中国特色新型城镇化道路、全面提高城镇化质量的新要求，明确未来城镇化的发展路径、主要目标和战略任务。在全国把生态文明理念全面融入城镇化全过程的同时，青藏高原的城镇化道路应该是在生态文明背景下的高原文明型城镇化。这其中不仅包括宏观层面的生态文明，还包括高原生态文化、高原生态教育、高原生态产业、高原生态城镇建设在内的高原文明类型。

第三节　青藏高原城镇化的人口时空演变特征

系统分析改革开放以来青藏高原常住人口、城镇人口、流动人口、少数民族人口、旅游人口和边境人口的变迁情况。从垂直、纬度、经度和极向等角度，解析青藏高原人口空间分布的地域分异规律，并根据年龄结构和性别结构分析青藏高原人口金字塔结构的演变特征。

一、青藏高原人口的动态变化特征

基于改革开放以来 1982 年第三次全国人口普查、1990 年第四次全国人口普查、2000 年第五次全国人口普查、2010 年第六次全国人口普查和 2020 年第七次全国人口普查资料，构建青藏高原分县市人口数据集，据此分析改革开放以来青藏高原及其主体部分（青海、西藏）的人口变迁过程，包括常住总人口变迁、城镇人口及城镇化率变迁、流动人口变迁、少数民族人口变迁、旅游人口变迁及边境人口变迁。

（一）常住总人口演变特征：总量缓慢增长，占比出现增长

自改革开放以来，青藏高原常住总人口呈现持续增长，从 1982 年的 839.49 万人增长至 2020 年 1313.41 万人，年均增长人口 12.47 万人（图 1.3）。其中，青海和西藏均保持人口正增长，青海常住总人口从 1982 年的 387.73 万人增长至 2020 年的 592.40 万人，年均增长人口 5.39 万人；西藏常住总人口从 1982 年的 187.13 万人增长至 2020 年的 364.81 万人，年均增长人口 4.68 万人。从占全国总人口的比例来看，青藏高原总体保持人口份额增长，从 1982 年的 0.835% 增长至 2020 年的 0.910%。青藏高原内部整体人口迁移或流动并不剧烈，得益于少数民族优惠的计划生育政策，青藏高原人口自然增长率整体保持优势，推动青藏高原常住总人口增长及其在全国份额的提升。

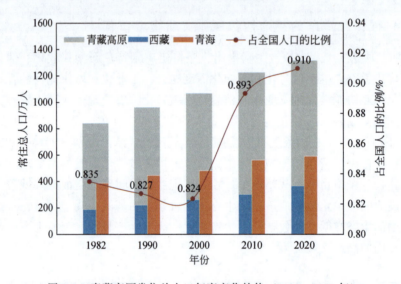

图 1.3　青藏高原常住总人口年度变化趋势（1982～2020 年）

（二）城镇人口及城镇化率演变特征：总量适速增长，水平平稳提升

自改革开放以来，青藏高原城镇人口保持增长，从 1982 年的 126.22 万人增长至 2020 年的 624.98 万人，年均增长人口 13.13 万人（图 1.4）。其中，青海和西藏的城镇人口同样均保持正增长，青海城镇人口从 1982 年的 79.79 万人增长至 2020 年的 355.94 万人，年均增长人口 7.27 万人；西藏城镇人口从 1982 年的 17.92 万人增长至 2020 年的 130.34 万人，年均增长人口 2.96 万人。从人口城镇化率来看，青藏高原人口城镇化水平保持增长，从 1982 年的 15.0% 增长至 2020 年的 47.6%。按照城镇化发展的"S"形增长曲线，青藏高原已经进入快速城镇化发展阶段。但是青藏高原人口城镇化水平始终低于全国同期水平，属于城镇化水平相对较低的地理单元。

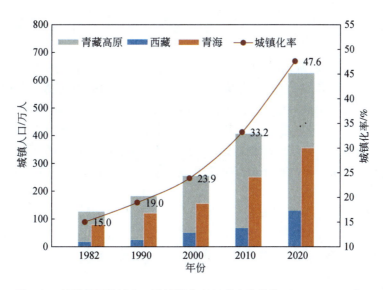

图 1.4 青藏高原城镇人口及城镇化率年度变化趋势 (1982~2020 年)

（三）流动人口演变特征：总量活跃增长，占比快速提升

改革开放以来，随着全国跨县市人户分离式流动人口快速成长，青藏高原流动人口也保持增长，从 1990 年的 29.77 万人增至 2020 年的 246.27 万人，年均增长人口 7.22 万人（图 1.5）。其中，青海和西藏的流动人口同样也保持正增长，青海流动人口从 1990 年的 18.10 万人增长至 2020 年的 123.96 万人，年均增长人口 3.53 万人；西藏流动人口从 1990 年的 6.24 万人增长至 2020 年的 77.81 万人，年均增长人口 2.39 万人。从流动人口占比来看，青藏高原流动人口占比保持增长，从 1990 年的 3.10% 增长至 2020 年的 18.75%。按照国际上流动人口占比 10% 界定流动人口活跃状态，青藏高原整体在 2010 年后进入流动人口迁移的活跃状态，虽然滞后于全国，但也反映出青藏高原这一高海拔地理单元的外来迁入人口的活跃程度正在不断提升。

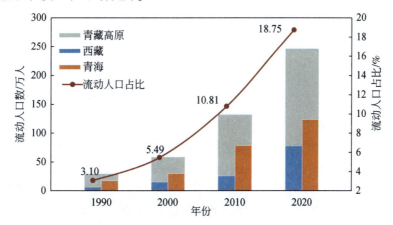

图 1.5 青藏高原流动人口年度变化趋势 (1990~2020 年)

（四）旅游人口演变特征：总量快速增长，收入稳步提升

21世纪以来，随着旅游活动的日益频繁，青藏高原以其独特的自然风貌和人文环境吸引越来越多的旅游人口，2007年青藏高原旅游人口仅1403.60万人，2019年已增长至8471.65万人，年均增长589万人。2020年青藏高原旅游人口快速降至6809.8万人，相比2019年减少1661.85万人（图1.6）。其中，青海旅游人口从2007年的1001.60万人增长至2019年的4459.50万人，年均增长人口288.16万人；2020年，青海旅游人口降至3311万人。西藏旅游人口从2007年的402.94万人增长至2019年的4012.15万人，年均增长人口300.77万人，高于青海旅游人口年均增长量；2020年西藏旅游人口降至3498.80万人，首次超过青海旅游人口。从旅游总收入来看，得益于越来越多的旅游人口，青藏高原旅游收入呈现快速增长，从2007年的95.4亿元增长至2019年的1056.6亿元；2020年随着青藏高原旅游人口的下降，其旅游收入快速降至647.3亿元，相比2019年减少409.3亿元。总体来看，临时性的旅游人口已经成为青藏高原活跃人口的重要组成部分，旅游业愈发成为青藏高原经济发展的重要引擎。

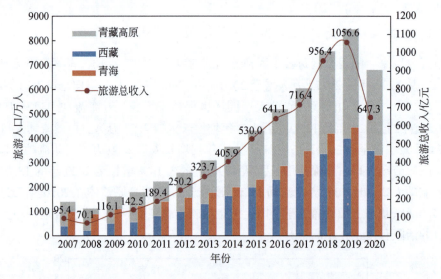

图1.6 青藏高原旅游人口及旅游总收入年度变化趋势（2007~2020年）

（五）少数民族人口演变特征：总量缓慢增长，占比有所提升

作为藏族等少数民族聚居区，青藏高原少数民族人口保持增长，从2000年的714.21万人增长至2020年894.70万人，年均增长人口9.02万人（图1.7）。其中，青海和西藏的少数民族人口同样均保持正增长，青海少数民族人口从2000年的221.69万人增长至2020年的293.04万人，年均增长人口3.57万人；西藏少数民族人口从2000年的245.78万人增长至2020年的320.47万人，年均增长人口3.73万人。从少数民族人口占比来看，青藏高原少数民族人口占比呈现波动上升态势，从2000年的66.94%下降至2010年的

66.88%，后上升至 2020 年的 68.12%。虽然青藏高原整体少数民族人口绝对量保持正增长，但随着本地汉族人口及外来汉族人口的日益增长，青藏高原少数民族人口占比相对下降。但近年来，青藏高原少数民族人口占比有所回升，这主要源于在全国步入稳定的低生育水平背景下，少数民族生育意愿仍然较高，传统生育观念没有发生根本性改变。

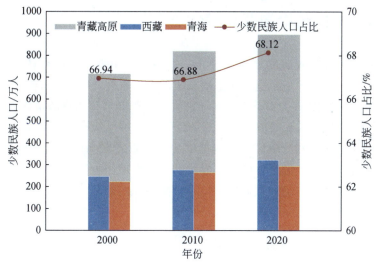

图 1.7　青藏高原少数民族人口年度变化趋势（2000～2020 年）

（六）边境常住人口演变特征：总量缓慢增长，占比波动变化

改革开放以来，青藏高原边境地区大多位于西藏，常住总人口呈现持续增长趋势，从1982 年的 25.40 万人增长至 2020 年 45.39 万人，年均增长人口 0.53 万人（图 1.8）。从常住人口占比来看，边境地区人口占比呈现波动上升态势，首先从 1982 年的 3.03% 持续

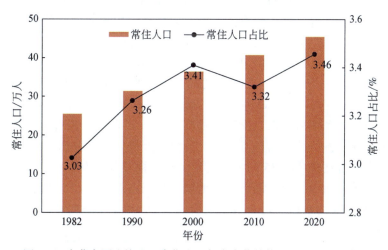

图 1.8　青藏高原边境地区常住人口年度变化趋势（1982～2020 年）

增长至 2000 年的 3.41%，年均增长 0.02 个百分点；2010 年边境地区人口份额下降至 3.32%，2020 年又回升至 3.46%。应当重视保持青藏高原边境地区的适度人口，通过口岸边贸、边境旅游、边境交通基础设施提升及生态移民等吸引本地和外来人口向青藏高原边境地区适量集聚。

二、青藏高原人口的空间分异特征

为了相对精确地反映青藏高原人口分布，进一步采用青藏高原乡镇街道尺度人口分析。青藏高原是一个自然地域范围，而当前权威的人口普查资料是基于行政区划单元汇总的标准数据，其中，2010 年人口普查资料能够提供精确到乡镇街道的常住人口资料。青藏高原分属于不同行政区划单元管辖，相对于省级、地级或县级行政区划单元，乡镇街道的行政区划单元斑块更多，其行政区划界线能够更加接近青藏高原的自然地域范围。据此，选取行政范围整体或大部分位于青藏高原界线的乡镇街道作为基本研究单元，构建青藏高原乡镇街道单元的常住人口空间数据集，核算青藏高原内的总体人口，并采用常住人口与行政区划面积的比例核算各乡镇街道的人口密度。

（一）人口的空间分布特征：少数地域人口稠密，多数地域人口稀疏

为了衡量青藏高原的人口地域分异，根据"洛伦兹曲线"原理，按照人口密度由大到小降序排列，计算人口数量的累积百分比，测算方法为

$$S_k = \left(\sum_{i=1}^{k} P_i \right) \bigg/ \left(\sum_{i=1}^{n} P_i \right) \times 100\% \tag{1.1}$$

式中，S_k 为第 k 个乡镇街道的人口累积百分比；k 为按照人口密度降序排列第 k 个乡镇街道的位序；P_i 为按照人口密度降序排列的第 i 个乡镇街道的人口数量；n 为乡镇街道的总数。根据人口累积百分比由低到高每隔 10 个百分点划分等级，对应人口密度由高到低的 10 个等级。从人口密度数值分布来看，青藏高原具有少数地域人口稠密、多数地域人口稀疏的特征。

按照乡镇街道地域范围，2010 年，青藏高原常住总人口为 1239.76 万人，常住人口密度为 4.77 万人/km²，其中，人口密度最大值为西宁市城中区仓门街街道办事处，达 53 804.31 人/km²，人口密度最小值为新疆若羌县祁曼塔格乡，仅有 0.000 3 人/km²。如表 1.7 所示，将各乡镇街道人口密度降序排列，按照人口累积百分比划分 10 个人口密度等级值域，统计各值域的人口与面积。各值域人口累积百分比始终大于或等于面积累积百分比，人口密度排名前 35 的乡镇街道，地域面积仅占 0.01%，却拥有近 10% 的人口；人口密度排名前 365 的乡镇街道，地域面积仅占 1.91%，却拥有近 50% 的人口；人口密度排名前 1458 的乡镇街道，地域面积仅占 26.49%，却拥有近 90% 的人口。

表 1.7 2010 年青藏高原分乡镇街道分级人口及面积统计表

人口累积百分比分级值域/%	对应人口密度分级值域/(人/km²)	乡镇街道数量/个	人口总数/万人	人口累积百分比/%	地域面积/km²	面积累积百分比/%
0～10	53 804～2 419	35	119.02	9.60	141.51	0.01
10～20	2 063～375	36	126.69	19.82	1 822.94	0.08
20～30	358～143	60	126.18	30.00	5 487.38	0.29
30～40	142～65	85	119.94	39.67	12 783.35	0.78
40～50	64～31	149	125.31	49.78	29 551.04	1.91
50～60	31～16	195	126.48	59.98	56 302.22	4.08
60～70	16～9	275	136.40	70.98	118 059.57	8.62
70～80	9～6	271	111.57	79.98	158 700.70	14.72
80～90	6～3	352	123.86	89.97	306 130.03	26.49
90～100	3～0	447	124.30	100.00	1 911 686.74	100.00

从人口密度空间分布来看，青藏高原具有"东南密、西北疏"的总体人口疏密特征。如图 1.9 所示，按照表 1.7 中的 10 组分级值域绘制对应的青藏高原分乡镇人口密度分布图。人口密度较高的地域分布分散，包括西宁市及周边所在的河湟（黄河和湟水）谷地地

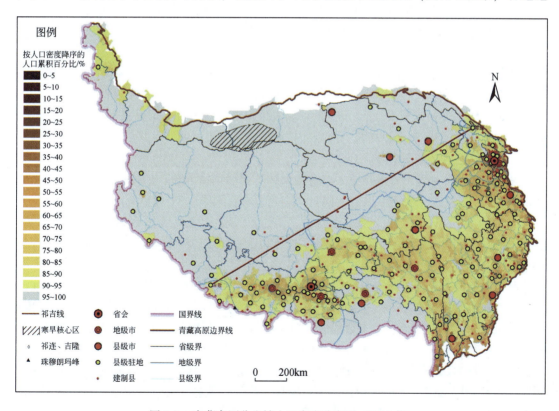

图 1.9 青藏高原分乡镇人口密度分布图（2010 年）

区、拉萨市及周边所在的一江两河（雅鲁藏布江、拉萨河和年楚河）地区、三江并流（金沙江、澜沧江和怒江）云南段地区及各地县政府驻地；人口密度次高的地区主要分布在青藏高原东南侧，包括西藏东部、青海东部、四川西部、云南东北部和甘肃南部；人口密度较低的地区主要分布在青藏高原的西北侧，包括西藏西部、青海西部和新疆西部。可见，虽然相对于全国东中部地区，青藏高原属于典型人口稀疏区，但是青藏高原内部人口密度的地域分异特征十分突出。

（二）人口的地域分异特征：西疏东密

参考自然地理的地域分异效应，从四个维度识别青藏高原人口地域分异。第一，经度地域分异，反映受海陆分布等影响的东西方向人口密度更替的规律，采用经度与人口密度的散点关系图识别；第二，纬度地域分异，反映受太阳辐射等影响的南北方向人口密度更替的规律，采用纬度与人口密度的散点关系图识别；第三，极向地域分异，既有研究发现，青藏高原存在一个"寒旱核心区"，位于西北侧高寒高旱的荒漠地带，植被等朝向这个生态旱极递变，参考李渤生（1985）、郑度和赵东升（2019）等的研究成果，本书采用距离"寒旱核心区"的极向距离与人口密度的散点关系图识别人口极向地域分异；第四，垂直地域分异，反映受海拔等影响的垂直方向人口密度更替的规律，采用海拔与人口密度的散点关系图识别。如图 1.9 所示，参照青藏高原自然地理的地域分异效应，从经度、纬度、极向和垂直四个维度分别绘制青藏高原人口密度分布图。为了尽量反映人口分布与自然地域的相互关系，本部分不考虑人口高度集聚的城市街道办事处及县政府驻地所在乡镇。

从经度地域分异看，青藏高原人口密度大致具有"西疏东密"的特征。如图 1.10（a）所示，在 85°E 左右（大概值域，下同）人口密度分异显著。85°E 西侧人口普遍稀疏，大多数乡镇人口密度低于 5 人/km²。85°E 东侧人口密度相对较高，但是波动变化特征明显；85°E~92°E 人口密度出现小高峰，而后人口密度有所下降；98°E~101°E 人口密度出现高峰值；101°E 之后又出现下降。

从纬度地域分异看，青藏高原人口密度大致具有"南密北疏"的特征。如图 1.10（b）所示，在 37°N 左右（大概值域，下同）人口密度分异显著。37°N 以北人口普遍稀疏，大多数乡镇的人口密度甚至低于 5 人/km²。37°N 以南人口密度呈现波动上升的趋势；26°N~35°N 仅有少数乡镇人口密度超过 100 人/km²；而在 35°N~37°N，人口密度快速波动上升，并出现人口密度峰值。

从极向地域分异看，青藏高原人口密度大致具有"近疏远密"的特征。如图 1.10（c）所示，在距离"寒旱核心区"700m 左右（大概值域，下同）人口密度分异显著。700km 以内的人口密度普遍极低，大多数地区人口密度低于 1 人/km²，相对不宜人居。700km 以外人口密度相对较高，但是出现波动变化；700~1000km 处出现一个小高峰，而后有所下降；1300~1500km 处人口密度快速提升，出现人口密度高峰值；1500km 处人口密度出现下降，但是始终都高于 700km 以内的人口密度。由于青藏高原的极向中心地处西北侧，因此青藏高原人口极向地域特征可以看作经向地域分异和纬向地域分异的综合结果，85°E、

37°N 恰好是"寒旱核心区"所在区位。

从垂直地域分异看,青藏高原人口密度大致具有"高疏低密"的特征。如图1.10(d)所示,在海拔5000m左右(大概值域,下同)人口密度分异显著。在海拔高于5000m的大多数地区人口密度大多低于1人/km²,人口密度极低,相对不宜人居。海拔2000~5000m处青藏高原人口密度整体具有波动下降的特征;人口密度高峰值并不是在海拔最低区域,而是出现在海拔2600~2700m处。青藏高原整体地势西高东低,南侧的一江两河地区和藏南地区也相对较低。因此,青藏高原人口垂直地域分异与极向地域分异也具有一致性。

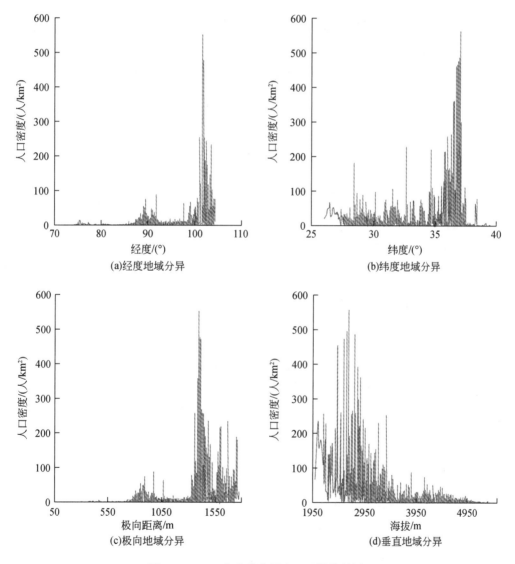

图1.10　2010年青藏高原人口地域分异图

（三）地域分异机理：海拔与自然本底占主导

人口地域分异主要反映人口与自然环境的相互关系，本研究重点选取海拔、年均降水、年均气温、净初级生产力（NPP）、土壤类型和产水模数等自然地理要素解释人口地域分异机理。其中，海拔反映地形高程，年均降水、年均气温反映气候条件，NPP反映植被生态条件，土壤类型反映农牧适宜条件，产水模数反映地均地表径流的水资源水平。地理探测器是解释空间异质性的空间统计学方法，采用地理探测器分析各自然要素对人口密度的地域分异影响作用机理（王劲峰和徐成东，2017）。其中，选用因子探测器解释某自然要素对人口地域分异的作用程度，用 q 值度量，q 值越大，说明该自然要素对人口地域分异作用越强；选用交互探测器解释不同自然要素对人口地域分异的交互作用，包括非线性减弱、单因子非线性减弱、双因子增强、独立和非线性增强等类型。

不同于自然地理的连续性或地带性地域分异，青藏高原人口地域分异具有波动性变化特征，但整体上都指向"东南密、西北疏"的人口地域分异特征。进一步选取海拔、年均降水、年均气温、NPP、土壤类型和产水模数6个指标，采用地理探测器，系统解析青藏高原人口地域分异机理。如表1.8所示，因子探测的 q 值显示，6个自然要素对青藏高原人口地域分异都具有显著性作用，其中，土壤类型和海拔的作用最为突出，其次为产水模数、年均降水、年均气温，NPP作用相对较低；交互探测结果显示，6个自然要素对青藏高原人口地域的交互作用都呈现增强，彼此之间交互作用关系突出。具体来看，青藏高原东南侧以草毡土、黑毡土、暗棕壤、棕壤等为主，而西北侧以寒钙土、淡寒钙土等为主，说明土壤肥力整体"东南高、西北低"；年均降水量自东南向西北具有递减趋势，年均气温东部、南部相对较高，而西北相对偏低，说明气候条件整体"东南相对温湿、西北寒旱"；NPP东南相对较高，而西北相对较低，说明植被及其有机质产量"东南高、西北低"；河流的产水模数东部、南部相对较高，而西北相对偏低，说明水资源条件"东南高、西北低"；海拔自东向西抬升明显。可见，虽然青藏高原整体上生态环境脆弱，但是其内部人口地域分异与自然环境本底仍然具有高度的耦合关系，青藏高原东南侧具有更宜人居的自然条件，形成了青藏高原人口的经度、纬度、极向和垂直地域分异。其中，极向地域分异基本涵盖经度、纬度和垂直地域分异，最具有代表性。

表1.8 青藏高原人口地域分异地理探测分析表

因子	因子作用（q 值）	交互作用					
		海拔	年均降水	年均气温	NPP	土壤类型	产水模数
海拔	0.32 ***						
年均降水	0.08 ***	0.55 ++					
年均气温	0.08 ***	0.47 ++	0.25 ++				
NPP	0.05 ***	0.64 ++	0.18 ++	0.24 ++			
土壤类型	0.37 ***	0.58 +	0.52 ++	0.48 ++	0.47 ++		
产水模数	0.16 ***	0.55 ++	0.29 ++	0.39 ++	0.31 ++	0.49 +	

注：*** 代表在 $p<0.01$ 显著；++ 代表非线性增强；+ 代表双因子增强。

三、青藏高原人口结构的演变特征

（一）人口年龄结构变化特征：相对年轻型

由图 1.11 看出，2000 年在 0 岁、1~4 岁、5~9 岁、15~19 岁、20~24 岁、25~29 岁年龄区间，青藏高原的人口比例显著高于全国同区段人口比例；而在 35~39 岁、40~44 岁、45~49 岁、50~54 岁、55~59 岁、60~64 岁、65~69 岁、70~74 岁、75~79 岁、80~84 岁、85 岁及以上年龄区间，青藏高原的人口比例明显低于全国同区段人口比例，也就是说，21 世纪初期，青藏高原的人口年龄结构比全国的人口年龄结构水平明显呈"年轻型"，年轻的人力资本优势突出。如图 1.12 所示，2010 年，在 0 岁、1~4 岁、5~9 岁、10~14 岁、15~19 岁、25~29 岁、30~34 岁、35~39 岁年龄区间，青藏高原的人口比例显著高于全国同区段人口比例；而在 40~44 岁、45~49 岁、50~54 岁、55~59 岁、60~64 岁、65~69 岁、70~74 岁、75~79 岁、80~84 岁、85 岁及以上年龄区间，青藏高原的人口比例明显低于全国同区段人口比例，也就是说，2010 年，青藏高原的人口年龄结构比全国的人口年龄结构水平仍然明显呈"年轻型"。如图 1.13 所示，2020 年，在 0 岁、0~4 岁、5~9 岁、10~14 岁、15~19 岁、20~24 岁、25~29 岁、35~39 岁、40~44 岁、45~49 岁年龄区间，青藏高原的人口比例显著高于全国同区段人口比例；而 50~54 岁、55~59 岁、60~64 岁、65~69 岁、70~74 岁、75~79 岁、80~84 岁、85 岁及以上年龄区间，青藏高原的人口比例明显低于全国同区段人口比例。不难发现，2020 年，青藏高原相对于全国青藏高原人口结构的"年轻型"趋势又进一步突出。总体来说，自 2000 年以来，虽然青藏高原人口年龄结构有所波动，但是整体上相对于全国来说，人口年龄结构的"年轻型"特征优势突出。

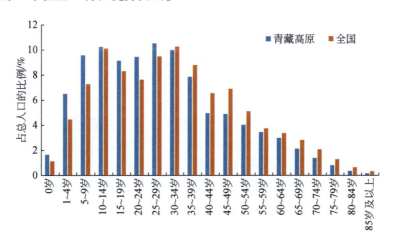

图 1.11 2000 年青藏高原及全国年龄结构对比图

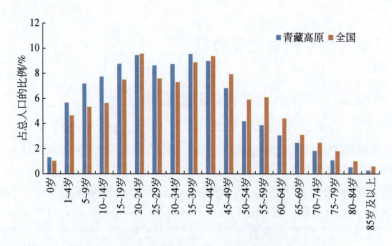

图 1.12　2010 年青藏高原及全国年龄结构对比图

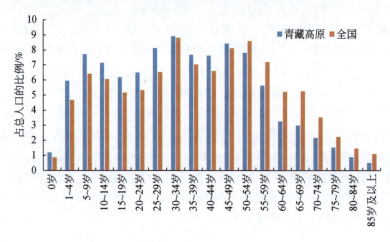

图 1.13　2020 年青藏高原及全国年龄结构对比图

（二）人口性别结构变化特征：男性多于女性

由图 1.14 看出，2000 年青藏高原性别比为 105.99，全国同期性别比为 106.30，青藏高原低于全国；2010 年，青藏高原性别比为 107.35，全国同期性别比为 104.90，青藏高原高于全国；2020 年，青藏高原性别比为 106.95，全国同期性别比为 104.80，青藏高原高于全国。不难发现，近年来，青藏高原常住人口的性别比相对于全国增大，男性人口比例高于女性人口比例，且总体有所上升。

（三）人口金字塔结构变化特征：底宽顶尖，人口老龄化不明显

集成年龄结构和性别结构，绘制青藏高原 2000 年、2010 年和 2020 年人口金字塔结构图，如图 1.15 所示。2000 年，金字塔呈现"底宽、顶尖"形状，无论男或女，"年轻型"的年龄结构优势都十分突出；2010 年，金字塔呈现"底稍宽、中宽、顶尖"形状，无论

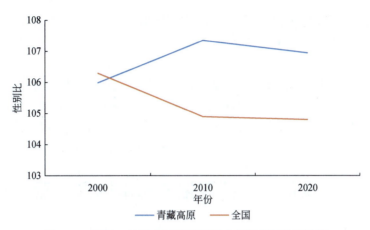

图 1.14 2000～2020 年青藏高原及全国性别结构对比图

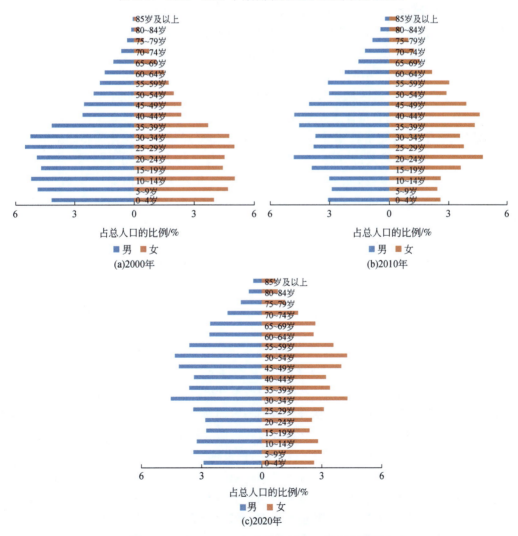

图 1.15 2000～2020 年青藏高原人口金字塔结构图

男或女,"年轻型"的趋势仍然突出,但是相对于 2000 年,0~20 岁新生人口占总人口的比例有所降低;2020 年,金字塔依然呈现"底稍宽、中宽、顶尖"形状,无论男或女,人口年龄结构与 2010 年依然类似,但是局部有变动。例如,30~60 岁中年人口比例有所降低,且除塔顶高龄外,其他年龄组份额差别不是很大,年龄结构分布更加均衡。总体来说,青藏高原的人口金字塔仍然是以底宽、顶尖为主的特征,人口老龄化相对不高,新生人口具有一定的补偿力,这与少数民族地区的计划生育政策有关。同时也关注到,随着城镇化和现代化的发展,人口生育水平相较 21 世纪初期也有所下降。

第四节 青藏高原城镇化的影响因素及驱动机制

城镇化是推动青藏高原实现绿色发展的有力支撑。国内外对青藏高原城镇化的关注越来越多,学者从行政尺度、现代化、城乡协调等角度探讨青藏高原城镇化发展模式和发展战略,指出了行政力量和市场力量的双重作用(傅小锋,2000;马玉英,2006);也有学者从可持续性、生态环境、人口容量等角度提出青藏高原城镇化的可持续发展路径(Fan et al.,2010;肖壁微等,2014;赵玲,2014);还有学者从外来人口、地方文化、少数民族等角度探讨青藏高原地区城镇化存在的特殊问题(Fischer,2008;丁生喜和王晓鹏,2012)。其中,大多数研究将青藏高原或西藏、青海等作为一个整体单元研究,探讨青藏高原内部空间差异的研究相对较少。一些中国城镇化格局研究涉及青藏高原县域尺度研究,但多采用非农业户籍人口径,不能反映实际城镇常住人口的分布格局。鉴于此,本研究根据人口普查的标准数据,系统分析 1982~2020 年青藏高原内部县市尺度城镇化格局演化及时空分异特征,并考虑地理空间自相关效应,剖析青藏高原城镇化格局时空分异的影响因素。

一、数据与方法

(一)城镇化水平的核算方法

人口城镇化率是反映城镇化发展水平的基本测度,即区域内城镇人口与总人口的比例。由于特有的户籍制度,"非农业户籍人口"一度成为中国衡量城镇化的重要指标,即户籍人口中非农业户籍人口的比例。然而,自改革开放以来,中国出现了大规模、高强度的流动人口,具有实际常住地与户籍登记地不一致的特征,"非农业户籍人口"不能客观地反映城镇化发展的真实水平。同时,撤县设区、撤县设市等行政区划调整日益频繁,城镇行政地域范围与城镇实体地域范围偏离程度越来越大。1982 年第三次全国人口普查开始,城、镇、村及其实际常住人口的统计越来越受到重视。一方面,考虑人口迁移和流动因素,采用实际常住人口代替户籍注册人口测算城镇人口和总人口;另一方面,不断探索采用城、镇、村的实体地域代替行政地域界定"城镇"和"乡村"的空间范围。

人口普查数据是统计口径权威的人口资料。其中,1982 年全国人口普查常住城镇人口统计对行政区划依赖度较大，青藏高原许多地区城镇化率为 0 或 100%，统计口径偏差较大（张立，2011）。考虑到 20 世纪 90 年代以后是中国整体城镇化快速发展阶段，本书基于 1982 年、1990 年、2000 年、2010 年和 2020 年五期全国人口普查数据研究青藏高原城镇化格局。需要指出的是，五期全国人口普查的城（市）、镇和村的空间范围界定都不完全一致，但基本能反映当时人口的城镇乡分布状态（周一星和余海波，2004；张立，2011；戚伟等，2016）。以县市为基本研究单元，包括市区（设区市市辖区合并作为一个单元，青藏高原地区只涉及西宁市四个市辖区合并）、县、自治县、县级市等，县市尺度是当前人口普查汇总资料可以公开获取城镇人口数据的最小空间尺度。

（二）城镇化的影响指标

第一类是自然要素。人类活动和城镇化发展都受到自然环境本底条件的影响，特别是在生态环境脆弱的青藏高原地区。本书选取地形起伏度、耕地占地面积和草地占地面积三个自然要素指标，其中，地形起伏度反映城镇化的用地条件，一般来说，海拔低、地势相对平坦的地区往往更宜人居和城镇化发展，本研究采用封志明等提出的地形起伏度综合算法测算；耕地占地面积和草地占地面积分别指示农区和牧区，用于分析青藏高原农区和牧区城镇化水平的空间差异。

第二类是经济要素。经济要素是推动城镇化的主要动力，包括人均 GDP、第二产业从业人口比例、第三产业从业人口比例和交通优势度。其中，人均 GDP 表征区域经济发展水平，采用工农总产值或 GDP 与常住人口的比值计算；第二产业从业人口比例和第三产业从业人口比例代表非农产业的就业机会，非农产业是城镇地区的主要生产产业；交通优势度反映交通区位对城镇化的作用，采用最基本的交通平均通行时间来衡量，根据金凤君交通时间可达性算法，对测算值进行反向计算，使得通行时间越短的地区交通优势度越高。

第三类是社会要素。城镇化过程中人们越来越重视医疗卫生、教育等社会公共服务资源的空间配置，本书选择万人拥有卫生人员数和万人拥有教育人员数分别指示医疗卫生和教育资源的密集程度。

（三）城镇化格局的识别方法

第一步，采用变异系数分析城镇化格局的总体特征（王劲峰等，2010）。其中，变异系数通过数值分布的集聚或离散特征来反映空间差距，变异系数等于标准差与均值的比值，变异系数越大，空间差距越大。

第二步，采用城镇化阶段划分法，分析城镇化发展水平的时空分异。参考联合国《城乡人口预测方法》的城镇化水平"S"形曲线、城镇化速度倒"U"形曲线以及陈彦光、周一星等得出的人口划分结果，城镇化阶段可以划分为：城镇化低水平阶段，人口城镇化率介于 0 ~ 30%；城镇化中低水平阶段，人口城镇化率介于 30%~50%，城镇化发展加速；城镇化中高水平阶段，人口城镇化率介于 50%~70%，达到"城市半数"（陈彦光和周一星，2005；李浩，2013；段辉，2015），城镇化发展减速；城镇化高水平阶段，人口城镇化率介于 70%~100%，城镇化速度趋于 0。

第三步，通过 ArcGIS 软件平台，将 1982 年、1990 年、2000 年、2010 年及 2020 年各县市的城镇化发展阶段进行空间可视化，剖析 1982~2020 年青藏高原城镇化水平演化格局及时空分异特征。

（四）影响因素的分析方法

考虑到解释变量存在的空间自相关效应，本书采用空间计量模型分析城镇化格局的影响因素。分别采用最小二乘线性（OLS）、空间滞后模型（SLM）和空间误差模型（SEM）分析各影响因素对人口城镇化率的正负作用、弹性系数及其显著性。其中，百分比变量直接参与运算，包括人口城镇化率、耕地比例、草地比例、第二产业从业人口比例、第三产业从业人口比例、万人拥有卫生人员数据和万人拥有教育人员数据；非百分比变量进行 ln 对数运算转化表征弹性系数，包括地形起伏度、人均 GDP 和交通优势度。

（五）数据来源及处理

1982 年、1990 年、2000 年、2010 年、2020 年的城镇人口和常住人口数据来源于第三~第七次全国人口普查数据；1990 年、2000 年、2010 年的各类从业人口数据来源于《中国分县市人口资料：1990 年人口普查数据》《2000 人口普查分县资料》《中国 2010 人口普查分县资料》等汇总资料；1990 年、2000 年和 2010 年各县市工农生产总值来源于 1994 年《中国人口年鉴》发布的"中国 1990 年 2336 个市县人口即社会经济指标数据库"、2001 年和 2011 年《中国县（市）社会经济统计年鉴》，缺漏和错误数据对照各省、自治区、直辖市统计年鉴及《中国城市统计年鉴》进行校核。1990 年、2000 年路网数据根据 1991 年《中国分省公路交通地图册》、2001 年《中国分省公路交通地图册》数字化完成。2010 年交通矢量数据来源于中国科学院人地系统主题数据库。耕地和草地数据来源于中国科学院资源环境科学与数据中心提供的 20 世纪 80 年代、2000 年、2010 年三期土地利用数据。

根据中国科学院资源环境科学与数据中心共享的县级行政区划矢量数据，参考历年县级行政区划调整资料和行政区划手册，采用回溯法，构建与历期人口普查时点对应的县级行政区划数据集。通过将人口普查、社会经济等属性数据与行政区划数据匹配，构建 1990 年、2000 年和 2010 年三期县市尺度青藏高原城镇化及相关影响因素空间数据集，并生成各县市间 Queen 邻接矩阵。

二、青藏高原城镇化发展的空间差异

（一）青藏高原城镇化水平的时空差异

统计 1982 年、1990 年、2000 年、2010 年和 2020 年青藏高原城镇化的主要指标（表 1.9）可知，1982~2010 年，青藏高原城镇人口和城镇化率都保持增长，其中，1982

年、1990 年和 2000 年城镇化率均低于 30%，尚处于城镇化低水平阶段，而 2010 年时，青藏高原城镇化已经进入中低水平阶段，人口城镇化率达到 33.23%。具体分析青藏高原内部各县市的人口城镇化率的总体差异，得到以下结果。

表 1.9 青藏高原城镇化率统计表

指标	1982 年	1990 年	2000 年	2010 年	2020 年
城镇人口/万人	126.22	181.91	255.18	406.78	624.98
城镇化率/%	15.04	18.96	23.92	33.23	47.58
城镇化率最大值/%	100	100	100	100	100
城镇化率最小值/%	0	0	0	2.02	1.44
城镇化率变异系数/%	2.57	1.94	1.24	0.84	0.62

（1）最大值和最小值落差很大，虽然青藏高原城镇化水平偏低，但不乏最高城镇化水平的县市，1982 年、1990 年、2000 年、2010 年和 2020 年，各县市中城镇化率最大值都是 100%；1982 年、1990 年和 2000 年城镇化率最低值为 0，而 2010 年最低值为 2.02%，2020 年最低值为 1.44%，不再有城镇化率为 0 的县市。

（2）城镇化水平空间差异越来越小，1982~2020 年城镇化率变异系数不断降低。可见，各县市间的城镇化率数值差异越来越小。

（二）青藏高原城镇化发展阶段的时空差异

按照城镇化发展的四阶段绘制 1982 年、1990 年、2000 年、2010 年和 2020 年青藏高原分县市城镇化率空间分布图（图 1.16）。对应的统计指标见表 1.10。总体来看，西宁市区、拉萨市区和柴达木盆地的工矿县市处于城镇化高水平阶段；部分地级行政中心所在县市逐步从城镇化低水平或中低水平阶段演化至城镇化中高水平阶段，部分地级行政中心所在县市仍然处于城镇化中低水平阶段。总体来看，青藏高原大部分县市仍处于城镇化低水平阶段，在空间上呈现"东高西低"的空间格局。

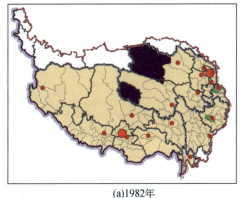

(a)1982年

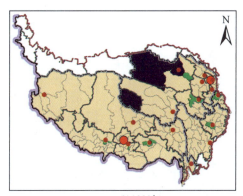

(b)1990年

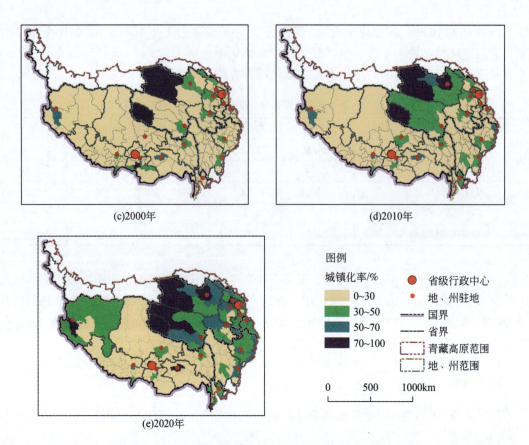

图 1.16　1982～2020 年青藏高原分县市城镇化率空间分布图

表 1.10　按不同城镇化阶段的县市指标统计表

城镇化率 /%	1982 年		1990 年		2000 年		2010 年		2020 年	
	数量 /个	城镇人口 /万人	数量 /个	城镇人口 /万人	数量 /个	城镇人口 /万人	数量 /个	城镇人口 /万人	数量 /个	城镇人口 /万人
0～30	37	40.10 (31.77)	60	64.02 (35.19)	109	93.90 (36.31)	121	126.76 (31.16)	81	75.12 (12.02)
30～50	2	6.51 (5.16)	7	16.05 (8.82)	14	33.47 (12.94)	27	90.44 (22.24)	46	142.95 (22.87)
50～70	0	0 (0.00)	0	0 (0.00)	4	10.65 (4.12)	8	26.86 (6.60)	21	125.44 (20.07)
70～100	6	79.61 (63.07)	7	101.84 (55.99)	7	120.58 (46.63)	6	162.72 (40.00)	10	281.47 (45.04)

注：括号内为县市城镇人口占青藏高原全部城镇人口的比例，单位为%。

（1）1982 年，青藏高原 6 个县市的人口城镇化率超过 70%，处于城镇化高水平阶段，包括西宁市区、拉萨市区、海西蒙古族藏族自治州（简称海西州）的格尔木市及青海直辖的大柴旦地区、冷湖地区、茫崖地区，城镇人口规模合计79.61万人，占青藏高原城镇人口的63.07%，大多集中在青藏高原北缘柴达木盆地地区及青海西南部；有两个县市的人口城镇化率介于30%~50%，处于城镇化中低水平阶段，包括阿坝藏族羌族自治州（简称阿坝州）的马尔康市和甘南藏族自治州（简称甘南州）的夏河县，城镇人口规模合计6.51万人，占青藏高原城镇人口的5.16%；有37个县市的人口城镇化率仍低于30%，尚处于城镇化发展初期的低水平阶段，城镇人口规模合计40.10万人，占青藏高原城镇人口的31.77%。

（2）1990年，青藏高原有7个县市的人口城镇化率超过70%，处于城镇化高水平阶段，包括拉萨市区、西宁市区、海西州的格尔木市、德令哈市及青海直辖的冷湖、茫崖、大柴旦地区，城镇人口规模合计101.84万人，占青藏高原城镇人口的55.98%，大多集中分布在青藏高原北缘柴达木盆地地区，即青海西北部；有7个县市的人口城镇化率介于30%~50%，处于城镇化中低水平阶段，包括海西州的乌兰县、林芝地区的林芝市、阿坝州的马尔康市、日喀则地区的日喀则市、果洛藏族自治州（简称果洛州）的玛沁县、山南地区的乃东县、甘南州的夏河县，城镇人口规模合计16.05万人，占青藏高原城镇人口的8.82%；有60个县市的人口城镇化率均低于30%，尚处于城镇化发展初期的低水平阶段，城镇人口规模合计64.02万人，占青藏高原城镇人口的35.19%。

（3）2000年，青藏高原依然有7个县市的人口城镇化率超过70%，包括西宁市区、拉萨市区、海西州的格尔木市、山南地区的措美县，以及青海直管的冷湖行委、茫崖行委、大柴旦地区，大多依然集中分布在青藏高原北缘柴达木盆地地区，7个县市的城镇人口占青藏高原城镇人口的46.63%，是青藏高原城镇人口主要分布地区；4个县市人口城镇化率达到50%~70%的中高水平，包括甘南州的合作市、阿里地区的噶尔县、山南地区的乃东县、林芝地区的林芝市，城镇人口仅占青藏高原城镇人口的4.12%；14个县市的人口城镇化率处于30%~50%的中低水平，包括日喀则市、隆子县、德令哈市、马尔康市、乌兰县、洛扎县、康定市、玛沁县、平安县、祁连县、亚东县、玉树市、昌都市和共和县；而其他109个县市的人口城镇化率均低于30%，城镇人口仅占青藏高原城镇人口的36.31%。

（4）2010年，青藏高原人口城镇化率超过70%的县市仅有6个，包括拉萨市区、西宁市区、海西州的格尔木市、德令哈市、冷湖行委、茫崖行委，拥有青藏高原40%的城镇人口；人口城镇化率介于50%~70%的中高水平的县市有8个，包括林芝县、合作市、大柴旦行委、噶尔县、海晏县、日喀则市、乃东区、九寨沟县，城镇人口规模仅占青藏高原城镇人口的6.60%；人口城镇化率介于30%~50%的中低水平的县市有27个，主要分布在青海中西部地区，以及西藏的亚东县、昌都市、那曲市、措美县等；城镇化率小于30%的低水平县市仍然最多，共计121个，拥有青藏高原31.16%的城镇人口。

（5）2020年，青藏高原人口城镇化率超过70%的县市增加到10个，包括拉萨市区、西宁市区、林芝市区、海西州的茫崖市、格尔木市、德令哈市，阿里地区的噶尔县，玉树藏族自治州（简称玉树州）的治多县，海北藏族自治州（简称海北州）的海晏县，城镇人口规模达281.47万人，占青藏高原城镇人口的45.04%，集中分布在青海的西部；有

21 个县市的人口城镇化率介于 50%～70%，处于城镇化中高水平阶段，拥有青藏高原 20.07% 的城镇人口，主要分布在青海东部和南部；人口城镇化介于 30%～50% 的县市共有 46 个，处于城镇化中低水平阶段，城镇人口规模占青藏高原城镇人口的 22.87%，集中分布在青藏高原的东部及西藏的西北部；此外，仍有 81 个县市的人口城镇化率低于 30%，尚处于城镇化发展的初期阶段，但仅拥有青藏高原 12.02% 的城镇人口，在空间上集中分布在西藏的中部和东部及四川的西部地区。

三、青藏高原城镇化发展的影响因素

分别采用最小二乘线性（OLS）、空间滞后模型（SLM）和空间误差模型（SEM）对 1990 年、2000 年、2010 年和 2020 年的青藏高原县市尺度人口城镇化率的影响因素进行回归分析，通过最优模型判断规则，选用空间误差模型作为影响因素分析的主要模型。结果如下。

（一）自然因素对城镇化发展有较强的约束性

1990 年、2000 年，耕地比例、草地比例和地形起伏度对城镇化水平分别呈现正向、负向和正向作用，也就是耕地比例较高的农区和地形起伏度较大区域的城镇化水平偏向于较高，而草地比例较高的牧区城镇化水平往往偏低。但是大多数时候这些自然因素对城镇化发展的作用是不显著的，只有 1990 年的耕地比例具有正向显著作用，城镇化每提高 1 个百分点，耕地比例贡献 0.69 个百分点。自 2010 年以来，耕地比例、草地比例和地形起伏度对城镇化水平都呈现负向作用，耕地比例小、草地比例小或地形起伏度较低的地区城镇化水平偏高，但都是不显著的。

（二）第二、第三产业从业机会是影响城镇化水平的重要经济因素

地区生产总值、第二产业从业人口比例、第三产业从业人口比例和交通优势度对城镇化水平均呈现正向作用，也就是说，经济发展水平高、第二产业就业机会多、第三产业机会多及交通优势度条件好有利于推动青藏高原的城镇化发展。但是只有第二产业从业人口比例、第三产业从业人口比例自始至终都是在 $p < 0.01$ 水平上统计显著的，也就是说，非农从业机会是影响城镇化水平的突出因素。自 2010 年以来，人均 GDP 在 $p < 0.1$ 水平上出现统计显著，区域经济水平对城镇化水平影响作用显著。

（三）社会公共服务资源对城镇化水平的影响作用开始凸显

1990 年和 2000 年，万人拥有卫生人员数和万人拥有教育人员数对城镇化水平的影响作用都不显著，而且 1990 年万人拥有卫生人员数甚至对城镇化发展呈现一定的负向效应。自 2010 年以来，万人拥有卫生人员数和万人拥有教育人员数对城镇化水平的影响均呈现正向作用，也就是说，医疗卫生、教育等公共服务资源密集能够推动人口城镇化，其中，万人拥有卫生人员数对城镇化水平的正向作用在 $p < 0.01$ 水平上显著，社会公共服务资源

对城镇化水平的影响作用开始凸显。尤其是 2020 年，随着城镇化水平的持续提升，就业机会、工资水平等社会经济因素仍然是吸引农村人口进入城市、促进城镇化进程的主导力量，值得注意的是，在人们的基本生活需求得到满足后，越来越多的人滋生出高生活品质的需求或城市舒适性需求，教育、医疗等社会公共服务对城镇化的作用将会越来越显著。

四、青藏高原城镇化发展的驱动机制

（一）外部驱动机制：发挥主导作用

青藏高原城镇化发展主要是外部驱动占主导。

第一，投资拉动型为主导，而非人口驱动型。青藏高原的城镇发展主要来源于内地等其他地区的投资。

第二，服务带动型为主导，而非工业驱动型。青藏高原的城镇化发展主要依托第三产业发展，包括文化旅游、餐饮住宿、商贸物流、农牧产品服务等，只有柴达木盆地的格尔木、德令哈等少数城镇是工矿业发展驱动的。

第三，文化传承型为主导，而非土地驱动型。青藏高原的城镇化发展具有浓厚的地域文化特色，特别是藏民族的宗教文化在城镇风貌、城镇生活方式等方面产生重要影响，与内地依托土地市场经济和人口集聚推动的景观单调蔓延有所区别。

第四，客人带动型为主导，而非主人带动型。随着青藏高原旅游业的快速发展，大量的游客带动了城镇地区的餐饮住宿、文化商品零售等业态发展，吸引了大量外地人口和本地人口向城镇集聚，从事旅游相关的产业，而非单纯的农村人口进入城镇地区务工的主动型城镇化模式。

第五，社会包容型为主导，而非追求速度型。青藏高原城镇化发展具有较强的包容性，生活节奏相对较慢，即使在资源环境承载力条件相对较好的城镇地区，其城镇扩张速度也并不是剧烈的。

第六，对口支援型为主导。青藏高原城镇化发展既得益于本地人民的辛勤劳作和社会经济发展，又得益于来自内地的对口支援，包括资源、技术和人才的支撑等。

（二）内部驱动机制：发挥辅助作用

相对于外部驱动机制，内部驱动机制相对薄弱。首先，民族和谐的特征，汉族、藏族、门巴族、珞巴族等多民族在高原生活，青藏高原城镇化也具有民族和谐的典型特征，其城镇化发展是多民族共同努力的成果；其次，守土固边的特征，青藏高原是祖国的西南边陲，具有国土安全等特殊地域功能，其城镇化发展同样也受到内生的固边区位影响，特别是对边境地区城镇化发展模式的影响；再次，生态文明型，青藏高原是"亚洲水塔"，同时是许多珍稀动植物生活的家园，对亚洲乃至全球气候调节和生态环境变化具有重要作用，青藏高原的自然地理特征决定其城镇化发展走生态文明路径，依托污染型工业化推动城镇化在青藏高原是走不通的。

（三）政策制度机制：发挥催化作用

青藏高原城镇化发展也受到一些政策或制度因素影响，如少数民族自治区、对口支援及新时代"一带一路"对外开放等，这些政策或制度因素不同的设计及实施结果，对青藏高原城镇化发展都会产生影响。例如，南京市对口支援西宁市，西宁市的城市建设和城市文化生活等受南京市等地域风格影响。

主要参考文献

陈彦光，周一星．2005．城市化 Logistic 过程的阶段划分及其空间解释——对 Northam 曲线的修正与发展．经济地理，(6)：817-822.

丁生喜，王晓鹏．2012．青藏高原少数民族地区特色城镇化动力机制分析——以环青海湖地区为例．地域研究与开发，31（1）：65-69.

段辉．2015．对"S 型曲线"城市化理论的再讨论．技术经济与管理研究，(10)：119-123.

方创琳．2014．中国新型城镇化发展报告．北京：科学出版社．

方创琳．2022．青藏高原城镇化发展的特殊思路与绿色发展路径．地理学报，77（8）：1907-1919.

方创琳，李广东．2015．西藏新型城镇化的特殊性及渐进模式与对策建议．中国科学院院刊，30（3）：294-305.

方创琳，王振波，刘海猛．2019．美丽中国建设的理论基础与评估方案探索．地理学报，74（4）：619-632.

傅小锋．2000．青藏高原城镇化及其动力机制分析．自然资源学报，(4)：369-374.

葛全胜，方创琳，张宪洲，余成群．2015．西藏经济社会发展战略与创新对策．中国科学院院刊，30（3）：286-293.

胡焕庸．1935．中国人口之分布——附统计表与密度图．地理学报，(2)：33-74.

李渤生．1985．南迦巴瓦峰地区植被水平地带．山地研究，(4)：291-298.

李浩．2013．城镇化率首次超过 50% 的国际现象观察：兼论中国城镇化发展现状及思考．城市规划学刊，(1)：43-50.

马玉英．2006．青藏高原城市化的制约因素与发展趋势分析．青海师范大学学报（哲学社会科学版），(4)：22-25.

戚伟，刘盛和，金浩然．2016．中国城市规模划分新标准的适用性研究．地理科学进展，35（1）：47-56.

戚伟，刘盛和，赵美风．2015．"胡焕庸线"的稳定性及其两侧人口集疏模式差异．地理学报，70（4）：551-566.

王劲峰，廖一兰，刘鑫．2010．空间数据分析教程．北京：科学出版社．

王劲峰，徐成东．2017．地理探测器：原理与展望．地理学报，72（1）：116-134.

肖碧微，周伟，唐伟，等．2014．藏北高原重点生态功能区人口迁移趋势及对城镇化格局影响．山地学报，32（4）：497-504.

张立．2011．城镇化新形势下的城乡（人口）划分标准讨论．城市规划学刊，(2)：77-85.

张镱锂，李炳元，刘林山，等．2021．再论青藏高原范围．地理研究，40（6）：1543-1553.

赵玲．2014．城镇化进程中青藏高原城市适度人口容量分析．生态经济，30（8）：51-53.

郑度，赵东升．2019．青藏高原高寒荒漠地带与寒冷干旱核心区域．干旱区研究，36（1）：1-6.

周一星，于海波．2004．中国城市人口规模结构的重构（一）．城市规划，28（6）：49-55.

Fan J, Wang H, Chen D, et al. 2010. Discussion on sustainable urbanization in Tibet. Chinese Geographical Science, 20 (3): 258-268.

Fischer A M. 2008. "Population invasion" versus urban exclusion in the Tibetan areas of western China. Population and Development Review, 34 (4): 631-662.

|第二章| 青藏高原城镇化过程的时空演变格局

青藏高原城镇化过程包括高原城镇体系规模结构、空间结构和职能结构的时空演变过程。城镇体系的形成和发育对高原城镇化进程及社会经济发展起着至关重要的作用，并对生态环境产生重要影响。青藏高原特殊的地理环境与相对落后的社会经济基础，导致城镇体系不甚健全。而且国内外相关研究薄弱，不利于国家生态安全屏障建设。本章以建制镇以上的镇区和城市市区为研究对象，结合统计数据与遥感数据，借助 GIS 空间分析方法揭示青藏高原 1990~2020 年城镇体系规模结构、空间结构和职能结构的时空演变格局。结果表明，青藏高原城镇空间分布总体呈现出"东南密集、西北稀疏""大分散、小集聚"的格局；虽然建制镇数量大幅增长，但 97.97% 的城镇规模在 5 万人以下，大中小城市发育不足，城镇职能较为单一。研究结果基本摸清了青藏高原城镇体系的时空演变特征，可以为青藏高原新型城镇化及城镇空间格局优化提供基础依据；提出了资料缺乏和统计口径不一致的条件下城镇规模的合理估算方法，对我国城镇化相关研究具有一定的参考价值。

第一节　相关研究概述与数据来源

一、城镇体系相关研究概述

城镇体系是一定时空范围内由一系列不同等级规模、不同职能分工、空间分布有序的城镇组成的联系密切、相互依存的城镇群体（顾朝林，1992），重点关注的是城镇在空间上的分布、组合及联系状态，核心目标是实现不同类型城镇的社会经济与资源环境要素在空间上的优化配置，构建科学合理的城镇化格局（鲍超和陈小杰，2014）。我国城镇体系的系统性研究始于 20 世纪 80 年代，90 年代开始蓬勃发展，2000 年以后研究深度和广度不断提升（周春山和叶昌东，2013；鲍超和陈小杰，2014）。而且不同行政层级的城镇体系规划作为法定规划已成为指导国家和地方城镇化发展的基本依据。2014 年发布的国家新型城镇化规划及 2017 年党的十九大报告都强调要优化城镇化空间布局和城镇规模结构，构建大中小城市和小城镇协调发展的城镇格局，明确了城镇体系在国家和区域发展中的重要地位。然而，现阶段相关学术研究成果中，研究对象多为国家尺度（顾朝林和庞海峰，2008；鲍超等，2015；方创琳，2016）和东中部较为发达的省级尺度（王红霞，2009；陈春林和陈才，2013；陈有川等，2014），主要运用城市分形理论（刘继生和陈彦光，1999）、城市位序规模法则（邢海虹和刘科伟，2007）、多维尺度分析（高晓路等，2014）、夜间灯光数据（廖兵等，2012）、GIS 空间分析（杨国安和甘国辉，2004）等方法对城镇体系的空间结构、规模结构的演变特征及影响因素进行了科学探究。同时受数据可得性等因素影响，城镇体系学术研究中多以县级市以上城市为研究对象，建制镇多被忽略。由于青藏高原高寒偏远，社会经济与城镇化发展长期处于落后状态，当地城镇化发展的学术研究力量较为薄弱，国内学术界对其城镇化发展的关注也明显不够。另外，我国人口统计口径复杂多变，时空可比性较差（周一星和于海波，2002；胡曾曾等，2018），而地广人稀的青藏高原城镇人口统计数据更加不易获得（廖顺宝和孙九林，2003），多以公安部门统计的城镇非农业人口作为衡量城镇人口规模的指标，不能反映城镇人口规模等级的实际情况。

青藏高原被称为"世界屋脊""亚洲水塔""地球第三极"，是国家重要的生态安全屏障、战略资源储备基地和中华民族特色文化保护地。青藏高原地形复杂且海拔高，导致其空气稀薄，太阳辐射强，与同纬度其他地区相比，自然条件较为恶劣，人口密度较低。地理环境因素及其历史发展基础导致青藏高原大多数地区城镇化水平极低，与东中部地区发展差距日益加大。青藏高原总体处于城镇化初期向中期加速发展的过渡阶段，城镇体系的形成发育具有显著的高寒地域特征（王录仓和陆凤英，2005；方创琳和李广东，2015；丁柏峰，2016；王松磊等，2017）。通过中国知网查询，仅有少量几篇关于青藏高原城镇化及其动力机制分析的文献（傅小锋，2000；马玉英，2006），不仅发表时间较早，而且未能整体刻画青藏高原城镇体系的时空格局。部分学者分别对青海和西藏两个省级行政区域城镇体系的发展轨迹及城镇化发展模式进行了探讨（王录仓和陆凤英，2005；方创琳和李广东，2015；丁柏峰，2016；王松磊等，2017），但都是历史时期及解放以来城镇形成与发展历程的定性描述，同样缺乏对城镇体系空间结构、规模等级结构的定量分析。为此，以建制镇以上的镇区和城市市区为研究对象，结合统计数据与遥感数据，借助 GIS 空间分析方法对青藏高原 1990～2020 年城镇体系的规模结构、空间结构和职能结构的时空演变格局进行分析，为科学认识青藏高原城镇体系的时空演变格局、优化青藏高原城镇体系的等级规模结构提供基本依据，对加快推进青藏高原新型城镇化进程、落实中央提出的实现青藏高原长治久安的总体要求具有重要意义。同时，本研究提出了资料缺乏和统计口径不一致的条件下城镇规模的合理估算方法，这在青藏高原城镇化研究中普遍缺乏建制镇数据的情况下，具有较大的参考价值。

二、基础数据来源与估算方法

（一）基础地理信息来源

本章研究中青藏高原地级、县级行政单元矢量边界来源于中国科学院资源环境科学与数据中心共享的全国地级、县级行政区划矢量数据。城镇的点状分布数据，首先是根据青藏高原 1990～2020 年行政区划调整资料确定建制镇以上城镇的名称，其中 1990 年各省（自治区）的乡镇行政区划来自《中华人民共和国行政区划简册 1991》（民政部，1991），2000～2010 年各省（自治区）的乡镇行政区划来自《中华人民共和国行政区划统计表》，

2015 年各省（自治区）的乡镇行政区划来自《中华人民共和国乡镇行政区划简册 2016》（民政部，2016），2020 年各省（自治区）的乡镇行政区划来自 2020 年度全国统计用区划代码和城乡划分代码（国家统计局，2020）。然后通过百度地图坐标拾取器获得青藏高原 1990～2020 年不同时期城镇的空间位置信息并在地图中对其进行精准核对，并借助 ArcGIS 10.2 软件，生成不同时期青藏高原所有城镇的时空分布地图。

（二）城镇人口和用地规模数据来源

人口规模、经济规模和建设用地规模是衡量城镇发展水平的重要指标。按照国家统计局自 2008 年 8 月开始实施的《统计上划分城乡的规定》定义城镇，即城市市区和建制镇镇区。由于我国普遍缺乏建制镇镇区的经济统计数据，因此本章研究仅选取城镇的人口规模和用地规模作为主要指标。

由于我国人口统计方法和口径复杂多变，现阶段无法直接获得青藏高原各城镇常住人口数据。较为准确的数据有 1990 年、2000 年、2010 年、2020 年 4 期全国人口普查和 2015 年全国 1% 人口抽样数据中获取的青藏高原各地级行政单元的城镇人口总量、所有设市城市市区的常住人口数，以及 2000 年、2010 年两期全国人口普查中分县级行政单元的城镇人口数。2014 年开始每年出版的《中国县域统计年鉴（乡镇卷）》提供了全国所有建制镇建成区的常住人口，但分析发现《2016 年中国县域统计年鉴（乡镇卷）》中提供的各地级行政单元建制镇建成区常住人口之和与全国 1% 人口抽样数据不一致（国家统计局农村社会经济调查司，2017），而且个别建制镇城镇规模明显与实际不符，因此单独修正异常值后进行了校正（鲍超和刘若文，2019）。实地调查表明，通过校正后的青藏高原各建制镇的镇区常住人口虽有一定误差，但总体能反映城镇规模的实际情况，而且能够准确地反映出城镇规模等级。由于 2020 年第七次全国人口普查中分县级行政单元的城镇人口尚未全部公布，因此先对 1990 年、2000 年、2010 年、2015 年数据进行校正，2020 年数据根据《2021 年中国县域统计年鉴（乡镇卷）》中提供的建制镇建成区常住人口并结合 1990～2015 年校正数据进行趋势外推结果综合确定（国家统计局农村社会经济调查司，2022）。具体步骤如下（鲍超和刘若文，2019）：

第一步，校正 2015 年青藏高原各建制镇的镇区常住人口，校正公式见式（2.1）：

$$P_{i,2015} = (Q_{i,2015} - C_{i,2015}) \times \frac{M_{i,2015}}{\sum\limits_{i=1}^{n} M_{i,2015}} \qquad (2.1)$$

式中，$P_{i,2015}$ 为第 i 建制镇 2015 年校正后的镇区常住人口；$Q_{i,2015}$ 为第 i 建制镇 2015 年所在地级市/州的全国 1% 抽样城镇常住人口；$C_{i,2015}$ 为第 i 建制镇 2015 年所在地级市/州城市市区的常住人口；$M_{i,2015}$ 为《2016 年中国县域统计年鉴（乡镇卷）》中获得的 2015 年第 i 建制镇建成区常住人口；n 为第 i 建制镇 2015 年所在地级市/州的城镇个数。

第二步，假设青藏高原 2000 年、2010 年各建制镇镇区人口占该建制镇所在县城镇常住人口的比例历年来大体保持不变，估算出 2000 年、2010 年各建制镇的镇区人口。估算公式见式（2.2）：

$$P_{j,t} = Q_{j,t} \times \frac{P_{j,T}}{\sum_{j=1}^{n} P_{j,T}} \tag{2.2}$$

式中，$P_{j,t}$ 为第 t 年（2000 年或 2010 年）第 j 建制镇的镇区常住人口；$Q_{j,t}$ 为第 t 年第 j 建制镇所在县全国人口普查资料中直接获取的城镇常住人口；$P_{j,T}$ 为第 j 建制镇与估算年份最临近年份校正后的镇区常住人口，即 $t=2010$ 时 $T=2015$，$t=2000$ 时 $T=2010$；n 为第 t 年第 j 建制镇所在县的城镇个数。

第三步，假设青藏高原 1990 年各建制镇镇区人口占该建制镇所在地级市/州城镇常住人口的比例历年来大体保持不变，估算出 1990 年各建制镇的镇区人口。估算公式见式（2.3）：

$$P_{i,1990} = \left(Q_{i,1990} - C_{i,1990} \right) \times \frac{P_{i,2000}}{\sum_{i=1}^{n} P_{i,2000}} \tag{2.3}$$

式中，$P_{i,1990}$ 为第 i 建制镇 1990 年的镇区常住人口；$Q_{i,1990}$ 为第 i 建制镇 1990 年所在地级市/州的全国人口普查资料中直接获取的城镇常住人口；$C_{i,1990}$ 为第 i 建制镇 1990 年所在地级市/州城市市区的常住人口；$P_{i,2000}$ 为估算的第 i 建制镇 2000 年的建成区常住人口；n 为第 i 建制镇 2000 年所在地级市/州的城镇个数。

第四步，以《2021 年中国县域统计年鉴（乡镇卷）》中提供的各镇区 2020 年常住人口为基数，对于明显异常的数值，根据 1990~2015 年各镇区常住人口的综合增长率进行趋势外推，得出 2020 年各镇区常住人口。

对于青藏高原城镇建设用地数据，各城市市区历年均有较准确的统计数据；而各建制镇建成区面积仅 2015 年和 2020 年可以从《中国县域统计年鉴（乡镇卷）》中获得。因此，结合中国科学院资源环境科学与数据中心共享的青藏高原 1990 年、2000 年、2010 年、2015 年、2020 年 5 期精度为 100m 的土地利用遥感解译数据，利用 ArcGIS 10.2 软件中的 Tabulate Area 工具分别以 5 期乡镇边界矢量图为基准，对各个建制镇的建设用地面积进行统计。由于乡镇尺度较小，对比分析发现，无论是统计数据还是遥感解译数据，少部分建制镇的用地规模与实际情况均存在误差，因此对这些数值异常的建制镇，采用式（2.4）进行估算：

$$A_{j,t} = P_{j,t} \times L_{j,t} \tag{2.4}$$

式中，$A_{j,t}$ 为第 t 年第 j 建制镇镇区的建设用地面积；$P_{j,t}$ 为第 t 年第 j 建制镇的镇区人口；$L_{j,t}$ 为第 t 年第 j 建制镇的人均建设用地面积，该值为剔除掉异常年份后其他年份的人均建设用地面积的平均值，如果所有年份均异常，则取该建制镇所在县的人均建设用地面积。

（三）城镇体系的空间结构及职能结构资料来源

本章研究中青藏高原行政区划范围涵盖青海和西藏全部，云南的怒江州、迪庆藏族自治州（简称迪庆州）全部及丽江市部分县市，四川的甘孜藏族自治州（简称甘孜州）、阿坝州全部及凉山彝族自治州（简称凉山州）、雅安市部分县市，甘肃的甘南州全部及酒泉市、武威市、张掖市部分县市，新疆的喀什地区、巴音州、和田地区部分县市。因此在确定青藏高原城镇体系的空间结构及职能结构时，参考的相关资料主要来源于青海、西藏、云南、四川、甘肃、新疆及相关地州市的城镇体系规划、新型城镇化发展规划、"十三五""十四五"国民经济和社会发展规划，以及重点城市和县城的城市总体规划。

第二节　青藏高原城镇数量分布的演变格局

一、青藏高原城镇数量分布的总体变化

1990~2023年，青藏高原城镇数量从108个增加到493个，其中城市数量由4个增加至19个（西宁市1946年设市，拉萨市1960年设市，格尔木市1980年设市，德令哈市1988年设市，合作市1996年设市，海东市、玉树市2013年设市，日喀则市、昌都市、香格里拉市2014年设市，林芝市、康定市、马尔康市2015年设市，山南市2016年设市，那曲市2017年设市，茫崖市2018年设市，同仁市2020年设市，米林市与错那市2023年设市），建制镇数量由99个增加至474个。1990~2000年，青藏高原城镇数量增长较快，从108个增长至212个。2000~2010年，青藏高原城镇数量迅猛发展，从212个增长至350个。2010~2023年，青藏高原城镇数量增速缓慢，从350个增长至493个。受地理环境、社会经济发展基础等因素限制，青藏高原大部分居民点分布较为分散，人口和产业集聚功能弱，长期达不到建制镇设置标准和设市标准。因此，城镇数量少，城镇密度低，城镇数量分布在空间上总体呈现出"大分散、小集聚"及"西北稀疏、东南密集"的不均衡格局（图2.1）。

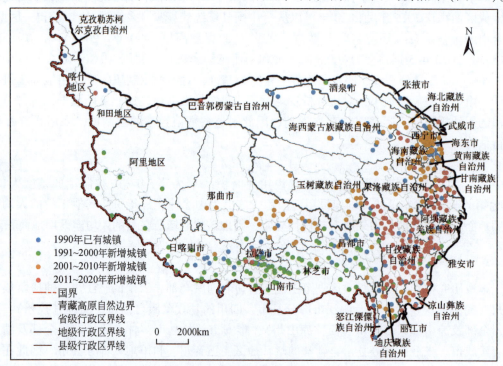

图2.1　1990~2020年青藏高原城镇空间分布变化图

青藏高原城镇主要集聚在青海东部黄河谷地、西藏东南部"一江两河"地区、青藏高原东南缘四川和云南部分,其中西宁都市圈和拉萨城市圈在青藏高原城镇空间格局演变中一直处于极化核心地位。在地广人稀的条件下,在一些有限的自然条件相对较好的宜居地区进行人口集聚和城镇布局,因而导致城镇空间分布不均衡,是历史必然的选择。例如,西宁市、海东市这两个行政辖区总面积不足青海的5%,但2020年城镇数量却约占青海的40%;而海西州辖区面积约占青海的47%,但2020年城镇数量却约占青海的16%。而在20世纪90年代中后期,基础条件较好的西宁、拉萨、各行署驻地及其周边的县城率先发展,因而在2000~2010年很多达到建制镇标准而设镇,2000~2010年城镇数量增加明显。但2010~2020年在青海和西藏,无论是大城市周边还是其他地区,新增城镇步伐变缓;但甘肃、四川、云南部分,一些远离大城市的旅游型城镇、工矿型城镇、交通型城镇逐步达到建制镇标准,因而城镇数量增加明显,青藏高原城镇数量也相对变得均衡。

二、青藏高原分行政区的城镇数量分布变化

从省级行政区来看(表2.1),青海城镇数量增长最快的阶段是在2000~2010年,该阶段城镇数量从47个增加到140个,增加了93个,资源的大规模开发和工业建设是青海城镇发展的首要动力,民族地区的优惠发展政策、牧民居住环境的改善和民族宗教文化的区域融合也是推动青海城镇发展的重要原因。而1990~2000年,青海城镇数量从37个增加到47个,增加了10个;2010~2020年从140个增加到146个,增加了6个。西藏城镇数量增长最快的阶段是在1990~2000年,该阶段城镇数量从35个增加到115个,增加了80个,表现出明显的补偿性增长特征,大量新增城镇只是名义上的"行政建制"变更,城镇人口规模多达不到设镇标准,不少居民仍保持着城内居住、城外耕作的传统生产生活方式。而2000~2010年,西藏城镇数量从115个增加到145个,增加了30个;2010~2020年仅增加了3个,从145个增加至148个。四川、云南、甘肃、新疆部分,建制镇数量在1990~2010年一直较少,但到2020年有一定增加。尤其是四川部分,城镇数量从2010年的41个增加至2020年的156个,增加了115个。

表2.1 1990~2020年青藏高原分行政区的城镇数量变化

省(自治区)	地区	1990年城镇个数/个	占青藏高原比例/%	2000年城镇个数/个	占青藏高原比例/%	2010年城镇个数/个	占青藏高原比例/%	2020年城镇个数/个	占青藏高原比例/%
青海	西宁市	6	5.56	14	6.60	28	8.00	28	5.68
	海东市	9	8.33	10	4.72	31	8.86	31	6.29
	海北州	3	2.78	4	1.89	11	3.14	11	2.23
	黄南州	3	2.78	3	1.42	11	3.14	13	2.64
	海南州	2	1.85	2	0.94	16	4.57	19	3.85

省（自治区）	地区	1990年城镇个数/个	占青藏高原比例/%	2000年城镇个数/个	占青藏高原比例/%	2010年城镇个数/个	占青藏高原比例/%	2020年城镇个数/个	占青藏高原比例/%
青海	果洛州	1	0.93	1	0.47	8	2.29	8	1.62
	玉树州	1	0.93	1	0.47	12	3.43	12	2.43
	海西州	12	11.11	12	5.66	23	6.57	24	4.87
	合计	37	34.26	47	22.17	140	40.00	146	29.61
西藏	拉萨市	7	6.48	10	4.72	10	2.86	13	2.64
	日喀则市	11	10.19	26	12.26	28	8.00	28	5.68
	昌都市	10	9.26	24	11.32	29	8.29	29	5.88
	林芝市	2	1.85	20	9.43	21	6.00	21	4.26
	山南市	2	1.85	24	11.32	24	6.86	24	4.87
	那曲市	3	2.78	4	1.89	26	7.43	26	5.27
	阿里地区	0	0.00	7	3.30	7	2.00	7	1.42
	合计	35	32.41	115	54.25	145	41.43	148	30.02
云南	怒江州	3	2.78	3	1.42	3	0.86	4	0.81
	丽江市	0	0.00	0	0.00	1	0.29	2	0.41
	迪庆州	3	2.78	4	1.89	9	2.57	10	2.03
	合计	6	5.56	7	3.30	13	3.71	16	3.25
四川	凉山州	1	0.93	1	0.47	3	0.86	9	1.83
	甘孜州	14	12.96	22	10.38	23	6.57	102	20.69
	阿坝州	9	8.33	12	5.66	14	4.00	44	8.92
	雅安市	0	0.00	1	0.47	1	0.29	1	0.20
	合计	24	22.22	36	16.98	41	11.71	156	31.64
甘肃	甘南州	1	0.93	1	0.47	5	1.43	18	3.65
	酒泉市	1	0.93	2	0.94	2	0.57	2	0.41
	武威市	0	0.00	0	0.00	0	0.00	1	0.20
	张掖市	1	0.93	1	0.47	1	0.29	1	0.20
	合计	3	2.78	4	1.89	8	2.29	22	4.46
新疆	喀什地区	1	0.93	1	0.47	1	0.29	1	0.20
	巴音州	1	0.93	1	0.47	1	0.29	2	0.41
	和田地区	1	0.93	1	0.47	1	0.29	2	0.41
	合计	3	2.78	3	1.42	3	0.86	5	1.01
青藏高原总计		108	100	212	100	350	100	493	100

注：黄南州是黄南藏族自治州的简称，海南州是海南藏族自治州的简称。

　　从地级行政区来看，各地级市/州 2020 年城镇数量较 1990 年总体增长，但其城镇数量多寡不一（表2.1）。例如，四川甘孜州的城镇数量最多，2020年达到了102个；青海的果洛州，西藏的阿里地区，云南的怒江州和丽江市（青藏高原范围），四川的凉山州和雅安市（青藏高原范围），甘肃的酒泉市、武威市、张掖市（青藏高原范围），新疆的喀什地区、巴音州、和田地区（青藏高原范围），2020年城镇数量都在10个以下。部分地级市/州建制镇数量在某一阶段增长较多，但其他阶段缓慢增长或没有变化（表2.1）。例如，甘肃的张掖市和新疆的喀什地区（青藏高原范围）在1990~2020年都只有1个城镇；青海的西宁市、海东市、海北州、果洛州、玉树州，西藏的日喀则市、昌都市、林芝市、山南市、那曲市、阿里地区等在2010~2020年城镇数量都保持不变。

第三节　青藏高原城镇体系的等级规模结构格局

一、青藏高原城镇人口规模等级演变的时空格局

（一）1990~2020年青藏高原城镇人口规模等级的总体变化

由于青藏高原城镇人口规模普遍偏小，如果沿用国务院2014年印发的《关于调整城市规模划分标准的通知》对城镇进行分级，则不能很好地体现城镇之间的差异。因此，根据青藏高原特点，将1990~2020年青藏高原城镇人口规模等级划分为七个级别（图2.2）。

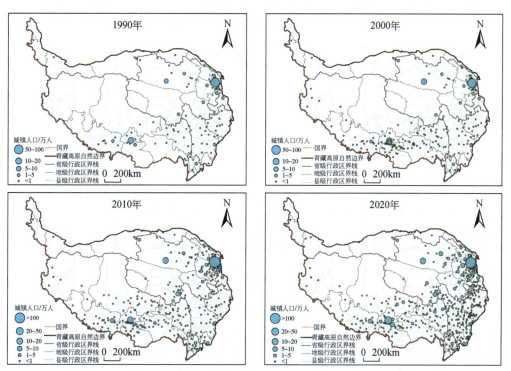

图2.2　1990~2020年青藏高原城镇人口规模等级格局变化图

大于 100 万人的城镇：数量由 1990 年的 0 个增加到 2020 年的 1 个（西宁市），占青藏高原城镇数量的比例由 1990 年的 0 上升为 2020 年的 0.20%；该类城镇人口由 1990 年的 0 万人增加到 2020 年的 128.10 万人，占青藏高原城镇人口的比例由 1990 年的 0 上升为 2020 年的 24.49%。

50 万 ~ 100 万人的城镇：数量由 1990 年的 1 个（西宁市）减少到 2020 年的 0 个，占青藏高原城镇数量的比例由 1990 年的 0.93% 变为 2020 年的 0；该类城镇人口由 1990 年的 68.45 万人降为 2020 年的 0 万人，占青藏高原城镇人口的比例由 44.05% 降为 2020 年的 0。

20 万 ~ 50 万人的城镇：数量由 1990 年的 0 个增加到 2020 年的两个（拉萨市、海东市），占青藏高原城镇数量的比例由 1990 年的 0 上升为 2020 年的 0.41%；2020 年该类城镇人口为 64.25 万人，占当年青藏高原城镇人口的比例为 12.28%。

10 万 ~ 20 万人的城镇：数量由 1990 年的 1 个（拉萨市）增加到 2020 年的两个（格尔木市、桥头镇），占青藏高原城镇数量的比例由 1990 年的 0.93% 变为 2020 年的 0.41%，下降了 0.52 个百分点；该类城镇人口由 1990 年的 12.96 万人变为 2020 年的 31.28 万人，占青藏高原城镇人口的比例由 1990 年的 8.34% 变为 2020 年的 5.98%，下降了 2.36 个百分点。

5 万 ~ 10 万人的城镇：数量由 1990 年的 3 个（海东市、格尔木市、桥头镇）增加到 2020 年的 5 个，占青藏高原城镇数量的比例由 1990 年的 2.78% 变为 2020 年的 1.01%，下降了 1.77 个百分点；该类城镇人口由 1990 年的 25.27 万人增加到 2020 年的 30.54 万人，占青藏高原城镇人口的比例由 1990 年的 16.26% 变为 2020 年的 5.84%，下降了 10.42 个百分点。

1 万 ~ 5 万人的城镇：数量由 1990 年的 14 个增加到 2020 年的 67 个，占青藏高原城镇数量的比例由 1990 年的 12.96% 升为 2020 年的 13.59%，基本持平；该类城镇人口由 1990 年的 26.15 万人增加到 2020 年的 141.29 万人，占青藏高原城镇人口的比例由 1990 年的 16.83% 上升为 2020 年的 27.01%，上升了 10.18 个百分点。

小于 1 万人的城镇：数量由 1990 年的 89 个增加到 2020 年的 416 个，占青藏高原城镇数量的比例由 1990 年的 82.40% 上升为 2020 年的 84.38%，上升了 1.97 个百分点；该类城镇人口由 1990 年的 22.57 万人增加到 2020 年的 127.62 万人，占青藏高原城镇人口的比例由 1990 年的 14.52% 上升为 2020 年的 24.40%，上升了 9.88 个百分点。

总体来看，青藏高原人口小于 1 万人的城镇数量始终在 80% 以上，小于 5 万人的城镇数量始终在 90% 以上，二者占据较大比例且都略有上升，城镇人口规模普遍较小，城镇辐射带动能力不足已成为青藏高原社会经济发展面临的重要制约因素。

（二）1990 年青藏高原城镇人口规模等级格局

1990 年，青藏高原共有各级城镇 108 个，城镇人口为 155.40 万人。其中，没有大于 100 万人及 20 万 ~ 50 万人的城镇。50 万 ~ 100 万人的城镇数量为 1 个，为西宁市，占当年青藏高原城镇数量的 0.93%；其城镇人口为 68.45 万人，占当年青藏高原城镇人口的

44.05%。10 万～20 万人的城镇数量为 1 个，为拉萨市，占当年青藏高原城镇数量的 0.93%；其城镇人口为 12.96 万人，占当年青藏高原城镇人口的 8.34%。5 万～10 万人的城镇数量为 3 个，为海东市、格尔木市、桥头镇，占当年青藏高原城镇数量的 2.78%；其城镇人口为 25.27 万人，占当年青藏高原城镇人口的 16.26%。1 万～5 万人的城镇数量为 14 个，占当年青藏高原城镇数量的 12.96%；其城镇人口为 26.15 万人，占当年青藏高原城镇人口的 16.83%。城镇人口小于 1 万人的城镇数量为 89 个，占当年青藏高原城镇数量的 82.40%；其城镇人口为 22.57 万人，占当年青藏高原城镇人口的 14.52%。

（三）2000 年青藏高原城镇人口规模等级格局

2000 年，青藏高原共有各级城镇 212 个，城镇人口为 221.85 万人。其中，仍然没有大于 100 万人及 20 万～50 万人的城镇。50 万～100 万人的城镇数量为 1 个，为西宁市，占当年青藏高原城镇数量的 0.47%；其城镇人口为 81.75 万人，占当年青藏高原城镇人口的 36.85%。10 万～20 万人的城镇数量为 3 个，为拉萨市、海东市、格尔木市，占当年青藏高原城镇数量的 1.42%；其城镇人口为 46.84 万人，占当年青藏高原城镇人口的 21.11%。5 万～10 万人的城镇数量为 1 个，为西宁市大通县的桥头镇，占当年青藏高原城镇数量的 0.47%；其城镇人口为 8.75 万人，占当年青藏高原城镇人口的 3.95%。1 万～5 万人的城镇数量为 19 个，占当年青藏高原城镇数量的 8.96%；其城镇人口为 40.76 万人，占当年青藏高原城镇人口的 18.37%。城镇人口小于 1 万人的城镇数量为 188 个，占当年青藏高原城镇数量的 88.68%；其城镇人口为 43.75 万人，占当年青藏高原城镇人口的 19.72%。

（四）2010 年青藏高原城镇人口规模等级格局

2010 年，青藏高原共有各级城镇 350 个，城镇人口为 335.51 万人。其中，大于 100 万人的城镇数量为 1 个，为西宁市，占当年青藏高原城镇数量的 0.29%；其城镇人口为 110.20 万人，占当年青藏高原城镇人口的 32.85%。缺少 50 万～100 万人的城镇。20 万～50 万人的城镇数量为 1 个，为拉萨市，占当年青藏高原城镇数量的 0.29%；其城镇人口为 20 万人，占当年青藏高原城镇人口的 5.96%。10 万～20 万人的城镇数量为 3 个，为海东市、格尔木市、桥头镇，占当年青藏高原城镇数量的 0.85%；其城镇人口为 47.89 万人，占当年青藏高原城镇人口的 14.27%。5 万～10 万人的城镇数量为两个，为日喀则市、玉树市，占当年青藏高原城镇数量的 0.57%；其城镇人口为 11.86 万人，占当年青藏高原城镇人口的 3.53%。1 万～5 万人的城镇数量为 35 个，占当年青藏高原城镇数量的 10.00%；其城镇人口为 66.56 万人，占当年青藏高原城镇人口的 19.84%。城镇人口小于 1 万人的城镇数量为 308 个，占当年青藏高原城镇数量的 88.00%；其城镇人口为 79.00 万人，占当年青藏高原城镇人口的 23.55%。

（五）2020 年青藏高原城镇人口规模等级格局

2020 年，青藏高原共有各级城镇 493 个，城镇人口为 523.08 万人。其中，大于 100

万人的城镇数量为 1 个，为西宁市，占当年青藏高原城镇数量的 0.20%；其城镇人口为 128.1 万人，占当年青藏高原城镇人口的 24.49%。当年青藏高原没有 50 万～100 万人的城镇。20 万～50 万人的城镇数量为两个，为拉萨市、海东市，占当年青藏高原城镇数量的 0.41%；其城镇人口为 64.25 万人，占当年青藏高原城镇人口的 12.28%。10 万～20 万人的城镇数量为两个，为格尔木市、桥头镇，占当年青藏高原城镇数量的 0.41%；其城镇人口为 31.28 万人，占当年青藏高原城镇人口的 5.98%。5 万～10 万人的城镇数量为 5 个，为日喀则市、玉树市、德令哈市、山南市、海南州恰卜恰镇，占当年青藏高原城镇数量的 1.01%；其城镇人口为 30.54 万人，占当年青藏高原城镇人口的 5.84%。1 万～5 万人的城镇数量为 67 个，占当年青藏高原城镇数量的 13.59%；其城镇人口为 141.29 万人，占当年青藏高原城镇人口的 27.01%。城镇人口小于 1 万人的城镇数量为 416 个，占当年青藏高原城镇数量的 84.38%；其城镇人口为 127.62 万人，占当年青藏高原城镇人口的 24.40%。

二、青藏高原城镇用地规模等级演变的时空格局

（一）1990～2020 年青藏高原城镇用地规模等级的总体变化

根据青藏高原城镇用地规模的特点，将 1990～2020 年青藏高原城镇用地规模等级划分为七个级别（图 2.3）。

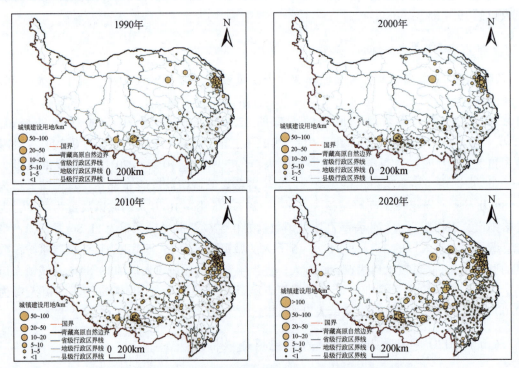

图 2.3　1990～2020 年青藏高原城镇用地规模等级格局变化图

大于 100km² 的城镇：数量由 1990 年的 0 个增加到 2020 年的 1 个（西宁市），占青藏高原城镇数量的比例由 1990 年的 0 上升为 2020 年的 0.20%；该类城镇建设用地面积由 1990 年的 0km² 增加到 2020 年的 117km²，占青藏高原城镇建设用地面积的比例由 1990 年的 0 上升为 2020 年的 13.12%。

50～100km² 的城镇：数量由 1990 年的 1 个（西宁市）仍保持到 2020 年的 1 个（拉萨市），占青藏高原城镇数量的比例由 1990 年的 0.93% 变为 2020 年的 0.20%；该类城镇建设用地面积由 1990 年的 52km² 上升为 2020 年的 89km²，占青藏高原城镇建设用地面积的比例由 22.73% 降为 2020 年的 9.98%，下降了 12.75 个百分点。

20～50km² 的城镇：数量由 1990 年的 1 个（拉萨市）增加到 2020 年的 5 个（海东市、格尔木市、德令哈市、日喀则市、林芝市），占青藏高原城镇数量的比例由 1990 年的 0.93% 上升为 2020 年的 1.01%；该类城镇建设用地面积由 1990 年的 45km² 上升为 2020 年的 142.93km²，占青藏高原城镇建设用地面积的比例由 19.67% 降为 2020 年的 16.02%，下降了 3.65 个百分点。

10～20km² 的城镇：数量由 1990 年的 3 个（海东市、格尔木市、日喀则市）减少为 2020 年的两个（山南市、玉树市），占青藏高原城镇数量的比例由 1990 年的 2.77% 变为 2020 年的 0.41%，下降了 2.37 个百分点；该类城镇建设用地面积由 1990 年的 41.28km² 变为 2020 年的 33.83km²，占青藏高原城镇建设用地面积的比例由 1990 年的 18.04% 变为 2020 年的 3.79%，下降了 14.25 个百分点。

5～10km² 的城镇：数量由 1990 年的两个（德令哈市、桥头镇）增加到 2020 年的 17 个，占青藏高原城镇数量的比例由 1990 年的 1.85% 变为 2020 年的 3.45%，增加了 1.60 个百分点；该类城镇建设用地面积由 1990 年的 13.16km² 增加到 2020 年的 105.55km²，占青藏高原城镇建设用地面积的比例由 1990 年的 5.75% 变为 2020 年的 11.83%，增加了 6.08 个百分点。

1～5km² 的城镇：数量由 1990 年的 25 个增加到 2020 年的 116 个，占青藏高原城镇数量的比例由 1990 年的 23.15% 升为 2020 年的 23.53%，基本持平；该类城镇建设用地面积由 1990 年的 53.38km² 增加到 2020 年的 279.84km²，占青藏高原城镇建设用地面积的比例由 1990 年的 23.33% 上升为 2020 年的 31.38%，上升了 8.04 个百分点。

小于 1km² 的城镇：数量由 1990 年的 76 个增加到 2020 年的 351 个，占青藏高原城镇数量的比例由 1990 年的 70.37% 升为 2020 年的 71.20%，上升了 0.83 个百分点；该类城镇建设用地面积由 1990 年的 23.99km² 增加到 2020 年的 123.79km²，占青藏高原城镇建设用地面积的比例由 1990 年的 10.48% 上升为 2020 年的 13.88%，上升了 3.40 个百分点。

总体来看，青藏高原城镇建设用地面积小于 1km² 的城镇数量始终占据 70% 以上，小于 5km² 的城镇数量始终占据 90% 以上，城镇建设用地规模普遍较小，但建设用地规模显著增长主要集中在城镇密度高的地区，导致城镇建设用地局部紧缺。

（二）1990 年青藏高原城镇用地规模等级格局

1990 年，青藏高原城镇建设用地面积为 228.81km²。其中，没有大于 100km² 的城镇。

$50 \sim 100 km^2$ 的城镇数量为 1 个，为西宁市，占当年青藏高原城镇数量的 0.93%；其城镇建设用地面积为 $52 km^2$，占当年青藏高原城镇建设用地面积的 22.73%。$20 \sim 50 km^2$ 的城镇数量为 1 个，为拉萨市，占当年青藏高原城镇数量的 0.93%；其城镇建设用地面积为 $45 km^2$，占当年青藏高原城镇建设用地面积的 19.67%。$10 \sim 20 km^2$ 的城镇数量为 3 个，为海东市、格尔木市、日喀则市，占当年青藏高原城镇数量的 2.77%；其城镇建设用地面积为 $41.28 km^2$，占当年青藏高原城镇建设用地面积的 18.04%。$5 \sim 10 km^2$ 的城镇数量为两个，为德令哈市、大通县桥头镇，占当年青藏高原城镇数量的 1.85%；其城镇建设用地面积为 $13.16 km^2$，占当年青藏高原城镇建设用地面积的 5.75%。$1 \sim 5 km^2$ 的城镇数量为 25 个，占当年青藏高原城镇数量的 23.15%；其城镇建设用地面积为 $53.38 km^2$，占当年青藏高原城镇建设用地面积的 23.33%。小于 $1 km^2$ 的城镇数量为 76 个，占当年青藏高原城镇数量的 70.37%；其城镇建设用地面积为 $23.99 km^2$，占当年青藏高原城镇建设用地面积的 10.48%。

（三）2000 年青藏高原城镇用地规模等级格局

2000 年，青藏高原城镇建设用地为 $331.09 km^2$。其中，没有大于 $100 km^2$ 的城镇。$50 \sim 100 km^2$ 的城镇数量为两个，为西宁市和拉萨市，占当年青藏高原城镇数量的 0.94%；其城镇建设用地面积为 $108.57 km^2$，占当年青藏高原城镇建设用地面积的 32.79%。$20 \sim 50 km^2$ 的城镇数量为 1 个，为格尔木市，占当年青藏高原城镇数量的 0.47%；其城镇建设用地面积为 $25.60 km^2$，占当年青藏高原城镇建设用地面积的 7.73%。$10 \sim 20 km^2$ 的城镇数量为两个，为海东市、日喀则市，占当年青藏高原城镇数量的 0.94%；其城镇建设用地面积为 $35.69 km^2$，占当年青藏高原城镇建设用地面积的 10.78%。$5 \sim 10 km^2$ 的城镇数量为 4 个，为德令哈市、大通县桥头镇、海东市平安镇、林芝市，占当年青藏高原城镇数量的 1.89%；其城镇建设用地面积为 $26.20 km^2$，占当年青藏高原城镇建设用地面积的 7.92%。$1 \sim 5 km^2$ 的城镇数量为 39 个，占当年青藏高原城镇数量的 18.40%；其城镇建设用地面积为 $89.86 km^2$，占当年青藏高原城镇建设用地面积的 27.14%。小于 $1 km^2$ 的城镇数量为 164 个，占当年青藏高原城镇数量的 77.36%；其城镇建设用地面积为 $45.17 km^2$，占当年青藏高原城镇建设用地面积的 13.64%。

（四）2010 年青藏高原城镇用地规模等级格局

2010 年，青藏高原城镇建设用地为 $520.48 km^2$。其中，没有大于 $100 km^2$ 的城镇。$50 \sim 100 km^2$ 的城镇数量为两个，为西宁市、拉萨市，占当年青藏高原城镇数量的 0.57%；其城镇建设用地面积为 $129.65 km^2$，占当年青藏高原城镇建设用地面积的 24.91%。$20 \sim 50 km^2$ 的城镇数量为两个，为格尔木市、海东市，占当年青藏高原城镇数量的 0.57%；其城镇建设用地面积为 $55.87 km^2$，占当年青藏高原城镇建设用地面积的 10.74%。$10 \sim 20 km^2$ 的城镇数量为 3 个，为日喀则市、德令哈市、林芝市，占当年青藏高原城镇数量的 0.86%；其城镇建设用地面积为 $48.89 km^2$，占当年青藏高原城镇建设用地面积的 9.39%。$5 \sim 10 km^2$ 的城镇数量为 6 个，为结古镇、平安镇、桥头镇、泽当镇、威远镇、恰卜恰镇，占当年青藏高原城镇数量的 1.72%；其城镇建设用地面积为 39.41km²，占当年青藏高原城镇建设用地面积的 7.57%。1~5km² 的城镇数量为 74 个，占当年青藏高原城镇数量的 21.14%；其城镇建设用地面积为 162.03km²，占当年青藏高原城镇建设用地面积的 31.13%。小于 1km² 的城镇数量为 263 个，占当年青藏高原城镇数量的 75.14%；其城镇建设用地面积为 84.63km²，占当年青藏高原城镇建设用地面积的 16.26%。

（五）2020 年青藏高原城镇用地规模等级格局

2020 年，青藏高原城镇建设用地为 891.94km²。其中，大于 100km² 的城镇数量为 1 个，为西宁市，占当年青藏高原城镇数量的 0.20%；其城镇建设用地面积为 117km²，占当年青藏高原城镇建设用地面积的 13.12%。50~100km² 的城镇数量为 1 个，为拉萨市，占当年青藏高原城镇数量的 0.20%；其城镇建设用地面积为 89km²，占当年青藏高原城镇建设用地面积的 9.98%。20~50km² 的城镇数量为 5 个，为海东市、格尔木市、德令哈市、日喀则市、林芝市，占当年青藏高原城镇数量的 1.01%；其城镇建设用地面积为 142.93km²，占当年青藏高原城镇建设用地面积的 16.02%。10~20km² 的城镇数量为两个，为山南市、玉树市，占当年青藏高原城镇数量的 0.41%；其城镇建设用地面积为 33.83km²，占当年青藏高原城镇建设用地面积的 3.79%。5~10km² 的城镇数量为 17 个，占当年青藏高原城镇数量的 3.45%；其城镇建设用地面积为 105.55km²，占当年青藏高原城镇建设用地面积的 11.83%。1~5km² 的城镇数量为 116 个，占当年青藏高原城镇数量的 23.53%；其城镇建设用地面积为 279.84km²，占当年青藏高原城镇建设用地面积的 31.38%。小于 1km² 的城镇数量为 351 个，占当年青藏高原城镇数量的 71.20%；其城镇建设用地面积为 123.79km²，占当年青藏高原城镇建设用地面积的 13.88%。

第四节　青藏高原城镇体系的空间结构格局

一、青藏高原城镇体系的总体空间结构

依据青藏高原城镇分布的特点及其与交通和地理环境等各要素的关系，青藏高原当前已经初步形成了"三圈四带多节点"的城镇体系总体空间结构（图 2.4）。其中，"三圈"指西宁都市圈、拉萨城市圈和柴达木城镇圈，"四带"指沿青藏铁路线城镇带、沿川藏铁路线城镇带、沿唐蕃古道城镇带、青藏高原边境城镇带，"多节点"指多个重要城镇节点。

（一）三圈：三大都市圈和城市圈

"三圈"指西宁都市圈、拉萨城市圈和柴达木城镇圈，是以青藏高原两大核心城市西宁和拉萨及全国综合交通枢纽城市格尔木为中心形成的人口与经济密度最高的城镇化地区。

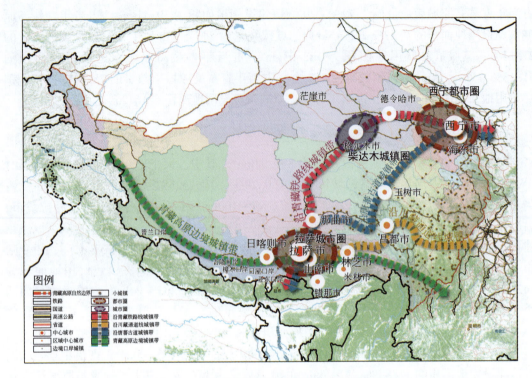

图2.4 青藏高原城镇体系的总体空间结构图

西宁都市圈是以西宁市辖区为中心，以西宁市大通回族自治县（简称大通县）、湟源县、湟中区和海东市平安区、互助土族自治县（简称互助县）等为外围核心城镇的都市圈，是兰西城市群的重要组成部分。西宁是青藏高原的首位城市和内陆开放城市，主要承担经济增长极核、交通物流枢纽、文化和生态保护中心等功能；海东市主要承担现代工业、文化遗产保护与开发等功能。西宁都市圈应加快壮大西宁综合实力，完善海东城市功能，强化县域经济发展，共同建设承接产业转移示范区，重点发展新能源、新材料、生物医药、装备制造、信息技术等产业，积极提高城际互联水平，稳步增加城镇数量，加快形成联系紧密、分工有序的都市圈。

拉萨城市圈是以拉萨市为中心、山南市为重要支撑、其他小城镇为组成部分，以拉萨至墨竹工卡、拉萨至山南泽当为轴线的城市圈，是西藏城镇体系的核心区域，同时也是青藏高原地区城镇化、社会经济发展、文化保护与产业发展的核心增长极。其中，拉萨市主要承担经济发展、产业集聚、改革创新、全面开放、城乡一体化和两型社会建设、旅游集散的功能；山南市主要承担传统文化保护、文化产业发展、生态文明引领的藏源生态文化示范功能；工卡镇、林周县、堆龙德庆区、达孜区和曲水镇分别承担矿产和现代农业发展功能。

柴达木城镇圈是柴达木盆地以格尔木市为中心，辐射带动周边的德令哈市、茫崖市、都兰县、乌兰县联动发展的城镇圈，未来可将格尔木市建成稳疆固藏的重要战略节点，升级为地级市，发挥对青藏高原安全保障的重要"开关"作用。

（二）四带：四条城镇带

沿青藏铁路线城镇带。青藏铁路纵贯青海、西藏两省（自治区），与青藏公路走向基本一致，是青藏地区与内地沟通的桥梁，同时也是西部腹地路网骨架的重要组成部分。青藏铁路起于青海西宁市，途经德令哈市、格尔木市、昆仑山口、沱沱河，翻越唐古拉山口，进入西藏安多、那曲、当雄、羊八井，终到西藏拉萨市，全长 1956km，跨越青海 1/3 的县市和主要厂矿，途经的地区依次有湟中区、湟源县、海晏县、刚察县、天峻县、乌兰县、大柴旦行政委员会、治多县、曲麻莱县、安多县、那曲市、当雄县、堆龙德庆区、拉萨市柳梧新区。青藏铁路的建成极大地改善了进出藏的交通条件，大量的物流与客流也带动了铁路沿线城镇的社会经济发展，形成了青藏高原主要城镇发展轴。

沿川藏铁路线城镇带。川藏铁路是正在建设的连接四川与西藏的快速铁路，与川藏公路 318 国道走向基本一致。线路东起四川成都市，从既有成昆铁路引出，经蒲江县、雅安市、天全县后翻二郎山进入甘孜州；经康定市、理塘县、白玉县后跨金沙江，进入西藏昌都市；经江达县、邦达县、八宿县后进入林芝市；经波密县、巴宜区进入山南市；经桑日县、乃东区、贡嘎县后，西至拉萨市。该城镇带也是青藏高原城镇发育较好的地区之一。

沿唐蕃古道城镇带。唐蕃古道是我国古代历史上著名的交通大道，也是唐代以来中原内地去往青海地区、西藏地区乃至尼泊尔、印度等国的必经之路。它的形成和畅通至今已有 1300 多年的历史，因此沿线发育了青藏高原沿西宁—玉树—那曲—拉萨城镇带，沿途分布着共和、贵南、同德、玛沁、甘德、达日、囊谦、类乌齐、丁青、巴青、索县、当雄等州府、县城驻地和其他重要城镇。

青藏高原边境城镇带。由位于青藏高原西部的日土县开始，沿喜马拉雅山—山南—林芝边境线沿线区域的 42 个重要边境乡镇构成，分布着噶尔、普兰、仲巴、聂拉木、吉隆、定结、陈塘、亚东、错那、隆子、墨脱、察隅等州府、县城驻地和其他重点城镇，以及普兰口岸、里孜口岸、吉隆口岸、樟木口岸、亚东口岸等边境口岸。

（三）多节点：多个重要城镇节点

按照"大均衡、小集中"的原则，促进"三圈"核心城市之外其他重要节点城市和重点固边城镇的发展，突出建设林芝市、日喀则市、那曲市、昌都市、玉树市、德令哈市、茫崖市、同仁市、马尔康市、香格里拉市、合作市、康定市、米林市、错那市等重要节点城市，打通节点城镇与中心城市、节点城镇之间高效便捷的交通网络，加强中心城市与节点城镇互联互通，促进青藏高原城镇体系的空间结构优化完善。

林芝市。林芝市是青藏高原东南地区的综合性中心城市，因气候宜人、环境独特，也是典型的旅游型城市。

日喀则市。日喀则市是青藏高原西南地区的中心城市，国家级历史文化名城，区域性交通枢纽中心，区域性政治、经济和文化中心，以商业贸易、加工业、旅游服务为主体功能的重要城市。

那曲市。那曲市是青藏高原北部地区交通枢纽、政治、经济和文化中心，青藏铁路沿线重要的铁路物流基地。

昌都市。昌都市是青藏高原地区的东大门，藏东地区政治、经济和文化中心，是国家西部地区的公路交通枢纽。

玉树市。玉树市是青藏高原三江源区域的中心城市。应加强虫草等珍稀生物资源保护性开发，因地制宜地培育发展高原旅游、生态农畜产品加工等特色产业，将玉树市打造成为高原生态型商贸文化旅游城市。

德令哈市。德令哈市是柴达木地区的中心城市，也是青藏高原绿洲城市。它是以盐碱化工为特色的资源加工、转化基地，同时也是青藏交通干线上的综合交通节点和物流集散地。

茫崖市。依托茫崖、冷湖联合建立茫崖市的重大机遇，进一步发展壮大盐湖、油气资源开发等产业，大力发展风能产业，推进城市化建设进程，打造全省重要的盐湖钾肥、天然气生产和风能光能发电基地、青藏高原重要的石油开采基地、"承内启疆"重要物流集散地，把茫崖市建成青海西部新兴门户城市和青海向西开放的"西大门"。

同仁市。同仁市藏语称为"热贡"，意为"梦想成真的金色谷地"，是热贡艺术的发祥地、著名的热贡艺术之乡、安多地区藏文化中心。位于九曲黄河第一弯，是甘肃、青海、四川交界的枢纽地带，是青海唯一的国家级历史文化名城，藏文化的原生地，全国第三个国家级文化生态保护区，中国民间艺术之乡，是青海黄南州政治、经济和文化中心。

马尔康市。马尔康市是四川阿坝州的首府，藏语意为"火苗旺盛的地方"，引申为"兴旺发达之地"。境内拥有嘉绒藏族文化、红军文化、宗教文化、自然景观四大类特色旅游资源，马尔康市是青藏高原边缘区生态旅游文化名城。

香格里拉市。香格里拉市是云南迪庆州的政治、经济和文化中心，藏语意为"心中的日月"，拥有普达措国家公园、噶丹松赞林寺、独克宗古城、虎跳峡等著名景点，是云南、四川、西藏交界地的重要旅游中心城市。

合作市。合作市是甘肃甘南州州府所在地，藏语音译为"黑措"，意为羚羊聚居的地方。合作市自古以来就是古"丝绸南路"的商埠重镇，是青藏高原的东北边缘甘肃、青海、四川交界处重要的中心城市，是以牧业为主的高原城市，被誉为"中国牦牛乳都"，是大香格里拉北线旅游集散中心和高原特色文化生态旅游目的地，也是甘南州政治、经济、文化、科技和金融中心。

康定市。康定市是四川甘孜州州府，川藏咽喉、茶马古道重镇、藏汉交汇中心，川西北旅游集散中心和生态示范区，国际生态文化旅游目的地。

米林市。米林市藏语为"药洲"之意，为林芝市副中心城市，全国重要的水电开发基地与清洁能源基地，大力发展清洁能源产业、水电开发产业、生态旅游产业等，推动米林–巴宜一体化发展。

错那市。错那市藏语译为"湖前面"之意，是西藏重要的边境城市之一，典型的高寒城市。

二、青藏高原主体区青海城镇体系空间结构

　　青海和西藏是全境均属于青藏高原范围的两个省（自治区），是青藏高原的主体范围和核心组成部分。二者在城镇化长期发展过程中，发育形成了相对独立的城镇体系。因此，将空间聚焦到青海范围，则可进一步勾勒出青海的城镇体系空间结构。依据《青海省城镇体系规划（2015~2030年）》《青海省新型城镇化规划（2014~2020年）》，以及青海省发展和改革委员会2018年开展的《新时代青海省区域协调发展新格局研究》，结合青海城镇空间演化过程、城镇体系空间布局与社会经济发展现状，青海已经初步形成了"两极一轴一高地"城镇体系空间结构（图2.5）。

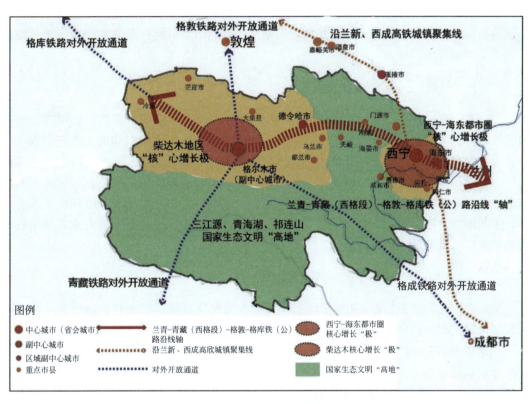

图2.5　青海"两极一轴一高地"城镇体系空间结构规划图
资料来源：《青海省新型城镇化规划（2014~2020年）》

（一）两极：两个核心增长极

　　"两极"即以西宁都市圈为主体，覆盖西宁和海东全市的西宁-海东都市圈核心增长极，以及以柴达木城镇圈为主体，覆盖德令哈市、茫崖市、大柴旦等柴达木地区核心增长极。

西宁–海东都市圈核心增长极。要推进形成以西宁四区三县、海东两区四县为主体，同仁市、贵德县（拟撤县设市）、尖扎县为组成部分的西宁–海东都市圈。加快壮大西宁综合实力，开辟发展新空间，建设宜居宜业"大西宁"，加快完善海东城市功能，建设城乡统筹和农业现代化"新海东"，加快推进西宁海东一体化进程，共同建设承接产业转移示范区，重点发展新能源、新材料、生物医药、装备制造、信息技术等产业，推动沿黄河带的特色化发展，积极提高城际互联水平，稳步增加城市数量，着力建设联系紧密、分工有序的西宁–海东都市圈，着力推进兰西城市群建设。

柴达木地区核心增长极。要强化格尔木市的青海副中心城市功能，加快形成以格尔木市、德令哈市为核心，以茫崖市、都兰县（拟撤县设市）、乌兰县（拟撤县设市）等新兴城市为组成部分的柴达木盆地城镇化发展新格局。要加快海西州的传统优势产业转型升级步伐，大力培育新的经济增长点，持续调整优化产业结构，强化盐湖化工等基础原材料产业链的延伸，建成国家级盐湖综合开发利用基地、新能源新材料产业基地和青海统筹城乡一体化发展示范区。

（二）一轴：一条城镇发展主轴

"一轴"即以兰青–青藏（西格段）–格库铁（公）路为主线横贯东西、侧翼相连的城镇发展轴。充分发挥交通大动脉优势，进一步增强沿线城镇集聚辐射功能，推进沿线区域产业分工配套，发挥沿线战略通道优势、人文资源优势、生态优势、能源优势和产业基础优势，带动西宁市、海东市、海北州、海西州等沿线市州协同发展，向东积极融入兰西城市群建设，向西支撑起开放"柴达木"建设，形成青海主要城镇发展带和开放融入主轴线，不断增强青海资源、人口、城镇、产业的核心轴线功能，成为贯通青海东西两个核心增长极的经济大动脉。

（三）一高地：国家生态文明高地

"一高地"即以三江源、祁连山国家公园和青海湖国家级自然保护区建设为主体，在青海境内除两大核心增长极之外的地区，共同构筑起国家生态文明高地。

一是建设绿色"江河源"。充分凸显三江源、祁连山生态保护和地位，以点状布局的生态型城镇建设为主体，进一步发挥玉树市、玛沁县（拟撤县设市）、门源回族自治县（简称门源县，拟撤县设市）、囊谦县的区域集聚功能，完善区域内县城、重点镇的综合配套服务功能，加快形成点状分布、规模适度、功能完善的生态型城镇化地区。建设好三江源、祁连山国家公园，统筹山水林田湖草系统治理，实施生物多样性保护重大工程，筑牢国家重要生态安全屏障。

二是建设环青海湖地区绿色发展圈。发挥环湖地区东接西连南引的作用，"向东"连接兰西城市群，"向西"连接柴达木地区，"向南"辐射青海南部地区，加快形成以共和县（拟撤县设市）、海晏县（拟撤县设市）等为支点的环湖特色城镇圈。加强水源地保护，增强水源涵养功能，促进青海湖流域草地、湿地、森林生态系统良性循环。充分挖掘自然风光、民族特色和宗教文化资源，规划建设环湖特色旅游景区。

三、青藏高原主体区西藏城镇体系空间结构

西藏也是青藏高原的主体范围和核心组成部分，将空间聚焦到西藏范围，可以更为清晰地刻画出西藏相对独立的城镇体系空间结构。依据《西藏自治区城镇体系规划（2008～2020 年）》《西藏自治区新型城镇化规划（2014～2020 年）》《西藏自治区主体功能区规划》，结合西藏城镇空间演化过程、城镇体系空间布局与社会经济发展现状，西藏已初步形成"一圈两翼三区两线"的城镇体系空间结构（图 2.6）。

图 2.6 西藏"一圈两翼三区两线"城镇体系空间结构规划图

资料来源：《西藏自治区新型城镇化规划（2014～2020 年）》

（一）一圈：拉萨城市圈

"一圈"即以拉萨市为中心、山南市乃东区泽当镇为重要支撑，以拉萨至墨竹工卡、拉萨至泽当为两轴线的拉萨城市圈。坚持点、轴相结合的开发方式，大力提升拉萨城市圈的辐射功能，强化产业聚集，发挥核心引擎作用。

（二）两翼：东西两个城镇化重点区域

西翼：形成以日喀则市桑珠孜区为区域中心、拉孜县曲下镇和江孜县江孜镇为重要节点、其他小城镇为组成部分，拉日铁路、国道 318 和国道 562 为轴线的雅鲁藏布江中上游

城镇化重点区域，强化区域经济发展增长极作用。

东翼：培育壮大以林芝市巴宜区八一镇为区域中心、波密县扎木镇为重要节点、其他小城镇为有机组成部分、国道 318 为轴线的尼洋河中下游城镇化重点区域，促进各类城镇协调发展。

（三）三区：三大城镇发展支撑区

在拉萨城市圈和东西两个城镇化重点区域范围之外，西藏其他广大地域范围根据各自城镇分布特点，可分为藏东、藏北、藏西三大城镇发展支撑区。

藏东地区：强化昌都市卡若区城关镇的区域中心地位，发挥藏东门户、连接西南、融入成渝的纽带作用。

藏北地区：强化那曲市色尼区那曲镇的区域中心地位，发挥沿青藏铁路、青藏公路的交通便利优势，促进服务牧业、连接藏西北的作用。

藏西地区：强化阿里地区噶尔县狮泉河镇的区域中心地位，完善基础设施和城镇功能，扩大基本公共服务覆盖范围。

（四）两线：两类城镇发展轴线

"两线"主要是坚持点、轴相结合的开发方式，提高转移人口聚集能力，推进边境沿线重点乡镇和交通沿线重要小城镇发展，发挥守土固边战略作用。

第五节　青藏高原城镇体系的职能结构格局

一、青藏高原城镇体系职能结构的基本分类

城镇职能指城镇在一定地域范围内的经济社会发展中发挥的作用和承担的分工。在不同的地域空间范围内，城镇所起的作用大小不同，但城市性质和职能在本质上具有延续性。从整个青藏高原地域范围来看，青藏高原城镇可分为综合型和专业型两大职能结构类型。其中，中心城市、区域中心城市为综合型；其他城镇根据各自的区位、自然、人文等特点，为专业型，主要包括综合服务型、工矿服务型、交通物流型、旅游服务型、商贸服务型、城郊经济型、农牧服务型、边境口岸型等（图 2.7）。

二、青藏高原综合型中心城市与区域中心城市

（一）综合型中心城市

青藏高原的综合型中心城市为青海省会西宁市和西藏首府拉萨市。

1. 西宁市

西宁市的城市职能：新欧亚大陆桥和丝绸之路的重要节点城市，沟通内地、连通西部

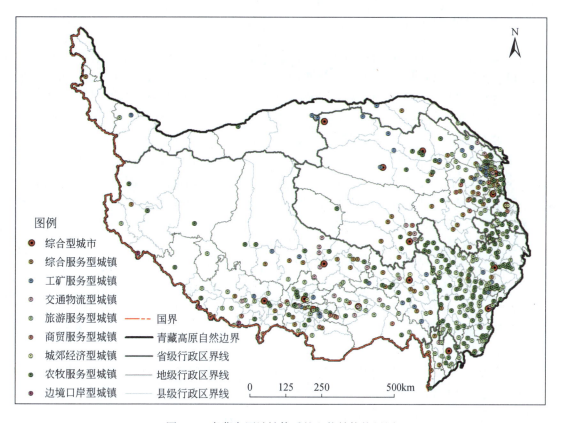

图 2.7　青藏高原城镇体系的职能结构格局图

边疆和中亚地区的战略通道；国家重要的循环经济示范区，生态保护服务基地，新能源、新材料、有色金属产业基地；国家西部地区的综合交通枢纽之一，西北地区的中心城市之一；青藏高原区域性现代化中心城市和最宜居城市；青海省会，柴达木盆地开发和"三江源"生态保护的服务基地，具有高原和民族特色的旅游特色基地；省级历史文化名城，民族团结进步先进区。

2. 拉萨市

拉萨市的城市职能：世界精品旅游城市，国家历史文化名城，国家西部重要的区域中心城市，青藏高原综合型中心城市之一，西藏政治、经济、文化中心和综合交通运输枢纽。应通过科学定位发展方向，推动撤县设区，促进主城区和新区协调发展，形成由城关区、达孜、柳梧、堆龙德庆构成的"一城、两岸、四区"基本构架，适时发展功能新区；加强交通、能源等基础设施建设，增强基本公共服务供给能力，提升产业园区功能，推进绿色健康产业建设，增强要素聚集能力，着力打造全区商贸物流中心、金融中心、总部经济高地和新型工业化产业示范基地，建成青藏高原改革创新和全面开放的先行区、城乡一体化和两型社会建设的示范区、最具魅力的国际旅游中心和历史文化名城、西南地区具有较大影响的区域性中心城市。

(二) 综合型区域中心城市

青藏高原的综合型区域中心城市包括青海的格尔木市、海东市、德令哈市、玉树市、茫崖市、同仁市，西藏的日喀则市、昌都市、林芝市、山南市、那曲市、米林市、错那市，云南迪庆州的香格里拉市，四川甘孜州的康定市、阿坝州的马尔康市，甘肃甘南州的合作市。这些城市是除西宁市和拉萨市外，青藏高原达到设市标准的区域性中心。

1. 格尔木市

格尔木市的城市职能：全国重要新型工业化基地、循环经济试验区和支持青海跨越发展增长极，全国重要的综合交通枢纽、信息通信枢纽、电力枢纽、资源加工转化中心和物流集散中心；青藏高原重要的现代化宜居城市、区域高品质的现代化服务业聚集区、区域旅游服务基地和组织中心、区域农贸中心和特色产品集聚区；青海副中心城市。

2. 海东市

海东市的城市职能：国家级高原特色现代农业示范基地、河湟文化旅游展示服务基地；青藏高原生态宜居城市，商贸物流中心，以及功能优化的新型城镇化示范区；青海副中心城市和门户枢纽，现代工业、文化遗产保护与开发的核心区；兰西城市群和西宁都市圈的重要支点。

3. 德令哈市

德令哈市的城市职能：青藏高原绿洲城市，青藏高原和柴达木地区重要的中心城市；青藏交通干线上的综合交通节点和物流集散地；青海以盐碱化工为特色的资源加工、转化基地；青海海西州的州府，集政治、金融、商业、文化、科教于一体的综合服务中心。

4. 玉树市

玉树市的城市职能：青藏高原生态型商贸旅游城市，三江源地区的中心城市，青海农牧区城乡一体化发展的先行地区，玉树州的州府及政治、经济和文化中心。

5. 茫崖市

茫崖市的城市职能：青海西部新兴门户城市和青海向西开放的"西大门"，以柴达木资源开发加工工业、第三产业为主的现代化新兴城市。

6. 同仁市

同仁市的城市职能：国家热贡文化艺术试验区，以发展高原生态旅游和文化特色为主的国家历史文化名城；青藏高原重要的文化旅游城市和生态宜居城市，青海黄南州的首府及政治、经济和文化中心。

7. 日喀则市

日喀则市的城市职能：国家级历史文化名城，青藏高原区域性的交通枢纽中心和面向南亚开放的重要门户，区域性的政治、经济和文化中心，西藏第二大产业聚集区和生态文化旅游集散服务基地，以商业贸易、加工业、旅游服务为主体功能的高原城市。

8. 昌都市

昌都市的城市职能：国家西部公路运输枢纽，藏东地区门户重镇，藏东地区政治、经济和文化中心，康巴特色文化产业发展中心和大香格里拉旅游区西部中心。今后应重点发挥昌都市卡若区东连四川、北接青海、南通云南区位优势，加快进出藏通道改扩建，提升邦达机场通航能力，强化在藏东区域的核心增长极作用，打造成为藏东商贸物流中心、融入成渝经济圈的藏东明珠。

9. 林芝市

林芝市的城市职能：西藏高原森林生态旅游城市，藏东南地区政治、经济、文化中心和综合交通枢纽。今后应充分利用丰富独特的旅游资源，突出森林度假、观光、民俗体验等旅游业态，建设重要的高原国际森林生态旅游城镇、国际知名休闲度假疗养胜地和西藏旅游集散次中心；发挥林下资源和水能资源优势，加快特色林下资源和藏中药材加工研发，推进西藏水电能源产业总部经济建设；提升林芝市对尼洋河中下游流域城乡的辐射带动作用，强化连接藏中藏东经济区的重要纽带作用，形成西藏重要的经济中心。

10. 山南市

山南市的城市职能：西藏中部地区重要的中心城市，历史文化名城，拉萨城市圈副中心，西藏先进文化展示、传统文化保护、文化产业发展、生态文明引领的藏源生态文化示范区。今后应加强与拉萨市产业分工、协作和对接，承接拉萨部分功能转移，建成以水电为主，太阳能、风能、地热为辅的藏中能源基地，以建材、特色农畜产品加工、民族手工业等特色优势产业为主的现代产业基地。

11. 那曲市

那曲市的城市职能：藏北地区交通枢纽，政治、经济和文化中心，青藏铁路沿线重要的铁路物流基地。今后应利用青藏铁路强大的辐射作用，统筹那曲物流园区和城镇基础设施建设，加快肉奶制品加工业、牧区观光旅游业等特色产业发展，带动传统牧业向现代牧业转型，提升综合承载能力，建成藏北区域最重要的人口聚集区、交通枢纽和物流中心。

12. 香格里拉市

香格里拉的城市职能：迪庆州的首府，以及政治、经济、文化、金融、信息中心和交通枢纽，云南、四川和西藏交界区的重要结点，藏文化特色显著的高原旅游城市和省级历史文化名城。

13. 康定市

康定市的城市职能：甘孜州的州府及康巴地区的政治、经济、文化、商贸、信息中心和交通枢纽，世界历史文化名城，中国大香格里拉生态旅游区建设核心区。

14. 马尔康市

马尔康市的城市职能：阿坝州的首府和政治、经济、文化、金融、信息中心和交通枢纽，中国嘉绒藏族文化旅游中心。

15. 合作市

合作市的城市职能：甘南州的首府，甘肃、青海、四川交界地区重要的中心城市，中国牦牛乳都，大香格里拉北线旅游集散中心和高原特色文化生态旅游目的地。

16. 米林市

米林市的城市职能：全国重要的水电开发基地与清洁能源基地，林芝市副中心城市。

17. 错那市

错那市的城市职能：西藏以农副产品加工、边境生态旅游为主的重要固边城市。

三、青藏高原专业型小城镇

青藏高原专业型小城镇是除以上综合型中心城市与区域中心城市外的城镇，包括其他地区行署与州府所在地、县城所在地、行委所在地的城镇及县以下建制镇。职能类型主要包括综合服务型、工矿服务型、交通物流型、旅游服务型、商贸服务型、城郊经济型、农牧服务型、边境口岸型等，具体空间分布见图2.7。

（一）综合服务型城镇

综合服务型城镇多为未设市的地区行署驻地、州府驻地、部分县城所在地及较大规模的建制镇。虽其人口经济规模尚未达到设市条件，不能承担青藏高原较大区域中心城市的职能，但依托较好的区位交通条件、资源禀赋等综合优势，发展形成了功能较为齐全的、能提供综合服务功能的建制镇。青藏高原较为典型的综合服务型城镇包括：青海西宁市的大通县城桥头镇、湟源县城城关镇，海东市的民和县城川口镇、互助县城威远镇、化隆县城巴燕镇，海南州的共和县城恰卜恰镇、贵德县城河阴镇、同德县城尕巴松多镇、兴海县城子科滩镇、贵南县城茫曲镇，海北州的门源县城浩门镇，黄南州的尖扎县城马克唐镇、泽库县城泽曲镇，果洛州的玛沁县城大武镇、班玛县城赛来塘镇、甘德县城柯曲镇、达日县城吉迈镇、玛多县城玛查理镇，海西州的都兰县城察汗乌苏镇，玉树州的杂多县城萨呼腾镇、称多县城称文镇、治多县城加吉博洛镇、囊谦县城香达镇、曲麻莱县城约改镇等；西藏的阿里地区噶尔县城狮泉河镇、拉萨市的墨竹工卡县城工卡镇等；云南香格里拉市的德钦县城升平镇等；四川凉山州的木里县城乔瓦镇，甘孜州的炉霍县城新都镇、甘孜县城甘孜镇、巴塘县城夏邛镇，阿坝州的金川县城勒乌镇等；甘肃甘南州的玛曲县城尼玛镇、临夏州的和政县城松鸣镇、酒泉市的肃北县城党城湾镇等；新疆的塔什库尔干县城塔什库尔干镇等。据不完全统计，2020年青藏高原493个城镇中，综合服务型城镇有64个，约占全部城镇数量的12.98%。

（二）工矿服务型城镇

工矿服务型城镇指主要依托区域丰富的矿产资源和工业基础而发展起来的具有为各类工业或矿业企业提供配套生产生活服务的城镇。青藏高原较为典型的工矿服务型城镇包括：青海西宁市大通县的黄家寨镇、长宁镇，湟中区的多巴镇、上新庄镇、甘河滩镇，乐都区的高店镇，海西州格尔木市的郭勒木德镇、乌兰县城希里沟镇、乌兰县铜普镇、天峻县城新源镇、大柴旦行委的柴旦镇、锡铁山镇，茫崖市的茫崖镇、冷湖行委冷湖镇等；西藏拉萨市的尼木县城塔荣镇，山南市贡嘎县的杰德秀镇、曲松县的罗布沙镇，昌都市八宿县城白玛镇、国家大型铜矿开采服务基地江达县城江达镇，左贡县的扎玉镇、田妥镇，那曲市申扎县的雄梅镇、班戈县的佳琼镇等；四川阿坝州金川县的安宁镇，凉山州盐源县的梅雨镇、树河镇、平川镇，甘孜州康定市的姑咱镇、丹巴县的格宗镇，甘肃酒泉市阿克塞哈萨克族自治县（简称阿克塞县）的红柳湾镇，新疆巴音州若羌县的依吞布拉克镇、罗布泊镇等。据不完全统计，2020 年青藏高原 493 个城镇中，工矿服务型城镇有 36 个，约占全部城镇数量的 7.30%。

（三）交通物流型城镇

交通物流型城镇指主要依托铁路、高等级公路、航空等交通条件而发展成的以交通枢纽和物流业为主要职能的城镇，主要特点是交通便捷、货物运输量大、信息快、流动人口多，具有商贸和要素聚散功能，是地区之间和城乡之间联系的纽带。青藏高原较为典型的交通物流型城镇包括：依托兰青铁路、兰新高铁、京藏高速公路、国道 109、西宁机场的海东市乐都区的高庙镇、碾伯镇、洪水镇、雨润镇，依托拉萨贡嘎国际机场的贡嘎县城吉雄镇和甲竹林镇，依托西青藏铁路的那曲市色尼区的罗玛镇、古露镇及安多县城帕那镇、扎仁镇、雁石坪镇，依托国道 317 线和国道 214 线的昌都市类乌齐县城桑多镇，依托米林机场、林邛公路、岗扎公路、岗派公路的米林市米林镇，依托国道 214 线和茶马古道的云南迪庆州德钦县奔子栏镇，依托国道 317 线和去藏抵青之要衢和茶马古道的四川甘孜州炉霍县的新都镇等。据不完全统计，2020 年青藏高原 493 个城镇中，交通物流型城镇有 28 个，约占全部城镇数量的 5.68%。

（四）旅游服务型城镇

旅游服务型城镇指主要依托区域丰富的、高品质的旅游资源而发展形成的具有住宿、餐饮、购物和交通等旅游综合服务功能的城镇。由于青藏高原旅游资源丰富，而且普遍品质较高，因而发展形成了为数较多的旅游服务型城镇。青藏高原较为典型的旅游服务型城镇包括：青海西宁市湟中区鲁沙尔镇、上五庄镇，海东市互助县的丹麻镇、南门峡镇、加定镇、五十镇、五峰镇，化隆县的牙什尕镇，循化撒拉族自治县（简称循环县）的街子镇，海北州的海晏县城三角城镇、刚察县城沙柳河镇，海南州共和县的倒淌河镇、黑马河镇、石乃亥镇、江西沟镇，海西州天峻县的江河镇等；西藏拉萨市的当雄县的羊八井镇，昌都市八宿县的然乌镇，山南市琼洁县琼洁镇、错那市错那镇，日喀则市萨迦县城萨迦镇，阿里地区的札达县城托林镇，林芝市巴宜区的鲁朗镇、林芝镇，工布江达县的工布江达镇、巴河镇，米林市的派镇，墨脱县县城墨脱镇，波密县县城扎木镇，察隅县县城竹瓦根镇等；云南迪庆州香格里拉市的虎跳峡镇、叶枝镇、金江镇等；四川甘孜州康定市的新都桥镇、塔公镇、贡嘎山镇，雅江县城河口镇，理塘县高城镇、甲洼镇，巴塘县城夏邛镇，稻城县的金珠镇和香格里拉镇，阿坝州的阿坝县城阿坝镇、若尔盖县城达扎寺镇、红原县城邛溪镇，甘南州的玛曲县城尼玛镇，碌曲县的碌曲镇、郎木寺镇，迭部县城电尕镇等。据不完全统计，2020 年青藏高原 493 个城镇中，旅游服务型城镇有 135 个，约占全部城镇数量的 27.38%。

（五）商贸服务型城镇

商贸服务型城镇指为销售、购销、批发、零售、国外贸易、国内商业等经济活动提供服务为主要职能的城镇。该类城镇一般区位和交通条件较好，与企业商务贸易活动及老百姓的生活密切相关的批发业、零售业、住宿业、餐饮业、租赁业、商务服务业、居民服务业及物流业和部分娱乐业等其他服务业较发达。据不完全统计，2020 年青藏高原 493 个城镇中，商贸服务型城镇有 20 个，约占全部城镇数量的 4.06%。

（六）城郊经济型城镇

城郊经济型城镇指依托邻近大中城市的优势，承接大中城市的技术、产业、经济和社会各方面的辐射，承担中心城市部分功能和作用的城镇。青藏高原比较典型的城郊经济型城镇有西宁市和海东市周边的城镇，如乐家湾镇、韵家口镇、总寨镇、彭家寨镇、大堡子镇、甘里铺镇等；还包括拉萨市周边的城郊经济型城镇，如曲水县城曲水镇，达孜县城德庆镇，堆龙德庆区的东嘎镇、乃琼镇、古荣镇、马镇等。据不完全统计，2020 年青藏高原 493 个城镇中，城郊经济型城镇有 12 个，约占全部城镇数量的 2.43%。

（七）农牧服务型城镇

农牧服务型城镇指农牧业地区以提供农牧业生产技术与生产生活资料服务为主要职能，并适度开展农牧产品加工等相关产业发展的城镇。青藏高原独特的地理环境及其资源条件，客观上决定了其地表资源利用的主体方式是农牧业，因而青藏高原多数城镇的主要职能类型为农牧服务型，主要职责是建立面向广大农牧区的优质农产品生产与加工基地、特色产业及产品基地和种养业良种体系、农牧业技术推广服务体系、动物防疫体系和市场流通信息体系。据不完全统计，2020 年青藏高原 493 个城镇中，农牧服务型城镇有 169 个，约占全部城镇数量的 34.28%。

（八）边境口岸型城镇

边境口岸型城镇指依托边境口岸发展形成的、以边境贸易为主要职能的城镇。青藏高原有边境县 21 个，边境乡镇 104 个，共有 5 个国家边境口岸，已开放的边境口岸有樟木、普兰、吉隆、日屋。其中，樟木、普兰、吉隆口岸为国家一类边境口岸，日屋口岸为国家二类边境口岸。樟木、吉隆、日屋三个边境口岸面向尼泊尔，普兰口岸兼容中印、中尼边境贸易，亚东口岸在历史上兼容中印、中印边界锡金段、中不边境贸易。相应地，青藏高原边境口岸型城镇分别为日喀则市聂拉木县的樟木镇、吉隆县的吉隆镇、定结县的日屋镇、亚东县的下司马镇，以及阿里地区普兰县城普兰镇。2020 年青藏高原边境口岸型城镇有 5 个，约占全部城镇数量的 1.01%。

主要参考文献

鲍超，陈小杰.2014.中国城市体系的空间格局研究评述与展望.地理科学进展，33（10）：1300-1311.

鲍超，李秋颖，梁广林.2015.1985～2010 年中国城市的空间格局与重心演变轨迹.城市发展研究，22（9）：36-42.

鲍超，刘若文.2019.青藏高原城镇体系的时空演变.地球信息科学学报，21（9）：1330-1340.

陈春林，陈才.2013.吉林省城镇体系空间发展格局研究.世界地理研究，22（2）：79-87.

陈有川，王林申，孔伟.2014.2000 年以来山东省城镇体系演变研究.城市规划，38（9）：39-44.

丁柏峰 . 2016. 历史时期青海城镇体系发展轨迹探赜 . 青海社会科学,(1）:197-204.

方创琳 . 2016. 中国城市发展空间格局优化的总体目标与战略重点 . 城市发展研究,23（10）:1-9.

方创琳,李广东 . 2015. 西藏新型城镇化发展的特殊性与渐进模式及对策建议 . 中国科学院院刊,
    30（3）:294-305.

傅小锋 . 2000. 青藏高原城镇化及其动力机制分析 . 自然资源学报,15（4）:369-374.

高晓路,季珏,樊杰 . 2014. 区域城镇空间格局的识别方法及案例分析 . 地理科学,34（1）:1-9.

顾朝林 . 1992. 中国城镇体系——历史、现状、展望 . 北京:商务印书馆 .

顾朝林,庞海峰 . 2008. 基于重力模型的中国城市体系空间联系与层域划分 . 地理研究,27（1）:1-12.

国家统计局 . 2020. 关于更新全国统计用区划代码和城乡划分代码的公告 . http://www.stats.gov.cn/tjsj/
    tjbz/tjyqhdmhcxhfdm/2020/index.html［2022-12-10］.

国家统计局农村社会经济调查司 . 2017. 2016 年中国县域统计年鉴（乡镇卷）. 北京:中国统计出版社 .

国家统计局农村社会经济调查司 . 2022. 2021 年中国县域统计年鉴（乡镇卷）. 北京:中国统计出版社 .

胡曾曾,赵志龙,张贵祥 . 2018. 非首都功能疏解背景下北京市人口空间分布形态模拟 . 地球信息科学学
    报,20（2）:205-216.

廖兵,魏康霞,宋巍巍 . 2012. DMSP/OLS 夜间灯光数据在城镇体系空间格局研究中的应用与评价——以
    近 16 年江西省间城镇空间格局为例 . 长江流域资源与环境,21（11）:1295-1300.

廖顺宝,孙九林 . 2003. 基于 GIS 的青藏高原人口统计数据空间化 . 地理学报,58（1）:25-33.

刘继生,陈彦光 . 1999. 城镇体系空间结构的分形维数及其测算方法 . 地理研究,17（2）:171-178.

马玉英 . 2006. 青藏高原城市化的制约因素与发展趋势分析 . 青海师范大学学报（哲学社会科学版）,(4）:
    22-25.

民政部 . 1991. 中华人民共和国行政区划简册 1991. 北京:中国地图出版社 .

民政部 . 2016. 中华人民共和国乡镇行政区划简册 2016. 北京:中国统计出版社 .

王红霞 . 2009. 多中心化空间演变进程中的城镇体系建设——以上海为例的研究 . 上海经济研究,(1）:
    13-22.

王录仓,陆凤英 . 2005. 青海城镇体系发展的历史轨迹与动力 . 西北师范大学学报（自然科学版）,
    41（4）:67-72.

王松磊,杨剑萍,王娜 . 2017. 中国特色、西藏特点的城镇化道路研究 . 西藏大学学报（社会科学
    版）,(1）:176-183.

邢海虹,刘科伟 . 2007. 基于分形理论对陕西城市体系等级规模分布研究 . 陕西理工学院学报（自科版）,
    23（2）:82-86.

杨国安,甘国辉 . 2004. 中国城镇体系空间分布特征及其变化 . 地球信息科学学报,6（3）:12-18.

周春山,叶昌东 . 2013. 中国城市空间结构研究评述 . 地理科学进展,32（7）:1030-1038.

周一星,于海波 . 2002. 以"五普"数据为基础对我国城镇化水平修补的建议 . 统计研究,(4）:44-47.

|第三章| 青藏高原城镇化发展进程的综合预测

本章采用人口学经典的队列要素法预测青藏高原人口与城镇化水平，提出西宁都市圈、拉萨城市圈等重点城市化地区和重点城市人口与城市化水平预测调控方案。2020 年第七次全国人口普查结果表明，青藏高原常住人口 1313.41 万人，已有 624.95 万人住在城里，城镇化率达到 47.58%。到 2025 年青藏高原常住人口将达到 1400 万人左右，其中城镇人口将达到 686 万人左右，城镇化率将达到 49% 左右，到 2035 年青藏高原常住人口将达到 1600 万人左右，其中城镇人口将达到 840 万人左右，城镇化率将达到 52.5% 左右，拉萨城市圈、西宁都市圈和柴达木城镇圈同城化进程明显加快。到 2050 年青藏高原常住人口将达到 1900 万人左右，其中城镇人口将达到 1050 万人左右，城镇化率将达到 55.26% 左右，将长期处于城镇化发展的中期阶段，基本符合青藏高原城镇化发展的客观规律，也符合青藏高原建设守土固边型城镇体系的国家战略要求。

第一节 青藏高原人口与城镇化水平预测

一、预测方法

青藏高原人口预测采用队列要素法，设置总和生育率、净迁移率、期望寿命、出生性别比等参数进行，在 PADIS-INT 软件下开展人口规模预测。计算结果青藏高原常住人口预计 2030 年达到 1500 万人左右，2050 年增长至 1900 万人左右。

（一）预测方法

采用经典的队列要素法实现宏观空间尺度的人口预测。人口学或人口统计学具有相对成熟的人口预测模型，其中队列要素方法（the cohort component method，CCM）应用最为经典和广泛（图 3.1）。队列要素法本质是人口平衡方程，按照不同性别、年龄将人口划分为不同的队列，将不同队列人口的变化分解为出生、死亡和迁移等过程，基本方程如下：

$$P_t = P_0 + (B-D) + (I-O)$$

式中，P_t 为某队列末期 t 的常住人口；P_0 为某队列初期 0 的常住人口；B 和 D 分别为从初期 0 到末期 t 之间该队列的出生常住人口和死亡常住人口；I 和 O 分别为从初期 0 到末期 t 之间该队列的迁入人口和迁出人口。通过场景设计，根据不同生育、死亡及迁移情景设置对应参数，实现所有队列的人口预测，从而实现规划期的总人口及未来人口"年龄-性别"金字塔结构预测。

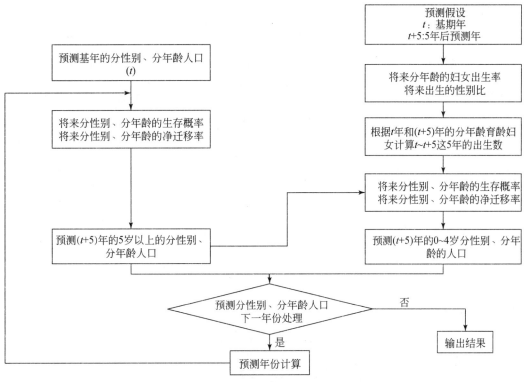

图 3.1　基于 5 年期的队列要素方法计算方式示意图

(二) 参数设置及运行

采用 PADIS-INT 软件开展人口预测。人口预测软件 PADIS-INT 是在联合国人口司指导下，由中国人口与发展研究中心和神州数码公司共同研发的一款国际人口预测软件。该软件功能强大，可进行多区域人口情景预测，预测区间长，并引入迭代算法、非线性预测模型、多区域动态平衡预测手段，技术先进，以联合国人口预测结果为参照，主要结果误差率小于 1%，预测准确度高。考虑到数据的可获得性和权威性，本研究以 2010 年第六次全国人口普查青藏高原"性别–年龄"结构作为基期人口（BasePOP），以 2020 年第七次全国人口普查人口数据作为实验人口校验模型，开展 2021～2050 年青藏高原常住人口预测。具体参数设计方案如表 3.1、图 3.2 所示。

表 3.1　基于 PADIS-INT 软件的队列要素方法（5 年期）参数设计方案表

参数	参数设计	设计依据
基期人口 BasePOP	2010 年第六次全国人口普查青藏高原人口数据	"性别–年龄"结构完整
实验人口	2020 年第七次全国人口普查青藏高原人口数据	漏报率最低、最新、最准人口数据
目标人口	2021～2050 年青藏高原人口数据	中国人口转型的关键阶段
预期寿命 LifeExpectancy	2010 年第六次全国人口普查为基础，并按联合国法中国方案推算	青藏高原预期寿命低于全国水平

续表

参数	参数设计	设计依据
总和生育率 TFR	2010 年第六次全国人口普查为基础，并按中国人口转型方案推算	青藏高原出生率相对较高
年龄别生育模式 PASFR	分布函数服从联合国法中国方案	青藏高原同样符合一般分布规律
出生性别比 SexRatioAtBirth	2010 年第六次全国人口普查为基础，并按联合国法中国方案推算	青藏高原性别比相对均衡
净迁移率 NetMigration	近年净迁移率和城镇化发展曲线结合	青藏高原呈现人口净迁入
年龄别迁移模式 MAP	2010 年第六次全国人口普查为基础，考虑青藏高原特殊环境	15～35 岁净迁移率低于平原地区
生命表 LifeTable	联合国默认法，选择通用 General 型	中国通用模型

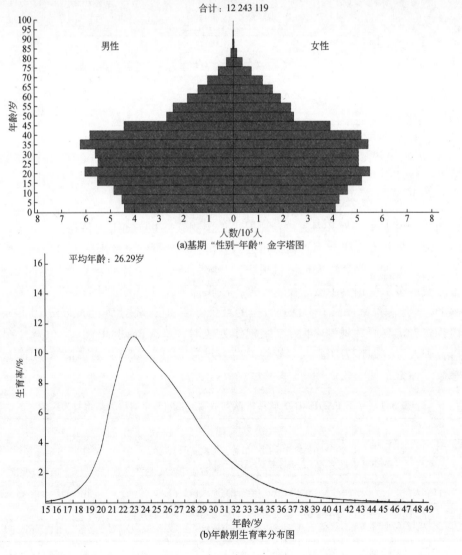

(a)基期"性别-年龄"金字塔图

(b)年龄别生育率分布图

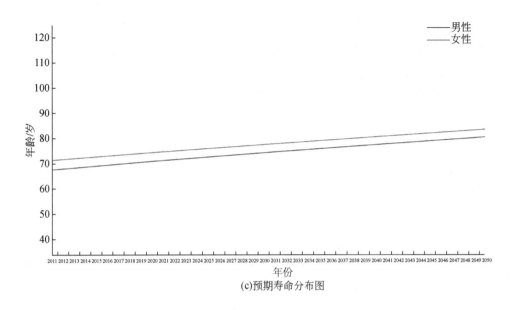

(c)预期寿命分布图

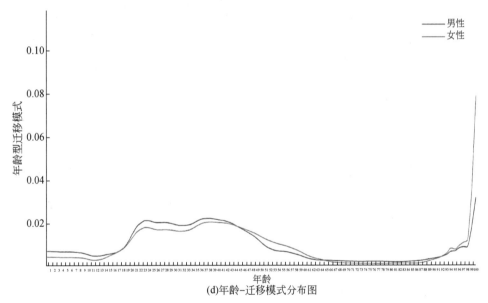

(d)年龄-迁移模式分布图

图3.2　运行计算主要参数分布图

1. 预期寿命（LifeExpectancy）

预期寿命是假若当前的分年龄死亡率保持不变，同一时期出生的人预期能继续生存的平均年数。以第六次全国人口普查预期寿命为基础，按照软件中联合国法中国方案推算参数。受特殊自然地理条件和社会经济发展水平影响，青藏高原的预期寿命明显低于全国平均水平，但是未来呈现不断提升趋势。

2. 总和生育率（TFR）

总和生育率是该国家或地区的妇女在育龄期间，每个妇女平均的生育子女数。以第六次全国人口普查总和生育率为基础，按照中国人口增长转型方案推算参数。青藏高原整体自然增长率高于全国水平，但是随着城镇化和现代化发展，即使考虑"三孩政策"，青藏高原生育率呈现下降趋势，开始进入下一个阶段的转型发展。

3. 年龄别生育模式（PASFR）

年龄别生育模式反映不同育龄妇女生育率的分布状况，年龄别生育率不仅可以从生育模式的角度反映育龄妇女的生育过程，而且可以从生育水平的角度反映育龄妇女的生育状况。青藏高原整体年龄别生育模式符合一般规律，参考软件联合国法中国方案设置参数。

4. 出生性别比（SexRatioAtBirth）

以第六次全国人口普查的性别比为参照，并按照联合国法中国方案推算参数。相对于全国平均水平，青藏高原性别比相对均衡。

5. 净迁移率（NetMigration）

利用一段时间内净迁入人口占总人口的比例，根据城镇化发展的一般规律确定净迁移率的参数，青藏高原依然是人口净迁入地区。

6. 年龄别迁移模式（MAP）

年龄别迁移模式即不同年龄组人口净迁移率的分布状况。以第六次全国人口普查为基础进行迁移模式推算。值得注意的是，不同于通用的"年龄–净迁移率"分布曲线，青藏高原 15 ~ 35 岁段的人口净迁移率明显偏低，这与青藏高原依靠经济发达区域推动人口迁移模式的差异有关。

7. 生命表（LifeTable）

采用联合国通用的 General 模型。

二、预测结果

（一）青藏高原常住人口预测结果

采用队列要素方法预测的 2020 年青藏高原常住总人口为 1313.18 万人，与实际值 1313.41 万人很接近，说明模型拟合效果良好。随着全国人口增长迎来"关键转折期"和青藏高原自身生态环境保护与绿色发展要求，青藏高原很难继续延续过去人口快速增长过程。2030 年前仍然具有一定增长惯性，到 2030 年青藏高原常住人口将达到 1500 万人左右；2030 年后人口增长动力明显下降，预计到 2035 年达到 1600 万人，2050 年总人口增至 1900 万人左右，这一预测结果仍在青藏高原人口承载阈值 2620 万人范围之内（方创琳，2022）（表 3.2）。

表 3.2 1953 ~ 2050 年青藏高原常住人口与城镇化水平指标预测表

年份	常住人口/万人	城镇人口/万人	城镇化率/%
1953	454.38	—	—
1964	510.67	—	—

续表

年份	常住人口/万人	城镇人口/万人	城镇化率/%
1982	843.42	126.22	14.97
1990	959.30	181.91	18.96
2000	1066.94	255.18	23.92
2010	1224.31	406.78	33.23
2020	1313.41	624.95	47.58
2025	1400	686	49.00
2030	1500	760	50.67
2035	1600	840	52.50
2050	1900	1050	55.26

　　随着青藏高原的绿色现代化和城镇化发展，青藏高原同样会进入人口转型发展的一般模式，向"低生育率、低死亡率"转变，融入全国的"人口发展的关键转折期"。人口整体生育率放缓，金字塔结构从"成长型"向"结构老化型"演化（图3.3），抚养比压力抬升（图3.4），但这一进程总体上滞后于内地的城镇化进程。

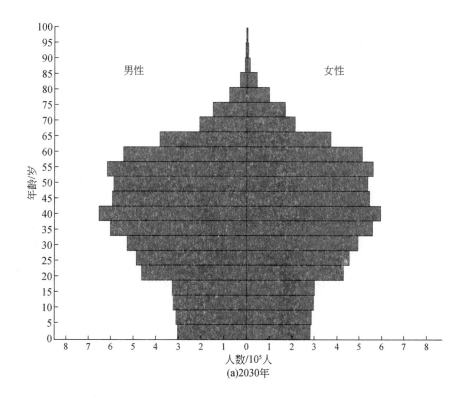

(a)2030年

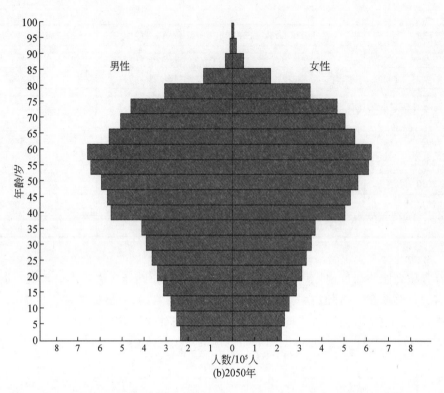

图 3.3　青藏高原 2030 年和 2050 年人口 "性别–年龄" 金字塔图 (预测)

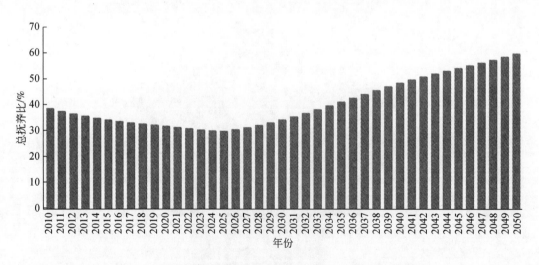

图 3.4　青藏高原总抚养比 (含少儿和老人) 演化图 (预测)

　　具体到青藏高原主体区而言, 其中西藏 2020 年常住人口达到 364.81 万人, 到 2025 年常住人口将达到 390 万人左右, 2030 年达到 410 万人左右, 2035 年达到 440 万人左右, 2050 年达到 520 万人左右, 不超过 805 万人的人口承载阈值。青海 2020 年常住人口达到

592.39 万人,到 2025 年常住人口将达到 630 万人左右,2030 年达到 680 万人左右,2035 年达到 730 万人左右,2050 年达到 870 万人左右,不超过 1175 万人的人口承载阈值。

(二)青藏高原城镇人口与城镇化水平预测结果

2020 年第七次全国人口普查结果表明,青藏高原已有 624.95 万人住在城里,城镇化率达到 47.58%。由青藏高原部分地州市"十四五"规划纲要中规划的数据汇总可知,各地州市到 2025 年常住人口城镇化率差异较大,平均城镇化率约为 51.8%。综合考虑青藏高原城镇化的特殊使命和资源及生态环境承载阈值(方创琳和李广东,2015;葛全胜等,2015),到 2025 年青藏高原常住人口将达到 1400 万人左右,其中城镇人口将达到 686 万人左右,城镇化率将达到 49% 左右,将处于城镇化发展的中期阶段,这基本符合青藏高原城镇化发展的客观规律。人口经济向拉萨、西宁继续集聚,向青藏铁路沿线城镇和拉萨河谷、河湟谷地流动,规模结构趋向合理。拉萨城市圈、西宁都市圈和柴达木城镇圈一体化进程明显加快,拉萨、西宁核心城市地位显著提升,辐射能力明显增强。日喀则、昌都、格尔木、海东、香格里拉等区域中心城市集聚人口经济能力明显增强(傅小锋,2000)。

到 2035 年青藏高原常住人口将达到 1600 万人左右,其中城镇人口将达到 840 万人左右,城镇化率将达到 52.5% 左右,将长期处于城镇化发展的中期阶段,拉萨城市圈、西宁都市圈和柴达木城镇圈同城化进程明显加快,沿青藏铁路线、川藏铁路线、唐蕃古道线和边境线的城镇化主轴线得到明显集聚,基本形成"三圈四带多节点"的城镇化绿色发展总骨架。

到 2050 年青藏高原常住人口将达到 1900 万人左右,其中城镇人口将达到 1050 万人左右,城镇化率将达到 55.26% 左右,不超过 57.25% 的阈值,将长期处于城镇化发展的中期阶段,基本符合青藏高原城镇化发展的客观规律(方创琳,2014)。拉萨城市圈、西宁都市圈和柴达木城镇圈实现高度同城化,沿青藏铁路线、川藏铁路线、唐蕃古道线和边境线的城镇化主轴线得到进一步集聚,青藏高原通道经济带和战略保障线全面建成,全面建成"三圈四带多节点"的城镇化绿色发展总骨架,全面建成美丽青藏高原生态文明高地。全面提升城镇化发展质量,城镇化使青藏高原人民生活得更美好,使青藏高原生态安全屏障更牢固,使守边固边能力更坚固。

具体到青藏高原主体区,第七次全国人口普查表明,西藏 2020 年城镇人口达到 130.33 万人,城镇化率达到 35.73%,到 2025 年城镇人口将达到 143.06 万人左右,城镇化率将达到 36.68% 左右,2030 年城镇人口将达到 160 万人左右,城镇化率将达到 39.02% 左右,2035 年城镇人口将达到 180 万人左右,城镇化率将达到 40.91% 左右,2050 年城镇人口将达到 230 万人左右,城镇化率将达到 44.23% 左右(表 3.3)。青海 2020 年城镇人口达到 355.93 万人,城镇化率达到 60.08%,到 2025 年城镇人口将达到 390.70 万人左右,城镇化率将达到 62.02% 左右,2030 年城镇人口将达到 430 万人左右,城镇化率将达到 63.24% 左右,2035 年城镇人口将达到 470 万人左右,城镇化率将达到 64.38% 左右,2050 年城镇人口将达到 590 万人左右,城镇化率将达到 67.82% 左右。

表 3.3　青藏高原主体区西藏、青海常住人口与城镇化水平指标预测表

地区名称	常住人口/万人			常住城镇人口/万人			常住人口城镇化率/%		
	西藏	青海	青藏高原	西藏	青海	青藏高原	西藏	青海	青藏高原
2020 年现状（第七次全国人口普查数据）	364.81	592.39	1313.41	130.33	355.93	624.95	35.73	60.08	47.58
2025 年预测	390	630	1400	143.06	390.70	686	36.68	62.02	49.00
2030 年预测	410	680	1500	160	430	760	39.02	63.24	50.68
2035 年预测	440	730	1600	180	470	840	40.91	64.38	52.50
2050 年预测	520	870	1900	230	590	1050	44.23	67.82	55.26

第二节　重点城镇化地区人口与城镇化水平预测

西宁都市圈、拉萨城市圈和柴达木城镇圈作为青藏高原城镇化的三大核心区，是青藏高原今天和未来可容许的进城人口最集中的地区，也是城镇化水平最高的地区。2020 年三大都市圈集聚的常住人口为 535.85 万人，占青藏高原常住人口的 40.79%，集聚的城镇人口为 347.78 万人，占青藏高原城镇人口的 55.66%；2020 年三大都市圈平均城镇化率达到 64.90%，其中西宁都市圈、拉萨城市圈和柴达木城镇圈城镇化率分别高达 65.06%、58.80% 和 87.00%。未来可集聚的常住承载人口约为 1010 万人，占青藏高原的 38.54%，可承载的城镇人口约为 747.58 万人，占可承载城镇人口的 49.84%（表 3.4、表 3.5）。与 2020 年相比，未来三大都市圈集聚的常住人口比例和城镇人口比例均有所降低，集聚的人口将有力支撑西宁都市圈、拉萨城市圈和柴达木城镇圈建设。

一、西宁都市圈

西宁都市圈是兰西城市群的重要组成部分，包括西宁的市辖区、湟中区、湟源县、大通县，海东的市辖区、化隆县、循化县、民和县，海北州的海晏县，海南州的共和县、贵南县、贵德县。西宁都市圈处于河湟谷地地区，主要涉及西宁、海东两个建制市，是青藏高原人口最稠密区之一，也是青藏高原人居条件较好的地区之一。自改革开放以来，西宁都市圈保持人口增长，1982 年、1990 年、2000 年和 2020 年，常住人口分别为 297.84 万人、341.87 万人、366.94 万人和 382.65 万人，西宁都市圈是青藏高原最大的人口集聚中心。

（一）西宁都市圈人口承载阈值分析

2020 年第七次全国人口普查结果表明，西宁都市圈（以西宁市和海东市为统计口径）常住人口为 382.65 万人，占青藏高原的 29.13%，已有 248.95 万人住在城里，占青藏高原的 39.84%，城镇化率达到 65.06%。综合考虑西宁都市圈城镇化的特殊性，计算得到

未来西宁都市圈能承载的常住人口约为 680 万人，占青藏高原的 25.95%；与 2020 年现状人口相比可新增承载人口 297.35 万人左右，占青藏高原的 22.76%，可容许进城的人口规模为 510 万人左右，占青藏高原的 34.00%；与 2020 年现状城镇人口相比可新增城镇人口 261.05 万人左右，占青藏高原的 29.83%，据此计算城镇化率可提升到 75% 左右，进入城镇化发展的后期阶段（表 3.4、表 3.5）。与 2020 年现状城镇化率相比，西宁都市圈未来可新增城镇化率约 9.94%。西宁都市圈将是青藏高原发育程度最高的都市圈。

表 3.4 青藏高原重点城镇化地区承载的城镇人口阈值空间配置表

地区名称	2020 年现状值（第七次全国人口普查数据）			未来承载的上限阈值			与 2020 年现状值相比未来可新增量		
	常住人口/万人	城镇人口/万人	城镇化率/%	常住人口阈值/万人	城镇人口阈值/万人	城镇化率阈值/%	可新增常住人口/万人	可新增城镇人口/万人	可新增的城镇化率/%
西宁都市圈	382.65	248.95	65.06	680	510	75	297.35	261.05	9.94
拉萨城市圈	122.19	71.85	58.80	260	175	67.31	137.81	103.15	8.51
柴达木城镇圈	31.01	26.98	87.00	70	62.58	89.4	38.99	35.6	2.4

表 3.5 青藏高原重点城镇化地区承载的城镇人口阈值占比表 （单位:%）

地区名称	2020 年常住人口	2020 年城镇人口	常住人口阈值	城镇人口阈值	可新增常住人口	可新增城镇人口
西宁都市圈	29.13	39.84	25.95	34.00	22.76	29.83
拉萨城市圈	9.30	11.50	9.92	11.67	10.55	11.79
柴达木城镇圈	2.36	4.32	2.67	4.17	2.98	4.07

（二）西宁都市圈人口与城镇化水平预测

2020 年西宁都市圈常住人口为 382.65 万人，综合考虑西宁都市圈城镇化的特殊性与人口承载阈值，到 2025 年常住人口将达到 403.22 万人左右，2030 年将达到 436.23 万人左右，2035 年将达到 468.3 万人左右，2050 年将达到 558.12 万人左右（表 3.6），不超过 680 万人的人口承载阈值。

表 3.6 青藏高原重点城镇化地区常住人口预测表 （单位:万人）

地区名称	2020 年现状（第七次全国人口普查数据）	2025 年预测	2030 年预测	2035 年预测	2050 年预测	上限阈值
西宁都市圈	382.65	403.22	436.23	468.3	558.12	680
拉萨城市圈	122.19	128.97	136.33	146.3	172.9	260
柴达木城镇圈	31.01	33.5	37.58	40.34	48.09	70
合计	535.85	565.69	610.14	654.94	779.11	1010

注：各城市人口上限阈值根据多模型阈值算法综合求得，详见《青藏高原城镇化进程与绿色发展》科学考察报告，2022 年。

2020 年西宁都市圈常住城镇人口为 248.95 万人,综合考虑西宁都市圈城镇化的特殊性与人口承载阈值,到 2025 年常住城镇人口将达到 273.27 万人左右,2030 年将达到 300.75 万人左右,2035 年将达到 328.63 万人左右,2050 年将达到 407.54 万人左右(表 3.7)。

2020 年西宁都市圈常住人口城镇化率为 65.06%,到 2025 年将达到 67.77% 左右,2030 年将达到 68.94% 左右,2035 年将达到 70.18% 左右,2050 年将达到 73.02% 左右(表 3.7)。

表 3.7　青藏高原重点城镇化地区城镇人口与城镇化水平预测表

城市名称	常住城镇人口/万人					常住人口城镇化率/%				
	2020 年现状(第七次全国人口普查数据)	2025 年预测	2030 年预测	2035 年预测	2050 年预测	2020 年现状(第七次全国人口普查数据)	2025 年预测	2030 年预测	2035 年预测	2050 年预测
西宁都市圈	248.95	273.27	300.75	328.63	407.54	65.06	67.77	68.94	70.18	73.02
拉萨城市圈	71.85	78.86	84.21	93.11	114.97	58.80	61.15	62.77	63.64	66.50
柴达木城镇圈	26.98	29.62	33.35	36.54	44.35	87.00	88.42	88.74	90.58	92.22
合计	347.78	381.75	418.31	458.28	566.86	64.90	67.48	68.56	69.97	72.76

未来西宁都市圈将进一步发挥人口的集聚力,依托相对良好的宜居条件,吸引以青海其他地区为主的青藏高原内部人口城镇化。同时,通过西宁作为兰州–天水、河西走廊及新疆高铁走廊的重要节点,将西宁打造成为西北地区重要的游客集散中心,依托旅游业、物流业等业态吸引外来人口入驻;加强西宁都市圈和兰州都市圈的人口流动往来,成为兰西城市群要素流动的重要组成部分,重点提升海东人口集聚力,成为连通兰州和西宁走廊的重要新兴人口集聚中心;建设青藏高原人才集聚高地,着力发展以西宁为中心的高校、科研机构及创新型企业,培养面向高原可持续发展的人才,打造成为西北地区新兴的高校和人才集聚中心。力争通过 20～30 年努力,将西宁都市圈建设成为青藏高原高端产业集聚区、高质量发展典范区和高品质优质生活圈。

二、拉萨城市圈

拉萨城市圈包括拉萨的城关区、堆龙德庆区、达孜区、曲水县、尼木县、墨竹工卡县、林周县、当雄县,山南的乃东区、扎囊县和贡嘎县等。拉萨城市圈处于一江两河地区,涉及西藏首府拉萨、西藏古文明发祥地之一山南,是青藏高原重要的人口稠密区之一,是西藏人口集聚度最高的地区。自改革开放以来,拉萨城市圈保持人口增长,1982 年、1990 年、2000 年、2010 年和 2020 年,常住人口分别为 58.85 万人、69.51 万人、84.29 万人、95.45 万人和 122.19 万人,是西藏本地人口、外来人口的集聚中心,同时是暂住性游客的集散中心。从行政区划范围内的人口密度来看,拉萨城关区人口密度最高,接近 300 人/km²；其次为山南乃东区、拉萨堆龙德庆区、山南贡嘎县、拉萨达孜区，人口密度超过 20 人/km²；而拉萨尼木县、墨竹工卡县和当雄县人口密度相对较低，不到 10 人/km²。

（一）拉萨城市圈人口承载阈值分析

2020 年第七次全国人口普查结果表明，拉萨城市圈（以拉萨市和山南市为统计口径）常住人口为 122.19 万人，占青藏高原的 9.30%，已有 71.85 万人住在城里，占青藏高原的 11.50%；城镇化率达到 58.80%。综合考虑拉萨城市圈城镇化的特殊性，计算得到未来拉萨城市圈能承载的常住人口约为 260 万人，占青藏高原的 9.92%；与 2020 年现状人口相比可新增承载人口约为 137.81 万人，占青藏高原的 10.55%，可容许进城的人口规模约为 175 万人，占青藏高原的 11.67%；与 2020 年现状城镇人口相比可新增城镇人口约为 103.15 万人，占青藏高原的 11.79%，据此计算城镇化率可提升到 67.31% 左右，进入城镇化发展的后期阶段。与 2020 年现状城镇化率相比，拉萨城市圈未来可新增城镇化率约 8.51%。拉萨城市圈是青藏高原发育程度仅次于西宁都市圈的第二大城市圈。

（二）拉萨城市圈人口与城镇化水平预测

2020 年拉萨城市圈常住人口为 122.19 万人，综合考虑拉萨城市圈城镇化的特殊性与人口承载阈值，到 2025 年常住人口将达到 128.97 万人左右，2030 年将达到 136.33 万人左右，2035 年将达到 146.3 万人左右，2050 年将达到 172.9 万人左右，不超过 260 万人的人口承载阈值。

2020 年拉萨城市圈常住城镇人口为 71.85 万人，综合考虑拉萨城市圈城镇化的特殊性与人口承载阈值，到 2025 年常住城镇人口将达到 78.86 万人左右，2030 年将达到 84.21 万人左右，2035 年将达到 93.11 万人左右，2050 年将达到 114.97 万人左右。

2020 年拉萨城市圈常住人口城镇化率为 58.80%，到 2025 年将达到 61.15% 左右，2030 年将达到 62.77% 左右，2035 年将达到 63.64% 左右，2050 年将达到 66.50% 左右。

未来拉萨城市圈进一步提升其人口集聚力，成为本地近程人口、本地远程人口及外来人口的主要集聚区，以拉萨市城关区为中心，着力培育堆龙德庆区、达孜区、山南乃东区等城镇人口集聚副中心，提升县城的就地城镇化能力；重视拉萨城市圈人才集聚水平的提升，着力建设拉萨城市圈内高校、科研机构及创新型企业，培养具有本地特色的宗教文化人才、高原户外人才、高原农牧科技人才等专业技术人才，制定优惠政策，吸引内地人才入驻。力争通过 20～30 年努力，将拉萨城市圈建设成为青藏高原第二个高端产业集聚区、高质量发展典范区和高品质优质生活圈。

三、柴达木城镇圈

柴达木城镇圈位于青海西部的柴达木盆地，矿产资源非常丰富，重点发展矿产品深加工和循环经济，是国家级循环经济发展综合试验区。2020 年第七次全国人口普查结果表明，柴达木城镇圈（以格尔木市和德令哈市为统计口径）常住人口 31.01 万人，占青藏高原的 2.36%，已有 26.98 万人住在城里，占青藏高原的 4.32%，城镇化率达到 87.00%，是青海西部重要的经济增长极。柴达木城镇圈是青藏高原发育程度仅次于西宁都市圈和拉萨城市圈的第三大重点城镇化地区。

（一）柴达木城镇圈人口承载阈值分析

综合考虑柴达木城镇圈城镇化的特殊性，计算得到未来柴达木城镇圈能承载的常住人口约为 70 万人，占青藏高原的 2.67%；与 2020 年现状人口相比可新增承载人口约为 38.99 万人，占青藏高原的 2.98%，可容许进城的人口规模约为 62.58 万人，占青藏高原的 4.17%；与 2020 年现状城镇人口相比可新增城镇人口约为 35.6 万人，占青藏高原的 4.07%，据此计算城镇化率可提升到 89.4% 左右，进入城镇化发展的终期阶段。与 2020 年现状城镇化率相比，柴达木城镇圈未来可新增城镇化率约 2.4%。

（二）柴达木城镇圈人口与城镇化水平预测

2020 年柴达木城镇圈常住人口为 31.01 万人，综合考虑柴达木城镇圈城镇化的特殊性与人口承载阈值，到 2025 年常住人口将达到 33.5 万人左右，2030 年将达到 37.58 万人左右，2035 年将达到 40.34 万人左右，2050 年将达到 48.09 万人左右，不超过 70 万人的人口承载阈值。

2020 年柴达木城镇圈常住城镇人口为 26.98 万人，综合考虑柴达木城镇圈城镇化的特殊性与人口承载阈值，到 2025 年常住城镇人口将达到 29.62 万人左右，2030 年将达到 33.35 万人左右，2035 年将达到 36.54 万人左右，2050 年将达到 44.35 万人左右。

2020 年柴达木城镇圈常住人口城镇化率为 87.00%，到 2025 年将达到 88.42% 左右，2030 年将达到 88.74% 左右，2035 年将达到 90.58% 左右，2050 年将达到 92.22% 左右。

第三节　重点城市人口与城镇化水平预测

青藏高原重点城市包括 2 个省会城市（西宁市和拉萨市）、6 个地级市（包括日喀则市、昌都市、林芝市、山南市、那曲市和海东市）、11 个县级市（包括格尔木市、德令哈市、茫崖市、同仁市、玉树市、马尔康市、康定市、香格里拉市、合作市、米林市、错那市）。分别对 19 个城市的人口与城镇化水平进行预测。

一、省会城市

（一）西宁市人口与城镇化水平预测

2020 年第七次全国人口普查结果表明，西宁市常住人口为 246.80 万人，已有 194.06 万人住在城里，城镇化率达到 78.63%。综合考虑西宁市城镇化的特殊性，采用多模型阈值算法，计算得到未来西宁市能承载的常住人口约为 430 万人，与 2020 年现状人口相比可新增承载人口 183.2 万人左右，可容许进城的人口规模约为 360 万人，与 2020 年现状城镇人口相比可新增城镇人口 165.94 万人左右，据此计算城镇化率可提升到 83.72% 左右，进入城镇化发展的终期阶段。与 2020 年现状城镇化率相比，西宁市未来可新增城镇化率约 5.09%。

2020 年西宁市常住人口为 246.8 万人，综合考虑西宁市城镇化的特殊性与人口承载阈值，到 2025 年常住人口将达到 261.45 万人左右，2030 年将达到 283.3 万人左右，2035 年将达到 304.13 万人左右，2050 年将达到 362.46 万人左右（表 3.8），不超过 430 万人的人口承载阈值。

表 3.8 青藏高原重点城市常住人口预测表   （单位：万人）

城市名称	2020 年现状 （第七次全国人口普查数据）	2025 年预测	2030 年预测	2035 年预测	2050 年预测	上限阈值
拉萨市	86.79	90.16	96.54	103.60	122.44	150
日喀则市	79.82	85.52	88.70	95.19	112.50	170
昌都市	76.10	80.44	83.53	89.64	95.94	100
林芝市	23.89	26.19	30.85	33.11	49.13	155
山南市	35.40	38.81	39.79	42.70	50.46	110
那曲市	50.48	55.35	56.73	60.88	71.95	90
西宁市	246.80	261.45	283.30	304.13	362.46	430
海东市	135.85	141.77	152.93	164.17	195.66	250
格尔木市	22.19	23.97	26.89	28.87	34.41	50
德令哈市	8.82	9.53	10.69	11.47	13.68	20
茫崖市	1.89	2.04	2.29	2.46	2.93	5
同仁市	10.15	10.97	11.65	12.51	14.91	20
玉树市	14.23	15.37	16.33	17.54	20.90	30
马尔康市	5.84	6.39	6.72	7.05	8.36	10
康定市	12.68	13.17	14.60	15.31	18.15	25
香格里拉市	18.64	19.24	21.46	22.50	26.69	30
合作市	11.22	12.16	12.91	13.54	16.06	22
米林市	2.62	3.00	3.50	7.00	9.00	10
错那市	1.39	1.60	1.90	2.70	4.00	5

注：各城市人口上限阈值根据多模型阈值算法综合求得，详见《青藏高原城镇化进程与绿色发展》科学考察报告，2022 年。

2020 年西宁市常住城镇人口为 194.06 万人，到 2025 年常住城镇人口将达到 213.02 万人左右，2030 年将达到 234.44 万人左右，2035 年将达到 255.38 万人左右，2050 年将达到 305.58 万人左右。

2020 年西宁市常住人口城镇化率为 78.63%，到 2025 年将达到 81.48% 左右，2030 年将达到 82.75% 左右，2035 年将达到 83.97% 左右，2050 年将达到 84.31% 左右（表 3.9）。

表 3.9 青藏高原重点城市城镇人口与城镇化水平预测表

城市名称	常住城镇人口/万人					常住人口城镇化率/%				
	2020 年现状（第七次全国人口普查数据）	2025 年预测	2030 年预测	2035 年预测	2050 年预测	2020 年现状（第七次全国人口普查数据）	2025 年预测	2030 年预测	2035 年预测	2050 年预测
拉萨市	60.55	66.46	71.34	78.03	93.70	69.77	73.71	73.90	75.32	76.53
日喀则市	18.43	20.23	25.13	29.49	38.18	23.09	23.66	28.33	30.98	33.94
昌都市	13.3	14.60	17.33	19.34	24.21	17.48	18.15	20.75	21.58	25.23
林芝市	9.77	10.72	12.99	14.71	23.10	40.93	40.93	42.11	44.43	47.02
山南市	11.30	12.40	12.87	15.08	21.27	31.92	31.95	32.34	35.32	42.15
那曲市	11.60	12.73	14.24	16.58	21.19	22.98	23.00	25.10	27.23	29.45
西宁市	194.06	213.02	234.44	255.38	305.58	78.63	81.48	82.75	83.97	84.31
海东市	54.89	60.25	66.31	73.25	101.96	40.40	42.50	43.36	44.62	52.11
格尔木市	19.82	21.76	24.50	26.84	32.55	89.32	90.78	91.11	92.97	94.59
德令哈市	7.16	7.86	8.85	9.70	11.80	81.18	82.48	82.79	84.57	86.26
茫崖市	1.65	1.81	2.04	2.23	2.84	87.30	88.73	89.08	90.65	96.93
同仁市	4.75	5.21	5.72	6.24	8.08	46.80	47.49	49.10	49.88	54.19
玉树市	7.57	8.31	8.98	9.78	12.28	53.20	54.07	54.99	55.76	58.76
马尔康市	3.04	3.34	3.53	3.85	4.66	52.05	52.27	52.53	54.61	55.74
康定市	6.86	7.18	8.02	8.56	10.36	54.10	54.52	54.93	55.91	57.08
香格里拉市	7.13	7.83	8.74	9.77	13.01	38.25	40.70	40.73	43.42	48.74
合作市	5.42	5.95	6.64	7.43	8.99	48.31	48.93	51.43	54.87	55.98
米林市	0.59	0.60	1.23	2.80	4.80	22.60	30.00	35.00	42.00	48.00
错那市	0.29	0.41	0.57	1.08	2.20	20.61	25.50	30.00	40.00	55.00

注：上述预测参考各地州市"十四五"规划纲要及 2030 年远景规划纲要中的相关参数。

（二）拉萨市人口与城镇化水平预测

2020 年第七次全国人口普查结果表明，拉萨市常住人口为 86.79 万人，已有 60.55 万人住在城里，城镇化率达到 69.77%。综合考虑拉萨市城镇化的特殊性，采用多模型阈值算法，计算得到未来拉萨市能承载的常住人口约为 150 万人，与 2020 年现状人口相比可新增承载人口 63.21 万人左右，可容许进城的人口规模约为 120 万人，与 2020 年现状城镇人口相比可新增城镇人口 59.45 万人左右，据此计算城镇化率可提升到 80% 左右，进入城镇化发展的终期阶段。与 2020 年现状城镇化率相比，拉萨市未来可新增城镇化率约 10.23%。

2020 年拉萨市常住人口为 86.79 万人，综合考虑拉萨市城镇化的特殊性与人口承载阈值，到 2025 年常住人口将达到 90.16 万人，2030 年将达到 96.54 万人左右，2035 年将达到 103.06 万人左右，2050 年将达到 122.44 万人左右，不超过 150 万人的人口承载阈值。

2020 年拉萨市常住城镇人口为 60.55 万人，到 2025 年常住城镇人口将达到 66.46 万人左右，2030 年将达到 71.34 万人左右，2035 年将达到 78.03 万人左右，2050 年将达到 93.70 万人左右。

2020 年拉萨市常住人口城镇化率为 69.77%，到 2025 年将达到 73.71% 左右，2030 年将达到 73.90% 左右，2035 年将达到 75.32% 左右，2050 年将达到 76.53% 左右。

二、地级市

（一）日喀则市人口与城镇化水平预测

2020 年第七次全国人口普查结果表明，日喀则市常住人口为 79.82 万人，已有 18.43 万人住在城里，城镇化率达到 23.09%。综合考虑日喀则市城镇化的特殊性，采用多模型阈值算法，计算得到未来日喀则市能承载的常住人口约为 170 万人，与 2020 年现状人口相比可新增承载人口 90.18 万人左右，可容许进城的人口规模约为 70 万人，与 2020 年现状城镇人口相比可新增城镇人口 51.57 万人左右，据此计算城镇化率可提升到 41.18% 左右，进入城镇化发展的中期阶段。与 2020 年现状城镇化率相比，日喀则市未来可新增城镇化率约 18.09%。

2020 年日喀则市常住人口为 79.82 万人，综合考虑日喀则市城镇化的特殊性与人口承载阈值，到 2025 年常住人口将达到 85.52 万人左右，2030 年将达到 88.70 万人左右，2035 年将达到 95.19 万人左右，2050 年将达到 112.50 万人左右，不超过 170 万人的人口承载阈值。

2020 年日喀则市常住城镇人口为 18.43 万人，到 2025 年常住城镇人口将达到 20.23 万人左右，2030 年将达到 25.13 万人左右，2035 年将达到 29.49 万人左右，2050 年将达到 38.18 万人左右。

2020 年日喀则市常住人口城镇化率为 23.09%，到 2025 年将达到 23.66% 左右，2030 年将达到 28.33% 左右，2035 年将达到 30.98% 左右，2050 年将达到 33.94% 左右。

（二）昌都市人口与城镇化水平预测

昌都市是藏东地区重要的节点城市，也是较新的建制市。自改革开放以来，昌都市人口增长，1982 年、1990 年、2000 年和 2010 年，常住人口分别为 44.46 万人、50.02 万人、58.62 万人和 65.75 万人，是青藏高原人口增长最活跃的地区。随着川藏铁路线的建设和开通，昌都市将成为连通内地和西藏腹地重要的交通节点城市。

2020 年第七次全国人口普查结果表明，昌都市常住人口为 76.10 万人，已有 13.30 万人住在城里，城镇化率达到 17.48%。综合考虑昌都市城镇化的特殊性，采用多模型阈值算法，计算得到未来昌都市能承载的常住人口约为 100 万人，与 2020 年现状人口相比可新增承载人口 23.90 万人左右，可容许进城的人口规模约为 30 万人，与 2020 年现状城镇人口相比可新增城镇人口 16.70 万人左右，据此计算城镇化率可提升到 30% 左右，刚刚进入城镇化发展的中期阶段。与 2020 年现状城镇化率相比，昌都市未来可新增城镇化率约 12.52%。

2020 年昌都市常住人口为 76.10 万人，综合考虑昌都市城镇化的特殊性与人口承载阈值，到 2025 年常住人口将达到 80.44 万人左右，2030 年将达到 83.53 万人左右，2035 年将达到 89.64 万人左右，2050 年将达到 95.94 万人左右，不超过 100 万人的人口承载阈值。

2020 年昌都市常住城镇人口为 13.30 万人，到 2025 年常住城镇人口将达到 14.60 万人左右，2030 年将达到 17.33 万人左右，2035 年将达到 19.34 万人左右，2050 年将达到 24.21 万人。

2020 年昌都市常住人口城镇化率为 17.48%，到 2025 年将达到 18.15% 左右，2030 年将达到 20.75% 左右，2035 年将达到 21.58% 左右，2050 年将达到 25.23% 左右。

（三）林芝市人口与城镇化水平预测

2020 年第七次全国人口普查结果表明，林芝市常住人口为 23.89 万人，已有 9.77 万人住在城里，城镇化率达到 40.90%。综合考虑林芝市城镇化的特殊性，采用多模型阈值算法，计算得到未来林芝市能承载的常住人口约为 155 万人，与 2020 年现状人口相比可新增承载人口 131.11 万人左右，可容许进城的人口规模约为 77 万人，与 2020 年现状城镇人口相比可新增城镇人口 67.23 万人左右，据此计算城镇化率可提升到 49.68% 左右，进入城镇化发展的中期阶段。与 2020 年现状城镇化率相比，林芝市未来可新增城镇化率约 8.78%。

2020 年林芝市常住人口为 23.89 万人，综合考虑林芝市城镇化的特殊性与人口承载阈值，到 2025 年常住人口将达到 26.19 万人左右，2030 年将达到 30.85 万人左右，2035 年将达到 33.11 万人左右，2050 年将达到 49.13 万人左右，不超过 155 万人的人口承载阈值。

2020 年林芝市常住城镇人口为 9.77 万人，到 2025 年常住城镇人口将达到 10.72 万人左右，2030 年将达到 12.99 万人左右，2035 年将达到 14.71 万人左右，2050 年将达到 23.10 万人左右。

2020 年林芝市常住人口城镇化率为 40.90%，到 2025 年将达到 40.93% 左右，2030 年将达到 42.11% 左右，2035 年将达到 44.43% 左右，2050 年将达到 47.02% 左右。

（四）山南市人口与城镇化水平预测

2020 年第七次全国人口普查结果表明，山南市常住人口为 35.40 万人，已有 11.30 万人住在城里，城镇化率达到 31.92%。综合考虑山南市城镇化的特殊性，采用多模型阈值算法，计算得到未来山南市能承载的常住人口约为 110 万人，与 2020 年现状人口相比可新增承载人口 74.60 万人左右，可容许进城的人口规模约为 55 万人，与 2020 年现状城镇人口相比可新增城镇人口 43.70 万人左右，据此计算城镇化率可提升到 50% 左右，进入城镇化发展的中期阶段。与 2020 年现状城镇化率相比，山南市未来可新增城镇化率约 18.08%。

2020 年山南市常住人口为 35.40 万人，综合考虑山南市城镇化的特殊性与人口承载阈值，到 2025 年常住人口将达到 38.81 万人左右，2030 年将达到 39.79 万人左右，2035 年将达到 42.70 万人左右，2050 年将达到 50.46 万人左右，不超过 110 万人的人口承载阈值。

2020 年山南市常住城镇人口为 11.30 万人，到 2025 年常住城镇人口将达到 12.40 万人左右，2030 年将达到 12.87 万人左右，2035 年将达到 15.08 万人左右，2050 年将达到 21.27 万人左右。

2020 年山南市常住人口城镇化率为 31.92%，到 2025 年将达到 31.95% 左右，2030 年将达到 32.34% 左右，2035 年将达到 35.32% 左右，2050 年将达到 42.15% 左右。

（五）那曲市人口与城镇化水平预测

那曲市是藏北地区重要的节点城市，是青藏高原年轻的建制市。自改革开放以来，那曲市人口增长，1982 年、1990 年、2000 年和 2010 年，常住人口分别为 24.56 万人、29.38 万人、36.67 万人和 36.24 万人，是西藏北部地区人口增长活跃地区。那曲市是青藏铁路的重要节点城市，同时是唐蕃古道历史文脉通道的重要驿站城市。

2020 年第七次全国人口普查结果表明，那曲市常住人口为 50.48 万人，已有 11.60 万人住在城里，城镇化率达到 22.98%。综合考虑那曲市城镇化的特殊性，采用多模型阈值算法，计算得到未来那曲市能承载的常住人口约为 90 万人，与 2020 年现状人口相比可新增承载人口 39.52 万人左右，可容许进城的人口规模约为 33 万人，与 2020 年现状城镇人口相比可新增城镇人口 21.40 万人左右，据此计算城镇化率可提升到 36.67%，刚进入城镇化发展的中期阶段。与 2020 年现状城镇化率相比，那曲市未来可新增城镇化率约 13.69%。

2020 年那曲市常住人口为 50.48 万人，综合考虑那曲市城镇化的特殊性与人口承载阈值，到 2025 年常住人口将达到 55.35 万人左右，2030 年将达到 56.73 万人，2035 年将达到 60.88 万人左右，2050 年将达到 71.95 万人左右，不超过 90 万人的人口承载阈值。

2020 年那曲市常住城镇人口为 11.60 万人，到 2025 年常住城镇人口将达到 12.73 万人左右，2030 年将达到 14.24 万人左右，2035 年将达到 16.58 万人左右，2050 年将达到 21.19 万人左右。

2020 年那曲市常住人口城镇化率为 22.98%，到 2025 年将达到 23.00% 左右，2030 年将达到 25.10% 左右，2035 年将达到 27.23% 左右，2050 年将达到 29.45% 左右。

（六）海东市人口与城镇化水平预测

2020 年第七次全国人口普查结果表明，海东市常住人口为 135.85 万人，已有 54.89 万人住在城里，城镇化率达到 40.40%。综合考虑海东市城镇化的特殊性，采用多模型阈值算法，计算得到未来海东市能承载的常住人口约为 250 万人，与 2020 年现状人口相比可新增承载人口 114.15 万人左右，可容许进城的人口规模约为 150 万人，与 2020 年现状城镇人口相比可新增城镇人口 95.11 万人左右，据此计算城镇化率可提升到 60%，进入城镇化发展的后期阶段。与 2020 年现状城镇化率相比，海东市未来可新增城镇化率约 19.60%。

2020 年海东市常住人口为 135.85 万人，综合考虑海东市城镇化的特殊性与人口承载阈值，到 2025 年常住人口将达到 141.77 万人左右，2030 年将达到 152.93 万人左右，2035 年将达到 164.17 万人左右，2050 年将达到 195.66 万人左右，不超过 250 万人的人口承载阈值。

2020 年海东市常住城镇人口为 54.89 万人，到 2025 年常住城镇人口将达到 60.25 万人左右，2030 年将达到 66.31 万人左右，2035 年将达到 73.25 万人，2050 年将达到 101.96 万人左右。

2020 年海东市常住人口城镇化率为 40.40%，到 2025 年将达到 42.50% 左右，2030 年将达到 43.36% 左右，2035 年将达到 44.62% 左右，2050 年将达到 52.11% 左右。

三、县级市

（一）格尔木市人口与城镇化水平预测

格尔木市是重要的工矿城市，是青藏高原经济相对发达城市和典型移民城市，也是青藏高原重要的节点城市。自改革开放以来，格尔木市人口保持快速增长，1982 年、1990 年、2000 年和 2010 年，常住人口分别为 5.72 万人、8.30 万人、16.53 万人和 21.52 万人，户籍人口分别为 6.00 万人、6.32 万人、10.12 万人和 13.01 万人，已经从改革开放初期人口净流出型转为人口净流入型，是青藏高原人口迁入及人口增长最活跃的城市之一。2010 年，格尔木市城镇人口为 18.64 万人，常住城镇化率高达 86.62%，是青藏高原城镇化水平较高的县市之一。

2020 年第七次全国人口普查结果表明，格尔木市常住人口 22.19 万人，已有 19.82 万人住在城里，城镇化率达到 89.32%。综合考虑格尔木市城镇化的特殊性，采用多模型阈值算法，计算得到未来格尔木市能承载的常住人口约为 50 万人，与 2020 年现状人口相比可新增承载人口 27.81 万人左右，可容许进城的人口规模约为 45.95 万人，与 2020 年现状城镇人口相比可新增城镇人口 26.13 万人左右，据此计算城镇化率可提升到 91.9% 左右，进入城镇化发展的终期阶段。与 2020 年现状城镇化率相比，格尔木市未来可新增城镇化率约 2.58%。

2020 年格尔木市常住人口为 22.19 万人，综合考虑格尔木市城镇化的特殊性与人口承载阈值，到 2025 年常住人口将达到 23.97 万人左右，2030 年将达到 26.89 万人左右，2035 年将达到 28.87 万人左右，2050 年将达到 34.41 万人左右，不超过 50 万人的人口承载阈值。

2020 年格尔木市常住城镇人口为 19.82 万人，到 2025 年常住城镇人口将达到 21.76 万人左右，2030 年将达到 24.50 万人左右，2035 年将达到 26.84 万人左右，2050 年将达到 32.55 万人左右。

2020 年格尔木市常住人口城镇化率为 89.32%，到 2025 年将达到 90.78%，2030 年将达到 91.11% 左右，2035 年将达到 92.97% 左右，2050 年将达到 94.59% 左右。

（二）德令哈市人口与城镇化水平预测

2020 年第七次全国人口普查结果表明，德令哈市常住人口为 8.82 万人，已有 7.16 万人住在城里，城镇化率达到 81.18%。综合考虑德令哈市城镇化的特殊性，采用多模型阈值算法计算得到未来德令哈市能承载的常住人口约为 20 万人，与 2020 年现状人口相比可新增承载人口 11.18 万人左右，可容许进城的人口规模约为 16.63 万人，与 2020 年现状城镇人口相比可新增城镇人口 9.47 万人左右，据此计算城镇化率可提升到 83.15% 左右，进入城镇化发展的终期阶段。与 2020 年现状城镇化率相比，德令哈市未来可新增城镇化率约 1.97%。

2020 年德令哈市常住人口为 8.82 万人，综合考虑德令哈市城镇化的特殊性与人口承载阈值，到 2025 年常住人口将达到 9.53 万人左右，2030 年将达到 10.69 万人，2035 年将达到 11.47 万人左右，2050 年将达到 13.68 万人左右，不超过 20 万人的人口承载阈值。

2020 年德令哈市常住城镇人口为 7.16 万人，到 2025 年常住城镇人口将达到 7.86 万人左右，2030 年将达到 8.85 万人左右，2035 年将达到 9.70 万人左右，2050 年将达到 11.80 万人左右。

2020 年德令哈市常住人口城镇化率为 81.18%，到 2025 年将达到 82.48% 左右，2030 年将达到 82.79% 左右，2035 年将达到 84.57% 左右，2050 年将达到 86.26% 左右。

（三）茫崖市人口与城镇化水平预测

2020 年第七次全国人口普查结果表明，茫崖市常住人口为 1.89 万人，已有 1.65 万人住在城里，城镇化率达到 87.30%。综合考虑茫崖市作为工矿城市的城镇化的特殊性，采用多模型阈值算法计算得到未来茫崖市能承载的常住人口约为 5 万人，与 2020 年现状人口相比可新增承载人口 3.11 万人左右，可容许进城的人口规模约为 4.7 万人，与 2020 年现状城镇人口相比可新增城镇人口 3.05 万人左右，据此计算城镇化率可提升到 94%，进入城镇化发展的终期阶段。与 2020 年现状城镇化率相比，茫崖市未来可新增城镇化率约 6.7%。

2020 年茫崖市常住人口为 1.89 万人，综合考虑茫崖市城镇化的特殊性与人口承载阈值，到 2025 年常住人口将达到 2.04 万人左右，2030 年将达到 2.29 万人左右，2035 年将达到 2.46 万人左右，2050 年将达到 2.93 万人左右。

2020 年茫崖市常住城镇人口为 1.65 万人，到 2025 年常住城镇人口将达到 1.81 万人，2030 年将达到 2.04 万人左右，2035 年将达到 2.23 万人左右，2050 年将达到 2.84 万人左右。

2020 年茫崖市常住人口城镇化率为 87.30%，到 2025 年将达到 88.73% 左右，2030 年将达到 89.08% 左右，2035 年将达到 90.65% 左右，2050 年将达到 96.93% 左右。

（四）同仁市人口与城镇化水平预测

2020 年第七次全国人口普查结果表明，同仁市常住人口为 10.15 万人，已有 4.75 万人住在城里，城镇化率达到 46.80%。综合考虑同仁市城镇化的特殊性，采用多模型阈值算法计算得到未来同仁市能承载的常住人口为 20 万人，与 2020 年现状人口相比可新增承载人口 9.85 万人，可容许进城的人口规模约为 11.11 万人，与 2020 年现状城镇人口相比可新增城镇人口 6.36 万人左右，据此计算城镇化率可提升到 55.55%，进入城镇化发展的中期阶段。与 2020 年现状城镇化率相比，同仁市未来可新增城镇化率约 8.75%。

2020 年同仁市常住人口为 10.15 万人，综合考虑同仁市城镇化的特殊性与人口承载阈值，到 2025 年常住人口将达到 10.97 万人左右，2030 年将达到 11.65 万人左右，2035 年将达到 12.51 万人左右，2050 年将达到 14.91 万人左右，不超过 20 万人的人口承载阈值。

2020 年同仁市常住城镇人口为 4.75 万人，到 2025 年常住城镇人口将达到 5.21 万人左右，2030 年将达到 5.72 万人左右，2035 年将达到 6.24 万人左右，2050 年将达到 8.08 万人左右。

2020 年同仁市常住人口城镇化率为 46.80%，到 2025 年将达到 47.49% 左右，2030 年将达到 49.10% 左右，2035 年将达到 49.88% 左右，2050 年将达到 54.19% 左右。

（五）玉树市人口与城镇化水平预测

2020 年第七次全国人口普查结果表明，玉树市常住人口为 14.23 万人，已有 7.57 万人住在城里，城镇化率达到 53.20%。综合考虑玉树市城镇化的特殊性，采用多模型阈值算法计算得到未来玉树市能承载的常住人口为 30 万人，与 2020 年现状人口相比可新增承载人口 15.77 万人，可容许进城的人口规模约为 18.96 万人，与 2020 年现状城镇人口相比可新增城镇人口 11.39 万人左右，据此计算城镇化率可提升到 63.2%，进入城镇化发展的后期阶段。与 2020 年现状城镇化率相比，玉树市未来可新增城镇化率约 10%。

2020 年玉树市常住人口为 14.23 万人，综合考虑玉树市城镇化的特殊性与人口承载阈值，到 2025 年常住人口将达到 15.37 万人左右，2030 年将达到 16.33 万人左右，2035 年将达到 17.54 万人左右，2050 年将达到 20.90 万人左右，不超过 30 万人的人口承载阈值。

2020 年玉树市常住城镇人口为 7.57 万人，到 2025 年常住城镇人口将达到 8.31 万人左右，2030 年将达到 8.98 万人左右，2035 年将达到 9.78 万人左右，2050 年将达到 12.28 万人左右。

2020 年玉树市常住人口城镇化率为 53.20%，到 2025 年将达到 54.07% 左右，2030 年将达到 54.99% 左右，2035 年将达到 55.76% 左右，2050 年将达到 58.76% 左右。

（六）马尔康市人口与城镇化水平预测

2020 年第七次全国人口普查结果表明，马尔康市常住人口为 5.84 万人，已有 3.04 万人住在城里，城镇化率达到 52.05%。综合考虑马尔康市城镇化的特殊性，采用多模型阈值算法计算得到未来马尔康市能承载的常住人口约为 10 万人，与 2020 年现状人口相比可新增承载人口 4.16 万人左右，可容许进城的人口规模约为 5.51 万人，与 2020 年现状城镇人口相比可新增城镇人口 2.47 万人左右，据此计算城镇化率可提升到 55.1%，进入城镇化发展的中期阶段。与 2020 年现状城镇化率相比，马尔康市未来可新增城镇化率约 3.05%。

2020 年马尔康市常住人口为 5.84 万人，综合考虑马尔康市城镇化的特殊性与人口承载阈值，到 2025 年常住人口将达到 6.39 万人左右，2030 年将达到 6.72 万人左右，2035 年将达到 7.05 万人左右，2050 年将达到 8.36 万人左右，不超过 10 万人的人口承载阈值。

2020 年马尔康市常住城镇人口为 3.04 万人，到 2025 年常住城镇人口将达到 3.34 万人左右，2030 年将达到 3.53 万人左右，2035 年将达到 3.85 万人左右，2050 年将达到 4.66 万人左右。

2020 年马尔康市常住人口城镇化率为 52.05%，到 2025 年将达到 52.27% 左右，2030 年将达到 52.53% 左右，2035 年将达到 54.61% 左右，2050 年将达到 55.74% 左右。

（七）康定市人口与城镇化水平预测

2020 年第七次全国人口普查结果表明，康定市常住人口为 12.68 万人，已有 6.86 万人住在城里，城镇化率达到 54.10%。综合考虑康定市城镇化的特殊性，采用多模型阈值算法计算得到未来康定市能承载的常住人口约为 25 万人，与 2020 年现状人口相比可新增承载人口 12.32 万人左右，可容许进城的人口规模约为 13.76 万人，与 2020 年现状城镇人口相比可新增城镇人口 6.9 万人，据此计算城镇化率可提升到 55.04%，进入城镇化发展的中期阶段。与 2020 年现状城镇化率相比，康定市未来可新增城镇化率约 0.94%。

2020 年康定市常住人口为 12.68 万人，综合考虑康定市城镇化的特殊性与人口承载阈值，到 2025 年常住人口将达到 13.17 万人左右，2030 年将达到 14.60 万人左右，2035 年将达到 15.31 万人左右，2050 年将达到 18.15 万人左右，不超过 25 万人的人口承载阈值。

2020 年康定市常住城镇人口为 6.86 万人，到 2025 年常住城镇人口将达到 7.18 万人左右，2030 年将达到 8.02 万人左右，2035 年将达到 8.56 万人左右，2050 年将达到 10.36 万人左右。

2020 年康定市常住人口城镇化率为 54.10%，到 2025 年将达到 54.52% 左右，2030 年将达到 54.93% 左右，2035 年将达到 55.91% 左右，2050 年将达到 57.08% 左右。

（八）香格里拉市人口与城镇化水平预测

2020 年第七次全国人口普查结果表明，香格里拉市常住人口为 18.64 万人，已有

7. 13 万人住在城里，城镇化率达到 38. 25%。综合考虑香格里拉市城镇化的特殊性，采用多模型阈值算法计算得到未来香格里拉市能承载的常住人口约为 30 万人，与 2020 年现状人口相比可新增承载人口 11. 36 万人左右，可容许进城的人口规模约为 14. 79 万人，与 2020 年现状城镇人口相比可新增城镇人口 7. 66 万人左右，据此计算城镇化率可提升到 49. 3% 左右，进入城镇化发展的中期阶段。与 2020 年现状城镇化率相比，香格里拉市未来可新增城镇化率约 11. 05%。

2020 年香格里拉市常住人口为 18. 64 万人，综合考虑香格里拉市城镇化的特殊性与人口承载阈值，到 2025 年常住人口将达到 19. 24 万人左右，2030 年将达到 21. 46 万人左右，2035 年将达到 22. 50 万人左右，2050 年将达到 26. 69 万人左右，不超过 30 万人的人口承载阈值。

2020 年香格里拉市常住城镇人口为 7. 13 万人，到 2025 年常住城镇人口将达到 7. 83 万人左右，2030 年将达到 8. 74 万人左右，2035 年将达到 9. 77 万人左右，2050 年将达到 13. 01 万人左右。

2020 年香格里拉市常住人口城镇化率为 38. 25%，到 2025 年将达到 40. 70% 左右，2030 年将达到 40. 73% 左右，2035 年将达到 43. 42% 左右，2050 年将达到 48. 74% 左右。

（九）合作市人口与城镇化水平预测

2020 年第七次全国人口普查结果表明，合作市常住人口为 11. 22 万人，已有 5. 42 万人住在城里，城镇化率达到 48. 31%。综合考虑合作市城镇化的特殊性，采用多模型阈值算法计算得到未来合作市能承载的常住人口约为 22 万人，与 2020 年现状人口相比可新增承载人口 10. 78 万人左右，可容许进城的人口规模约为 12. 7 万人，与 2020 年现状城镇人口相比可新增城镇人口 7. 28 万人左右，据此计算城镇化率可提升到 57. 73%，进入城镇化发展的中期阶段。与 2020 年现状城镇化率相比，合作市未来可新增城镇化率约 9. 42%。

2020 年合作市常住人口为 11. 22 万人，综合考虑合作市城镇化的特殊性与人口承载阈值，到 2025 年常住人口将达到 12. 16 万人左右，2030 年将达到 12. 91 万人左右，2035 年将达到 13. 54 万人左右，2050 年将达到 16. 06 万人左右，不超过 22 万人的人口承载阈值。

2020 年合作市常住城镇人口为 5. 42 万人，到 2025 年常住城镇人口将达到 5. 95 万人左右，2030 年将达到 6. 64 万人左右，2035 年将达到 7. 43 万人左右，2050 年将达到 8. 99 万人左右。

2020 年合作市常住人口城镇化率为 48. 31%，到 2025 年将达到 48. 93% 左右，2030 年将达到 51. 43% 左右，2035 年将达到 54. 87% 左右，2050 年将达到 55. 98% 左右。

（十）米林市人口与城镇化水平预测

2020 年第七次全国人口普查结果表明，米林市常住人口为 2. 62 万人，已有 0. 59 万人住在城里，城镇化率达到 22. 6%。综合考虑米林市城镇化的特殊性，采用多模型阈值算法计算得到未来米林市能承载的常住人口为 10 万人左右，与 2020 年现状人口相比可新增承载人口 7. 38 万人左右，可容许进城的人口规模为 5 万人左右，与 2020 年现状城镇人口相比可新增城镇人口 4.41 万人，据此计算城镇化率可提升到 50% 左右，进入城镇化发展的中期阶段。与 2020 年现状城镇化率相比，米林市未来可新增城镇化率约 27.4%。

2020 年米林市常住人口为 2.62 万人，综合考虑米林市城镇化的特殊性与人口承载阈值，到 2025 年常住人口将达到 3 万人左右，2030 年将达到 3.5 万人左右，2035 年将达到 7 万人左右，2050 年将达到 9 万人左右，不超过 10 万人左右的人口承载阈值。

2020 年米林市常住城镇人口为 0.59 万人，到 2025 年常住城镇人口将达到 0.6 万人左右，2030 年将达到 1.23 万人左右，2035 年将达到 2.8 万人左右，2050 年将达到 4.8 万人左右。

2020 年米林市常住人口城镇化率为 22.63%，到 2025 年将达到 30% 左右，2030 年将达到 35% 左右，2035 年将达到 42% 左右，2050 年将达到 48% 左右。

（十一）错那市人口与城镇化水平预测

2020 年第七次全国人口普查结果表明，错那市常住人口为 1.39 万人，已有 0.29 万人住在城里，城镇化率达到 20.61%。综合考虑错那市城镇化的特殊性，采用多模型阈值算法计算得到未来错那市能承载的常住人口为 5 万人左右，与 2020 年现状人口相比可新增承载人口 3.61 万人左右，可容许进城的人口规模为 3 万人左右，与 2020 年现状城镇人口相比可新增城镇人口 2.71 万人，据此计算城镇化率可提升到 60% 左右，进入城镇化发展的中期阶段。与 2020 年现状城镇化率相比，错那市未来可新增城镇化率约 39.39%。

2020 年错那市常住人口为 1.39 万人，综合考虑错那市城镇化的特殊性与人口承载阈值，到 2025 年常住人口将达到 1.6 万人左右，2030 年将达到 1.9 万人左右，2035 年将达到 2.7 万人左右，2050 年将达到 4 万人左右，不超过 5 万人左右的人口承载阈值。

2020 年错那市常住城镇人口为 0.29 万人，到 2025 年常住城镇人口将达到 0.41 万人左右，2030 年将达到 0.57 万人左右，2035 年将达到 1.08 万人左右，2050 年将达到 2.2 万人左右。

2020 年错那市常住人口城镇化率为 20.61%，到 2025 年将达到 25.5% 左右，2030 年将达到 30% 左右，2035 年将达到 40% 左右，2050 年将达到 55% 左右。

主要参考文献

方创琳. 2014. 中国新型城镇化发展报告. 北京：科学出版社.

方创琳. 2022. 青藏高原城镇化发展的特殊思路与绿色发展路径. 地理学报，77（8）：1907-1919.

方创琳，李广东. 2015. 西藏新型城镇化的特殊性及渐进模式与对策建议. 中国科学院院刊，30（3）：294-305.

傅小锋. 2000. 青藏高原城镇化及其动力机制分析. 自然资源学报，（4）：369-374.

葛全胜，方创琳，张宪洲，等. 2015. 西藏经济社会发展战略与创新对策. 中国科学院院刊，30（3）：286-293.

第四章 青藏高原城镇化对生态环境的影响评价

城镇化是现阶段各个国家和地区迈向现代化的必经之路，其发展和推进对区域生态环境有着不容忽视的影响。作为自然资源丰富但生态环境脆弱、民族文化独特但社会经济不发达的特殊区域，青藏高原在全球气候变化和人类社会经济活动的双重影响下，生态环境呈现出生态系统不稳定、资源环境压力大等问题，城镇化发展与生态环境保护之间出现了不同程度的冲突与矛盾。特殊重要的地理位置凸显青藏高原未来走向可持续发展的重要性和紧迫性。如何处理城镇化发展同人口持续增长之间、自然资源的合理开发利用与生态环境保护之间的协调关系，已经成为现阶段青藏高原的重要工作。而揭示青藏高原城镇化发展对当地生态环境产生何种程度的影响，这些影响随着时间有何种变化趋势，城镇化系统哪些要素对生态环境影响变化产生主要贡献等，是当前亟须解决的关键科学问题。为此，本章分别以青藏高原的主体部分即青海和西藏及兰西城市群（含西宁都市圈）、拉萨城市圈等重点城镇化地区为研究对象，通过构建城镇化发展水平与生态环境质量为目标层的综合评价指标体系，综合利用熵权物元可拓模型、灰色关联分析等方法，对 2000～2020 年青藏高原及重点地区城镇化的生态环境影响进行定量评价，并对主控因素进行识别，旨在为合理开发和保护青藏高原生态环境、实施因地制宜的城镇化模式，进而实现青藏高原社会经济与生态环境协调发展提供科学依据。

第一节 青藏高原城镇化对生态环境影响的评价指标体系

一、相关研究概述

城镇化过程是一个动态、综合和复杂的过程，城镇化与生态环境之间不仅仅只是矛盾对立的关系。大量实例表明，城镇化进程的加快并不只是对生态环境造成负面影响，也会促进生态环境改善（图4.1）。随着城镇化进程的加快，城镇人口集聚增大局部地区的生态环境压力，但同时城镇化带来的财富累积有助于生态环境建设。如果人口集聚和财富累积反馈于生态环境建设且能在时间上保持同步，那么城镇化对生态环境造成的一些负效应会在一定程度上得到缓解（刘焱序等，2013）。城镇化与生态环境之间关系的研究已经成为人地关系地域系统研究（吴传钧，1991）的热点问题和前沿领域，成为地理学、生态学、环境科学等领域研究的重要问题。目前，国内外学者的研究重点主要是城镇化与生态环境动态耦合、交互机理，研究尺度涵盖全球、国家、城市群、省域、城市及其城市内部，主要以城市群和城市为研究重点。城镇化发展对生态环境产生的影响可以通过各种数学方法进行定量评价，其中常用的包括因子分析法、灰色关联分析法（Deng et al., 2015）、综合指数法（Gao et al., 2008）等。近年来，随着人工智能、大数据、算法网络等一系列技术方法的革新，出现了神经网络（孙湛和马海涛，2018）、随机森林（吴小君等，2018）等创新算法模型，运用这些模型可以更好、更深入地分析城镇化的生态环境影响、变化趋势及其影响因素。

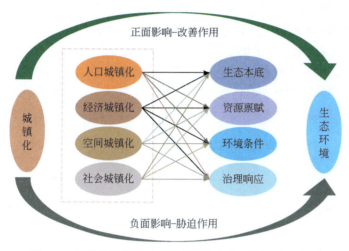

图 4.1　城镇化及其各子系统发展的生态环境影响示意图

20 世纪 90 年代，一些长期从事青藏高原研究的科学家建议对高原存在的生态环境问题进行长期定位研究，尤其是在人类活动较为剧烈的高原河谷农牧交错地区（张扬建等，2018）。徐增让等（2017）认为影响青藏高原生态环境的因素主要有气候、地质、地貌、土壤、植被等自然地理条件和社会经济发展水平，并提出了青藏高原未来可持续发展的对策建议。曾业隆等（2017）利用遥感和 GIS 技术，基于空间主成分分析（spatial principle component analysis，SPCA）方法对青藏高原典型电网工程的生态环境敏感性进行了分析；高江波等（2016）利用遥感数据，基于生态系统结构、功能、生境的脆弱性构建评价指标体系，评估了西藏高原自然生态系统的脆弱性并解释了其空间异质性特征；袁烽迪等（2018）采用层次分析法和主成分分析法，根据生态环境脆弱性指数（ecological environmental vulnerability index，EEVI），对青藏高原的生态环境脆弱性进行了定量分析。综上，现阶段青藏高原地区生态环境的相关研究主要集中于自然生态领域，数据来源多为遥感获取。自 21 世纪以来，青藏高原城镇化发展取得显著进展，却少有文献利用社会经济统计数据针对人类活动及城镇化发展带来的生态环境影响进行研究，因此本书对今后青藏高原发展过程中选择一条适合社会经济基础与生态环境状况的城镇化道路具有一定的参考价值。

二、测度指标体系

测度指标体系的构建是进行评价的核心部分，也是关系评价结果是否科学、可信的关键（王亮和刘慧，2019）。从指标体系的构建角度来看，准则层指标既要起到总纲的作用，同时又要涵盖系统的各方面。虽然不同学者在城镇化发展水平评价中选取的指标有所差异，但大多数学者都认为城镇化发展水平是由人口城镇化、经济城镇化、空间城镇化和社会城镇化四个子系统相辅相成、共同作用组成的复杂系统。本着科学性、全面性、综合性、代表性和可获得性的原则，结合青藏高原地区社会经济发展和生态环境的特殊情况及相关数据资料，在借鉴现有文献研究中的指标体系（仲夏，2002）基础上，选取城镇化发展水平和生态环境质量两大系统作为目标层，其中包含8个子系统、33个评价指标，最终形成青藏高原城镇化发展的生态环境影响评价指标体系。其中，城镇化发展水平作为目标层之一，包括人口城镇化、经济城镇化、空间城镇化和社会城镇化四个子系统，各个子系统共包含14个不同的具体指标；生态环境质量包括生态本底、资源禀赋、环境条件和治理响应四个子系统，包括19个具体指标。通过这些指标，可以客观地评价分析青藏高原城镇化发展与生态环境之间的关系。具体评价指标体系如表4.1和表4.2所示。

表 4.1　青藏高原城镇化发展水平评价指标体系及其权重

准则层	因子层	指标层	单位	属性	权重
城镇化发展水平	人口城镇化	城镇化率	%	正向	0.073
		人口密度	人/m²	正向	0.071
		第二、第三产业从业人员比例	%	正向	0.076
	经济城镇化	人均 GDP	元	正向	0.071
		第二、第三产业增加值占 GDP 的比例	%	正向	0.077
		人均地方财政收入	元	正向	0.068
		人均全社会固定资产投资	元	正向	0.069
	空间城镇化	建成区面积比例	%	正向	0.071
		路网密度	km/km²	正向	0.074
		城镇密度	个/km²	正向	0.076
	社会城镇化	万人医疗机构床位数	张	正向	0.055
		教育支出占财政支出的比例	%	正向	0.075
		城镇居民人均可支配收入	元	正向	0.071
		每万人公共汽车拥有量	标台	正向	0.075

表 4.2　青藏高原生态环境质量评价指标体系及其权重

准则层	因子层	指标层	单位	属性	权重
生态环境质量	生态本底	森林覆盖率	%	正向	0.052
		建成区绿化覆盖率	%	正向	0.054
		人均公共绿地面积	m²	正向	0.054
		水土流失面积比例	%	负向	0.055
		土地沙化面积比例	%	负向	0.052

续表

准则层	因子层	指标层	单位	属性	权重
生态环境质量	资源禀赋	人均水资源量	m³	正向	0.049
		水资源开发利用率	%	负向	0.054
		人均耕地面积	km²	正向	0.051
		人均林草地面积	km²	正向	0.049
	环境条件	每万人废水排放量	t	负向	0.054
		每万人工业固体废弃物排放量	t	负向	0.054
		每万人二氧化硫排放量	t	负向	0.053
		每万人氮氧化物排放量	t	负向	0.053
		每万人烟（粉）尘排放量	t	负向	0.055
		空气质量达到二级以上天数占全年的比例	%	正向	0.055
	治理响应	环境污染治理投资占 GDP 的比例	%	正向	0.052
		工业废水处理率	%	正向	0.054
		工业固体废弃物综合利用率	%	正向	0.053
		三废综合利用产品产值	万元	正向	0.046

三、数据来源与预处理

考虑到研究区域的代表性及数据的可获取性，本章提及的青藏高原特指青海和西藏所辖区域。由于青海、西藏两地地级市/州级尺度的统计数据不易获得，因此本章将青藏高原中的主体部分青海、西藏两地看作一个整体，以青海、西藏两地省级尺度的统计数据为主，其中城镇化水平相关指标数据来源于历年的《青海统计年鉴》《西藏统计年鉴》《中国统计年鉴》《中国区域经济统计年鉴》《中国城乡建设统计年鉴》，大气环境状况、污染物排放情况等生态环境质量相关指标数据来源于《中国环境统计年鉴》《中国环境年鉴》，以及青海省人民政府、西藏自治区人民政府各部门的公开信息及其年度报告。

鉴于各项指标原始数据的量纲、属性不同，因此在进行模型定量分析之前，首先采用极差标准化的方法对各指标数据进行归一化处理。其中正向指标的属性表现为值越大，其正向贡献越大，归一化计算公式如下：

$$X_{ij} = \frac{\max Y_{ij} - Y_{ij}}{\max Y_{ij} - \min Y_{ij}} \tag{4.1}$$

对于负向指标，值越大，其负向贡献越大，归一化计算公式如下：

$$X_{ij} = \frac{Y_{ij} - \min Y_{ij}}{\max Y_{ij} - \min Y_{ij}} \tag{4.2}$$

式中，X_{ij} 为 i 地区第 j 项指标的归一化值；Y_{ij} 为 i 地区第 j 项指标的原始值；$\max Y_{ij}$ 和 $\min Y_{ij}$ 分别为 i 地区第 j 项指标的最大值和最小值。数据归一化之后，各项指标的取值范围为

[0，1]，且不同区域的指标之间也具有可比性。

第二节　青藏高原城镇化对生态环境影响的熵权物元可拓模型评价

通过熵权物元可拓模型，可评价青藏高原地区及青海、西藏 2000～2020 年城镇化对生态环境影响的评价等级变化趋势，分析青藏高原城镇化各要素对生态环境影响的空间差异及年际变化特征。

一、熵权物元可拓模型概述

物元分析通过将评价指标体系中各指标划分为不同的等级区间，对各指标进行等级间关联度的计算，最后对多指标进行综合评价，以促进事物转化、解决不相容问题（姚云霞等，2017）。物元分析不仅仅考虑数量关系的迭代，同时最大限度满足主系统、主条件，针对事物的变化过程对其进行动态评价，旨在使问题得到科学合理的解决。该方法具有发散性、共轭性、相关性和可拓性的特点，不仅有助于从动态变化的角度识别事物的特征，而且物理意义明确，易于计算，因此常用来解决多因子的复杂系统评价问题。

物元是将事物的质和量有机地联系在一起的重要概念，也是物元分析的基本概念，具体定义为将有序三元组：$R = (N, C, V)$ 作为描述事物的基本元，简称为"物元"。因此，"事物""特征""量值"是构成物元的必备三要素（鲍超和方创琳，2005）。本研究将熵值法引入各指标权重的计算中，通过构建模型将评价城镇化的生态环境影响各项指标及其特征值作为物元，对各指标的原始数据和评价级别进行归一化之后，得到不同地区对各等级单个指标的关联度和综合关联度，以分析研究期内单个指标的等级变化趋势和研究对象的综合等级变化趋势。具体模型构建步骤如下。

（一）熵值法确定各评价指标权重

由于评价指标体系中涉及指标较多，且各个指标对城镇化发展的生态环境影响贡献程度各不相同，因此在分析之前需要对单个指标的贡献程度加以计算，从而确定各个指标的权重（张春梅等，2012）。

计算第 i 地区第 j 项指标的权重：

$$Y_{ij} = \frac{x_{ij}}{\sum\limits_{j=1}^{n} x_{ij}} \tag{4.3}$$

计算第 j 项指标的信息熵值：

$$f_j = -\frac{1}{\ln n} \sum\limits_{j=1}^{n} (Y_{ij} \times \ln Y_{ij}) \tag{4.4}$$

计算第 j 项指标的变异系数：

$$\gamma_j = 1 - f_j \tag{4.5}$$

计算第 j 项指标的权重：

$$\omega_j = \frac{\gamma_j}{\sum\limits_{j=1}^{n} \gamma_j} \tag{4.6}$$

运用熵值法计算出评价指标体系中各指标在研究期内的客观权重，取均值可以得到青藏高原城镇化对生态环境影响的各评价指标权重。

（二）基于物元可拓理论构建青藏高原城镇化的生态环境影响评价模型

1. 确定城镇化的生态环境影响物元

将 $E = (Z, C, V)$ 作为青藏高原城镇化的生态环境影响评价物元，Z 表示待评价对象 E 的待评价物元，本研究中 Z 表示城镇化的生态环境影响，C 表示城镇化的生态环境影响特征，V 表示 Z 关于 C 的量值区间。n 维城镇化的生态环境影响物元 E 表示为

$$E = (Z, C, V) = \begin{bmatrix} Z & c_1 & V_1 \\ & c_2 & V_2 \\ & \vdots & \vdots \\ & c_n & V_n \end{bmatrix} = \begin{bmatrix} E_1 \\ E_2 \\ \vdots \\ E_n \end{bmatrix} \tag{4.7}$$

2. 确定经典域与评价节域（取值范围）

假设有 m 个评价等级 Z_1，Z_2，$\cdots$，Z_m，那么建立 m 个相应的物元，用矩阵表示为

$$E_i = \begin{bmatrix} Z_i & c_1 & V_{i1} \\ & c_2 & V_{i2} \\ & \vdots & \vdots \\ & c_n & V_{in} \end{bmatrix} = \begin{bmatrix} Z_i & c_1(t) & (a_{i1}, b_{i1}) \\ & c_2(t) & (a_{i2}, b_{i2}) \\ & \vdots & \vdots \\ & c_n(t) & (a_{in}, b_{in}) \end{bmatrix} \tag{4.8}$$

式中，$V_{ij}(j=1,2,\cdots,n)$ 为指标体系中评价等级 $Z_i(i=1,2,\cdots,m)$ 关于评价指标 $c_j(j=1,2,\cdots,n)$ 的量值区间，称为经典域。其中，每个指标的风险评价等级区间边界数据和形式因指标的差异会有所不同，但是所有指标划分的风险评价等级数目保持一致，每个指标都被划分为 5 个影响等级，因此每个指标都有 5 个经典域物元矩阵。

对于经典域，构造其节域 E_p，使得 $E_p \supset E_i$，节域物元矩阵表示为

$$E_p = \begin{bmatrix} Z_p & c_1 & V_{p1} \\ & c_2 & V_{p2} \\ & \vdots & \vdots \\ & c_n & V_{pn} \end{bmatrix} = \begin{bmatrix} Z_p & c_1 & (a_{p1}, b_{p1}) \\ & c_2 & (a_{p2}, b_{p2}) \\ & \vdots & \vdots \\ & c_n & (a_{pn}, b_{pn}) \end{bmatrix} \tag{4.9}$$

式中，称 $V_{pj} = (a_{pj}, b_{pj})(j=1,2,\cdots,n)$ 为 E_p 关于 $c_j(j=1,2,\cdots,n)$ 的节域。那么，显然有 $V_{ij} \subset V_{pj}(i=1,2,\cdots,m; j=1,2,\cdots,n)$。

3. 确定待评价物元

待评价对象的物元矩阵 E_0 表示如下：

$$E_0 = (Z, C, V) = \begin{bmatrix} Z & c_1 & v_1 \\ & c_2 & v_2 \\ & \vdots & \vdots \\ & c_n & v_n \end{bmatrix} \tag{4.10}$$

4. 确定关联函数及关联度

有界区间 $V_{ij} = [a_{ij}, \ b_{ij}]$ 的模记为

$$|V_{ij}| = |b_{ij} - a_{ij}| \tag{4.11}$$

定义 v_j 到第 j 个评价等级的量值区间 $V_{ij} = [a_{ij}, \ b_{ij}]$ 的距离为

$$\rho(v_j, V_{ij}) = \left| v_j - \frac{1}{2}(a_{ij} + b_{ij}) \right| - \frac{1}{2}(b_{ij} - a_{ij}) \tag{4.12}$$

关联函数的建立原则是以级别区间中心为最大, 级别区间点为 0。城镇化的生态环境影响评价指标关联函数 $k_i(v_j)$ 表示为

$$k_j(v_j) = \begin{cases} \dfrac{\rho(v_j, V_{ij})}{\rho(v_j, V_{pj}) - \rho(v_j, V_{ij})}, & v_j \notin V_{ij} \\ \dfrac{-\rho(v_j, V_{ij})}{|V_{ij}|} = \dfrac{-\rho(v_j, V_{ij})}{|b_{ij} - a_{ij}|}, & v_j \in V_{ij} \end{cases} \tag{4.13}$$

式中, $\rho(v_j, V_{ij})$ 为点 v_j 到有限区间 $V_{ij} = [a_{ij}, b_{ij}]$ 的距离; V_{ij}、V_{pj} 分别为待评价对象经典域物元的量值范围和节域物元的量值范围。

5. 计算综合关联度并确定其综合评价等级

待评价对象 R_x 关于等级 j 的关联度计算公式表示如下:

$$k_j(E_p) = \sum_{j=1}^{n} \omega_i k_j(v_{ij}) \tag{4.14}$$

式中, $k_j(E_p)$ 为待评价对象 E_p 关于等级 j 的综合关联度; $k_j(v_{ij})$ 为待评价对象 E_p 的第 i 个指标关于等级 j 的单指标关联度 ($j = 1, 2, \cdots, n$); ω_i 为熵值法得到的各评价指标的客观权重。

若出现式 (4.15) 情况, 则待评价对象 E_p 的第 i 个指标属于城镇化的生态环境影响等级 j。

$$k_j(v_{ij}) = \max\{k_j(v_{ij})\} \ (i = 1, 2, \cdots, m; \ j = 1, 2, \cdots, n) \tag{4.15}$$

若出现式 (4.16) 情况, 则待评对象 E_p 属于城镇化的生态环境影响等级 j。

$$k_j(E_p) = \max\{k_j(E_p)\} \ (j = 1, 2, \cdots, n) \tag{4.16}$$

当 $k_j(v_{ij}) < -1$ 时, 说明评价对象不属于此评价等级且不具备转化为此等级的趋势, 其值越小, 表明评价对象与此等级的标准差距越大; 当 $-1 \leqslant k_j(v_{ij}) < 0$ 时, 说明评价对象没有完全达到此评价等级的标准, 但具有转化为此等级的趋势, 且值越大, 转化趋势越明显; 当 $0 \leqslant k_j(v_{ij}) < 1$ 时, 说明评价对象隶属于此评价等级, 其值越大, 在该等级的稳定性越强; 当 $k_j(v_{ij}) \geqslant 1$ 时, 说明评价对象超出标准对象上限。

二、标准阈值体系和关键阈值

评价等级标准的制定是生态环境影响评价的重要环节。现阶段城镇化的生态环境影响评价还处于初步发展的探索阶段，尚没有形成统一的评价标准，由于城镇化进程各不相同，且各区域的生态环境也具有显著的地域特征，因此城镇化的生态环境影响评价标准不仅复杂，还要综合考虑地域特色，需要因地制宜。经典域（等级量值范围）的确定是物元可拓模型的基础，因此基于城镇化发展带来生态环境影响的可拓性，将其划分为 5 个不同等级，即 Ⅰ→Ⅱ→Ⅲ→Ⅳ→Ⅴ，定性描述为差→较差→一般→良→优。

本研究在整理现有青藏高原社会经济与生态环境数据库的基础上，借鉴生态环境评价领域现有的文献及其相关评价标准，参考 2000 年出台的《生态环境质量评价技术规范》关于此类问题的内容，并结合研究区域的实际情况和参考相关文献成果（辛肖杰，2013），确定了各等级相应的量值范围，其经典域和节域的取值如表 4.3 所示。

表 4.3　青藏高原城镇化的生态环境影响评价指标等级及其阈值范围

评价指标	R_1	R_2	R_3	R_4	R_5	R_6	R
C_1 城镇化率	0	30	50	70	90	100	[0, 100]
C_2 人口密度	0	100	200	500	800	1 000	[0, 1 000]
C_3 第二、第三产业从业人员占全部从业人员的比例	0	30	50	60	80	100	[0, 100]
C_4 人均 GDP	0	5 000	10 000	20 000	50 000	100 000	[0, 100 000]
C_5 第二、第三产业增加值占 GDP 的比例	0	30	50	60	80	100	[0, 100]
C_6 人均地方财政收入	0	5 000	10 000	20 000	30 000	50 000	[0, 50 000]
C_7 人均全社会固定资产投资	0	5 000	10 000	20 000	50 000	100 000	[0, 100 000]
C_8 建成区面积比例	0	20	30	40	50	60	[0, 60]
C_9 路网密度	0	0.5	1	2	5	10	[0, 10]
C_{10} 城镇密度	0	5	10	20	50	100	[0, 100]
C_{11} 万人医疗机构床位数	0	2	5	10	15	20	[0, 20]
C_{12} 教育支出占财政支出的比例	0	2	5	8	10	15	[0, 15]
C_{13} 城镇居民人均可支配收入	0	5 000	10 000	20 000	30 000	50 000	[0, 50 000]
C_{14} 每万人公共汽车拥有量	0	5	10	15	20	30	[0, 30]
C_{15} 森林覆盖率	0	2	5	10	15	20	[0, 20]
C_{16} 建成区绿化覆盖率	0	10	15	20	30	50	[0, 50]
C_{17} 人均公共绿地面积	0	2	5	8	10	15	[0, 15]
C_{18} 水土流失面积比例	1.5	1	0.75	0.5	0.25	0	[0, 1.5]
C_{19} 土地沙化面积比例	2.5	1.5	0.75	0.5	0.25	0	[0, 2.5]
C_{20} 人均水资源量	0	500	1 000	1 700	2 500	200 000	[0, 200 000]
C_{21} 水资源开发利用率	150	100	70	40	20	0	[0, 150]

评价指标	R_1	R_2	R_3	R_4	R_5	R_6	R
C_{22} 人均耕地面积	0	10	20	40	60	100	[0, 100]
C_{23} 人均林草地面积	0	100	200	500	1 000	4 000	[0, 4 000]
C_{24} 每万人废水排放量	50	30	20	15	10	0	[0, 50]
C_{25} 每万人工业固体废弃物排放量	30	20	10	5	2	0	[0, 30]
C_{26} 每万人二氧化硫排放量	300	200	100	50	20		[0, 300]
C_{27} 每万人氮氧化物排放量	300	200	150	120	50		[0, 300]
C_{28} 每万人烟（粉）尘排放量	500	350	300	200	50		[0, 500]
C_{29} 空气质量达到二级以上天数占全年的比例	0	15	30	50	80	100	[0, 100]
C_{30} 环境污染治理投资占 GDP 的比例	0	1	2	3	5	10	[0, 10]
C_{31} 工业废水处理率	0	20	40	60	80	100	[0, 100]
C_{32} 工业固体废弃物综合利用率	0	20	40	60	80	100	[0, 100]
C_{33} 三废综合利用产品产值	0	5 000	10 000	30 000	50 000	100 000	[0, 100 000]

三、综合评价等级分析

将待评价物元的数据依次输入到物元可拓模型，分别计算不同等级的单个评价指标的关联度和综合关联度，并根据式（4.16）取关联度最大值的原则来确定最终评价等级。2000～2020 年青藏高原、青海、西藏的最终评价等级结果如表 4.4～表 4.6 所示。

（一）青藏高原城镇化的生态环境影响综合评价指标等级变化

表 4.4 为青藏高原 2000～2020 年城镇化的生态环境影响评价等级变化情况。从青藏高原城镇化的生态环境影响评价等级变化来看，2000～2020 年城镇化对生态环境的影响大致经历了"优→较差→一般"的波动演变趋势：2000～2007 年青藏高原城镇化的生态环境影响由"优"向"较差"等级转变；自 2008 年开始生态环境影响开始好转，在 2011 年达到"优"，实现了由"较差"等级向"优"等级的关键性转变；2012～2015 年的评价等级呈现波动，2015～2020 年呈现稳中有降，且在 2018 年起保持在一般等级。由于 2000～2020 年所有关联度的值都在 −1～0，根据关联度的定义，说明等级关联度很弱，接近得到的评价等级但还没有完全达到，究其原因主要是评价体系中有些指标并未完全达到最终评价等级。

表 4.4　青藏高原 2000～2020 年城镇化的生态环境影响评价等级

年份	I	II	III	IV	V	最大值	等级
2000	−0.48	−0.30	−0.38	−0.32	−0.25	−0.25	V
2001	−0.57	−0.29	−0.38	−0.30	−0.28	−0.28	V

年份	I	II	III	IV	V	最大值	等级
2002	-0.56	-0.30	-0.38	-0.33	-0.26	-0.26	V
2003	-0.57	-0.17	-0.47	-0.29	-0.30	-0.17	II
2004	-0.55	-0.23	-0.40	-0.38	-0.19	-0.19	V
2005	-0.61	-0.17	-0.45	-0.34	-0.23	-0.17	II
2006	-0.56	-0.20	-0.44	-0.33	-0.31	-0.20	II
2007	-0.56	-0.27	-0.31	-0.39	-0.32	-0.27	II
2008	-0.51	-0.31	-0.26	-0.43	-0.33	-0.26	III
2009	-0.50	-0.36	-0.25	-0.43	-0.31	-0.25	III
2010	-0.44	-0.41	-0.31	-0.40	-0.33	-0.31	III
2011	-0.45	-0.43	-0.34	-0.35	-0.33	-0.33	V
2012	-0.48	-0.34	-0.30	-0.40	-0.34	-0.30	III
2013	-0.49	-0.37	-0.31	-0.41	-0.33	-0.31	III
2014	-0.49	-0.28	-0.42	-0.36	-0.30	-0.28	II
2015	-0.49	-0.36	-0.31	-0.42	-0.23	-0.23	V
2016	-0.41	-0.50	-0.21	-0.41	-0.34	-0.21	III
2017	-0.41	-0.41	-0.35	-0.30	-0.33	-0.30	IV
2018	-0.43	-0.42	-0.31	-0.36	-0.33	-0.31	III
2019	-0.47	-0.37	-0.24	-0.37	-0.35	-0.24	III
2020	-0.45	-0.40	-0.21	-0.43	-0.27	-0.21	III

（二）青海城镇化的生态环境影响综合评价指标等级变化

表 4.5 为青海 2000~2020 年城镇化的生态环境影响评价等级变化情况。总体来看，2000~2020 年青海城镇化的生态环境影响评价等级结果经历了"较差→一般→良→优"的波动上升变化。其中 2000~2008 年整体上升，由较差上升为最高等级，2008 年起经历了由"优→一般→良"的等级变化，自 2015 年起上升为最高等级，且一直保持至 2020 年。青海被誉为"中华水塔""三江源"等，是我国重要的生态屏障。作为青藏高原人口密度较大、社会经济发展较快的地区，青海一直致力于生态文明建设和生态环境的综合治理。由于区域生态敏感性较强且存在反复现象，研究期内青海城镇化对生态环境的影响虽有波动上升的好转趋势，但在研究初期仍有多个年份评价等级结果不理想，为"较差"等级。随着城镇化进程的推进，青海还需继续落实生态环境保护的相关举措，加大管控力度，实现经济效益、社会效益和生态效益的协调发展。

表 4.5 青海 2000 ~ 2020 年城镇化的生态环境影响评价等级

年份	I	II	III	IV	V	最大值	等级
2000	-0.46	-0.19	-0.37	-0.40	-0.26	-0.19	II
2001	-0.45	-0.17	-0.47	-0.35	-0.28	-0.17	II
2002	-0.46	-0.18	-0.45	-0.33	-0.32	-0.18	II
2003	-0.48	-0.12	-0.48	-0.36	-0.27	-0.12	II
2004	-0.43	-0.20	-0.51	-0.26	-0.29	-0.20	II
2005	-0.35	-0.37	-0.39	-0.34	-0.25	-0.25	V
2006	-0.35	-0.40	-0.39	-0.36	-0.27	-0.27	V
2007	-0.35	-0.38	-0.36	-0.37	-0.31	-0.31	V
2008	-0.33	-0.41	-0.36	-0.35	-0.33	-0.33	V
2009	-0.33	-0.47	-0.27	-0.37	-0.35	-0.27	III
2010	-0.36	-0.44	-0.29	-0.39	-0.32	-0.29	III
2011	-0.36	-0.41	-0.36	-0.32	-0.33	-0.32	IV
2012	-0.35	-0.40	-0.38	-0.28	-0.31	-0.28	IV
2013	-0.37	-0.36	-0.50	-0.24	-0.38	-0.24	IV
2014	-0.37	-0.33	-0.45	-0.29	-0.31	-0.29	IV
2015	-0.33	-0.41	-0.40	-0.35	-0.26	-0.26	V
2016	-0.33	-0.42	-0.30	-0.35	-0.26	-0.26	V
2017	-0.31	-0.45	-0.29	-0.33	-0.24	-0.24	V
2018	-0.29	-0.45	-0.29	-0.34	-0.24	-0.24	V
2019	-0.26	-0.41	-0.31	-0.33	-0.22	-0.22	V
2020	-0.29	-0.36	-0.32	-0.37	-0.13	-0.13	V

（三）西藏城镇化的生态环境影响综合评价指标等级变化

表 4.6 为西藏 2000 ~ 2020 年城镇化的生态环境影响评价等级变化情况。总体来看，西藏城镇化的生态环境影响评价等级在波动上升，这说明城镇化发展带来的生态环境影响变化有好转趋势。西藏城镇化发展有着与内地截然不同的特殊自然本底、特殊发展性质、特殊发展阶段、特殊发展动力和特殊发展格局五大特殊性（方创琳和李广东，2015）。由于社会经济发展落后，城镇对产业的吸引力和凝聚力弱，也使得农村居民对城镇生活的向往意愿较弱，农村居民依然选择较为传统落后的生产生活方式，给广大地域范围内的生态环境保护带来一定的阻碍。但随着城镇化的不断推进，相关环保举措逐步落实，同时政府参与度也在不断提高。据统计，截至 2014 年底，西藏已新建灌溉人工饲草基地 6.17 万 hm²，对 590 万 hm² 天然草原实行围栏保护；建设了"一江两河"等四类防护林体系；建立了芒康滇金丝猴国家级自然保护区、类乌齐马鹿国家级自然保护区、雅鲁藏布江中游河谷黑颈鹤国家级自然保护区；治理各类沙化土地 15.09 万 hm²，治理水土流失面积 4.94 万

hm²；推广农村家庭沼气 21.1 万户，约 95 万农牧民用上清洁能源。这些举措的实施，一定程度上缓解了城镇化给西藏生态环境带来的压力，协调了经济社会与生态环境之间的矛盾，有利于西藏未来实现真正意义上的可持续发展。

表 4.6　西藏 2000～2020 年城镇化的生态环境影响评价等级

年份	I	II	III	IV	V	最大值	等级
2000	-0.14	-0.28	-0.35	-0.15	-0.19	-0.14	I
2001	-0.20	-0.30	-0.36	-0.13	-0.25	-0.13	IV
2002	-0.27	-0.22	-0.42	-0.13	-0.26	-0.13	IV
2003	-0.29	-0.20	-0.39	-0.18	-0.24	-0.18	IV
2004	-0.27	-0.24	-0.35	-0.26	-0.19	-0.19	V
2005	-0.28	-0.19	-0.39	-0.28	-0.18	-0.18	V
2006	-0.33	-0.26	-0.40	-0.24	-0.22	-0.22	V
2007	-0.32	-0.25	-0.35	-0.27	-0.22	-0.22	V
2008	-0.32	-0.27	-0.28	-0.32	-0.22	-0.22	V
2009	-0.29	-0.29	-0.24	-0.33	-0.23	-0.23	V
2010	-0.25	-0.34	-0.30	-0.31	-0.24	-0.24	V
2011	-0.23	-0.37	-0.43	-0.27	-0.24	-0.23	I
2012	-0.28	-0.40	-0.32	-0.31	-0.23	-0.23	V
2013	-0.27	-0.43	-0.30	-0.30	-0.24	-0.24	V
2014	-0.27	-0.36	-0.32	-0.35	-0.21	-0.21	V
2015	-0.23	-0.37	-0.33	-0.27	-0.25	-0.23	I
2016	-0.32	-0.36	-0.39	-0.25	-0.27	-0.25	IV
2017	-0.36	-0.32	-0.31	-0.31	-0.22	-0.22	V
2018	-0.37	-0.31	-0.41	-0.30	-0.22	-0.22	V
2019	-0.30	-0.31	-0.37	-0.29	-0.22	-0.22	V
2020	-0.30	-0.33	-0.28	-0.41	-0.09	-0.09	V

四、单指标评价等级结果分析

青藏高原城镇化的生态环境影响综合评价等级作为一种宏观分析，只能勾画出城镇化对生态环境影响的总体概况。通过将其与单个指标等级关联度评价结果进行对比发现，不少单个指标的关联度所属等级与区域综合关联度所属等级存在差异。因此，青藏高原在今后城镇化发展的过程中，应针对所属等级较低和等级变化较为显著的指标采取相应措施，以起到事半功倍的效果（岳东霞等，2017）。

图4.2为青藏高原整体及青海、西藏2000~2020年基于城镇化发展水平与生态环境质量综合系统中各评价指标及其综合关联度年际变化的可视化呈现。综合来看，33个评价指标的年际变化存在较大差异，不同地区的指标变化趋势也各不相同，其中青藏高原地区大多数指标呈现出不同程度等级上升的趋势，等级可视化为红色相对较少，与其综合评价等级的变化结果吻合，说明青藏高原在研究期内城镇化的发展没有给区域生态环境带来较大威胁，相反随着城镇化进程的推进、各项保护措施的不断开展，对青藏高原生态环境产生的不仅仅只有负面影响，同时当地的生态环境也得到了逐步改善；青海在图4.2（b）中是等级为红色（评级为差）出现略多；西藏在图4.2（c）中虽有红色，但随着年际变化呈现出变少的趋势。

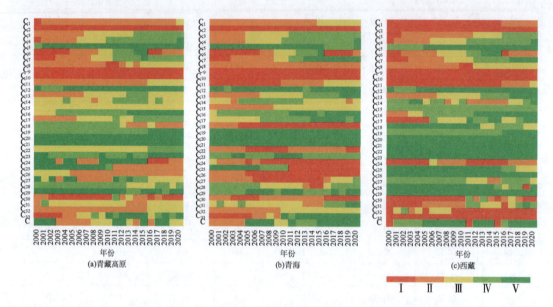

图4.2　青藏高原2000~2020年城镇化对生态环境影响的各评价指标等级变化图

（一）青藏高原城镇化对生态环境影响各评价指标等级变化

图4.2（a）是青藏高原2000~2020年各指标的评价结果等级变化。由图4.2（a）中单个指标提供的分异信息可以看出，2000~2020年每万人工业固体废弃物排放量、每万人二氧化硫排放量、每万人烟（粉）尘排放量等生态环境指标等级呈现出不同程度的下降趋势，是影响生态环境等级变化的重要因素。其中人口密度、路网密度、城镇密度这3个指标在研究期内始终为差等级。青藏高原绝大部分地区为寒冷、干旱气候，生态环境脆弱，对气候变化比较敏感，大部分地区不适宜人类生产生活。从单个指标主要年份的等级评价结果来看，2000年青藏高原有21个指标未达到良等级，其中人口密度、路网密度、城镇密度、三废综合利用产品产值等指标均为差等级；到2010年未达到良等级的指标变为19个；到2020年，未达到良等级的指标下降为18个，说明随着城镇化的不断推进，青藏高

原以人均 GDP、三废综合利用产品产值为代表的指标出现逐步好转的趋势，也使得青藏高原城镇化发展的生态环境影响综合评价等级由较差向优转变。

（二）青海城镇化对生态环境影响各评价指标等级变化

图 4.2（b）是青海 2000～2020 年各指标的评价结果等级变化。由图 4.2（b）中单个指标提供的分异信息可以看出，2000～2020 年水土流失面积比例、每万人废水排放量、每万人工业固体废弃物排放量、每万人烟（粉）尘排放量、环境污染治理投资占 GDP 的比例等 7 个指标呈现出等级下降的趋势，人口密度、路网密度、城镇密度这 3 个指标在研究期内均为差等级，这些指标也成为制约青海生态环境改善的主要因素。水土流失不仅对土地资源造成严重破坏，使得土地肥力急剧下降，同时可能带来山洪、泥石流、滑坡等地质灾害，对区域生态环境危害极大。从单个指标主要年份的等级评价结果来看，2000 年青海有 24 个指标未达到良等级，其中人口密度、人均地方财政收入、水土流失面积比例、每万人废水排放量、三废综合利用产品产值等 7 个指标为差等级；到 2010 年未达到良等级的指标下降为 20 个，其中等级为差的指标与 2000 年相比增加至 8 个，说明随着城镇化的不断推进，青海以每万人废水排放量、每万人二氧化硫排放量、每万人氮氧化物排放量为代表的环境污染指标出现逐步变差的趋势。据统计，2005 年仅西宁市排入湟水的污水总量达到 14 227 万 t，平均每天排入湟水河未经任何处理的工业和生活废水达到 39 万 t，其中有毒有害污染物达 20 余种。城镇地区三废污染排放给西宁市以下的湟水河段带来较大影响，对湟水河谷底面积多达 30 余万亩①的农田造成了不同程度的污染与破坏，直接影响了农产品的质量和经济效益。2020 年未达到良等级的指标下降为 16 个，也使得 2020 年青海城镇化的生态环境影响综合评价等级由 2010 年的一般（Ⅲ）变化为优（Ⅴ）。

（三）西藏城镇化对生态环境影响各评价指标等级变化

图 4.2（c）是西藏 2000～2020 年各指标的评价结果等级变化。由图 4.2（c）中单个指标提供的分异信息可以看出，2000～2020 年城镇化各项指标评价等级较低，生态环境质量各项指标评价等级整体较为乐观，个别指标呈现变差趋势。从单个指标主要年份的等级评价结果来看，2000 年西藏有 18 个指标未达到良的等级，其中城镇化率、人口密度、人均 GDP、环境污染治理投资占 GDP 的比例等多个指标均为差等级；到 2010 年未达到良等级的指标减少 1 个，变化幅度较小，其中等级为差的指标与 2000 年相比减少 9 个，说明随着城镇化的不断推进，西藏以人均 GDP、人均地方财政收入等为代表的指标出现逐步好转的趋势，经济的发展为政府加大对环境污染治理的投资提供基础。到 2020 年未达到良等级的指标下降为 14 个。

（四）小结

区域城镇化对生态环境的影响是一个复杂多元的非线性系统，因此在城镇化发展与生

---

① 1 亩 ≈ 666.67m²。

态环境客观复杂动态关系的基础上，对其进行分析评价也具有复杂性和不确定性（王少剑等，2015）。以上研究结果与 2000～2020 年青藏高原地区实际情况基本一致，说明通过熵权物元可拓模型构建的城镇化的生态环境影响评价模型较为科学有效，能够用来定量分析青藏高原研究期内城镇化对生态环境影响的年际变化。但需要说明的是，由于熵权物元可拓模型对研究对象进行系统性定量分析时，在评价指标体系构建、指标选择、指标权重确定和指标等级量值范围确定等方面还存在方法的差异与不足之处，在今后的研究过程中，有待进一步探索与完善。

第三节　青藏高原城镇化对生态环境质量
影响的灰色关联模型评价

以青藏高原地区及其主体——青海、西藏两地为研究对象，将灰色关联模型作为研究方法，计算青藏高原城镇化综合指数及其各子系统与生态环境质量指数之间的关联度，旨在识别出城镇化系统中对生态环境产生影响的主控因素。

一、灰色关联模型概述

作为一种多因子统计分析方法，灰色关联分析根据序列曲线几何形状来判断不同序列之间的联系是否紧密，基本思路是通过线性插值的方法将系统因素的离散行为观测值转化为分段连续的折线，进而根据折线的几何特征构造测度关联程度的模型（刘思峰等，2013）。它是以各个因素的样本数据为依据，通过计算灰色关联度来定量描述因子间关系的强弱、大小。如果两因子之间变化态势（方向、大小、速度等）基本一致，则它们之间的关联度较大；反之，关联度较小。该方法能够在不确定信息的基础上，较好地描述和确定因素之间的关联程度，旨在识别出引起系统变化的主要因素和次要因素，从而掌握研究对象的主要特征，有利于促进和引导系统迅速而有效地发展（易德生和郭萍，1992）。其优点在于要求数据点小、不需要线性关系和典型分布，在实践中应用广泛。灰色关联评价系统模型具体步骤如下。

第一步是确定参考序列和比较序列：参考序列是反映系统行为特征的数据序列，比较序列是由影响系统行为的因素组成的序列。本研究中，假设城镇化系统内部子系统及其各评价指标为参考序列，生态环境质量指数及其各子系统指数为比较序列。

第二步是对变量序列进行无量纲化处理。

第三步是计算参考序列和比较序列的关联系数，公式如下：

$$\xi_{ij} = \frac{\min_j \min_k |X_i(k) - X_j(k)| + \rho \max_j \max_k |X_i(k) - X_j(k)|}{|X_i(k) - X_j(k)| + \rho \max_j \max_k |X_i(k) - X_j(k)|} \tag{4.17}$$

式中，ξ_{ij} 为参考序列与比较序列的关联系数；ρ 为分辨系数，用来降低比较序列数值过大而失真的影响，从而提高关联系数之间的差异显著性。一般情况下取 $\rho = 0.5$。

第四步是计算关联度并取最大值，计算公式为

$$\gamma(X_0, X_i) = \frac{1}{n} \sum_{i=1}^{n} \omega(i)\xi_{0i} \qquad (4.18)$$

式中，$\omega(i)$ 为第 i 个指标的权重（$i=1,2,\cdots,n$）。关联度分析实质上是对序列数据的空间几何关系进行比较，各比较序列与参考序列的关联度越大，表明几何曲线的形状越接近。

二、综合指数的动态变化分析

通过自下而上逐层加权求和得到青藏高原 2000～2020 年的城镇化发展水平与生态环境质量综合指数。计算公式如下：

$$Q = \sum_{j=1}^{n} q_j = \sum_{j=1}^{n} r_{ij}\omega_j \qquad (4.19)$$

式中，Q 为城镇化发展水平或生态环境质量综合指数；q_j 为第 j 个指标的指数；r_{ij} 为第 j 个指标在 i 年份经归一化处理后的数据；ω_j 为第 j 个指标的权重。

（一）青藏高原城镇化水平综合指数变化分析

图 4.3 为青藏高原 2000～2020 年城镇化水平综合指数的变化趋势。从图 4.3 可以看出，三条曲线都呈现出显著上升的变化趋势，青藏高原地区的城镇化水平综合指数整体呈上升趋势，从 2000 年的 0.20 上升至 2020 年的 0.59，这反映出青藏高原 2000～2020 年城镇化水平不断提高。尽管城镇化水平综合指数呈线性增加趋势，但从青海和西藏分别来看，两地发展水平及增长幅度均存在差异。青海城镇化水平较高，城镇化水平综合指数从 2000 年的 0.24 上升至 2020 年的 0.72；西藏城镇化水平整体较低，但也呈现出逐渐提高的趋势，从 2000 年的 0.12 提高到 2020 年的 0.61。

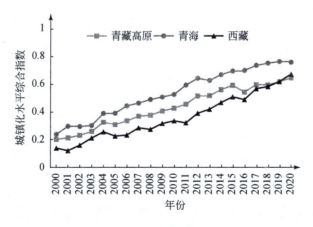

图 4.3 青藏高原 2000～2020 年城镇化水平综合指数的变化趋势

表 4.7 为青藏高原 2000～2020 年城镇化水平综合指数及各子系统指数的变化。从表 4.7 可以看出，人口、经济、空间、社会这四个城镇化子系统在不同地区和不同尺度下发展水平存在差异。就整个青藏高原来看，2000～2007 年社会城镇化的发展一直处于领先

地位,其次是经济城镇化,人口城镇化和空间城镇化发展缓慢,略显落后;自 2008 年开始,经济城镇化开始飞速发展,跃居为城镇化发展水平最高的子系统,人口和空间子系统则一直保持缓慢增长。究其原因,青藏高原地区作为我国独特的高寒地区,城镇化进程受到自然条件的约束作用显著。具体表现:高海拔地区环境恶劣不适宜人类居住、城镇建设用地面积受限等,导致其城镇规模较小且分散,与内地城镇大规模集聚发展的情况存在较大差异。

表 4.7 青藏高原 2000~2020 年城镇化水平综合指数及各子系统指数的变化

年份	青藏高原					青海					西藏				
	人口	经济	空间	社会	综合	人口	经济	空间	社会	综合	人口	经济	空间	社会	综合
2000	0.04	0.06	0.04	0.06	0.20	0.05	0.07	0.05	0.07	0.24	0.03	0.04	0.03	0.04	0.14
2001	0.05	0.06	0.05	0.06	0.21	0.06	0.08	0.07	0.08	0.29	0.03	0.03	0.03	0.03	0.12
2002	0.05	0.06	0.05	0.07	0.23	0.06	0.08	0.07	0.08	0.29	0.03	0.04	0.04	0.05	0.16
2003	0.06	0.07	0.06	0.07	0.26	0.06	0.08	0.07	0.09	0.30	0.05	0.06	0.05	0.06	0.21
2004	0.07	0.09	0.07	0.09	0.32	0.08	0.11	0.09	0.11	0.39	0.05	0.07	0.05	0.07	0.25
2005	0.07	0.09	0.07	0.09	0.31	0.08	0.11	0.09	0.11	0.39	0.05	0.06	0.05	0.06	0.22
2006	0.07	0.09	0.07	0.09	0.33	0.09	0.12	0.10	0.13	0.44	0.05	0.06	0.05	0.07	0.23
2007	0.08	0.10	0.08	0.10	0.37	0.10	0.13	0.10	0.13	0.46	0.06	0.08	0.06	0.08	0.28
2008	0.08	0.10	0.08	0.11	0.37	0.10	0.14	0.11	0.14	0.49	0.06	0.08	0.06	0.08	0.27
2009	0.09	0.11	0.09	0.11	0.40	0.11	0.14	0.11	0.14	0.50	0.07	0.09	0.07	0.09	0.31
2010	0.09	0.12	0.09	0.12	0.43	0.11	0.15	0.12	0.15	0.52	0.07	0.09	0.07	0.09	0.33
2011	0.10	0.13	0.10	0.13	0.45	0.13	0.16	0.13	0.17	0.59	0.07	0.09	0.07	0.09	0.32
2012	0.11	0.14	0.11	0.15	0.51	0.13	0.18	0.14	0.18	0.64	0.08	0.11	0.09	0.11	0.39
2013	0.11	0.14	0.11	0.15	0.51	0.13	0.17	0.14	0.18	0.62	0.09	0.12	0.09	0.12	0.42
2014	0.12	0.16	0.12	0.16	0.56	0.14	0.18	0.15	0.19	0.67	0.10	0.13	0.10	0.13	0.46
2015	0.13	0.16	0.13	0.17	0.59	0.15	0.19	0.15	0.20	0.69	0.11	0.14	0.11	0.14	0.51
2016	0.12	0.15	0.12	0.15	0.54	0.15	0.19	0.15	0.20	0.70	0.11	0.14	0.11	0.14	0.49
2017	0.13	0.17	0.13	0.17	0.59	0.16	0.20	0.16	0.21	0.73	0.12	0.16	0.13	0.16	0.56
2018	0.13	0.16	0.13	0.17	0.59	0.16	0.21	0.16	0.21	0.75	0.12	0.16	0.13	0.16	0.58
2019	0.13	0.17	0.13	0.17	0.61	0.16	0.21	0.17	0.22	0.76	0.13	0.17	0.14	0.17	0.62
2020	0.14	0.18	0.14	0.18	0.64	0.16	0.21	0.17	0.21	0.75	0.14	0.19	0.15	0.19	0.67

(二)青藏高原生态环境质量综合指数变化分析

图 4.4 为青藏高原 2000~2020 年生态环境质量综合指数的变化趋势。从图 4.4 可以看出,青藏高原及青海、西藏在研究期内生态环境质量变化不大,总体保持平稳,并呈现出稳中稍升的趋势。

从表 4.8 可以看出,西藏生态环境质量综合指数最高,从 2000 年的 0.58 变化至 2020 年的 0.67,虽然波动趋势最为明显,但变化幅度较小;青藏高原生态环境质量综合指数位居第二,从 2000 年的 0.53 变化至 2020 年的 0.59,变化幅度较小;青海生态环境质量综

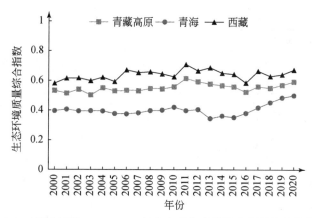

图 4.4　青藏高原 2000～2020 年生态环境质量综合指数的变化趋势

合指数最低，从 2000 年的 0.40 变化至 2020 年的 0.50，但增长幅度最高。青海正处于工业化、城镇化快速推进的关键时期，2011～2016 年的生态环境质量综合指数出现明显的下降趋势，经济社会发展与生态环境承载力之间的矛盾相对突出。工业企业尤其是高耗能工业是各类污染物排放的源头和重点。随着青海社会经济的持续快速发展，城镇人口不断增加，环保意识逐步增强，2016 年之后，生态环境质量综合指数呈现上升趋势，可见城市的空气质量、污染排放等环保治理改善措施初见成效。目前来看，青海农村地区生活垃圾处理、污水处理等环保基础设施仍不够完善，生态保护和环境优化的理念并没有很好地融入城镇化发展的进程中。未来应注重农村环境保护宣传，提高农民环保意识，逐步改善农业生产污染、农村生活污染和农村生态破坏等问题。

表 4.8　2000～2020 年青藏高原生态环境质量综合指数及各子系统指数

年份	青藏高原					青海					西藏				
	生态本底	资源禀赋	环境条件	治理响应	综合	生态本底	资源禀赋	环境条件	治理响应	综合	生态本底	资源禀赋	环境条件	治理响应	综合
2000	0.15	0.11	0.17	0.11	0.53	0.11	0.08	0.13	0.08	0.40	0.16	0.12	0.19	0.12	0.58
2001	0.14	0.10	0.17	0.10	0.51	0.11	0.08	0.13	0.08	0.41	0.17	0.12	0.20	0.12	0.61
2002	0.15	0.11	0.17	0.11	0.54	0.11	0.08	0.13	0.08	0.39	0.17	0.12	0.20	0.13	0.62
2003	0.14	0.10	0.16	0.10	0.50	0.11	0.08	0.13	0.08	0.39	0.17	0.12	0.19	0.12	0.60
2004	0.15	0.11	0.17	0.11	0.55	0.11	0.08	0.13	0.08	0.39	0.17	0.12	0.20	0.13	0.62
2005	0.15	0.11	0.17	0.11	0.53	0.10	0.08	0.12	0.08	0.38	0.16	0.12	0.19	0.12	0.59
2006	0.15	0.11	0.17	0.11	0.53	0.10	0.08	0.12	0.08	0.37	0.18	0.13	0.22	0.14	0.67
2007	0.15	0.11	0.17	0.11	0.53	0.10	0.08	0.12	0.08	0.38	0.18	0.13	0.21	0.13	0.65
2008	0.15	0.11	0.18	0.11	0.55	0.11	0.08	0.13	0.08	0.40	0.18	0.13	0.21	0.13	0.66
2009	0.15	0.11	0.18	0.11	0.54	0.11	0.08	0.13	0.08	0.40	0.18	0.13	0.21	0.13	0.64
2010	0.15	0.11	0.18	0.11	0.56	0.11	0.08	0.14	0.09	0.42	0.17	0.12	0.20	0.13	0.62
2011	0.17	0.12	0.20	0.12	0.61	0.11	0.08	0.13	0.08	0.40	0.19	0.14	0.23	0.14	0.71
2012	0.16	0.12	0.19	0.12	0.59	0.11	0.08	0.13	0.08	0.40	0.18	0.13	0.21	0.13	0.66

年份	青藏高原					青海					西藏				
	生态本底	资源禀赋	环境条件	治理响应	综合	生态本底	资源禀赋	环境条件	治理响应	综合	生态本底	资源禀赋	环境条件	治理响应	综合
2013	0.16	0.12	0.19	0.12	0.58	0.09	0.07	0.11	0.07	0.34	0.19	0.14	0.22	0.14	0.69
2014	0.15	0.11	0.18	0.11	0.57	0.10	0.07	0.12	0.07	0.36	0.18	0.13	0.21	0.13	0.65
2015	0.15	0.11	0.18	0.11	0.56	0.10	0.07	0.11	0.07	0.35	0.18	0.13	0.21	0.13	0.64
2016	0.14	0.11	0.18	0.11	0.52	0.10	0.08	0.12	0.08	0.38	0.16	0.12	0.19	0.12	0.58
2017	0.15	0.11	0.18	0.11	0.56	0.11	0.08	0.13	0.08	0.42	0.18	0.13	0.21	0.13	0.66
2018	0.15	0.11	0.18	0.11	0.55	0.12	0.09	0.15	0.09	0.45	0.17	0.13	0.20	0.13	0.63
2019	0.16	0.11	0.18	0.12	0.57	0.13	0.10	0.14	0.10	0.48	0.18	0.13	0.21	0.13	0.64
2020	0.16	0.12	0.19	0.12	0.59	0.14	0.10	0.16	0.10	0.50	0.18	0.14	0.22	0.14	0.67

三、各指标对生态环境影响的灰色关联度识别

通过上述步骤计算得到参考序列与各评价对象的关联度，如图4.5所示。从图4.5可以看出，城镇化对生态环境产生影响是多因子共同作用的结果，不同地区、不同研究尺度下影响因素的重要程度各不相同。通过将城镇化各指标与生态环境质量综合指数的关联度进行可视化呈现，可以看出不同尺度、不同地区的研究视角下生态环境影响因素的相似性和差异性。从生态环境保护的角度来看，青藏高原未来城镇化发展过程中更需要关注与生态环境变化密切相关的主控因素，即在本研究中对生态环境质量综合指数关联度较高的城镇化因素，因此有必要对青藏高原及其两个主体地区（青海、西藏两地）城镇化发展的生态环境影响因素进行量化比较与分析。

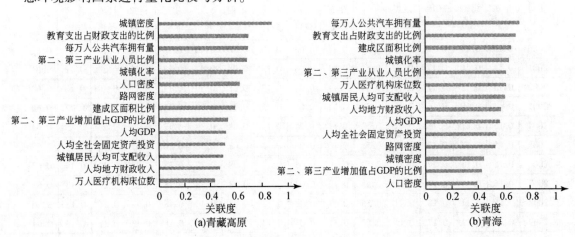

(a)青藏高原　　　　　　　　(b)青海

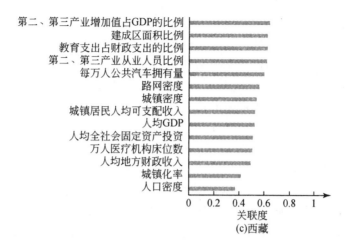

图4.5 青藏高原、青海、西藏城镇化与生态环境的关联度排序图

（一）青藏高原城镇化与生态环境变化的关联度分析

图4.5是青藏高原、青海、西藏的城镇化与生态环境的关联度排序。从图4.5可以看出，青藏高原、青海、西藏的城镇化发展过程对生态环境产生影响的主要因素各不相同。图4.5（a）为青藏高原城镇化各指标与生态环境综合指数的关联度排序。可以看出，整个青藏高原地区城镇化与生态环境综合指数关联度较高的指标分别为城镇密度，教育支出占财政支出的比例，每万人公共汽车拥有量，第二、第三产业从业人员占比，城镇化率等，其中在关联度排名前十的因素里人口城镇化、空间城镇化子系统的指标各占3个，经济城镇化和社会城镇化子系统的指标各占两个，说明城镇化发展使得青藏高原地区城镇人口逐渐增加，城镇空间开发强度不断提高，经济发展水平的提升伴随着居民生活方式的改变，与青藏高原地区生态环境综合指数的变化联系紧密，未来可以针对这些指标，通过加强监管、重点调控的举措来提高生态环境保护的水平。

表4.9为青藏高原城镇化各子系统与生态环境综合指数的关联度。从表4.9可以看出，社会城镇化与生态环境综合指数的关联度最高，其他三个子系统的关联度也均大于0.8，说明城镇化各子系统与生态环境综合指数存在显著的相关关系。

表4.9 青藏高原城镇化各子系统与生态环境综合指数的关联度

城镇化子系统	2000～2005年	2005～2010年	2010～2015年	2015～2020年	2000～2020年
人口城镇化	0.857	0.872	0.865	0.911	0.876
经济城镇化	0.877	0.901	0.905	0.964	0.911
空间城镇化	0.860	0.875	0.869	0.917	0.880
社会城镇化	0.879	0.904	0.909	0.969	0.914

（二）青海城镇化与生态环境变化的关联度分析

由图4.5（b）可知，青海城镇化与生态环境综合指数关联度较高的指标分别为每万人公共汽车拥有量，教育支出占财政支出的比例，建成区面积比例，城镇化率，第二、第三产业从业人员比例等。在关联度排名前十的因素中经济城镇化子系统的指标占 5 个，人口城镇化和社会城镇化子系统的指标各占两个，空间城镇化子系统的指标占 1 个。由此可见，在研究期内青海经济城镇化在生态环境影响中扮演着最为重要的角色（表4.10）。近年来青海以旅游业为代表的第三产业发展态势迅猛，旅游人数逐年增加，在带来经济效益、促进经济发展的同时也给当地生态环境造成了一定的压力。以青海海西州的 5A 级旅游景区——茶卡盐湖为例，统计显示，茶卡盐湖景区 2011 年接待游客数为2.6 万余人，2012 年接待游客数为 5.4 万余人，2013 年接待游客数为 16 万余人，2014年接待游客数为 48 万余人，2015 年入园总人数为 130 万余人。游客数量激增，远远超出景区的承载范围，同时游客集中下湖踩踏拍照、旅游垃圾随地乱丢等一系列不文明行为的出现，导致景区内生态环境问题堪忧，也对景区的观赏效果和游客体验产生一定程度的不利影响。

表 4.10　青海城镇化各子系统与生态环境综合指数的关联度

城镇化子系统	2000~2005 年	2005~2010 年	2010~2015 年	2015~2020 年	2000~2020 年
人口城镇化	0.658	0.706	0.789	0.743	0.720
经济城镇化	0.686	0.754	0.874	0.831	0.781
空间城镇化	0.661	0.711	0.798	0.752	0.726
社会城镇化	0.689	0.759	0.883	0.839	0.787

（三）西藏城镇化与生态环境变化的关联度分析

从图 4.5（c）可以看出，西藏城镇化与生态环境综合指数关联度较高的指标分别为第二、第三产业增加值占 GDP 的比例，建成区面积比例，教育支出占财政支出的比例，第二、第三产业从业人员比例，每万人公共汽车拥有量等，在关联度排名前十的因素里经济城镇化子系统的指标占 5 个，空间城镇化子系统的指标占 3 个，社会城镇化和人口城镇化子系统的指标各占 1 个（表 4.11）。近年来，尤其是在中央第三次西藏工作座谈会召开以来，在中央特殊扶持政策的作用下，西藏的第三产业已经成为国民经济中所占比例最大的产业（周刊社等，2013）。据统计，2015 年西藏实现工业增加值 69.88 亿元，与 2014 年相比增长了 13.3%，是 2010 年的 1.8 倍；其中，优势矿产工业总产值占全区工业总产值的 37% 以上，对全区工业的支撑作用凸显。由于经济发展的初级性和粗放型，城镇化带来的大量基础设施建设和高强度资源开发活动、能源消耗增大等与生态环境保护的矛盾逐渐突出。生态环境保护建设资金缺口大，导致城镇生活污水和垃圾处理等环境基础设施建设严重滞后，目前区域内仅地级以上城市建成或开工建设了污水处理厂，绝大多数县城并未建设污水处理厂，已经建成的污水处理厂也存在缺乏专业的运营人员和充足的资金支持保障等一系列问题。

表 4.11　西藏城镇化子系统与生态环境综合指数灰色关联度

城镇化子系统	2000~2005 年	2005~2010 年	2010~2015 年	2015~2020 年	2000~2020 年
人口城镇化	0.866	0.851	0.857	0.918	0.871
经济城镇化	0.878	0.868	0.883	0.959	0.895
空间城镇化	0.868	0.853	0.860	0.922	0.874
社会城镇化	0.879	0.869	0.885	0.963	0.897

（四）小结

综上，青藏高原城镇化的生态环境影响是多因子综合作用的结果，其中以经济城镇化（第二、第三产业增加值占 GDP 的比例，城镇居民人均可支配收入，教育支出占财政支出的比例）和人口城镇化（城镇化率，第二、第三产业从业人员比例）与生态环境综合指数变化的关联度最大；青海、西藏两地对生态环境产生影响的主要因素虽都属于经济城镇化子系统，但主控因素各不相同。在今后城镇化发展与生态环境治理过程中，亟须针对以上主控因素重点调控，有的放矢，提高青藏高原城镇化的发展质量和生态环境的保护效率。

第四节　青藏高原重点地区城镇化对生态环境的影响评价

随着青藏高原城镇化水平的快速提升和经济的迅速发展，以及国家对青藏高原基础设施建设力度和投资力度的不断加大，拉萨和西宁作为青藏高原两大中心城市产生的集聚效应不断增强，拉萨城市圈、兰西城市群（西宁都市圈）不断发育。城镇化过程与生态环境保护的矛盾尤为突出。因此，研究拉萨城市圈、兰西城市群（西宁都市圈）等重点地区城镇化历程及人类活动对生态环境的影响，对青藏高原可持续发展具有重要意义。

一、拉萨城市圈城镇化对生态环境的影响评价

拉萨城市圈是西藏的政治、经济、文化和科教中心，是西藏建设南亚大通道、对接"一带一路"和孟中印缅经济走廊、推动环喜马拉雅经济合作带建设的核心节点。推进拉萨城市圈特色城镇化发展，对于促进区域全面协调可持续发展具有重要意义。但同时，拉萨城市圈处于重要的生态安全屏障的核心区域，也是生态环境脆弱区和敏感区，容易受外部干扰而发生生态退化。因此，研究拉萨城市圈城镇化对生态环境的影响具有重要的实践价值。

（一）拉萨城市圈范围识别——基于空间场能模型

培育发展一批现代化都市圈，形成区域竞争新优势是新时代我国新型城镇化的重点方向和路径。由于目前没有拉萨城市圈的权威界定范围，因此基于结节性指数和可达性指数

相融合的空间场能模型，综合考虑城市间的交通流量等多元指标，识别出拉萨城市圈的范围包括拉萨市的城关区、堆龙德庆区、达孜区、林周县、当雄县、尼木县、曲水县、墨竹工卡县；日喀则市的桑珠孜区、江孜县、仁布县、白朗县；山南市的乃东区、贡嘎县和扎囊县 15 个区（县）。

1. 识别方法与数据来源

主要采用空间场能模型进行城市圈范围识别。空间场能即中心城市对周边城市的影响力或带动能力，并由此判断城市的发展潜力。空间场能越强，城市的发展潜力越大。依据"点-轴系统"理论与区域相互作用理论，中心城市是区域发展的增长极，依靠其较强的吸引力与辐射力，使人流、物流、资金流、信息流产生集聚与扩散现象，同时以各种联系"通道"与周边城市发生相互作用，从而带动外围地区的发展。一般而言，中心城市的辐射和扩散效应，可采用场强来反映；外围地区同时受到多个中心城市的叠加作用，这种场强的叠加可借助势能来反映（关兴良等，2012）。区域空间场能与中心城市的带动能力及区域可达性密切相关，场强与空间场能的计算公式为（鲁莎莎等，2013）

$$E_{ij}^k = \frac{Z_k}{(D_{ij}^k)^\alpha} F_{ij} = \sum_{k=1}^k E_{ij}^k \cdot \lambda_k \qquad (4.20)$$

式中，(i,j) 为空间任一点的位置；E_{ij}^k 为中心城市 k 的场强；Z_k 为中心城市 k 的带动能力，采用结节性指数［城市能级指数（赵彪等，2016）］计算；D_{ij}^k 为中心城市 k 与外围点之间的距离，采用区域可达性时间成本来表示；α 为摩擦系数，本研究参考关兴良等（2012）、王丽等（2011）的做法取 α 为 1.0；F_{ij} 为空间任一点的势能，即空间场能；λ_k 为中心城市 k 对空间的作用权重，依据中心城结节性指数的相对大小确定。本研究需要计算 7 个城市的结节性指数及各城市到达空间上任何一点的时间成本，据此测算各城市对任一空间点的辐射场强，最后叠加得到每一点的空间场能。

1）结节性指数

结节性指数（nodality index）表示城市的"绝对重要性"（Preston，1970；Marshall，1989），是表征城市综合实力的指标，指数值越高，城市辐射、带动能力越强。结节性指数在城市行政区划分（赵彪等，2016）、空间演变（闫小培和林彰平，2004）及等级体系（周一星等，2001）的研究中发挥重要的作用。依据结节性指数的内涵、指标选取原则（系统性、可比性、全面性和可操作性）及前人研究成果，共选取了西藏 7 个地市 2016 年 4 个维度 15 项指标构建结节性指数综合指标评价体系（表 4.12），以期全面、客观、真实地反映中心城市对外围地区的影响力。

表 4.12 城市结节性指数综合指标评价体系

目标层	一级指标	二级指标	单位
城市结节性指数	经济发展状况	地区生产总值（X_1）	万元
		第一、第二产业增加值（X_2）	万元
		固定资产投资总额（X_3）	万元
		公共财政收入（X_4）	万元

目标层	一级指标	二级指标	单位
城市结节性指数	社会发展状况	第二、第三产业从业人员数（X_5）	万人
		人均 GDP（X_6）	元
		居民储蓄存款余额（X_7）	万元
		移动电话用户（X_8）	户
		医疗卫生机构床位数（X_9）	人
		中等职业教育在校学生数（X_{10}）	人
	资源利用状况	设施农业占地面积（X_{11}）	万 hm^2
		供水总量（X_{12}）	万 t
		燃气普及率（X_{13}）	%
	生态环境状况	全年空气优良率（X_{14}）	%
		工业废水排放达标率（X_{15}）	%

为保证结节性指数的可比性，采用离差标准化法对原始数据进行标准化处理，以消除量纲影响。计算公式为

$$X_{kj}^* = \frac{X_{kj} - \min(X_j)}{\max(X_j) - \min(X_j)} \times 60 + 40 \qquad (4.21)$$

式中，X_{kj}^* 为第 k 个城市第 j 个指标无量纲化处理后的新值；X_{kj} 为第 k 个城市第 j 个指标的原始值；$\max(X_j)$ 和 $\min(X_j)$ 分别为所有城市第 j 个指标的最大值和最小值；为了使结节性指数取值范围为 [40，100]，取常数项为 40，模型系数为 60；其中 $k=7$，$j=15$。

在此基础上，采用主成分分析法对各指标进行赋权，并对选取的主成分通过特征值加权累加进行综合规模值的计算。提取特征值大于 1 的因子，并进行方差极大化旋转，以使每个因子上具有较高载荷的变量个数最小化。城市"结节性"指数计算公式为

$$Z_k = \sum_{i=1}^{M} \left[A_i \times \sum_{j=1}^{20} C_{ij} \times X_{kj}^* \right] \qquad (4.22)$$

式中，A_i 为第 i 主成分的贡献率；M 为特征值大于 1 的主成分个数；C_{ij} 为第 i 个主成分在第 j 个变量上的载荷。

2）区域可达性

区域可达性反映个体在空间中的移动能力（王振波等，2010），是在特定空间内从某一地理位置到达另一地理位置的难易程度（Hansen，1959；Kim and Kwan，2003）。可达性在城市群（查凯丽等，2017）、区域发展（赵宏波和马延吉，2013）等方面有着广泛的研究。本研究采用栅格数据的成本加权距离（weighted cost distance）法计算区域可达性。首先，对交通路网进行栅格化，其中栅格像元设置为 100m×100m。其次，设定各类交通方式的平均行车速度（表4.13），并以道路设计时速为依据进行赋值，生成路网成本栅格图。其中，对没有道路通过的连续陆地部分的出行速度进行设定，其速度与地面坡度有关，利用数字高程模型（DEM）地形数据生成坡度图，并将坡度分为 0°～3°、3°～20°、

20°~90°三类，对应的没有道路通过的连续陆地部分的出行速度分别为 5km/h、4km/h、3km/h。此外，充分考虑高速公路和铁路除出入口和火车站点外不与周边道路连通的特性，将高速公路和铁路设置 250m 缓冲区并将缓冲区赋予 0.1km/h 的速度低值（使得成本距离计算时路径不会穿越缓冲带随意进入高速和铁路线路），然后对出入口和火车站点进行 300m 缓冲（突破隔离缓冲带，使得只能在出入口和站点处能够与外界联通）（于策，2017）。本研究在分析时将建设中的拉林铁路考虑在内，设计时速 160km/h。对各层时间成本值栅格数据进行叠加得到空间地物的时间成本栅格。

表 4.13　西藏主要交通方式行车速度设定　　　　　　（单位：km/h）

项目	拉林铁路	其他铁路	高速公路	国道	省道	县道	乡镇村道	其他道路	水域
行车速度	160	120	100	80	60	40	35	30	1

注：研究区域具有海拔高、高差大、地面坡度陡、道路展线多等特殊性，在可达性测算中充分考虑地形与坡度要素。随着海拔的增加，气压逐渐降低，空气密度逐渐减小，导致发动机充气量下降，动力性降低。海拔每增加1000m，大气压力下降约11.5%，空气密度减小约9%，功率下降10%左右，为此，海拔3000m以下按照原来的速度，3000~4000m 原来速度的90%，4000~5000m 原来速度的80%，5000m 以下按原来速度的70%。

指标评价体系数据主要来源于西藏和各市域 2016 年《国民经济和社会发展统计公报》《西藏统计年鉴（2017）》《中国县域统计年鉴（2017）》，以及《中国城市统计年鉴（2017）》《中国城市建设统计年鉴（2017）》，部分缺失数据采用指数平滑方法补充。交通网络数据来源于全国地理信息资源目录服务系统提供的全国 1：1 000 000 基础地理数据中的道路矢量数据，该数据时间为 2015 年。拉林铁路根据国家"十三五"铁路规划建设示意图矢量化得到。DEM 地形数据来源于中国科学院计算机网络信息中心国际科学数据镜像网站。客运班次数据来源于拉萨汽车站、拉萨东郊汽车站、拉萨北郊汽车站三个长途汽车站的客运班次表。

2. 范围识别结果

1）结节性指数分析

城市结节性指数表征在一定区域内的辐射与带动能力。西藏 7 个地市结节性指数空间差异显著（表 4.14）。拉萨结节性指数为 96.00，首位度最高，是西藏区域性中心城市，具有最强的辐射与带动效应。昌都（66.40）和日喀则（64.39）次之，已成为西藏重要的增长极；林芝（59.36）和山南（58.43）处第三梯队，是藏南重要支撑点；那曲和阿里地区地处偏远的藏北高原，结节性指数较低，分别为 48.08 和 45.74，辐射与带动能力较弱。

表 4.14　西藏自治区各中心城市结节性指数结果表

地市区	经济发展	社会发展	资源利用	生态环境	综合指数
拉萨市	100.00	100.00	94.15	89.85	96.00
昌都市	56.60	56.68	52.32	100.00	66.40
山南市	53.76	53.08	62.08	64.79	58.43
日喀则市	60.61	65.52	68.20	63.22	64.39

续表

地市区	经济发展	社会发展	资源利用	生态环境	综合指数
那曲市	47.36	50.73	54.22	40.00	48.08
阿里地区	40.00	43.81	40.00	59.13	45.74
林芝市	51.41	54.58	60.36	71.10	59.36

分维度看，西藏不同地市各具优势禀赋。对于经济发展维度、社会发展维度及资源利用维度，拉萨指数最高，经济社会发展水平最高，资源利用水平最高，基本公共服务条件最完善。生态环境维度，昌都指数最高，其次为拉萨和林芝。阿里地区海拔高，自然环境恶劣，资源开发利用受限，导致经济社会发展落后，经济发展、社会发展和资源利用指数均为最低。那曲是西藏畜产品主产区，农牧业较发达，由于生态环境脆弱和长期过度放牧等，生态环境指数最低。

2）可达性分析

将西藏各地市出行的小时圈可达面积作为各时间圈内的可达性值（表 4.15），表征该地市的可达性大小。根据《西藏自治区综合交通运输"十三五"发展规划》提出的 2020 年全面建成小康社会交通运输兜底指标全面完成，基本建成"三小时综合交通圈"的建设目标，本研究以 3h 圈进行拉萨城市圈可达性特征分析。整体来看，日喀则、拉萨的 3h 圈可达范围最大，分别为 51 423.13km² 和 42 868.93km²；阿里、林芝最小，分别为 24 747.74km² 和 24 262.51km²。拉萨和日喀则作为西藏区域性中心城市和重要的增长极，交通基础设施建设较好，使得可达性较强；阿里地区高寒缺氧，林芝地质构造复杂、地质灾害频发，交通基础设施建设困难，导致可达性较弱。计算结果显示，拉萨的 3h 圈可达范围以拉萨城关区为中心，覆盖达孜、曲水、堆龙德庆、林周、墨竹工卡、当雄、尼木、贡嘎、扎囊、乃东、桑日、曲松、琼结、浪卡子、桑珠孜区、仁布、江孜、白朗、南木林、工布江达等县区（图 4.6）。

表 4.15　基于小时圈的可达性面积　　　　　　　　　　（单位：km²）

地市区	0~0.5h	0.5~1h	1~3h	3~5h	5~10h	0~3h
拉萨市	835.79	2 471.00	39 562.14	81 896.36	323 544.99	42 868.93
昌都市	703.20	2 369.32	29 778.12	53 298.18	171 777.02	32 850.64
山南市	622.77	2 686.78	26 545.55	67 624.68	272 086.19	29 855.10
日喀则市	1 049.03	3 712.42	46 661.68	93 688.61	309 438.58	51 423.13
那曲市	495.80	1 682.40	23 001.01	49 227.15	289 890.96	25 179.21
阿里地区	585.85	1 809.42	22 352.47	43 770.81	162 549.89	24 747.74
林芝市	510.70	1 567.04	22 184.77	52 649.61	303 998.07	24 262.51

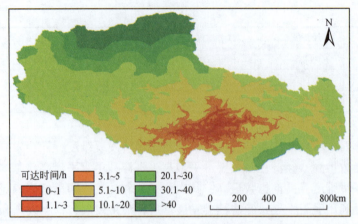

图 4.6 不同时期拉萨城市圈的可达性分布图

3）空间场能特征分析

空间场能是中心城市结节性指数与区域可达性共同作用的结果，能反映中心城市对周边城市的影响力或带动能力，体现城市发展潜力。根据空间场能模型，借助 ArcGIS 空间分析平台，对西藏各地市的空间场能进行计算。

西藏空间场能整体呈现"东南高西北低"的空间格局和"一核多心"空间结构（图 4.7），其中拉萨为西藏空间场能的核心，空间势能为 1.56，其他地市则为次级中心，空间势能均低于 1，辐射能力较弱（表 4.16）。从处于高场能连续高值区的拉萨城市圈来看，拉萨和日喀则的一体化格局明显，形成以拉萨城关区和日喀则桑珠孜区为核心向周边地区辐射扩散的"翼状"格局（图 4.7）。

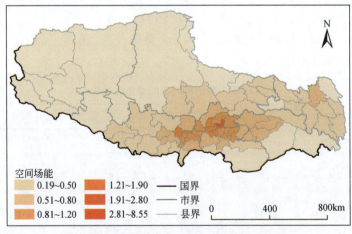

图 4.7 西藏县域单元空间场能的分级示意图

表 4.16 西藏各市（地区）空间场能值

项目	拉萨市	昌都市	山南市	日喀则市	那曲市	阿里地区	林芝市
平均值	1.56	0.62	0.76	0.69	0.38	0.27	0.60
标准差	2.50	0.81	0.62	0.51	0.25	0.15	0.51

4）拉萨城市圈范围界定

空间场能是区域中心城市借助区域联系"通道"带动外围地区发展而产生的"势能差"的抽象表达，反映中心城市对周边城市的影响力或带动能力，并由此判断城市发展潜力，能够综合客观地表征区域发展格局和空间差异，是界定城市圈范围的一种有效手段。但由于该模型只能用于反映城市间静态的空间相互影响，无法真实刻画城市间的"流"过程，因此本研究在识别都市圈范围时综合考虑空间场能和交通流量要素，对基于二者分别提取的范围取交集得到最终范围，结果将更为真实。在考虑流量要素进行空间范围提取时，一方面鉴于拉萨城市圈地处青藏高原，城市间往来的方式仍然以公路客运为主，另一方面信息、资金、技术等流量数据难以收集，因此本研究主要以公路客运班次表征流量要素。

（1）基于空间场能的范围提取。运用自然断裂点分类法将西藏空间场能值划分为5种类型，高场能区（>1.90）包括城关、堆龙德庆、曲水、达孜、贡嘎、桑珠孜，较高场能区（1.20～1.90）包括墨竹工卡、林周、扎囊、乃东、白朗、江孜等11个县（区），中场能区（0.80～1.20）包括当雄、浪卡子、拉孜、卡若等10个县（区），较低场能区（0.50～0.80）包括定日、亚东、波密、色尼等26个县（区）；低场能区（≤0.50）包括阿里地区所辖县及仲巴、安多、墨脱等16个县（区）（图4.8）。整体上看，高场能区和较高场能区位于雅鲁藏布江及其支流的河谷地带，是西藏城镇密度最高、产业发展基础最好、生产要素最集中和资源环境承载力最强的区域，形成了区域增长极和核心节点；中场能区发展条件和资源环境承载力稍弱，位于高场能区和较高场能区的有效辐射范围内；较低场能区和低场能区广泛分布于外围的高海拔山地冰川地区，生态环境脆弱，交通可达性差，社会经济发展基础薄弱。为发挥高场能区和较高场能区的区域发展带动效应，同时保证行政区划的完整性，将场能值在1.20以上的县域范围划分为拉萨城市圈范围［图4.8（a）］。

(a)基于空间场能的拉萨城市圈范围界定

(b)基于客运班次的拉萨城市圈范围界定

(c)拉萨城市圈最终范围

图4.8 拉萨城市圈范围图

（2）基于交通流量的范围提取。统计拉萨汽车站、拉萨东郊汽车站、拉萨北郊汽车站三个长途汽车站的客运班次数据，结果表明发往林芝巴宜、当雄的客运班次最多，发往那曲、林周、墨竹工卡、贡嘎等地的客运班次次之，发往曲水、乃东、江孜、桑珠孜等地的客运班次处第三梯队。将客运班次在每日两班及以上的城市纳入拉萨城市圈范围。考虑到城市圈范围划定的连续性原则，故林芝巴宜不纳入城市圈范围［图 4.8（b）］。

（3）拉萨城市圈范围界定。将基于空间场能和客运班次的拉萨城市圈范围叠加取交集，得到拉萨城市圈范围界定的初步结果。考虑到当雄隶属拉萨市，同时也是《国家"十三五"现代综合交通运输体系发展规划》中青岛至拉萨横向综合运输通道格尔木至拉萨段的沿线重要城市，故将其纳入拉萨城市圈范围。因此，拉萨城市圈最终范围包括拉萨市的城关区、堆龙德庆区、达孜区、林周县、当雄县、尼木县、曲水县、墨竹工卡县；日喀则市的桑珠孜区、江孜县、仁布县、白朗县；山南市的乃东区、贡嘎县和扎囊县 15 个区（县）［图 4.8（c）］。

（二）拉萨城市圈城镇化对生态环境的影响评价

城镇化的快速发展促进了中国社会经济发展，但同时也加速了有限资源的枯竭，引发了诸多环境污染问题（Wu et al.，2014）。青藏高原地区是我国最大的生态屏障，也是生态环境系统最为脆弱的地区之一，近年来受城镇化等人类活动的干扰，生态环境质量呈现局部退化趋势。城镇化过程与生态环境保护的矛盾在青藏高原重点城镇化地区尤为突出，出现不同程度的林地面积减少、草场退化、生态空间紧缩等各种生态环境问题（牛亚菲，1999；张惠远，2011；牟雪洁和饶胜，2015）。拉萨城市圈是西藏人类活动最集中的区域，是全区基础设施最为完备、产业发展基础最好、人口密度最大、城镇化水平最高的区域，也是全区发展需求最强、生态环境压力最大的区域。研究拉萨城市圈城镇化对生态环境风险的影响，对促进青藏高原可持续发展具有重要意义。

1. 数据来源与研究方法

1）数据来源与预处理

城镇化数据主要来源于历年的《中国区域经济统计年鉴》《中国县域统计年鉴》《西藏统计年鉴》，部分缺失数据采用指数平滑方法补充。土地利用数据来源于中国科学院资源环境科学与数据中心的 Landsat TM/ETM 遥感影像解译数据。PM$_{2.5}$浓度数据和生态环境服务价值数据来源于中国科学院资源环境科学与数据中心。

在对拉萨城市圈城镇化与生态环境系统进行综合评价的过程中，评价指标的不同导致各个指标具有不同的量纲和数量级，当指标的数值大小和评价指数为正相关关系时，该指标为正向型指标，指标数值越大，评价指数越高；当指标的数值大小和评价指数为负相关关系时，该指标为负向型指标，指标数值越大，评价指数越低。因此，采用标准化处理方法对数据进行预处理，消除不同量纲和数量级对评价指标的影响，以此降低随机因素的干扰。

设 $X=(x_{ij})_{m \cdot n}$，m 为评价区域的个数，n 为评价指标的个数。

正向型指标：
$$x'_{ij} = \frac{x_{ij} - \min\limits_{1 \leq i \leq m}(x_{ij})}{\max\limits_{1 \leq i \leq m}(x_{ij}) - \min\limits_{1 \leq i \leq m}(x_{ij})} \qquad (4.23)$$

负向型指标：
$$x'_{ij} = \frac{\max\limits_{1 \leq i \leq m}(x_{ij}) - x_{ij}}{\max\limits_{1 \leq i \leq m}(x_{ij}) - \min\limits_{1 \leq i \leq m}(x_{ij})} \qquad (4.24)$$

式中，x_{ij}为第i个评价区域的第j个指标；x'_{ij}为标准化的值。

2）指标体系构建

城镇化发展是一个复杂的动态过程，伴随着人口、产业、社会、空间、生态等多维因素的变迁（方建德等，2010），近年来学者倾向于构建科学和合理的指标综合度量地区的城镇化发展状态（袁晓玲等，2013；马艳梅等，2015；张春梅等，2012）。遵循数据获取的科学性、准确性和可获取性原则，本研究选取城镇化率、人口密度表征人口城镇化水平，选取人均GDP、第二产业增加值占比、第三产业增加值占比表征经济城镇化水平，选取医疗卫生机构床位数、中小学生人数表征社会城镇化水平，选取城镇建设用地面积占比表征空间城镇化水平（表4.17）。考虑到拉萨城市圈的生态环境问题主要集中在林地破坏、草场退化、冰川消融等问题上，本研究选取湿地面积占比、林地面积占比、草地面积占比、冰川面积占比、生态系统服务价值、生态空间占比、$PM_{2.5}$浓度七个指标对拉萨城市圈生态环境现状进行评价（表4.18）。

表4.17　城镇化系统评价指标体系及指标权重

系统	指标	单位	属性	主观权重	客观权重	综合权重
城镇化	城镇化率	%	正	0.329	0.103	0.216
	人口密度	人/km²	正	0.254	0.144	0.199
	人均GDP	元	正	0.152	0.106	0.129
	第二产业增加值占比	%	正	0.073	0.094	0.084
	第三产业增加值占比	%	正	0.040	0.095	0.067
	医疗卫生机构床位数	张	正	0.016	0.150	0.083
	中小学生人数	人	正	0.027	0.130	0.078
	城镇建设用地面积占比	%	正	0.109	0.178	0.144

表4.18　生态环境系统评价指标体系及指标权重

系统	指标	单位	属性	主观权重	客观权重	综合权重
生态环境	湿地面积占比	%	正	0.020	0.149	0.084
	林地面积占比	%	正	0.030	0.143	0.087
	草地面积占比	%	正	0.052	0.122	0.087
	冰川面积占比	%	正	0.087	0.181	0.134
	生态系统服务价值	亿元	正	0.396	0.165	0.281
	生态空间占比	%	正	0.261	0.123	0.192
	$PM_{2.5}$浓度	μg/m³	负	0.154	0.116	0.135

3）综合评价模型

首先分别采用层次分析法和熵值法求解出综合评价指标的主客观权重。其中，层次分析法（analytic hierarchy process，AHP）是将与评价分析具有较高相关性的要素划分为系统、子系统、指标等多维层次，从而对综合评价指数进行定性和定量评价结合的分析方法（宋建波和武春友，2010；陈忠暖等，2007）。本研究采用 1~9 标度方法，依据中国科学院地理科学与资源研究所、青藏高原研究所、新疆生态与地理研究所和浙江大学等科研单位 30 位本领域内专家的主观赋权意见来构造判断矩阵，获得第 s 个系统层相对目标层的影响系数 $a_s(s=1,2,\cdots,5)$、第 s 个系统层中第 k 个指标对第 s 个系统层的影响系数 $b_k(k=1,2,\cdots,m)$，则第 s 个系统层中第 k 个指标相对综合评价指数的影响系数（权重）为

$$c_k = a_s \cdot b_k \qquad (4.25)$$

式中，指标权重向量为 $c=\{c_1,c_2,\cdots,c_n\}$。

通过专家打分得到判断矩阵后，需要进一步对其进行一致性检验。如果检验通过，则权重计算结果是合理的；否则，需要重新构建判断矩阵，所得主观权重详见表 4.17、表 4.18。考虑到层次分析法在现有文献中应用较多，具体分析过程不再赘述。

熵值法（entropy method）是一种基于评价指标的数据内部的离散程度对指标权重进行客观计算的赋权方法，该方法较为客观、全面，而且不需要进行结果检验（张春梅等，2012）。一般而言，熵值越大，系统结构越均衡，差异系数越小，指标的权重就越小；反之，则说明指标的权重越大。采用熵值法计算各指标的客观权重，所得结果详见表 4.17、表 4.18。

层次分析法由于相对较为主观，容易受到综合评价过程中的随机性和评价专家主观上的不确定性及其认识上的模糊性的影响；熵值法相对较为客观，但是该方法损失的信息有时也相对较多，而且有时会受到离散值的影响（马艳梅等，2015）。基于此，为了进一步优化主客观权重，本研究通过最小信息熵原理对主客观权重进行综合求解，从而减小主客观权重之间的偏差值。

$$W_i = \frac{(W_{1i} \cdot W_{2i})^{1/2}}{\sum_{i=1}^{n} (W_{1i} \cdot W_{2i})^{1/2}} \qquad (4.26)$$

运用线性加权方法分别计算城镇化和生态环境系统评价指数值，计算公式为

$$F(x) = \sum_{i=1}^{n} W_i \cdot x_i, \qquad G(y) = \sum_{j=1}^{m} W_j \cdot y_j \qquad (4.27)$$

式中，$F(x)$ 和 $G(y)$ 分别为城镇化和生态环境系统的综合评价指数值；x_i 和 y_j 分别为城镇化和生态环境评价指标的标准化数值；W_i 和 W_j 分别为城镇化和生态环境评价指标的综合权重。

4）耦合协调度模型

城镇化与生态环境复合系统内部具有复杂的交互耦合胁迫机制，主要表征为城镇化系统对生态环境系统的胁迫作用和生态环境系统对城镇化系统的约束作用两大方面。采用经典范式解析城镇化与生态环境系统之间的交互耦合关系，分析其时空演化趋势，并划分耦合协调发展类型。

耦合度是一个物理学概念，指的是两个（或者两个以上的）系统在本系统内部和其他外部系统的多重作用下彼此相互影响的状态（王少剑等，2015）。由于系统之间的交互耦合关系具有较为显著的相似性，耦合度模型已经被广泛地应用于揭示城镇化与生态环境系统之间复杂的交互胁迫机理，其计算公式为

$$C = \left[\frac{F(x) \cdot G(y)}{\left(\frac{F(x)+G(y)}{2} \right)^2} \right]^k \qquad (4.28)$$

式中，C 为城镇化与生态环境复合系统的耦合度，且 $0 \leq C \leq 1$；$F(x)$ 为城镇化系统综合评价指数值；$G(y)$ 为生态环境系统综合评价指数值；k 为模型调节系数，$k \geq 2$，常取 $k = 2$。

为了进一步研判城镇化与生态环境两个系统之间的协调发展状态，本研究构建协调度模型。其数学表达式如下：

$$T = \alpha \cdot F(x) + \beta \cdot G(y)$$
$$D = \sqrt{C \cdot T} \qquad (4.29)$$

式中，D 为复合系统协调度指数；T 为城镇化与生态环境系统综合发展指数；α 和 β 为系统待定权重，可以分别表示城镇化和生态环境对复合系统的贡献度。考虑到拉萨城市圈城镇化发展与生态环境保护具有同等重要性，所以取 $\alpha = \beta = 0.5$。

借鉴物理学关于协调类型的划分标准，根据协调度 D 及城镇化系统 $F(x)$ 和生态环境系统 $G(y)$ 的大小，将城镇化与生态环境的耦合类型分为三大类、8 个亚类和 24 个系统类型状态，如表 4.19 所示。

表 4.19 城镇化与生态环境系统协调发展类型划分原则

综合类别	协调度水平	亚类别	系统指数值对比	子类别	类型
协调发展	$0.9 < D \leq 1$	高级协调	$G(y) - F(x) > 0.1$	城镇化滞后	Ⅷ1
			$\| G(y) - F(x) \| \leq 0.1$	系统均衡发展	Ⅷ2
			$G(y) - F(x) < -0.1$	生态环境滞后	Ⅷ3
	$0.8 < D \leq 0.9$	良好协调	$G(y) - F(x) > 0.1$	城镇化滞后	Ⅶ1
			$\| G(y) - F(x) \| \leq 0.1$	系统均衡发展	Ⅶ2
			$G(y) - F(x) < -0.1$	生态环境滞后	Ⅶ3
	$0.7 < D \leq 0.8$	中级协调	$G(y) - F(x) > 0.1$	城镇化滞后	Ⅵ1
			$\| G(y) - F(x) \| \leq 0.1$	系统均衡发展	Ⅵ2
			$G(y) - F(x) < -0.1$	生态环境滞后	Ⅵ3
转型发展	$0.6 < D \leq 0.7$	初级协调	$G(y) - F(x) > 0.1$	城镇化滞后	Ⅴ1
			$\| G(y) - F(x) \| \leq 0.1$	系统均衡发展	Ⅴ2
			$G(y) - F(x) < -0.1$	生态环境滞后	Ⅴ3

综合类别	协调度水平	亚类别	系统指数值对比	子类别	类型
转型发展	$0.5 < D \leq 0.6$	勉强协调	$G(y) - F(x) > 0.1$	城镇化滞后	IV1
			$\|G(y) - F(x)\| \leq 0.1$	系统均衡发展	IV2
			$G(y) - F(x) < -0.1$	生态环境滞后	IV3
	$0.4 < D \leq 0.5$	濒临失调	$G(y) - F(x) > 0.1$	城镇化滞后	III1
			$\|G(y) - F(x)\| \leq 0.1$	系统均衡发展	III2
			$G(y) - F(x) < -0.1$	生态环境滞后	III3
不协调发展	$0.2 < D \leq 0.4$	中度失调	$G(y) - F(x) > 0.1$	城镇化滞后	II1
			$\|G(y) - F(x)\| \leq 0.1$	系统均衡发展	II2
			$G(y) - F(x) < -0.1$	生态环境滞后	II3
	$0 < D \leq 0.2$	严重失调	$G(y) - F(x) > 0.1$	城镇化滞后	I1
			$\|G(y) - F(x)\| \leq 0.1$	系统均衡发展	I2
			$G(y) - F(x) < -0.1$	生态环境滞后	I3

5）多元线性回归模型（OLS 估计）

多元线性回归（multiple linear regression）用来刻画一个因变量与多个自变量之间的线性定量关系：

$$Y = \beta_0 + \beta_1 X_1 + \beta_2 X_2 + \cdots + \beta_p X_p \qquad (4.30)$$

式中，Y 为被解释变量；X_i 为解释变量；i 为解释变量的数目；β_i 为回归系数。

采用 OLS 进行模型估计：

$$\hat{\beta}_{OLS} = \arg\min \sum_{i=1}^{n} (y_i - X_i'\beta)^2 = \arg\min (Y - X\beta)'(Y - X\beta) \qquad (4.31)$$

2. 拉萨城市圈城镇化发展与生态环境评价指数的时空演变特征

1）拉萨城市圈城镇化发展指数的时空演变特征

2000～2020 年，拉萨城市圈城镇化发展评价指数整体呈现上升趋势，且地区差异明显。2000 年，拉萨城市圈城镇化发展评价指数为 0.20，2020 年增长到 0.43，增长率为 115%，2015 年后增速明显提高。15 个县（区）中，堆龙德庆区和达孜区的增长率最高，达到 750% 以上，其次为林周县和墨竹工卡县，增长率分别为 591% 和 412%，贡嘎县、曲水县增长率较低，均为 41%。2020 年，拉萨城市圈内，城关区城镇化发展评价指数最高（0.84），其次为堆龙德庆区（0.34），达孜区（0.26）、桑珠孜区（0.27）和乃东区（0.26）紧随其后，林周县、白朗县、仁布县指数较低，均低于 0.1（图 4.9），除城关区外，其他县（区）城镇化发展评价指数均低于拉萨城市圈平均水平。

总体来看，拉萨城市圈以城关区、堆龙德庆区、达孜区、桑珠孜区、乃东区等市辖区为城镇化发展的第一梯队；堆龙德庆区、达孜区、林周县、墨竹工卡县等县（区）由于快速工业化进程的带动，城镇化发展迅猛；曲水县、贡嘎县城镇化发展评价指数和增长率均处于较低水平，是拉萨城市圈推动新型城镇化发展的突破点。

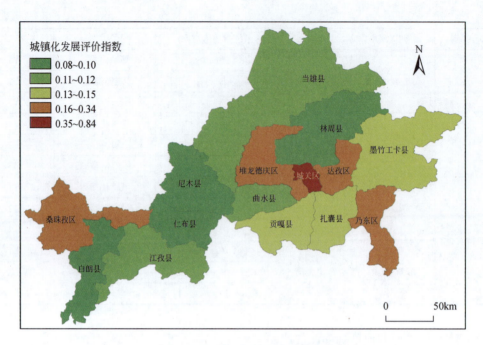

(a)城镇化发展评价指数空间分布示意图

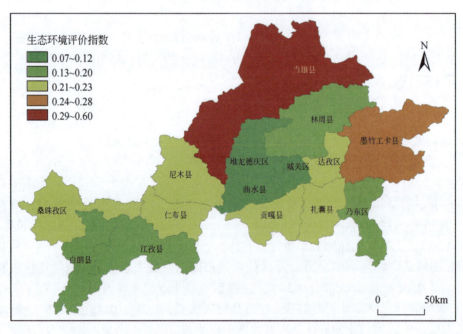

(b)生态环境评价指数空间分布示意图

(c)城镇化发展评价指数

(d)生态环境评价指数

图4.9 拉萨城市圈城镇化发展与生态环境时空演变特征图

2）拉萨城市圈生态环境评价指数的时空演变特征

2000~2020年，拉萨城市圈生态环境评价指数整体较高，波动较小，呈现先降后升的趋势，2015年后提高趋势显著。拉萨城市圈2020年整体生态环境评价指数为0.58，区域内生态环境评价指数地区差异显著，当雄生态环境评价指数最高（0.6），其次为墨竹工卡县（0.28），城关区（0.07）、曲水县（0.11）、堆龙德庆区（0.12）指数较低，除当雄县外，其他县（区）生态环境评价指数均低于拉萨城市圈平均水平。与2000年相比，拉萨城市圈整体生态环境指数升高，生态环境质量趋于改善。从县级行政单元看，达孜区、当雄县、墨竹工卡县、扎囊县生态环境评价指数升高，生态环境质量有所改善，墨竹工卡县提升最快，生态保护成效显著，很大程度上是源于其造林工程的实施。其他县（区）呈下降趋势，其中城关区、尼木县、桑珠孜区、江孜县、白朗县、仁布县、乃东区呈现持续下降的趋势，尤以城关区下降最快（图4.9）。

总体来看，拉萨城市圈生态环境质量有所改善，其中当雄县的生态环境质量最高，墨竹工卡生态保护成效显著，城关区生态环境质量最低且有继续衰退的趋势。

3. 拉萨城市圈城镇化与生态环境的耦合协调度分析

1）拉萨城市圈城镇化与生态环境复合系统协调度的时空演变特征

拉萨城市圈城镇化与生态环境复合系统协调度2000～2020年整体呈现增长趋势，2010～2020年呈快速增长趋势（图4.10），城镇化与生态环境趋向协调发展，2020年达到中级协调类型。相较于2000年，拉萨城市圈2020年复合系统协调度增长率为24.83%，达孜区增长率（82.91%）最高，其次为墨竹工卡县、堆龙德庆区和林周县，增长率均在60%以上，曲水县、贡嘎县和城关区增长率最低，增长率均在10%以下。

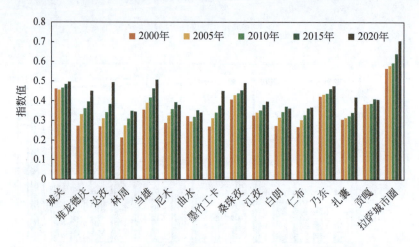

图4.10　2000～2020年拉萨城市圈城镇化与生态环境复合系统协调度时序变化

拉萨城市圈复合系统协调度整体较低，2000～2005年呈现外围高并逐层向内降低的空间分布格局，2010年后呈现西高东低、南高北低的分布格局（图4.11）。2000年，拉萨城市圈各县（区）的协调度类型以严重失调和中度失调为主，仅有城关区、桑珠孜区、乃东区达到濒临失调类型。此后，各县（区）协调度持续提高，濒临失调类型区范围扩大，严重失调类型区范围不断缩小，到2010年，城市圈严重失调类型区消失，到2020年，当雄县达到勉强协调类型。城关区、乃东区、桑珠孜区一直处于濒临失调状态，城关区子类别为生态环境滞后，乃东区和桑珠孜区为系统均衡发展。以上结果表明，拉萨城市圈地区城镇化与生态环境协调性不断提升，但整体协调性仍然较低，在推进城镇化进程的同时亟须以生态环境保护为首要任务，实现城镇化与生态环境的和谐发展。

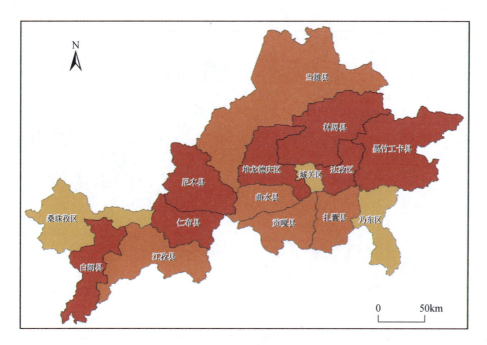

(a)2000年

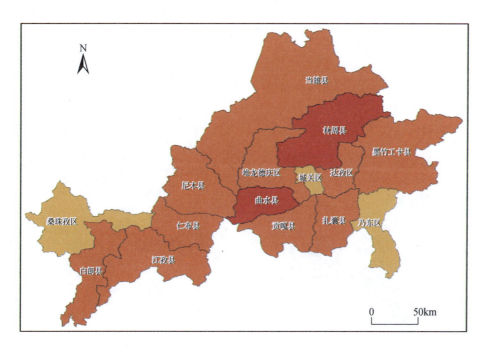

(b)2005年

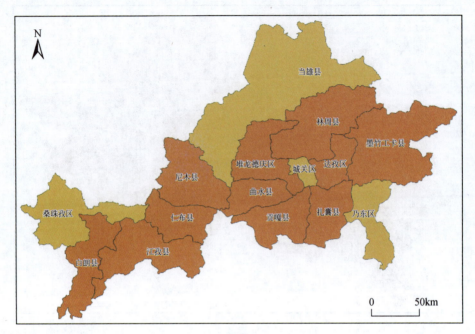

(c)2010年

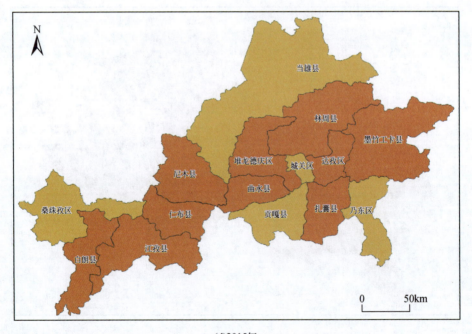

(d)2015年

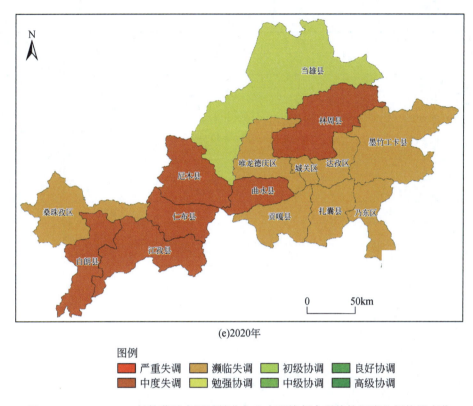

(e)2020年

图例
<table>
<tr><td>■ 严重失调</td><td>■ 濒临失调</td><td>■ 初级协调</td><td>■ 良好协调</td></tr>
<tr><td>■ 中度失调</td><td>■ 勉强协调</td><td>■ 中级协调</td><td>■ 高级协调</td></tr>
</table>

图4.11 2000～2020年拉萨城市圈城镇化与生态环境复合系统协调度空间格局变化

2）拉萨城市圈城镇化与生态环境复合系统协调发展模式分析

依据协调发展类型划分原则，将2000～2020年拉萨城市圈城镇化与生态环境协调发展模式划分为不同类型（表4.20）。结果表明，2000～2020年拉萨城市圈城镇化与生态环境协调发展的主要模式为城镇化滞后型，生态环境系统相对优于城镇化系统。分地区看，2000～2020年，城关区协调发展模式一直处于生态环境滞后状态，城镇化系统优于生态环境系统；当雄、尼木、白朗、仁布一直处于城镇化滞后状态；桑珠孜、乃东、曲水一直处于系统均衡发展状态；达孜、林周、江孜、扎囊、贡嘎呈现"城镇化滞后—系统均衡发展"的变化趋势；堆龙德庆呈现"城镇化滞后—系统均衡发展—生态环境滞后"的变化趋势；墨竹工卡呈现"城镇化滞后—系统均衡发展—城镇化滞后"的变化趋势。结果表明，城关和堆龙德庆在大力推进城镇化发展的同时，应更注重生态环境保护，提高生态环境质量，而当雄、尼木、白朗、仁布、墨竹工卡应在保护生态环境的同时，加快当地的城镇化发展进程，从而实现拉萨城市圈整体可持续发展。

表4.20 拉萨城市圈城镇化与生态环境耦合类型

地区	2000年	2005年	2010年	2015年	2020年
城关	Ⅲ3	Ⅲ3	Ⅲ3	Ⅲ3	Ⅲ3
堆龙德庆	Ⅰ1	Ⅱ2	Ⅱ2	Ⅱ2	Ⅲ3

续表

地区	2000 年	2005 年	2010 年	2015 年	2020 年
达孜	I 1	II 1	II 2	II 2	III 2
林周	I 1	I 1	II 1	II 1	II 2
当雄	II 1	II 1	III 1	III 1	IV 1
尼木	I 1	II 1	II 1	II 1	II 1
曲水	II 2	I 2	II 2	II 2	II 2
墨竹工卡	I 1	II 1	II 1	II 2	III 1
桑珠孜	III 2	III 2	III 2	III 2	III 2
江孜	II 1	II 1	II 1	II 1	II 2
白朗	I 1	II 1	II 1	II 1	II 1
仁布	I 1	II 1	II 1	II 1	II 1
乃东	III 2	III 2	III 2	III 2	III 2
扎囊	II 1	II 1	II 1	II 1	II 2
贡嘎	II 1	II 1	II 1	III 2	III 1
拉萨城市圈	IV 1	IV 1	IV 1	V 1	VI 1

4. 拉萨城市圈城镇化对生态环境的影响因素分析

为了进一步分析拉萨城市圈城镇化对生态环境的影响程度，选取全局线性回归方法进行测度估计。为避免选取变量存在多重共线性问题，采用逐步回归方法方差膨胀因子（variance inflation factor，VIF）进行所有解释变量的多重共线性分析，发现城镇建设用地面积占比、医疗卫生机构床位数的VIF>10，存在严重的多重共线性，故剔除这两个变量，将剩余 6 个变量作为解释变量，将生态环境指数作为被解释变量纳入回归模型。结果显示，模型调整可决系数（R^2）为 0.499，在 0.01 水平上显著，残差平方和为 0.500，整体拟合优度较好（表 4.21）。城镇化率、人均 GDP、第二产业增加值占比、第三产业增加值占比对生态环境的影响未通过显著性检验，对生态环境不具备直接影响，其余变量均通过 0.01 的显著性水平检验。

人口密度对生态环境存在负向影响，影响系数为-0.450，人口聚集带来的产业规模效应、居民区的密度效应及城市交通拥挤的外部效应，对生态环境质量造成了较大的压力。中小学生人数对生态环境存在正向影响，影响系数为 0.661。拉萨城市圈教育水平的提升有利于增强人民素质和提升生态环境保护技术水平，进一步提高生态环境质量。

表 4.21 拉萨城市圈城镇化对生态环境影响的全局线性回归估计结果

解释变量	标准系数	t 统计量	标准误差	VIF
城镇化率	-0.220	-1.524	0.304	3.289
人口密度	-0.450 ***	-4.375	0.599	1.669
人均 GDP	0.095	0.787	0.440	2.275

续表

解释变量	标准系数	t 统计量	标准误差	VIF
第二产业增加值占比	−0.08	−0.738	0.547	1.829
第三产业增加值占比	0.098	0.827	0.455	2.197
中小学生人数	0.661***	7.505	0.817	1.224
调整可决系数（R^2）	0.499***			
残差平方和	0.500			

***在 0.01 水平上显著。

二、兰西城市群（含西宁都市圈）城镇化对生态环境的影响评价

兰西城市群（含西宁都市圈）地处青藏高原生态屏障和我国北方防沙带之间，与"两屏三带"为主体的国家生态安全战略格局密切相关，在维护青藏高原地区及我国国土和生态安全大局中扮演着不可替代的重要角色，对保护好"中华水塔"、阻止西部荒漠化地区向东蔓延具有独特的战略支撑作用。2018 年 3 月，《兰州—西宁城市群发展规划》正式得到国务院批复。根据该规划，兰西城市群范围包括甘肃兰州市，白银市白银区、平川区、靖远县、景泰县，定西市安定区、陇西县、渭源县、临洮县，临夏州临夏县、东乡族自治县、永靖县、积石山保安族东乡族撒拉族自治县（简称积石山县），青海西宁市，海东市，海北州海晏县，海南州共和县、贵德县、贵南县，黄南州同仁市、尖扎县，如图 4.12 所示。其中，西宁都市圈作为兰西城市群发展的核心组成部分之一，城镇化引起的生态环境问题也较为突出。为此，以兰西城市群（含西宁都市圈）为研究对象，构建了符合其发展特点和地域特征的城镇化发展水平与生态环境质量评价指标体系，阐述了二者的动态时空演变特征，并通过建立响应指数模型，量化识别了城镇化发展对生态环境产生的正负影响，旨在为实现兰西城市群（含西宁都市圈）乃至青藏高原地区的可持续发展提供科学决策依据。

（一）兰西城市群（含西宁都市圈）城镇化与生态环境质量综合测度

基于兰西城市群（含西宁都市圈）发展特点，考虑到数据的科学性和可获得性，分别构建了兰西城市群（含西宁都市圈）城镇化发展和生态环境质量的综合评价指标体系，基于多目标模糊隶属度和熵值法计算两大系统的综合指数，并对兰西城市群（含西宁都市圈）城镇化发展与生态环境质量的时空格局与变化特征进行分析。

1. 综合测度方法与数据来源

1）综合评价指标体系与指标权重计算

城镇化是一个社会、经济、文化等多种因素相辅相成、共同作用的复杂过程，它表现为农村人口转变为城镇人口、农业人口转变为非农业人口；农业地域向城市地域转换导致城镇数量的增加和城镇规模的扩大；农业活动向非农业活动转换、城市产业结构的转型升级；城市公共服务、基础设施、居民生活质量的提升，即社会要素在城市的集聚与发展

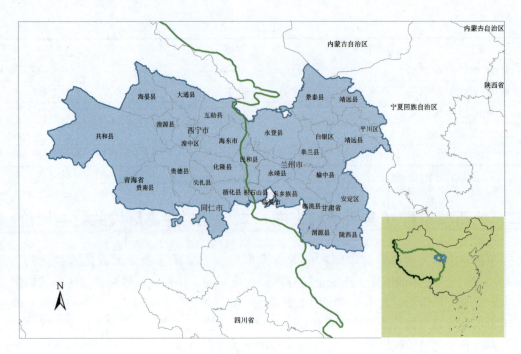

图 4.12 兰西城市群空间范围及区位图

等。虽然不同学者在城镇化发展水平评价中选取的指标有所差异，但大多数研究都将城镇化发展的内涵概括为人口城镇化、经济城镇化、空间城镇化和社会城镇化四方面。从指标体系的构建角度来看，准则层指标既要起到总纲的作用，同时又要涵盖系统的多方面（陈严，2016）。因此，在借鉴现有文献研究指标体系的基础上，将城镇化发展水平作为目标层，分为人口城镇化、经济城镇化、空间城镇化、社会城镇化 4 个准则层，选取城镇化率，人口密度，第二、第三产业产值占 GDP 的比例等 10 个基础指标构成兰西城市群（含西宁都市圈）城镇化综合评价指标体系，如表 4.22 所示。

表 4.22 城镇化发展水平评价指标体系及指标权重

目标层	准则层	指标层	综合权重
城镇化发展水平	人口城镇化 （0.21）	城镇化率	0.62
		人口密度	0.38
	经济城镇化 （0.22）	人均地区生产总值	0.24
		第二、第三产业产值占 GDP 的比例	0.21
		单位面积地方财政收入	0.56
	空间城镇化 （0.19）	城镇密度	0.38
		城镇建设用地面积占比	0.62
	社会城镇化 （0.38）	万人医院、卫生院床位数	0.38
		万人普通中小学在校生数	0.23
		万人本地电话用户数	0.39

生态环境质量指生态环境的优劣程度，它以生态学理论为基础，在特定的时间和空间范围内，从生态系统和环境质量来反映生态环境对人类生存及社会经济持续发展的适宜程度。在不同的时空条件下，根据人类的具体要求对生态环境性质及变化状态进行评定。兰西城市群（含西宁都市圈）的生态环境具有特殊性，因此在构建评价指标体系衡量其生态环境状况时，需考虑其特殊条件，如沙地、未利用地等特殊类型土地的变化状况，生态空间的变化情况等。本次研究将生态环境质量分为生态本底、生态资源及环境污染 3 个准则层。其中，生态本底是区域发展与存在的基础、基质，主要反映区域生态系统的基本状态，也体现区域本底各要素的生态价值（喻冰洁等，2016）。不同区域自然条件不同，生态系统种类繁多，因此不同区域的生态本底状态对人类生存发展的适宜度也存在差异。生态资源指能为人类提供生态服务或生态承载能力的各类自然资源，是区域生态环境的重要构成要素（严立冬等，2009）。本研究主要以森林覆盖率、沙地覆盖率、植被覆盖度等指标来衡量区域生态资源的丰富程度。而环境污染作为对环境质量产生威胁的要素，以大气污染物和工业废弃物排放为主。综上，选取 3 个准则层包括 11 个具体指标共同构成兰西城市群（含西宁都市圈）生态环境质量评价指标体系，如表 4.23 所示。

由于评价指标体系中涉及指标较多，且各个指标对城镇化发展和生态环境质量的贡献程度各不相同，因此在分析之前需要对单个指标的贡献程度加以计算，从而确定各个指标的权重。采用前面所述熵值法计算各指标的客观权重（张春梅等，2012），与各指标的主观权重相结合，取均值可以得到城镇化发展与生态环境质量评价指标体系中各评价指标的综合权重，在一定程度上相应缩小单一赋权法带来的局限性和弊端，最终权重计算结果如表 4.22 和表 4.23 所示。

表 4.23　生态环境质量评价指标体系中各准则层及指标权重

目标层	准则层	指标层	综合权重
生态环境质量	生态本底 (0.34)	生态空间占比	0.26
		生物栖息地侵占面积占比	0.24
		单位面积生态系统服务价值	0.21
		年均降水量	0.29
	生态资源 (0.46)	植被覆盖度	0.14
		沙地覆盖率	0.17
		单位面积植被净初级生产力	0.27
		森林覆盖率	0.42
	环境污染 (0.20)	$PM_{2.5}$平均浓度	0.16
		单位面积工业废水排放量	0.40
		单位面积工业废气排放量	0.44

根据计算结果可以看出，城镇化发展水平各准则层的综合权重呈现出"社会城镇化>经济城镇化>人口城镇化>空间城镇化"的特点，生态环境质量各准则层的综合权重呈现

出"生态资源>生态本底>环境污染"的特点。

2）评价指标的分级标准及阈值

a. 城镇化发展水平评价指标的分级标准及阈值

根据城镇化发展水平综合指数的计算结果，将兰西城市群（含西宁都市圈）城镇化发展水平划分为以下5个等级：高、较高、一般、较低、低。综合指数和各项指标的分级标准及阈值见表4.24。

表 4.24 城镇化发展水平各项指标的分级标准及阈值

指标	低水平	较低水平	一般水平	较高水平	高水平
	0	0.2	0.4	0.6	0.8	1
城镇化率	0	20	30	50	70	100
人口密度	0	5	25	100	500	5 000
第二、第三产业增加值占 GDP 的比例	0	30	50	70	90	100
单位面积财政收入	0	50	100	500	1 000	3 000
人均 GDP	0	8 000	16 000	30 000	50 000	100 000
城镇建设用地面积占比	0	5	10	15	20	40
城镇密度	0	0.001	0.002	0.003	0.005	0.01
万人医院、卫生院床位数	0	20	40	60	80	100
万人普通中小学在校生数	0	100	200	400	800	1 000
万人本地电话用户数	0	100	500	1 500	3 000	10 000

当城镇化发展水平综合指数在（0.8，1]的区间范围时，城镇化发展为高水平，表明该区域城镇人口大规模集聚，产业结构合理，经济呈现高水平发展，城镇用地规模占比高，社会公共服务体系完善，综合来看城镇化发展呈现高水平。

当城镇化发展水平综合指数在（0.6，0.8]的区间范围时，城镇化发展为较高水平，表明该区域城镇人口一定程度集聚，产业结构较为合理，经济发展呈现较高水平，城镇用地规模占比较高，社会公共服务体系较完善，综合来看城镇化发展呈现较高水平。

当城镇化发展水平综合指数在（0.4，0.6]的区间范围时，城镇化发展为一般水平，表明该区域城镇人口集聚程度一般，产业结构一般，经济发展水平一般，城镇用地规模占比一般，社会公共服务体系一般，综合来看城镇化发展呈现一般水平。

当城镇化发展水平综合指数在（0.2，0.4]的区间范围时，城镇化发展为较低水平，表明该区域城镇人口集聚程度较低，产业结构较不合理，经济发展水平较差，城镇用地规模占比较低，社会公共服务体系较不完善，综合来看城镇化发展呈现较低水平。

当城镇化发展水平综合指数在 [0，0.2] 的区间范围时，城镇化发展为低水平，表明该区域城镇人口集聚规模小，产业结构不合理，经济发展水平低，城镇用地规模占比低，社会公共服务体系不完善，综合来看城镇化发展呈现低水平。

b. 生态环境质量评价指标的分级标准及阈值

根据生态环境质量综合指数的计算结果,将兰西城市群(含西宁都市圈)的生态环境质量划分为以下5个等级:高、较高、中等、较低、低。综合指数和各项指标的分级标准及阈值见表4.25。

表4.25 生态环境质量各项指标的分级标准及阈值

指标	低质量		较低质量	中等质量	较高质量	高质量
	0	0.2	0.4	0.6	0.8	1
生态空间占比	0	25	50	70	90	100
生物栖息地侵占面积占比	0.2	0.1	0.05	0.02	0	−1
单位面积生态系统服务价值	0	2	4	6	8	10
年均降水量	0	200	400	600	800	1000
植被覆盖度	0	0.1	0.3	0.45	0.6	1
森林覆盖率	0	5	10	20	50	100
沙地覆盖率	100	20	10	5	2	0
单位面积植被净初级生产力	0	200	400	800	1000	3000
$PM_{2.5}$平均浓度	5	3	2	1	0.5	0
单位面积工业废气排放量	5	3	2	1	0.5	0
单位面积工业废水排放量	25	10	6	3	0.5	0

当生态环境质量综合指数在(0.8,1]的区间范围时,生态环境等级为高质量,表明该区域植被覆盖度高,降水十分充沛,生态系统非常稳定,环境状况很好,十分适合人类居住生存。

当生态环境质量综合指数在(0.6,0.8]的区间范围时,生态环境等级为较高质量,表明该区域植被覆盖度较高,降水较为充沛,生态系统较稳定,环境状况较好,较适合人类居住生存。

当生态环境质量综合指数在(0.4,0.6]的区间范围时,生态环境等级为中等质量,表明该区域植被覆盖度一般,降水量中等,生态系统相对稳定,环境状况中等,相对适合人类居住生存。

当生态环境质量综合指数在(0.2,0.4]的区间范围时,生态环境等级为较低质量,表明该区域植被覆盖度较低,降水量较少,生态系统较不稳定,环境状况较差,较为不适合人类居住生存。

当生态环境质量综合指数在[0,0.2]的区间范围时,生态环境等级为低质量,表明该区域植被覆盖度低,降水量少,气候干旱,生态系统不稳定,环境状况差,不适合人类居住生存。

3)指标综合集成与数据来源说明

针对不同变量的研究,往往会有不同的量纲和不同的取值范围,为了使变量之间具有可比性,通常需要对各项数据进行标准化处理,常见方法有中心化、归一化、极差标准化、对数变化等。鉴于本研究涉及多项指标，各项指标原始数据的量纲、属性不同，因此在进行模型定量分析之前，首先采用多目标模糊隶属度的方法对各指标数据进行标准化处理。其中，正向指标的属性表现为值越大，则其正向贡献越大；负向指标的属性表现为值越大，则其负向贡献越大。

模糊隶属度函数的一般形式为（Mendoza and Prabhu, 2004）

$$f_x = \begin{cases} 0, & x<n \\ 1-\dfrac{m-x}{m-n}, & n \leqslant x \leqslant m \\ 1, & x>m \end{cases} \tag{4.32}$$

式中，m 和 n 分别为指标阈值。将上述函数形式运用于各个具体指标的标准值区间，即可得到多目标隶属度函数的标准化公式。

假设指标集为 $W = \{w_1, w_2, \cdots, w_j\}$，评价集为 $D = \{d_1, d_2, d_3, d_4, d_5\}$。依据表 4.24 和表 4.25 中城镇化发展水平及生态环境质量中各个指标的分级标准，d_1 表示水平或质量为差，d_2 表示水平或质量为较差，d_3 表示水平或质量为一般，d_4 表示水平或质量为良，d_5 表示水平或质量为优。评价集 $D = \{d_1, d_2, d_3, d_4, d_5\}$ 相对应的城镇化发展水平和生态环境质量指数区间分别为 $[s_1, s_2]$、$(s_2, s_3]$、$(s_3, s_4]$、$(s_4, s_5]$、$(s_5, s_6]$。其中，$s_1 = 0$，$s_2 = 0.2$，$s_3 = 0.4$，$s_4 = 0.6$，$s_5 = 0.8$，$s_6 = 1$。

对于任意指标 j，假设城镇化发展水平或生态环境质量指数阈值 s_1、s_2、s_3、s_4、s_5、s_6 相对应指标的标准值分别为 μ_1、μ_2、μ_3、μ_4、μ_5、μ_6。

正向指标的隶属度计算公式如下（鲍超和邹建军，2018）：

$$m_{\lambda ij} = \begin{cases} s_1, & x_{\lambda ij} < \mu_1 \\ \dfrac{s_{n+1}-s_n}{\mu_{n+1}-\mu_n} \times (x_{\lambda ij} - \mu_n) + s_n, & \mu_n \leqslant x_{\lambda ij} \leqslant \mu_{n+1}(1 \leqslant n \leqslant 5) \\ s_6, & x_{\lambda ij} > \mu_6 \end{cases} \tag{4.33}$$

负向指标的隶属度计算公式如下（鲍超和邹建军，2018）：

$$m_{\lambda ij} = \begin{cases} s_1, & x_{\lambda ij} > \mu_1 \\ \dfrac{s_{n+1}-s_n}{\mu_n-\mu_{n+1}} \times (\mu_n - x_{\lambda ij}) + s_n, & \mu_n \leqslant x_{\lambda ij} \leqslant \mu_{n+1}(1 \leqslant n \leqslant 5) \\ s_6, & x_{\lambda ij} < \mu_6 \end{cases} \tag{4.34}$$

式中，$m_{\lambda ij}$ 为第 λ 年 i 区域第 j 项指标的标准化值；$x_{\lambda ij}$ 为第 λ 年 i 区域第 j 项指标的实际值。

数据标准化之后，各项指标的取值范围均为 $[0, 1]$，不同区域的指标之间也具有可比性。通过自下而上逐层加权求和得到各区域的城镇化发展水平与生态环境质量综合指数。计算公式见式（4.19）。

考虑到研究期内兰西城市群（含西宁都市圈）部分区域的行政区划出现调整，为了保证统计数据的一致性和可比性，均以 2015 年的行政区划为基准。其中，青海海东地区于 2013 年 2 月撤地设市，市辖平安和乐都两区均采用 2015 年行政区划，统计数据为相应年份平安和乐都的数据并合成海东市辖区进行分析。同时将兰州市的城关区、红古区、西固区和七里河区四个区合并为兰州市辖区，西宁市的城中区、城西区、城北区和城东区合并为西宁市辖区，海东市的平安区和乐都区合并为海东市辖区，因此最后兰西城市群（含西宁都市圈）区域内的区/县域单元数量为31个。

鉴于数据的可获得性和连续性，本次研究采用2000年、2005年、2010年和2015年4个主要时间节点的数据。其中城镇化发展水平指标体系的各项社会经济数据来源于历年的《青海统计年鉴》《甘肃统计年鉴》《中国县域统计年鉴》《中国区域经济统计年鉴》，生态环境质量中各项指标数据来源于遥感数据反演，以及《中国环境统计年鉴》《中国环境年鉴》，还有青海、甘肃两省人民政府各部门的公开信息及其年度报告。为降低数据缺少对分析结果造成的影响，极少量缺失数据采用增长率替代法进行了弥补。土地利用数据来源于中国科学院资源环境科学与数据中心，数据分辨率为100m×100m。生态系统服务价值参考谢高地等（2015）构建的基于单位面积价值当量因子的生态系统服务价值评估方法进行计算。归一化植被指数（NDVI）数据来源于中国科学院资源环境科学与数据中心提供的NDVI空间分布数据集；PM$_{2.5}$浓度数据来自大气成分分析组（Atmospheric Composition Analysis Group）。鉴于县级尺度的环境污染数据如工业废气排放量、工业废水排放量等较难获得，本研究借助省级尺度环境污染数据及研究区各县级尺度工业总产值等数据，采用自上而下的方式进行污染物排放数据的估算，公式如下：

$$w_{ij} = W_{总} \times \frac{o_{ij}}{O_{总}} \qquad (4.35)$$

式中，w_{ij}为i地区在j年份的工业废水排放量；$W_{总}$为全省j年份工业废水排放总量；$O_{总}$为全省j年份工业总产值；o_{ij}为i地区在j年份的工业总产值。

$$q_{ij} = Q_{总} \times \frac{o_{ij}}{O_{总}} \qquad (4.36)$$

式中，q_{ij}为i地区在j年份的工业废气排放量；$Q_{总}$为全省j年份工业废气排放总量；$O_{总}$为全省j年份工业总产值；o_{ij}为i地区在j年份的工业总产值。

2. 兰西城市群城镇化发展水平的时空变化分析

1）兰西城市群城镇化发展水平的时间变化

（1）城镇化综合发展水平呈上升趋势但总体水平较低。综合评价结果表明，研究期内兰西城市群城镇化发展综合指数总体呈现出缓慢的上升趋势，但变化幅度并不显著（图4.13），从2000年的0.23提高至2015年的0.38，年均增长3.40%，城镇化发展始终处于较差的水平。从子系统来看，研究期内人口城镇化指数>经济城镇化指数>社会城镇化指数>空间城镇化指数。其中，人口城镇化指数在波动中上升，呈现出"S"形变化趋势，由2000年的0.53下降至2005年的0.50，2005～2010年开始出现提高，2010～2015年变化幅度较小；经济城镇化指数上升趋势最为显著，由2000年的0.17提高至2015年的0.40，年均增长幅度达到5.87%；空间城镇化指数变化幅度较小，由2000年的0.10增长至2005年的0.18之后，到2015年几乎保持稳定；社会城镇化指数由2000年的0.17增长至2015年的0.33，年均增长幅度为4.52%。

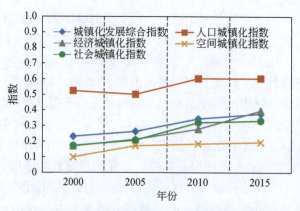

图 4.13 兰西城市群城镇化发展水平的时间变化

（2）人口城镇化发展水平相对较高。从人口城镇化具体指标来看，如图 4.14（a）所示，城镇化率指数在波动中上升，2000～2005 年出现小幅度下降，从 0.48 下降至 0.44，2005～2010 年增长趋势较为显著，从 0.44 增加至 0.60，2010～2015 年维持相对稳定。总体来看，城镇化率指数从 2000 年的 0.48 增加至 2015 年的 0.60，年均增长速度为 1.50%；人口密度指数出现微小幅度的增加，从 2000 年的 0.60 增加至 2015 年的 0.61，年均增长速度为 0.11%。兰西城市群城镇化发展有较好的人口基础，兰州、西宁两地的常住人口均已超过百万，具备一定的后发优势。

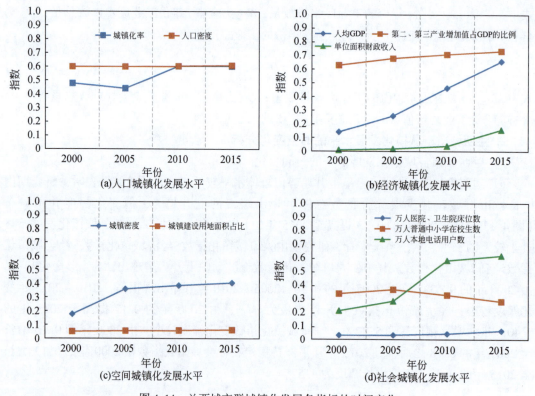

图 4.14 兰西城市群城镇化发展各指标的时间变化

（3）经济城镇化从较低水平发展到一般水平。从经济城镇化具体指标来看，如图 4.14（b）所示，第二、第三产业增加值占 GDP 的比例的发展水平最高，从 2000 年的 0.63 增加至 2015 年的 0.74，一直保持较高水平；人均 GDP 增长幅度较大，从 2000 年的 0.14 增加至 2015 年的 0.66，年均增长速度达到 10.89%。城市群内部经济的不断发展将带动城市更新和产业转型的进一步发展。更深层次来看，除城市根据区域自身的发展基础和区位优势制定产业定位与城市用地规划外，城市群内部经济的不断发展也有利于推动政府鼓励发展非主流经济产业，以丰富和完善产业链，促进区域产业的多元化，降低产业单一化给区域经济带来的风险。近些年来，兰西城市群旅游业的发展，使得以服务业为代表的第三产业产值相较之前有显著增长，在一定程度上促进了兰西城市群经济城镇化的发展。

（4）空间城镇化发展在低水平和较低水平徘徊。从空间城镇化具体指标来看，如图 4.14（c）所示，2000~2015 年，兰西城市群空间城镇化指数从 0.1 上升至 0.2，整体发展一直处于低水平阶段。其中，城镇密度指数增长较为显著，从 2000 年的 0.18 增长至 2010 年的 0.39，直到 2015 年突破 0.4，实现从低水平到一般水平的跨越；城镇建设用地面积占比在研究期内变化并不明显，始终处于低水平发展阶段。兰西城市群是典型的河谷型城镇，可利用的土地资源十分有限，因此土地资源对空间城镇化的发展有着较强的制约作用。未来如何合理利用有限的土地资源来实现兰西城市群的可持续发展亟须解决。

（5）社会城镇化发展各指标存在差异。从社会城镇化具体指标来看，如图 4.14（d）所示，研究期内兰西城市群社会城镇化实现低水平向较低水平的转变，但社会城镇化的各指标发展差异较大。其中，万人医院、卫生院床位数从 2000 年的 0.03 变化至 2015 年的 0.07，一直处于低水平发展阶段；万人普通中小学在校生数从 2010 年开始存在小幅度的下降趋势，从 2000 年的 0.34 变化至 2015 年的 0.28；万人本地电话用户数从 2000 年的 0.21 增加至 2015 年的 0.62，实现较低水平到较高水平的提升。总体来看，未来兰西城市群推进城镇化过程中仍需注重社会各方面的共同发展。

2）兰西城市群（含西宁都市圈）城镇化发展水平的空间格局变化

图 4.15 为兰西城市群（含西宁都市圈）城镇化发展水平时空格局演变图。从图 4.15 可以看出，研究期内兰西城市群（含西宁都市圈）各县/区域城镇化发展水平总体较低，大多集中在低水平和较低水平的等级。从空间格局上来看，兰西城市群城镇化发展水平整体呈现出"中心-外围"的空间结构特征，以"兰州-西宁"市辖区为发展水平较高地，外围县域单元发展水平逐步递减。其中，城镇化发展水平相对较高的区域主要为兰州市辖区、西宁市辖区、临夏市等市区，外部各县域单元城镇化发展水平较低，空间差异显著。

从时间来看，2000 年，兰西城市群（含西宁都市圈）城镇化发展水平总体较低，兰州市辖区、西宁市辖区、白银市辖区三地城镇化发展水平明显高于其他地区，青海西部地区城镇化发展水平明显较低；2005 年，海南州、海北州各县的城镇化水平由低水平上升至较低水平，空间格局基本保持不变；到 2010 年开始，永登县城镇化发展水平显著提高，由 2000 年的 0.07 增加至 0.13，兰州市辖区、西宁市辖区、白银市辖区三地城镇化水平持续上升，在城市群各个区域中处于领先地区；2015 年，青海部分的县域单元城镇化发展水平有一定程度

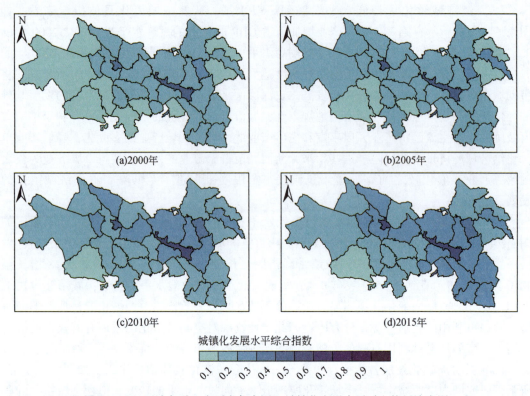

图4.15　兰西城市群（含西宁都市圈）城镇化发展水平时空格局演变图

提升，除一直发展水平较高的西宁市辖区外，海东市辖区、大通县、湟源县发展水平也有显著提高，甘肃除兰州市辖区、白银市辖区、永登县发展相对较好外，与兰州相邻的榆中县城镇化发展水平也在一定程度上提高。城市群内部其他西南和东北各县域单元在研究期内城镇化发展水平虽然也有提升，但由于增加幅度较小，变化并不显著，城镇化发展仍处于较为落后的水平。这也说明中心城市辐射作用不强，中等城市缺少，导致内部各单元城镇化发展水平存在较大差异，县城数量虽不少但发展质量不佳，这些突出问题今后亟须关注。

　　3）兰西城市群（含西宁都市圈）城镇化各子系统发展的时空格局变化

　　（1）人口城镇化发展呈现东高西低的空间格局。兰西城市群（含西宁都市圈）人口城镇化发展水平时空格局演变如图4.16所示。研究期内大多数县（区）人口城镇化发展属于较低水平，少数市辖区属于较高水平，西南区域在2000年处于低水平但不断提高，总体呈现出西南低、东北高的空间格局。从各区（县）人口城镇化发展水平的多年平均值来看，在［0，0.2］区间的县（区）仅有贵南县，占比为3.2%，城镇人口规模小，为低水平发展类型；在（0.2，0.4］区间的县（区）有21个，占比为67.7%，为较低水平发展类型；在（0.4，0.6］区间的县（区）有永登县、皋兰县、定西市辖区、大通县4地，占比为12.9%，为一般水平发展类型；在（0.6，0.8］区间的县（区）有白银区、平川区、临夏市3地，占比为9.7%，为较高水平发展类型；在（0.8，1］区间的县（区）有两个，为兰州市辖区、西宁市辖区，占比为6.5%，作为兰西城市群的中心城市，人口密度大，城镇化率高，为高水平发展类型。

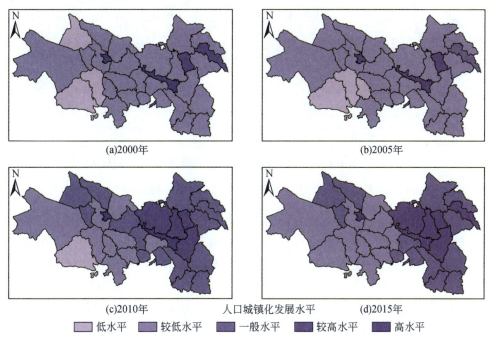

(a)2000年

(b)2005年

(c)2010年

人口城镇化发展水平

(d)2015年

☐ 低水平　☐ 较低水平　☐ 一般水平　☐ 较高水平　☐ 高水平

图 4.16　兰西城市群（含西宁都市圈）人口城镇化发展水平时空格局演变

（2）经济城镇化发展呈现出"中心-外围"的空间格局。兰西城市群（含西宁都市圈）经济城镇化发展水平时空格局演变如图 4.17 所示。研究期内大多数县（区）经济城镇化发展属于一般水平和较低水平，少数市辖区属于较高水平，总体呈现出"中心-外围"的空间格局。从各县（区）经济城镇化发展水平的多年平均值来看，在 [0，0.2] 区间的县（区）有 10 个，主要分布在甘肃南部地区，占比为 32.3%，为低水平发展类型；在（0.2，0.4] 区间的县（区）有 16 个，主要分布在青海西南地区，占比为 51.6%，为较低水平发展类型；在（0.4，0.6] 区间的县（区）有皋兰县、白银区、临夏市、西宁市辖区 4 地，占比为 12.9%，为一般水平发展类型；在（0.6，0.8] 区间的仅有兰州市辖区 1 个，占比为 3.2%，为较高水平发展类型；没有出现高水平发展类型的地区。

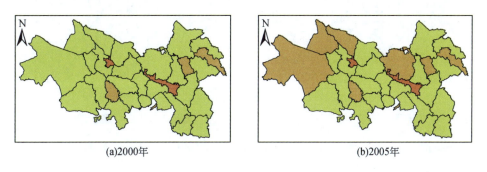

(a)2000年

(b)2005年

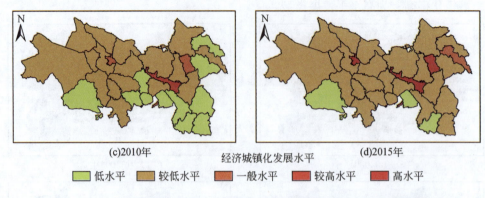

(c)2010年　　　　　　　经济城镇化发展水平　　　　　(d)2015年

■ 低水平　　■ 较低水平　　■ 一般水平　　■ 较高水平　　■ 高水平

图4.17　兰西城市群（含西宁都市圈）经济城镇化发展水平时空格局演变

（3）空间城镇化发展呈现条带状的空间格局。兰西城市群（含西宁都市圈）空间城镇化发展水平时空格局演变如图4.18所示。研究期内大多数县（区）属于低水平和较低水平的发展类型，极少数属于一般水平和较高水平，总体上呈现出条带状的空间分布格局。从各县（区）空间城镇化发展水平的多年平均值来看，在［0，0.2］区间和（0.2，0.4］区间的县（区）各有13个，占比均为41.9%，分别为低水平和较低水平发展类型；在（0.4，0.6］区间的地区有兰州市辖区、西宁市辖区、永登县、积石山县四地，为一般水平发展类型，占比为12.9%；在（0.6，0.8］区间的县（区）仅临夏市1个，为较高水平发展类型，占比为3.3%。

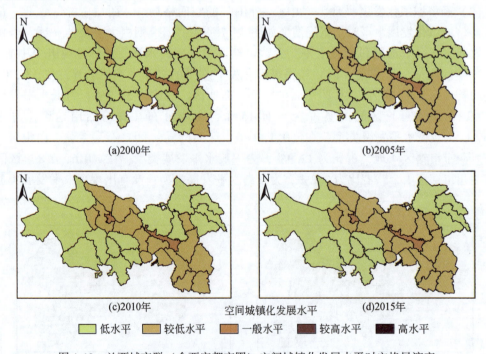

(a)2000年　　　　　　　　　　　　　　　　　　(b)2005年

(c)2010年　　　　　　　空间城镇化发展水平　　　　　(d)2015年

■ 低水平　　■ 较低水平　　■ 一般水平　　■ 较高水平　　■ 高水平

图4.18　兰西城市群（含西宁都市圈）空间城镇化发展水平时空格局演变

（4）社会城镇化发展总体呈现出低水平均衡的空间分布格局。兰西城市群（含西宁都市圈）社会城镇化发展水平时空格局演变如图4.19所示。研究期内绝大部分县（区）社会城镇化属于低水平发展类型，个别地区出现较低水平类型，总体来看空间分布呈现低水平均衡。从各县区社会城镇化发展水平的多年平均值来看，在（0.2，0.4]区间的县（区）仅有兰州市辖区1个，为较低水平发展类型，占比为3.2%；其他县（区）均在[0，0.2]区间，占比为96.8%，为低水平发展类型。

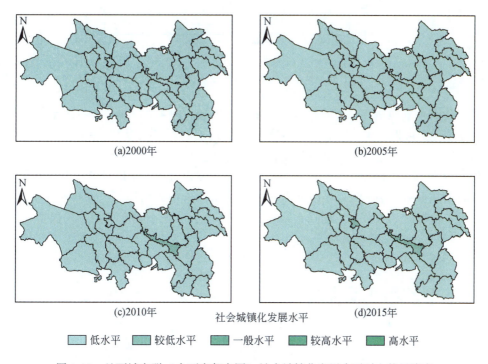

(a)2000年   (b)2005年

(c)2010年   社会城镇化发展水平   (d)2015年

低水平　较低水平　一般水平　较高水平　高水平

图4.19　兰西城市群（含西宁都市圈）社会城镇化发展水平时空格局演变

3. 兰西城市群生态环境质量的时空变化分析

1）兰西城市群生态环境质量的时间变化

（1）生态环境质量综合指数的变化幅度较小。从图4.20可以看出，研究期内兰西城市群生态环境综合指数在波动中稳定，一直保持在（0.4，0.6]的水平，属于中等质量的类型，变化幅度较小。从子系统来看，总体呈现出环境污染指数>生态本底指数>生态资源指数。就生态本底指数来看，研究期间呈现"先缓慢上升，后小幅下降"的变化趋势，其中2000～2010年均属于中等质量类型，2010年之后下降至较低质量类型；生态资源指数出现小幅度上升，从2000年的0.38上升至2015年的0.42，实现了从较低质量向中等质量的转变；环境污染指数在研究期内虽有细微变化，但一直保持高质量类型，也显示兰西城市群在环境污染方面问题并不严重，未来仍需继续保持这一良好态势。

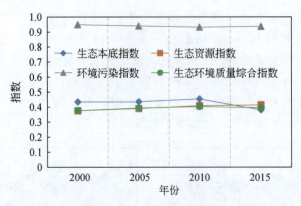

图 4.20　兰西城市群生态环境质量的时间变化

（2）生态本底质量存在下降趋势，未来亟须重视。图 4.21（a）为生态本底子系统下各指标的变化。可以看出，生态空间占比在研究期内比较稳定，均保持在（0.6，0.8］区间，属于较高质量类型；生物栖息地侵占面积占比呈现出波动下降的趋势，由 0.52 下降至 0.35，主要是由于城镇化快速推进，不仅占用区域内大量的耕地资源，还可能导致生物栖息地面积减少和质量下降；单位面积生态系统服务价值较为稳定，保持在（0.2，0.4］区间，属于较低质量类型；年均降水量在 2005 年之后出现小幅度下降，仍保持在（0.2，0.4］区间，属于较低质量类型。

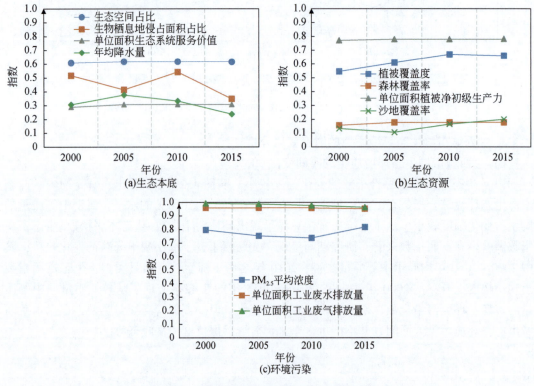

图 4.21　兰西城市群生态环境质量各指标的变化

（3）生态资源各指标存在差异，整体质量一般。如图4.21（b）所示，生态资源子系统下各指标存在较大差异。其中，植被覆盖度从2000年的0.55上升至2015年的0.66，实现中等质量向较高质量的跨越；森林覆盖率和沙地覆盖率整体质量较差，研究期内变化较小，均处于 [0，0.2] 区间；单位面积植被净初级生产力在生态资源子系统中处于领先地位，与其他指标差异显著，属于较高质量类型。

（4）环境污染情况较好，未来仍需保持。从图4.21（c）可以看出，环境污染子系统各指标指数大多属于（0.8，1.0] 区间，总体质量较好。其中，$PM_{2.5}$平均浓度在2000~2010年出现小幅度下降，2010年之后开始回升，属于较高质量的类型；单位面积工业废水排放量和单位面积工业废气排放量均保持在（0.8，1] 区间，属于高质量类型。

2）兰西城市群（含西宁都市圈）生态环境质量综合水平的空间格局变化

图4.22为兰西城市群（含西宁都市圈）生态环境质量时空格局演变。从图4.22可以看出，研究期内兰西城市群内部生态环境质量存在较大差异，整体呈现出西部较好、东部稍差的空间分布格局。其中，2000年共和县生态环境质量综合指数最高，周边地区的海晏县、湟源县、湟中县①生态环境质量综合指数也较高，而西部出现连片的生态环境质量较差地区；2005年与2000年相比，青海大多数地区生态环境质量呈现变好趋势，甘肃生态

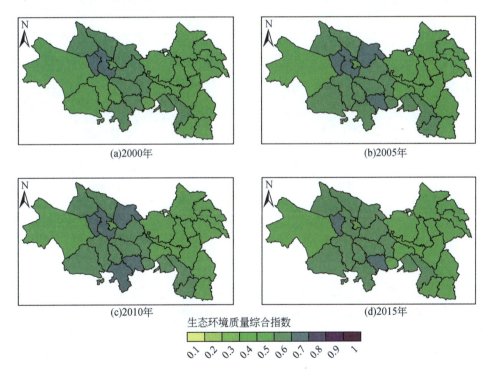

图4.22　兰西城市群（含西宁都市圈）生态环境质量时空格局演变

---

① 此部分研究时段为2000~2015年，所以为湟中县，本书其他处为湟中区，这是因为2020年湟中县改为湟中区。

环境质量依旧不容乐观且个别地区有变差趋势；2010 年各县域单元变化幅度不大，到 2015 年甘肃东北部县（区）持续变差，以白银市辖区为代表的东北部生态环境问题亟须重视。总体来看，研究期间兰西城市群（含西宁都市圈）各县域单元生态环境质量呈现出连片式变化，基本形成由西向东逐渐变好的空间分布格局。

3）兰西城市群（含西宁都市圈）生态环境各子系统发展的时空格局变化

（1）生态本底呈现西高东低的空间分布格局。如图 4.23 所示，研究期内兰西城市群（含西宁都市圈）多数县（区）生态本底属于中等质量类型，少数属于较低质量类型，总体呈现出西南高、东北低的空间分布格局。从生态本底指数的多年平均值来看，在（0.2，0.4]区间的县（区）有 12 个，占比为 38.7%，属于较低质量类型；在（0.4，0.6]区间的县（区）有 19 个，占比为 61.3%，属于中等质量类型。

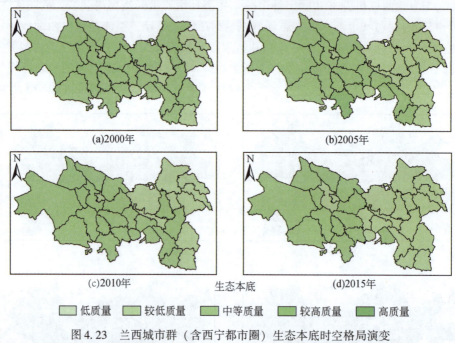

(a)2000年　(b)2005年

(c)2010年　生态本底　(d)2015年

低质量　较低质量　中等质量　较高质量　高质量

图 4.23　兰西城市群（含西宁都市圈）生态本底时空格局演变

（2）生态资源的空间差异较为显著且有加强趋势。如图 4.24 所示，研究期内兰西城市群（含西宁都市圈）生态资源的空间差异较为显著，大多数县（区）属于较低质量，少数县（区）属于中等质量，极个别县（区）属于较高质量。从生态资源指数的多年平均值来看，在（0.2，0.4]区间的县（区）有 20 个，占比为 64.5%，属于较低质量类型；在（0.4，0.6]区间的县（区）有 9 个，占比为 29.0%，属于中等质量类型；在（0.6，0.8]区间内的仅有湟中县和湟源县，为较高质量类型，占比为 6.5%。其中，兰州市为了改善生态环境，"背冰上山"播绿，"承包荒山"造林，南北两山林地从无到有，积少成多，目前绿化面积已超过 60 万亩，成为全国"生态文化示范基地"之一。

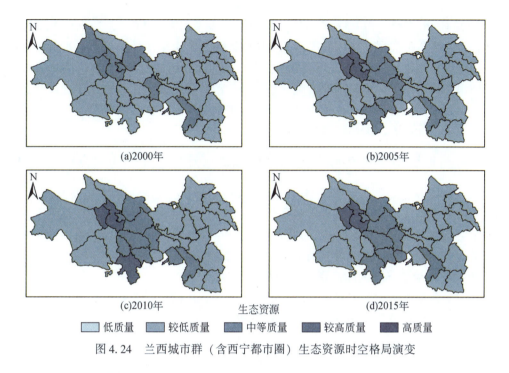

(a)2000年   (b)2005年

(c)2010年   生态资源   (d)2015年

☐ 低质量   ☐ 较低质量   ☐ 中等质量   ☐ 较高质量   ☐ 高质量

图 4.24　兰西城市群（含西宁都市圈）生态资源时空格局演变

（3）环境污染问题仅在市区较为严重。如图 4.25 所示，研究期内兰西城市群（含西宁都市圈）环境污染总体呈现出高质量，极个别县（区）属于中等质量或较低质量。从环境污染指数的多年平均值来看，在（0.4，0.6]区间的县（区）仅有西宁市辖区，占比为 3.2%，属于中等质量类型；在（0.6，0.8]区间的县（区）仅有兰州市辖区、临夏

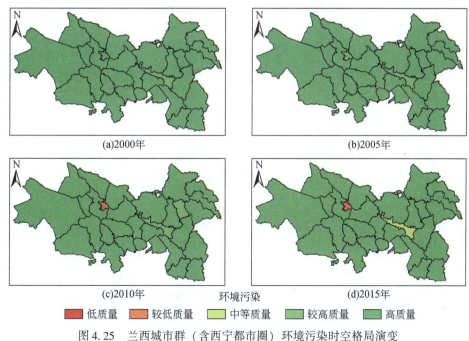

(a)2000年   (b)2005年

(c)2010年   环境污染   (d)2015年

☐ 低质量   ☐ 较低质量   ☐ 中等质量   ☐ 较高质量   ☐ 高质量

图 4.25　兰西城市群（含西宁都市圈）环境污染时空格局演变

市，为较高质量类型，占比为 6.5%；其他县（区）均在（0.8, 1]区间，占比为90.3%，属于高质量类型。可以看出，兰州市辖区和西宁市辖区作为兰西城市群的中心城市，城镇化的发展带来的环境污染问题相比周边其他地区较为严重，有待解决。近些年来，兰州市和西宁市也都积极采取措施，持续科学治污、铁腕治污、强化工业减排、燃煤减量、扬尘管控等治污措施，运用高精尖技术，推动空气质量优良比例稳步提升，让城市居民享有更多蓝天白云、清新空气。

（二）兰西城市群（含西宁都市圈）城镇化对生态环境的响应模型及分析

基于兰西城市群（含西宁都市圈）城镇化发展水平及生态环境质量的综合测度结果，利用响应指数模型分别对兰西城市群整体及各县（区）两大尺度的城镇化发展水平与生态环境质量之间的关系进行定量分析，判断城镇化与生态环境的正负响应关系，同时根据响应指数的时序变化，识别出两者互动关系优化与恶化的地区。

1. 城镇化对生态环境的响应指数模型及类型划分

为了定量测度城镇化发展对生态环境的响应程度，本研究借鉴弹性的概念，引入响应指数这一模型，计算公式（史建军，2019）见式（4.37）：

$$RI_t = \frac{\Delta E}{\Delta U} = \frac{(E_t - E_{t-1})/E_{t-1}}{(U_t - U_{t-1})/U_{t-1}} \tag{4.37}$$

式中，RI_t 为城镇化对生态环境的响应指数；U_t、E_t 分别为 t 年份城镇化发展水平、生态环境质量综合指数；ΔU 为城镇化发展水平综合指数变动率；ΔE 为生态环境质量综合指数变动率。当 $RI_t > 0$ 时，说明城镇化的发展促进生态环境质量的改善，生态环境质量对城镇化具有正响应特征，RI_t 越大，表示正向效应越强；当 $RI_t < 0$ 时，说明城镇化的发展导致生态环境质量的下降，生态环境质量对城镇化具有负响应特征，RI_t 越大，表示负向效应越强；当 $RI_t = 0$ 时，说明城镇化的发展与生态环境质量二者互动处于临界状态，相互之间无影响。

根据响应指数自身的正负值及其时序变化特征，将其划分为 7 种类型（表 4.26）。其中，当 $RI_t > 0$ 时，城镇化与生态环境之间的变化处于良性互动关系，即城镇化发展水平综合指数和生态环境质量综合指数同向变动，变化趋势均为提高或均为下降；当 $RI_t < 0$ 时，城镇化与生态环境之间的变化处于不良互动关系，可能为以下两种情况：一种情况为城镇化发展水平综合指数上升而生态环境质量综合指数下降，另一种情况为城镇化发展水平综合指数下降而生态环境质量综合指数上升。

表 4.26　城镇化的生态环境响应指数类型划分及变化含义

RI_t 值	响应类型	变化趋势	表示含义
$RI_t > 0$	正响应	RI_t 增大	城镇化水平提高促进生态环境质量好转且程度增大
		RI_t 不变	随着城镇化水平提高，生态环境质量好转但程度不变
		RI_t 减小	城镇化水平提高促进生态环境质量好转且程度减小
$RI_t = 0$	稳定响应	—	随着城镇化发展，生态环境质量保持稳定

续表

RI$_t$值	响应类型	变化趋势	表示含义
RI$_t$<0	负响应	RI$_t$增大	城镇化水平提高导致生态环境质量下降程度减小
		RI$_t$不变	随着城镇化水平提高，生态环境质量下降但程度不变
		RI$_t$减小	城镇化水平提高导致生态环境质量下降且程度增大

2. 兰西城市群城镇化对生态环境响应指数的总体变化

图 4.26 为兰西城市群城镇化及各子系统发展的生态环境响应指数。从整个研究期来看，兰西城市群城镇化综合发展与生态环境质量之间呈现出负响应关系，响应指数为 −0.01，也就是说，城镇化发展与生态环境质量呈现不良互动，但程度较低。以 5 年为一个时间尺度来看，在 2000~2005 年和 2005~2010 年，兰西城市群城镇化发展水平与生态环境质量之间响应指数均为正值，分别是 0.081 和 0.083，说明城镇化发展与生态环境质量存在着良性互动，且良性互动程度小幅加大；在 2010~2015 年，响应指数变为 −0.43，也就是在 2010 年之后，兰西城市群城镇化的快速发展对生态环境质量造成一定程度的不利影响，两者之间的互动关系向不良方向发展。

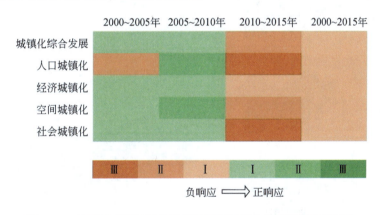

图 4.26 兰西城市群城镇化及各子系统发展的生态环境响应指数

从子系统来看，2000~2005 年，人口城镇化指数下降而生态环境质量指数上升，两者互动呈现出负响应，其余三个子系统均由 2000~2010 年的良性互动转变为 2010~2015 年的不良互动。由图 4.26 可知，2000~2005 年四个子系统中仅有人口城镇化与生态环境质量之间的响应指数为负值，在此期间人口城镇化指数出现小幅度下降，从 0.53 变为 0.50，而生态环境质量指数出现小幅度上升，从 0.51 变为 0.52，属于城镇化指数下降而生态环境质量指数上升导致的不良互动关系。究其原因，该阶段在城镇化进程中，城镇人口虽然增加，但区域总人口增长更快，而且没有真正意义上完成农村人口向城市人口的转变，人口的增长与经济发展也存在相对滞后的过程，在经济增长速度较快的区域由于经济总量并未达到一定规模，因此对迁移人口的吸引力稍显不足，甚至可能出现短期的人口流出。因此在城镇化发展过程中，兰西城市群今后应落实有序合理的人口集聚，通过制定相关政策来优化人口城镇化、经济城镇化、空间城镇化、社会城镇化与生态环境质量的互动关系。

3. 兰西城市群（含西宁都市圈）城镇化对生态环境响应指数的总体空间格局

从兰西城市群（含西宁都市圈）城镇化对生态环境响应指数的总体空间格局图可以看出（图4.27），整个研究期内，城镇化综合发展响应指数为正值的县（区）有 11 个，占比为 36.7%，响应指数为负值的县（区）有 19 个，占比为 63.3%，总体呈现出东北高、西南低的空间分布格局。从城镇化的各个子系统来看，人口城镇化的响应指数空间差异较为显著，其中 67.7% 的县（区）为正值，兰州市辖区和西宁市辖区两地为负值，也就是说，研究期内兰州市辖区、西宁市辖区两地城镇人口的增长给当地生态环境质量带来较为显著的压力；经济城镇化的响应指数与城镇化综合发展响应指数的空间分布基本一致，均为正值且总体呈现出东南高、西北低的空间分布格局；大多数县（区）的空间城镇化的响应指数为正值，仅有兰州市辖区和西宁市辖区两地为负值，也就是说，研究期内随着城镇建设用地扩张，兰州市辖区、西宁市辖区两地空间城镇化与生态环境质量之间总体上存在不良互动关系。

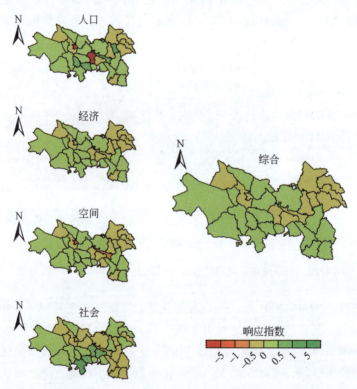

图 4.27　兰西城市群（含西宁都市圈）城镇化对生态环境响应指数的总体空间格局

4. 兰西城市群（含西宁都市圈）城镇化对生态环境响应指数的时空分异

将研究期每隔 5 年分为 3 个阶段，分别计算出各县（区）城镇化对生态环境的响应指数，并对响应指数的时空特征变化进行分析（图4.28）。每一研究期的响应指数大于前一研究期，则认为城镇化发展与生态环境质量之间的互动向更优状态转移；每一研究期的响应指数小于前一研究期，则认为城镇化发展与生态环境质量之间的互动向不良状态转移。

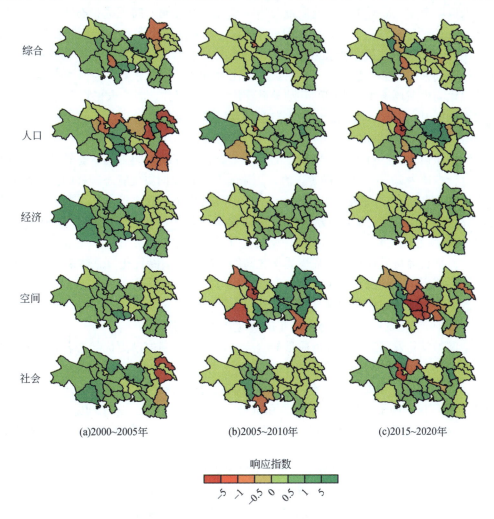

图 4.28　兰西城市群（含西宁都市圈）城镇化对生态环境响应指数的分阶段空间分异

1）城镇化综合发展对生态环境质量的响应指数时空分异

从城镇化综合发展对生态环境质量的响应来看，研究期内向更优状态转移的县（区）仅有 7 个，占比为 22.6%；分省（自治区）来看，甘肃内向更优状态转移的县（区）有 4 个，占比为 25%，主要集中在白银市辖区及其周边的靖远县、景泰县，其中白银市作为甘肃老工业基地，近些年来突破传统工业发展的思维定式，逐步由"灰色发展"转向"绿色发展"；青海向更优状态转移的县（区）有 3 个，占比为 20%，主要集中在海东市辖区、湟源县、尖扎县，其中尖扎县位于三江源国家级自然保护区，是青海内水土流失最为严重的地区之一，近年来生态保护成效显著，以"农耕文化·生态休闲"为主题的乡村旅游在尖扎县遍地开花，绿水青山正在加速转化为富民强县的金山银山。

2）人口城镇化发展对生态环境质量的响应指数时空分异

从人口城镇化发展对生态环境质量的响应来看，研究期内向更优状态转移的县（区）有12个，占比为38.7%；分省（自治区）来看，甘肃内向更优状态转移的县（区）有9个，占比为56.3%，主要集中在甘肃部分的中部地区；青海内向更优状态转移的县（区）有3个，分别为湟源县、互助县、贵南县，占比为20%。总体来看，兰西城市群甘肃部分人口城镇化与生态环境质量之间的互动关系要优于青海部分。因此未来青海在提高人口城镇化水平的同时，应充分考虑当地的生态本底及资源环境的承载能力。

3）经济城镇化发展对生态环境质量的响应指数时空分异

从经济城镇化发展对生态环境质量的响应来看，研究期内向更优状态转移的县（区）仅有7个，占比为22.6%；分省（自治区）来看，甘肃内向更优状态转移的县（区）有5个，占比为31.3%，主要集中在白银市辖区及其周边的靖远县、景泰县；青海部分向更优状态转移的县（区）有两个，分别为民和县和海晏县，占比为13.3%，其中民和县自2008年以来，在淘汰落后产能的同时，坚持走新型工业化道路，升级产业结构，发展绿色低碳经济，社会经济发展与生态环境质量之间的互动关系不断优化。总体来看，经济城镇化与生态环境质量之间的互动关系和综合城镇化与生态环境质量之间的互动关系变化趋势较为一致，向更优状态转移的县（区）较少。

4）空间城镇化发展对生态环境质量的响应指数时空分异

从空间城镇化发展对生态环境质量的响应来看，研究期内向更优状态转移的县（区）有8个，占比为25.8%；分省（自治区）来看，甘肃内向更优状态转移的县（区）有6个，占比为37.5%，主要集中在定西市辖区及其周边非河谷地区；青海部分向更优状态转移的县（区）仅有两个，分别为湟中县和贵德县，占比仅为13.3%。也就是说，大多数县（区）的城镇建设用地扩张等一系列空间城镇化行为与生态环境之间属于不良互动关系。

5）社会城镇化发展对生态环境质量的响应指数时空分异

从社会城镇化发展对生态环境质量的响应来看，研究期内向更优状态转移的县（区）有15个，占比为48.4%；分省（自治区）来看，甘肃内向更优状态转移的县（区）有8个，占比为50%，主要集中在甘肃地区；青海部分向更优状态转移的县区有7个，占比为46.7%，主要为西宁市周边的大通县、湟源县以及海东市周边的民和县、化隆县等地。由此也可以看出，随着社会城镇化的进一步发展和质量的不断提升，生态环境与社会城镇化之间的反馈响应大都转为更优状态，良性互动关系逐步增强。

主要参考文献

鲍超, 方创琳. 2005. 基于物元模型的西北干旱区城市环境质量综合评价——以河西走廊的张掖市为例. 干旱区地理, 28（5）: 659-664.

鲍超, 邹建军. 2018. 基于人水关系的京津冀城市群水资源安全格局评价. 生态学报, 38（12）: 4180-4191.

陈严. 2016. 新型城镇化对城市生态环境质量的影响及其时空效应. 长沙: 湖南大学.

陈忠暖, 阎小培, 徐红宇, 等. 2007. 港澳珠江三角洲与长江三角洲可持续发展测评比较. 经济地理,

27（3）：387-391.

崔东文，金波.2014.基于随机森林回归算法的水生态文明综合评价.水利水电科技进展，34（5）：56-60.

方创琳，李广东.2015.西藏新型城镇化发展的特殊性与渐进模式及对策建议.中国科学院院刊，30（3）：294-305.

方建德，杨扬，熊丽.2010.国内外城市可持续发展指标体系比较.环境科学与管理，35（8）：132-136.

高江波，侯文娟，赵东升，等.2016.基于遥感数据的西藏高原自然生态系统脆弱性评估.地理科学，36（4）：580-587.

关兴良，方创琳，罗奎.2012.基于空间场能的中国区域经济发展差异评价.地理科学，32（9）：1055-1065.

郭爱君，冯琦媛.2009.兰州都市圈空间界定方法研究.甘肃社会科学，（6）：137-140.

刘思峰，蔡华，杨英杰，等.2013.灰色关联分析模型研究进展.系统工程理论与实践，33（8）：2041-2046.

刘焱序，吴文恒，温晓金，等.2013.晋陕蒙能源区城镇化过程及对生态环境的影响.地理研究，32（11）：2009-2020.

鲁莎莎，关兴良，王振波，等.2013.基于可达性与数据场的长三角经济区空间场能.地理研究，32（2）：295-306.

马艳梅，吴玉鸣，吴柏钧.2015.长三角地区城镇化可持续发展综合评价——基于熵值法和象限图法.经济地理，（6）：47-53.

牟雪洁，饶胜.2015.青藏高原生态屏障区近十年生态环境变化及生态保护对策研究.环境科学与管理，40（8）：160-164.

牛亚菲.1999.青藏高原生态环境问题研究.地理科学进展，（2）：69-77.

史建军.2019.城镇化进程中生态环境响应的时空分异及影响因素研究.干旱区资源与环境，33（5）：60-66.

舒婷，雷思友.2018.东北三省城镇化与生态环境的耦合分析.城市学刊，39（6）：34-41.

宋建波，武春友.2010.城市化与生态环境协调发展评价研究——以长江三角洲城市群为例.中国软科学，（2）：78-87.

苏山.2015.试论西藏在"一带一路"战略建设中的地位和作用.西藏发展论坛，（3）：24-27.

孙娟.2003.都市圈空间界定方法研究——以南京都市圈为例.城市规划汇刊，（4）：73-77.

孙湛，马海涛.2018.基于 BP 神经网络的京津冀城市群可持续发展综合评价.生态学报，38（12）：434-444.

王丽，邓羽，刘盛和，等.2011.基于改进场模型的城市影响范围动态演变——以中国中部地区为例.地理学报，66（2）：189-198.

王亮，刘慧.2019.基于 PS-DR-DP 理论模型的区域资源环境承载力综合评价.地理学报，74（2）：340-352.

王少剑，方创琳，王洋.2015.京津冀地区城市化与生态环境交互耦合关系定量测度.生态学报，35（7）：2244-2254.

王小梅，卜奕君，程财.2014.区域性中心城市产城融合发展研究.青海师范大学学报：哲学社会科学版，（6）：16-20.

王振波，徐建刚，朱传耿，等.2010.中国县域可达性区域划分及其与人口分布的关系.地理学报，65（4）：416-426.

吴传钧.1991.论地理学的研究核心——人地关系地域系统.经济地理,(3):7-12.

吴小君,方秀琴,任立良,等.2018.基于随机森林的山洪灾害风险评估——以江西省为例.水土保持研究,25(3):142-149.

谢高地,张彩霞,张昌顺,等.2015.中国生态系统服务的价值.资源科学,37(9):1740-1746.

辛肖杰.2013.基于GIS的青海省海西州生态环境质量评价研究.西宁:青海师范大学.

徐增让,张镱锂,成升魁,等.2017.青藏高原区域可持续发展战略思考.科技导报,(6):110-116.

闫小培,林彰平.2004.20世纪90年代中国城市发展空间差异变动分析.地理学报,59(3):437-445.

严立冬,谭波,刘加林.2009.生态资本化:生态资源的价值实现.中南财经政法大学学报,(2):3-8.

姚云霞,管卫华,王馨,等.2017.基于物元模型的江苏省县域综合发展水平评价与区域差异研究.南京师大学报(自然科学版),40(1):104-111.

易德生,郭萍.1992.灰色理论与方法:提要、题解、程序、应用.北京:石油工业出版社.

于策.2017.基于GIS及可达性的高海拔大高差山区铁路线路方案优选研究.成都:西南交通大学.

喻冰洁,唐由海,魏哲,等.2016.长沙市生态本底质量空间异质性演化及模拟.经济地理,36(9):173-181.

袁烽迪,张溪,魏永强.2018.青藏高原生态屏障区生态环境脆弱性评价研究.地理空间信息,16(4):67-69.

袁晓玲,梁鹏,曹敏杰.2013.基于可持续发展的陕西省城镇化发展质量测度.城市发展研究,(2):52-56.

岳东霞,曾建军,邹明亮,等.2017.基于PSR和熵权物元可拓模型的甘南高原生态环境风险评价研究.生态经济,(7):175-180.

曾业隆,周全,江栗,等.2017.基于遥感与GIS的青藏高原典型电网工程生态环境敏感性分析.中国环境科学,37(8):3096-3106.

查凯丽,彭明军,刘艳芳,等.2017.武汉都市圈路网通达性与经济联系时空演变及关联分析.经济地理,37(12):74-81,210.

张春梅,张小林,吴启焰,等.2012.发达地区城镇化质量的测度及其提升对策——以江苏省为例.经济地理,32(7):50-55.

张惠远.2011.青藏高原区域生态环境面临的问题与保护进展.环境保护,(17):20-22.

张雷,王琳琳,张旭东,等.2014.随机森林算法基本思想及其在生态学中的应用——以云南松分布模拟为例.生态学报,34(3):650-659.

张凌霄,高云波.2018."一带一路"建设中西藏经济空间聚集力形成研究.中国集体经济,(20):15-16.

张扬建,朱军涛,何永涛,等.2018.科技支撑西藏高原生态环境保护及农牧业可持续发展.中国科学院院刊,33(3):336-341.

赵彪,庄汝龙,王世晨.2016.基于空间场能的江苏省行政区划变迁与优化策略.经济地理,36(6):8-17.

赵宏波,马延吉.2013.老工业基地城市可达性及经济联系格局研究——以吉林省为例.地理科学,33(11):1316-1322.

仲夏.2002.城市生态环境质量评价指标体系.环境保护科学,28(2):52-54.

周刊社,刘大为,洪建昌.2013.西藏第二、三产业发展历程及现状分析.中国人口·资源与环境,(S2):427-434.

周一星,张莉,武悦.2001.城市中心性与我国城市中心性的等级体系.地域研究与开发,20(4):1-5.

Bai Y, Ochuodho T O, Yang J. 2019. Impact of land use and climate change on water-related ecosystem services in Kentucky, USA. Ecological Indicators, 102: 51-64.

Deng X, Xuan Y, Han L, et al. 2015. Assessment of river health based on an improved entropy-based fuzzy matter-element model in the Taihu Plain, China. Ecological Indicators, 57: 85-95.

Gao J B, Zhao Z Q, Li S C. 2008. Evaluation of ecosystem resilience in the regions across Qinghai-Tibet railway based on GIS. Chinese Journal of Applied Ecology, 19 (11): 2473-2479.

Hansen W G. 1959. How accessibility shape land use. Journal of American Institute of Planners, 25: 73-76.

Kim H M, Kwan M P. 2003. Space-time accessibility measures: a geocomputational algorithm with a focus on the feasible opportunity set and possible activity duration. Journal of Geographical Systems, 5: 71-91.

Marshall J U. 1989. The Structure of Urban Systems. Toronto: University of Toronto Press.

Mendoza G A, Prabhu R. 2004. Fuzzy methods for assessing criteria and indicators of sustainable forest management. Ecological Indicators, 3 (4): 227-236.

Preston R E. 1970. Two centrality models. Yearbook of Association of Pacific Coast Geographers, 32: 59-78.

Wu J G, Xiang W N, Zhao J Z. 2014. Urban ecology in China: Historical developments and future directions. Landscape and Urban Planning, 125: 222-233.

|第五章| 青藏高原城镇化对水资源
利用的影响

　　青藏高原是众多大江大河的发源地，是维持我国乃至亚洲地区生态系统的重要水塔。青海和西藏的多年平均水资源量分别为 643 亿 m^3 和 4897 亿 m^3，人均水资源量分别为 10 932m^3 和 151 145m^3。尽管青藏高原水资源总量极其丰富，但由于水资源在时空上分布不均，人口、城镇多布局在海拔较低的谷地、盆地与丘陵地区，水资源与用水需求在空间分布上存在严重的错配关系，部分地区水资源供需矛盾突出。青藏高原水资源短缺在省（自治区）、地级、县级不同空间尺度上表现出尺度效应。在县级尺度，青海与西藏 30 年重现期面临水资源短缺的人口占总人口的 56.4%，出现水资源短缺的面积占总面积的 10.4%。青藏高原城镇化与用水量的脱钩关系分析结果显示，1997 ~ 2020 年青海与西藏用水量增长率总体低于城镇化增长率，用水量与城镇化关系总体呈现弱脱钩关系。

　　从虚拟水视角，研究青藏高原和外部的水资源贸易关系与影响因素，有助于理解该地区的水资源问题和制定虚拟水贸易策略，为优化区域城乡水资源配置、保障"亚洲水塔"功能提供科学支撑。在 2012 年中国区域间投入产出关系的基础上，通过测算青海、西藏与中国其他省（自治区、直辖市）之间的虚拟水贸易量，建立省（自治区、直辖市）城镇与农村地区的虚拟水贸易网络，采用对数平均迪氏指数模型分析青藏高原对其他省（自治区、直辖市）虚拟水贸易不平衡的影响因素。青海从中国其他省（自治区、直辖市）净输入虚拟水 2.16 亿 m^3，西藏向中国其他省（自治区、直辖市）净输出虚拟水 4.40 亿 m^3。城乡之间的虚拟水贸易联系非常紧密，农村地区生产水足迹较高，而城镇地区由于人口密度较高、消费水平较高，是虚拟水最终消费的热点区域。青藏高原贸易输出结构以农产品为主导，带来青藏高原虚拟水净输出 16.53 亿 m^3；青藏高原与其他省（自治区、直辖市）的贸易存在逆差，导致青藏高原虚拟水净输入 10.51 亿 m^3；用水效率在青海和西藏与其他省（自治区、直辖市）虚拟水贸易的正负效应不一致，总体带来青藏高原虚拟水净输入 3.77 亿 m^3。

　　研究结果为制定青藏高原水资源短缺管理对策和虚拟水策略、促进区域城镇化与资源环境协调发展提供科学依据。未来，建议通过全面实行最严格的水资源管理制度，控制高耗水农业与工业的发展，以保持城镇化与用水总量关系的弱脱钩状态，促进水资源与社会经济、城镇化协调发展。重点通过灌溉节水减少农业用水量，引导城镇居民向低水足迹生活方式转变，鼓励内地为青藏高原提供物资与技术支援，实施水资源生态补偿政策，以保护青藏高原水资源，促进区域水资源可持续利用和保障"亚洲水塔"安全。

第一节　青藏高原用水量与用水结构的时空变化特征

青海1997～2020年平均用水量为28.3亿m^3，西藏平均用水量为29.9亿m^3，青海与西藏用水量占全国用水总量的1.0%。青海与西藏用水总量都呈现出先上升后下降的趋势，农业用水占比远高于全国平均水平。青藏高原用水空间分布差异大，用水量较大地区主要集中在西宁市、环青海湖各市、拉萨市及周边区域。

一、用水量的演变特征

（一）青海用水量变化趋势

青海1997～2020年平均用水量为28.3亿m^3，占全国用水总量的0.42%，年用水总量分布在24.3亿～34.4亿m^3。应用Mann-Kendall趋势检验方法（Mann，1945；Kendall，1975）对青海用水量进行趋势检测，结果显示，青海用水量总体上呈现出显著下降趋势（p值为0.048）。由图5.1可知，青海用水总量呈现出先上升后下降的趋势：从1997年的26.8亿m^3逐步增长到2008年的峰值34.4亿m^3，然后逐步下降，2020年用水总量为24.3亿m^3。

青海1997～2020年人均用水量平均值为519m^3，与全国平均水平相当。年人均用水量分布在411～619m^3。Mann-Kendall趋势检验结果显示，青海人均用水量呈现出显著下降趋势（p值为$2.6×10^{-5}$）。由图5.1可知，青海人均用水量在1997～2008年基本维持稳定，自2009年开始逐步缓慢下降，人均用水量从2008年的619m^3逐步下降到2020年的411m^3。

图5.1　青海1997～2020年用水量与人均用水量图

（二）西藏用水量变化趋势

西藏1997～2020年平均用水量为29.9亿 m³，占全国用水总量的0.51%。年用水量分布在16.4亿～37.5亿 m³（图5.2）。应用 Mann-Kendall 趋势检验方法对西藏用水量的趋势进行判定，发现其用水量整体呈现显著上升趋势（p 值为 $4.9×10^{-4}$）。由图5.2可知，西藏用水量呈现出先上升后略下降的趋势：从1997年的17.2亿 m³逐步增长到2008年的峰值37.5亿 m³，然后略有下降，在小范围内波动，2020年用水量为32.2亿 m³。

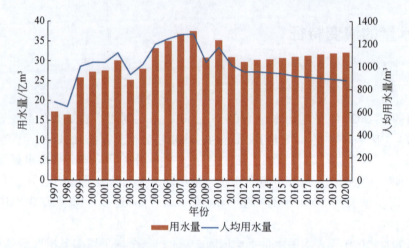

图 5.2　西藏 1997～2020 年用水量与人均用水量图

西藏1997～2020年人均用水量平均值为1003m³（图5.2），是全国平均水平的2.3倍，高于青海人均用水量。年人均用水量分布在648～1290m³。西藏人均用水量也呈现出先上升后下降的趋势：从1997年的689m³逐渐增长到2008年的峰值1290m³，然后略有下降，2020年人均用水量为883m³。

（三）总体用水量变化趋势

青藏高原（本章以青海与西藏行政边界为界进行统计计算）1997～2020年平均用水量为58.2亿 m³，占全国用水总量的1.0%。年用水量分布在43.2亿～71.9亿 m³。Mann-Kendall 趋势检验结果显示，在5%的显著水平上，青藏高原用水量在1997～2020年未表现出显著上升趋势（p 值为0.068，高于西藏用水量趋势判断 p 值）。由图5.3可知，青藏高原用水量呈现先上升后略下降的趋势：从1997年的43.9亿 m³逐渐增长到2008年的峰值71.9亿 m³，然后略有下降，趋向稳定，2020年用水量为56.5亿 m³。

青藏高原1997～2020年人均用水量平均值为689m³，约为全国平均水平的1.6倍。年人均用水量分布在588～850m³。Mann-Kendall 趋势检验结果显示，青藏高原人均用水量呈现出显著的下降趋势（p 值为0.012）。由图5.3可知，青藏高原人均用水量在1997～2008年持续上升，由1997年的601m³上升到2008年的最高值812m³，之后逐渐下降，2020年的人均用水量为591m³。

图 5.3 青藏高原 1997～2020 年用水量与人均用水量图

二、用水结构的演化特征

（一）青海用水结构演化

青海 1997～2020 年农业用水量平均占用水总量的 74.6%，工业、生活、生态环境用水量平均占比分别为 13.5%、10.2%、1.7%（图 5.4）。1997～2020 年农业用水量占比分布在 65.1%～82.1%，工业用水量占比分布在 9.1%～23.0%，生活用水量占比分布在 8.0%～12.3%，生态环境用水量占比分布在 0～5.3%。Mann-Kendall 趋势检验结果显示，农业用水量占比未呈现出显著上升或下降趋势（p 值为 0.12），工业用水量占比呈现出显著下降的趋势（p 值为 $7.0×10^{-3}$），生活、生态环境用水量占比呈现显著上升趋势（p 值分别为 $2.2×10^{-3}$、$2.1×10^{-7}$）。对比全国用水结构（1997～2020 年农业、工业、生活、生态环境用水量平均占比分别为 64.2%、21.3%、12.3%、2.2%），青海农业用水量占比高于全国平均农业用水量占比，工业、生活和生态环境用水量占比均低于全国平均水平。

图 5.4 青海 1997～2020 年用水结构变化图

（二）西藏用水结构演化

西藏 1997 ~ 2020 年农业用水量平均占比为 89.1%，工业、生活、生态环境用水量平均占比分别为 3.7%、7.0%、0.3%（图 5.5），用水结构以农业用水为主导。1997 ~ 2020 年农业用水量占比分布在 85.0% ~ 91.6%，工业用水量占比分布在 1.2% ~ 5.7%，生活用水量占比分布在 3.3% ~ 10.2%，生态环境用水量占比分布在 0 ~ 1.5%。Mann-Kendall 趋势检验结果显示，农业用水量占比呈现显著下降趋势（p 值为 1.0×10^{-3}），工业用水量占比显现出显著上升的趋势（p 值为 9.7×10^{-4}），生活用水量占比未表现出显著上升或下降的趋势（p 值为 0.48），生态环境用水量占比呈现显著上升趋势（p 值为 2.1×10^{-7}）。西藏农业用水量占比远高于全国平均水平，高于青海农业用水量占比，工业用水量占比远低于全国平均水平，这与西藏相对较低的社会发展水平与城镇化水平有关，生活、生态环境用水量占比也低于全国平均水平和青海水平。

图 5.5　西藏 1997 ~ 2020 年用水结构变化示意图

（三）青藏高原用水结构演化

青藏高原 1997 ~ 2020 年农业用水量平均占比为 82.0%，工业、生活、生态环境用水量平均占比分别为 8.5%、8.5%、0.9%（图 5.6）。1997 ~ 2020 年农业用水量占比分布在 78.3% ~ 86.7%，工业用水量占比分布在 6.4% ~ 12.8%，生活用水量占比分布在 5.6% ~ 11.2%，生态环境用水量占比分布在 0 ~ 2.9%。Mann-Kendall 趋势检验结果显示，在 5% 的显著水平上，农业用水量占比未呈现出显著上升或下降趋势（p 值为 0.094），工业用水量占比显现出显著下降趋势（p 值为 8.2×10^{-4}），生活用水量占比未呈现出显著上升或下降趋势（p 值为 0.086），生态环境用水量占比呈现显著上升趋势（p 值为 7.5×10^{-7}）。总体而言，青藏高原农业用水量占比远高于全国平均水平，工业、生活与生态环境用水量占比均低于全国平均水平。

图 5.6　青藏高原 1997～2020 年用水结构变化图

三、用水量的空间分异特征

(一) 青藏高原地级尺度用水空间分布特征

青海与西藏 2005～2016 年地级尺度用水数据分别从青海与西藏水资源公报获得 (青海省水利厅, 2005～2016; 西藏自治区水利厅, 2005～2016, 西藏自治区 2005 年之前的水资源公报不可获得)。以 2015 年为例, 青藏高原地级尺度用水量分布图见图 5.7。青海的果洛州、玉树州与黄南州用水总量最低, 低于 0.8 亿 m³, 其次为阿里地区、那曲市、海北州, 用水量不到 2 亿 m³。用水量最高的地级单元为日喀则市、海西州, 用水量超过 10 亿 m³, 青海西宁市与西藏拉萨市的用水量分别为 5.7 亿 m³ 与 6.0 亿 m³。

青藏高原各地级单元的用水结构表现出较大的差异性 (图 5.7)。西宁市农业用水量占比最低, 为 54.2%, 日喀则市农业用水量占比最高, 高达 94.0%。5 个地级单元农业用水量占比超过 90%, 11 个地级单元农业用水量占比超过 80%。青藏高原地级单元工业用水量占比分布在 1.2%～19.0%, 最低值在海南州, 最高值在西宁市。生活用水量占比分布在 2.6%～28.2%, 最低值在海西州, 最高值在玉树州。

(二) 青藏高原县级尺度用水空间分布特征

在 2015 年土地利用、工业 GDP、人口等数据的基础上, 将青海与西藏地级尺度用水数据降尺度至县级单元, 分析青藏高原县级尺度用水空间分布特征。2015 年青海与西藏地级尺度农业、工业、生活及生态用水量来源于青海与西藏水资源公报。假设同一地级市范围内单位农业用地用水量相同, 地级市农业用水量根据各县级单元农业用地面积降至县级尺度, 即同一地级市范围内各县级单元农业用水量与农业用地面积成正比, 各县级单元农业用地面积来源于 2015 年土地利用数据 (Liu et al., 2014); 假设同一地级市范围内生产

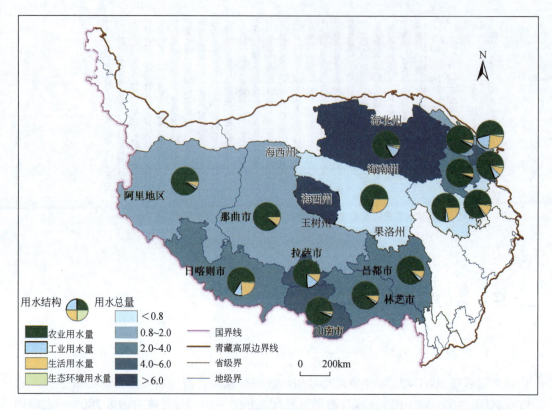

图 5.7   2015 年青藏高原地级尺度用水量分布图

单位工业 GDP 用水量相同，地级市工业用水量根据各县级单元工业 GDP 降至县级尺度，各县级单元 2015 年工业 GDP 增加量来源于县市社会经济统计年鉴–2015 年（国家统计局农村社会经济调查司，2015）；假设同一地级市范围内人均生活用水量相同，地级市生活用水量根据各县级单元人口数量降至县级尺度，各县级单元 2015 年人口数量由 2015 年 1% 人口抽样调查数据得到；生态用水通常用于城市绿地灌溉和河湖补水，2015 年青海与西藏生态用水量仅占总用水量的 1.0%，假设生态用水量与其他三种用水量总和成正比，在同一地级市范围内根据各县级单元其他三种用水量的总和降至县级尺度。

青藏高原县级尺度用水量分布图见图 5.8，各县级单元用水量表现出较大的空间差异性，分布在 0.003 亿~4.000 亿 m³。西宁市、环青海湖区域、拉萨市及周边县级单元用水量相对较高，青海南部和西藏北部等高海拔地区因人烟稀少，用水量很小。各县级单元中，江孜县、都兰县、德令哈市、日喀则市区、格尔木市、拉萨市区用水量较大，超过 2.0 亿 m³。总用水量低于 0.2 亿 m³ 的县级单元有 57 个。

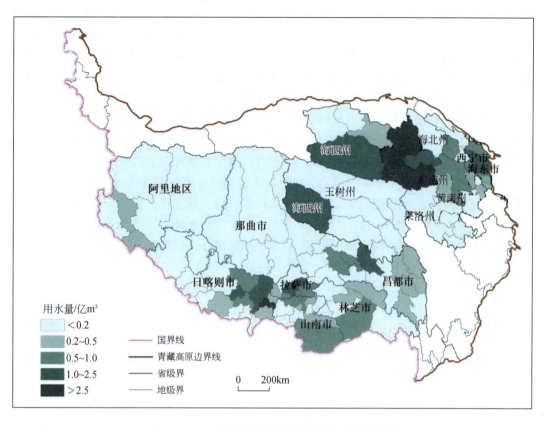

图 5.8 2015 年青藏高原县级尺度用水量分布图

第二节 青藏高原水资源短缺的空间分异特征

通过比较 5 年、10 年、20 年、30 年重现期省（自治区）、地级、县级空间尺度的水资源短缺程度，分析水资源短缺在青藏高原的空间尺度效应，揭示青藏高原水资源短缺的格局与特征，识别面临水资源短缺的人口与面积。结果表明，青藏高原在省（自治区）尺度无水资源短缺；15 个地级单元中，有 3 个地级单元出现水资源短缺；115 个县级单元中，有 29 个县级单元出现不同程度水资源短缺，水资源短缺县级单元主要集中在青海的河湟谷地、柴达木盆地与西藏的一江两河流域等人口、城镇密集区域。

一、可利用水资源量的分布特征

（一）青藏高原可利用水资源量

受雨水等气候因素随机性影响，水资源量也表现出较大的年际变化特性。青海与西藏1997～2012 年水资源量数据来源于中国水资源年报。全国 1952～2012 年 0.25°×0.25°VIC

水文模型模拟结果可公开下载（Zhang et al.，2014）。将 VIC 水文模拟输出结果中的网格地表径流量与地下径流量求和得到模拟水资源量，代表水资源量的空间分布情况。根据省（自治区）尺度 1997～2012 年统计水资源量，对 VIC 水文模型的模拟结果进行校核，即在青海与西藏分别引入校正系数 α，令 VIC 水文模型模拟的省（自治区）水资源量与 α 的乘积等于统计水资源量。将青海与西藏 1997～2012 年水资源量校正系数 α 的平均值应用于 1952～1996 年 VIC 水文模型输出系列，对 1952～1996 年青海和西藏 VIC 水文模型输出水资源量进行修正，最终得到校核后 0.25°×0.25° 青藏高原水资源量时间序列数据。在此基础上对县级单元上的水资源量进行汇总，得到青藏高原县级尺度上的水资源量。

1952～2012 年青藏高原县级单元多年平均水资源量分布见图 5.9。受气候、面积、下垫面的影响，各县级单元水资源量呈现出极大的差异性。西宁市、拉萨市周边的县级单元由于面积较小，水资源量偏小，青藏高原东南边由于降雨充沛，水资源量偏高。在青藏高原地区 115 个县级单元中，西宁市的年平均水资源量最小，仅为 0.5 亿 m^3；墨脱县的年平均水资源量最大，高达 1082.0 亿 m^3。青海和西藏的多年平均水资源量分别为 643 亿 m^3 和 4897 亿 m^3，人均水资源量分别为 10 932 m^3 和 151 145 m^3。由于较低的人口密度，青海与西藏的人均水资源量远高于全国平均水平。

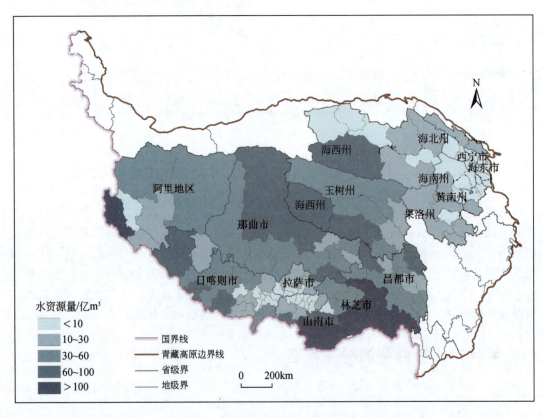

图 5.9　1952～2012 年青藏高原县级单元多年平均水资源量分布

(二) 青藏高原不同重现期可利用水资源量

由于降水量年际分布不均及水文过程的波动性，水资源量年际分布也表现出随机性，根据历史时期 1952~2012 年各地理单元水资源量数据系列，建立水资源量经验分布函数：

$$cdf(x) = \frac{i}{n+1} \tag{5.1}$$

式中，$cdf(x)$ 为水资源量 x 的经验累积分布函数；n 为数据序列长度（本研究中 $n=61$），将全部数据系列按照从小到大排序，i 为水资源量 x 在整个数据系列中的排序。重现期 $RP(x)$ 与经验分布函数的关系为

$$RP(x) = \frac{1}{1-cdf(x)} \tag{5.2}$$

青藏高原地区典型县级单元基于经验分布函数不同重现期的水资源量见图 5.10。水资源量随着重现期的增长而增长，不同县级单元水资源量的经验分布函数差异较大，重现期 30 年的水资源量是重现期 2 年的水资源量的 1.5~4 倍。

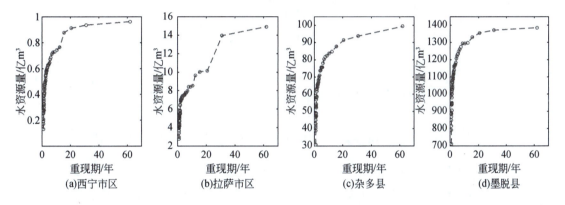

图 5.10 青藏高原地区典型县级单元基于经验分布函数不同重现期的水资源量

二、水资源短缺格局

(一) 水资源短缺指数计算方法

各地理单元 [省（自治区）、地级或县级单元] 的水资源短缺程度由水资源短缺 Falkenmark 指数 WSI 即用水量与水资源量的比值来度量：

$$WSI = \frac{WU}{WR} \tag{5.3}$$

式中，WU 和 WR 分别为某个地理单元境内的用水量和水资源量。水资源短缺程度常根据 WSI 的数值划分为不同等级（Falkenmark，1997）：当 WSI ≤ 0.2 时，无水资源短缺；当 0.2 < WSI ≤ 0.4 时，水资源轻度短缺；当 0.4 < WSI ≤ 0.7 时，水资源中度短缺；当 WSI > 0.7

时，水资源极度短缺。本章将测算青藏高原各地理单元不同重现期水平（RP＝5 年、10年、20 年、30 年）水资源短缺情况。

（二）青藏高原省级与地级尺度水资源短缺格局

青海与西藏不同重现期水资源短缺指数曲线见图 5.11。青海和西藏 30 年重现期的水资源短缺指数分别为 0.06 和 0.01，远低于水资源短缺临界值 0.2。在省（自治区）尺度层面，青藏高原地域辽阔，水资源丰富，不存在水资源短缺问题。

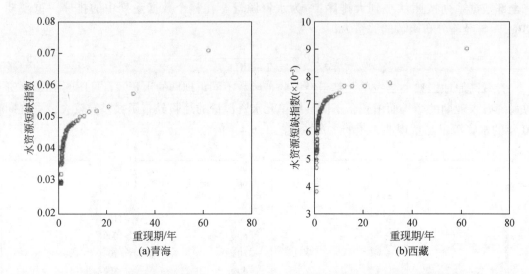

图 5.11　青藏高原地区省（自治区）尺度不同重现期水资源短缺指数曲线

在地级尺度层面，青海与西藏包含 15 个地级单元，典型地级单元不同重现期水资源短缺指数曲线见图 5.12。青海有 2 个地级单元，即西宁市、海东市，30 年重现期水资源短缺指数高于水资源短缺临界值 0.2，其指数分别为 1.62、0.57，分别处于水资源极度短缺、中度短缺状态，见图 5.12。在 30 年重现期水平下，青海其他 6 个地级单元水资源短缺指数在 0.002～0.20 区间，无水资源短缺；西藏 7 个地级单元的水资源短缺指数在0.001～0.15，无水资源短缺，其中，拉萨市水资源短缺指数最高。西宁市、海东市、海南州 20 年重现期水资源短缺指数分别为 1.51、0.49、0.17，10 年重现期水资源短缺指数分别为 1.24、0.43、0.16，5 年重现期水资源短缺指数分别为 1.01、0.40、0.13。可见，西宁市长期处于水资源极度短缺状态，而海东市在 5～20 年重现期水平处于水资源中度短缺状态。

（三）青藏高原县级尺度水资源短缺格局

在县级尺度层面，在青藏高原地区 115 个县级单元中，青海的 16 个县级单元与西藏的 13 个县级单元 30 年重现期水资源短缺指数高于水资源短缺指标临界值 0.2，即约有 25%的县级单元出现水资源轻度、中度或极度短缺。典型县级单元不同重现期水资源短缺指数曲线见图 5.13。水资源短缺最严重的县级单元为青海西宁市区［图 5.13（a）］，其 30 年重现

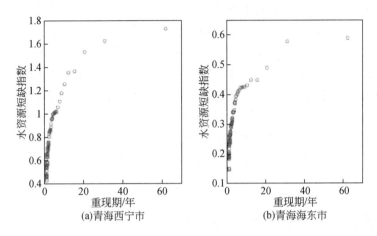

图 5.12　青藏高原地区地级尺度典型地级单元不同重现期水资源短缺指数曲线

期水资源短缺指数高达 8.65，其次为青海湟中区 [图 5.13 （b）] 与江孜县 [图 5.13
（c）]，其 30 年重现期水资源短缺指数分别为 1.81 与 1.33，其他 30 年重现期处于水资源
极度短缺状态的县级单元还包括青海湟源县、民和县、海东市区、乌兰县、大通县、互助
县、德令哈市区 7 个县级单元。西藏拉萨市区 30 年重现期水资源短缺指数为 0.67
[图 5.13 （d）]，其水资源短缺程度接近于极度短缺。青海西宁市区 5 年、10 年、20 年重
现期的水资源短缺指数分别为 6.11、7.20、8.26，湟中区 5 年、10 年、20 年重现期的水
资源短缺指数分别为 1.08、1.38、1.64，江孜县 5 年、10 年、20 年重现期水资源短缺指
数分别为 0.78、0.98、1.12，长期处于水资源极度短缺状态。

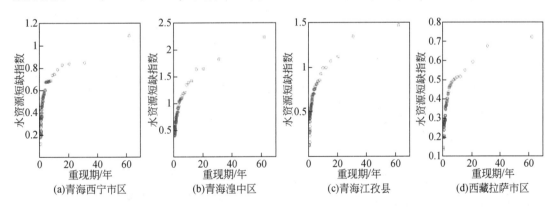

图 5.13　青藏高原地区县级尺度典型地级单元不同重现期水资源短缺指数

（四）青藏高原水资源短缺的空间尺度效应

比较青藏高原地区不同空间尺度水资源短缺程度可知，水资源短缺程度的测算结果对
于选取的空间尺度非常敏感。从省（自治区）尺度来看，青藏高原整体上并不缺水。然
而，由于人口、产业分布的空间差异性，局部地区需水强度大，当地自产水资源无法满足

生活、生产与生态需水要求，水资源供需压力大，因而在县级尺度，人口相对较多、农业工业产业相对发达的县级单元水资源短缺指数高，面临着严重的水资源短缺。地级尺度水资源短缺指数测算结果介于省（自治区）与县级尺度结果之间。空间尺度太大，无法考虑地理单元内部水资源与用水量的空间差异性。县级尺度的水资源短缺程度测算未考虑不同县级单元之间水资源的流动与配置，测算结果反映的是基于自产水资源量的水资源短缺程度，因而可能高估或低估部分地理单元实际水资源短缺程度。测算结果显示，省（自治区）空间尺度的水资源短缺总体情况优于地级和县级空间尺度的水资源短缺情况，也说明在县级、地级单元之间进行水资源优化调配以降低部分地理单元水资源短缺程度的重要性。

三、水资源短缺的覆盖面积与人口

（一）青藏高原水资源短缺面积分布特征

青藏高原地级与县级尺度不同重现期面临不同水资源短缺程度的面积累积比例见图 5.14。不同重现期处于不同水资源短缺程度的面积累积分布曲线很接近。在地级尺度与县级尺度，30 年重现期水平出现水资源短缺的面积分别占青藏高原总面积的 1.0% 与 10.4%，出现水资源中度短缺的面积分别占总面积的 1.0% 与 5.5%，出现水资源极度短缺面积分别占总面积的 0.4% 与 2.9%。在同一重现期水平下，地级尺度层面面临水资源短缺的面积小于县级尺度层面水资源短缺的面积，这与上述较大空间尺度层面水资源短缺情况优于较小空间尺度水资源短缺情况的结论一致。

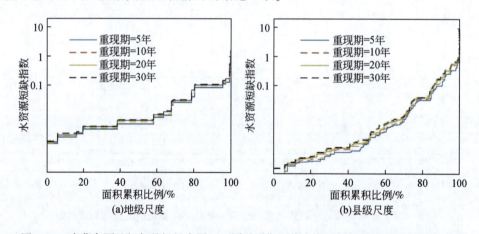

图 5.14 青藏高原地级与县级尺度层面不同重现期面临水资源短缺程度的面积累积比例

（二）青藏高原水资源短缺人口分布特征

青藏高原地区不同空间尺度处于不同水资源短缺程度的人口累积分布见图 5.15。不同重现期处于不同水资源短缺程度的人口累积分布曲线很接近，重现期高的年份面临水资源短缺的人口略高于重现期低的年份。在地级与县级尺度层面，青藏高原30年重现期面临水资源短缺人口数分别占总人口数的40.5%与56.4%，面临水资源中度短缺人口数分别占总人口数的40.5%与50.1%，面临水资源极度短缺人口数分别占总人口数的24.9%与38.9%。可见，在同一空间尺度同一重现期水平下，面临水资源短缺人口比例远高于水资源短缺面积比例，再次说明青藏高原水资源短缺主要发生在少部分人口相对集中区域。总体而言，青藏高原面临水资源短缺的人口数量占比较高，人口聚集地水资源供需矛盾突出。

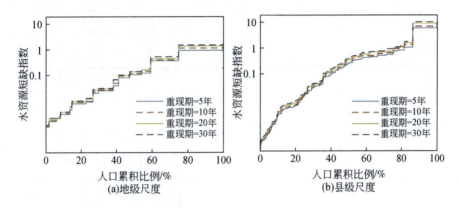

图5.15 青藏高原地区不同空间尺度处于不同水资源短缺程度的人口累积分布

第三节 青藏高原城镇化与用水量的耦合与脱钩关系调控

通过脱钩弹性系数计算，分析青藏高原城镇化和用水量变化的耦合与脱钩关系。1997～2020年青海与西藏用水量增长率总体低于城镇化增长率，用水量与城镇化关系总体呈现弱脱钩关系。水资源可持续利用要求用水量变化与城镇化进程脱钩。建议至2030年，保持城镇化与用水总量的弱脱钩关系，之后实现青藏高原用水总量零增长甚至负增长，保障青藏高原水资源安全。

一、耦合与脱钩关系检验

城镇化过程促使人口由农村转移到城镇，产业由农业向效率更高的第二产业和第三产业转移。城镇化对包括水资源在内的各种资源消费产生双重影响：一方面，城镇化建设拉动投资增加。基础设施建设、产业扩张和居民生活水平提高，导致资源消费量的增加。另一方面，科学技术的进步能够提高生产过程中的资源利用效率，通过优化资源利用结构等降低资源消耗量。这两种相反的作用力同时作用，决定资源消费量的增减及速度变化的快慢（关雪凌和周敏，2015）。

脱钩理论是描述经济增长与资源消耗或环境污染之间联系的重要工具，最早由经济合作与发展组织（Organization for Economic Co-operation and Development, OECD）提出

（OECD，2011）。"脱钩"指通过相应的技术改进和政策法规应用，环境压力与经济发展两者直接失去联系的过程。本研究在脱钩模型的基础上，研究用水量随城镇化进程推进而变化的过程，根据脱钩弹性系数 ε 对城镇化与用水量关系进行讨论：

$$\varepsilon = \frac{\Delta W/W}{\Delta U/U} \tag{5.4}$$

式中，W 和 U 分别为用水量和城镇化率；ΔW 和 ΔU 分别为用水量和城镇化率的变化量。参照 Tapio（2005）的分类方法，将两者的关系分为以下八种状态：①当 $\Delta U>0$，$\Delta W>0$，$\varepsilon>1.2$ 时，为扩张负脱钩状态；②当 $\Delta U>0$，$\Delta W>0$，$0.8<\varepsilon<1.2$ 时，为扩张连结状态；③当 $\Delta U>0$，$\Delta W>0$，$0<\varepsilon<0.8$ 时，为弱脱钩状态；④当 $\Delta U>0$，$\Delta W<0$，$\varepsilon<0$，为强脱钩状态；⑤当 $\Delta U<0$，$\Delta W<0$，$\varepsilon>1.2$ 时，为衰退脱钩状态；⑥当 $\Delta U<0$，$\Delta W<0$，$0.8<\varepsilon<1.2$ 时，为衰退连结状态；⑦当 $\Delta U<0$，$\Delta W<0$，$0<\varepsilon<0.8$ 时，为弱负脱钩状态；⑧当 $\Delta U<0$，$\Delta W>0$，$\varepsilon<0$ 时，为强负脱钩状态。

（一）青海 1997~2020 年城镇化率与用水量关系

根据 1997~2020 年青海城镇化率与用水量关系判定两者的耦合与脱钩关系，脱钩弹性系数及状态判断结果见表 5.1。青海城镇化率一直保持正向增长，城镇化率与用水量关系处于扩张负脱钩、扩张连结、弱脱钩、强脱钩四种状态。其中，超过一半的年份处于弱脱钩与强脱钩状态，用水量增长速率低于城镇化增长率。脱钩指数 ε 平均值为-0.19，平均而言表现出强脱钩状态。

表 5.1　1998~2020 年青海城镇化率与用水量脱钩计算结果

年份	$\Delta U/U$	$\Delta W/W$	ε	状态
1998	0.025	0.003	0.13	弱脱钩
1999	0.024	0.027	1.11	扩张连结
2000	0.024	0.010	0.42	弱脱钩
2001	0.018	−0.024	−1.33	强脱钩
2002	0.019	−0.008	−0.41	强脱钩
2003	0.018	0.069	3.78	扩张负脱钩
2004	0.021	0.038	1.79	扩张负脱钩
2005	0.022	0.016	0.71	弱脱钩
2006	0.038	0.048	1.28	扩张负脱钩
2007	0.039	−0.035	−0.91	强脱钩
2008	0.040	0.095	2.39	扩张负脱钩
2009	0.041	−0.195	−4.81	强脱钩
2010	0.042	0.066	1.59	扩张负脱钩
2011	0.021	0.010	0.46	弱脱钩
2012	0.020	−0.135	−6.89	强脱钩

续表

年份	$\Delta U/U$	$\Delta W/W$	ε	状态
2013	0.020	0.028	1.41	扩张负脱钩
2014	0.022	−0.072	−3.23	强脱钩
2015	0.021	0.019	0.88	扩张连结
2016	0.041	−0.015	−0.37	强脱钩
2017	0.039	−0.023	−0.60	强脱钩
2018	0.037	0.011	0.31	弱脱钩
2019	0.036	0.004	0.11	弱脱钩
2020	0.035	−0.078	−2.26	强脱钩

（二）西藏 1997～2020 年城镇化率与用水量关系

根据 1997～2020 年西藏城镇化率与用水量关系判定两者的耦合与脱钩关系，脱钩弹性系数及状态判断结果见表 5.2。西藏城镇化率一直保持正向增长，城镇化率与用水量关系处于扩张负脱钩、扩张连结、弱脱钩、强脱钩四种状态。其中，2008 年之前用水量增长较快，用水量增长速率快于城镇化增长率，绝大多数年份处于扩张负脱钩状态。2009 年之后用水量增长放缓，用水量与城镇化率关系多处于弱脱钩状态。脱钩指数 ε 平均值为 0.74，平均而言表现出弱脱钩状态。

表 5.2 1998～2020 年西藏城镇化率与用水量脱钩计算结果

年份	$\Delta U/U$	$\Delta W/W$	ε	状态
1998	0.041	−0.046	−1.14	强脱钩
1999	0.038	0.364	9.60	扩张负脱钩
2000	0.032	0.053	1.65	扩张负脱钩
2001	0.013	0.012	0.91	扩张连结
2002	0.014	0.084	6.03	扩张负脱钩
2003	0.015	−0.191	−12.57	强脱钩
2004	0.016	0.098	5.96	扩张负脱钩
2005	0.018	0.157	8.91	扩张负脱钩
2006	0.015	0.052	3.44	扩张负脱钩
2007	0.013	0.046	3.49	扩张负脱钩
2008	0.014	0.022	1.53	扩张负脱钩
2009	0.016	−0.216	−13.64	强脱钩
2010	0.021	0.124	6.021	扩张负脱钩
2011	0.035	−0.135	−3.853	强脱钩
2012	0.039	−0.040	−1.043	强脱钩

续表

年份	$\Delta U/U$	$\Delta W/W$	ε	状态
2013	0.039	0.017	0.424	弱脱钩
2014	0.039	0.007	0.168	弱脱钩
2015	0.036	0.010	0.268	弱脱钩
2016	0.051	0.010	0.188	弱脱钩
2017	0.058	0.010	0.164	弱脱钩
2018	0.053	0.009	0.179	弱脱钩
2019	0.049	0.009	0.193	弱脱钩
2020	0.045	0.006	0.139	弱脱钩

(三) 青藏高原城镇化率与用水量关系

根据 1997～2020 年青藏高原城镇化率与用水量关系判定两者的耦合与脱钩关系, 脱钩弹性系数及状态判断结果见表 5.3。总体而言, 青藏高原城镇化率一直保持正向增长, 城镇化率与用水量关系处于扩张负脱钩、扩张连结、弱脱钩、强脱钩四种状态。脱钩指数 ε 值波动较大, 多数年份处于扩张负脱钩与强脱钩状态。其中, 一半年份处于弱脱钩与强脱钩状态, 用水量增长速率低于城镇化增长率。脱钩指数 ε 平均值为 0.33, 平均而言呈现出弱脱钩状态。

表 5.3　1998～2020 年青藏高原城镇化率与用水量脱钩计算结果

年份	$\Delta U/U$	$\Delta W/W$	ε	状态
1998	0.027	−0.015	−0.58	强脱钩
1999	0.026	0.190	7.32	扩张负脱钩
2000	0.024	0.031	1.31	扩张负脱钩
2001	0.018	−0.006	−0.32	强脱钩
2002	0.019	0.041	2.14	扩张负脱钩
2003	0.019	−0.052	−2.75	强脱钩
2004	0.021	0.067	3.12	扩张负脱钩
2005	0.023	0.089	3.94	扩张负脱钩
2006	0.032	0.050	1.58	扩张负脱钩
2007	0.032	0.009	0.27	弱脱钩
2008	0.033	0.057	1.73	扩张负脱钩
2009	0.034	−0.206	−6.06	强脱钩
2010	0.036	0.097	2.67	扩张负脱钩
2011	0.022	−0.063	−2.79	强脱钩

续表

年份	$\Delta U/U$	$\Delta W/W$	ε	状态
2012	0.023	-0.086	-3.71	强脱钩
2013	0.024	0.022	0.94	扩张连结
2014	0.025	-0.030	-1.18	强脱钩
2015	0.024	0.014	0.58	弱脱钩
2016	0.040	-0.002	-0.04	强脱钩
2017	0.041	-0.005	-0.13	强脱钩
2018	0.039	0.010	0.27	弱脱钩
2019	0.037	0.007	0.19	弱脱钩
2020	0.035	-0.030	-0.85	强脱钩

二、未来城镇化与用水量脱钩关系调控

（一）青海城镇化与用水量脱钩关系调控

目前青海城镇化与用水量关系总体处于弱脱钩状态。2020 年青海城镇化率为 60.12%，低于全国平均水平（63.89%），未来，青海城镇化率将进一步提高，城镇化将带来产业扩张、居民生活水平提高，极有可能导致水资源用量增加，而青海西宁市等多个地区面临着严重的水资源短缺，水资源供需矛盾突出，同时青海也是众多重要河流的上游地区，担负着流域水源涵养与保护的重大责任，因而青海水资源节约保护和管理任务艰巨。

2020 年青海用水总量为 24.3 亿 m³，农业、工业、生活、生态环境用水量分别占比 72.84%、9.88%、12.35%、4.53%。在未来水资源规划与管理中，一方面强化实施最严格水资源管理，在建立覆盖省（自治区）、市（州）、县三级行政区域水资源开发利用控制、用水效率控制、水功能区限制纳污控制"三条红线"指标体系的基础上，科学修订《用水定额》，严格控制用水总量与效率；另一方面，通过产业升级、优化水资源利用结构等发挥城镇化发展对水资源消费的正面影响，提倡居民和生产节水，推进建设节水型社会。同时，加强基础水利工程建设，加快推进水网工程建设实施流域之间水资源优化调配工程，缓解人口与城镇密集地区水资源供需矛盾，以保障青海城镇化进程顺利推进，促进社会经济发展。到 2030 年，保持城镇化与用水量关系处于弱脱钩状态，之后实现青海用水量零增长甚至负增长，促进水资源与社会经济、城镇化协调发展。

（二）西藏城镇化与用水量脱钩关系调控

目前西藏城镇化与用水量关系总体处于弱脱钩状态。2020 年西藏城镇化率为

35.72%，远低于青海城镇化率（60.12%）与全国平均水平（63.89%），未来，西藏城镇化率将进一步提高，城镇化带来产业扩张、居民生活水平提高、资源利用方式转变，可能导致水资源用量增加。尽管西藏水资源总量丰富，但两河流域等人口、城镇相对集中的局部地区也面临着水资源供需矛盾。青藏高原的水资源是构建国家高原生态安全屏障的重要基石，也是国家重要的战略储备资源，因而加强西藏水资源的科学利用和管理，是保障青藏高原乃至全国水资源安全的重要前提条件。

2020 年西藏用水量为 32.2 亿 m^3，农业、工业、生活、生态环境用水量分别占比 85.09%、3.73%、10.25%、0.93%。人均用水量为 883m^3，远超全国平均水平，因而节水潜力相对较大。在未来水资源规划与管理中，一方面强化实施最严格水资源管理，在建立覆盖省（自治区）、市（州）、县三级行政区域水资源开发利用控制、用水效率控制、水功能区限制纳污控制"三条红线"指标体系的基础上，科学修订《用水定额》，严格控制用水总量与效率；另一方面，通过产业升级、优化水资源利用结构等发挥城镇化发展对水资源消费的正面影响，引进国内其他地区先进节水技术与器具，提倡居民与生产节水，提高用水效率，推进建设节水型社会。同时，在流域之间实施水资源优化调配工程，缓解人口与城镇密集地区水资源短缺。加强基础水利工程建设，解决城镇和农村地区生活与生产的工程性缺水问题。在保障"亚洲水塔"功能的前提下，适度开发水资源丰富、开发程度低地区的水资源，适度发展农牧业，适度向水资源短缺地区调水，以保障西藏社会经济发展与城镇化进程推进。同样，到 2030 年，保持城镇化与用水量关系的弱脱钩状态，之后实现西藏用水量零增长甚至负增长，保障青藏高原水资源安全。

第四节 青藏高原虚拟水贸易与水足迹

在 2012 年中国区域间投入产出表的基础上，探讨青海、西藏与中国其他省（自治区、直辖市）之间的虚拟水贸易关系，测算青海与西藏的水足迹。青海为虚拟水净输入地区，从其他省（自治区、直辖市）净输入虚拟水 2.16 亿 m^3，占青海生产用水总量（26.0 亿 m^3）的 8.3%。西藏为虚拟水净输出区域，向其他省（自治区、直辖市）净输出虚拟水 4.40 亿 m^3，占西藏生产用水总量的 15.1%。青藏高原人均生产、消费水足迹分别为 625m^3、558m^3，均远高于全国平均水平 362m^3。

一、基于环境拓展投入产出的虚拟水贸易计算方法

（一）虚拟水与水足迹概念

虚拟水的概念最早由 Allan 于 20 世纪 90 年代提出，将水资源消费与经济活动联系起来（Allan，1993），指生产商品和服务过程中需要的水资源量（Zhao and Chen，2014；Feng et al.，2015）。水足迹的概念与虚拟水紧密相关，包括生产水足迹与消费水足迹，生产水足迹指一个国家、地区或个人从自然界获取用于生产各部门产品和服务的水资源量，

消费水足迹是一个国家、地区或个人在一定时段内消费所有产品和服务包含的虚拟水（Hoekstra，2003；Hoekstra and Mekonnen，2012）。虚拟水贸易作为可能解决缺水地区水资源问题的策略，得到了广泛的关注。虚拟水战略指水资源短缺国家和地区通过贸易的方式从水资源丰富国家和地区购买水密集型产品，如农产品等，来获得水和粮食的安全。国家和地区之间的产品贸易实际上是以虚拟水的形式在进口或者出口水资源。

由于区域间产品贸易的主要决定因素并非水资源禀赋，虚拟水贸易在解决水资源短缺国家和地区水资源问题的有效性也受到了质疑。例如，在分析中国各省（自治区、直辖市）虚拟水流动格局的基础上，研究发现虚拟水的净流入区主要分布在发达地区，包括上海、北京、天津、山东，虚拟水的净流出区主要分布在北部和西部欠发达地区，包括新疆、黑龙江、内蒙古、广西（Dong et al.，2014）；通过分析中国省际虚拟水的转移量，有研究发现中国虚拟水呈现出从南方向北方、从内陆向沿海、从不发达地区向发达地区流动的格局（Zhao et al.，2015）。在世界虚拟水贸易格局中，随着全球区域间贸易的增强，虚拟水贸易量逐年增加（Dalin et al.，2012），但虚拟水贸易并未有效地减少全球不同国家之间水资源利用的不均衡性（Seekell et al.，2011）。

（二）环境拓展的投入产出方法及数据

水足迹可以由自下而上法（bottom-up method）或自上而下法（top-down method）测算得到（Hoekstra et al.，2011）。前者通过计算一个地区消耗的水资源与虚拟水贸易量的差值来测算水足迹，后者通过累加一个地区所有消费者消费产品与服务中隐含的虚拟水量来测算水足迹。目前，在区域或多区域投入产出表的基础上通过追踪产品生产的产业链过程来估算商品中隐含的水资源成为测算水足迹与虚拟水的重要方法。应用环境拓展投入产出方法，在投入产出关系的基础上，引入环境变量（如碳排放、空气污染变量、水资源量及其他物质资源利用量等），可以核算由于区域与部门间生产和贸易等联系带来的跨区域环境影响，测算区域居民最终消费对区域内及区域外环境的影响。基于2002年、2007年、2010年中国区域间投入产出关系，许多学者已经核算了中国省级尺度区域间虚拟水流动格局（Guan and Hubacek，2007；Zhang and Anadon，2014），为理解中国范围内虚拟水贸易关系、特征与水足迹分布提供良好的基础。由于数据缺乏，2002~2010年中国区域间投入产出表未包含西藏的数据，因而青藏高原与外部区域虚拟水交换及青藏高原地区的水足迹情况尚不清楚。2012年中国区域间投入产出表首次将西藏的生产、贸易数据纳入（刘卫东等，2018），为研究青藏高原地区虚拟水贸易与水足迹提供投入产出数据基础。

在2012年中国31个省域单元（不包括香港、澳门与台湾的数据）42部门区域间投入产出表（刘卫东等，2018）的基础上进行全国省域单元之间虚拟水贸易量测算。投入产出表中的42部门包括1个农业部门、27个工业部门和14个服务业部门。各省域单元2012年农业、工业与服务业用水数据从2012年全国统计年鉴及各省域单元水资源公报获得。2012年投入产出表中各细分工业与服务业部门用水数据较难获得，将各省域单元工业与服务业用水总量降尺度至细分部门用水量。参照Zhang和Anadon（2014）提出的方法，采用《中国经济普查年鉴（2008）》数据（国家统计局，2008），假定各省域单元各细分工业部门用水比例保持不变，将工业用水总量按照 2008 年细分工业部门用水量等比例降尺度，得到 27 个细分工业部门用水量；将服务业用水总量按照投入产出表中水的生产与供应部门对服务业各部门的中间投入量等比例降尺度，得到 14 个细分服务业部门用水量。本章重点关注青藏高原地区与中国其他各省（自治区、直辖市）的虚拟水交换格局与特征，在省界行政边界的基础上计算青海、西藏与中国其他省（自治区、直辖市）的虚拟水贸易情况。

（三）虚拟水贸易量与水足迹的计算方法

本研究采用环境拓展的多区域投入产出方法，在区域间投入产出表的基础上，计算区域之间的虚拟水贸易量与区域水足迹。在一个考虑 R 个区域 N 个经济部门的经济系统中，区域间的投入产出表可用式（5.5）表达：

$$\begin{bmatrix} x^1 \\ \vdots \\ x^r \\ \vdots \\ x^R \end{bmatrix} = \begin{bmatrix} A^{11} & \cdots & A^{1R} \\ \vdots & & \vdots \\ A^{r1} & A^{rs} & A^{rR} \\ & \ddots & \vdots \\ A^{R1} & \cdots & A^{RR} \end{bmatrix} \begin{bmatrix} x^1 \\ \vdots \\ x^r \\ \vdots \\ x^R \end{bmatrix} + \begin{bmatrix} y^{11} + \sum_{s \neq 1} y^{1s} + \text{ex}^1 \\ \vdots \\ y^{rr} + \sum_{s \neq r} y^{rs} + \text{ex}^r \\ \vdots \\ y^{RR} + \sum_{s \neq R} y^{Rs} + \text{ex}^R \end{bmatrix} \tag{5.5}$$

式中，x^r（$N \times 1$ 向量）为 r 省域单元 N 个部门的产出；A^{rs}（$N \times N$ 矩阵）为技术矩阵，其元素 a_{ij}^{rs} 为在 s 省域单元生产单位 j 部门产品所需 r 省域单元 i 部门产品投入量；y^{rr}（$N \times 1$ 向量）为 r 省域单元各部门产品在本省的最终消费量；y^{rs}（$N \times 1$ 向量）为 r 省域单元各部门产品在 s 省的最终消费量；ex^r（$N \times 1$ 向量）为 r 省域单元各部门产品的国外出口量。根据式（5.5），各区域各部门的总产出可以表达为最终消费量的计算式：

$$X = (I - A)^{-1} Y \tag{5.6}$$

式中，$X = [x^1, x^2, \cdots, x^R]^T$；$I$ 为单位矩阵；$(I-A)^{-1}$ 为 Leontief 逆矩阵；$Y = \left[\sum_s y^{1s} + \text{ex}^1, \right.$ $\sum_s y^{2s} + \text{ex}^2, \cdots, \left. \sum_s y^{Rs} + \text{ex}^R \right]^T$。将用水量引入式（5.6），各区域各部门用水量可表达为

$$W = DX = D(I - A)^{-1} Y = TY \tag{5.7}$$

式中，$W = [w^1, w^2, \cdots, w^R]^T$，其中，$w^r$（$N \times 1$ 向量）为 r 区域 N 个部门的用水量；D 为对角元素，为 $[d^1, d^2, \cdots, d^N]$ 的对角矩阵，其中，d^r（$N \times N$ 对角矩阵）代表直接用水系数，即各部门生产单位产品的直接用水量；T 为包含直接与间接用水的完全用水系数矩阵，元素 t^{rs} 代表在区域 s 生产的各部门单位产品在区域 r 各部门的需水量。区域 r 流入到区域 s 的虚拟水量可由式（5.8）计算：

$$\text{vw}^{rs} = \sum_i t^{ri} y^{is} \tag{5.8}$$

式中，t^{ri}（$N \times 1$ 行向量）为 i 区域生产单位最终消费产品在 r 区域的需水量；y^{is}（$N \times 1$ 列

向量）为 s 区域居民最终消费 i 区域生产的各部门产品量。

区域 r 的消费水足迹 wf^r 可由式（5.9）计算：

$$wf^r = \sum_s vw^{sr} \tag{5.9}$$

式中，$vw^{sr}(s=r)$ 为本地水足迹；$\sum_{s \neq r} vw^{sr}$ 为外部水足迹。

二、青海虚拟水贸易与水足迹特征

（一）青海虚拟水贸易网络

青海与中国其他省（自治区、直辖市）的虚拟水贸易情况见图 5.16。青海与中国其他所有省（自治区、直辖市）都有虚拟水贸易联系。青海向其他省（自治区、直辖市）共输出虚拟水 5.38 亿 m^3，从其他省（自治区、直辖市）输入虚拟水 7.54 亿 m^3，净输入虚拟水 2.16 亿 m^3，约为青海生产用水总量（26.0 亿 m^3，未包括居民生活用水量）的8.3%。青海为虚拟水净输入地区，省内居民、政府最终消费的部门产品、服务中隐含的水资源可以最终追溯到中国其他省（自治区、直辖市）的生产用水。青海向山东输出的虚拟水量最多，输出虚拟水 0.67 亿 m^3，其次为广东与浙江，分别输出虚拟水 0.56 亿 m^3 与0.47 亿 m^3。江苏向青海输入的虚拟水最多，高达 1.91 亿 m^3，占比其他省（自治区、直辖市）虚拟水总输入量的25.3%，其次为新疆与黑龙江，分别向青海输入虚拟水 0.67 亿 m^3 与 0.53 亿 m^3。青海从江苏、新疆、黑龙江等 18 个省（自治区、直辖市）净输入虚拟水，青海向山东、浙江、广东等 12 个省（自治区、直辖市）净输出虚拟水，见图 5.17。在全国所有省（自治区、直辖市）中，青海与江苏虚拟水贸易关系最紧密，虚拟水贸易总

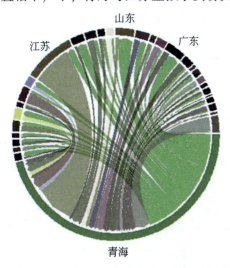

图 5.16　青海与中国其他省（自治区、直辖市）的虚拟水贸易情况
其他省（自治区、直辖市）之间的虚拟水贸易未在图中标出

量（虚拟水输入量与虚拟水输出量之和）为 2.24 亿 m³。与青海虚拟水贸易关系较紧密的省（自治区、直辖市）还包括广东、山东、新疆，这些省（自治区、直辖市）与青海虚拟水贸易总量在 0.7 亿 m³ 以上。

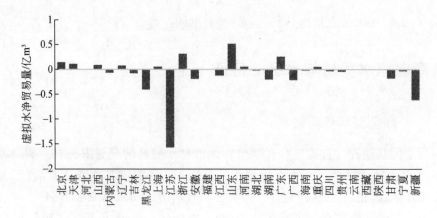

图 5.17 青海与中国其他省（自治区、直辖市）虚拟水净贸易量
正值和负值分别表示青海向其他省（自治区、直辖市）净输出和输入虚拟水量

（二）青海虚拟水贸易结构

青海各部门虚拟水贸易输入、输出结构见图 5.18。由于农产品用水强度远高于工业与服务业产品，输入、输出虚拟水中，农产品虚拟水含量皆占据主导。青海输入、输出农业产品虚拟水量相当，但由于青海虚拟水输入总量高于输出总量，输入农产品虚拟水含量占虚拟水输入总量的比例低于输出农产品虚拟水占虚拟水输出总量的比例。输入、输出农产品虚拟水含量分别占输入、输出虚拟水总量的 58.3%、82.3%。在输入虚拟水中，工业与服务业产品虚拟水含量分别占 37.3% 与 4.4%。在输出虚拟水中，工业与服务业产品虚拟水含量分别占 14.9% 与 2.8%。输入、输出虚拟水结构中，隐含在服务业产品中的虚拟水量比例都最少。

（三）青海生产与消费水足迹

一个区域各部门用水为生产水足迹，区域内居民与政府最终消费各部门产品中包含的虚拟水为消费水足迹。青海各部门生产与消费水足迹见图 5.19。青海生产与消费水足迹分别为 26.00 亿 m³ 与 27.49 亿 m³。消费水足迹高于生产水足迹，二者差值为 1.49 亿 m³，该差值既包括相对于国内其他省（自治区、直辖市）之间的净虚拟水贸易量，又包括国际贸易中输出到其他国家的虚拟水贸易量，因而与本研究计算得到的 2.16 亿 m³ 净输入虚拟水量有出入。在国际贸易中，青海出口虚拟水量为 0.67 亿 m³。由于中国区域间投入产出表不包含进口产品来源地信息，国际贸易中进口虚拟水量未核算。

青海生产水足迹中，农业、工业、服务业水足迹分别占比 86.5%、9.6%、3.9%。消费水足迹中，农业、工业、服务业水足迹分别占比 79.9%、15.9%、4.2%。农业生产水

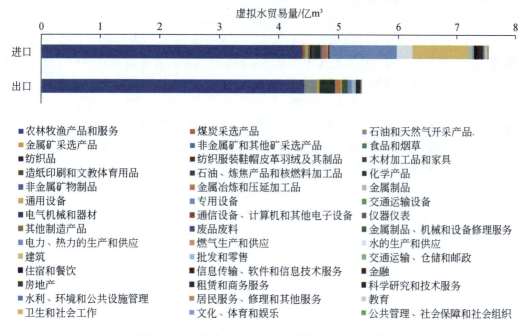

图 5.18　青海各部门虚拟水贸易输入、输出结构

图 5.19　青海各部门生产与消费水足迹

足迹占比大于农业消费水足迹占比，工业生产水足迹占比低于工业消费水足迹占比，服务业生产水足迹占比略低于服务业消费水足迹占比。通过比较青海生产与消费水足迹可知

（图 5.19），在国内与国际贸易中（不包括国际贸易虚拟水进口量），青海净输出农业虚拟水，净输入工业虚拟水，服务业虚拟水贸易量接近平衡。

青海生产水足迹分布于中国各省（自治区、直辖市）最终消费的情况见图 5.20。在中国境内最终消费的青海生产水足迹中，78.8% 的生产水足迹在本省最终消费，青海输出给山东、广东的虚拟水分别占总生产水足迹的 2.6%、2.2%。其他最终消费水足迹超过 1% 青海生产水足迹的省（自治区、直辖市）包括浙江、江苏、河南、辽宁。青海消费水足迹来源于中国各省（自治区、直辖市）的情况见图 5.21。72.6% 消费水足迹来源于青海本地的生产水足迹，江苏与新疆分别为青海提供 6.9% 与 2.4% 消费水足迹，其他为青海提供超过 1% 消费水足迹的省（自治区、直辖市）包括黑龙江、安徽、广西、湖南、广东。

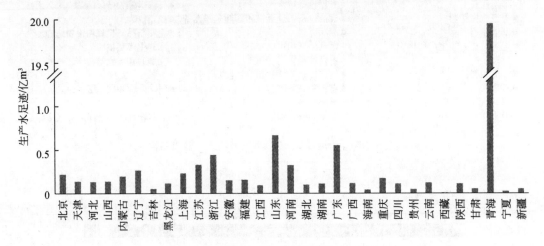

图 5.20 青海生产水足迹最终消费分布

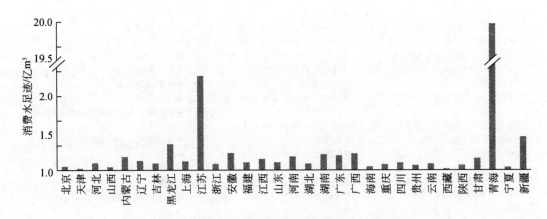

图 5.21 青海消费水足迹来源

三、西藏虚拟水贸易与水足迹特征

(一) 西藏虚拟水贸易网络

西藏与中国其他省（自治区、直辖市）的虚拟水贸易情况见图 5.22。西藏与中国其他所有省（自治区、直辖市）都有虚拟水贸易联系。西藏向其他省（自治区、直辖市）共输出虚拟水 7.52 亿 m³，从其他省（自治区、直辖市）输入虚拟水 3.12 亿 m³，净输出虚拟水量 4.40 亿 m³，占西藏生产用水总量（29.1 亿 m³）的 15.1%。西藏为虚拟水净输出区域，其境内部分人口、城镇相对聚集区的水资源短缺可以最终关联到中国其他省（自治区、直辖市）居民、政府的贸易产品消费。西藏向山东输出的虚拟水量最多，输出虚拟水 0.90 亿 m³，其次为广西和浙江，分别输出虚拟水 0.76 亿 m³ 与 0.58 亿 m³。新疆向西藏输入的虚拟水量最多，输入虚拟水 0.18 亿 m³，其次为新疆与安徽，分别向西藏输入虚拟水 0.24 亿 m³ 与 0.19 亿 m³，17 个省（自治区、直辖市）向西藏输入的虚拟水量低于 0.1 亿 m³。西藏向山东、广东、浙江等 24 个省（自治区、直辖市）净输出虚拟水，西藏从新疆、上海等 6 个省（自治区、直辖市）净输入虚拟水，见图 5.23。在全国所有省（自治区、直辖市）中，西藏与山东虚拟水贸易关系最紧密，虚拟水贸易总量（虚拟水输入量与虚拟水输出量之和）为 1.11 亿 m³。

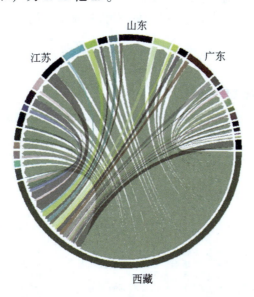

图 5.22　西藏与中国其他省（自治区、直辖市）虚拟水贸易情况
其他省（自治区、直辖市）之间的虚拟水贸易未在图中标出

(二) 西藏虚拟水贸易结构

西藏各部门虚拟水贸易输入、输出结构见图 5.24。由于农产品用水强度远高于工业与

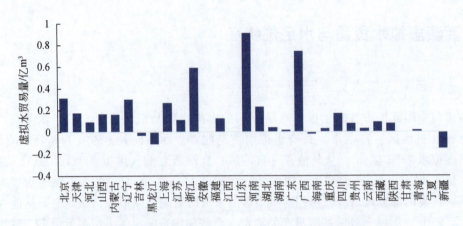

图 5.23　西藏与中国其他省（自治区、直辖市）虚拟水净贸易量

正值和负值分别表示西藏向其他省（自治区、直辖市）净输出和净输入虚拟水

服务业产品，输入、输出虚拟水中，农产品虚拟水含量皆占据主导。其中，隐含在农产品中的虚拟水含量占虚拟水输出量的 95.2%，远高于隐含在输入农产品中虚拟水占比（62.7%）。相较于全国其他省（自治区、直辖市），西藏工业发展起步慢，水平相对较低，输出产品以初级农产品为主，因而隐含在农产品中的虚拟水在输出虚拟水中含量极高。在输出虚拟水中，隐含在工业与服务业产品中的虚拟水量占比分别为 3.9% 与 0.9%。在输入虚拟水中，隐含在工业与服务业产品中的虚拟水量占比分别为 33.5% 与 3.9%。

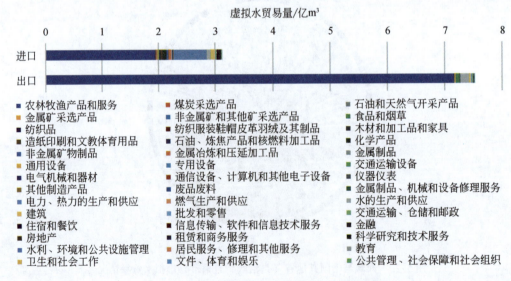

图 5.24　西藏各部门虚拟水贸易输入、输出结构

(三) 西藏生产与消费水足迹

西藏各部门生产与消费水足迹见图 5.25。西藏生产与消费水足迹分别为 29.10 亿 m³ 与 21.68 亿 m³。生产水足迹高于消费水足迹，二者差值为 7.42 亿 m³，此处的差值既包括相对于国内其他省（自治区、直辖市）之间的虚拟水净贸易量，又包括国际贸易中向其他国家出口的虚拟水贸易量，因而该值与本研究计算得到的 4.40 亿 m³ 净输出虚拟水量有出入。该值低于相对于国内其他省（自治区、直辖市）之间的净虚拟水贸易量，在国际贸易中，西藏向国外出口虚拟水量为 3.42 亿 m³。

图 5.25　西藏各部门生产与消费水足迹

西藏生产水足迹中，农业、工业、服务业水足迹占比分别为 93.1%、5.8%、1.1%。消费水足迹中，农业、工业、服务业水足迹占比分别为 88.3%、10.2%、1.5%。农业生产水足迹占比大于农业消费水足迹占比，工业与服务业生产水足迹占比分别低于工业与服务业消费水足迹占比。通过比较西藏生产与消费水足迹可知（图 5.25），在国内与国际贸易中（不包括国际贸易虚拟水进口量），西藏净输出农业虚拟水，净输入工业虚拟水，净输入少量服务业虚拟水。

西藏生产水足迹分布于中国各省（自治区、直辖市）用于当地居民和政府最终消费的情况见图 5.26。在中国境内最终消费的西藏生产水足迹中，71.2% 的生产水足迹最终在本地消费，低于青海生产水足迹最终在本地消费量占比。西藏输出给山东与广东的生产水足迹占比分别为 3.8% 与 3.3%。其他最终消费超过 1% 西藏生产水足迹的省（自治区、直辖市）包括浙江、江苏、河南、辽宁、上海、北京、内蒙古。西藏消费水足迹来源于中国各省（自治区、直辖市）的情况见图 5.27。85.6% 消费水足迹来源于西藏本地的生产水足迹，江苏、黑龙江、新疆分别为西藏提供了 1.7%、1.3%、1.1% 消费水足迹，其他省（自治区、直辖市）为西藏提供的消费水足迹均低于 1%。

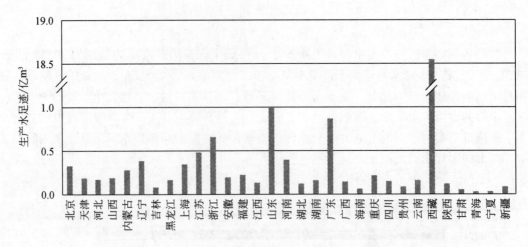

图 5.26 西藏生产水足迹最终消费省（自治区、直辖市）分布

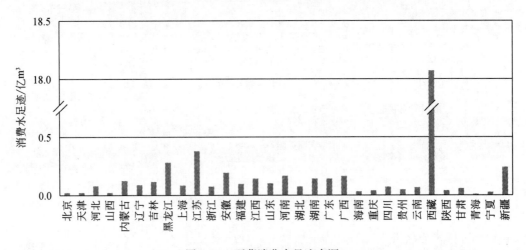

图 5.27 西藏消费水足迹来源

四、青藏高原虚拟水贸易与水足迹特征

（一）青藏高原地区虚拟水贸易网络

青藏高原地区与中国其他各省（自治区、直辖市）虚拟水贸易情况见图 5.28（a）。西藏向青海输出虚拟水量 0.026 亿 m³，青海向西藏输出虚拟水量 0.009 亿 m³，在图 5.28（a）中没有标出。青藏高原地区向其他省（自治区、直辖市）共输出虚拟水 12.87 亿 m³，从其他省（自治区、直辖市）输入虚拟水 10.62 亿 m³，净输出虚拟水量 2.25 亿 m³，占青藏高原地区生产用水总量（55.1 亿 m³）的 4.1%。西藏向中国其他省（自治区、直辖市）净输出虚拟水，青海从其他省（自治区、直辖市）净输入虚拟水，西藏和青海在虚拟水净贸

易方向上表现出较大的差异性,综合而言,青藏高原地区向中国其他省(自治区、直辖市)净输出少量虚拟水。在全国所有省(自治区、直辖市)中,与青藏高原虚拟水贸易关系最紧密的省(自治区、直辖市)为江苏、山东、广东,虚拟水贸易量分别为3.11亿 m³、1.93亿 m³、1.87亿 m³。青藏高原位于中国西南部,其虚拟水贸易联系与中国东部地区更紧密,可见,区域间距离并非虚拟水贸易的主导影响因素。

图5.28(b)为其他省(自治区、直辖市)之间的虚拟水贸易量,在全国虚拟水贸易网络中,青藏高原地区虚拟水贸易量占全国虚拟水贸易量的比例较小,仅占全国虚拟水贸易总量的1.3%,这与青藏高原地区占比全国相对较小的人口及 GDP 有关。

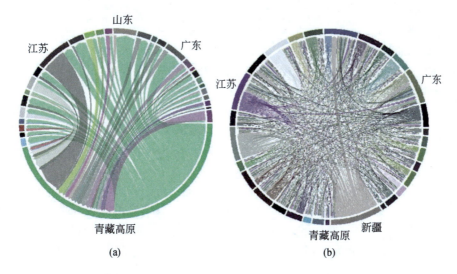

图5.28 青藏高原地区与中国其他省(自治区、直辖市)虚拟水贸易情况
(a)其他省(自治区、直辖市)之间的虚拟水贸易未在图中标出;(b)其他省(自治区、直辖市)
之间的虚拟水贸易在图中标出

(二)青藏高原地区虚拟水进、出口贸易结构

综合青海与西藏各部门虚拟水输入、输出情况,青藏高原地区虚拟水贸易输入、输出结构见图5.29。青藏高原虚拟水输入量中农业、工业、服务业产品虚拟水含量比例分别为59.6%、36.2%、4.2%,虚拟水输出量中农业、工业、服务业产品虚拟水含量占比分别为89.8%、8.5%、1.7%。由于较低的工业发展水平与城镇化率,青藏高原产品贸易输出以农产品为主,隐含在农产品中的虚拟水量占虚拟水输出总量的比例远高于隐含在农产品中虚拟水量占虚拟水输入总量的比例。青藏高原社会发展与居民生活高度依赖大量来自外部的工业与服务业产品,因而输入虚拟水中工业与服务业产品隐含虚拟水比例远高于输出虚拟水中工业与服务业产品隐含虚拟水比例。

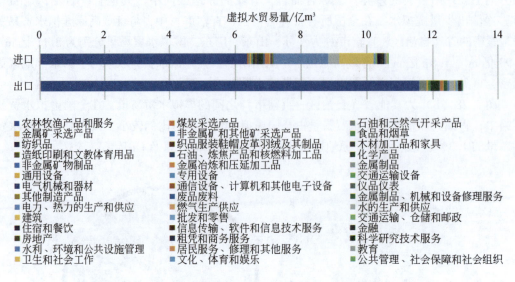

图 5.29　青藏高原地区虚拟水贸易输入、输出结构

（三）青藏高原地区生产与消费水足迹

青藏高原地区生产与消费水足迹总量分别为 51.4 亿 m³ 与 49.2 亿 m³，仅占全国总水足迹的 1.0% 左右。青藏高原地区人均生产与消费水足迹见图 5.30。青海人均生产与消费水足迹分别为 454m³ 与 480m³，西藏人均生产与消费水足迹分别为 945m³ 与 704m³，青藏

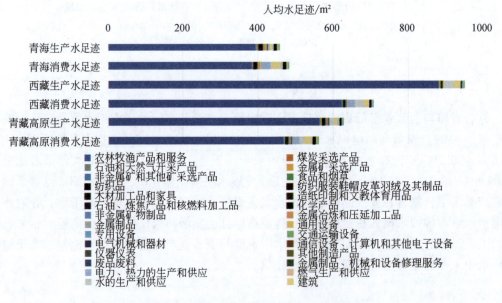

图 5.30　青藏高原地区人均生产与消费水足迹

高原地区人均生产与消费水足迹分别为 625m³ 与 558m³。青海与西藏人均生产与消费水足迹均远高于全国平均水平（362m³），青藏高原地区人均水足迹接近全国平均水平的两倍。可见，青藏高原地区（尤其是西藏）的用水效率还有较大的提升空间。由于青藏高原城镇化发展水平低于全国平均水平，并且农业用水效率相对较低，青藏高原地区农业生产水足迹占总水足迹的 86.3%，农业消费水足迹占总水足迹的 83.6%，远高于全国平均水平（70.5%）。

第五节　青藏高原城乡虚拟水贸易格局与调控策略

在测算全国省（自治区、直辖市）各生产部门之间虚拟水贸易量的基础上，建立城镇与农村地区的虚拟水贸易网络。农村地区生产水足迹较高，而城镇地区由于人口密度较高、消费水平较高，是虚拟水最终消费的热点区域。采用对数平均迪氏指数模型分析青藏高原对其他省（自治区、直辖市）虚拟水贸易不平衡的影响因素。结果显示，青藏高原与中国其他省（自治区、直辖市）在用水效率、贸易产品城乡结构、贸易量等方面存在差异，造成虚拟水贸易的不平衡，这些因素分别使青藏高原净输出虚拟水量为 −3.77 亿 m³、16.53 亿 m³、−10.51 亿 m³。

一、区域间虚拟水城乡贸易网络格局

（一）城乡虚拟水贸易网络构建方法

为了分析区域虚拟水城乡贸易特征，在构建中国省（自治区、直辖市）之间的虚拟水贸易网络时，建立每个省（自治区、直辖市）的农村节点与城镇节点。将农业部门用水视为区域农村节点的生产水足迹，所有工业与服务业部门用水视为城镇节点的生产水足迹。在中国区域间投入产出表中，用于最终消费的产品分为五类：城镇居民消费、农村居民消费、政府消费、固定资产形成、存货增加。将政府消费、固定资产形成、存货增加三类最终消费也计入城镇与农村节点，根据城镇居民消费与农村居民消费比例将各部门最终消费产品分配给城镇与农村节点。则区域 r 农村地区输入至区域 s 城镇地区的虚拟水量 vw_{r-u}^{rs} 为

$$vw_{r-u}^{rs} = \sum_i \sum_j \sum_{k=\text{rural}} t_{kj}^{ri} y_{j,u}^{is} \tag{5.10}$$

式中，$y_{j,u}^{is}$ 为区域 s 城镇地区最终消费的在区域 i 生产的部门 j 的产品量；t_{kj}^{ri} 为在区域 i 生产用于最终消费的部门 j 单位产品所需区域 r 部门 k 用水量，其中部门 k 为农业生产部门。区域 r 城镇地区输入至区域 s 农村地区的虚拟水量 vw_{u-r}^{rs} 为

$$vw_{u-r}^{rs} = \sum_i \sum_j \sum_{k=\text{urban}} t_{kj}^{ri} y_{j,r}^{is} \tag{5.11}$$

式中，$y_{j,r}^{is}$ 为区域 s 农村地区最终消费的在区域 i 生产的部门 j 的产品量；t_{kj}^{ri} 为在区域 i 生产用于最终消费的部门 j 单位产品所需区域 r 部门 k 用水量，其中部门 k 为工业与服务业生产部门。当 $r=s$ 时，vw_{r-u}^{rr} 与代表区域 r 农村地区提供给城镇地区的虚拟水量，vw_{u-r}^{rr} 代表区

域 r 城镇地区提供给农村地区的虚拟水量。

（二）青海与中国其他省（自治区、直辖市）城乡虚拟水贸易格局

如果考虑省（自治区、直辖市）内部城乡之间的虚拟水贸易，中国虚拟水贸易总量为 3482.4 亿 m^3，占中国境内消费水足迹的 71.1%。中国境内虚拟水贸易总量中，发生在城乡之间的虚拟水贸易量占 81.6%，其中农村供给城镇的虚拟水量占 71.9%，城镇供给农村的虚拟水量占 9.7%，发生在城城与乡乡之间的虚拟水贸易量分别占 8.1% 与 10.4%。可见，城乡职能分工显著，农村为城镇居民提供大量农业产品，城镇为农村居民提供工业与服务业产品，城乡之间的虚拟水贸易联系非常紧密。

区分省（自治区、直辖市）单元城镇与农村节点的生产与消费水足迹，青海与中国其他省（自治区、直辖市）城乡虚拟水贸易情况见图 5.31。青海农村生产水足迹为 22.0 亿 m^3（不包括出口国外虚拟水量），提供给青海农村、青海城镇、中国其他省（自治区、直辖市）农村与其他省（自治区、直辖市）城镇的虚拟水占比分别为 17.0%、62.8%、4.8% 与 15.4%，超过一半虚拟水供给青海城镇地区。青海城镇生产水足迹为 3.3 亿 m^3（不包括出口到国外的虚拟水量），仅为农村生产水足迹的 15.2%，其提供给青海农村、青海城镇、中国其他省（自治区、直辖市）农村与其他省（自治区、直辖市）城镇的虚拟水占比分别为 21.0%、50.5%、6.8% 与 21.7%，同样超过一半的虚拟水供给青海城镇地区。青海绝大分生产水足迹在本地最终消费，农村地区将 20.2% 隐含在农产品中的虚拟水输送

图 5.31 青海与中国其他省（自治区、直辖市）城乡虚拟水贸易情况
图中其他地区代表除青海与西藏以外的省（自治区、直辖市），本图只展示与青藏高原地区相关的虚拟水贸易，
其他地区城乡虚拟水贸易未在图中标出

至青海之外的地区，城镇地区将 28.5% 隐含在工业与服务业产品中的虚拟水输送至青海之外的区域，青海农村地区供给外地的虚拟水占比大于城镇地区供给外地的虚拟水占比。

青海农村地区的消费水足迹为 6.4 亿 m³，来自青海农村、青海城镇、中国其他省（自治区、直辖市）农村与其他省（自治区、直辖市）城镇的虚拟水分别占比 58.8%、11.0%、17.2% 与 13.0%，超过一半的虚拟水来自青海农村地区。城镇地区的消费水足迹为 21.1 亿 m³，来自青海农村、青海城镇、中国其他省（自治区、直辖市）农村与其他省（自治区、直辖市）城镇的虚拟水占比分别为 65.4%、8.0%、15.6% 与 11.0%，来自青海农村地区的虚拟水占绝对主导。青海消费水足迹绝大部分来自青海，农村地区 30.2% 的虚拟水来自青海之外的区域，城镇地区 26.6% 最终消费的虚拟水来自青海之外的区域，青海农村地区消费的外地虚拟水占比大于城镇地区消费外地的虚拟水占比。

（三）西藏与中国其他省（自治区、直辖市）城乡虚拟水贸易格局

区分省（自治区、直辖市）单元城镇和农村节点的生产与消费水足迹，西藏与中国其他省（自治区、直辖市）城乡虚拟水贸易情况见图 5.32。西藏农村生产水足迹为 24.4 亿 m³（不包括出口国外虚拟水量），提供给西藏农村、西藏城镇、中国其他省（自治区、直辖市）农村与其他省（自治区、直辖市）城镇的虚拟水占比分别为 36.6%、34.0%、7.0% 与 22.4%，提供给西藏农村与城镇的虚拟水相当，超过一半的虚拟水供给西藏与其他省

图 5.32　西藏与中国其他省（自治区、直辖市）城乡虚拟水贸易情况

图中其他地区代表除青海与西藏以外的省（自治区、直辖市），本图只展示与青藏高原地区相关的虚拟水贸易，
其他地区城乡虚拟水贸易未在图中标出

（自治区、直辖市）城镇地区。西藏城镇生产水足迹为 1.7 亿 m³（不包括出口国外虚拟水量），仅为农村生产水足迹的 7.1%，其提供给西藏农村、西藏城镇、中国其他省（自治区、直辖市）农村与其他省（自治区、直辖市）城镇的虚拟水占比分别为 25.9%、53.2%、5.1% 与 15.8%，超过一半的虚拟水供给西藏城镇地区。西藏绝大部分生产水足迹在本区最终消费，农村地区将 29.4% 隐含在农产品中的虚拟水输送至西藏之外的地区，城镇地区将 20.8% 隐含在工业与服务业产品中的虚拟水输送至西藏之外的区域，西藏农村地区供给外地的虚拟水占比大于城镇地区供给外地的虚拟水占比。

西藏农村地区的消费水足迹为 10.8 亿 m³，来自西藏农村、西藏城镇、中国其他省（自治区、直辖市）农村与其他省（自治区、直辖市）城镇的虚拟水分别占比 82.7%、4.2%、8.5% 与 4.6%，来自本区农村地区的虚拟水占据主导。西藏城镇地区的消费水足迹为 10.9 亿 m³，来自西藏农村、西藏城镇、中国其他省（自治区、直辖市）农村与其他省（自治区、直辖市）城镇的虚拟水占比分别为 76.0%、8.4%、9.5% 与 6.1%，来自本区农村地区的虚拟水占绝对主导。西藏消费水足迹绝大部分来自本区，农村地区 13.2% 的虚拟水来自西藏之外的区域，城镇地区 15.6% 最终消费的虚拟水来自西藏之外的区域，西藏农村地区消费外地的虚拟水占比小于城镇地区消费外地的虚拟水占比。

（四）青藏高原与中国其他省（自治区、直辖市）城乡虚拟水贸易格局

青藏高原与中国其他省（自治区、直辖市）城乡虚拟水贸易情况见图 5.33。总体而言，青藏高原地区农村生产水足迹为 46.4 亿 m³，提供给青藏高原农村、青藏高原城镇、

图 5.33 青藏高原与中国其他省（自治区、直辖市）城乡虚拟水贸易情况

图中其他地区代表除青海与西藏以外的省（自治区、直辖市），本图只展示与青藏高原地区相关的虚拟水贸易，其他地区城乡虚拟水贸易未在图中标出

中国其他省（自治区、直辖市）农村与其他省（自治区、直辖市）城镇的虚拟水占比分别为27.3%、47.7%、5.9%与19.1%。西藏城镇生产水足迹为5.1亿 m³，仅为农村生产水足迹的10.9%，其提供给西藏农村、青海城镇、中国其他省（自治区、直辖市）农村与其他省（自治区、直辖市）城镇的虚拟水占比分别为22.7%、51.6%、6.2%与19.5%。青藏高原农村地区的消费水足迹为17.1亿 m³，来自青藏高原农村、青藏高原城镇、中国其他省（自治区、直辖市）农村与其他省（自治区、直辖市）城镇的虚拟水占比分别为73.9%、6.7%、11.7%与7.7%，来自本地农村地区的虚拟水占据主导。青藏高原地区的消费水足迹为32.0亿 m³，来自青藏高原农村、西藏自治区城镇、中国其他省（自治区、直辖市）农村与其他省（自治区、直辖市）城镇的虚拟水占比分别为69.1%、8.2%、13.5%与9.2%，来自本地农村地区的虚拟水占绝对主导。可见，农村地区生产水足迹较高，而城镇地区由于人口密度较高、消费水平较高，是虚拟水最终消费的热点区域。

二、青藏高原城乡虚拟水贸易结构分解

（一）净虚拟水贸易量对数平均迪氏指数模型

对数平均迪氏指数（LMDI）模型是分析贸易中隐含碳排放、能源利用及虚拟水变化影响因素常用的分解方法（刘翀和柏明国，2012；Zhao and Chen，2014；张陈俊等，2016）。该方法在水资源领域应用广泛，传统上常用于分析实体或虚拟水资源利用随时间变化的驱动因素。Liu 等（2015）首次通过比较隐含在贸易中碳排放的输出与输入量，应用 LMDI 模型研究一个地区净碳排放量的影响因素。本研究通过比较虚拟水输入与输出量，采用 LMDI 模型将青藏高原地区相对于另一个区域的虚拟水净输出量分解为由用水强度、贸易产品的城乡结构、贸易量等因素在输入、输出区域差别带来的净虚拟水输出量。

地区 i 输入至地区 j 的虚拟水贸易量 vw 可以写成以下形式：

$$vw = \sum_{k=1,2} \frac{vw_k}{Q_k} \frac{Q_k}{Q} Q = \sum_{k=1,2} I_k \alpha_k Q \tag{5.12}$$

式中，vw_k（$k=1$ 与 $k=2$ 时）分别为城市与农村提供的虚拟水贸易量，亿 m³；Q_k（$k=1$ 与 $k=2$ 时）分别为城市与农村贸易产品的价值，万元；Q 为地区 i 出口到地区 j 的产品的总价值，万元；I_k 为农产品与工业和服务业产品的用水强度，表征用水效率；α_k 为城乡产品的贸易结构。

地区 i 相对于地区 j 虚拟水净贸易量 Δvw 为出口量 vw^{ex} 与进口量 vw^{im} 的差值，采用 LMDI 将虚拟水净贸易量分解为进出口地区多种因素差别的效应：

$$\Delta vw = vw^{ex} - vw^{im} = \Delta vw_I + \Delta vw_\alpha + \Delta vw_Q \tag{5.13}$$

式中，Δvw_I、Δvw_α、Δvw_Q 分别为由用水强度、城乡产品的贸易结构、贸易量三个因素在进出口地区相对差异带来的效应。Δvw_I、Δvw_α、Δvw_Q 由式（5.14）计算：

$$\Delta vw_I = \sum_{k=1,2} w_k \ln\left(\frac{I_k^{ex}}{I_k^{im}}\right)$$

$$\Delta vw_\alpha = \sum_{k=1,2} w_k \ln\left(\frac{\alpha_k^{ex}}{\alpha_k^{im}}\right)$$

$$\Delta vw_k = \sum_{k=1,2} w_k \ln\left(\frac{Q^{ex}}{Q^{im}}\right) \tag{5.14}$$

$$w_k = \frac{vw_k^{ex} - vw_k^{im}}{\ln vw_k^{ex} - \ln vw_k^{im}}$$

式中，I_k^{im}、I_k^{ex}分别为进、出口地区用水强度；α_k^{im}、α_k^{ex}分别为地区i相对于地区j进、出口贸易产品的城乡结构；Q_k^{im}、Q_k^{ex}为地区i相对于地区j的进、出口贸易量。

（二）青海虚拟水净输入原因分解

青海从中国其他省（自治区、直辖市）净输入虚拟水 2.16 亿 m³，基于 LMDI 模型，将青海对中国其他省（自治区、直辖市）虚拟水净贸易量分解为由用水效率、贸易产品的城乡结构、贸易量等多个因素进、出口地区差异带来的效应，结果见图 5.34。青海相对于中国其他省（自治区、直辖市）用水效率较高，用水效率因素导致青海对中国其他省（自治区、直辖市）净输入虚拟水 4.03 亿 m³。相对于其他地区，青海贸易输出产品中用水密集型农产品占比较大，贸易产品的城乡结构因素导致青海向中国其他省（自治区、直辖市）净输出虚拟水 6.38 亿 m³。青海相对于中国其他省（自治区、直辖市）存在贸易逆差，2012 年青海贸易输出与输入量分别为 632.3 亿元与 1302.8 亿元，贸易量因素导致青海从中国其他省（自治区、直辖市）净输入虚拟水量 4.51 亿 m³。中国其他省（自治区、直辖市）各部门产出相对丰富，给予了地处中国西部的青海生产、生活大量物资支持。

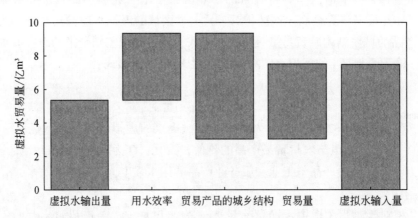

图 5.34 青海对中国其他省（自治区、直辖市）虚拟水净贸易量因素分解结果

（三）西藏虚拟水净输出原因分解

西藏净输出虚拟水 4.41 亿 m³，基于 LMDI 模型，将西藏对中国其他省（自治区、直

辖市）虚拟水净贸易量分解为由用水效率、贸易产品的城乡结构、贸易量等多个因素贸易输入和输出地区差异带来的效应，结果见图 5.35。西藏相对于中国其他省（自治区、直辖市）用水效率较低，用水效率因素导致西藏对中国其他省（自治区、直辖市）净输出虚拟水量 0.26 亿 m³。相对于其他地区，西藏输出贸易产品中用水密集型农产品占比相对较大，贸易产品的城乡结构因素导致西藏对中国其他省（自治区、直辖市）净输出虚拟水量10.15 亿 m³。西藏相对于中国其他省（自治区、直辖市）存在贸易逆差，2012 年西藏贸易输出与输入量分别为 198.7 亿元与 712.6 亿元，贸易量因素导致西藏对中国其他省（自治区、直辖市）净输入虚拟水量 6.00 亿 m³。中国其他省（自治区、直辖市）各部门产出相对丰富，给予了西藏大量物资支持。

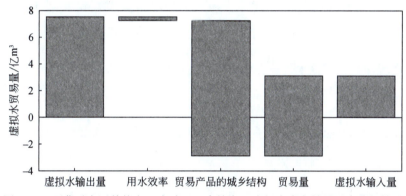

图 5.35　西藏对中国其他省（自治区、直辖市）虚拟水净贸易量因素分解结果

（四）青藏高原虚拟水净输出原因分解

青海与西藏虚拟水贸易情况及不同社会经济因素的影响作用表现出差异性。由以上分析可知，青海与西藏分别为虚拟水净输入地区与净输出地区。用水效率因素导致青海虚拟水净输入、西藏虚拟水净输出。贸易产品的城乡结构因素导致青海与西藏均净输出虚拟水，而贸易量因素导致青海与西藏净输入虚拟水。总体而言，青藏高原净输出虚拟水 2.25亿 m³，用水效率、贸易产品的城乡结构、贸易量等因素在青海和西藏与中国其他省（自治区、直辖市）的差别导致的虚拟水净输出量分别为–3.77 亿 m³、16.53 亿 m³、–10.51亿 m³（图 5.36）。青藏高原向中国其他省（自治区、直辖市）净输出虚拟水主要归因于其以农产品为主导的产品输出结构，而青藏高原和中国其他省（自治区、直辖市）的贸易逆差与其相对较高的用水效率带来虚拟水净输入效应，抵消部分贸易产品城乡结构因素的虚拟水净输出效应。

三、青藏高原虚拟水的调控策略

青藏高原是我国重要的水源涵养区与生态支撑区。从虚拟水角度，分析青藏高原与中国其他区域的水资源联系和影响因素，能为水资源可持续利用与管理决策提供科学支撑，

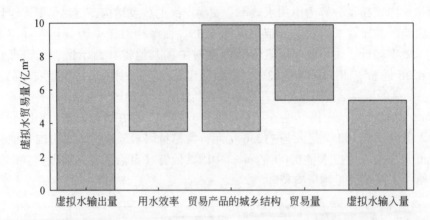

图 5.36　青藏高原地区对中国其他省（自治区、直辖市）虚拟水净贸易量因素分解结果

促进区域水资源保护，保障水资源安全。尽管青藏高原地区水资源开发利用率极低，约为1.2%，远低于全国平均水平，但由于水资源量与用水量时空分布不均，部分人口与城镇密集地区水资源严重短缺，带来负面的水资源与生态环境效应。因而，节水、促进水资源可持续利用是青藏高原面临的重要任务。根据以上分析结果，相关政策建议如下。

（一）提高水资源利用效率

城镇与农村地区虚拟水贸易联系紧密，农村地区生产水足迹相对较高，城镇地区消费水足迹相对较高。尽管相对于全国平均水平，青藏高原地区的用水效率并不低，但地区内部用水效率差别较大，节水潜力仍然很大。因而，通过灌溉节水减少农业用水量，同时引导城镇居民向低水足迹生活方式转变是青藏高原地区重要的节水途径。

（二）优化产业结构与产品输出结构

青藏高原地区向中国其他省（自治区、直辖市）净输出虚拟水，因而减少虚拟水净输出是缓解青藏高原部分地区水资源短缺、促进水资源可持续利用的有效途径。导致青藏高原虚拟水净输出的主要因素为以农产品为主导的贸易输出结构，因而升级贸易产品结构，减少输出初级产品，对高原特色农产品进行深加工，延长产业链，提升输出水资源强度较低的中高级产品比例，能够有效地减少青藏高原虚拟水净输出。

（三）鼓励内地对青藏高原的物质与技术支援

青藏高原地区相对中国其他省（自治区、直辖市）的贸易逆差有效地减少青藏高原虚拟水净输出量。由于自然条件差、发展起步慢等，相较于中国大部分区域，青藏高原地区社会经济发展水平低，城镇化水平低，应该继续鼓励中国其他区域向青藏高原输入各部门产品，为青藏高原社会经济发展提供物资与技术支援。同时，青藏高原是我国重要的水源涵养区与生态安全屏障，产业发展受到限制，下游地区应给予青藏高原一定的经济补偿，实施水资源生态补偿政策，不仅有利于保护和可持续利用水资源，还能促进青藏高原地区社会经济发展。同时，通过从其他区域给青藏高原输出各部门产品而减少青藏高原地区用水量，节约的水资源将流向下游地区，而下游地区节水技术与设施相对完善，用水效率较高，有利于流域整体上水资源的高效利用。

<h2 style="text-align:center">主要参考文献</h2>

关雪凌，周敏. 2015. 城镇化进程中经济增长与能源消费的脱钩分析. 经济问题探索，4：88-93.

国家统计局. 2008. 中国经济普查年鉴-2008. 北京：中国统计出版社.

国家统计局农村社会经济调查司. 2015. 中国县域经济统计年鉴（县市卷）-2015. 北京：中国统计出版社.

刘翀，柏明国. 2012. 安徽省工业行业用水消耗变化分析——基于 LMD 分解法. 资源科学，34（12）：2299-2305.

刘卫东，唐志鹏，韩梦瑶，等. 2018. 2012 年中国 31 省区市区域间投入产出表. 北京：中国统计出报社.

青海省水利厅. 2006~2015. 青海省水资源公报 2006~2015.

西藏自治区水利厅. 2006~2015. 西藏自治区水资源公报 2006~2015.

张陈俊，章恒全，张丽娜. 2016. 基于多层次 LMDI 方法的中国水资源消耗变化分析. 统计与决策，（3）：98-102.

Allan J A. 1993. Fortunately there are substitutes for water otherwise our hydro-political futures would be impossible. Priorities for Water Resources Allocation and Management，13（4）：26.

Dalin C，Konar M，Hanasaki N，et al. 2012. Rodriguez-Iturbe I. Evolution of the global virtual water trade network. PNAS，109（16）：5989-5994.

Dong H，Geng Y，Fujita T，et al. 2014. Uncovering regional disparity of China's water footprint and inter-provincial virtual water flows. Science of the Total Environment，501：120-130.

Falkenmark M. 1997. Meeting water requirements of an expanding world population. Philosophical Transactions of the Royal Society B Biological Sciences，352：929-936.

Feng L，Chen B，Hayat T，et al. 2015. The driving force of water footprint under the rapid urbanization process：a structural decomposition analysis for Zhangye city in China. Journal of Cleaner Production，163：322-328.

Guan D，Hubacek K. 2007. Assessment of regional trade and virtual water flows in China. Ecological Economics，61（1）：159-170.

Hoekstra A Y，Mekonnen M M. 2012. The water footprint of humanity. Proceedings of the National Academy of Sciences of the United States of America，109（9）：3232.

Hoekstra A Y. 2003. Virtual Water Trade：Proceedings of the International Expert Meeting on Virtual Water Trade. The Netherlands：IHE Delft.

Hoekstra A Y，Chapagain A K，Aldaya M M，et al. 2011. The Water Footprint Assessment Manual：Setting the Global Standard. London：Earthscan.

Kendall M G. 1975. Rank Correlation Methods. 4th ed. London：Charles Griffin.

Liu J，Kuang W，Zhang Z，et al. 2014. Spatiotemporal characteristics，patterns，and causes of land-use changes in China since the late 1980s. Journal of Geographical Sciences，24：195-210.

Liu Z，Davis S J，Feng K，et al. 2015. Targeted opportunities to address the climate-trade dilemma in China. Nature Climate Change，6：201-206.

Mann H B. 1945. Non-parametric tests against trend. Econometrica，13（3）：245-249.

OECD (Organisation for Economic Co-operation and Development) . 2011. Resource Productivity in the G8 and the OECD—a Report in the Framework of the Kobe 3R Action Plan. Paris.

Seekell D, D'Odorico P, Pace M. 2011. Virtual water transfers unlikely to redress inequality in global water use. Environmental Research Letters, 6 (2): 24017-24022.

Sun S, Fang C. 2019. Factors governing variations of provincial consumption-based water footprints in China: an analysis based on comparison with national average. Science of the Total Environment, 654: 914-923.

Tapio P. 2005. Towards a theory of decoupling: Degrees of decoupling in the EU and the case of road traffic in Finland between 1970 and 2001. Transport Policy, 12 (2): 137-151.

Zhang C, Anadon L D. 2014. A multi-regional input-output analysis of domestic virtual water trade and provincial water footprint in China. Ecological Economics, 100 (2): 159-172.

Zhang X, Tang Q, Pan M, et al. 2014. A long-term land surface hydrologic fluxes and states dataset for China. Journal of Hydrometeorology, 15: 2067-2084.

Zhao C, Chen B. 2014. Driving force analysis of the agricultural water footprint in China based on the LMDI method. Environmental Science & Technology, 48 (21): 12723-12731.

Zhao X, Liu J, Liu Q, et al. 2015. Physical and virtual water transfers for regional water stress alleviation in China. PNAS, 112, (4): 1031-1035.

|第六章| 青藏高原城镇建设用地扩展 对生态环境的影响

青藏高原是世界上海拔最高的地区,因其幅员辽阔、海拔高、气候严寒受人类活动干扰相对较少而成为全球变化研究的环境本底,是一个具有全球重要性的生态脆弱区,其生态系统对气候变化和人类活动的影响极为敏感。青藏高原独特的自然地域格局和丰富多样的生态系统对我国生态安全具有重要的屏障作用(孙鸿烈等,2012;Ni,2000;谢高地等,2003)。随着社会经济发展,青藏高原水土矿产资源开始了开发,迁入人口增多,工业化进程加快,交通运输快速发展,城镇化过程越发显著(傅小锋,2000)。城镇化发展的最终结果是城市化地区土地利用的剧烈变化(Carlson and Arthur,2000)。城镇化进程的加速使城市建成区范围逐步扩张,城镇的空间扩张包括城镇用地的空间扩展和生态用地内部之间的交互置换两大方面,城镇用地拓展必然引起生态用地发生变化,生态用地的增减也必然会对城镇的生态环境产生影响(Fan et al.,2016;Park et al.,2017)。鉴于青藏高原生态脆弱性与近年来城镇扩张速度加剧,调控城镇化进程对生态环境影响的合理程度和影响幅度,探究城镇空间扩展与生态环境之间的影响机理,可为实现青藏高原新型城镇化的绿色发展提供科学依据。

第一节 青藏高原城镇建设用地的演变历程及特征

青藏高原土地利用变化一直以来都是研究重点,前人的研究范围大部分针对高原上的某些局部区域,以主要城镇和周边用地的研究为主(冯仕超等,2012),对生态环境的变化关注度较高(张镱锂等,2002;除多等,2006;李小雁等,2008;武爽等,2021;孔玲玲等,2022)。目前对青藏高原长时间序列土地利用空间变化特征及相互转化规律的研究较少,主要是针对局部范围用地变化进行研究(李士成等,2015;吴致蕾等,2016)。传统的土地利用变化研究重点分别是土地覆被的分类系统(张明,2001;陈百明和张凤荣,2011)、动态监测(钟凯文等,2009)和环境影响评价(张映雪等,2017;雷军成等,2019)。区别于已有研究,本研究针对青藏高原地区进行城乡建设用地和生态用地之间的土地利用转化研究,利用城乡建设用地变化情况体现人类的活动(刘子川等,2019)。

一、土地利用变化的时空格局分析

鉴于青藏高原生态环境的差异,郑度院士将青藏高原划分为 11 个自然地带单元,受大地势结构和大气环流的影响，在温度、水分条件组合上呈现共同特征，具有地带性植被和土壤范围较大的自然地域，自然地带内垂直自然带谱的性质和结构类型组合相似，这是青藏高原自然地域系统中最主要的基本地域单元（郑度，1996），其对各类土地资源的形成与分布产生深刻影响。

　　青藏高原的土地利用类型以各类草地和裸土裸岩为主，且有着明显的空间差异，东南部地区以林地为主，高原北部则以裸岩石砾地或戈壁为主；高原中部是阿里、羌塘地区，人烟稀少，以草地为主，农业用地则分布在分类聚集区周围。人类活动主要在河谷地带，主要集中在西藏的一江两河地区和东北部的草原及东南部的林地地区。

　　图 6.1 为 2020 年青藏高原土地利用图，是利用 2020 年前后的 Landsat-ETM+遥感数据进行分类提取获得的，图 6.1 的青藏高原自然地带是依据郑度（1996）的研究成果划分的自然地带分区（具体说明见表 6.1）。该区土地未利用率约 70%。其中城乡居民点、工矿和基础设施等建设用地占 0.1%，耕地、林地、草地分别占全区土地总面积的 0.9%、12.6%、48.7%。土地利用结构以牧草地为主，农林牧用地分布集中；土地资源开发利用不充分，经营粗放；土地资源开发利用不合理，土地退化和荒漠化严重等（张雪芹和葛全胜，2002）。

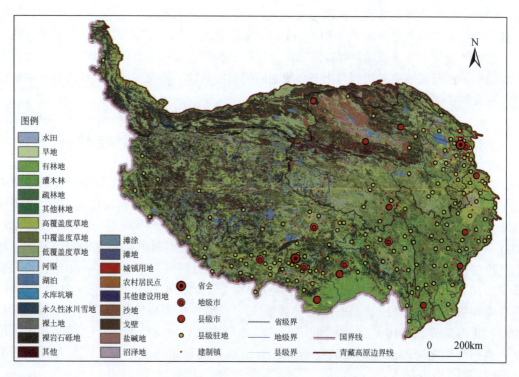

图 6.1　2020 年青藏高原土地利用图

表 6.1　青藏高原自然地带编码

项目	编码									
	OA1	IIC1	IID1	IIAB1	IB1	IC2	IC1	ID1	IIC2	IID3	IID2
自然带	东喜马拉雅南翼山地常绿阔叶林带	藏南山地灌丛草原地带	阿里山地半荒漠、荒漠地带	川西藏东山地针叶林带	果洛那曲高寒灌丛草甸地带	羌塘高寒草原地带	青南高寒草甸草原地带	昆仑高寒荒漠地带	青东祁连山地草原地带	昆仑北翼山地荒漠地带	柴达木山地荒漠地带

资料来源：郑度，1996。

（1）耕地：青藏高原是全国耕地面积和占比最小的地区。由于人口稀少，人均耕地（0.16hm²）相对较高，为全国平均水平的 1.23 倍，乡村人口人均耕地（0.25hm²）为全国平均水平的 0.84 倍。但该区垦殖率低，仅为全国平均水平的 1.0%。主要用地类型为旱地和水浇地，占耕地面积的 99.9%。耕地通常呈条带状分布于最热月均温 10℃ 以上、水土条件较好的江河谷地与湖盆地带，主要分布在柴达木盆地的绿洲、青东甘南的黄湟谷地、藏南的雅鲁藏布江中游干支流谷地。受低温限制，青藏高原大部分农区为一年一熟，作物组成以耐寒的青稞、小麦、豌豆和油菜为主。

（2）林地：青藏高原有林地面积为 32.8 万 km²，占全国林地面积的 14.6%。森林覆盖率为 12.6%，森林覆盖水平为全国平均水平的 53.6%。林地以有林地和灌木林地为主，二者合计占林地总面积的 81.1%。有林地集中分布在青藏高原东南湿润、半湿润的山地，多位于江河上游河源地区，包括藏东、藏东南及雅鲁藏布江中游地区。

（3）牧草地：牧草地在青藏高原土地利用中占绝对优势。青藏高原有牧草地 126 万 km²，分别占全国土地总面积、全区土地总面积、全区农用地面积的 13.3%、48.8%、69.8%。牧草地绝大多数为天然草地，其比例高达 99.8%，而人工草地和改良草地仅占 0.2%。天然草地主要分布在海拔 3500m 以上的山地和滩地。

（4）城乡建设用地、工矿用地和基础设施用地：青藏高原非农用地包括居民工矿用地和交通用地面积，占土地总面积的 0.1%，远低于全国平均 2.3% 的水平。城乡建设用地和工矿用地集中分布于青海西宁市、格尔木市及西藏的拉萨市和日喀则市等区域。

（5）水域、冰川：青藏高原有水域面积为 9.70 万 km²，占全国的 43.3%。集中分布在藏北、青南。青藏高原水域以湖泊和冰川为主，合计占水域总面积的 82.8%。其中，内流湖面积约占本区湖泊面积的 95%，主要为咸水湖或盐湖，集中分布在柴达木盆地和西藏北部、西部地区。

（6）未利用土地：青藏高原未利用地面积占全国的 10%，占全区土地面积的 32.3%，高于全国 20.9% 的平均水平。未利用地主要分布在藏北那曲市和阿里地区、青东甘南地区。未利用地包括荒草地、盐碱地、沼泽地、沙地、裸土地、裸岩等类型。

图 6.2 和表 6.2、表 6.3 为青藏高原 1990 年、2000 年、2005 年、2010 年、2015 年和 2020 年的各土地利用类型面积及比例。1990～2020 年，牧草地、林地和耕地面积都有一定程度的上下浮动，而城乡建设用地的面积则逐年增加，其中 2010～2020 年增长迅速。

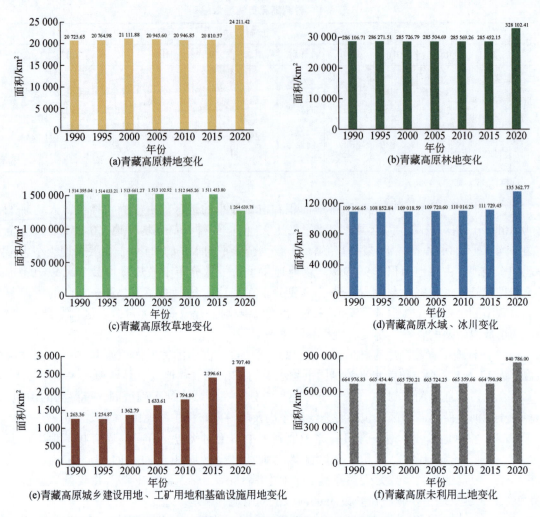

图 6.2　1990~2020 年青藏高原土地利用变化图

表 6.2　**青藏高原 1990 年、1995 年、2000 年、2005 年各类土地类型面积及比例**

用地类型	1990 年		1995 年		2000 年		2005 年	
	面积/km²	比例/%	面积/km²	比例/%	面积/km²	比例/%	面积/km²	比例/%
水田	240.01	0.01	239.83	0.01	238.49	0.01	238.26	0.01
旱地	17 878.54	0.70	17 922.45	0.71	18 268.46	0.72	18 109.19	0.71
有林地	122 736.10	4.83	122 953.4	4.84	122 533.1	4.83	122 335.40	4.82
灌木林	93 597.49	3.69	93 471.82	3.68	93 331.7	3.68	93 258.18	3.67
疏林地	19 156.16	0.75	19 148.98	0.75	19 154.65	0.75	19 174.63	0.76
其他林地	1 086.88	0.04	1 184.33	0.05	1 217.19	0.05	1 244.25	0.05

续表

用地类型	1990 年		1995 年		2000 年		2005 年	
	面积/km²	比例/%	面积/km²	比例/%	面积/km²	比例/%	面积/km²	比例/%
高覆盖度草地	422 335.20	16.63	422 399.1	16.64	422 685.7	16.65	422 745.20	16.65
中覆盖度草地	563 208.30	22.18	563 342.7	22.19	563 926.4	22.21	563 618.20	22.20
低覆盖度草地	523 703.20	20.63	523 088	20.60	521 860.5	20.56	521 547.00	20.54
河渠	2 563.15	0.10	2 399.5	0.09	2 462.13	0.10	2 466.10	0.10
湖泊	40 133.8	1.58	40 370.56	1.59	40 264.99	1.59	40 791.87	1.61
水库坑塘	402.39	0.02	401.65	0.02	456.74	0.02	491.36	0.02
永久性冰川雪地	51 938.17	2.05	51 334.02	2.02	51 324.97	2.02	51 305.26	2.02
滩涂	0.04	0.00	0.39	0.00	1.36	0.00	1.25	0.00
滩地	13 990.67	0.55	14 035.78	0.55	14 187.3	0.56	14 343.88	0.56
城镇用地	190.67	0.01	202.32	0.01	227.81	0.01	273.58	0.01
农村居民点	735.01	0.03	723.13	0.03	757.19	0.03	785.01	0.03
其他建设用地	299.29	0.01	289.49	0.01	337.79	0.01	534.61	0.02
沙地	47 209.2	1.86	47 127.39	1.86	47 455.64	1.87	48 158.72	1.90
戈壁	97 588.34	3.84	97 614.96	3.85	97 712.21	3.85	97 638.08	3.85
盐碱地	38 885.02	1.53	38 852.03	1.53	38 577.89	1.52	38 282.46	1.51
沼泽地	22 686.12	0.89	22 952.73	0.90	23 017.63	0.91	22 692.59	0.89
裸土地	4 875.5	0.19	4 907.82	0.19	4 819.66	0.19	4 811.76	0.19
裸岩石砾地	372 266.7	14.66	372 581.4	14.68	37 2671.4	14.68	372 631.20	14.68
其他	81 219.68	3.20	81 165.2	3.20	81 257.56	3.20	81 270.52	3.20

表 6.3 青藏高原 2010 年、2015 年、2020 年各类土地类型面积及比例

用地类型	2010 年		2015 年		2020 年	
	面积/km²	比例/%	面积/km²	比例/%	面积/km²	比例/%
水田	238.26	0.01	237.54	0.01	1 038.84	0.04
旱地	18 111.37	0.71	17 981.73	0.71	23 172.58	0.89
有林地	122 384.00	4.82	122 355.90	4.82	154 880.86	5.97
灌木林	93 309.27	3.68	93 258.97	3.67	111 465.20	4.29
疏林地	19 130.66	0.75	19 113.49	0.75	57 879.60	2.23
其他林地	1 246.39	0.05	1 241.40	0.05	3 876.75	0.15
高覆盖度草地	422 859.10	16.66	422 580.8	16.65	199 967.17	7.70
中覆盖度草地	563 587.00	22.20	563 122.9	22.18	470 857.84	18.14

用地类型	2010 年		2015 年		2020 年	
	面积/km²	比例/%	面积/km²	比例/%	面积/km²	比例/%
低覆盖度草地	521 312.80	20.53	520 557.10	20.50	593 814.77	22.88
河渠	2 465.60	0.10	2 537.32	0.10	8 145.02	0.31
湖泊	40 959.95	1.61	42 137.43	1.66	49 491.27	1.91
水库坑塘	509.72	0.02	1 080.21	0.04	3 465.86	0.13
永久性冰川雪地	51 286.32	2.02	51 105.28	2.01	39 163.40	1.51
滩涂	1.25	0.00	1.25	0.00	0.00	0.00
滩地	14 472.55	0.57	14 544.78	0.57	35 097.22	1.35
城镇用地	281.78	0.01	349.84	0.01	608.43	0.02
农村居民点	789.54	0.03	906.36	0.04	1 109.89	0.04
其他建设用地	682.81	0.03	1 086.09	0.04	989.08	0.04
沙地	48 127.83	1.90	47 875.15	1.89	53 965.8	2.08
戈壁	97 629.62	3.85	97 350.76	3.83	202 913.07	7.82
盐碱地	38 048.30	1.50	38 247.89	1.51	31 831.02	1.23
沼泽地	22 623.02	0.89	22 401.78	0.88	34 849.62	1.34
裸土地	4 796.07	0.19	4 793.53	0.19	73 969.14	2.85
裸岩石砾地	372 747.60	14.68	372 953.20	14.69	408 028.01	15.72
其他	81 148.28	3.20	80 929.77	3.19	35 229.34	1.36

图 6.3 宏观地展示青藏高原在 1990 年、1995 年、2000 年、2005 年、2010 年、2015 年和 2020 年 7 个时期的土地利用变化情况。

二、城镇建设用地演变历程及特征

（一）青藏高原城镇建设用地的空间分异分析

城镇化是人类当代发生的最显著变化，是社会经济发展的必然结果（陈明星等，2009）。城镇化包括人口城镇化、经济城镇化、空间城镇化和社会城镇化四方面（Davis，1987；李鑫等，2012；曹文莉等，2012；张飞和孔伟，2014；薛德升和曾献君，2016）。由于青藏高原独特的地理位置特殊性，人口密度小，交通发展受限，经济发展受限，因此青藏高原有着异于其他地区的城镇化发展方式（方创琳和李广东，2015）。青藏高原的城镇化水平相对落后，发展也相对滞后，1995 年以后，随着市场机制的深入推进，西藏进入加速城镇化阶段，大量外来的流动人口已成为城市扩张和城镇化率上升的主要驱动力（Jie et al.，2010）。

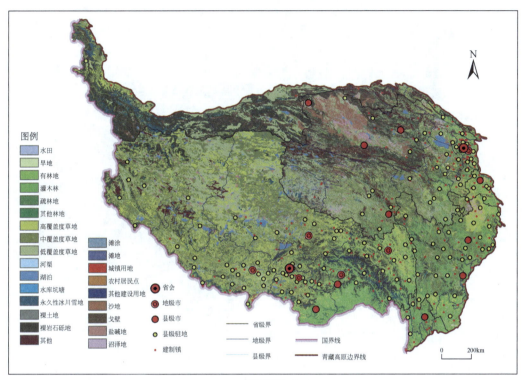

(a)1990年

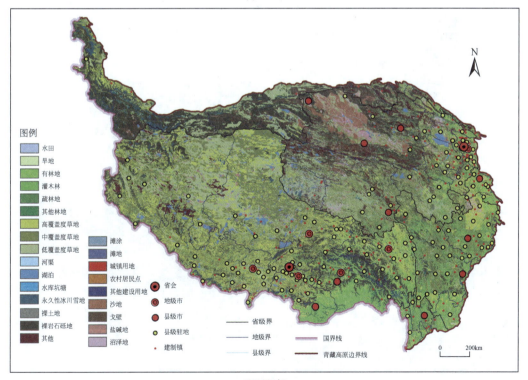

(b)1995年

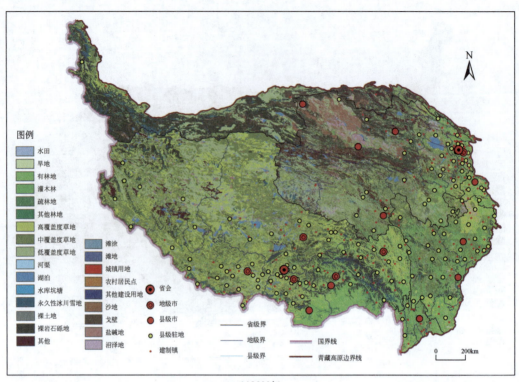

(c)2000年

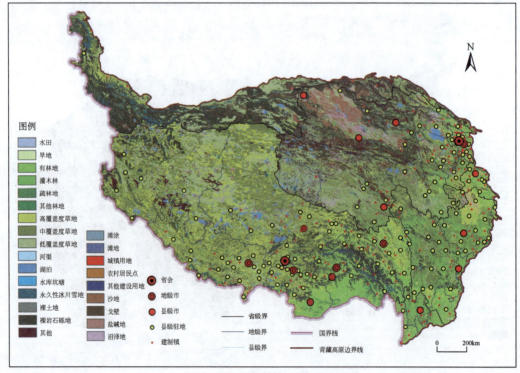

(d)2005年

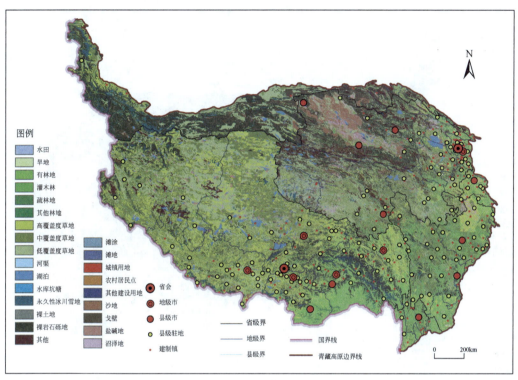

(e)2010年

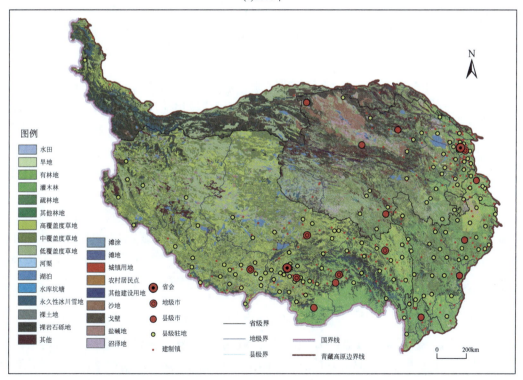

(f)2015年

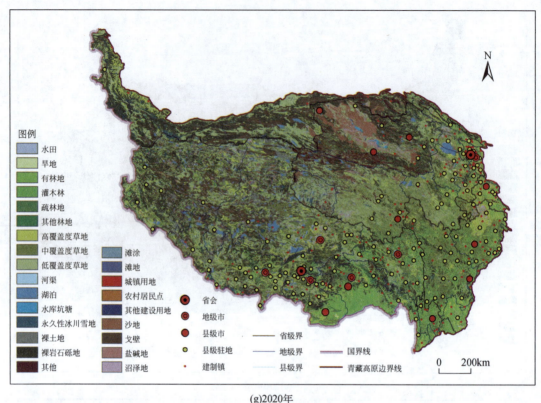

(g)2020年

图 6.3 青藏高原土地利用变化格局图

很多城镇集中分布在河谷区域，可利用地有限，城市扩张很大程度受到地形的影响（周庆华等，2014）。针对海拔较高的高原来说，可供建设用地很少，城镇规模小，城镇化速度较慢，在有限的山间平原内相对封闭，自成体系，城镇间的联系较少（唐伟等，2011；方创琳和李广东，2015）。针对海拔相对较低的高原地区，城镇化发展则受制于人口，经济发展相对缓慢；地形地势对城镇扩张的影响并不大，但城镇的整体分布是相对分散的（Fan et al., 2016, Park et al., 2017）。高原居民数量较少，生活点也非常零散（王松磊等，2017），城镇化的发展很大程度依赖于外来人口，并且城镇化集中在某几个重点区域，很难形成类似平原地区的城市群。青藏高原主要的城乡建设用地集中在东北部地区，其他建设用地则主要集中在柴达木盆地，兰西城市群和拉萨城市圈集中大部分的城镇用地。

（二）青藏高原城镇建设用地的演变历程及特征

青藏高原的城乡建设用地主要集中在青藏高原的东北部及西藏的一江两河地区（图 6.4）。青藏高原的东北部主要是低海拔的柴达木盆地及祁连山南麓草原。青藏高原的东部边缘也有相对集中的城乡建设用地。羌塘高原及高原的西北部城乡建设用地数量极为

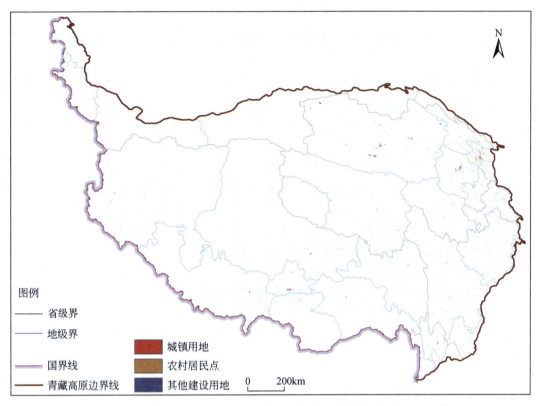

图 6.4　2020 年青藏高原城乡建设用地利用图

稀少。总体来看，城乡建设用地数量逐年上升，增长速率也基本上是逐渐增加的，三类用地中，其他建设用地的增加数量最多，农村居民点和城镇用地面积增加速度相对缓慢（图 6.5）。空间上的变化情况也相对明显，城镇的发展都集中在兰西城市群和拉萨城市圈，在原有的用地基础上进行了扩张，但是扩张的相对数量并不显著。

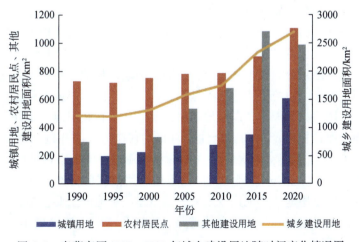

图 6.5　青藏高原 1990~2020 年城乡建设用地随时间变化情况图

第二节　青藏高原土地利用类型转移对生态环境的影响

为了更好地表达青藏高原城镇化发展对生态环境的影响，本研究对青藏高原 30 年来城乡建设用地和生态用地两大类用地的变化特征及结构空间分异特征进行分析。利用城乡建设用地变化情况体现人类活动，用城乡建设用地和生态用地之间的转移情况来反映人类活动对生态环境的影响。

生态用地一词最早是董雅文等（1999）提出的，当时给出的定义是生态要素的空间定位统称为生态用地。但时至今日对生态用地的定义学术界还没有统一，部分学者以土地空间形态来定义生态用地，即生态要素所在空间定位统称为生态用地（韩学敏等，2010），部分学者单纯从生态功能角度来定义生态用地，即凡是具有生态服务功能、对生态系统和生物生境保护具有重要作用的土地都可视为生态用地（刘睿等，2016），还有一些学者侧重从土地主体功能角度来定义生态用地，任何土地的功能都是综合性的，他们主要通过土地的主体功能来划分生态用地（陈婧和史培军，2005；邓红兵等，2008；俞孔坚等，2009）。青藏高原的生态环境较为特殊，因此在进行生态用地分类时主要考虑以提供生态、环境调节和生物保育等生态服务功能为主要用途，对维持区域生态平衡和可持续发展具有重要作用的土地利用类型，生产性用地和承载性用地除外。

一、数据来源和研究方法

（一）数据来源

本研究所用土地利用数据来自中国科学院资源环境科学与数据中心，时间跨度是 1990 ~ 2020 年每 5 年一期共 7 期，空间分辨率为 100m，数据生产制作是以各期 Landsat TM/ETM 遥感影像为主要数据源，采用人机交互快速提取方法解译而成（刘纪远等，2014，2018）。

土地是一个具有综合功能的系统，生产、生活、生态是土地系统的三大功能，它们相互关联，形成统一整体而不可分割，对于不同区域，不同类型的土地主体功能不同，生态用地必须是以生态系统服务功能为主，基于青藏高原地理环境和土地利用数据的已有类型，本研究将生态用地划分为 4 个一级类，分别是湿地、林地、草地、其他生态用地。其中，其他生态用地的生态系统服务功能不是很强，但其主体功能依旧是生态功能。考虑到青藏高原农业生产用地数量极少，以旱地为主，且这部分农业用地作用并不是维持区域生态环境健康，而是保证粮食产量和安全性，因此不宜作为生态用地（喻锋等，2015）。4 个一级类又分为 18 个二级类，本次研究主要参考喻锋对中国生态用地的分类方式（喻锋等，2015）。城乡建设用地的分类则延续原始土地利用数据的分类，共分为 3 类，分别是城镇用地、农村居民点用地及其他建设用地，其他建设用地则主要包括独立于城镇以外的厂矿、大型工业区、采石场等用地、交通道路、机场及特殊用地（刘子川等，2019）。具体分类如表 6.4 所示。

表 6.4　生态用地和城乡建设用地分类

一级类		二级类	
编码	名称	编码	名称
1	湿地	11	河渠
		12	湖泊
		13	水库坑塘
		14	滩地
		15	沼泽地
2	林地	21	有林地
		22	灌木林
		23	疏林地
		24	其他林地
3	草地	31	高覆盖度草地
		32	中覆盖度草地
		33	低覆盖度草地
4	其他生态土地	41	盐碱地
		42	沙地
		43	裸土地
		44	裸岩石砾地
		45	荒漠、苔原
		46	永久性冰川雪地
5	城乡、工矿、居民用地	51	城镇用地
		52	农村居民点
		53	其他建设用地
0	其余用地		

（二）研究方法

1. 土地利用单一动态度分析

基于 MATLAB、ArcGIS 及 Envi 等软件，利用青藏高原矢量边界对数据进行裁剪和重分类，进而计算青藏高原各类用地的土地利用转移矩阵，然后计算各类用地单一土地利用动态度，计算方法如下（王秀兰和包玉海，1999）：

$$K = \left[\frac{u_b - u_a}{u_a} \right] \times T^{-1} \times 100\% \tag{6.1}$$

式中，u_a 和 u_b 分别为研究期初和研究期末某土地利用类型的面积；T 为研究时段长。当 T 设定为 1 年时，K 值为某土地利用类型的年变化率。

2. 转移热点核密度分析

为明显地体现空间分异规律，并增强图件的可视性，本研究以 10km 网格为基础单元挖掘空间分布规律，计算每个网格生态用地和城乡建设用地转移比例，见式（6.2）：

$$D = \frac{A_u - A_e}{A} \times 100\%$$ (6.2)

式中，D 为转移比例；A_u 为网格内生态用地转移为城乡建设用地的面积；A_e 为网格内城乡建设用地转移为生态用地的面积；A 为网格面积。为便于下一步空间规律挖掘，依照转移比例，对城乡建设用地与生态用地转移进行等间隔划分，一共分为 12 个等级（表 6.5），等级越小城乡建设用地转移为生态用地的绝对面积越大。

表 6.5　转移等级划分　　　　　　　　　　　　（单位：%）

项目	等级											
	9	8	7	6	5	4	3	2	1	0	−1	−2
D	44.7 ~ 50.3	39.1 ~ 44.7	33.5 ~ 39.1	28.0 ~ 33.5	22.4 ~ 28.0	16.8 ~ 22.4	11.2 ~ 16.8	5.6 ~ 11.2	0 ~ 5.6	0	−5.6 ~ 0	−5.6 ~ −8.7

对 10km 网格以转移等级为属性进行矢量转换，利用 ArcGIS 平台进行核密度分析，从而探究发生用地转移的热点区域：

$$F_n(x) = \frac{1}{nh} \sum_{i=1}^{n} k\left(\frac{x - x_i}{h}\right)$$ (6.3)

式中，$F_n(x)$ 为核密度值；$x-x_i$ 为估计点到 x_i 的距离；h 为带宽；n 为带宽范围内的点数（黄聪等，2016；熊俊楠等，2018）。

3. 转移热点标准差椭圆分析

转移热点在不同时期有明显的空间分异，利用标准差椭圆进行空间动态变化分析（熊俊楠等，2018），以观察用地转移的方向变化，标准差椭圆计算如下：

$$\mu = \frac{\sum_{i=1}^{n} x_i}{n};$$

$$\nu = \frac{\sum_{i=1}^{n} y_i}{n} \tan\theta$$

$$= \frac{\left(\sum_{i=1}^{n} w_i^2 x_i'^2 - \sum_{i=1}^{n} w_i^2 y_i'^2\right) + \sqrt{\left(\sum_{i=1}^{n} w_i^2 x_i'^2 - \sum_{i=1}^{n} w_i^2 y_i'^2\right)^2 + 4\left(\sum_{i=1}^{n} w_i^2 x_i'^2 y_i'^2\right)^2}}{2 \sum_{i=1}^{n} w_i^2 x_i' y_i'}$$ (6.4)

$$\delta_x = \sqrt{\frac{\sum_{i=1}^{n} (w_i x_i' \cos\theta - w_i y_i' \sin\theta)^2}{\sum_{i=1}^{n} w_i^2}}; \quad \delta_y = \sqrt{\frac{\sum_{i=1}^{n} (w_i x_i' \cos\theta - w_i y_i' \sin\theta)^2}{\sum_{i=1}^{n} w_i^2}}$$

式中，μ 和 ν 分别为所有点的 x 坐标值和 y 坐标值的平均值，即椭圆的圆心；x'_i 和 y'_i 为各点距离区域重心的相对坐标，θ 为椭圆的旋转角度。根据 $\tan\theta$ 可以得到点分布格局的转角；δ_x 和 δ_y 分别为沿 x 轴的标准差和沿 y 轴的标准差（赵媛等，2012）。上述计算可依托 ArcGIS 平台实现。

二、城乡建设用地与生态用地转移数据分析

分析显示，青藏高原的城乡建设用地增加幅度明显，由 1990 年的 1224km² 增加至 2020 年的 2707.4km²，其中其他建设用地的增长率排在首位，1990～2020 年由最初的 299.3km² 增至 989.1km²，增加两倍左右，土地动态度高达 11.5%；城镇用地增加幅度较大，由 190.7km² 增长至 608.4km²；农村居民点用地增长幅度较小，土地动态度仅有 2.6%。

青藏高原生态用地面积总量减少，草地减少面积最多，高达 249 755.2km²。各类生态用地基数较大，变化度较小，单一土地利用动态度基本不及 1%。1990～2020 年，共有 2066.5km² 的生态用地转移为城乡建设用地，是这 30 年城乡建设用地转移为生态用地转移量的 5.6 倍。生态用地主要转移为农村居民点，占比约 50.4%，而转移为其他建设用地的比例为 45%，转移为城镇用地的比例为 4.5%。1990～2020 年转向城乡建设用地的生态用地中，近半数的生态用地是草地，湿地占 32.2%，其他生态用地占 8.8%，青藏高原林地基数小，故转移比例很小。永久性冰川雪地和高寒荒漠、苔原上没有常住人类活动，因此该类生态用地很少向城乡建设用地转移。

青藏高原生态用地向城乡建设用地的转移呈现出明显规律：生态服务功能越高的土地上人类活动越频繁。①湿地类型是四种生态用地中向城乡建设用地转移面积最小的一个，也是占比最少的一个，因为湿地类型的总面积较其他类型相比面积最小。湿地类型在 2005～2010 年达到第一个转移高峰（达到 22km²），主要转移为其他建设用地，在 2015～2020 年达到第二个转移高峰（44km²），转移为城镇用地、农村居民点及其他建设用地的面积大致相同。②各类林地基数小，转移数量小，1990～2020 年林地转移为城乡建设用地的面积正在逐年增大，1990～2005 年以向城镇用地和农村居民点转移为主；2005～2015 年向其他建设用地的转移比例大大增加；2015～2020 年林地主要转移为农村居民点用地。③青藏高原草地面积最大，转移为城乡建设用地的比例最大，且覆盖度越高的草地越容易被转移为城镇、农村居民点用地。2000～2020 年草地主要转移为其他建设用地，且转移为农村居民点的比例逐渐增加。④其他生态用地主要转移为其他建设用地，因为较多的盐湖周边修建工厂等基础设施，因此工业价值较高的盐碱地大面积转移为其他建设用地，在 2010～2020 年其他生态用地转移为城镇用地与农村居民点用地的比例才逐渐增加。

由此可见，2000 年后青藏高原的土地城镇化建设有明显的加速，生态用地向城镇用地的转移面积迅速增加，尤其在 2010～2020 年向城乡建设用地转移的生态用地种类多、转移速度快见图 6.6、图 6.7。

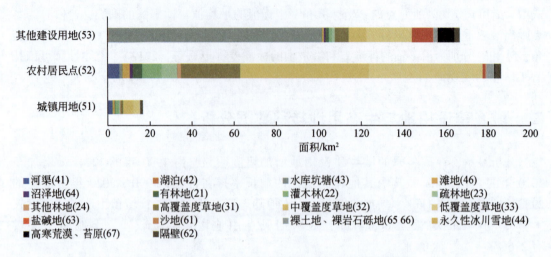

图 6.6   1990～2020 城乡建设用地向生态用地转移情况
数字代表地类代码

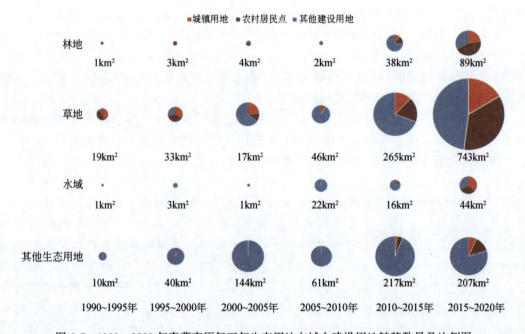

图 6.7   1990～2020 年青藏高原每五年生态用地向城乡建设用地转移数量及比例图

总的来说，青藏高原的城乡建设用地变化较大，1990～2020 年土地城镇化有明显的效果。生态用地由于基数大，其土地利用动态度变化并不显著。

城镇化发展对生态用地的占用目前在宏观上并没有对青藏高原的生态用地造成影响，因此除了部分国家重点保护区，青藏高原大部分城镇依旧需要大力发展。如何合理并可恢复地对生态用地进行占用，从而能更好地进行可持续发展是目前需要重点考虑的问题。

三、城乡建设用地与生态用地转移的空间格局

（一）生态用地向城乡建设用地转移的空间格局

1990～2020 年，生态用地向城乡建设用地转移的空间规律明显。①1990～1995 年生态用地向城乡建设用地的转移，以甘南和大柴旦地区为两个端点，途经西宁，呈现出条带状的转移模式；拉萨地区也有相对较多的转移。同时期三江源地区也有部分生态用地转移为城乡建设用地，人类活动同时促使生态用地和城乡建设用地相互转移。1994 年《中华人民共和国自然保护区条例》颁布实施后，明确了自然保护区等级体系、管理机构和功能区，青藏高原的自然保护区建设进入快速稳定发展阶段，因此这一时期向生态用地的转移数量较多。②2000～2010 年青藏高原生态用地向城乡建设用地的转移重心主要有四个：柴达木盆地地区、拉萨和日喀则地区、西宁和青藏高原东部海拔较低的草原，在前 5 年转移重心集中在甘肃南部，而后 5 年则向南部过渡到四川的若尔盖地区。③2010～2020 年的生态用地向城乡建设用地的转移面积明显增加，发生转移的区域更多地集中在新修建的公路周围（图 6.8）。

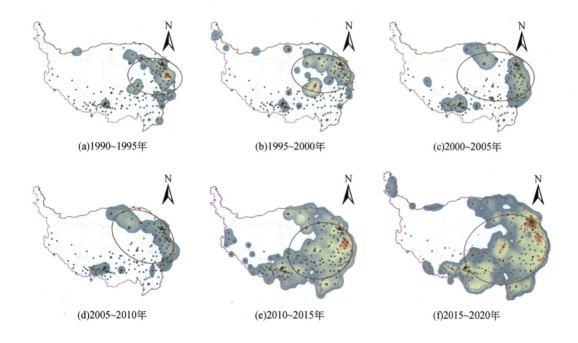

(a)1990~1995年   (b)1995~2000年   (c)2000~2005年

(d)2005~2010年   (e)2010~2015年   (f)2015~2020年

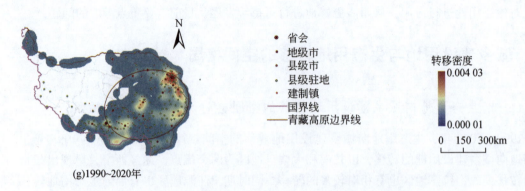

(g)1990~2020年

图 6.8　1990~2020 青藏高原生态用地向城乡建设用地空间转移热点及分布图

（二）城乡建设用地向生态用地转移的空间格局

　　青藏高原的城乡建设用地向生态用地的转移总量不大，不同时期用地转移的空间分布亦不同（图 6.9）。①1990~1995 年城乡建设用地向生态用地转移总量不多，但聚集度相对较高，转移热点为三江源地区、柴达木盆地地区及西宁和甘南等地，川西和昆仑山北翼有零星转移。1995~2000 年的转移量极少。②后续 5 年在西宁市和大柴旦地区有极少量城乡建设用地向生态用地转移。③2000~2010 年向生态转移的土地面积很少，三江源依旧是生态恢复的重点地区，2000~2005 年青海的黄南州是第二个转移重点区域，这里既是黄河上游的流经之地，又有大面积森林覆盖，因此建立了坎布拉国家森林公园；若尔盖地区也

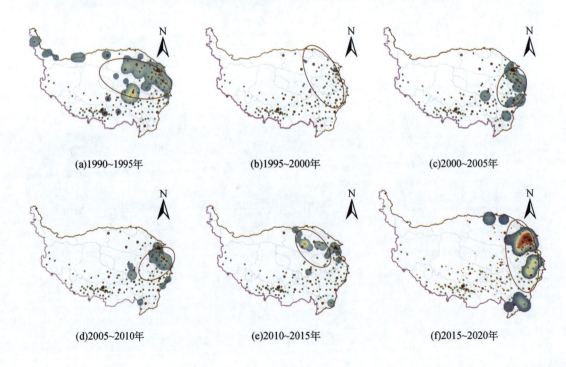

(a)1990~1995年　　　　　　(b)1995~2000年　　　　　　(c)2000~2005年

(d)2005~2010年　　　　　　(e)2010~2015年　　　　　　(f)2015~2020年

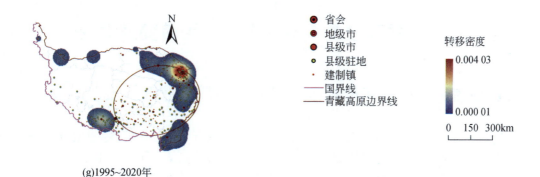

(g)1995~2020年

图 6.9　1990～2020 青藏高原城乡建设用地向生态用地空间转移热点及分布图

有相对集中的转移。2005～2010 年发生生态转移的重心是甘南。④2010～2015 城乡建设用地向生态用地的转移主要集中在青海的盐湖周围，以察尔汗盐湖为主要转移重心，乌兰县的柯柯盐湖和茶卡盐湖也有显著转移，西宁市周围地区有零星转移。⑤2015～2020 年城乡建设用地向生态用地转移的聚集度相对较高，主要集中在西宁地区、甘南及四川北部和南部地区等，其他地区有小部分转移。

（三）青藏高原用地转移的空间格局

从宏观角度来看，青藏高原的城生转移（城乡建设用地和生态用地之间的相互转移）数量非常少，但具体到人类活动密集的地理单元时，转移情况是非常显著的。青藏高原发生用地转移的面积为 14 987.84km²，占青藏高原总面积的 0.55%。青海占 1.08%，西藏只有 0.13%。发生城生转移的用地面积为 1146.77km²，占 2015 年青藏高原城乡建设用地面积的 48.96%。

从转移等级空间分布及核密度分析的热点来看，1990～2010 年转移情况明显集中在昆仑山-唐古拉山东北侧。2010～2020 年发生城生用地转移的区域较广泛，除了昆仑、羌塘高寒草原及阿里山地半荒漠、荒漠等无人区，其余地区或多或少存在转移。

纵观 30 年转移情况，城乡建设用地与生态用地之间的转移呈现空间上的逆向，生态用地向城乡建设用地的转移分布从周边区域向腹地蔓延，转移强度逐年增强；城乡建设用地转移为生态用地最初出现在青藏高原的腹地，后逐渐向外围扩张，转移强度有下降趋势，总体相对稳定。

随着青藏高原社会经济的发展，人类活动范围明显扩大，人类对环境的改造能力也越来越强；近年来青藏高原的路网逐渐完善，青藏高原腹地开始逐渐沿路网进行土地城镇化。目前青藏高原正处于城镇化中期阶段，适当的城镇化是人类发展的必然，但受限于人力、物力，青藏高原城镇化速度依旧很慢，整体建设水平仍然较低。因此，从宏观层面看，土地城镇化对生态环境影响并不明显，城乡建设用地向生态用地的转移也相对较少。

第三节　青藏高原重点城镇土地利用转变及调控

一、重点城镇城乡建设用地与生态用地转移数据分析

根据转移热点，可以将青藏高原发生城生用地转移的热点城镇分为 4 类：①位于河谷的省会城市；②工业城镇；③含有国家重点自然生态保护区的城镇；④自然环境良好交通便利的旅游城镇。本研究选择了西宁、格尔木、玉树、拉萨、日喀则、夏河和若尔盖 7 个行政单元，对每个行政单元 5km 和 10km 缓冲区内的土地转移情况进行分析，由于格尔木的管辖区包含两个单独的地理空间单元，本研究只选择工业活动明显的东北部区域进行研究。结果如图 6.10 所示，0 刻度线上方是城乡建设用地向不同类型生态用地的转移情况，下方则是不同类型的生态用地向城乡建设用地的转移情况。图 6.10 重点城镇后的数字代表缓冲区范围（单位：km）。

西宁和拉萨同属省会城市，都处于环境相对良好的河谷地带，河谷地区适合粮食的耕种，人类在此聚居时间较长，城市周边适宜种植的生态用地早已被改为农田，因此两个城市的扩张主要占用了周围耕地。两个城市对生态用地的占用以草地为主，尤其是拉萨；此外有少量湿地被占用。1990～2010 年两个城市不同缓冲区下的用地转移变化差异较小，2010～2020 年 10km 缓冲区和 5km 缓冲区夹范的环状区域内也有相对明显的用地转移，在此期间，城市的发展对周围地区的发展有带动作用。1990～2015 年两个城市城乡建设用地向生态用地的转移数量较少，仍然在进行城市扩张。2015～2020 年两个城市城乡建设用地向生态用地转移数量增加，城镇化发展过程中注重生态环境的保护，但还是以城镇扩张为主（图 6.10）。

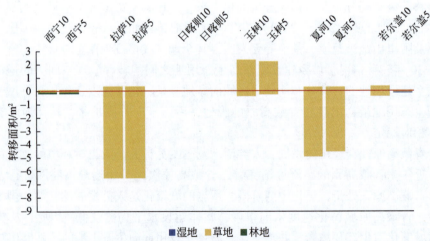

(a)1990~1995年部分地区城乡建设用地和生态用地转移

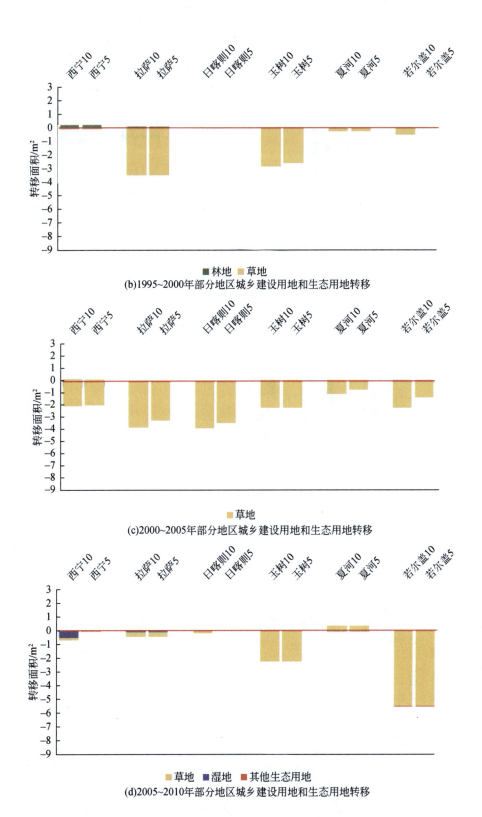

(b)1995~2000年部分地区城乡建设用地和生态用地转移

(c)2000~2005年部分地区城乡建设用地和生态用地转移

(d)2005~2010年部分地区城乡建设用地和生态用地转移

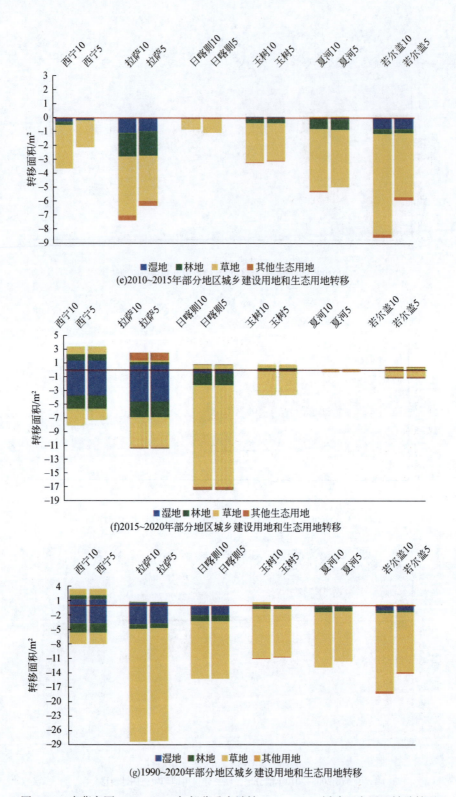

(e)2010~2015年部分地区城乡建设用地和生态用地转移

(f)2015~2020年部分地区城乡建设用地和生态用地转移

(g)1990~2020年部分地区城乡建设用地和生态用地转移

图 6.10 青藏高原 1990~2020 年部分重点城镇 5km、10km 缓冲区内用地转移情况

日喀则市是西藏第二大城市，典型的高海拔城市，人口稀疏，城市化的进程相对省会城市较慢，在2000年之前，土地城市化的推进主要是对耕地进行城镇转移，2000年后则占用了部分草地，主要的城镇化发展还是以日喀则市区为主，所辖周边地区没有明显的土地城镇化现象（图6.10），一是这一区域发展相对滞后，目前很难对周围区域有明显带动作用；二是人口数量稀少，周边地区较少有人类聚居。

夏河县和若尔盖县是目前的旅游热点区域，尤其近几年来发展非常迅猛，在2010年之前，其土地城镇化发展主要以占用草地为主，2010～2015年有部分林地和湿地转移为城乡建设用地，不同缓冲区下，两个县城有不同数量的用地转移（图6.10），但与省会城市有所差异，不同缓冲区下的发展是因为区域内总体呈现较为均匀的城镇化，而不是核心区域对周边有带动作用。

玉树有三江源国家级自然保护区和可可西里国家级自然保护区，有着极为重要的生态功能。政府对这一区域的生态保护极为重视，该区域人口数量不多，1990～1995年有部分城乡建设用地转移为草地，1995年之后主要为草地向城乡建设用地的转移，不同缓冲区下的变化并不大（图6.10）。

格尔木市处于我国的聚宝盆柴达木盆地，有着非常丰富的矿产资源，是青藏高原典型的工业区域，该地区人类聚居相对较少且较为集中，主要是进行盐湖工业的发展。用地转移则是其他生态用地向建设用地的转移及小部分的湿地和草地向城乡建设用地的转移。不同缓冲区转移数量并没有太明显的变化。用地转移的主要区域为盐湖及周边的盐碱地（图6.11）。

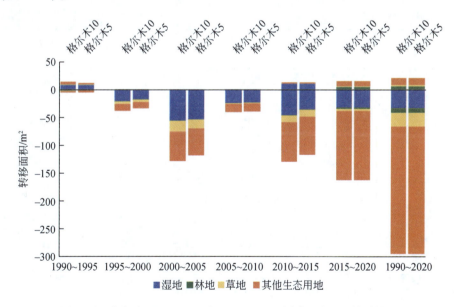

图6.11 格尔木1990～2020年5km、10km缓冲区内用地转移情况

二、重点城镇城乡建设用地与生态用地转移的空间格局及调控

青藏高原空间类型转变计算表明，城乡建设用地向生态用地的转移 90% 以上为城乡建设用地向其他生态用地的转移（图 6.12）。发生城乡建设用地向生态用地转移的区域内，大多数转移是由草地或其他生态用地先转移为城乡建设用地，再转移为其他生态用地的双向多次转移，只有城市周边地区有城镇用地向草地和林地的单次转移。转移为生态用地的土地多数经过生–城–生或城–生–城–生这种两次或者三次的转移模式最终成为生态用地。此外，数据分析表明，湿地的转移是不可逆的，林地和草地及其他生态用地的转移是相对可逆的。总的来说，城乡建设用地很难向生态服务功能大的生态用地类型转换，而生态服务功能大的生态用地更容易被人类占据。

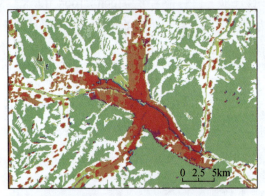

(a)西宁及周边地区城乡生态用地转移情况

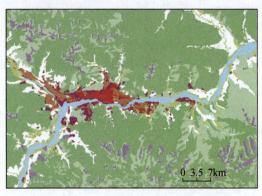

(b)拉萨及周边地区城乡生态用地转移情况

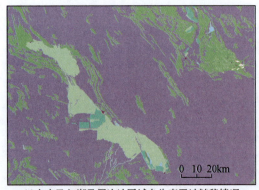

(c)台吉乃尔湖及周边地区城乡生态用地转移情况

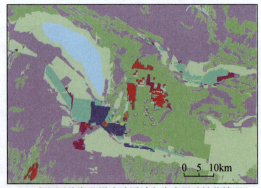

(d)察尔汗盐湖及周边地区城乡生态用地转移情况

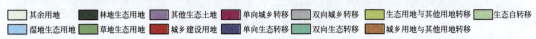

图 6.12　1990~2020 青藏高原重点城镇各时期城市土地利用主要空间转变类型及分布图

三、结论和讨论

本章基于 1990~2020 年每 5 年一期 100m 分辨率的土地利用数据，对青藏高原生态用地和城乡建设用地在不同时段的空间转移情况进行研究，利用土地利用转移矩阵、核密度及标准差椭圆分析得到以下结论。

（1）青藏高原发生用地转移的面积为 14 987.84km²，占青藏高原总面积的 0.55%。青海占 1.08%，西藏只有 0.13%。青藏高原生态用地向城乡建设用地转移明显，1990~2020 年共有 2066.54km² 生态用地转移为城乡建设用地，是城乡建设用地向生态用地转移量的 5.6 倍。生态用地向城乡建设用地在 2000~2005 年和 2010~2020 年因工矿业和交通建设，转移数量激增，以草地转移为主，盐碱地和湿地的转移数量次之，主要转移为其他建设用地；永久性冰川雪地和高寒荒漠、苔原并无转移，其余类型的用地转移相对较小。城乡建设用地向生态用地转移数量极少，主要集中在 1990~1995 年和 2010~2020 年。

（2）1990~2020 年城乡建设用地与生态用地之间的转移呈现出空间上的逆向，生态用地向城乡建设用地的转移由青藏高原周边区域向腹地蔓延，转移强度逐年增强；城乡建设用地向生态用地的转移由青藏高原的腹地向外围扩张，转移强度有下降趋势，总体相对稳定。

（3）青藏高原用地转移的热点城镇主要有 4 类：位于河谷的省会城市、工业城镇、含有国家重点自然生态保护区的城镇和自然环境良好交通便利的旅游城镇。因人口数量及城镇职能和城镇发展的不同，4 类城镇周围的用地转移差异明显。

（4）生态用地向城乡建设用地的转移大部分经过一次转移而来，但城乡建设用地向生态用地的转移基本上经过两次甚至多次的转移而得到。生态服务功能越大的生态用地越容易被人类占用，同时也越难重新转移为生态用地。

（5）城镇化发展对生态用地的占用目前在宏观上并没有对青藏高原的生态环境造成影响。青藏高原的城乡建设用地变化较大，1990~2020 年土地城镇化有明显的效果。生态用地由于基数大，其土地利用动态度变化并不显著。因此除了部分国家重点保护区，青藏高原大部分城镇依旧需要进行城镇化发展。如何合理并可恢复地对生态用地进行占用，从而能更好地进行可持续发展是目前需要重点考虑的问题。

针对高原上人类活动相对集中的大城市拉萨及西宁，应该更好地协调带动城区周围的区域发展，以保证更好的人居环境。而针对玉树、日喀则等地，适当占用生态用地是目前发展必需的，土地城镇化会给这些区域带来更好的发展前景，从而更为便利地对重点保护区进行保护。若尔盖和夏河这两地则是近期的旅游旺地，相应旅游设施的建设在所难免地占用了部分生态用地，政府则应全方位地衡量社会经济发展和生态环境之间的关系，以保证未来的可持续发展。目前青藏高原工业化程度最高的格尔木市主要是盐湖矿工发展，主要用地转移是其他生态用地向建设用地转移，其他生态用地的生态服务功能最小，未来需更好地在这一区域进行土地城镇化建设，以期给工矿区附近聚居的人提供更好的生存环境。

主要参考文献

巴曙松, 杨现领. 2013. 城镇化大转型的金融视角. 厦门: 厦门大学出版社.

曹文莉, 张小林, 潘义勇, 等. 2012. 发达地区人口、土地与经济城镇化协调发展度研究. 中国人口·资源与环境, 22 (2): 141-146.

陈百明, 张凤荣. 2011. 我国土地利用研究的发展态势与重点领域. 地理研究, 30 (1): 1-9.

陈婧, 史培军. 2005. 土地利用功能分类探讨. 北京师范大学学报 (自然科学版), (5): 536-540.

陈明星, 陆大道, 张华. 2009. 中国城市化水平的综合测度及其动力因子分析. 地理学报, 64 (4): 387-398.

除多, 张镱锂, 郑度. 2006. 拉萨地区土地利用变化. 地理学报, 61 (10): 1075-1083.

邓红兵, 陈春娣, 刘昕, 等. 2008. 区域生态用地的概念及分类. 生态学报, 29 (3): 1519-1524.

董雅文, 周雯, 周岚, 等. 1999. 城市化地区生态防护研究——以江苏省、南京市为例. 城市研究, 2: 6-8.

方创琳, 李广东. 2015. 西藏新型城镇化发展的特殊性与渐进模式及对策建议. 中国科学院院刊, 30 (3): 294-305.

冯仕超, 高小红, 亢健, 等. 2012. 西宁市 30 多年来土地利用/土地覆被变化及城市扩展研究. 干旱区研究, 29 (1): 129-136.

傅小锋. 2000. 青藏高原城镇化及其动力机制分析. 自然资源学报, 15 (4): 369-374.

韩学敏, 濮励杰, 朱明, 等. 2010. 环太湖地区有效生态用地面积的测算分析. 中国农学通报, 26 (22): 301-305.

黄聪, 赵小敏, 郭熙, 等. 2016. 基于核密度的余江县农村居民点布局优化研究. 中国农业大学学报, 21 (11): 165-174.

孔玲玲, 冯险峰, 武爽, 等. 2022. 拉萨城市圈 1994—2017 年生态质量的时空动态监测及驱动力分析. 地理科学进展, 41 (3): 437-450.

雷军成, 王莎, 汪金梅, 等. 2019. 土地利用变化对寻乌县生态系统服务价值的影响. 生态学报, (9): 1-10.

李士成, 张镱锂, 何凡能. 2015. 过去百年青海和西藏耕地空间格局重建及其时空变化. 地理科学进展, 34 (2): 197-206.

李小雁, 许何也, 马育军, 等. 2008. 青海湖流域土地利用/覆被变化研究. 自然资源学报, (2): 285-296.

李鑫, 李兴校, 欧名豪. 2012. 江苏省城镇化发展协调度评价与地区差异分析. 人文地理, 27 (3): 50-54.

刘纪远, 匡文慧, 张增祥, 等. 2014. 20 世纪 80 年代末以来中国土地利用变化的基本特征与空间格局. 地理学报, 69 (1): 3-14.

刘纪远, 宁佳, 匡文慧, 等. 2018. 2010-2015 年中国土地利用变化的时空格局与新特征. 地理学报, 73 (5): 789-802.

刘睿, 周李磊, 彭瑶, 等. 2016. 三峡库区重庆段人类活动时空分布及其类型演变特征. 重庆师范大学学报 (自然科学版), (4): 47-56.

刘子川, 冯险峰, 武爽, 等. 2019. 青藏高原城乡建设用地和生态用地转移时空格局. 地球信息科学学报, 21 (8): 1207-1217.

青海省经济研究院课题组, 李勇. 2013. 青藏高原城市化发展模式研究. 经济研究参考, (25): 35-51.

孙鸿烈, 郑度, 姚檀栋, 等. 2012. 青藏高原国家生态安全屏障保护与建设. 地理学报, 67 (1): 3-12.

唐伟，钟祥浩，周伟．2011．西藏高原城镇化动力机制的演变与优化——以"一江两河"地区为例．山地学报，29（3）：378-384．

王松磊，杨剑萍，王娜．2017．中国特色、西藏特点的城镇化道路研究．西藏大学学报（社会科学版），32（1）：176-183．

王秀兰，包玉海．1999．土地利用动态变化研究方法探讨．地理科学进展，18（1）：81-87．

吴致蕾，刘峰贵，张镱锂，等．2016．清代青藏高原东北部河湟谷地林草地覆盖变化．地理科学进展，35（6）：768-778．

武爽，冯险峰，孔玲玲，等．2021．气候变化及人为干扰对西藏地区草地退化的影响研究．地理研究，40（5）：1265-1279．

谢高地，鲁春霞，冷允法，等．2003．青藏高原生态资产的价值评估．自然资源学报，18（2）：189-196．

熊俊楠，赵云亮，程维明，等．2018．四川省山洪灾害时空分布规律及其影响因素研究．地球信息科学学报，20（10）：1443-1456．

薛德升，曾献君．2016．中国人口城镇化质量评价及省际差异分析．地理学报，71（2）：194-204．

俞孔坚，乔青，李迪华，等．2009．基于景观安全格局分析的生态用地研究——以北京市东三乡为例．应用生态学报，（8）：1932-1939．

喻锋，李晓波，张丽君，等．2015．中国生态用地研究：内涵、分类与时空格局．生态学报，35（14）：4931-4943．

张飞，孔伟．2014．我国土地城镇化的时空特征及机理研究．地域研究与开发，33（5）：144-148．

张明．2001．以土地利用/土地覆被变化为中心的土地科学研究进展．地理科学进展，20（4）：297-304．

张雪芹，葛全胜．2002．青藏高原土地利用结构、特征及合理开发战略．中国农业资源与区划，（1）：17-22．

张镱锂，刘林山，摆万奇，等．2002．青藏公路对区域土地利用和景观格局的影响——以格尔木至唐古拉山段为例．地理学报，57（3）：253-266．

张映雪，莫文波，王勇，等．2017．北京市高速公路周边土地利用变化对景观格局的影响．地球信息科学学报，19（1）：28-38．

赵媛，杨足膺，郝丽莎，等．2012．中国石油资源流动源—汇系统空间格局特征．地理学报，67（4）：455-466．

郑度．1996．青藏高原自然地域系统研究．中国科学（D辑：地球科学），（4）：336-341．

钟凯文，孙彩歌，解靓，等．2009．基于GIS的广州市土地利用遥感动态监测与变化分析．地球信息科学学报，11（1）：111-116．

周庆华，白钰，杨彦龙．2014．新型城镇化背景下黄土高原城镇空间发展探索——以米脂卧虎湾新区为例．城市规划，38（11）：78-82．

Carlson T N, Arthur S T. 2000. The impact of land use-land cover changes due to urbanization on surface microclimate and hydrology: a satellite perspective. Global and Planetary Change, 25: 49-65.

Davis K. 1987. The urbanization of the human population. Scientific American, 213 (2): 40-53.

Fan P, Chen J, John R. 2014. Urbanization and environmental change during the economic transition on the Mongolian Plateau: Hohhot and Ulaanbaatar. Environmental Research, 144 (Pt B): 96-112.

Fan P L, Chen J Q, John R. 2016. Urbanization and environmental change during the economic transition on the Mongolian Plateau: Hohhot and Ulaanbaatar. Environmental Research, 144: 96-112.

Jie F, Wang H, Dong C, et al. 2010. Discussion on sustainable urbanization in Tibet. Chinese Geographical Science, 20 (3): 258-268.

Ni J. 2000. A simulation of biomes on the Tibetan Plateau and their responses to global climate change. Mountain Research and Development, 20 (1): 80-89.

Park H, Fan P L, John R, et al. 2017. Urbanization on the Mongolian Plateau after economic reform: Changes and causes. Applied Geography, 86: 118-127.

|第七章| 青藏高原城镇化对植被覆盖变化的影响

随着社会经济的发展，青藏高原城镇化水平逐步提升，在第二、第三产业发展的带动下，城镇化动力正向多元化发展。作为生态环境极其脆弱的青藏高原，城镇化与生态环境间的协调问题成为青藏高原发展的重要命题。研究青藏高原城镇化对区域植被覆盖变化的影响，对于实现高原生态环境保护和社会可持续发展具有重要的意义。本章主要研究内容包括：城镇和工矿区扩张与区域植被之间的时空变化关系；不同类型的交通道路对区域植被变化的影响；重点都市圈扩张对区域植被变化状况的影响。

第一节 青藏高原植被覆盖变化特征

在中国城镇化的历程中，城市人口的增长导致生存空间的扩展，对周围自然生态系统产生深远的影响。不同的城镇化状态和不同的自然条件决定着不同的城市生态安全水平（龚建周和夏北成，2009；方创琳，2019）。城市地域系统的空间分异与人类活动、经济建设等影响区域生态安全的空间格局（王耕和吴伟，2005；方创琳等，2018）。青藏高原作为地球上生态环境极其脆弱的区域，对我国气候系统稳定、水资源供给、生物多样性保护、碳收支平衡等具有重要的作用（孙鸿烈等，2012；姚檀栋等，2017）。在国家各种生态环境保护政策和外部经济资源的支持下，高原城市正经历快速的城镇化过程。青藏高原在经历生态文明与城镇化建设中如何实现区域人与自然和谐共生，如何实现城市高效集约、绿色低碳和资源环境承载力及生态环境容量相适应的健康可持续的城镇化发展道路是亟待解决的热点与难点问题。本章重点揭示青藏高原城镇化过程中社会发展与生态环境变化之间的协同关系，同时，青藏高原具有复杂的地质结构及演化过程，已发现丰富的矿产资源（Wang et al.，2006），在青藏高原进行矿产开发，必须要兼顾社会需求、生态环境和地质环境协调关系。

一、植被覆盖度的时空变化特征

（一）青藏高原植被覆盖变化特征

青藏高原平均海拔在 4000m 以上，温度带南北跨越北亚热带、高原温带、高原亚寒带、暖温带、中温带、中亚热带，东西跨越半干旱区、半湿润区、干旱地区、湿润地区。由于高原独特的地理位置、复杂的自然环境与气候条件，植被类型多样，草地面积达

160 万 km²，约占其总面积的 63.9%（张镱锂等，2002a）。该区域草地以天然草地类型为主，天然草地在其结构和功能上有如下特点：类型复杂多样，植物种类组成及其结构特殊；草地生态系统是青藏高原维持区域发展和生态系统功能的重要载体。由于长期受人类活动、气候变化等因素的影响，草地生态系统的变化呈现空间异质性。例如，从 20 世纪 70 年代中后期至今，三江源地区草地的退化一直在发生，中度以上退化草地面积已达 572 万 hm²，占可利用草地面积的 55.40%（陈国明，2015；刘纪远等，2018）。在 1992 ~ 2002 年，青藏高原西部高原荒漠草原带的阿里地区也呈现草地退化现象（梁四海等，2007）。在1990 ~2005 年，西藏草地退化、沙化面积已经达到草地面积的 40%，且仍在扩张中，部分地区的草地退化率高达 80%（边多等，2008）。到 2015 年，高原沙漠化面积达到 39.29 万 km²，占高原土地总面积的 15.1%，主要分布在高原的北部和西部地区，其他地区零散分布。

2000 ~2020 年青藏高原土地利用受高原气候和社会发展的干扰经历了很大变化，而土地利用与生态环境存在着不可分割的联系。在此选用多年土地利用数据计算其时空变化，分析其变化对生态环境的影响。数据主要来源是基于 Landsat TM/ETM+/OLI（30m）获取的 2000 年、2005 年、2010 年、2015 年和 2020 年土地利用/覆盖数据（刘纪远等，2014，2018；匡文慧等，2022）。本研究基于高原主要土地利用方式把土地利用类型分为 6 种（耕地、林地、草地、水域、建设用地、未利用地），通过计算土地转移矩阵，对 6 种土地利用类型分两个时段（2000 ~2010 年、2010 ~2020 年）进行分析（图 7.1 和图 7.2）。

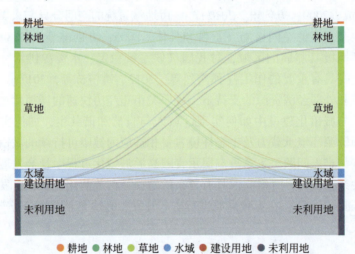

图 7.1　2000 ~2010 年青藏高原土地利用类型变化

在第一阶段（2000 ~2010 年）（图 7.1），6 种土地利用类型的转化结果：水域和建设用地面积分别增加了 1018km² 和 413km²；草地和未利用地面积分别减少了 749km² 和 445km²，耕地面积下降了 89km²，林地面积下降了 197km²。在各种土地利用类型转化过程中，草地和未利用地是青藏高原地区的主要土地转移类型，同时也是水域和建设用地面积

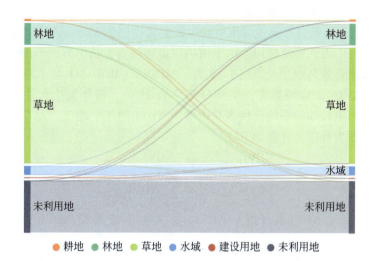

● 耕地　● 林地　● 草地　● 水域　● 建设用地　● 未利用地

图 7.2　2010～2020 年青藏高原土地利用类型变化

增加的主要土地来源。其中草地转型面积达 1643km²，51.34% 转变为未利用地，15.34% 转变为水域，14.67% 转变为林地；未利用地转型面积为 1448km²，62.22% 转变为水域，20.21% 转变为草地，15.75% 转变为建设用地。耕地转变为其他地类面积为 309km²，在转为其他地类中 76.38% 转变为林地和草地，16.50% 转变为建设用地；而由其他地类转变为耕地的面积为 220km²。林地转变为其他地类的面积为 438km²，主要转变土地利用类型为草地，占转型总面积的 88.81%，而草地转变为林地的面积仅为 241km²，致使林地面积减少至 27.66 万 km²。

在第二阶段（2010～2020 年）（图 7.2），土地利用类型变化以草地和未利用地为主。草地转变为其他地类的面积为 2988km²，其中 66.41% 转变为水域，18.39% 转变为建设用地，13.63% 转变为未利用地；而其他地类转变为草地的面积为 248km²，导致草地面积下降了 2740km²。未利用地的转型面积达到 2582km²，其中 78.71% 转变为水域，12.31% 转变为建设用地，7.94% 转变为草地，而其他地类转变为未利用地的面积达到 1229km²，总体上致使未利用地的面积减少了 1353km²。水域面积增加了 3299km²，其中主要转型来源是草地和未利用地；林地面积和耕地面积分别减少了 158km² 和 154km²；建设用地面积增加了 1105km²。第二阶段（2010～2020 年）与第一阶段（2000～2010 年）相比，各类土地面积变化幅度更大，特别是草地和水域的转型，整体结果为青藏高原地区草地面积大量缩减，转型为其他 5 种地类，水域和建设用地为主要增加的土地利用类型。

植被作为气候和人为因素对环境影响的敏感指标，其变化一直被各国科学家和政府关注。在衡量植被变化的数据中，卫星遥感是监测全球植被变化的有效手段，卫星从太空迅速获取大范围观测资料，为人类提供监测、量化和研究区域或全球植被变化的数据。其中 NDVI 是用于监测植被生长状态和植被覆盖度变化的重要指数，它是利用叶冠的光学参数提取的独特的光谱信号，是对地表植被状况的简单、有效和经验的度量。该指数是无量纲的，目前已被广泛用来定性和定量评价植被覆盖及其生长活力。本章采用MODIS（2000～2020年）NDVI数据衡量高原草地的覆盖和生长变化（图7.3），该数据已在全球及青藏高原的植被变化研究中得到广泛应用。由于植被覆盖随植物生长季节的不同而变化，根据植被生态学意义采用青藏高原生长季（5～9月）MODIS（MOD13Q1）（2000～2020年）数据集，该数据集是16天合成数据，空间分辨率为250m，每年的生长季采用10期影像，每个月两期。利用生长季的平均值代表高原草地NDVI的年平均值，而在生长季每个月合成时选取最大值作为月值。计算如下：

$$\mathrm{NDVI}_{最大值} = \max\left(\mathrm{NDVI}_{最大值,\,i}\right) \tag{7.1}$$

$$\mathrm{NDVI}_{平均值} = \frac{1}{5} \times \sum_{i=1}^{5} \mathrm{NDVI}_{最大值} \tag{7.2}$$

式中，$\mathrm{NDVI}_{最大值}$ 为月NDVI最大值；$\mathrm{NDVI}_{平均值}$ 为年生长季的NDVI平均值；i 为月份（5～9月）。

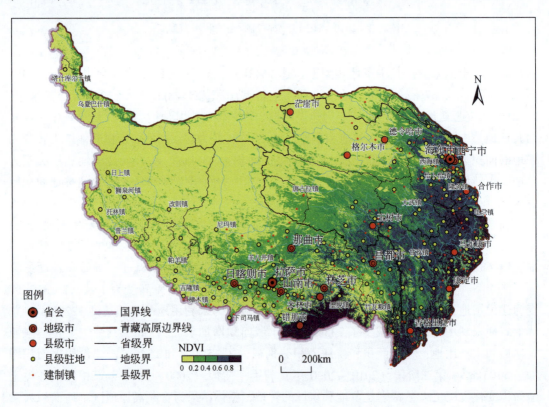

图7.3 2000～2020年青藏高原植被NDVI年均值空间分布图

在空间上，整个区域2000～2020年NDVI呈现从东南向西北逐级减少，具有梯级趋势（图7.3）。植被覆盖类型从东南向西北依次为亚高山疏林-灌丛草甸、高寒草甸、高寒草原、高寒荒漠草原四大基带及相邻的过渡亚带，青藏高原NDVI<0.2的区域在各类别中占全区面积比例最大，为35.95%，在空间上主要分布在柴达木盆地、昆仑山北翼、昆仑高

山高原、羌塘高原湖盆、藏南山地西南侧、青南高原宽谷西北部；NDVI 在 0.2~0.5 的区域占全区面积的比例也很大，为 35.69%，在空间上主要分布在青东祁连山地西侧、青南高原宽谷部分地区、果洛那曲丘状高原大半部分、川西藏东高山深谷部分地区、藏南山地；NDVI>0.5 的区域占全区面积的比例最小，为 28.36%，主要分布在青东祁连山地、果洛州、那曲丘状高原、川西藏东南山地、云南高原、东喜马拉雅南翼。

通过 ArcGIS 软件叠加同时期的植被 NDVI 数据和不同类型土地利用图，分析不同土地利用类型的 NDVI。结果显示，平均值最大的是林地（0.70），其次是耕地（0.60）、草地（0.35），城乡、工矿、居民用地为 0.38，水域和未利用地分别为 0.13 和 0.18（图 7.4）。在 2000 年林地 NDVI 为 0.69，到 2020 年为 0.64；草地 NDVI 则呈现 n 字形变化趋势，2000 年草地 NDVI 为 0.33，2015 年上升到 0.38，后又下降至 0.33；同时未利用地、耕地、林地、建设用地的 NDVI 都有轻微的下降，2000 年未利用地 NDVI 为 0.19，到 2020 年降为 0.14；2010 年耕地植被 NDVI 为 0.64，到 2020 年降低至 0.56；并且 2005~2020 年林地 NDVI 在持续下降，尤其是 2015~2020 年下降最为明显；建设用地植被 NDVI 在 2000~2015 年呈下降趋势，尤其是 2010~2015 年下降最为显著，到 2015 年下降到 0.31，但是在 2015~2020 年呈现快速恢复趋势，到 2020 年达到 0.38（图 7.4）。

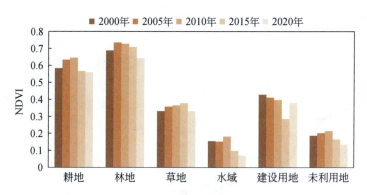

图 7.4　2000~2020 年不同土地利用类型的 NDVI

（二）青藏高原草地植被覆盖动态变化特征

为了分析研究区总体的植被覆盖状况，本章采用植被覆盖度指数分析青藏高原主要植被类型——草地的覆盖动态变化特征，植被覆盖度是植被（包括叶、茎、枝）在地面的垂直投影面积占统计区总面积的比例。利用像元二分模型估算植被覆盖度，像元二分模型对影像辐射校正影响不敏感，计算简便、结果可靠，因此得到广泛应用。基本原理是假定一个像元信息（S）由植被和土壤两部分贡献，分别记为 S_v 和 S_s。设植被覆盖度为 F_c，纯植被覆盖信息为 S_{veg}，纯土壤覆盖信息为 S_{soil}，则得

$$S_v = F_v \times S_{veg} \tag{7.3}$$

$$S_s = (1 - F_c) \times S_{soil} \tag{7.4}$$

$$F_c = (S - S_{soil}) / (S_{veg} - S_{soil}) \tag{7.5}$$

将 NDVI 同像元二分模型相结合，得到基于 NDVI 的植被覆盖度像元二分模型：

$$F_c = (N_{NDVI} - N_{NDVI_{veg}}) / (N_{NDVI_{veg}} - N_{NDVI_{soil}}) \qquad (7.6)$$

式中，F_c 为一个像元内的植被覆盖度；N_{NDVI} 为该像元上的 NDVI；$N_{NDVI_{veg}}$ 为影像上植被部分对应的 NDVI；$N_{NDVI_{soil}}$ 为影像上裸地部分对应的 NDVI。

在分析中利用草地来掩码整个区域的 NDVI，参照已有研究提出的估算方法（张镱锂等，2010），根据整幅影像上 NDVI 的灰度分布，取 $N_{NDVI_{soil}}$ 为 0.05，$N_{NDVI_{veg}}$ 为 0.8。在 ArcGIS 软件中进行栅格计算，应用公式计算得出青藏高原地区的草地覆盖度分布情况。

将计算得到的植被覆盖度（F_c）分 3 级：低植被覆盖度（$F_c < 0.2$）、中度植被覆盖度（$0.2 \leqslant F_c < 0.5$）、高植被覆盖度（$F_c \geqslant 0.5$），见图 7.5。

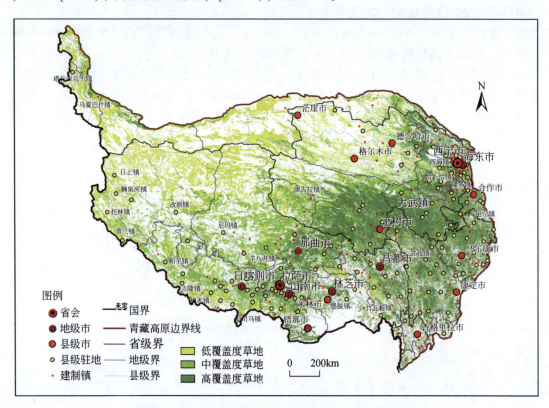

图 7.5　2000~2020 年不同草地覆盖度空间分布图

根据 2000 年、2005 年、2010 年、2015 年和 2020 年土地利用变化数据集，截至 2020 年青藏高原地区草地面积为 126.39 万 km²，其中高覆盖度草地面积为 20.02 万 km²，中覆盖度草地面积为 47.09 万 km²，低覆盖度草地面积为 59.28 万 km²。在整个研究期间草地覆盖面积表现为先增加后减少的变化趋势。在 2000~2005 年草地覆盖面积共增加 368.08km²，其中低覆盖度草地面积增加 240.33km²，中覆盖度草地面积增加 149.55km²，而高覆盖度草地面积减少 21.80km²；在 2005~2010 年草地覆盖面积共减少 33.35km²，其中高覆盖度草地面积呈增加趋势（41.85km²），中覆盖度草地面积和低覆盖度草地面积均

呈减少趋势,分别减少 63.86km² 和 11.34km²;2010 ~ 2015 年草地覆盖面积共减少
86.92km²,其中高覆盖度草地面积减少 40.45km²,中覆盖度草地面积减少 33.49km²,低
覆盖度草地面积减少 12.98km²;2015 ~ 2020 年草地覆盖面积共减少 1541.17km²,高覆盖
度、中覆盖度和低覆盖度草地面积均呈现减少趋势,分别减少 229.79km²、168.59km² 和
1142.79km²,低覆盖度草地面积减少最多。

（三）青藏高原草地覆盖度区域分异特征

在研究期内,青藏高原地级市、地区和自治州草地覆盖度平均值为 0.70,其中高覆盖
度草地主要分布在黄南州、西宁市、海北州、果洛州、海东市、昌都市、拉萨市、海南
州、林芝市、玉树州、山南市;中覆盖度草地主要分布在那曲市、日喀则市、海西州;低
覆盖度草地有阿里地区（图7.6）。

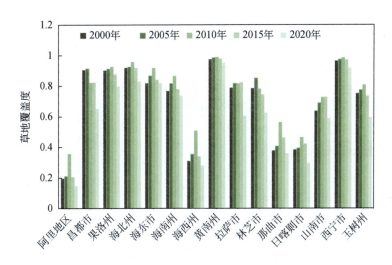

图 7.6 2000 年、2005 年、2010 年、2015 年和 2020 年不同区域草地覆盖度

2000 ~ 2020 年,草地覆盖度变化最大的地区是昌都市,其值在 2000 年为 0.905,2020
年为 0.653,平均每年减少了 0.013,其中 2015 ~ 2020 年减少最多。海东市是草地覆盖度
唯一增加的地区,其值从 2000 年的 0.819 增加到 2020 年的 0.821,其中在 2005 ~ 2010 年
草地覆盖度增加最多,增加值为 0.052,但在 2010 ~ 2015 年草地覆盖度又减少了 0.078;
日喀则市、海西州、那曲市、海南州、阿里地区、西宁市、黄南州、海北州,草地覆盖度
在 2010 ~ 2020 年均呈现减少趋势,尤其在 2015 ~ 2020 年减少最为明显。整体上,研究区
草地覆盖度在研究期内仅海东市的草地覆盖度增加轻微,为 0.002（图7.7）。

玉树州、果洛州草地覆盖度在 2000 ~ 2020 年总体呈现减少趋势,其中在 2000 ~ 2010
年呈增加趋势,2010 ~ 2020 年呈减少趋势。玉树州在 2000 ~ 2020 年总的变化幅度比果洛
州大,玉树州减少 0.155,果洛州减少 0.104。昌都市和拉萨市草地覆盖度均在 2005 ~
2010 年和 2015 ~ 2020 年减少,其余时段在增加,由于昌都市 2005 ~ 2010 年和 2015 ~ 2020

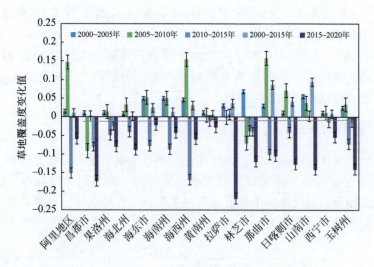

图 7.7 不同城市在不同时段草地覆盖度变化柱状图

年草地覆盖度分别减少 0.091 和 0.172，其草地覆盖度整体减少 0.252，而拉萨市草地覆盖度的变化幅度次之，草地覆盖度整体减少 0.183。

二、植被覆盖变化特征

（一）青藏高原草地植被变化总体特征分析

为了分析高原草地植被类型的时空变化趋势，本章利用 ArcGIS 软件在逐像元的基础上对 2000~2005 年、2005~2010 年、2010~2015 年、2015~2020 年和 2000~2020 年五个时段逐年 NDVI 进行线性拟合，趋势斜率用最小二乘法来计算，公式如下：

$$b = \frac{\sum_{i=1}^{n}(x_i - \bar{x}) - (y_i - \bar{y})}{\sum_{i=1}^{n}(x_i - \bar{x})^2} \tag{7.7}$$

式中，b 为趋势斜率；x_i 和 y_i 分别为年份和该年的 NDVI；$\bar{x}$ 和 $\bar{y}$ 分别为年份平均值和相应时段 NDVI 均值。斜率为负表示草地覆盖度减少，斜率越小，草地植被退化越严重；斜率为正表示草地覆盖度增加，斜率越大，草地植被恢复越好。

在 2000~2020 年，青藏高原地区草地变化整体呈现好转的态势（图 7.8），但是也存在着时空差异性，其中草地转好相对较好的地区是兰州市，斜率最高为 0.0056；斜率在 0.004~0.006 的地区有海东市、临夏市、凉山州、定西市、雅安市、大理白族自治州（简称大理州）和陇南市；武威市、绵阳市、黄南州、嘉峪关市、丽江市、甘南州、海南州、迪庆州、甘孜州斜率均在 0.003~0.004；阿里地区的生态环境恶劣，往年草地退化现象显著，但 2000~2020 年，斜率为正（0.0001），说明该地区草地退化现象得到缓解。草地退化发生最明显的地区是德阳市，斜率为−0.0021；其次为喀什地区和和田地区，斜率分别为−0.0006 和−0.0004，该地区生态本底条件恶劣，仍然存在草地退化现象；最后是克州，斜率为−0.0001，其余地区斜率均为正。结果表明，德阳市草地退化程度较为严重，草地退化程度最轻的地区是阿里地区。

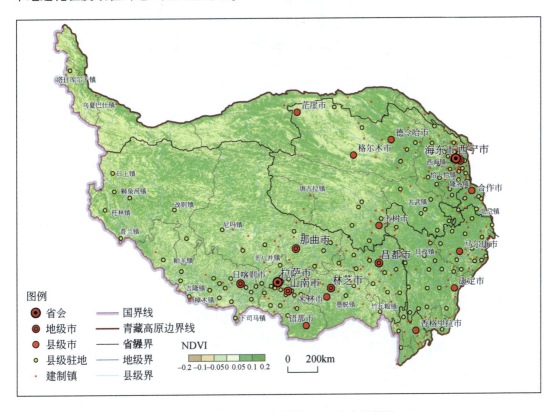

图 7.8　2000～2020 年植被 NDVI 变化趋势图

（二）青藏高原草地植被变化区域分异特征

整个青藏高原地区草地在 2000～2020 年有增加趋势，但在不同时段里，逐像元线性回归分析的变化斜率不同，其斜率分别为 0.0049（2000～2005 年）、0.0283（2005～2010 年）、0.0226（2010～2015 年）、−0.0055（2015～2020 年）。

2000～2005 年，斜率最大的地区是林芝市（0.0142），斜率最小的地区是阿里地区；斜率大于 0.010 的地区除了林芝市，还有海东市、海南州、黄南州、西宁市；斜率在 0.005～0.010 的地区有海北州、海西州、拉萨市、那曲市、山南市，其余地区斜率在 0.003～0.005，没有出现草地斜率为负的地区，表明在 2000～2005 年青藏高原各地区草地恢复状况良好（图 7.9、图 7.10）。

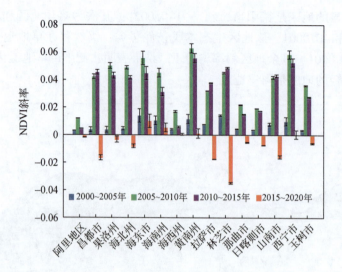

图 7.9　不同区域草地 NDVI 斜率在不同时段的变化趋势图

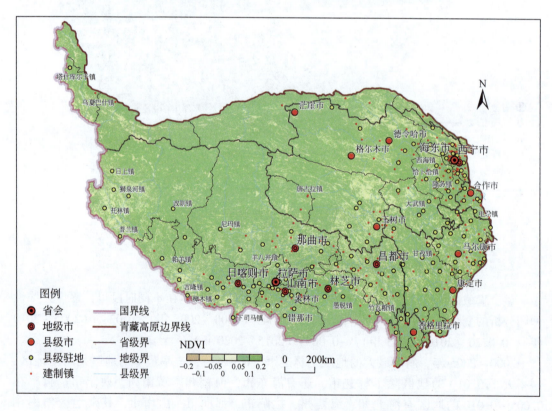

图 7.10　2000~2005 年植被 NDVI 变化趋势图

　　2005~2010 年,所有地区的草地斜率均为正值。海东市、黄南州、西宁市、果洛州的斜率大于 0.05,草地呈现明显好转的态势。阿里地区、日喀则市、海西州地区的斜率为

0.01~0.02，其余地区的斜率都大于0.02。相对于2000~2005年，2005~2010年所有地区的草地斜率都有显著提升，其值都超过0.01，其中黄南州地区的斜率达到0.063，表明青藏高原地区草地退化情况得到有效改善，草地恢复状况较好（图7.9、图7.11）。

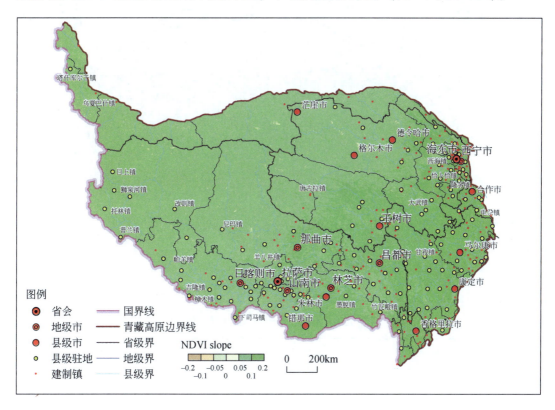

图7.11　2005~2010年植被NDVI变化趋势图

2010~2015年，与前两个时段基本保持一致，所有地区的草地斜率都为正值。其中黄南州草地斜率为0.056，西宁市草地斜率为0.053，这两个地区仍保持着较好的草地恢复状况；草地斜率为0.03~0.05的地区有昌都市、果洛州、海北州、海东市、海南州、拉萨市、林芝市和山南市，草地恢复情况较好；那曲市、日喀则市、玉树州地区斜率在0~0.01；而阿里地区和海西州地区斜率相对较小，分别为0.0046和0.0058（图7.9、图7.12）。

2015~2020年，草地呈退化的态势，其中退化程度较为剧烈的地区是林芝市（-0.035）。单从负的斜率来看，斜率小于-0.01的地区有林芝市、昌都市、拉萨市和山南市，草地退化剧烈；斜率在-0.01~0.001有阿里地区、果洛州、海北州、那曲市、日喀则市、玉树州地区；斜率在0.0004~0.01的地区有海东市、海南州、海西州、黄南州和西宁市，相对前三个时段而言，在此期间草地情况明显恶化，许多地区出现负值斜率，表明2015~2020年青藏高原草地退化情况严重（图7.9、图7.13）。

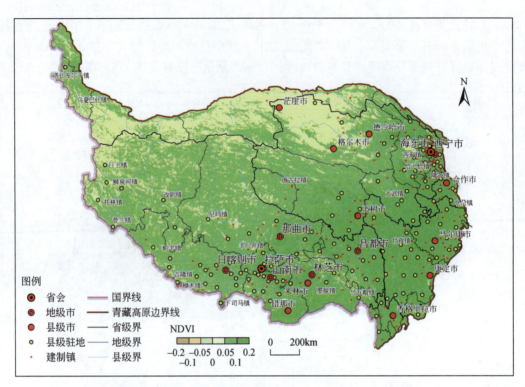

图 7.12　2010～2015 年植被 NDVI 变化趋势图

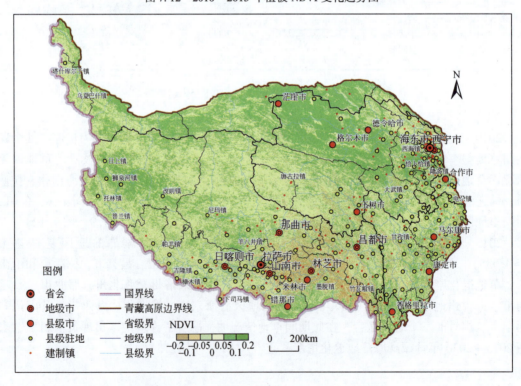

图 7.13　2015～2020 年植被 NDVI 变化趋势图

第二节 城镇化与植被覆盖变化的时空胁迫特征分析

青藏高原地区城镇化水平不断提高，会对周边植被覆盖产生一定的影响。同时，城市扩展过程和人类的生产生活行为对生态系统的服务造成一定程度的胁迫。青藏高原地区城镇化过程与植被覆盖变化的时空胁迫关系的深入研究，是科学评估青藏高原城镇化对生态环境综合影响的基础性工作，可以为区域生态安全、生物多样性保护和可持续发展提供重要的科学认识。

一、城镇化对青藏高原植被覆盖动态变化的影响

（一）青藏高原城镇化对植被覆盖影响的空间缓冲区

城市的发展主要是经济水平的提升和城市人口的增加，人口的增加不仅导致城市建筑面积的扩张，而且随着人们生活水平的提高，人们对城市内、外绿地面积的需求都会提高。基于 2000 ~ 2020 年青藏高原城市的人口城镇化率和城市建成区周边不同距离的植被覆盖的变化进行关联分析。采用缓冲区分析方法对城市扩张影响范围进行划分，该方法已经成为辨析人类干扰对生态系统变化格局影响的重要方法之一。缓冲区分析是对空间特性进行度量的一种重要方法（张镱锂等，2002b），即在地理实体或空间物体周围建立一定距离的带状区，用以识别这些物体对其周围的近邻性或影响度。研究环建成区建立了 4 个缓冲区（1km、5km、10km、50km）（图 7.14），分析人口城市化对周边植被影响的梯度变化，并厘定不同等级的城市对区域植被影响范围的阈值。另外，将研究期分为 4 个阶段，包括 2000 ~ 2005 年、2005 ~ 2010 年、2010 ~ 2015 年和 2015 ~ 2020 年，并按照不同的城市等级进行分析。

采用 MODIS MOD13Q1（2000 ~ 2020 年）NDVI 植被数据，按照研究的 4 个阶段，为了避免自然环境因素突变对植被覆盖的影响，在每个时间节点选择该时间点和前后各一年的数据做平均值。例如，2005 年的 NDVI 采用 2004 ~ 2006 年 3 年数据的平均值，而对于两个端点处的值采用两个年份的均值。针对青海和西藏的 15 个市或自治州政府所在地，采用 2020 年建成区的面积做缓冲区。15 个市或自治州的政府所在地为西宁市、海东市、海晏县西海镇（海北州）、共和县恰卜恰镇（海南州）、德令哈市（海西州）、同仁市隆务镇（黄南州）、玛沁县大武镇（果洛州）、玉树市（玉树州）、拉萨市、日喀则市、山南市、林芝市、昌都市、那曲市、噶尔县狮泉河镇（阿里地区）。

（二）不同等级规模城镇化对植被覆盖影响特征

1. 人口大于 100 万人的城市：西宁市

西宁市作为青藏高原唯一城镇人口超过 100 万人的城市，建成区的面积从 2000 年的 40.31km² 增长到 2020 年的 106.38km²，人口城镇化率从 2000 年的 55.40% 增长到 2020 年

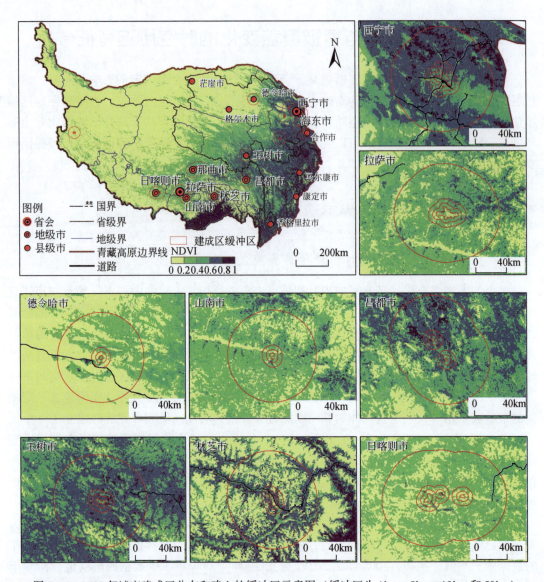

图 7.14　2020 年城市建成区分布和建立的缓冲区示意图（缓冲区为 1km、5km、10km 和 50km）

的 72.10%。随着西宁市建成区面积的扩大和城镇化率的提高，在 1km 缓冲区内的植被 NDVI 的变化为 0.188（2000 年）、0.365（2005 年）、0.203（2010 年）、0.174（2015 年）和 0.428（2020 年）（图 7.15），表现为在 2000～2005 年升高、2005～2015 年降低、2015～2020 年显著升高的趋势。5km 缓冲区内的植被 NDVI 从 0.229（2000 年）升高到 0.446（2005 年），然后降低到 0.283（2010 年），在 2015 年达到最低值为 0.227，然后又升高到 0.568（2020 年）；10km 缓冲区内的植被 NDVI 也是在 2000～2005 年表现为升高的趋势，从 0.418（2000 年）升高到 0.592（2005 年），但是从 2005 之后表现为降低的趋势，其值到 2010 年为 0.480，2015 年达到最低值 0.424，2020 年升高到 0.644；在 50km

缓冲区内的植被 NDVI 和其他缓冲区表现出类似的变化，从 2000 年的 0.440 升高到 2005 年的 0.607，随后降低到 0.495（2010 年），在 2015 年达到最低值 0.453，2020 年又升高到 0.737。

针对不同阶段人口城镇化率和植被 NDVI 的变化表现：第一阶段（2000～2005 年），人口城镇化率从 55.40% 提升到 59.40%，随着人口城镇化率的提高，植被的 NDVI 在 1km、5km 和 10km 缓冲区内都表现为快速的增加，而在 50km 缓冲区内表现为减少，说明

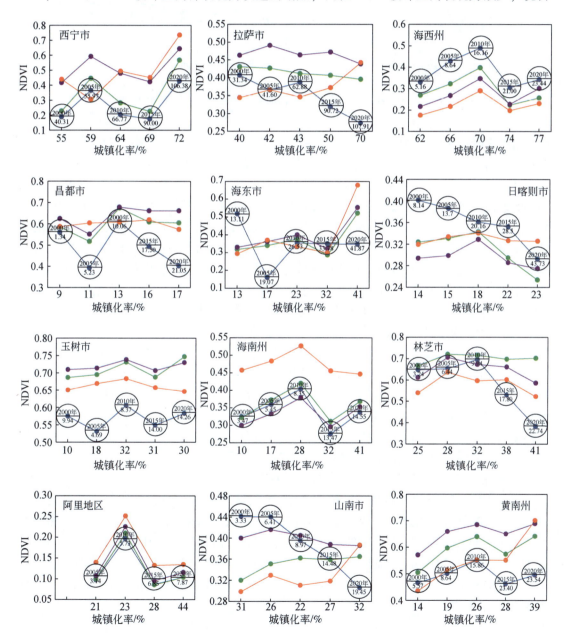

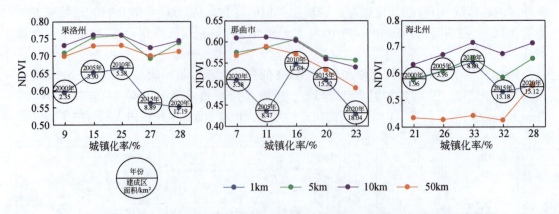

图 7.15　2000~2020 年青藏高原城市周围不同缓冲区内植被 NDVI 变化

西宁市在该阶段人口城镇化率提升，小范围区域的植被覆盖度因受人类活动和自然因素的双重影响而表现为提升，是一种正相关的关系。在第二阶段（2005~2010 年），人口城镇化率从 59.40% 提升到 63.70%，而该阶段区域植被出现严重的退化现象，1~10km 范围内都表现出下降趋势。例如，在 1km 缓冲区内，NDVI 下降了 0.162；5km 缓冲区内其 NDVI 下降了 0.163；10km 缓冲区内 NDVI 下降了 0.112，说明该时段城市化造成区域植被的严重退化。在第三阶段（2010~2015 年）随着城市化进程的继续，区域缓冲区内植被继续退化，但是退化的程度有所减弱。例如，NDVI 在 1km 缓冲区内仅下降了 0.029，在 5km 范围内下降了 0.057，在 10km 范围内下降了 0.056，而在 50km 缓冲区内下降了 0.043。在第四阶段（2015~2020 年），人口城镇化率从 68.63%（2015 年）提升到 72.10%（2020 年），区域缓冲区内植被 NDVI 显著提升。例如，在 2020 年，1km 缓冲区内的 NDVI 是 0.428，相对于 2015 年提升了 0.253，5km 范围内的 NDVI 是 0.568，提升了 0.341，10km 范围内的 NDVI 是 0.644，提升了 0.220，50km 缓冲区内的 NDVI 是 0.737，提升了 0.285。研究结果表明：①西宁市城市化导致植被呈 "U" 形变化趋势。②植被的变化具有空间依赖性，在 5~10km 范围内 NDVI 最高。③城市化对植被退化/促进的影响也由城市化程度决定，西宁市城市化对区域植被退化的影响在城镇化率约为 68% 时达到最大，但是随着城市化进一步提升，对植被的正效应影响加强。

2. 城市人口在 30 万~50 万人的城市：拉萨市、海西州、海东市

拉萨市作为西藏的省会城市，截至 2020 年其城市人口为 60.55 万人，城镇化率为 69.77%，建成区面积为 107.91km²（图 7.15）。拉萨市城市化对区域不同缓冲区内植被的影响表现不同，在第一阶段（2000~2005 年），建成区面积从 31.34km² 扩展到 41.60km²，在 1km 缓冲区内 NDVI 的下降幅度较大，减少 0.041，而在 10km 缓冲区内，植被 NDVI 下降，在 50km 缓冲区内，植被 NDVI 上升。5km 缓冲区内植被 NDVI 在研究时间内没有发现显著变化（−0.004）。

在第二阶段（2005~2010年），建成区面积由41.60km²发展到62.88km²，该阶段植被的NDVI在5km、10km和50km缓冲区内都表现为下降的趋势，分别下降0.015、0.027和0.020。而在1km缓冲区内植被NDVI表现为上升的趋势，上升0.022，说明在该阶段城市化进程中，拉萨市建成区的绿化植树造林使得区域植被覆盖度提高。

第三阶段（2010~2015年），随着城市建成区面积扩大到90.72km²，人口城镇化率增加到59.77%，而各个缓冲区内植被NDVI变化表现为1km和5km缓冲区内植被NDVI下降，分别下降0.068和0.005，而在10km和50km缓冲区内植被NDVI分别升高0.007和0.026。

第四阶段（2015~2020年），城市建成区面积扩大到107.91km²，人口城镇化率增加到69.77%，而各个缓冲区内植被的NDVI变化表现为1km、5km和10km缓冲区内植被NDVI下降，分别下降0.046、0.011和0.033，而在50km缓冲区内植被的NDVI升高0.070。

通过分析拉萨市不同缓冲区内植被NDVI的变化，在空间范围内，影响幅度在1~10km，并且越靠近建成区，植被的NDVI变化受到人为因素影响越大，而由5km缓冲区内植被的NDVI在研究期（2000~2020年）一致表现为下降的趋势可知，拉萨市整个城市化进程中，人为的正/负面干预改变城市邻近区域的植被覆盖，但是在50km缓冲区内，植被的NDVI比其他缓冲区内都要低，说明拉萨市城市周边区域植被脆弱，区域有限的生态资源不足以满足拉萨市继续的扩张和发展。总结拉萨城市化过程对植被退化的影响如下：①在地理空间上，人类活动的正/负干扰辐射的范围在20km内；②城市1~10km缓冲区内的植被变化受人类负干扰活动影响更为严重；③在2010~2020年城市化过程中区域植被退化严重，对城市内的环境造成影响；④在2010~2020年，拉萨市建成区面积快速扩张，造成土地城市化和人口城市化不协调发展。

截至2020年，海西州和海东市的城市人口分别为35.50万人和47.23万人，人口城镇化率分别为76.57%和41.00%。建成区面积分别为23.44km²和41.87km²，海西州德令哈市的人口集中在市区，该城市是资源型城市，也是移民城市，所以城市人口比例较大，但是城市面积较小。两个城市区域周边的自然环境类似，植被的覆盖都是靠近城市区域植被NDVI较高。例如，在1km缓冲区内，2000~2020年植被的NDVI多数大于0.35，而在5km缓冲区内，NDVI大于0.23，在10km缓冲区内大于0.22（德令哈市）和大于0.33（海东市），在50km缓冲区内大于0.18（德令哈市）和大于0.30（海东市）（图7.15）。

在城市发展的不同阶段，各缓冲区内NDVI的变化受人类活动的影响不同，证明两个城市区域的植被主要是人为的正干预提高植被覆盖率。2000~2020年，拉萨市在1~10km范围内，NDVI整体上呈现波动下降的趋势，而50km范围内的NDVI呈现波动上升态势；德令哈市在第一阶段（2000~2005年）和第二阶段（2005~2010年）NDVI都随着城市的扩展而增大，而第三阶段（2010~2015年）NDVI均在下降，到第四阶段（2015~2020年），NDVI又呈现上升趋势，而拉萨市NDVI有部分下降。另外，海东市1km缓冲区内的NDVI，在第一阶段呈现剧烈下降态势，受城市发展影响最大，植被呈明显退化状态，但在第二阶段情况有所缓和，在之后保持相对稳定状态。5~50km范围内NDVI在第一阶段和第二阶段总体呈缓慢上升趋势，但在第三阶段开始下降，在第四阶段又迅速增大（图7.15）。说明该区域城市的发展对植被的退化影响严重，而在远距离有促进恢复作用，同时也受到城市化率阈值的影响。

3. 城市人口在 10 万～30 万人的中小城市：昌都市、日喀则市、玉树市、海南州

昌都市和日喀则市属于西藏，玉树市和海南州属于青海。截至 2020 年城市人口分别为昌都市 11.26 万人、日喀则市 16.34 万人、玉树市 11.91 万人、海南州 14.88 万人。城市化率分别为 16.33%、21.85%、30.90% 和 31.80%，建成区面积分别为 21.05km^2、43.73km^2、14.26km^2 和 14.55km^2（图 7.15）。在 2000～2020 年，4 座城市不同缓冲区内的植被 NDVI 不同，表现为城市区域的自然环境基底的差异和显著的空间异质性（图 7.14）。例如，在昌都市，在 1km、5km 和 10km 缓冲区内 NDVI 表现为相同的变化趋势，而在 50km 缓冲区内 NDVI 表现为先上升（2000～2015 年）再下降（2015～2020 年）的趋势。说明昌都市的城市发展对区域植被造成影响，影响范围约在 10km 内。

在玉树市，NDVI 只是在 1km 范围内表现出大的年际变化，同时在 1km 缓冲区内 NDVI 最低；在 5km 和 10km 缓冲区内 NDVI 较高，在 50km 缓冲区内 NDVI 反而又降低，表明该城市城镇化对区域植被的影响范围较小（图 7.15）。在日喀则市，1km 缓冲区内 NDVI 虽然最高，但是受城市扩张的影响，2000～2020 年逐年降低（图 7.15）。在海南州，1～10km 缓冲区内 NDVI 变化趋势基本一致，而在 50km 缓冲区内的 NDVI 远高于其他 3 个缓冲区（图 7.15），说明城市化导致区域植被的退化，但是在第一阶段（2000～2005 年）、第二阶段（2005～2010 年）城市区域 10km 范围内植被又受到人类正面干预，NDVI 不降反升。昌都市在第一阶段（2000～2005 年）、第三阶段（2010～2015 年）和第四阶段（2015～2020 年）都表现为 NDVI 降低趋势（不包括 50km 缓冲区）；玉树市和海南州在第一、第二阶段 NDVI 都呈升高趋势，在第三阶段呈下降趋势（不包括玉树市和海南州 1km 缓冲区）。结论如下：①昌都市城市化对植被退化的影响较大，影响空间约在 10km 范围内。②日喀则市城市化对植被退化的影响较大，影响空间在 1km 范围内。③玉树市的城市化对区域 1km 范围内植被的影响波动较大，在 5～10km 范围内对植被正干预增大，而在 50km 范围内植被 NDVI 较低。④海南州在发展第一阶段（2000～2005 年）、第二阶段（2005～2010 年）都是利于植被的恢复，在第三阶段（2010～2015 年）负干预增大，在第四阶段（2015～2020 年）植被 NDVI 仅 50km 缓冲区下降，其余缓冲区均呈上升态势。

4. 城市人口在 10 万人以下的小城市：阿里地区、林芝市、果洛州、山南市、那曲市、黄南州、海北州

2020 年这 7 座城市的城市人口分别为阿里地区 2.89 万人（建成区面积 7.87km^2）、林芝市 8.12 万人（22.74km^2）、山南市 9.50 万人（19.45km^2）、那曲市 9.94 万人（18.04km^2）、果洛州 5.29 万人（12.19km^2）、黄南州 8.13 万人（23.54km^2）、海北州 8.73 万人（15.12km^2）。在 2000～2020 年，不同城市都经历了人口和面积的增加，并且在不同发展阶段，扩张的速度不同（图 7.15）。阿里地区的噶尔县没有 2000 年的数据，但是分析其他三个阶段可知，在第二阶段（2005～2010 年）和第四阶段（2015～2020

年）城市周边植被都是在增加，在第三阶段（2010~2015 年）NDVI 快速下降，说明 NDVI 在不同缓冲区内表现为从城市区域向外围扩展，植被 NDVI 也在增长。

在第三阶段（2010~2015 年），林芝市 5~50km 缓冲区内 NDVI 同时表现为下降趋势。但在城市 5~10km 缓冲区内的 NDVI 远大于在 50km 缓冲区内的 NDVI，而 1km 缓冲区内的 NDVI 表现为下降态势，说明这个阶段城市的发展对小范围区域的植被有促进作用，随着缓冲区域范围的增大，对植被的正向作用越来越弱，甚至转变为抑制作用。在 2010 年之后，随着城市的发展，NDVI 显著降低，尤其是 1km 缓冲区内，NDVI 从 0.7（2010 年）快速下降到 0.38（2020 年）（图 7.15），说明 2010 年后林芝市的发展对区域植被退化的影响最为严重。

果洛州和黄南州的人口城镇化率与植被 NDVI 的年际变化表现为相似的趋势，都是在城市区域 1km 缓冲区内植被退化严重，而在 5~10km 缓冲区内植被覆盖度较高；但是在城市发展不同阶段的表现不同，在第一、第二阶段植被 NDVI 随着城市化的提升而增大，但是在人口城镇化率约 25% 区间内，城市化增强区域植被反而退化严重，尤其是在 1km 缓冲区内，2010~2015 年，NDVI 分别降低 0.102（果洛州）和 0.089（黄南州）。

海北州和山南市有着类似的城市化进程和区域自然环境，在 5~50km 缓冲区内 NDVI 呈现不同的变化，在 5~50km 缓冲区内 NDVI 分别为 0.4~0.8 和 0.3~0.45，而在 1km 缓冲区内，NDVI 呈现不同的变化，如海北州在第三阶段（2010~2015 年）表现为下降趋势，其他阶段均表现为增加趋势；而山南市的 NDVI 则表现为持续下降趋势，由 0.441（2000）下降到 0.306（2020）。结果表明在城市化发展的不同阶段，城镇化率不同，其对植被的影响也存在差异。例如，在海北州 2000~2010 年城镇化率的提高促进植被的生长，但是在 2010~2015 年，城镇化率的降低却导致区域植被的退化，在 2015~2020 年植被随城镇化率的降低而增加。而在山南市，在 1km 缓冲区内城镇化率提高一直导致植被退化，说明植被的人为正干预甚微。

在那曲市，随着人口城镇化率的提高，植被基本表现为退化的趋势，尤其是在 10~50km 缓冲区内，2000~2020 年 10km 缓冲区内 NDVI 降低 0.069，50km 缓冲区内 NDVI 降低 0.077。在 1km 缓冲区内，NDVI 先从 0.509（2000 年）下降到 0.435（2005 年），后增加到 0.547（2010 年）。而在 5km 缓冲区内，前两个阶段（2000~2005 年、2005~2010 年）的 NDVI 都在升高，升高 0.031。在第三阶段（2010~2015 年）和第四阶段（2015~2020 年），随着人口城镇化率的提高，NDVI 在不同缓冲区内都表现为退化趋势，说明那曲市在脆弱的自然环境下，对城市化的承载力较弱，在城镇化率达到约 16% 左右植被表现为显著退化。

二、影响因素分析

中国西部的快速城镇化在 2000 年之后表现强烈。城镇化的过程使城市内部的土地利用方式改变，城市向外围不断扩张，必然改变原有的土地覆盖，这一过程将对区域植被造成影响。

　　青藏高原由于其独特的地理位置和自然环境，城镇化对植被的影响在不同等级的城市内不同缓冲区内表现出不同的变化过程，城镇化对植被的影响也受到其所处自然环境、区域植被的基底值影响，甚至不同的城市城镇化率变化对植被退化的影响阈值不一样。

　　在西宁市城镇化率对区域植被退化影响的阈值约是 69%，在拉萨市 1～10km 缓冲区内人口城镇化率约在 70% 时导致周围植被退化严重，而在 50km 缓冲区内城市的发展对植被具有正干预作用。德令哈市（海西州）人口城镇化率对植被的影响阈值约为 70%，海北州约为 33%，林芝市和玉树市约为 32%，海南州为 28%，果洛州为 25%，山南市、日喀则市、那曲市和昌都市分别约为 26%、23%、16% 和 13%，而海东市人口城镇化率对植被的影响在 32% 时最明显。

　　2010 年 1 月 18～20 日，中央第五次西藏工作座谈会在北京举行，强调要继续保持中央对西藏特殊优惠政策的连续性和稳定性，进一步加大政策支持和资金投入力度。继续执行并完善"收入全留、补助递增、专项扶持"的财政政策，加大专项转移支付力度，对特殊民生问题实行特殊政策并加大支持。高原城市将迎来更快的发展，下一步要经历快速城镇化过程，同时区域城市发展和环境保护之间的协同变化，人与自然和谐共生，走新型城镇化建设，保证区域城市的可持续发展显得更为重要。

第三节　工矿用地周边和交通沿线植被覆盖变化特征

　　青藏高原具有复杂的地质结构及演化过程，探测发现矿产资源极为丰富。然而，在高原地区进行矿区开发这一剧烈的人类活动，对区域环境造成的影响较为严重，尤其是在高寒草原、高寒荒漠草原等生态脆弱区，有些破坏是颠覆性的，几乎不能进行修复。因此，在青藏高原进行矿产开发，必须兼顾社会需求、生态环境和地质环境。本节对工矿用地周边和交通沿线植被覆盖变化特征进行分析，揭示采矿和交通活动对植被的影响特征。

一、工矿用地缓冲区内植被变化时空特征

（一）工矿用地缓冲区内植被覆盖现状

　　利用 Landsat 系列数据分析，矿区分布在整个高原的不同区域，截至 2010 年有 445 个，青藏高原的矿区面积在 2000 年是 410.07km^2（333 个），2010 年是 449.54km^2（图 7.16）。由于工矿区的数据只有两个年份（2000 年和 2010 年），而植被是逐年份的（2000～2020 年），为了分析工矿区区域植被的年际变化，做缓冲区时，采用工矿区 2000 年数据作为两个年份（2000 年和 2005 年）的工矿区数据，2010 年数据作为三个年份（2010 年、2015 年和 2020 年）的数据。另外，将研究时段分为 4 个阶段：2000～2005 年、2005～2010 年、2010～2015 年和 2015～2020 年；植被 NDVI 的数据处理方法参照本章第二节。

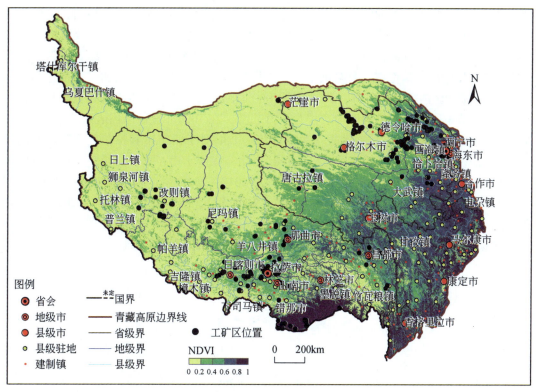

图 7.16　2020 年青藏高原工矿区空间分布图

采用缓冲区分析方法对受人类干扰最大的工矿区影响范围进行划分，即在工矿区周围建立一定距离的带状区，用以识别其对周围环境的临近性或影响度。缓冲区分析是辨析人类干扰对生态系统变化格局影响的主要方法之一。根据高原矿区区域的实际自然环境情况，分为 3 个缓冲带（500m、1000m 和 5000m）。

2000~2020 年，不同行政区内工矿区用地区域的植被 NDVI 均值为西宁市 0.704（500m）、0.708（1000m）、0.701（5000m）；拉萨市 0.452（500m）、0.465（1000m）和 0.475（5000m）。其他城市：昌都市、果洛州、海北州、海东市、海南州、黄南州、林芝市和山南市工矿区的植被 NDVI 均值都大于 0.50。但是在生态严重脆弱的区域，阿里地区工矿区的植被 NDVI 均值为 0.125（500m）、0.140（1000m）和 0.151（5000m）；海西州 0.146（500m）、0.248（1000m）和 0.260（5000m）；日喀则市 0.205（500m）、0.264（1000m）和 0.293（5000m）；那曲市 0.307（500m）、0.326（1000m）和 0.335（5000m）。工矿开采对青藏高原生态脆弱区植被的破坏更加严重。

（二）工矿用地变化对植被的影响分析

在不同植被覆盖区，工矿区对生态环境的影响存在明显的梯度效应和年际变化规律（图 7.17）。在梯度效应方面可以分为两类：一类，梯度效应明显，近距离生态环境明显低于远距离，如西宁市、拉萨市、果洛州、昌都市、海北州、海东市、海南州、海西州、日喀则市、阿里地区、那曲市和山南市；另一类，梯度效应不明显，如玉树州、黄南州和林芝市。在年际变化上，很多区域在 2010 年之前工矿区的发展缓慢，对区域植被的影响变化不明显，而在第四阶段（2015～2020 年），在 500～5000m 缓冲区内都表现为下降趋势的城市有拉萨市、昌都市、日喀则市、玉树州和林芝市；另外，海西州、果洛州和海北州在 500m 缓冲区内表现为下降，那曲市在 1000m 和 5000m 缓冲区内表现为上升趋势；而海南州在 500m 和 5000m 缓冲区内表现为上升趋势，在 1000m 缓冲区内表现为下降趋势；那曲市在 1000m 和 5000m 缓冲区表现为下降趋势。而对于西宁市和拉萨市，工矿区周边的植被 NDVI 也表现为明显的梯度效应和年际变化，在西宁市，第一、第二、第四阶段植被 NDVI 都表现为上升的趋势，只有第三阶段（2010～2015 年）3 个缓冲区内植被 NDVI 都降低。而拉萨市 NDVI 在第一阶段（2000～2005 年）、第三阶段（2010～2015 年）升高，在第二阶段（2005～2010 年）、第四阶段（2015～2020 年）表现为降低的趋势。西宁市和拉萨市工矿区周边植被 NDVI 的变化结果表明植被受人为干扰较大。

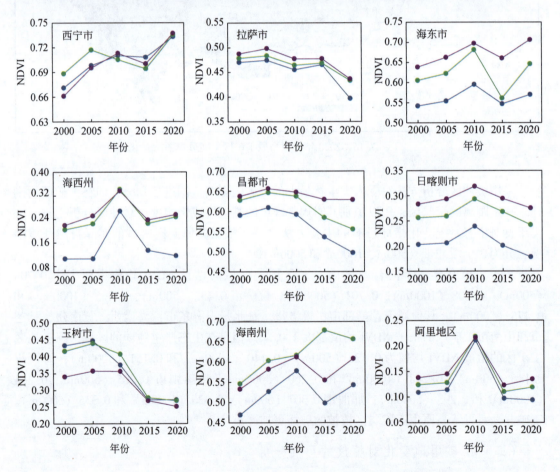

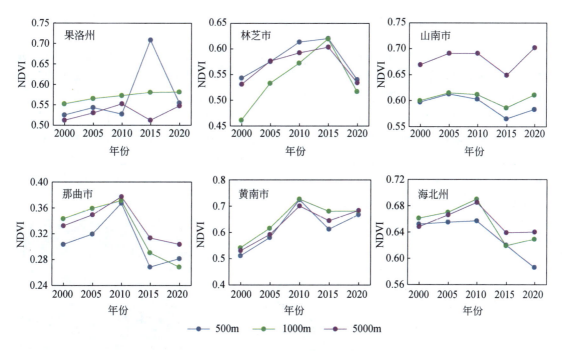

图 7.17　2000～2020 年青藏高原工矿区周围不同缓冲区内植被 NDVI

高原工矿区对植被 NDVI 的影响具有明显的梯度效应，基于高原脆弱的生态环境在采矿时应尽量避开高寒草原分布区如阿里地区、海西州、日喀则市、那曲市。

二、交通沿线缓冲区内植被变化时空特征

交通道路是联系地理空间和人类社会活动的纽带，一方面道路促进人类社会和经济的发展，另一方面道路也对区域生态系统产生一定程度的影响，直接或间接地影响着区域生态系统服务。道路修建、道路的存在及车辆的运行都对周围生态系统产生广泛的影响，道路带来的生态系统物理和化学性质的变化会改变生物量、生物种群和群落的结构。

青藏高原的道路主要修建在草地上，道路修建对区域植被造成的影响主要有机械性破坏，限制土壤水分流通，以及道路粉尘和汽车废气等对两侧植被的影响。不同的影响导致的植被退化程度不同。而在高寒地带修建的道路对植被的影响除这些共性外，还有其自身的特殊性。例如，低温是限制高寒植被生长的主要因素，而道路的修建会导致微气候变化，使得一些生态位幅度较大的植被进入高原，改变道路两边的植被物种组成，造成原始植被群落的改变。另外，道路的粉尘会对植被退化产生影响，并且根据距离道路远近产生梯度性变化。

（一）交通沿线缓冲区内植被覆盖现状

基于 2015 年的中国道路数据，按照不同类型的道路（铁路、国道和市区主干道）分类统计，道路的分布直接或间接影响人类活动的空间分布，进而在空间上对植被的影响也有梯度效应，因此在研究道路生态效应的空间分布规律时采用缓冲区分析，按照不同道路类型对应的缓冲带宽度，对道路生成两个缓冲带图层，再将缓冲带图和植被图进行叠加，然后进行图层切割，得到不同级别道路影响下的植被 NDVI 图，缓冲区可以认为是不同道路类型的综合生态影响域，然后再统计不同影响域内的植被 NDVI。在道路两边建立 500m 和 1000m 两个缓冲区（图 7.18），分析不同缓冲区内植被 NDVI 的变化。植被的分析方法如本章第二节所述。

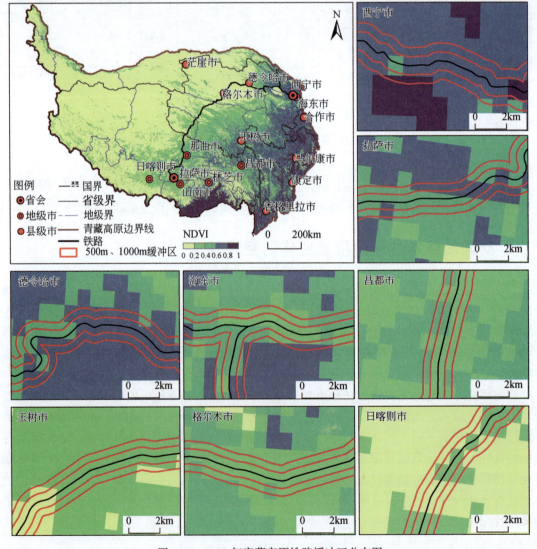

图 7.18　2020 年青藏高原铁路缓冲区分布图

2015 年青藏高原铁路总长度是 2250km, 铁路在不同地区的长度不同, 最长的为海西州 (951.59km), 另外, 那曲市为 346.65km, 玉树州为 245.60km, 海北州为 242.53km, 拉萨市为 211.06km, 西宁市为 175.25km, 海东市为 77.32km。

2000 ~ 2020 年植被 NDVI 在不同缓冲区内: 西宁市的均值为 0.563 (500m) 和 0.570 (1000m), 拉萨市的均值为 0.501 (500m) 和 0.500 (1000m), 海北州的均值为 0.574 (500m) 和 0.570 (1000m), 海东市的均值为 0.446 (500m) 和 0.447 (1000m), 高寒草甸分布区的那曲市的均值为 0.414 (500m) 和 0.405 (1000m), 资源型城市海西州的均值为 0.226 (500m) 和 0.225 (1000m), 玉树州的均值为 0.236 (500m) 和 0.228 (1000m)。统计结果表明, 铁路两旁的植被 NDVI 都高于区域的平均值, 并且近铁路距离内 (500m) 的植被 NDVI 高于远距离 (1000m)。另外, 拉萨市、西宁市和海北州铁路通过地方的植被较好, NDVI 都超过 0.5。海东市和那曲市的 NDVI 也超过 0.4。自然景观最差的是在海西州和玉树州, 其 NDVI 仅大于 0.2 (图 7.19)。

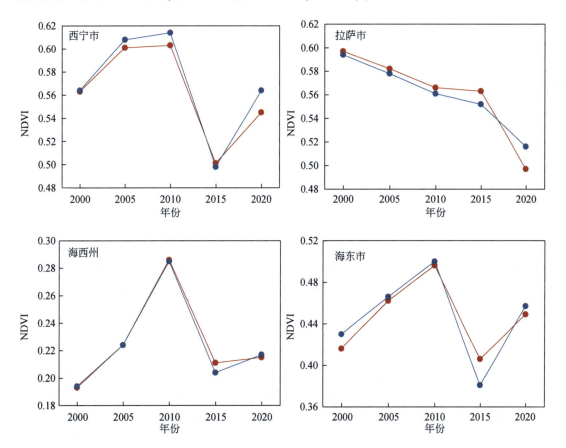

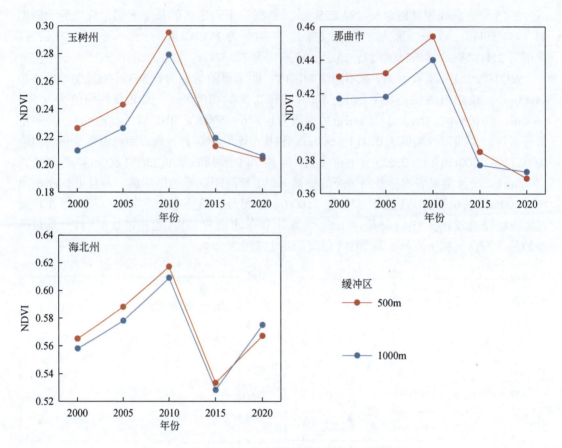

图 7.19　2000～2020 年不同区域铁路缓冲区植被 NDVI

公路（国道）是高原主要的交通干线，也是国家为了西部发展投入大量人力和物力修建的主要交通路线（图 7.20）。研究区内青藏高原国道的长度为 18 188.22km，公路沿线两边受人类活动影响远大于铁路。2000～2020 年，西宁市道路沿线不同缓冲区内植被 NDVI 的均值分别为 0.245（500m）和 0.250（1000m），拉萨市为 0.221（500m）和 0.215（1000m）。而最高值在林芝市和黄南州，分别为 0.672（500m）、0.681（1000m）和 0.678（500m）、0.684（1000m），林芝市和黄南州蕴藏着丰富的森林和草地资源。其他各城市都在 0.42 以下，最低值出现在海西州和阿里地区，其不同缓冲区的均值分别为 0.091（500m）、0.081（1000m）和 0.094（500m）、0.065（1000m）（图 7.21）。

城市主干道是促进城市发展的主要交通干道，研究区内道路总长度为 2848.88km，城市主干道区域的植被受人类活动干扰较多，人为种植是促进近道路区 NDVI 提升的重要因素。例如，在草地覆盖度较低的玉树州，城市主干道区域的植被 NDVI 为 0.628（500m）和 0.634（1000m），仅次于植被覆盖度最高的海北州 ［0.651（500m）和 0.659（1000m）］。研究结果显示，除了海西州和果洛州，其他城市主干道区域的植被 NDVI 在 0.4 以上，而海西州的 NDVI 仅为 0.212（500m）和 0.188（1000m），果洛州的 NDVI 为

0.301（1000m）（图7.22）。

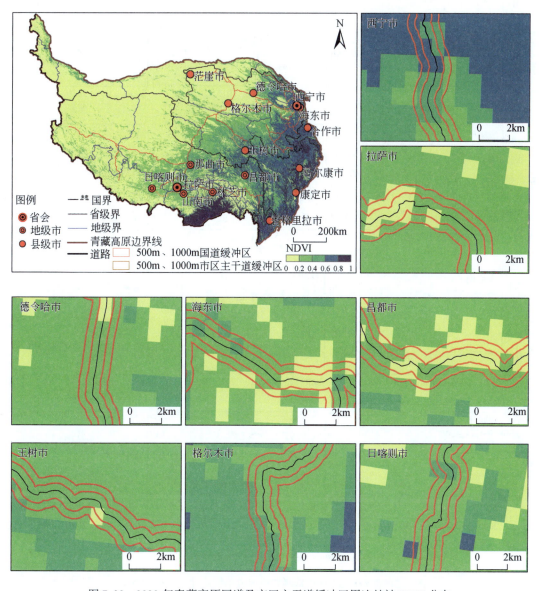

图7.20 2020年青藏高原国道及市区主干道缓冲区周边植被NDVI分布

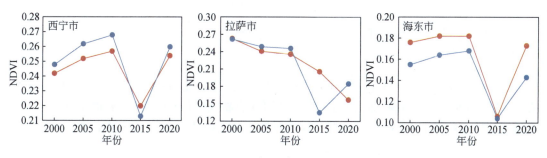

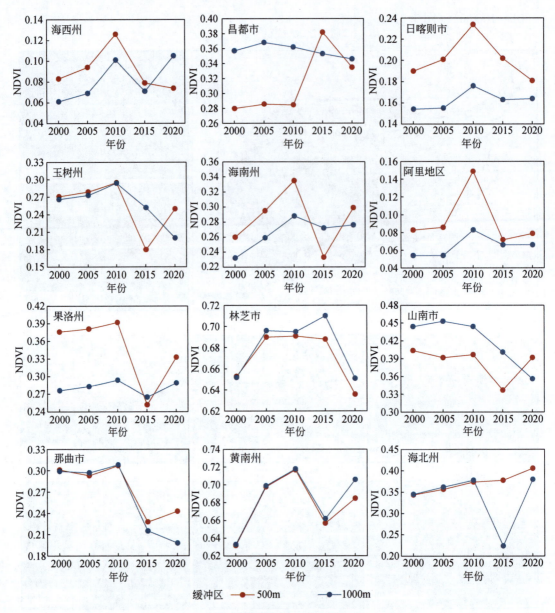

图 7.21　2000~2020 年青藏高原国道不同缓冲区内植被 NDVI

（二）交通沿线植被变化的时空特征分析

对不同类型的道路缓冲区内植被 NDVI 进行分析，结果显示铁路对植被的影响较小（图 7.19），而不同城市 NDVI 在不同年份有所变化，这可能与自然环境变化有关。例如，在 2010 年后表现为快速降低，已有研究也证明青藏高原植被在 2010 年后退化严重。并且铁路沿线临近距离的 NDVI 略微高些，这是保护铁路沿线增加植被覆盖的效果。最为特殊的是拉萨市辖区的铁路沿线，2000～2020 年，沿线的植被 NDVI 在不同梯度下都表现为降低的趋势。

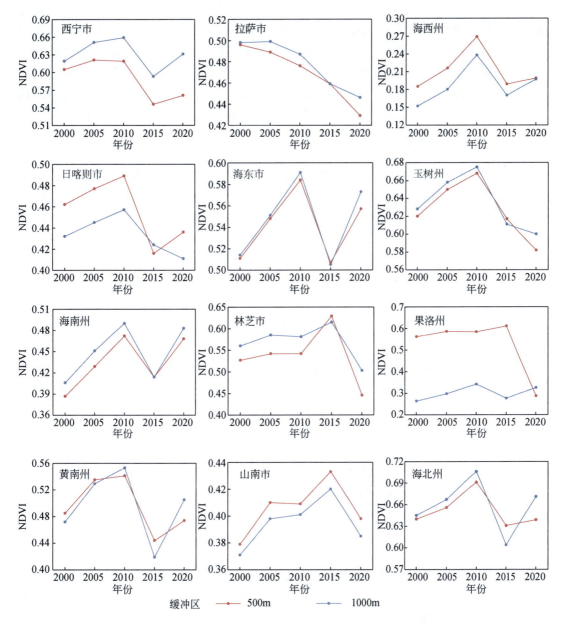

图 7.22　2000～2020 年青藏高原城市绕城公路不同缓冲区内植被 NDVI

在时间尺度上，铁路两旁的 NDVI 的阶段性变化主要表现分为 3 类：①2000～2010 年 NDVI 升高，2010～2020 年 NDVI 下降，如玉树州和那曲市；②2000～2020 年 NDVI 都表现为下降，如拉萨市；③2000～2010 年 NDVI 表现为上升，而在 2010～2015 年 NDVI 表现为下降趋势，在 2015~2020 年阶段 NDVI 又快速上升，如海西州、西宁市、海东市和海北州。

一般认为公路沿线人流、车流的活动对区域植被覆盖影响较大，本研究结果在空间尺度上也体现植被受到道路影响的梯度效应。并且在不同城市道路沿线对植被影响的梯度效应也存在差异，大致可以分为以下几类：①无梯度效应的地区，如西宁市、果洛州；②500m 缓冲区内 NDVI 大于 1000m 缓冲区内 NDVI 的地区有日喀则市、阿里地区、海东市；③500m 缓冲区内 NDVI 小于 1000m 缓冲区内 NDVI 的地区有林芝市、黄南州；④NDVI 在不同年份不同缓冲区变化不一致的地区有拉萨市、海西州、昌都市、海北州、海南州、山南市、那曲市和玉树州（图 7.21）。

另外，昌都市沿线 500m 缓冲区内的植被 NDVI 在 2010 年后表现为快速上升，2015 年后又迅速下降，而 1000m 缓冲区内植被 NDVI 表现为缓慢下降；海北州在 2010~2020 年，1000m 缓冲区内植被 NDVI 表现为先快速下降后快速上升，而在 500m 缓冲区内植被 NDVI 表现为缓慢上升的趋势，说明人为正干预促进沿线区域植被的恢复。林芝市的植被 NDVI 几乎没有发生变化，但是道路沿线植被在 500m 缓冲区内受到的负干预很明显。

绕城公路主要为人类活动和城市经济的发展服务，在城市发展中起着重要作用。一般在环城公路沿线人为种植大量的植被，尤其是在低海拔东部城市区域，环城公路沿线有着很高的植被景观，起到美化城市环境、缓解道路噪声和空气污染的作用。而在青藏高原，有些城市坐落在更为脆弱的生态环境中，植被在人为的正负干扰下变化和中国东部城市截然不同（图 7.22）。道路沿线不同梯度下植被变化表现为几类：①500m 缓冲区内植被 NDVI 小于 1000m 缓冲区内植被 NDVI，如西宁市、海南州、林芝市和玉树州；②500m 缓冲区内植被 NDVI 大于 1000m 缓冲区内植被 NDVI，如海西州、山南市、日喀则市和果洛州；③几乎没有梯度效应的地区，如海东市、玉树州和黄南州；④NDVI 在不同年份不同缓冲区变化不一致的州（市）有日喀则市和果洛州。

而在年际尺度上可以看到道路沿线对植被的影响也存在差异，具体表现可以分为以下几类：①2000~2020 年都降低的地区，如拉萨市；②2000~2010 年升高，2010~2015 年降低，2015~2020 年又上升的地区：西宁市、海西州、海东市、海南州、黄南州和海北州；③2000~2015 年持续升高，2015 年后又迅速下降的地区：林芝市；④2010 年前变化不明显，2010 年后先升高后降低的地区，如林芝市。特殊的城市如果洛州，在 2010~2015 年，1000m 缓冲区内的植被 NDVI 下降，而 500m 缓冲区内的植被 NDVI 表现为上升，而 2015~2020 年，1000m 缓冲区内的植被 NDVI 上升，而 500m 缓冲区内的植被 NDVI 表现为下降，人为干预明显。

道路作为人类活动的通道，影响着人类活动的分布格局和区域土地利用的变化。总之，在青藏高原道路沿线的植被受到干扰，除了铁路沿线梯度效应不明显，公路沿线植被都受到不同程度的人为干扰。

第四节 重点城市扩张对区域植被覆盖的影响

随着新型城镇化进程的不断推进，我国众多区域中心城市都已经进入都市圈发展的新阶段，这些大都市圈功能、形态、规模各不相同，对自然生态系统产生深远影响，使城市地域范围内生态系统的结构、功能发生不可逆转的改变，呈现出景观斑块的破碎化，导致生态系统功能退化或丧失。这些生态效应都与人类活动、经济建设、城市扩张和空间地域特点紧密联系在一起。在青藏高原，人类的干扰强度严重影响着区域的城市生态安全。研究城市扩张影响下的区域生态环境的空间格局特征及空间异质性特点，了解其成因与机制，是理解人类活动与区域生态安全相互作用关系的重要途径。青藏高原的城市发展总体规模小，城镇发展地域差异性明显，空间上集中在河谷地区，呈沿交通线分布格局；城镇经济发展水平较低，缺乏吸引力与辐射能力，城镇间经济联系弱，未能形成高原城市群体系。

一、拉萨城市圈城市扩张对区域植被的影响

（一）拉萨城市圈植被覆盖现状

受到社会环境、宗教文化和自然环境等条件的制约，西藏在中国属于欠发达地区，拉萨市作为西藏首府，拥有最多的人口和社会资源，近几年西藏旅游发展迅速，经济得到了快速发展，但是由于城市本身的特点，其发展区域辐射强度不大。本节选择的拉萨城市圈主要包括拉萨市和周边具有良好交通环境、能够在 3h 到达、在市区 200km 范围内的周边小城市，如林周县、达孜区、堆龙德庆区、当雄县和尼木县等。通过建立缓冲区，分析在200km 范围内的植被 NDVI 的年际变化。了解拉萨城市圈的生态环境发展变化历程，为区域未来都市圈的社会经济和生态环境可持续发展途径提供科学依据。

（二）拉萨城市圈城市化对植被覆盖影响的时空特征分析

2000 ~ 2020 年研究区植被 NDVI 的平均值为 0.438，在空间上该区域的植被覆盖度不高，地表覆盖破碎化严重（图 7.23），而在之前的分析中，拉萨市周边 1km 缓冲区内的植被 NDVI 均值为 0.351，5km 缓冲区内的植被 NDVI 均值为 0.414，10km 缓冲区内的植被 NDVI 均值为 0.466，50km 缓冲区内的植被 NDVI 均值为 0.375。整个城市圈内的 NDVI 均值小于拉萨市周边 5km 以外的值。

在拉萨城市圈，城市发展辐射面积小，除拉萨市，周边小城市零星分布，并且相互间距离较远。都市圈范围内植被 NDVI 逐年的变化结果显示，2000 ~ 2020 年，NDVI 波动较大，其中最大值为 0.485（2012 年），最小值为 0.318（2020 年）。整体表现为随年际变化升高趋势。较大的年际变化表明植被受到自然和人类活动的干扰依然很强烈。总体上拉萨城市圈在 2000 ~ 2020 年随着城市化进程发展，植被覆盖度提高。

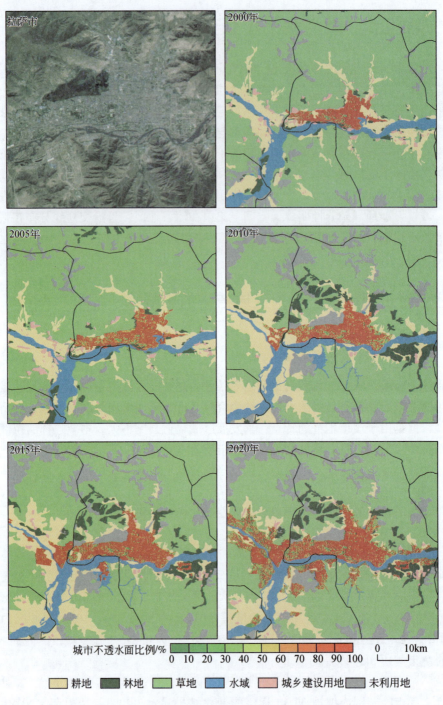

图 7.23　拉萨市及周边土地利用类型空间分布图

二、西宁都市圈城市扩张对植被覆盖的影响

（一）西宁都市圈植被覆盖现状

西宁市作为青藏高原唯一城市人口超过 100 万人的城市，相对海拔较低，又包含在兰西城市群，该城市群是中国西部重要的跨省区城市群。自 2000 年后西宁市发展较快，并且向多元化方向发展。与拉萨市相似，城市发展向周边辐射较小，主要集中周边的资源。

采用 200km 的缓冲区分析周边整个区域的植被覆盖变化，研究结果表明，在 2000 ~ 2020 年整个区域的植被 NDVI 均值为 0.591，植被覆盖较好，从空间上也显示该区域的植被覆盖度较高（图 7.24）。在之前的分析中西宁市城区不同缓冲区内的 NDVI 均值为 0.271（1km）、0.351（5km）、0.512（10km）和 0.486（50km）。

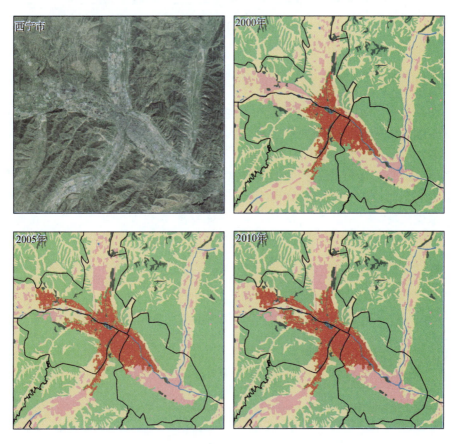

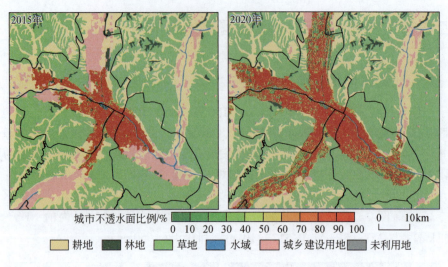

图 7.24 西宁市及周边土地利用类型空间分布图

（二）西宁都市圈城市化对植被覆盖影响特征分析

在西宁都市圈，城市向多元化发展，但是辐射周边面积小，周边城市以小城市居多，在研究区范围内植被 NDVI 逐年变化见图 7.24，波动较小，NDVI 的范围为 0.544 ~ 0.654，最大值出现在 2018 年。线性回归分析结果显示，研究区植被 NDVI 呈上升趋势，说明周边植被在气候变暖和人为干扰影响下，植被覆盖度增大。但是相比于拉萨市，西宁都市圈植被覆盖度提高不大，年际变化幅度相对稳定。整体上，西宁都市圈在城市化率提高的背景下植被覆盖度提高。

主要参考文献

边多, 李春, 杨秀海, 等. 2008. 藏西北高寒牧区草地退化现状与机理分析. 自然资源学报, (2): 254-262.

陈国明. 2015. 三江源地区"黑土滩"退化草地现状及治理对策. 四川草原, 37: 39-44.

方创琳. 2019. 中国新型城镇化高质量发展的规律性与重点方向. 地理研究, 38 (1): 13-22.

方创琳, 鲍超, 黄金川, 等. 2018. 中国城镇化发展的地理学贡献与责任使命. 地理科学, 38 (3): 321-331.

龚建周, 夏北成. 2009. 城市生态安全水平的空间分异与动态转移特征-以广州市为例. 生态环境学报, 18 (1): 210-215.

匡文慧, 刘纪远, 邵全琴, 等. 2011. 区域尺度城市增长时空动态模型及其应用. 地理学报, 66 (2): 178-188.

匡文慧, 张树文, 杜国明, 等. 2022. 2015—2020 年中国土地利用变化遥感制图及时空特征分析. 地理学报, 77 (5): 1056-1071.

李孝永, 匡文慧. 2019. 京津冀 1980—2015 年城市土地利用变化时空轨迹及未来情景模拟. 经济地理, 39 (3): 187-200.

梁四海, 陈江, 金晓媚, 等. 2007. 近 21 年青藏高原植被覆盖变化规律. 地球科学进展, (1): 33-40.

刘纪远，匡文慧，张增祥，等 . 2014. 20 世纪 80 年代末以来中国土地利用变化的基本特征与空间格局 . 地理学报，69（1）：3-14.

刘纪远，宁佳，匡文慧，等 . 2018. 2010～2015 年中国土地利用变化的时空格局与新特征 . 地理学报，73（5）：789-802.

刘世梁，刘琦，王聪，等 . 2013. 道路建设对区域植被类型的影响 . 应用生态学报，24（5）：1192-1198.

孙鸿烈，郑度，姚檀栋，等 . 2012. 青藏高原国家生态安全屏障保护与建设 . 地理学报，67（1）：3-12.

王耕，吴伟 . 2005. 基于 GIS 的西辽流域生态安全空间分异特征 . 环境科学，26（5）：28-33.

姚檀栋，陈发虎，崔鹏，等 . 2017. 从青藏高原到第三极和泛第三极 . 中国科学院院刊，32（9）：924-931.

张镱锂，李炳元，郑度 . 2002a. 论青藏高原范围与面积 . 地理研究，21：1-8.

张镱锂，刘林山，王兆锋 . 2010. 1982—2009 年青藏高原草地覆盖度时空变化特征 . 自然资源学报，25（12）：2114-2122.

张镱锂，闫建忠，刘林山，等 . 2002b. 青海—西藏高速公路对区域景观和土地利用的影响 . 地理学报，57（3）：253-266.

Kuang W H. 2011. Simulating dynamic urban expansion at regional scale in Beijing-Tianjin-Tangshan Metropolitan Area. Journal of Geographical Sciences, 21（1）：317-330.

Pijanowski B C, Brown D G, Shellito B A, et al. 2002. Using neural networks and GIS to forecast land use changes：a land transformation model. Computers, Environment and Urban Systems, 26（6）：553-575.

Wang G, Li Y, Wu Q, et al. 2006. Impacts of permafrost changes on alpine ecosystem in Qinghai-Tibet Plateau. Science in China. Series D：Earth Sciences, 49：1156-1169.

Yao T. 2012. Different glacier status with atmospheric circulations in Tibetan Plateau and surroundings. Nature Climate Change, 2（6）：63-70.

Zheng D. 1996. The system of physic-geographical regions of the Qinghai-Tibet（Xizang）Plateau. Science in China. Series D：Earth Sciences, 39（4）：410-417.

|第八章| 青藏高原工业化对城镇化和生态环境的影响

工业化既是城镇化的重要推动力，又对生态环境产生很大影响，工业化在青藏高原城镇化与生态环境关系中扮演极为重要的角色。青藏高原一方面拥有丰富的矿产资源，为工业化发展提供重要的资源条件；另一方面地处高寒地带，动植物生长极为缓慢，生态环境十分脆弱，是工业化发展的重要限制因素。厘清青藏高原工业化对生态环境的影响，对科学处理好青藏高原工业化发展与生态环境保护的关系，以及对合理推进青藏高原城镇化都至关重要。20世纪六七十年代，青藏高原开始发展工业，工业化起步较晚；自21世纪以来，青藏高原工业化进程加快，基本进入工业化中期阶段，工业结构持续改善。自2000年以来，青藏高原的生态环境水平总体良好，工业化发展对生态环境的影响较小。重要工业城市西宁、格尔木和拉萨的工业化进程对局部生态环境产生较大影响；但青藏高原工业园区建设及其工业发展对生态环境的影响并不显著，这表明园区工业的清洁生产程度较高，青藏高原工业化对生态环境的压力来自未进驻园区的工业企业。建议按照青藏高原的工业化发展框架，结合青藏高原的资源禀赋、生态环境、政府政策、高原文化和科技创新，转变传统的资源开发模式，推动转型升级模式、生态发展模式、循环发展模式、特色发展模式和创新发展模式，按照分区发展的思路，走绿色工业化道路，重点发展高原智能制造业、高原生物医药业、高原新型能源业、高原新材料业、高原净土健康业和高原民族手工业。

第一节 青藏高原工业化与生态环境关系研究综述

青藏高原工业化与生态环境之间的关系是学术界密切关注的话题，国内学者对其进行了理论探讨和实证研究。但由于二者关系的复杂性，学者对此存在不同的理解和观点。一种观点认为脆弱生态环境与低水平的工业化互为因果，需要加快工业化进程；另一种观点认为工业化的不断推进必将导致生态破坏与环境污染。当然，学者普遍认同不合理的工业化会对青藏高原生态环境造成严重威胁。但青藏高原的发展离不开工业化支撑，需要从全球角度、国家高度、区域特色出发探讨绿色工业化道路。

一、高原工业化发展阶段与模式的研究进展

(一) 青藏高原工业化阶段的研究

学者通常从人均 GDP、工业化程度、产业结构、就业结构、城镇化水平等方面对工业化发展阶段进行判定，相关研究认为青藏高原总体处于工业化的初级或中期阶段。王玉峰（2009）按照钱纳里的标准模式对 2007 年青藏高原工业化水平进行了判定，认为按照人均 GDP 水平，大体处于初级产品生产阶段；按照劳动力的就业结构，大体处于工业化初级阶段；按照产值结构，大体处于工业化中级阶段。而且青海和西藏的工业化水平存在明显差异，青海工业化水平明显高于西藏。石云峰（2009）从区域产业结构、工业化程度、区域城镇化水平和区域就业结构四方面对青海东部地区经济发展所处阶段进行了判定，认为从区域产业结构来看，处于由工业化初期向工业化中期过渡的阶段；从工业化程度来看，进入了工业化中期阶段；从区域城镇化水平来看，处于工业化初期向工业化中期过渡的阶段；从区域就业结构来看，刚刚进入工业化中期阶段。李勇等（2009）在衡量青海经济发展阶段的 11 个指标中，发现有 6 个指标的结果显示青海经济刚刚进入或已经进入起飞阶段；在衡量青海工业化发展阶段的 7 个指标中，有 4 个指标的结果表明青海刚刚进入工业化中期阶段。韩生贵（2014）综合人均 GDP、工业比例、产业结构、就业结构、城乡结构和工业结构 6 个指标，测算出青海处于以重工业为主的工业化中期阶段。李国政（2016a）研究认为，西藏总体工业化程度较低，是全国工业化最不发达的地区之一，工业发展处于工业化初期阶段。肖霞（2012）根据人均生产总值、就业结构和城市化水平等指标，判断西藏工业化基本处于初级阶段。刘颖（2020）基于新型工业化的评价体系，从推动和制约因素两方面对西藏新型工业化发展状况进行了评价，认为从人力资源和信息化水平来看，西藏基本达到工业化中期阶段。

(二) 青藏高原工业化特征的研究

一是工业化起步晚，根基较差。青海自 1950 年开始进入近代工业起步阶段，起步阶段依托农牧业资源，发展了一批与人民生活息息相关的轻工企业和基础工业。直至 1986 年，青海工业化才开始进入快速发展阶段，成为国民经济的支柱（张志斌和李泉，2005）。西藏在和平解放之后开始发展现代工业，起步晚，根基差，发展程度较低，发展规模较小，发展阶段滞后（贾佳，2018）。改革开放后，中央对西藏的发展提供极大支持和帮助，使西藏工业能从和平解放前的一无所有发展到现阶段基本建立适合自身特征的现代工业体系，由完全的农牧业社会很快过渡到农牧业与工业并存的阶段（李国政，2016a）。

二是工业结构不合理，二元结构突出。伴随青藏高原社会经济发展和工业化推进，青藏高原形成了落后农牧业与欠发达工业并存的"非典型的二元经济"结构（杨海燕，2007）。王玉峰（2009）运用二元结构指数（DI）分析了青藏高原二元结构水平，发现青藏高原不仅普遍存在着城乡分离、工农分离、轻重分离的经济结构，还具有中央企业与地

方企业、国防工业与民用工业在城镇经济中并存,乡镇企业与传统农牧业在经济中共生的第二层二元结构。尤其是青海工业经过长期发展形成了资源型、原材料型、重化工产业的结构特征(丁翠英,2018)。尽管其工业发展水平不断提高,工业结构也在发展中不断调整,但工业结构仍不合理,工业发展水平仍然较为落后(夏国川和王小梅,2021)。

三是国家支援成为促进工业化发展的重要动力。青海工业化的一个主要特征就是以外援动力为主导。在工业化过程中,中央宏观上的工业经济发展战略和政策偏好共同构成青海初始工业化的主要动力(张志斌和李泉,2005)。西藏和平解放后,中央采取财政、金融、产业、直接投资及对口援助等政策,推动和扶持西藏经济社会发展,为西藏的新型工业化奠定了基础和延续性政策(姚凌云,2014)。李国政(2016a)在研究中也指出西藏现代工业的发展,必须要国家政策的强力支援。改革开放前,国家对西藏的援助主要体现在引入现代工业,并给予政策支持;改革开放后,体现在援藏等全方位的总体供给。可以说,西藏现代工业的发展是一种国家主导下的演进与发展。

四是已经形成了特色产业体系。改革开放后,青藏高原的工业发展开始探索新道路。青藏高原地区利用其独有特色,重视藏医药和特色生物产业,推动民族手工业发展。21世纪初,西藏大力发展特色产业,初步形成了现代特色工业体系,取得了良好的经济效益、社会效益和生态效益,走出了一条有别于内地工业发展的特色道路。

(三) 青藏高原工业化模式的研究

青藏高原传统工业化是"资源开发导向型"的发展模式。改革开放后,为缩小与内地的发展差距,青藏高原实行了赶超内地的发展战略。在这个过程中,青藏高原依靠其丰富的自然资源尤其是矿产等不可再生资源来支撑工业化发展,形成了"以大项目建设为主体、以能源原材料工业基地建设为重点、以国家投入为主渠道"的区域开发模式。这种模式下,为了加速工业化进程而忽视青藏高原的工业发展条件,不仅无法与当地产业形成关联效应,而且对生态环境造成极大破坏。其中,对粮食等农产品需求的增加加快对草原及其他用地的开垦使用,导致土地沙化和水土流失;对畜产品需求的增加导致草地过牧超载、林地破坏和环境污染;加工工业尤其是冶金、重化工业对周围地区造成环境污染;在一些地区出现的"淘金热""采药热"对草原植被等产生严重破坏,致使高原生态环境急剧退化(杨海燕,2007)。

作为国家重要的生态功能区,学界就青藏高原的发展战略及工业化方式存在不同的观点。温军(2003)认为资源开发导向型的工业化战略效率很低,并结合西藏农牧业资源丰富的特点,支持农牧业优先发展论。师守祥等(2006)考虑青藏高原特殊的资源禀赋和生态保护价值,提出了特色-生态-人本开发模式。杨海燕(2007)认为在与全国其他地区的比较中,青藏高原的禀赋优势并不在工业,根据青藏高原的战略地位、资源禀赋、社会发育程度及环境特征决定青藏高原必须走一条新的现代化追赶道路,即要通过综合发展具有特色优势的产业,形成一系列优势产业支撑的可持续发展的生态型产业结构体系。田茂德和毛阳海(2014)指出在寻求经济发展与生态保护的平衡点中,新型工业化是比较符合西藏情况的发展道路。

二、高原工业化与生态环境的关系讨论

工业是社会经济和城镇化的重要推动力之一，缺少工业化的推动，青藏高原的发展也会缺少自身动力；但不合理地发展工业，特别是有污染的工业，又会对青藏高原的生态环境产生威胁，进而对泛第三极生态环境和人类产生潜在影响（李秋秋和王传胜，2014）。青藏高原是世界上海拔最高的高原，是众多大河的发源地，拥有独特的生态环境。那么，在青藏高原是不是应该发展工业？青藏高原工业化会对生态环境有何影响？如何在改变工业化发展滞后的面貌和保护十分重要且脆弱的生态环境之间保持协调与均衡，走有青藏高原特色的、适度的新型工业化发展道路（席蒙蒙，2020）。

当前，青藏高原工业化对生态系统的压力相对较小（方创琳，2022）。但是矿产资源粗放式开采已经造成资源浪费严重，污染地下水环境，引发多种地质灾害，各种负向作用在不同维度的叠加加剧区域整体生态环境的不可持续性（高卿等，2021）。而从长远来看，青藏高原的发展离不开工业化的支撑，不合理的工业化进程则会对青藏高原生态环境造成严重威胁。未来仍需从全球的角度、从国家的高度、从区域的特色出发探讨绿色工业化的道路。为此，学界开展了对资源环境约束下青藏高原工业化的讨论，主要有发展生态工业、循环经济、清洁工业和特色工业四种观点。

生态工业对青藏高原提高资源效率、缓解资源约束、减轻环境污染的压力具有重要意义。王玉峰（2009）提出发展生态工业的思路，包括：完善政策法规，使政府法规的制定倾向于生态工业的建立；积极应用经济手段，形成显著的生态工业导向；建设完善的信息系统，促进生态工业市场信息的流动；提高能力建设，建立经济发展、环境保护有效协调机制。

循环经济是促进青藏高原工业可持续发展的重要举措。循环经济的发展可以大大提高资源的利用效率。在资源环境约束的条件下，循环经济产业将更具竞争优势。同时，循环经济的发展将推动区域产业结构的重组与优化，有效推进青藏高原地区经济快速、健康发展（杨海燕，2007；宋建国，2005）。

清洁工业能实现经济系统和生态系统的统一，帮助恢复和改善生态环境。杨海燕（2007）提出要以技术为支撑，从"先污染、后治理"的末端治理模式向注重开发过程环境问题的环保开发模式转化。王玉峰（2009）提出了青藏高原地区建立清洁型工业的四种途径：去负减污、增产减污、总量减污和源头减污。

特色工业已成为青藏高原发展的重要方向。大力发展特色农牧产品加工业、藏医药业、民族手工业、建筑建材业等，加快产业结构调整，能够最大限度地减少资源消耗和环境污染。西藏特色产业发展模式以生态优先为基本原则，注重对资源的保护性开发和可持续利用。发展特色产业，不仅有利于产业可持续发展，还有利于提高强青藏高原地区的自我发展能力。特色产业更加符合当地民众利益，能够更好地实现本地化，也更有发展前途（李国政，2013，2015）。

第二节 青藏高原工业化演变历程

青藏高原的工业化进程在中华人民共和国成立之后才开始，经历 70 余年的发展，目前已经基本进入了工业化中期阶段。从工业总量来看，自 21 世纪以来工业增加值波动式增长，对 GDP 的贡献率波动较大。从工业结构来看，重化工业、有色金属冶炼等重工业比例较高，民族手工业和藏药等轻工业比例较低，但工业结构不断优化。从工业空间布局来看，工业产值高值区集中在青藏高原东北部地区，工业园区集中分布在青海。

一、工业总量演变进程

青藏高原工业总量波动式增长，且对青藏高原经济的贡献率不断提升，但贡献率波动较大。总体上看，青藏高原工业对经济增长的贡献率始终保持在 20% ~ 40%；青藏高原的工业增加在 21 世纪总体上呈快速上升趋势。

（一）工业增加值呈快升慢降态势

自 21 世纪以来，青藏高原的工业增加值总体呈先快速上升后缓慢下降的趋势，工业增加值最高值在 2014 年达 1020.43 亿元，工业增加值占 GDP 比例的最高值在 2011 年达 37.78%。2000 年、2010 年和 2020 年青藏高原工业增加值分别为 88.97 亿元、653.38 亿元和 931.06 亿元，占 GDP 的比例分别为 23.32%、35.17% 和 18.97%（图 8.1）。其中，青海 2000 年、2010 年和 2020 年工业增加值分别为 78.80 亿元、613.65 亿元和 785.90 亿元，占 GDP 的比例分别为 29.89%、45.44% 和 26.15%。西藏 2000 年、2010 年和 2020 年青藏高原工业增加值分别为 10.17 亿元、39.73 亿元和 158.6 亿元，占 GDP 的比例分别为 8.63%、7.83% 和 8.34%。

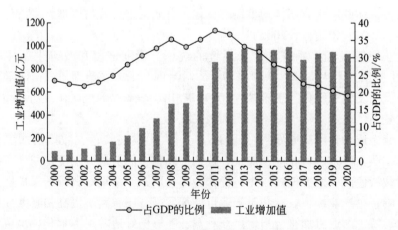

图 8.1　2000 ~ 2020 年青藏高原工业增加值及其占 GDP 的比例变化图

（二）工业贡献率波动较大，保持在 30% 左右

自 2000 年以来，青藏高原工业发展对经济增长的贡献率总体上保持在 20% ~ 40% 的水平（图 8.2），可以认为工业发展是青藏高原经济发展的重要推动力之一。然而，与 2008 年之前增长较为稳定的贡献率相比，2008 年之后工业对青藏高原的贡献率出现较大幅度波动，最低年份出现在 2019 年，贡献率仅 14.41%，最高年份出现在 2020 年，贡献率 46.77%。这一结果表明工业发展在青藏高原的地位处于摇摆之中。

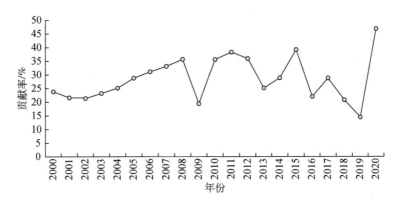

图 8.2 2000 ~ 2020 年青藏高原工业对 GDP 的贡献率变化图

工业贡献率 = 工业增量/GDP 增量 * 100%（按不变价格计算）

二、工业结构演变进程

自改革开放以来，青藏高原工业取得了长足发展，工业结构不断优化，重点工业行业保持较快增长，但优势行业集中在资源开采和加工领域。从轻重工业来看，重工业占绝对优势，轻工业增速开始超过重工业；从行业结构来看，青藏高原的有色金属、化学化工和电力行业所占份额较大；从行业总量来看，重点工业行业保持快速增长。总体来看，已经形成了一批优势产业，但工业结构不尽合理，制约了青藏高原比较优势的发挥和工业化的进一步发展。

（一）工业结构逐步优化

1. 从轻重结构来看，青藏高原重工业占绝对优势，但轻工业发展速度较快

对工业增加值贡献率较高的主要有有色金属产业，电力、热力生产和供应业，化学原料和化学制品制造业，非金属矿物制品业和黑色金属产业等重工业。2016 年，这些产业的总产值占青藏高原所有工业总产值的比例为 72%。自 2012 年以来，青海重工业占工业增加值的比例保持在 80% 以上。这种重工业占绝对优势的工业结构是基于矿产资源开发和早期青海重工业优先发展战略形成的。但近些年来，轻工业增长速度远高于重工业。青海统

计数据显示，2017 年青海轻工业增加值增长 22.8%，重工业增加值增长 4.5%，轻工业增速开始超过重工业发展速度（表 8.1）。

表 8.1　2012～2017 年青海规模以上工业增加值比例及增速　　（单位：%）

指标	2012 年	2013 年	2014 年	2015 年	2016 年	2017 年
轻工业占工业增加值的比例	8.1	9.6	12.8	16.4	19.1	14.6
重工业占工业增加值的比例	91.9	90.4	87.2	83.6	80.9	85.4
工业增加值比上年增长	15.0	12.6	9.1	7.6	7.5	7.0
轻工业增加值比上年增长	32.2	19.5	30.0	18.0	13.6	22.8
重工业增加值比上年增长	13.8	11.9	5.9	6.3	6.2	4.5

资料来源：《青海统计年鉴–2018》，由于 2018 年后相关指标停止统计，数据仅能显示到 2017 年。

2. 从行业结构来看，青藏高原的有色金属产业、电力行业和化学化工占主导地位

青藏高原工业主要有六大行业，分别为有色金属产业，电力、热力生产和供应业，化学原料和化学制品制造业，非金属矿物制品业，黑色金属产业及石油和天然气开采业；其中，有色金属产业，电力、热力生产和供应业，化学原料和化学制品制造业占主导地位。自 21 世纪以来，六大行业工业总产值总量不断增长（图 8.3）。2000 年，六大工业行业的产值分别为 43.62 亿元、32.56 亿元、12.29 亿元、10.44 亿元、22.95 亿元和 53.45 亿元，占青藏高原 GDP 的比例分别为 11.43%、8.54%、3.22%、2.74%、6.02% 和 14.01%。2020 年，六大工业行业的产值分别为 725.66 亿元、578.91 亿元、303.27 亿元、191.18 亿元、152.60 亿元和 177.20 亿元，占青藏高原 GDP 的比例分别为 14.78%、11.79%、

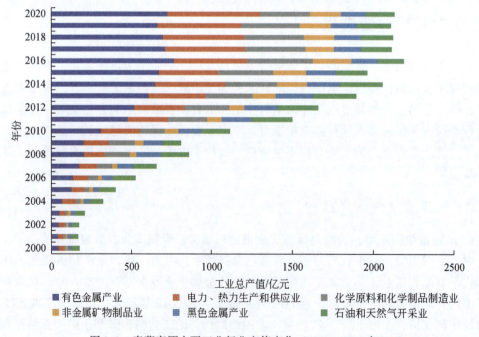

图 8.3　青藏高原主要工业行业产值变化（2000～2020 年）

6.18%、3.89%、3.11%和3.61%。2000~2016年，有色金属产业，电力、热力生产和供应业，化学原料和化学制品制造业、非金属矿物制品业这四大行业的产值占青藏高原GDP的比例均保持增长态势，而黑色金属产业、石油和天然气开采业两大行业的产值占青藏高原GDP的比例则快速降低。2016年后，六大工业行业产值占GDP的比例均呈现出缓慢下降趋势，其中化学原料和化学制品制造业下降速度最快。

青海工业总产值较高的行业有有色金属产业，电力、热力生产和供应业，化学原料和化学制品制造业，非金属矿物制品业，黑色金属产业，石油和天然气开采业，煤炭开采和洗选业。2000年，青海七大工业行业的产值分别为42.09亿元、30.19亿元、12.29亿元、7.18亿元、21.63亿元、53.45亿元和1.12亿元，占青海GDP的比例分别为15.96%、11.45%、4.66%、2.72%、8.20%、20.27%和0.42%。2020年，七大行业工业总产值分别为649.03亿元、531.99亿元、296.47亿元、95.82亿元、149.96亿元、177.20亿元和50.20亿元，占青海GDP的比例分别为21.59%、17.70%、9.86%、3.19%、4.99%、5.90%和1.67%（图8.4）。2000~2016年，青海有色金属产业、化学原料和化学制品制造业、非金属矿物制品业这三大行业的产值占青海GDP的比例均保持增长态势，2016年后占比开始降低。自2000年以来，电力、热力生产和供应业占青海GDP的比例一直呈现上升趋势，仅在2018年和2019年稍有降低；而黑色金属产业、石油和天然气开采业两大行业的产值占青海GDP的比例则快速降低。2010~2014年，青海煤炭开采和洗选业的产值增长迅速，2013年其产值达到最高值193.33亿元，占青海GDP的比例为7.62%，2014年后产值开始降低，占比也持续降低，但在2018年后有小幅度的回升趋势（表8.2）。

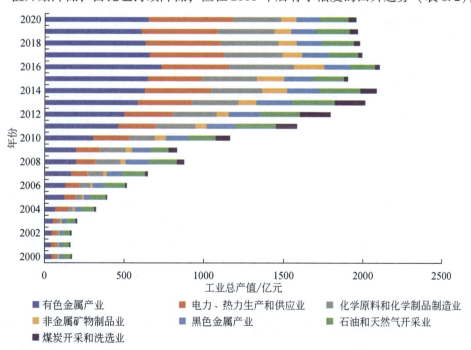

图8.4 青海分行业工业总产值变化（2000~2020年）

表 8.2　青海 2020 年规模以上工业主要行业增加值增长速度　　　　（单位:%）

指标名称	比上年增长	指标名称	比上年增长
煤炭开采和洗选业	4.5	医药制造业	−16.0
石油和天然气开采业	1.5	橡胶和塑料制品业	0.2
黑色金属产业	−2.4	非金属矿采选业	−11.6
有色金属产业	10.1	黑色金属冶炼和压延加工业	−2.4
非金属矿物制品业	30.9	有色金属冶炼和压延加工业	14.1
开采专业及辅助性活动	3.0	金属制品业	16.9
农副食品加工业	−28.3	通用设备制造业	2.8
食品制造业	−20.5	专用设备制造业	−13.1
酒、饮料和精制茶制造业	−30.8	电气机械和器材制造业	−8.2
纺织业	−42.7	计算机、通信和其他电子设备制造业	0.7
纺织服装、服饰业	−62.7	电力、热力生产和供应业	11.1
文教、工美、体育和娱乐用品制造业	−46.9	燃气生产和供应业	3.4
石油、煤炭及其他燃料加工业	−8.5	水的生产和供应业	4.0
化学原料和化学制品制造业	−14.0		

资料来源:《青海省 2020 年国民经济和社会发展统计公报》。

　　西藏工业总产值较高的行业有非金属矿物制品,有色金属产业,酒、饮料和精制茶制造业,电力、热力生产和供应业,医药制造业,黑色金属产业。2000 年,西藏的六大行业的工业总产值分别为 3.27 亿元、1.53 亿元、1.37 亿元、2.37 亿元、2.58 亿元和 1.32 亿元,占西藏 GDP 的比例分别为 2.78%、1.30%、1.16%、2.01%、2.19% 和 1.12%。2020 年,六大行业工业总产值分别为 95.37 亿元、76.63 亿元、19.75 亿元、46.92 亿元、19.03 亿元和 2.64 亿元,占西藏 GDP 的比例分别为 5.01%、4.03%、1.04%、2.47%、1% 和 0.14%（图 8.5）。2000 ~ 2020 年,西藏的非金属矿物制品业和有色金属产业两个行业的产值占 GDP 的比例较高,且总体呈现上升趋势;酒、饮料和精制茶制造业产值占GDP 的比例长期处于 1% ~ 2%,呈现出下降和上升趋势交替出现的现象;电力、热力生产和供应业产值占 GDP 的比例变化不大;医药制造业和黑色金属产业占 GDP 的比例则不断下降。

　　2020 年西藏全年规模以上工业中,黑色金属产业增加值比 2019 年增长 61.5%,有色金属产业增长 19.9%,农副食品加工业增长 8.0%,食品制造业下降 6.8%,酒、饮料和精制茶制造业增长 1.7%,医药制造业增长 31.3%,非金属矿物制品业增长 2.9%,电力、热力生产和供应业增长 1.7%。

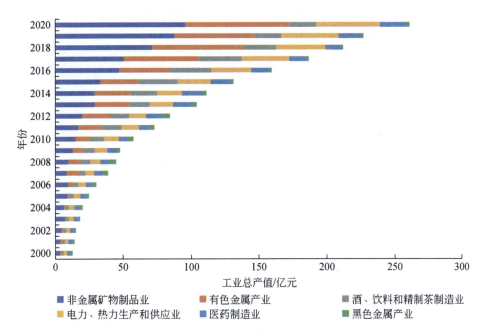

图 8.5　西藏分行业工业总产值变化（2000～2020 年）

（二）重点工业行业保持较快增长

青海支柱产业和优势产业的发展保持增长态势。"十二五"规划实施之前，青海有四大支柱产业（石油和天然气开采业、电力工业、有色金属工业和盐化工业）和四大优势产业（冶金业、医药制造业、畜产品加工业和建材业）。2010 年，在规模以上工业中，石油和天然气开采业、电力工业、有色金属工业和盐化工业四大支柱产业增加值为 397.16 亿元，比 2009 年增长 18.5%；冶金业、医药制造业、畜产品加工业和建材业四大优势产业增加值为 65.92 亿元，比 2019 年增长 16.4%。

"十二五"时期，青海通过政策引导推动产业结构优化，逐步由资源开采、化工等科技量较低的传统产业向新能源、新材料、装备制造业等领域拓展，推动发展十大特色优势产业。而且随着工业化不断推进，青海十大优势特色产业呈现出向新兴产业转变的发展趋势，成为引导青藏高原工业发展的重要力量（表 8.3）。数据显示，2019 年，青海优势产业工业总产值为 2337.15 亿元，比 2018 年增长 4.9%。2020 年，优势产业工业总产值为 2307.14 亿元，比 2019 年增长 -2.1%，但对工业化的带动作用仍非常显著（表 8.4）。进一步从战略性新兴优势产业看，2019 年新能源产业工业增加值为 87.29 亿元，新能源汽车工业增加值为 31.56 亿元，生物产业增加值为 11.04 亿元，新材料产业增加值为 9.16 亿元，新一代信息技术产业增加值为 5.05 亿元（表 8.5）。

表 8.3　青海不同时期的十大特色优势产业

序号	"十二五"时期	"十三五"时期	"十四五"时期
1	新能源产业	新能源制造产业	新能源产业
2	新材料产业	新材料产业	新材料产业
3	盐湖化工产业	盐湖化工产业	盐湖资源综合产业
4	有色金属产业	有色冶金产业	有色冶金产业
5	石油、天然气化工产业	能源化工产业	装备制造产业
6	煤化工产业	高端装备制造产业	绿色建材产业
7	装备制造产业	特色轻工产业	新一代信息技术产业
8	钢铁产业	生物医药产业	军民融合产业
9	轻工纺织产业	建材产业	节能环保产业
10	生物产业	电子信息产业	现代生产性服务业

资料来源：李世晶，2021；青海统计年鉴。

表 8.4　青海 2019 年和 2020 年优势产业工业总产值及增加值增长速度

2019 年优势产业	工业总产值		工业增加值比 2018 年增长/%	2020 年优势产业	工业总产值		工业增加值比 2019 年增长/%
	绝对量/亿元	比 2018 年增长/%			绝对量/亿元	比 2019 年增长/%	
新能源产业	95.96	12.5	8.9	新能源制造产业	175.23	0.4	0
新材料产业	157.79	13.1	30.8	新材料产业	191.65	−14.5	−9.8
盐湖化工产业	156.86	1.1	3.9	盐湖化工产业	224.84	−21.2	−12
有色金属产业	581.38	4.5	4.1	有色金属产业	660.03	13.4	14.1
石油、天然气化工产业	79.73	4.6	7.6	煤化工产业	26.38	−1.2	3.1
煤化工产业	26.70	14.8	11.4	石油、天然气化工产业	63.13	−20.8	−10.8
装备制造业	187.61	9.8	26.5	生物产业	23.7	−19.8	−18.5
钢铁产业	154.68	−6.4	0.1	钢铁产业	145.41	−6.7	−2.4
轻工纺织产业	3.46	−52.4	−69.5	装备制造业	173.59	−6.2	−5.3
生物产业	31.79	7.4	9.3				
总计	2337.15	4.9	7.0	总计	2307.14	−2.1	−0.2

资料来源：《青海统计年鉴-2020》《青海统计年鉴-2021》。

表8.5　青海2019年规模以上战略性新兴产业总产值及增加值占比

战略性新兴产业	工业总产值		工业增加值	
	产值/亿元	比例/%	增加值/亿元	比例/%
新一代信息技术产业	15.09	4.6	5.05	3.4
高端装备制造业	5.44	1.7	1.80	1.2
新材料产业	34.31	10.4	9.16	6.3
生物产业	28.87	8.8	11.04	7.5
新能源汽车	73.12	22.2	31.56	21.5
新能源产业	170.16	51.6	87.29	59.6
节能环保产业	2.55	0.7	0.62	0.5
总计	15.09	4.6	5.05	3.4

资料来源:《青海统计年鉴-2020》。

西藏构建了以天然饮用水、藏药、绿色矿产、绿色建材、高原特色食(饮)品业为重点的特色产业体系,产业发展态势良好。天然饮用水产业是其最具潜力的特色优势产业之一,2017年天然饮用水产量近80万t,工业总产值达到15.79亿元,生产企业35家,其中规模以上企业6家,建成生产线40余条,设计总产能突破400万t,拥有中国驰名商标1个、自治区著名商标两个。2021年,生产包装饮用水48.77万t,比2020年增长17.7%。"十三五"以来,西藏确立了七大特色产业,其中生物医药、绿色工业和清洁能源都是工业产业。2018年,绿色工业增加值为36.4亿元,同比增长12.9%;规模以上医药制造业增加值为3.86亿元,同比增长5.6%;清洁能源在建装机容量达到555万kW。

(三)优势行业集中在资源开采和加工领域

通过分析青藏高原的工业行业在全国工业行业的区位商,判断各行业在全国的地位(表8.6)。2019年与2010年相比,青藏高原工业行业在全国的地位上升较快的是有色金属冶炼和压延加工业,地位下降最快的是石油和天然气开采业、煤炭开采和洗选业。

表8.6　2010年和2019年青藏高原工业行业在全国地位对比分析

工业行业	2010年区位商	2019年区位商	地位
有色金属冶炼和压延加工业	3.118	4.431	上升
石油和天然气开采业	6.830	2.418	下降
化学原料和化学制品制造业	2.402	1.933	下降
石油加工、炼焦及核燃料加工业	1.815	1.396	下降
非金属矿物制品业	1.073	1.035	下降
医药制造业	1.111	0.770	下降
电力生产业	0.943	0.552	下降

工业行业	2010 年区位商	2019 年区位商	地位
黑色金属冶炼和压延加工业	0.720	0.316	下降
煤炭开采和洗选业	3.512	0.149	下降
黑色金属产业	0.595	0.090	下降

2010 年优势行业主要集中在资源开采和加工领域。从区位商来看（表8.6），青藏高原地区的工业在全国具有比较优势的行业有 7 项，分别是石油和天然气开采业（区位商为6.830），煤炭开采和洗选业（区位商为 3.512），有色金属冶炼及压延加工（区位商为3.118），化学原料和化学制品制造业（区位商为 2.402），石油加工、炼焦及核燃料加工业（区位商为 1.815），医药制造业（区位商为 1.111），非金属矿物制品业（区位商为1.073）。

2019 年优势行业主要集中在有色金属冶炼和压延加工业、石油和天然气开采和资源加工领域。从区位商来看（表8.6），青藏高原地区的工业在全国具有比较优势的行业有 5 项，分别是有色金属冶炼及压延加工（区位商为4.431），石油和天然气开采业（区位商为2.418），化学原料和化学制品制造业（区位商为1.933），石油加工、炼焦及核燃料加工业（区位商为1.396），非金属矿物制品业（区位商为1.035）。由此可见，青藏高原地区长期以来依托资源优势，基于能源和原材料产业建立起工业产业体系，并且以产品附加值低的采掘业和原料工业为主，但是其资源优势尚未能充分转化为经济优势。

三、工业布局演变进程

青藏高原工业产值高值区集中在东北部地区，形成了西宁市、柴达木工业基地和拉萨市三个工业高产值区。青藏高原工业分布区也是资源条件好、城市较发达的地区，主要集中在西宁市、格尔木市和拉萨市等重点城市。工业空间格局初步呈现出沿轴线布局，与自然资源分布区相吻合的特征。

（一）工业产值的空间格局

青藏高原的工业布局具有北部高、南部低、东部高、西部低的特征，主要分布在青藏高原海拔相对较低的东北部边缘地带，形成了西宁市及周边、柴达木工业基地和拉萨市三个工业高产值区，而且这种格局自 2000 年以来无明显变化（图8.6）。2019 年，青藏高原工业增加值前三的地级行政区分别是海西州、西宁市和海东市，工业增加值分别为 389.82亿元、235 亿元和 101.74 亿元，分别占青藏高原 GDP 的 32.24%、19.50% 和 8.44%。工业发展水平相对较高的还有拉萨市、阿坝州、甘孜州和迪庆州，其余大部分地区的工业增加值较低，工业发展相对落后。

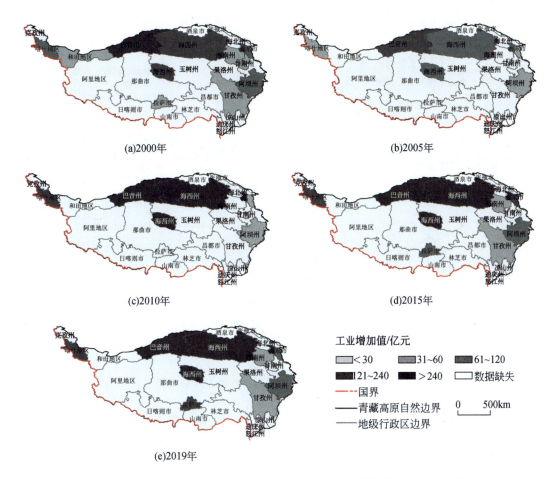

图 8.6　2000 年、2005 年、2010 年、2015 年和 2019 年青藏高原分地区工业增加值

（二）工业园区的空间布局

青藏高原拥有省级以上开发区 24 个，2022 年工业园区总面积超过 30 000hm²（图 8.7）。包括 4 个国家级开发区，分别为西宁经济技术开发区、格尔木昆仑经济技术开发区、青海高新技术产业开发区、拉萨经济技术开发区；20 个省级开发区，分别为青海南川工业园区、西宁大通北川工业园区、青海甘河工业园区、海东工业园区乐都工业园、海东工业园区临空综合经济园、海东工业园区互助绿色产业园、海北州生物园区、热水煤炭产业园区、柴达木循环经济试验区大柴旦工业园、柴达木循环经济试验区德令哈工业园、柴达木循环经济试验区乌兰工业园、拉萨高新技术产业开发区、达孜工业园区、西藏那曲高新技术产业开发区、西藏自治区藏青工业园、西藏昌都高新技术产业开发区、甘南合作生态产业园区、肃南县祁青工业集中区、四川阿坝工业园和云南迪庆经济技术开发区。

青藏高原工业园区的空间布局呈现出较高的集聚性。从省（自治区、直辖市）分布来

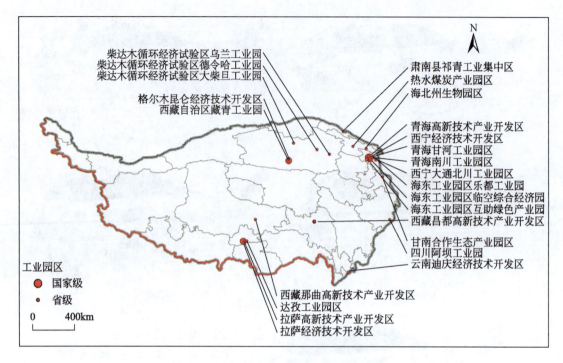

图 8.7　青藏高原工业园区分布示意图

看，3/4 的工业园区分布在青海。截至 2022 年，青海有 14 个工业园区，其中 3 个国家级开发区，11 个省级开发区；西藏仅有 6 个开发区，其中 1 个国家开发区，5 个省级开发区。从城市分布来看，工业园区主要集中在西宁市、海东市、海西州和拉萨市。目前，青海各级各类工业园已经成为青藏高原地区招商引资的主阵地和工业经济新的增长点。

（三）工业空间格局特征

青藏高原工业主要集中在西宁市、格尔木市和拉萨市等重点城市。其中，西宁市是青藏高原地区政治、经济、科技、文化、信息、金融中心，是区域内最大的商品市场和工业增长极；也是青海工业与内地工业交流合作的中转站，青海大多数工业企业都与西宁市有联系。

青藏高原工业集聚带初步形成，工业空间布局呈现出沿轴线布局的特征。兰青铁路和青藏铁路沿线地区、湟水河和黄河沿线地区的自然资源、经济资源丰富，原有工业基础较好，已成为青藏高原工业经济的发展轴，轴线附近集聚着盐湖化工、有色金属冶炼、中藏药、生物工程、新能源、高原绿色食品加工和农副产品深加工、水利电力等工业基地。

青藏高原的工业布局与自然资源分布区相吻合。海西州是矿产资源最为集中的地区，丰富的盐湖资源、油气资源等为其盐湖化工、油气化工、煤炭综合利用产业的发展创造了条件。从化工产业布局来看，格尔木地区以盐湖资源为主，分布着盐湖化工循环型产业；柴旦地区分布着硼，主要发展以硼为主要原料的硼酸及下游产品；德令哈地区分布着以石灰和煤炭为资源的盐碱化工和煤化工项目；乌兰地区主要分布着以煤炭为资源的煤焦化及煤基多联产项目。从矿产冶炼产业布局来看，西宁经济技术开发区甘河工业园是主要的有色金属冶炼、压延加工基地，格尔木工业园、藏青工业园、青新合作工业园、海东工业园区也都是有色金属产业基地。西藏的矿产采选业集中在"一江两河"地区和藏青工业园地区，包括日喀则市、山南市、昌都市和拉萨市。从新材料产业布局来看，其多分布在西宁市、海东市、海西州等地，其中以太阳能硅材料为主的太阳能光伏产业主要集中在西宁经济技术开发区东川工业园区。从天然水产业布局来看，其主要分布在西藏。

四、工业化阶段总体判断

根据经典工业化理论，并参照工业化发展阶段的评价标准（表 8.7），从青藏高原的产业结构、经济发展水平、城镇化阶段、工业化程度和就业结构等角度对青藏高原的工业化阶段进行综合判定。判定结果如下（表 8.8）：①以罗斯托经济发展阶段论、库兹涅茨的产值结构与赛尔奎因、钱纳里模式下的产业结构变动趋势为判定标准，2020 年青藏高原三产结构为 9.88∶39.56∶50.56，表明其进入后工业化阶段。②按照钱纳里等的工业化程度判定标准，以 2016 年的人均 GDP 为基准，2020 年青藏高原人均 GDP 为 7423.22 美元，表明其处于工业化后期阶段。③以钱纳里等经济学家的工业化和城市化关系的一般变动模式为依据，2020 年青藏高原城镇化水平达到 47.58%，表明其处于工业化中期阶段。④运用工业增加值占 GDP 的比例来判断工业化进程，2020 年青藏高原工业增加值占 GDP 的比例为 18.97%，判定其处于工业化初期阶段。⑤根据配第–克拉克定理，青藏高原第一产业就业人员比例为 29.66%，劳动力正逐渐向第二、第三产业转移，判定处于工业化后期阶段。综合上述基本判断，结合青藏高原实际情况，判定青藏高原进入了工业化中期阶段。

表 8.7　工业化发展阶段的评价标准

判断指标	前工业化阶段	工业化阶段			后工业化阶段
		初期	中期	后期	
产业结构	$A>I$	$A>20\%$, $A<I$	$A<20\%$, $I>S$	$A<10\%$, $I>S$	$A<S$, $I<S$
人均 GDP/美元	676 ~ 1 352	1 352 ~ 2 705	2 705 ~ 5 410	5 410 ~ 10 143	10 143 以上
城镇化率/%	30 以下	30 ~ 50	50 ~ 60	60 ~ 75	75 以上
工业增加值占 GDP 的比例/%	20 以下	20 ~ 40	40 ~ 50	5060	60 以上
第一产业就业人员比例/%	60 以上	45 ~ 60	30 ~ 45	10 ~ 30	10 以下

注：A、I、S 分别代表第一、第二、第三产业。

表 8.8　青藏高原工业化发展阶段判断

判断指标	工业化发展现状	工业化阶段判定
产业结构	9.88∶39.56∶50.56	后工业化阶段

判断指标	工业化发展现状	工业化阶段判定
人均 GDP/美元	7423.22	工业化后期阶段
城镇化率/%	47.58	工业化中期阶段
工业增加值占 GDP 的比例/%	18.97	工业化初期阶段
第一产业就业人员比例/%	29.66	工业化后期阶段

第三节　青藏高原工业化对生态环境的影响分析

青藏高原工业化对生态环境的影响主要表现为水污染日益加剧和土地资源遭到破坏。通过对青藏高原工业化综合水平与生态环境质量综合水平之间的关系测度，发现虽然青藏高原的工业化综合水平持续增长，但生态环境综合水平却呈波动趋势，二者之间无显著关系。青藏高原的重点工业城市西宁市和格尔木市在工业化进程中，产生的废水、废气和废物等污染物对当地的生态环境造成了一定程度破坏；拉萨市由于工业化水平较为落后，对生态环境产生的影响较小，但污染已初显苗头。

一、工业化对生态环境影响的总体分析

青藏高原的大气环境污染并不明显，但是工业化发展带来部分地区的水污染加剧和土地资源破坏等问题。随着工业化发展，青藏高原的万元 GDP 能源消耗量和人均工业固体废弃物排放量都呈下降趋势，人均工业废水排放量、人均二氧化硫排放量和人均工业粉尘排放量呈现出上升趋势。

（一）工业化进程中的生态环境表征

1. 水污染日益加剧

青藏高原工业化对水环境的污染主要来自藏药、食品加工、采矿和化工产品生产。采矿、冶炼、建材和毛纺等工业的发展，以及对"三废"处理不当使青藏高原部分城镇水环境污染日趋突出。青海工业废水排放量在 2015 年已经达到 9027 万 t（图 8.8）。青海湖流域内缺少环境基础设施，未处理的"三废"排放使湖区环境受到一定程度的污染。拉萨市的工业废水与生活污水，加上邻近的羊八井地热电站日排放富含氟、砷和汞的地热废水达 1192 万 t，过去都是拉萨河的污染源之一。并且随着电站的扩建和相邻地热田的开发，废水排放量日益增加，给拉萨河水质带来很大压力。此外，西藏罗布莎铬铁矿、青海茫崖石棉矿、锡铁锌矿及川西丹巴云母矿、金沙江采金场、采石场等地的尾矿、废料和废水都不同程度地污染着矿区附近水域。

2. 土地资源遭到破坏

青藏高原工业化发展给土地资源带来影响。一是土地占有及污染。矿山开采不仅侵占

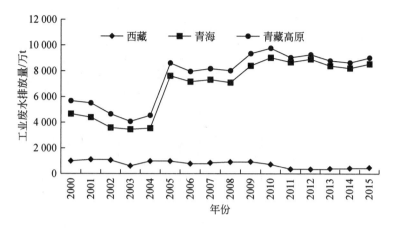

图 8.8　青藏高原工业废水排放量（2000~2015 年）

由于 2015 年后该指标不再统计，因此数据仅显示到 2015 年

耕地和林地，其废弃物也存在着大量的重金属和腐蚀性物质，对土地资源造成污染。被污染的土地中营养物质含量较低，土壤板结、硬化现象严重，不适合植物的生长，水土流失问题也会随之而来。二是土地退化。主要表现在冻土退化和土地沙化、酸化及草地退化方面。自那曲市尼玛县砂金矿开采以来，已破坏天然优质草场 3135hm²，车辆碾压破坏的草场达 1700hm²。申扎县崩纳藏布金矿自 1995 年开采以来，矿区内 409.5hm² 草地已全部被破坏，矿区周边草地严重退化。随着区域资源开发强度不断加大，土地退化越来越严重，生态环境面临的压力也将越来越大。三是地表景观破坏。矿山露天开采以剥离挖损土地为主，显著改变了地表景观。此外，矿山开采前一般多为森林、草地等自然植被覆盖的山体，开采后砍伐森林、压覆、毁坏土地，山体遭到破坏，废石与垃圾堆置，严重破坏地表自然景观。

3. 大气环境影响较小

青藏高原的大气环境质量总体良好，少部分地区空气质量较差。青藏高原工业化对大气环境造成的污染主要来自扬尘和各类污染物排放，包括建筑渣土扬尘、矿山扬尘、工业生产过程排放的各类有机和无机污染物、燃煤锅炉排放的烟尘、二氧化硫等。自 2000 年以来，青藏高原的工业二氧化硫排放量不断增加，从 2000 年的 20 933t 上升到 2015 年的 117 998t；其中，青海工业二氧化硫排放量一直占青藏高原总排放量的 96% 以上（图 8.9）。近年来，青海和西藏采取了严控建筑扬尘、严格落实矿产资源开发环境保护措施和生态恢复治理方案、严格行业准入等措施。并且不断对产业结构进行调整，禁止发展高污染工业，因此各类污染物对大气环境质量的负面影响较小。

4. 固体废弃物对生态环境造成的压力有所缓解

青藏高原工业发展过程中产生的固体废弃物主要来自采矿业和电力工业等。2000 年，青藏高原产生工业固体废弃物约 23 万 t；2015 年，青藏高原产生工业固体废弃物 6.29 万 t；对比 2000 年，减少 16.71 万 t 排放量（图 8.10）。青藏高原的工业固体废弃物排放量不断

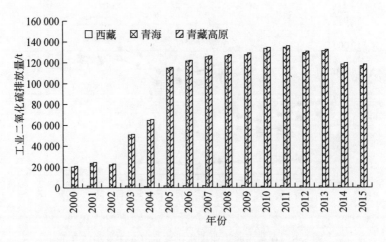

图 8.9　青藏高原工业二氧化硫排放量（2000～2015 年）

由于 2015 年后该指标不再统计，因此数据仅显示到 2015 年

减少，一定程度地缓解工业化发展对生态环境造成的压力。

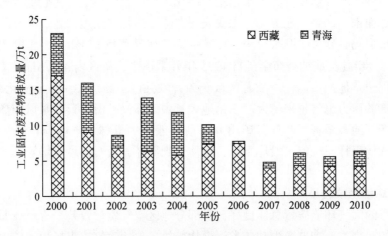

图 8.10　青藏高原工业固体废弃物产生量（2000～2010 年）

由于 2010 年后该指标停止统计，因此数据仅显示到 2010 年

（二）工业化与生态环境质量综合水平演变

构建工业化综合水平与生态环境质量综合水平评价体系，对青藏高原工业化与生态环境水平进行测算。结果显示，自 2000 年以来，工业化综合水平保持不断上升的趋势，生态环境质量综合水平呈现出波动趋势。

1. 工业化与生态环境质量综合水平评价指标

根据科学性与系统性、动态性与完备性、独立性与代表性和可操作性等原则，构建工业化综合水平评价指标体系和生态环境质量综合水平评价指标体系（表 8.9）。并利用熵值法和专家打分法相结合的方法，计算指标权重。

表 8.9　工业化综合水平评价指标体系与生态环境质量综合水平评价指标体系

目标层	准则层	指标层	权重
工业化综合水平	工业化水平	人均 GDP（元）	0.20
		非农产业产值占 GDP 的比例（%）	0.20
		工业增加值占 GDP 的比例（%）	0.20
		非农产业占就业人口的比例（%）	0.20
		城镇化率（%）	0.20
生态环境质量综合水平	生态环境压力	万元 GDP 用水量（km³）	0.08
		万元 GDP 能源消耗量（t 标准煤）	0.08
		每万人工业二氧化硫排放量（t）	0.07
		人均工业废水排放量（t）	0.07
		人均工业固体废弃物排放量（t）	0.06
		人均碳排放（t）	0.06
	生态环境状况	每万人耕地面积（hm²）	0.09
		森林覆盖率（%）	0.09
		人均生态用地面积（km²）	0.07
		建成区绿化覆盖率（%）	0.06
	生态环境响应	生活垃圾无害化处理率（%）	0.08
		污水处理厂污水集中处理率（%）	0.07
		工业固体废弃物综合利用率（%）	0.06
		空气优良天数（天）	0.07

2. 工业化与生态环境综合水平关系演变

从图 8.11 可以看出，自 2000 年以来，工业化综合水平保持不断上升的趋势，生态环境质量综合水平保持较为平稳的状态。青藏高原生态环境质量综合水平在 2002~2005 年和 2009~2015 年出现下降状态，2015 年后开始呈现上升趋势。可以初步判断，青藏高原的工业化与生态环境之间并没有明显的相关关系，工业化总体上并没有对生态环境产生明显影响。2000 年后，青藏高原的工业化发展水平有较大提升，以传统资源开发导向型的工业行业对青藏高原局部地区的生态环境造成了一定破坏。

（三）工业化与生态环境分指标间的关系演变

选取 2000~2016 年青藏高原工业化进程中的能源消耗（万元 GDP 能源消耗量）、水污染（人均工业废水排放量）、大气状况（人均工业二氧化硫排放量、人均工业粉尘排放量）、固体废弃物污染（人均工业固体废弃物排放量）、生态环境质量综合水平等指标测算工业化主要变量与生态环境要素之间的关系演变，发现这一阶段万元 GDP 能源消耗量、人均工

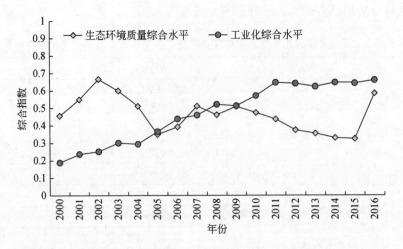

图 8.11　2000～2016 年青藏高原工业化和生态环境质量综合水平演变

业固体废弃物与工业化发展均呈现出负相关关系，人均工业废水排放量、人均工业二氧化硫排放量、人均工业粉尘排放量与工业化综合水平呈现出正相关关系（图 8.12）。

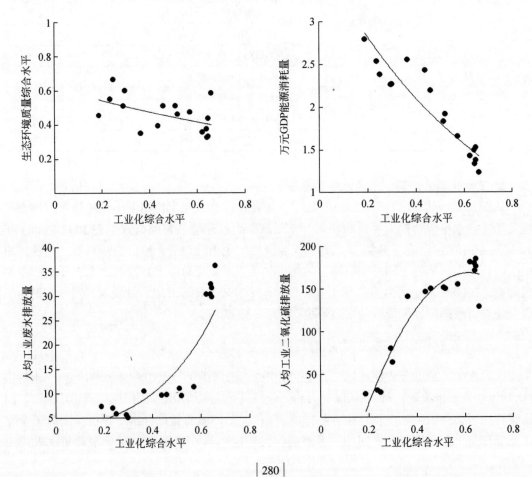

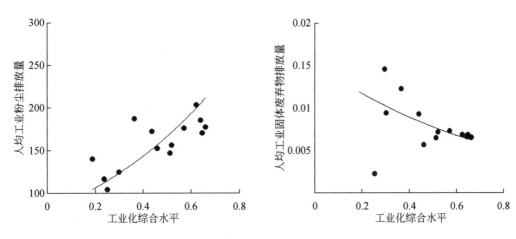

图 8.12　青藏高原工业化综合水平与生态环境要素的散点图

　　总体来看，青藏高原的生态环境质量综合水平和工业化水平没有明显的单调递增或递减关系，表明 2000 年以来这一阶段的工业化发展对生态环境的影响较小，青藏高原工业化对生态环境的影响仅表现在局部地区。具体来看，万元 GDP 能源消耗量和工业化水平之间呈现出单调递减的关系，表明过去一段时间内，随着工业化发展，万元 GDP 能源消耗量不断减少。人均工业废水排放量和工业化水平呈现出单调递增的关系，表明随着工业化的发展，人均工业废水排放量不断增加。人均工业二氧化硫排放量和工业化水平呈现出单调递增的关系，表明随着工业化水平的提升，人均工业二氧化硫排放量在逐渐增多，对大气环境的破坏在逐渐增大。青藏高原和人均工业粉尘排放量呈现出单调递增的曲线关系，表明随着工业化发展，人均工业粉尘排放量逐渐增加。未来一段时期，要更加注重降低工业粉尘排放量，尽可能降低和避免工业粉尘对大气环境的破坏。人均工业固体废弃物排放量和工业化水平呈现出单调递减的关系，表明随着工业化发展，人均工业固体废弃物排放量在不断减少，意味着对生态环境的压力也在逐渐下降。由此可以判断，当前青藏高原地区的生态环境问题主要来自水污染和大气污染，能源消耗、固体废弃物排放情况有所改善，生态环境质量总体上呈现出变好的趋势。

二、重点城市工业发展对生态环境的影响

　　西宁市作为青藏高原工业化程度最高的工业城市，其工业化进程对生态环境产生较大影响，主要体现在工业生产过程中产生的废水、废气、废物对当地环境造成了破坏。格尔木市是资源型城市，现有工业中高能耗、高污染行业比例较高，大气、水、土污染的形势严峻。拉萨市工业化水平较为落后，对生态环境产生的影响较小，但污染已初显苗头。

（一）西宁市工业发展对生态环境的影响

　　西宁市大力实施"工业强市"战略，经济持续平稳增长，产业结构日趋合理，形成了

以机械、轻纺、化工、建材、冶金、皮革皮毛、食品为支柱的工业体系。在区域经济发展中，西宁市在有色金属冶炼及深加工、盐湖化工、中藏药、生化制品、新型建筑材料、绒毛纺织等方面发展优势明显。图 8.13 反映西宁市 2000 年以后三次产业结构的变化趋势。从图 8.13 可以看出，西宁市第一产业在地区生产总值中占比最低且比例持续下降，第一、第二、第三产业比例由 2000 年的 7.96：39.05：2.99 转变为 2020 年的 4.16：30.50：65.34。在 2015 年以前，西宁市第二产业一直占主导，工业增加值占据较大比例；2015 年后，西宁市的第二产业比例逐渐下降，第三产业比例有所上升，成为西宁市的主导产业。西宁市是青海工业最发达的地区，其工业污染问题也较为严重，但随着生态环境管治力度加大，好转趋势也很明显。

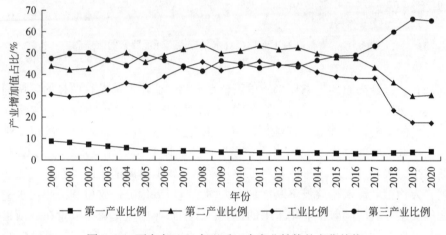

图 8.13　西宁市 2000 年以后三次产业结构的变化趋势

1. 西宁工业化对水环境的影响

水质方面，西宁市的河流水断面监测水质总体不高，其断面水质多处于二类水及以下水平，部分河段仅能达到四类水质（表 8.10）。根据生态环境部《青海省水污染防治工作目标责任书》和省政府《西宁市水污染防治工作目标责任书》，2022 年西宁市列入国家和省政府考核的湟水流域（西宁段）水质监测断面共 13 个。其中国家考核断面 4 个，分别是湟水干流扎马隆和小峡桥断面、重点支流北川河润泽桥和塔尔桥断面。根据青海省人民政府办公厅《关于印发青海省"十四五"生态环境保护规划的通知》，主要指标中地表水国控断面达到或好于Ⅲ类水体比例为 100%。因此，确定国控断面西宁市出境小峡桥断面2022 年考核目标为Ⅲ类。列入省级考核断面 9 个，分别是湟水干流黑嘴桥、西钢桥和报社桥断面，重点支流南川河老幼堡和七一桥断面，重点支流北川河朝阳桥断面，支流药水河入湟口断面，支流西纳川入湟口断面，支流甘河河大石门水库出口断面。2022 年 2 月监测结果显示，塔尔桥断面达到地表水Ⅰ类水质标准；扎马隆、润泽桥、大石门水库出口、黑嘴桥、老幼堡、药水河入湟口、西纳川入湟口七个断面达到地表水Ⅱ类水质标准；七一桥、报社桥两个断面达到地表水Ⅲ类水质标准；西钢桥、朝阳桥两个断面水质达到地表水Ⅳ类水质标准。小峡桥断面目标水质类别为Ⅲ类，当月实际水质为Ⅴ类，水质超标。当月西宁市 13 个考核断面水质达标率为 92.3%，水质达到 Ⅰ ~ Ⅲ 类的断面比例为 76.9%，劣 Ⅴ 类断面比例为 0。

表 8.10　西宁市流水断面水质类别（2022 年 2 月）

考核级别	断面名称	水质类别
国家考核断面	湟水干流扎马隆	Ⅱ
	小峡桥断面	Ⅲ
	重点支流北川河润泽桥断面	Ⅱ
	塔尔桥断面	Ⅰ
省级考核断面	湟水干流黑嘴桥断面	Ⅱ
	西钢桥断面	Ⅳ
	报社桥断面	Ⅲ
	重点支流南川河老幼堡断面	Ⅱ
	七一桥断面	Ⅲ
	重点支流北川河朝阳桥断面	Ⅳ
	支流药水河入湟口断面	Ⅱ
	支流西纳川入湟口断面	Ⅱ
	支流甘河大石门水库出口断面	Ⅱ

资料来源：西宁市生态环境局。

水污染方面，西宁市主要河流中的重金属元素含量升高。随着金属冶炼、盐湖化工的发展，西宁市内主要河流受到一定程度的污染。目前对西宁市主要河流中重金属离子含量的研究结果均表明工业化发展对河流有较大影响。曾方明（2017）计算了湟水河中重金属离子的含量与分布，并将其与西宁发展工业前的重金属含量做了对比，发现河流中各种重金属元素的含量均有不同程度的上升。湟水河西宁段内已经出现较为明显的重金属污染，其潜在生态风险因子已经到达较高的风险程度，其重金属污染的源头指向人类工业活动。常华进等（2013）对湟水河一级支流火烧沟进行了取样研究，分析了火烧沟内重金属元素含量及重金属污染程度，发现西宁市火烧沟下游表层泥质沉积物中的镉、铬含量明显高于青海土壤平均值，出现较明显的重金属污染；火烧沟下游城区段表层泥质沉积物中重金属污染已达到中等生态风险级别，其中镉污染明显，达到中等—较高生态危害风险。

2. 西宁工业化对土壤环境的影响

西宁市工业化对土壤造成了较为严重的重金属污染，其污染源主要是西宁市的钢铁产业。索有瑞和黄雅丽（1996）通过采集西宁市主要交通干线两侧的土壤进行铅含量的测度，并与清洁样点作比较，发现西宁市郊主要公路两侧土壤中的铅污染严重，其土壤中的铅含量是清洁区的 2.7 ~ 4.1 倍，主要来源是西宁钢厂的污染及汽车尾气的排放。2021 年，为切实加强土壤污染防治，逐步改善土壤环境质量，西宁市生态环境局对各县（区）土壤污染防治政策制度建设、土壤污染状况详查、源头控制和预防、农用地分类管理、建设用地准入管理等工作情况进行了综合评估。评估结果显示,西宁市的各县(区)均结合本地实际情况制定了土壤污染防治工作方案,基本落实了《土壤污染防治行动计划》及省市级土壤污染防治工作方案目标任务和重点工作,建立了较为完善的土壤污染防治工作机制,扎实推进土壤污染防治工作,有效保障了建设用地和农用地土壤环境安全。

3. 西宁工业化对大气环境的影响

西宁市工业化发展对空气质量产生的影响较小,大气环境质量总体上保持良好状态。西宁市工业发展对大气环境的污染主要来自钢铁冶炼、机械制造、矿藏开采过程中产生的扬尘和各类污染物排放,包括生产过程排放的各类有机和无机污染物、燃煤锅炉排放的烟尘、二氧化硫等。但是西宁工业排放的气体量较小,并且西宁市都采取了相应的环境保护措施和生态恢复治理方案,不断对产业结构进行调整,禁止发展高污染工业,因此各类污染物对大气环境质量的负面影响较小。西宁市生态环境局统计,2022 年 8 月,西宁市空气质量总有效监测天数为 31 天,其中,空气质量指数(AQI)优良的天数为 31 天,空气质量优良率为 100%;截至 8 月底,西宁市总有效监测天数为 243 天,优良天数为 220 天,优良率为 90.5%。

(二) 格尔木市工业发展对生态环境的影响

格尔木市是青藏高原继西宁市、拉萨市之后的第三大城市,是青海重要的新兴工业基地,也是青藏高原工业化程度最高的典型工业区域(刘子川等,2019)。在丰富的资源本底基础上,格尔木市逐渐发展为资源开发型的新兴工业城市,主导行业有化学原料和化学制品制造业,石油加工、炼焦和核燃料加工业,石油和天然气开采业,电力、热力生产和供应业。然而,格尔木市在工业发展中存在产品结构单一、科技含量低、综合利用水平弱等问题,使工业发展带来的环境污染问题不断加重,城市及局部地区大气、水土污染形势严峻。为保护青藏高原生态环境,格尔木市采取积极有效措施,加大工业企业监管力度,减煤烟、减废气、治扬尘、限排放,着力削减污染存量、控制污染增量、降低污染总量,强化企业排放规范管理,全面推动重点行业达标排放治理,对城区及工业园区水泥、有色和化工等企业进行深度排查,对不能稳定达标排放的企业进行督促整改,市区的工业污染防治工作取得了显著成效,生态环境质量持续改善。

1. 格尔木市工业化对大气环境的影响

格尔木市工业产生的有害气体排放量较小,对当地空气质量产生的影响较为微弱,且近年来废气处理力度加大,市内空气质量明显改善。格尔木市设有大型石油和天然气开采与加工企业,部分工厂在开采和加工的过程中会产生少量的有害气体,对环境产生不良影响。例如,在格尔木市炼油厂装置区、厂区和附近居民区存在恶臭污染,这些恶臭的主要来源是工厂排放的硫化氢、有机硫化物、苯酚类等有害气体。但是随着格尔木市政府不断加强工业污染治理、城市扬尘综合整治,格尔木市的空气质量正不断改善。格尔木市近年来积极强化移动源污染防治,全面从工业企业、餐饮油烟、道路扬尘、采暖、交通、建筑工地领域推进大气污染防治工作。同时,格尔木市大力推进清洁生产,2017 年格尔木市已有 4 家企业完成清洁生产评估及验收工作,6 家企业完成清洁生产评估工作。2018 年,格尔木市加大环境污染综合治理力度，结合国家卫生城市复审工作，扎实推进大气、水、土壤污染防治，制定了《格尔木市 2018 年度大气污染防治实施方案》，严格实施"蓝天、碧水、绿地"工程，采取"抑尘、减煤、控车、治企、增绿"等措施，扎实推进生态文明建设。此外，还出台了《大气污染防治实施方案》《燃煤锅炉"煤改气"整治工作实施方案》《生态环境保护职责规定》《重污染天气应急预案》等一系列地方性规定措施，为有效开展大气污染防治、重污染天气应急响应、持续改善环境空气质量提供了保障。2020年，格尔木市开展环境空气质量监测 365 天，实际有效监测天数为 355 天，达标天数为311 天，沙尘天气数为 21 天，环境空气质量优良天数比例为 87.6%；$PM_{2.5}$ 年平均浓度为 $22\mu g/m^3$，同比下降 8.3%[①]。

2. 格尔木市工业化对土壤环境的影响

在土壤污染方面，格尔木市化工、石油、天然气等产业的发展使当地土壤重金属含量升高。格尔木市工业以石油化工等典型工业为主，这类典型工业区厂区土壤中的重金属元素含量明显高于附近住宅区土壤中的重金属元素含量，炼油厂土壤中异常元素主要为镍，对当地土地的质量和植被的生长都造成严重的破坏。格尔木市工业导致的土壤污染既直接影响密集的城市人群，涉及众多的生命健康与安全，还通过水体、大气间接地影响当地的生态环境质量。

3. 格尔木市工业化对水环境的影响

在水污染方面，格尔木市工业污水及盐湖开发破坏了当地水生态环境。格尔木市 20世纪 80 年代以前由于人口少、工业不发达，各河段水体中各项污染物指标的含量均未超出卫生标准。张惠霞（2000）运用格尔木河的多年监测数据，发现格尔木河水质较好，pH 在正常范围内（6.5～8.5），离子总量较低，格尔木河是工农业生产和人民生活用水的良好水源。随着格尔木市以盐化业和石化业为主导的工业产业的发展，格尔木市的水质污染日趋严重。尤其是石油化工企业在生产过程中产生的炼油污水的排放，导致各种污染物在水体或生物体中富集，带来一定程度上的污染。赵鹏（2018）对格尔木地区的地下水污染与人类活动强弱进行了相关性研究，发现人类活动对地下水影响较强的地区，其地下水中主要污染指标含量较高；人类活动对地下水影响较弱的地区，其地下水主要污染指标含量则较低。格尔木河以东的格尔木市区、昆仑工业园区、河东农场区是主要的人类活动区，工业活动较强，各类污染物的排放直接导致该地区地下水污染物含量升高及水化学异常，对当地的水生态环境造成较为严重的破坏（赵鹏，2018）。水生态环境保护方面，2021 年格尔木市开展国控断面监测 4 次，省控断面例行监测工作 12 次，监测结果显示纳赤台、总场水闸、白云桥达到Ⅱ类水质，加尔苏、小桥达到Ⅲ类水质，地表水质优良（达到或优于Ⅲ类）比例达到 100%；全年共完成格尔木市第二水源地水质监测工作 12 期，数据显示，水质常规监测数据达到或优于Ⅲ类的比例为 100%。

4. 盐湖开采对生态环境的影响

盐湖自身的生态环境十分脆弱，在盐湖开采过程中极易对盐湖本身及当地生态环境造

---

① 数据来源：http://www.geermunews.com/system/2022/03/15/013536796.shtml。

成严重破坏；并且盐湖矿区在建设过程中，对周边的土壤、植被、水系等都会造成不可忽视的影响。格尔木市的主导工业是盐湖化工，盐湖资源的开发不仅会导致湖水的自然流向、湖底的地形地貌变化，同时也会带来特大洪水隐患。格尔木市的察尔汗盐湖钾镁盐矿床位于柴达木盆地的中部，矿区东西长 168km，南北宽 20～40km，面积为 5856km²。矿区周边的人类工程活动围绕盐湖资源勘查和开发来进行。2003 年盐湖股份公司 100 万 t 钾肥项目建成后，大别勒湖、小别勒湖、新湖被人为隔断，补给源被 100 万 t 钾肥项目的输卤渠道、防洪导水工程截断于南部。察尔汗盐湖在开发过程中带来了大量的环境问题，如特大洪水隐患、渠道采卤衰减、湖水入侵、淡水上涌、外围卤水退化等问题，严重影响了盐湖资源与环境的持续平衡发展（胡东生，1996；孙亚乔，2004）。

（三）拉萨市工业发展对生态环境的影响

拉萨市是青藏高原的"净城"，其空气、水、土壤环境质量极好。自改革开放以来，拉萨市经济总量不断增加，综合经济实力显著提升，三次产业结构也在不断优化。拉萨市发挥自身的比较优势和后发优势，积极发展特色工业，初步形成了以采掘业、绿色食（饮）品加工业、藏药业、建材业、民族手工业为主的具有拉萨特色的产业格局，工业经济的整体素质和运行质量逐年提高。由于拉萨市工业企业以中、小型企业为主，工业生产过程中产生的污染废弃物相对较少，对当地生态环境的影响也较小。近年来拉萨市环保工作始终坚持污染防治、生态保护并重的方针，深入贯彻实施"环境立市"战略，生态建设和环境保护各项工作稳步发展，环境质量持续保持优良。

1. 拉萨市工业化对大气环境的影响

拉萨市工业废气排放体量较小，对当地的大气环境影响较弱。目前拉萨市存在一定的大气污染，但是大气污染的来源主要是城镇生活污染和机动车污染。拉萨市大气中的 SO_2 含量极低，主要是因为拉萨的工业化程度较低，燃煤锅炉和用煤量少。空气中的氮氧化物浓度也较低，大气中氮氧化物的分布与城市汽车活动的分布有高度的一致性，表明拉萨大气中的氮氧化物主要来自汽车尾气（平措和尤学一，2005）。近年来拉萨市机动车的数量呈现快速增长趋势，机动车污染成为近年来大气中氮氧化物和烟粉尘的最主要来源。对此，拉萨市生态环境局制定印发了《拉萨市"散乱污"企业专项整治工作实施方案》，有序推进"散乱污"企业专项整治工作，加大黄标车及老旧车辆淘汰力度，2019 年淘汰黄标车和老旧车 2591 辆[①]。2020 年拉萨市空气质量优良天数比例为 100%，位列全国 168 个重点城市第二名。

2. 拉萨市工业化对土壤环境的影响

拉萨市工业产生废弃物的总量和排放量少，对土壤环境影响较小。工业固体废弃物主要包括尾矿、建材行业废物、酿造行业废物、食品加工废物等，其中以尾矿为主，对当地土壤污染的影响较为微弱。根据《2020 年中国生态环境状况公报》，全市 98 家工业企业一般工业固体废弃物产生量为 1599.62 万 t（含尾矿 1590.87 万 t）、综合利用量为 8.64 万 t、

---

① 数据来源：http://www.xizang.gov.cn/xwzx_406/dsdt/202005/t20200509_139800.html。

处置量为 0.18 万 t、储存量为 1590.89 万 t。

3. 拉萨市工业化对水环境的影响

拉萨河多年水质监测资料显示（西藏自治区环境监测中心站），拉萨河上游来水水质良好，断面处各项监测因子均能满足《地表水环境质量标准》Ⅲ类水域标准要求。拉萨河流经拉萨市城区，与流沙河和堆龙河汇合后，在卡林断面处，部分水质因子出现不同程度的超标。在拉萨河市区下游段才纳断面处同样出现超标现象。市区人口及工业规模的逐步扩大，以及拉萨市区缺乏有效的污水收集和处理措施，导致拉萨河污染加重。工业污染方面，由于拉萨市工业基础较为薄弱，工业类型主要为矿、机械、电力、建材、制药及食（饮）品加工等类型，大型工业企业较少，多为中小型工业企业，有些企业的废水仅经过简单处理后直接排入拉萨河及其支流流沙河，对水环境质量造成了一定的影响。

第四节 重点工业园区建设对生态环境的影响

青藏高原共建设 4 家国家级工业园区和 19 家省级工业园区，园区内的产业以清洁产业为主，如新能源、医药、食品饮料、特色轻工等，基本实现清洁生产，对生态环境影响较小。部分园区设有盐湖化工、石油天然气化工、有色金属冶炼等存在污染排放的工业，由于目前工业规模较小，废水废气等污染物虽有排放但体量较小，对当地生态环境造成的影响并不显著，但污染已初显苗头。

一、工业园区对生态环境影响的总体分析

在国家发展和改革委员会、科技部、自然资源部、住房和城乡建设部、商务部、海关总署公布的 2018 年版《中国开发区审核公告目录》中，共包括 2543 家开发区，其中青海共有 14 家开发区、西藏共 5 家开发区、甘肃共两家开发区、四川和云南各 1 家开发区纳入本次公告目录，其中，国家级开发区 4 家（青海 3 家，西藏 1 家），省级开发区 19 家（青海 11 家，西藏 4 家，甘肃两家，四川 1 家，云南 1 家），具体开发区名录见表 8.11。青藏高原工业园区重化工业占比较高，存在环境风险的企业和项目逐年增多。随着工业化发展，工业废物产生量增加，污染隐患较大。工业园区内的主导产业包含如煤化工、盐湖化工、机械制造等存在污染排放风险的产业，会对当地环境质量产生一定的威胁。除上述工业园区外，2020 年西藏自治区人民政府批复同意昌都新区创建自治区级高新技术产业开发区——西藏昌都高新技术产业开发区。该产业园区坚持以绿色环保、和谐共享的理念为指导，大力推动以生物医药、环保建材、农特产品深加工、文化旅游、民族手工业等八大产业为主导的高原产业发展。总体来看，该产业园区对高原环境质量影响较小。

表 8.11 2018 年青藏高原省级以上开发区名单一览表

所属省（自治区）	名称	所在地区	级别	批准时间	核准面积/hm²	主导产业
青海	西宁经济技术开发区	西宁市城东区	国家级	2000 年 7 月	440	机械加工、特色资源开发、医药
	青海高新技术产业开发区	西宁市城北区	国家级	2010 年 11 月	403	装备制造、医药、食品
	格尔木昆仑经济技术开发区	海西州格尔木市	国家级	2012 年 10 月	1555	盐湖化工、新能源、冶金
	青海南川工业园区	西宁市城中区	省级	2008 年 2 月	2605.04	藏毯绒纺、新能源、新材料
	西宁大通北川工业园区	西宁市大通县	省级	2015 年 12 月	3088.68	铝电、建材、基础化工
	青海甘河工业园区	西宁市湟中区	省级	2002 年 6 月	3528.06	金属、化工
	海东工业园区乐都工业园	海东市乐都区	省级	2011 年 2 月	1002.7	装备制造、建材、玻璃
	海东工业园区临空综合经济园	海东市互助县	省级	2010 年 12 月	3081.36	新能源、新材料、商贸物流
	海东工业园区互助绿色产业园	海东市互助县	省级	2013 年 12 月	214.96	青稞酒酿造、生物医药、农畜产品加工
	海北州生物园区	海北州门源县	省级	2013 年 6 月	276.11	农畜产品加工、生物制药
	热水煤炭产业园区	海北州刚察县	省级	2010 年 4 月	830.99	煤炭洗选加工
	柴达木循环经济试验区大柴旦工业园	海西州大柴旦行政区	省级	2010 年 3 月	382.4	盐湖化工、有色金属、煤炭
	柴达木循环经济试验区德令哈工业园	海西州德令哈市	省级	2010 年 3 月	4701.19	盐碱化工、新材料、新能源
	柴达木循环经济试验区乌兰工业园	海西州乌兰县	省级	2010 年 3 月	633.44	煤化工、盐化工、新能源
西藏	拉萨经济技术开发区	拉萨市堆龙德庆区	国家级	2001 年 9 月	546	食品饮料、医药
	拉萨高新技术产业开发区	拉萨市堆龙德庆区	省级	2015 年 12 月	1680.96	生物、医药、信息技术
	达孜工业园区	拉萨市达孜区	省级	2011 年 12 月	603.09	生物、医药、农畜产品加工

续表

所属省（自治区）	名称	所在地区	级别	批准时间	核准面积/hm²	主导产业
西藏	西藏那曲高新技术产业开发区	那曲市色尼区	省级	2012 年 10 月	1479.06	农畜产品加工
	西藏自治区藏青工业园	海西州格尔木市	省级	2013 年 12 月	2999.33	矿产资源加工、清洁能源装备、藏医药
甘肃	甘南合作生态产业园区	甘南州合作市	省级	2013 年 11 月	196.81	农畜产品加工、中藏药研发、民族特色用品
	肃南县祁青工业集中区	张掖市肃南县	省级	2010 年 12 月	101.04	矿产品采选加工、水电
四川	四川阿坝工业园区	阿坝州汶川县	省级	2006 年 8 月	161.56	铝冶炼、化学原料、非金属矿物制品
云南	云南迪庆经济开发区	迪庆州香格里拉市	省级	1994 年 7 月	108.01	医药、农副产品加工、有色金属加工

二、西宁经济技术开发区

（一）西宁经济技术开发区基本概况

西宁经济技术开发区成立于 2000 年，是经国务院批准成立的国家级开发区。开发区位于西宁市东部，总规划面积为 12.79km²，首期规划面积为 4.4km²，距市中心 5km，是国内所有国家级开发区中与省会城市的市中心距离最近的开发区之一，交通便捷，距铁路客、货运站 4km，距西宁机场 12km。开发区贯彻"以工业项目为主，以利用外资为主，以出口创汇为主，致力于发展高新技术产业"的"三为主、一致力"方针，立足青海资源优势，大力发展盐湖化工、有色金属、石油天然气等资源精深加工产业；重点发展以高原动植物为主的中藏药、食品、生物化学制品等特色产业；积极发展生态环保、高新科技、新材料、信息技术等新兴产业；协调发展流通、金融、房地产、进出口贸易等配套服务产业。

西宁经济技术开发区共分为 4 个产业园区，分别是生物科技产业园区、甘河工业园区、东川工业园区与南川工业园区。

（1）生物科技产业园区：2002 年批准设立，规划面积为 4.03km²，位于西宁市城北区。围绕特色生物资源，加大开发力度，加快推进中藏药企业重组整合，壮大和提升中藏药产业的规模和优势，做大做强生物技术产业，将园区建设成为集科学研究、开发、生产于一体的工业新区和青海重要的生物技术与农副产品加工基地。

（2）甘河工业园区：2002 年批准设立，规划面积为 10km²，位于西宁市湟中县鲁沙尔镇。园区依托青海矿产资源、电力资源及天然气资源的优势，按照特色资源与高新技术相结合的原则，大力发展循环经济，加快有色金属加工和天然气化工产业发展，已初步形成有色金属冶炼和加工等为主的材料工业集群。甘河工业园区的建设目标是成为西北乃至全国重要的铅、锌、铜、铝等有色金属和镍、铟、金、银等稀有金属冶炼及延伸加工生产基地。

（3）东川工业园区：总规划面积为 $12.79km^2$。园区利用青海优势资源，已经引进和落实了多晶硅、单晶硅、工业特种铝合金型材、铝塑复合管材、再生铜利用、金属波纹管材、六氟化硫、高性能陶瓷等一批项目，主导产业正在逐步形成。园区内建成全长 17km 的道路和供水、排水、供电、供气等配套设施，基本做到了"七通一平"。

（4）南川工业园区：2008 年批准成立。园区以"高新技术、特色产业、循环经济、科技研发、自主创新、节能减排、生态文明"为新型工业化目标，产业定位上以打造"青海国际藏毯城"为核心任务，发展以藏毯为龙头的牛羊毛绒产业集群，推进国际性藏毯生产经营集散基地建设，做大做强毛纺织产业规模；以承接上游甘河工业园区产业为纽带，发展有色金属精深加工产业；围绕高新技术项目发展太阳能光伏、光热产业；利用青海高原特色动植物资源，培育特色经济和优势产业。

开发区工业发展为西宁市发展做出了重要贡献，西宁经济技术开发区汇聚着西宁市最优质的发展资源、创新要素，是经济高质量发展的主阵地、主战场、主引擎，是改革创新的引领区、先行区、示范区，做好开发区工作对西宁市经济社会发展具有特殊重要的意义。自 2017 年以来，西宁经济技术开发区不断优化产业结构、提升发展水平、稳定工业增长，工业发展取得了新进展。西宁经济技术开发区在新能源、新材料、生物医药、锂电等战略性新兴产业和高新技术产业的推动下，2017 年工业增加值增长 13.0%，占西宁市工业增加值的 70.8%。随着亚洲硅业多晶硅技改扩能、中利科技光纤预制棒、西部矿业 10 万 t 电锌、阳光电能光伏逆变器等 35 个工业项目的建成投产，园区内生动力不断增强。随着光伏逆变器、多晶硅、光纤预制棒、蓝宝石晶体、机织藏毯、纺纱针织、枸杞深加工、高端铝合金等一大批产业链延伸项目的开工建设和建成投产，开发区产业结构与发展质量有了新的变化。同时，积极构建以企业为主体、市场为导向、政产学研用相结合的园区创新体系，推动创新平台建设。在科技创新力量的强力推动下，电子级多晶硅、光纤预制棒、锂电正极材料、箱式逆变器、藏药炮制等技术达到国内或世界领先水平。2022 年规模以上工业产值突破千亿元大关，平均增长 18.6%；规模以上工业增加值达到 200 亿元，平均增长 16.8%；进出口总额达到 16.5 亿元，平均增长 9%；成为稳定地区经济社会发展的重要力量。

（二）西宁经济技术开发区对生态环境影响

西宁经济技术开发区重工业规模较小，以轻工业、新型材料和藏药业为主，对当地生态环境影响较小。西宁经济技术开发区 4 个园区的主导产业各不相同，生物科技产业园区以中藏药和绿色保健食品产业为主导，甘河工业园区以有色金属加工和天然气化工产业为主导，东川工业园区以单晶硅、多晶硅等新兴材料产业为主导，南川工业园区以轻纺、生物医药、机械、食品等劳动密集型产业和高新技术产业为主导。生物科技产业园、东川工业园和南川工业园区内的企业相对规模小，污染废物排放量小，对生态环境造成的污染也相对较弱。2018年生物科技产业园区和南川工业园区企业的工业废水均已得到深度处理，出水可达到《城镇污水处理厂污染物排放标准》一级A标准。甘河工业园区内的产业则相对污染较重，废弃物排放量较大，园区内化工企业、有色金属加工等产业在生产过程中会产生相应的固体废弃物和废气废水的排放，会对当地的生态环境产生一定的影响。

西宁经济技术开发区在推进产业发展的过程中，不断加强园区企业环境管理，强化工业污染源治理，推进环保基础设施建设。工业园区内的企业始终围绕生态环境质量改善的目标，坚持工业经济发展与资源环境承载力相匹配，努力在改革发展中协调发展与环境保护之间的关系，以环境保护促进发展方式的转型和产业的升级换代。西宁经济技术开发区各园区及相关企业围绕废水深度治理、大气污染控制和污染减排设施建设，累计投入资金超过4.2亿元，按新标准完成了17家企业废水深度治理、13家企业大气污染治理项目，实施了40余项减排项目。甘河工业园区加大重污染企业关停并转力度，努力削减污染排放量，对多家涉重企业予以"关停改"。通过积极争取，甘河工业园区被列入国家重点重金属防控区支持范围，有力推进了环保配套设施和环境监测预警评估体系建设。土壤治理方面，截至2021年生物科技产业园区建立了疑似污染地块名单；甘河工业园区实现了园区内危险废物的循环利用，并利用闭环式管理模式提高了企业生存能力，建立了污染地块名录，完成了1个建设用地土壤污染治理修复项目，改善了生产环境；东川工业园区完成了3家重点行业企业用地土壤污染状况详查工作，编制完成了《青海省重金属污染物排放量调查和减排潜力评估报告》，建立了污染地块名录；南川工业园区一般固体废弃物综合处置利用率达到96.4%，危废安全处置利用率达到100%。

三、格尔木工业园区

（一）格尔木工业园区基本概况

格尔木工业园区成立于1992年，其前身是经青海省委省政府批准成立的昆仑经济开发区，2012年升级为国家级经济技术开发区。2013年成为柴达木循环经济试验区的核心区，规划面积为120km²，主要由45km²的昆仑重大产业基地和75km²的察尔汗重大产业基地组成。其中，昆仑重大产业基地位于格尔木市中心城区东南侧，重点发展油气化工、黑色有色金属冶炼、特色轻工、装备制造等产业；察尔汗重大产业基地位于察尔汗盐湖格察（格尔木—察尔汗盐湖）高速公路东西两侧，重点发展盐湖化工产业及下游产业链的延伸。2018年3月，经国家发展和改革委员会、科技部、自然资源部、住房和城乡建设部、商务部、海关总署审核，格尔木昆仑经济技术开发区列入《中国开发区审核公告目录》（2018年版）国家级经济技术开发区序列，再次成为国家正式备案的经济技术开发区。2019年，格尔木昆仑经济技术开发区成功入围国家第四批绿色园区，同时被确定为青海2019年绿色园区。2020年，格尔木昆仑经济技术开发区上榜首批国家绿色产业示范基地建设名单。

格尔木工业园区按照以加快推进昆仑和察尔汗两个千亿元产业基地建设为目标，依托格尔木资源禀赋和政策优势，明确产业发展方向，提升壮大生产服务业，加快推进循环经济发展，着力构建盐湖化工、油气化工、冶金、新能源、新材料、装备制造业、特色轻工业七大循环经济产业体系，现已形成全国大型钾肥生产基地、盐湖化工基地、区域性石油天然气化工基地。

（1）盐湖化工产业：主要围绕盐湖卤水资源综合开发，深化盐湖资源的合理、有效利用，构建盐湖化工产业群和产业链。在推进钾资源开发的基础上，不断向钠、镁、锂等系列产品延伸，加快钾肥生产过程中废弃物的综合利用，大力发展以镁、锂等轻金属合金、锂离子电池材料、硼镁晶须等为主的新材料产业。

（2）油气化工产业：主要依托柴达木盆地丰富的油气资源，加强资源综合开发力度，积极发展甲醇汽油、甲醛等油气下游产品，以及加强油气化工与盐湖化工、有色金属工业的融合发展，着力构建循环经济产业链条。

（3）冶金产业：主要依托区域内及周边地区丰富的黑色有色金属资源，加快推进冶金产业发展的同时，加强金属冶炼过程中二氧化硫的回收利用，一方面副产硫酸，供盐化产业进行硼酸、磷酸、硫酸钾镁肥等产品的生产，另一方面以氧化锰矿粉为吸收剂处理二氧化硫，生产硫酸锰，推进硫酸下游产业协调发展。

（4）新能源产业：主要依托格尔木丰富的太阳能、风能、未利用荒漠化土地面积大及电网、产业方面的优势，积极推进新能源产业发展，推进电网与电源的协调发展，全力打造新能源示范城。

（5）新材料产业：以盐湖轻质金属材料开发为重点，加快建设金属镁、金属锂、镁基合金、锂电池材料等产业项目，积极发展新型电子材料、合金材料产业。

（6）装备制造业：以矿山、化工非标设备和风电设备制造及基础零部件为主，建立与产业发展相配套的零部件、原辅材料加工制造基地，培育具有较强市场竞争力和成长性较好的大型企业，全面提高装备制造工艺水平和产业配套能力。

（7）特色轻工产业：主要依托高原冰川水资源、昆仑山的玉石资源、有机枸杞种植，大力发展高端矿泉水和低钠盐、宝玉石加工、有机枸杞深加工等特色产业。

（二）格尔木工业园区对生态环境的影响

格尔木工业园区工矿企业较多，但规模较小，而且环保局监管力度大，因此工业园区对生态环境影响较小。格尔木市环境空气质量稳步提高，2018 年优良天数比例达到 86%，细颗粒物（$PM_{2.5}$）平均浓度较考核基准年下降 3%，可吸入颗粒物（PM_{10}）年均浓度持续下降，二氧化硫（SO_2）、二氧化氮（NO_2）、一氧化碳（CO）、臭氧（O_3）浓度保持稳定，控制在《环境空气质量标准》（GB 3095—2012）二级标准以内。格尔木市是青海重金属污染防治规划中确定的重点防控地区之一，辖区内的青海华信锑锰、俊民化工、西豫公司、基利达等企业被列为省级重金属重点监管企业，工业园区更是重金属重点监管的区域。青海省环境厅、海西州环保局出台《重点区域重金属污染综合防治实施方案编制大纲》《青海省海西州格尔木市昆仑经济技术开发区重金属污染防治实施方案（2015～2017

年)》等一系列政策文件。青海省环保厅下达昆仑经济技术开发区重金属污染项目专项资金用于园区重点重金属企业污染治理，也涉及园区重金属污染防控体系建设及风险评估等方面，各项目的实施有效提高格尔木工业园区重金属防治工作水平，将园区的生态环境影响降低到最小范围。2022 年，青海省生态环境厅组织召开了格尔木工业园（昆仑经济技术开发区）总体规划修编（2020～2035 年）环境影响报告书审查会，对进一步推进园区可持续发展具有重要的指导意义，也为园区生态环境保护提供可靠依据和切实保障。

四、拉萨经济技术开发区

（一）拉萨经济技术开发区基本概况

拉萨经济技术开发区由国务院办公厅于 2001 年批准设立，2003 年正式启动，是全国第 47 个国家级经济技术开发区，也是西藏唯一的国家级经济技术开发区。拉萨经济技术开发区位于与拉萨市区接壤的堆龙德庆区境内，规划总用地 5.46km²，是西藏功能最齐全、交通最便捷的园区。在商务部对全国 219 家国家级经济技术开发区综合发展水平考核中，拉萨经济技术开发区 2017 年、2018 年连续两年排名全国前 80 位，位于全国中上游水平。2020 年拉萨经济技术开发区深入贯彻落实习近平总书记关于统筹推进经济社会发展工作重要讲话精神，实现了园区经济运行总体平稳、好于预期。2020 年，实现地区生产总值 71.66 亿元，较 2019 年同期增长 7.8%；实现规模以上工业总产值 29.02 亿元，增长 11.86%。

拉萨经济技术开发区坚持贯彻以工业项目为主、吸收外资为主、出口为主和致力于发展高新技术产业的"三个为主、一个致力于"的发展方针。拉萨经济技术开发区的产业方向是依托本地资源优势，以资源开发和加工为重点，重点发展藏医药业、生物制药、农畜产品深加工、手工艺品和高科技电子信息技术产业五大特色产业。围绕五大特色产业，目前主要是生产具有竞争优势的藏药、医疗保健用品、食品、传统民族工艺产品、旅游产品和农牧产品深加工及高原农牧林产业化新技术的引进、开发、推广等，同时研究生物工程技术、节约能源开发技术和环境污染治理工程技术，并积极鼓励发展电子信息、新能源和新材料等高新技术产业。具有代表性的企业有西藏中凯矿业股份有限公司、西藏明珠卫星导航应用技术有限公司、奇正藏药等。

（二）拉萨经济技术开发区对生态环境的影响

拉萨经济技术开发区作为拉萨市五大功能区之首，其所处地理位置是拉萨市生态环境最优良的地区。园区内的主导产业为藏医药业、生物制药、农畜产品深加工、手工艺品和高科技电子信息技术产业，产业清洁度较高，污染废弃物排放较少。拉萨经济技术开发区按照"布局优化、产业成链、企业集群、物质循环"要求，调整产业结构，优化资源配置，牢固树立绿水青山就是金山银山的理念，在大气、水、土等方面均采取一系列污染防治措施。在大气方面，持续开展大气污染防治行动；在水环境方面，严格落实"河长制"，监测工业污染废水排放；在土壤环境方面，持续巩固循环化园区建设成果，引导鼓励企业实施国家节能行动，降低能耗、物耗，推进资源全面节约和循环利用。拉萨经济技术开发区在工业发展与生态环境方面做到充分协调，在追求产业园区经济高速发展的同时，也确保当地生态环境的保护，使得当地大地常绿、空气常新、碧水长流、土壤常净。由于对生态环境友好、物耗能耗较低、产业布局合理、污染废物排放小等诸多特色，拉萨经济技术开发区也成功创建成为"国家循环经济示范园区"，建成全区第一个环保在线监测系统、第一个新能源电动汽车应用示范区。同时，采取限期整改、停产整治、取缔关闭等措施，倒逼企业节能减排；落实拉萨市"绿色围城"要求，打造的天文公园、河畔公园、健康公园、生态公园等成为拉萨市区重要的生态休闲基地。

第五节　青藏高原绿色工业化发展方向与路径

过去青藏高原的工业化给城镇化增加了动力，又给生态环境带来了压力；未来青藏高原的工业化应走与生态环境相协调的绿色发展道路。青藏高原的绿色工业化道路应建立在独特的资源禀赋、生态环境、政府政策、高原文化及科技创新基础上，应重点发展智能制造、生物医药、新型能源、新材料、净土健康及民族手工等绿色工业方向，运用转型升级、生态发展、循环发展、特色发展及创新发展模式，转变青藏高原传统资源开发为主的发展方向和模式，推动青藏高原绿色工业化发展。

一、绿色工业化发展思路

青藏高原具有独特的资源环境与社会文化，青藏高原的工业化发展应建立在区域独特的资源禀赋、生态环境、政府政策、高原文化和科技创新基础上，应建立独特的青藏高原绿色工业化发展的框架思路（图 8.14），为科学合理的青藏高原工业化方向、路径和模式奠定基础。第一，资源禀赋支撑。青藏高原是我国自然资源丰度最高的地区之一，丰富的矿产资源、能源资源和生物资源禀赋是青藏高原工业化发展的支撑性力量，为青藏高原发展新型工业产业提供资源保障。第二，生态环境约束。青藏高原素有"世界屋脊"之称，高寒环境、脆弱生态及其作为"江河源"和"生态源"是工业化发展的约束力量。第三，科技创新引领。科技创新对青藏高原工业发展的引领作用十分明显，通信技术的突破式发展为青藏高原地区信息技术产业的兴起提供契机，新能源技术的突破与提升是助推青藏高原区域工业化转型升级发展的重要支撑，处于国内领先地位、世界先进水平的盐湖化工技术也为青藏高原工业发展提供重要保障。第四，政府政策保障。青藏高原作为一个特殊的区域，国家战略、援藏政策和地区政策均为青藏高原绿色工业化发展提供保障。在国家规划中青藏高原既是国土功能区中的大范围限制开发区，又是国家重要的有色金属开发和战略资源储备基地。同时，"中央支持、全国援助"相关政策的实施也是青藏高原工业化发展的重要保障。第五，高原文化影响。青藏高原地区独特的宗教信仰、民族特色和民俗风情对其工业化发展具有重要影响力。该地区的民族民俗文化资源、藏传佛教文化资源在青藏高原工业化进程中扮演着重要角色。

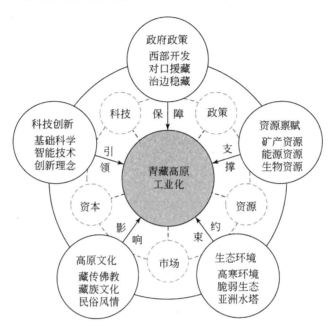

图 8.14 青藏高原绿色工业化发展的框架思路

二、绿色工业化发展方向

依据青藏高原绿色工业化发展的框架思路，抓住信息技术发展带来的新机遇，以提升工业创新能力为核心，加快培育发展高原智能制造业、高原生物医药业、高原新型能源业、高原新材料业、高原净土健康业和高原民族手工业。

（一）高原智能制造业

推动高原智能制造业的发展，一方面化解高原工业劳动力问题，另一方面实现高原工业水平的跨越发展。一是推进工业智能机器人（包括关节机器人、并联机器人和 AGV 小车等）、先进传感器及信息传递技术和增材制造设备（3D 打印装备）在机床行业的应用，推广集成化制造单元和集成化制造生产线，全面提升制造业智能化水平。二是依托大数据中心，推动大数据智能终端设备部件配套生产，实现终端产品制造与大数据应用服务互动发展。三是推进北斗卫星导航和全球定位系统、新能源汽车、高寒探险旅游装备制造等技术应用和发展。四是推动形成日光反射–集热–储热熔盐–热交换–日光跟踪等系统及相关设备的太阳能光热发电系统制造产业链，重点引进和发展聚光反射镜、集热管，太阳能热水系统、中高温太阳能集热应用技术等相关设备制造等项目，积极研发复合热源和多能互补的大规模集中式太阳能热水、采暖、制冷联供技术。五是推动基础零部件及工具产业发展，构建以军民两用的高端锻件、大型异型轴类件、大口径火电/核电用管为重点面向核电、航空、船舶和汽车制造等领域的铸锻基础零部件产业集群，建设国内重要的铸锻高端、专业化生产基地。六是发展面向青藏高原特色经济作物的育、耕、种、管、收、运、储等适用于青藏高原高海拔、低气压环境的农机装备，实现农机装备与农业的相互促进、协同发展。

（二）高原生物医药业

基于青藏高原生物资源与文化资源优势，大力发展藏医药和特色生物医药。一是充分利用青藏高原地区独特的药材和生物资源，传承、保护藏医药文化，围绕藏医药、生物医药、保健品、医疗服务、健康管理、养生保健等领域，以打造藏成药知名品牌为核心，加快生物制药和大健康产业创新发展，拓展藏药和生物医药产业市场空间，将青藏高原地区建成全国藏医药研发、生产和出口中心、高原生物医药产业创新中心。二是积极利用现代生物技术，以生物制品和药品两大系列为方向，研发具有较高科技含量、无污染的系列产品，构筑具有鲜明地域优势和高原特色的生物产业链与产业集群。扩大中藏药材 GAP 种植规模，运用新技术、新工艺、新设备，开发一批中藏药新产品、新剂型，推动重大疾病治疗药物创新和产业化。三是大力提升藏药研发创新能力，推动藏药生产标准化。依托企业、高校及科研团队，通过建立藏医药国家重点实验室、藏药研究开发中心，从藏药复方组成药材和方剂配伍理论、制备工艺、剂型改造和临床药理及疗效研究等方面，积极开展藏药筛选、药效评价、安全评价、临床评价、不良反应监测及藏药材、藏成药的生产技术、工艺和质量控制研究。完善藏药标准体系和检验检测体系，严格执行新版药品生产质量管理规范（GMP），增加藏药在国家基本药物目录的品种和数量。

（三）高原新型能源业

立足于青藏高原地区丰富的能源优势，推动太阳能、风能、动力储能电池等新能源的发展。一是打造全国最大的太阳能发电基地，推进集中连片的太阳能发电项目，规划建设光伏发电开发基地，实现清洁能源规模外送；推进分布式光伏发电，发展以大型工业园区、经济开发区、公共设施、居民住宅等为主要依托的屋顶分布式光伏发电系统，推进农光、水光、牧光、林光等多种形式的分布式光伏发展。二是立足于锂电产业，培育发展储能电池配套产业。推进新能源汽车、电子数码、工业储能等锂电池终端应用产业发展，打造全国有影响力的锂电产业基地；拓展锂电池应用领域，引进国内外汽车生产企业，发展电动和混合动力汽车产品，形成以整车生产为龙头，相关机械系统、电机系统、控制系统、零部件和配套协作产业共同发展的格局。三是在条件具备的地区开展风电场建设。以规模化风电场建设为核心，建立风机叶片、轮毂、变速器、变压器等整机及关键零部件制造、维修、保养运营和服务业的风电产业链。

（四）高原新材料产业

新材料产业以电子信息材料、新型化工材料、新型合金材料等为主攻方向，开发先进高分子材料和特种纤维及其复合材料为主的新型化工材料，壮大发展 LED 光电材料、铜铝箔电子基材，并跟进发展石墨烯等新材料。一是推动锂电产业链集聚发展。提升盐湖提锂生产工艺，发展新型锂电正负极材料、隔膜材料、电解液及锂电池辅助材料及高能量密度、高安全、长寿命的锂电池、三元电池。二是发展高端镁化合物系列优质耐火材料、高端无卤阻燃材料、绿色环保型镁建材、熔盐相变储能材料、聚苯硫醚、甲醇蛋白纤维、PVC 和 CPVC 耗氯工程塑料材料等新能源与盐湖化工衍生产业链。开发先进高分子材料、特种纤维、其复合材料及功能性膜材料为主的新型化工材料。三是推动新型合金材料的发展，着力发展铝基、镁基、钛基、锂基合金等新型轻金属合金材料。发展航空航天、船舶、车辆、轨道交通用轻质高强合金、耐热合金、高韧性合金、高耐磨合金材料和加工型材；发展大断面、超长挤压新型合金材料；发展镍基下游高端合金及功能材料。四是延伸光电产业链条，加快 LED 上游蓝宝石衬底研发和产业化，发展 LED 衬底、外延片、芯片、荧光粉、高亮度器件、功率器件和大质量、大尺寸蓝宝石晶体切磨抛等光电产业，推进下游应用产业发展。

（五）高原净土健康产业

独特的气候优势、无污染的生态条件、独有的动植物资源为发展净土健康产业提供有利条件。依托青藏高原无污染的土地（或土壤）环境，推动特色农副产品生产与加工业、特色牧业养殖与加工业、特色林副产品生产与加工业、特色花卉生产与设施园艺、天然饮用水产业的发展。其中，青藏高原地区天然水资源丰富，水质优良，开发利用价值高，可作为高原净土健康业的突破点。充分挖掘青藏高原地区绿色、净土、健康、文化元素，大力发展中高端消费天然饮用水，适度发展母婴用水、化妆用水等特定用途水；推进含锶天然饮用水，加快开发生产青稞、核桃等特色饮品、保健型饮品的开发；促进含气天然饮用水，适度发展医疗矿泉水等特定用途水的发展；着力打造品质优异、知名畅销的"青藏优质水"品牌。

（六）高原民族手工业

青藏高原民族手工业具有悠久历史，其民族手工艺品历经近千年的发展，具有自己独特的工艺特色和民族风格。大力发展民族手工业既能推动加快区域经济发展、促进工业化提升，又能满足广大农牧民生产生活需求、维护社会稳定和弘扬高原民族文化。一是推动民族手工业与旅游产业融合发展。大力发展民族服饰业和民族特需品产业，提升昆仑玉、唐卡、藏式饰品等民族工艺品和旅游纪念品产业集群。坚持"民族特色"，把青藏高原的宗教、民俗、民族等文化元素融入旅游纪念品，丰富民族手工业产品的层次，提升产品文化内涵和质量。二是推动民族手工业精品化、品牌化。完善传统工艺、技艺认定保护制度，支持申请地理标志产品和知识产权保护工作。大力提高民族手工业生产工艺和产品设计水平，适当引入现代化工业生产的管理模式，稳步提高产品质量，打造精品。不断挖掘民族手工艺品的文化内涵，打造民族特色品牌。

三、绿色工业化发展模式

充分认识青藏高原工业发展的影响机制，抓住改革创新对其发展的重要契机，突出青藏高原的民族、文化和环境特色，推动青藏高原工业化由传统资源开发导向型模式向转型升级模式、生态发展模式、循环发展模式、特色发展模式和创新发展模式转变。

（一）转型升级模式

青藏高原地区工业化发展具有资源依赖性，产品结构主要以初级及低附加值产品为主，高技术、高附加值产品较少。推动工业经济转型升级是实现青藏高原工业化从低级劳动密集型产品生产向资本和技术密集型产品生产的必由之路。一是推动传统产业与高技术产业融合发展。通过传统产业和高技术产业的协调融合发展推动传统产业的升级改造，一方面高技术产业的高渗透性、高效益性、产业关联性能够对传统产业的升级起到推动和拉动效应；另一方面传统产业通过吸收高技术产业的新技术、新模式有助于实现原有技术体系的创新发展。二是延长传统行业的产业链条，提高附加值产品比例。围绕青藏高原地区优势产业，如光伏制造、盐湖化工、有色金属等领域精深加工率和高附加值比例，延长产业链条，形成资源低消耗，环境低污染，经济多效益的产业链条体系。三是推动信息技术与制造业结合。推进信息技术在传统产业领域中的渗透、改造和广泛应用，完善"互联网+制造"模式，突出信息化在生产过程控制、企业管理、节能监控等改造提升产业中的作用，全面提升传统产业的信息装备，推进信息技术改造，达到优质高产、低耗高效，加速传统产业的集成发展。

（二）生态发展模式

生态发展模式是在提高经济效益的同时，实现生态环境保护与经济发展协调统一的可持续发展模式。青藏高原地区的工业化发展不同于其他地区，该区域环境容量有限、生态阈值很低、生态极度脆弱；走生态工业发展道路有助于提高区域资源效率，缓解资源约束、减轻环境污染的压力。一是应完善青藏高原生态工业体制机制。进一步提高工业准入门槛，规范清洁生产审核制度，实现末端治污控制向企业生产治污控制转变；推进节能减排，对超标、超总量排放的企业实行强制性清洁生产审核，实现达标排放。二是推动绿色生态产业的可持续性发展。立足于青藏高原特色生态资源优势，发展太阳能、风能及水能等清洁能源业，培育光伏产业、太阳能发电、风力发电等产业；突出净土健康产业，打造特色饮用水及消费用水品牌；完善新能源服务业，形成具有国家影响力的新能源示范基地。三是推动工业体系节能降耗。控制高污染高耗能行业过快增长，加快淘汰落后产能，推广节能新技术、新工艺、新设备和新材料，推动高耗能行业技术进步和企业减排技术改造。

（三）循环发展模式

循环发展模式是以资源的高效利用和循环利用为核心，以"减量化、再利用、资源化"为原则，以"低消耗、低排放、高效率"为特征，符合可持续发展理念的经济增长模式。基于青藏高原地区独特的地理条件，采用循环发展模式，实现经济系统和生态系统的协调可持续。第一，推进产业融合，构建"资源–产品–废弃物–再资源化"的可持续发展方式。提高资源综合利用水平，立足于青藏高原的资源禀赋，将电力、盐湖化工、石油天然气化工、有色金属、煤化工等主导行业紧密结合起来，提升工业发展的产业关联度，形成循环型工业及副产物和废弃物资源化相结合的资源循环圈，初步构建起生态工业链。第二，建立循环型生态链网。采用清洁生产技术，推动能源、水的梯级利用和废物的循环，形成工业能源生态链网；推行清洁生产，从源头上减少污染物的产生；开发利用废弃物资源，促进废弃物和副产品循环利用，形成工业回收生态链网。第三，提升循环经济发展延长产业链接技术，充分利用科技创新平台，加大对资源综合开发、高效节约利用和循环利用的共性与关键性技术的攻关力度，推动传统产业上下游产业链的整合。

（四）特色发展模式

立足青藏高原的资源禀赋，发展具有高原特色的工业，是青藏高原工业化可持续发展和提升区域竞争力的重要途径。第一，突出民族特色与地域特色，发挥青藏高原农耕文化、草原文化、昆仑文化、藏传佛教文化的原生态、共生性和民族性，深度挖掘和传承特色文化，推动高原特色手工业与其他产业的融合式发展。第二，突出能源资源特色，充分利用青藏高原资源能源优势，壮大太阳能光伏、光热利用、储能电池、盐湖化工、生物化工等，形成青藏高原的资源品牌。

（五）创新发展模式

科技创新是推动工业经济发展的重要驱动力，创新发展模式既是对传统工业的改造升级，也是通过新技术、新方法推动产业的过程。第一，推动传统企业技术改造升级。支持传统产业智能化改造、基础能力提升、绿色制造，针对青藏高原的优势产业系统进行科技攻关，为区域产业全链条生产过程绿色化、智能化提供系统的技术支持。实现从硬件改造向研发、设计、管理、营销、服务等全流程优化转变；从单个企业、单个设备改造向产业链协同整合和同产业整体生产力水平提升转变。第二，培育发展新产业、新业态。促进信息化、智能化与青藏高原工业化相融合，培育新的经济增长点。通过智能制造、工业自动化控制、机器人替代工程、大数据中心建设和"云"工程应用等新兴产业克服生态环境约束，提升工业发展空间与质量。第三，加强区域内部及跨区域的创新合作。充分吸收发达地区的经验，通过联合共建、引进平台等方式推动与外部高校、科研机构、创新技术企业等创新主体参与青藏高原科技体制改革，形成多层次的产学研一体化合作机制。

四、绿色工业化分区发展路径

青藏高原工业化发展必须要立足于资源和生态环境现状，坚持生态保护第一，走绿色、低碳、循环、集约、高效的工业化道路，从而实现更高水平的协调可持续发展。青藏高原区域间差异较大，工业化发展需要因地制宜、差异化发展。按照因地制宜、分区发展的原则，根据不同区域资源环境承载力和工业发展需求与条件，将青藏高原划分为工业重点发展区、工业优化发展区、工业适度发展区和工业禁止发展区，分区有针对性地制定绿色工业化发展策略，实现资源、工业与地区的合理组合，促进青藏高原绿色工业化进程（马海涛，2020）。青藏高原绿色工业化具体的分区范围、发展思路和主要路径见表8.12。

表 8.12　青藏高原绿色工业化具体的分区范围、发展思路和主要路径

分区类型	分区范围	发展思路	主要路径
工业重点发展区	青藏高原内的工业园区和矿区，包括4家国家级工业园区和21家省级工业园区，以及未来拟规划建设的工业产业园区	1. 集聚发展。按照打造园区、培育集群、建设集聚区的思路实现工业企业集聚发展，发挥产业的集聚效应，建设一批产业特色鲜明、比较优势明显、市场竞争力强的工业产业集聚区，增强工业污染的综合治理能力。2. 循环发展。以循环经济理念引领经济发展，以资源投入最小化为目标，以提高资源利用率为核心，努力做到最大限度地保护资源，少排放或不排放废料，实现青藏高原工业园区内部"资源-产业-再生产品"的循环式经济模式，使资源开发的企业实现清洁生产，逐步建设一批环境友好企业和循环利用型企业。3. 特色发展。以优势资源开发和特色产业发展为切入点，明确园区间的产业分工，发展符合自身实际的产业	1. 推动园区基础设施建设。协调推进工业园区基础设施建设，特别要加快配套设施建设，加大改善投资环境建设的力度，协调推进园的招商引资、企业进驻、综合服务等工作。加快推进工业园区交通通信、水电等能源供给、废弃物处理等基础设施的建设。2. 营造园区投资融资环境。营造良好的投资环境，完善在重点工业园区、重点产业集中区的引资用资政策，吸引对口支援企业在高原技术研发与应用、人才联合培养、资源共同开发等领域加大投资。3. 完善园区产业配套政策。完善产业园区在循环经济、技术创新、生态环保等方面的产业配套政策，为工业绿色发展和跨越发展提供政策保障。4. 鼓励园区创新成果转化。紧密结合工业园区的资源优势，以创新支撑工业发展，促进产学研合作发展，推动科技成果有序转化。5. 加强园区污染控制处理。合理控制工业发展规模，限制大规模建设开发、采矿等活动。推动园区绿色发展，大力发展节能环保产业，提高资源利用效率，减少污染排放
工业优化发展区	西宁市、格尔木市和拉萨市三个重点城市除去工业园区的区域	1. 创新发展。深化工业城市科技体制改革，提高自主创新能力，以科技创新推动工业发展方式转变，促进工业结构优化升级。2. 差异发展。西宁市重点布局高新产业；格尔木市抓好盐湖化工等基础原材料产业链的延伸；拉萨市加快推进净土健康产业工业化发展步伐。3. 产城融合。在工业化发展过程中注重与城市发展相结合，协调好产业与城镇之间的关系，实现产城融合发展	1. 加快城市工业循环改造。抓好工业产业链的延伸，实现就地转型、提质增效和循环化发展。2. 加大城市工业节能减排。优化城市能源消费结构，限制高耗能行业发展，加快节能技术改造，积极发展清洁能源和可再生能源。3. 加大城市环境治理力度。加强工业大气污染防治，严格控制污染物排放量。加强水污染治理，严格监管工业污水排放。加强土壤污染治理，有序开展土壤污染治理修复。坚持城乡环境治理并重，建立健全城乡环保工作长效机制，完善环境整治和运营体系

分区类型	分区范围	发展思路	主要路径
工业适度发展区	青藏高原除工业重点发展区、工业优化发展区和工业禁止发展区域外的地区	1. 生态优先。在生态保护的前提下,通过转变工业发展方式,调整工业结构,优化工业布局,提高工业发展的经济效益和生态效益,走绿色工业化道路。 2. 科技引领。通过加大科技投入力度,引进先进技术,突破关键技术,形成拥有自主知识产权的核心技术,增强青藏高原工业企业的核心竞争力。 3. 文化特色。充分利用青藏高原独特的民族文化资源,培育发展特色优势产业	1. 重点发展生态无污染的工业。依托青藏高原的资源能源优势,发展太阳能、光热、风能等新能源产业,加快形成太阳能光伏产业、动力储能电池产业和风能产业等产业链。 2. 培育发展高科技智能化工业。将新一代信息通信技术与先进生产制造技术深度融合,实现工业生产过程智能化。培育一批具有核心竞争力的高技术制造企业,加快发展以数控机床、专用汽车、新能源汽车、环保设备、机器人制造等的高端装备制造业。 3. 优先发展地方文化特色工业。深入挖掘民族文化资源,大力发展宝玉石、唐卡、金银饰品、装饰毯等产品。结合现代生物制药技术,加强新型藏药、现代中药研制、开发和生产,打造具有青藏高原优势的生物医药产业集群
工业禁止发展区	青藏高原范围内的各类自然保护区、森林公园、重要湿地等生态环境敏感地区	1. 有序转移。引导人口逐步有序转移,实现污染物"零排放"。 2. 禁止进入。该区域应实施强制性生态环境保护,禁止工业化开发	1. 限制或者禁止各种损害生态系统的开发行为。自然保护区内原则上只安排财政出资公益性、基础性地质调查和战略性矿产资源勘查工作,严格规范区域内的矿产勘查开发活动。 2. 系统推进重大生态保护工程。开展历史遗留矿山地质环境治理恢复,全面提升草原、森林、湿地和冰川等自然生态系统的稳定性与生态功能

主要参考文献

常华进,曹广超,陈克龙. 2013. 西宁火烧沟下游表层泥质沉积物中重金属含量及评价. 水土保持研究, 20 (5):247-250, 256.

陈芳,马英芳,申红艳,等. 2013. 格尔木市区空气污染的气象条件分析. 青海气象, (4):12-16, 20.

丁翠英. 2018. 青海工业发展中存在的问题、路径选择及产业布局优化. 甘肃科技, 34 (24):97-100, 72.

方创琳. 2022. 青藏高原城镇化发展的特殊思路与绿色发展路径. 地理学报, 77 (8):1907-1919.

高峰,翟岁显. 2011. 构建青海新型工业化道路的思考. 学术纵横, (1):106-107.

高卿,苗毅,宋金平. 2021. 青藏高原可持续发展研究进展. 地理研究, 40 (1):1-17.

韩生贵. 2014. 青海新型工业化与经济增长的关系. 青海社会科学, (1):63-72, 107.

胡东生. 1996. 中国钾肥基地察尔汗盐湖资源开发中的环境问题. 海湖盐与化工, (1):1-5, 12.

贾佳. 2018. 关于西藏走新型工业化道路的几点思考. 智富时代, (6):31.

李芳利. 2011. 西藏发展新型工业经济的对策研究. 西藏发展论坛, (2):25-27.

李国政.2013. 西藏现代工业发展史研究. 成都：四川大学出版社.

李国政.2015. 以生态文明理念推动西藏现代工业发展. 重庆文理学院学报（社会科学版），34（3）：100-104.

李国政.2016a. 论西藏工业化道路的阶段与特征：嵌入、模仿、回潮与内生发展. 河南工业大学学报（社会科学版），12（1）：49-54.

李国政.2016b. 多视角下西藏特殊工业化道路的特征分析. 中原工学院学报，27（2）：93-97.

李秋秋，王传胜.2014. 西藏城镇化及其环境效应研究. 中国软科学，2014（12）：70-78.

李世晶.2021. 青海省工业经济转型升级中政府经济作用研究. 西宁：青海师范大学.

李太林，樊文辉.1999. 西宁市乡镇工业的环境污染现状及防治对策. 青海环境，（4）：157-159.

李勇，刘亚州，戴鹏.2009. 青海经济转折点理论与实践探析. 青海金融，（8）：7-10.

刘菊梅，王皓，仝纪龙，等.2009. 工业园区建设过程中生态环境变化及农地流失问题的研究. 安徽农业科学，37（19）：9093-9095.

刘巍文，邓艾.2018. 青藏高原发展生态工业研究. 经济研究导刊，（8）：146-148.

刘颖.2020. 西藏新型工业化发展评价及建议. 商业经济，（7）：63-64.

刘子川，冯险峰，武爽，等.2019. 青藏高原城乡建设用地和生态用地转移时空格局. 地球信息科学学报，21（8）：1207-1217.

骆晓飞.2016. 青海依资源优势"领跑"光伏产业. 青海科技，（5）：34-35.

马海涛.2020. 青藏高原绿色工业化的分区发展策略. 发展研究，（5）：68-73.

平措，尤学一.2005. 拉萨城市大气污染现状及防治对策. 干旱区资源与环境，（S1）：106-109.

沈镭.2000. 青藏高原重点区域工业布局的战略构想. 自然资源学报，（15）：348-356.

师守祥，张贺全，石金友，等.2006. 民族区域非传统的现代化之路——青藏高原地区经济发展模式与产业选择. 北京：经济管理出版社.

石云峰.2009. 青海省东部地区区域经济发展及其空间结构研究. 西宁：青海师范大学.

宋建国.2005. 发展循环经济与青海资源开发的新型工业化道路. 青海国土经略，（4）：15-17.

孙亚乔.2004. 察尔汗盐湖开发引起的地下水污染对生态环境的影响评价. 西安：长安大学.

索有瑞，黄雅丽.1996. 西宁地区公路两侧土壤和植物中铅含量及其评价. 环境科学，（2）：74-76，96.

田茂德，毛阳海.2014. 生态环境约束条件下的西藏新型工业化发展问题. 商场现代化，（9）：185-186.

王玉峰.2009. 青藏高原区域工业化研究. 西宁：青海民族大学.

温军.2003. 西藏经济发展战略问题探讨. 中国藏学，（1）：22-33.

吴海昆.2017. 奋力实现第一个百年目标宏伟蓝图——青海省国民经济和社会发展第十三个五年规划汇编. 西宁：青海人民出版社.

吴密森.2017. 西宁市国民经济和社会发展"十三五"重大研究汇编. 西宁市发展和改革委员会.

吴强.2006. 西藏矿产资源开发的经济效应分析. 矿业研究与开发，26（2）：4-6.

席蒙蒙.2020. 西藏经济现代化的内涵意蕴与实践逻辑——基于中央第七次西藏工作座谈会精神. 西藏研究，（S1）：94-100.

夏国川，王小梅.2021. 青海工业高质量发展评价. 内蒙古科技与经济，（2）：3-5，11.

肖霞.2012. 西藏新型工业化发展政策研究. 拉萨：西藏大学.

徐士杰.2016. 西藏拉萨经济技术开发区产业集聚政策研究. 拉萨：西藏大学.

薛伟贤，郑玉雯，王迪.2018. 基于循环经济的我国西部地区生态工业园区优化设计研究. 中国软科学，（6）：82-96.

阎欣，甄峰，席广亮.2011. 高寒生态脆弱地区城市绿色工业选择与布局研究——以拉萨市为例. 经济地理，31（7）：1139-1145.

杨海燕.2007. 区域经济发展新格局中青藏高原资源开发. 西南民族大学学报（人文社科版），（9）：105-108.

姚凌云.2014. 资源环境约束下的西藏工业化转型问题探讨. 咸阳：西藏民族大学.

袁博，李钟山，柳群义，等.2015. 我国青藏高原矿产地储备战略思考. 资源与产业，17（5）：30-34.

曾方明.2017. 青海省湟水河西宁段重金属的污染与评价. 盐湖研究，25（2）：8-12，59.

张惠霞.2000. 格尔木河水质污染现状与防治对策. 柴达木开发研究，（1）：47-48，47.

张志斌，李泉.2005. 青海工业发展模式选择. 地域研究与开发，（2）：30-33.

赵鹏.2018. 格尔木河冲洪积扇地下水盐污染特征及其机理分析. 北京：中国地质大学.

Hinojosa L, Hennermann K. 2012. A GIS approach to ecosystem services and rural territorial dynamics applied to the case of the gas industry in Bolivia. Applied Geography，（34）：487-497.

Hancock L, Ralph N, Ali S H. 2018. Bolivia's lithium frontier：Can public private partnerships deliver a minerals boom for sustainable development? . Journal of Cleaner Production，（178）：551-560.

Karl S. Zimmerer. 2015. Environmental governance through "Speaking Like an Indigenous State" and respatializing resources：Ethical livelihood concepts in Bolivia as versatility or verisimilitude? . Geoforum，（64）：314-324.

Smolders A J P, Lock R A C, van der Velde G, et al. 2013. Effects of mining activities on heavy metal concentrations in water, sediment, and macroinvertebrates in different reaches of the Pilcomayo River, South America. Archives of Environmental Contamination and Toxicology，（44）：314-323.

Strosnider W H J, Llanos Lopez F S, Nairn R W. 2011. Acid mine drainage at Cerro Rico de Potosí I：Unabated high-strength discharges reflect a five century legacy of mining. Environmental Earth Sciences，（64）：899-910.

|第九章| 青藏高原旅游业对城镇化和生态环境的影响

青藏高原城镇化进程是旅游业拉动的城镇化,旅游业发展对城镇化及生态环境有着显著的影响。近年来,青藏高原旅游业发展增速明显,旅游人数呈指数上升态势,在东部和南部边缘地区高度集聚;旅游经济收益由缓慢增长到快速增长,呈现东南高西北低的空间格局,高交通可达性区域成为收入集聚中心;旅游产业比值稳步增长,对第三产业发展贡献率逐年攀升,呈现南高北低-东高西低的空间格局,旅游总收入占 GDP 的比例由 2000 年的 8.86% 上升为 2019 年的 36.95%,旅游业已成为支撑青藏高原经济发展的支柱产业。预计未来 30 年,青藏高原旅游业仍将保持较快发展势头,2050 年旅游人口将达到 5.58 亿人次,旅游收入将突破 4000 亿元。但青藏高原目前接待阈值仅为 2.7 亿人次,若不及时加以限制,青藏高原旅游业将于 2025 年开始面临超载风险。值得注意的是,旅游活动的不断加剧正对青藏高原脆弱生态环境造成负面影响,2000～2019 年青藏高原各地市(州、地区)旅游人口的人均生态承载力均呈下降趋势,旅游人口的生态环境压力指数呈波动上升状态,其中海西州旅游人口生态环境压力指数年均增幅最大,果洛州最小。旅游人口的生态环境压力在区域间差异较大,2019 年迪庆州生态环境压力指数最大,果洛州生态环境压力指数最小。青藏高原在积极发展旅游业带动城镇化与经济发展的同时,应高度关注生态环境变化,将旅游业发展规模控制在生态环境可承载范围之内,促成青藏高原旅游业发展与生态环境保护的良性互动。

第一节　青藏高原旅游业发展研究综述

旅游业现已成为 21 世纪全球最重要的经济社会现象之一。"世界第三极"青藏高原位于我国西部,是全球面积最大、海拔最高的高原,也是世界上为数不多人类活动较少的地区之一。历史上,该地区多民族并存融合、多种文化兼容并蓄,民族风情浓郁、文化艺术独特,是我国极少数尚未深度开发的旅游资源富集区(喇明清,2013),许多景区均有条件成为世界级旅游精品。近年来,青藏高原依托具备全球稀缺性多元文化旅游资源大力发展旅游产业,旅游经济对区域的贡献度正逐年增加。中央第六次西藏工作座谈会、《全国生态旅游发展规划(2016-2025 年)》、文化和旅游部印发的《关于加强旅游援藏工作支持西藏旅游业加快发展的指导意见》,以及《青藏高原生态文明建设状况》白皮书均明确将青藏高原发展的战略目标定位为重要的世界旅游目的地和中国面向南亚开放的重要通道。2000～2019 年,青藏高原旅游人口年均增长率高达 20%,旅游总收入占 GDP 的比例呈稳步增长态势,由 2000 年的 8.86% 上升为 2019 年的 36.95%,旅游业已成为支撑青藏高原经济发展的支柱产业。目前，国内外青藏高原旅游研究的热点主要集中在青藏高原旅游资源、旅游产业类型与开发、青藏铁路对旅游的影响、旅游对文化的影响、旅游对生态环境和文化的影响等方面。

一、旅游资源研究

目前对青藏高原旅游资源的开发已有大量研究，研究内容主要包括青藏高原资源类型、分类、评价、开发、整合、联动及保护等方面。肖星等（2003）研究了青藏铁路沿线旅游资源特色与开发对策，方怀龙等（2004）对西藏林芝地区生态旅游资源区划与评价进行了研究。徐明（2007）提出以旅游开发促进青藏高原文化保护研究，张爱儒（2009）对青藏铁路沿线旅游资源开发模式、对策进行了研究。王永志（2012）基于区域合作视角对藏彝走廊旅游资源开发及对策进行了分析。喇明清（2013）认为，青藏高原以其独特的自然景观、民族风情和深厚的历史文化闻名世界，是旅游资源富集区。张源（2007）运用层次分析法，对青藏高原旅游资源进行了定量评价。余志康等（2014）分析了青藏高原旅游气候舒适性与气候风险的时空动态。王鑫等（2022）运用修正旅行费用区间分析法，定量评估了青藏高原草原生态旅游的游憩价值。整体看来，青藏高原整体旅游资源情况调查缺乏，针对其生态文化旅游资源的本底情况、脆弱性和可持续保护研究极少，现有资源保护和可持续开发研究多为单点局部的研究，还需加强整体系统研究。

二、旅游产业类型研究

旅游产业类型主要包括文化旅游、生态旅游和乡村旅游等。青藏高原文化旅游资源大多以"丝绸之路""唐蕃古道""茶马古道"为纽带，沿高原北、东、南边缘地区呈半圆弧形分布（刘峰贵等，2012），且多依附城市化发展（Zhang et al.，2016）。现阶段存在的问题主要有创新能力不足（杨春宇等，2016）、基础设施薄弱、资源分散、缺乏高素质服务人才（杨景元等，2018）等。因此，应尽量避免"一窝蜂"开发状态，创新开发模式和项目内容，加强对现有旅游资源的辨识和保护，增强农牧民的旅游参与度（觉安拉姆等，2010）。生态旅游是践行"两山理论"的重要途径和载体，是青藏高原旅游业发展的必然趋势和切实可行的最佳选择。通过自然和人文生态旅游产品的开发，青藏高原生态旅游业已取得初步成效。应基于环境承载力，采取以生态旅游为主导、以大众旅游为补充的旅游发展模式，坚持保护性开发原则和社会经济与生态环线效益相统一原则（彭贵康等，2010），优化空间格局，重点打造两条精品生态文化廊道，推进四大生态旅游合作区建设，引导生态旅游业与高原净土健康产业融合发展。当前，青藏高原生态旅游相关研究成果较多，但总体仅限于对单一景区生态旅游开发目的、开发原则、存在问题、制约因素和开发路径等方面的研究。乡村旅游是促进乡村可持续发展的重要途径。对青藏高原乡村旅游的早期研究多涉及乡村旅游对构建和谐社会及继承与开发传统文化的促进作用，之后，随着研究的不断深化，学者开始细化青藏高原旅游目的地的类型，并尝试性运用生态足迹模型对日益严峻的垃圾和污水问题进行核算。藏族传统体育文化（杨建鹏和丁玲辉，2016）、畜牧业生活方式（邓维杰和尹雪梦，2015）和观光生态旅游形式（Zhang，2017）等元素被引进乡村旅游的范式中，极大地丰富了青藏高原乡村旅游的内涵和外延，增强了乡村旅游的体验性，实现了农牧民增收。近年来，也有学者对青藏高原旅游产业时空格局演变及驱动力进行研究，孙勇等（2021）从新创企业视角发现青藏高原旅游产业新创企业数随时间呈现指数增长的趋势，旅游企业的经营活动一般围绕旅游景区开展，形成"景区－产业"因果循环累积的相互促进关系。

三、旅游经济发展和旅游扶贫研究

青藏高原旅游业发展在较长时间尺度下，对地方经济具有显著带动作用。在 1985 ~ 2015 年，旅游消费每增加 1 元，带动 GDP 增加 30.12 元（周芳等，2018）。在入境旅游方面，旅游外汇收入每增加 1%，实际生产总值就会增加约 0.59%。与第三产业相比，旅游业对第一、第二产业的带动作用更强（钟高峥等，2012）。青藏高原旅游业通过实施"旅游+"战略，延伸产业链，在依靠政府支持的同时，积极吸纳社会资本，加强信息化关键技术的研发与应用（赵国栋，2017），对高原地区电子商务产业、净土健康产业、藏医药产业、天然饮用水产业、民族手工业、综合新能源产业和文化产业（鲍超和马海涛，2015）等特色产业具备极强的带动作用，但当前旅游业对周边产业的带动作用尚停留在定性分析的层面，缺乏定量化分析。青藏高原扶贫模式可分为生态文化旅游扶贫模式、民俗文化旅游扶贫模式和边境贸易旅游扶贫开发模式（徐宁等，2017）。旅游扶贫中出现的问题有缺乏组织协商机构、援藏项目"重投资，轻管理"、旅游公共服务设施落后、忽视高原内地区间差异、本土化专业人才培养不足（田祥利，2017）、对农牧民增收的带动作用不强（图登克珠，2017）等问题。为此，应强化扶贫观念、加强政府引导、灵活组织方式、建立参与机制，在生态保护的基础上稳步推进旅游扶贫建设（沈宏益，2018）。

四、旅游产业与国际合作研究

青藏高原旅游业的发展能够有效对接"一带一路"和孟中印缅经济走廊建设，服务于环喜马拉雅山经济合作圈建设，发挥其作为连接南亚通道的重要战略地位，推动边境地区经贸往来与文化互动，提升国际交往的深度和广度（徐宁和图登克珠，2016）。通过青藏地区旅游文化形象的塑造和传播，不仅可以推动当地经济的快速发展，也有助于中华文化的传播和国家文化软实力的提升，彰显中国气派和中国智慧（羊进拉毛和张海云，2022）。但仍存在包括相邻国家经济欠发达，出境旅游意愿不强；邻国间旅游宣传力度不够；邻国间基础设施差，交通不便；国家间利益难以协调，易出现恶性竞争；相邻国家内部局势复杂等在内的突出问题（闫红瑛，2017），在未来研究中应注意对相邻国家内部旅游业发展现状和青藏高原与邻近国家旅游互动方式研究，进一步探索青藏高原与邻近地区进一步开展以旅游为媒介的国际合作新路径。

五、旅游业对生态环境和文化的影响研究

近年来，为守护好世界上最后一方净土，青海和西藏从环境保护制度体系、底线红线划定、生态工程实施、矿产资源开发与高污染企业限制等方面强化了生态环境保护工作，青藏高原的生态环境质量得到了有效的提升。旅游业发展对文化生态环境破坏程度同样不容小觑，民族文化表述失真、伪文化出现（喇明清，2013）等给当地文化生态的可持续性发展带来了巨大的挑战。总体上，人们对青藏高原的生态环境保护意识普遍滞后于旅游开发进度。因此，应当更加关注生态环境的保护问题。另外，旅游业发展对文化保护同时具备积极影响和消极影响。积极影响在于人们在旅游开发中逐渐认识到非物质文化遗产的商业价值（刘晖，2013；史薇蕊和边世平，2014），开始对其进行保护性开发。消极影响在于旅游开发严重影响族群文化的保护与认同（周大鸣，2014），使传统文化的传承流于形式。青藏高原旅游业的发展会对当地社区文化造成诸多不利影响，必须加以重视。首先，游客单方面的凝视会引发当地社区居民的不满（钱俊希和张瀚，2016）；其次，旅游活动会改变当地社区原有的生计方式，引发社区居民对行政命令的抵触情绪（杨明洪和刘建霞，2017）；再次，旅游活动会降低社区群众传统文化认同感，旅游地社区多从"继承传统"转变为"消费传统"（兰措卓玛，2016）；最后，旅游地社区多在旅游开发中处于弱势地位，社区村民和文化精英尚不能与外来投资者保持同等地位和话语权（冯海英，2015）。因此，应对青藏高原社区开展包括经济关爱、制度关爱和关系关爱三个维度在内的社区关爱（王立磊和胥兴安，2017），提升高原社区对旅游业的参与意识，增加当地居民在规则制定中的话语权（Yang et al.，2016），减少因旅游开发带来的"主–客"矛盾。

六、旅游产业发展风险研究

青藏高原旅游业风险主要来源于自然和社会两方面。其中，自然风险包括高原反应和强紫外线辐射。青藏高原 90% 以上面积的旅游自然风险等级在中等以上（查瑞波等，2016）。在时间上，冬季最高、夏季最低；在空间上，呈现"马蹄状"分布和"阶梯式"递变规律；在海拔上，随海拔的升高而增大（余志康等，2014）。社会风险集中表现为突发事件造成的不利影响。旅游者在开展旅游活动前往往会高估可能面临的旅游风险，且对自然风险的预估普遍高于社会风险。

总体来看，青藏高原战略地位重要，生态环境脆弱，自然灾害严重，民族文化底蕴深厚，文化传承价值巨大，具有生态环境和民族文化两条特殊"红线"，构建绿色文旅主导型青藏高原净土产业体系，必将为青藏高原地方经济发展提供巨大潜力，助推产业结构转型。在未来对青藏高原旅游业发展的相关研究上，应从以下五方面入手：①开展青藏高原旅游业发展的生态环境效应相关研究；②定量分析旅游业发展对周边产业的带动机理；③明确在农牧民群体中实现旅游扶贫的具体手段；④以社区为基本单元提出传统文化保护的基本范式；⑤立足全球尺度，分析青藏高原旅游业对我国地缘政治的突出价值。

第二节　青藏高原旅游业发展现状及存在问题

一、旅游业发展变化特征

(一) 旅游人数呈指数上升态势，高度集聚于东部边缘地区

旅游人口是探亲、旅游、度假、会议、公差、商业购销等各类流动人口的统称。就一个国家或地区而言，旅游人口又可以分为国际旅游人口和国内旅游人口（胡平，2000）。2000～2019 年，青藏高原旅游人口总体呈指数上升态势。高原旅游人口变化大体分为两个阶段：2000～2010 年为缓慢上升阶段，2011～2019 年为加速上升阶段。2000 年青藏高原旅游人口为 843.43 万人次，2019 年达到 25 137 万人次，年均增长率高达 20%。其中，国际游客数量 2000 年为 21.39 万人次，2019 年为 206.2 万人次，年均增长率为 13%；国内旅游人口 2000 年为 818.75 万人次，2019 年为 24 930.75 万人次，年均增长率为 20%，基本呈逐年攀升趋势（图 9.1）。

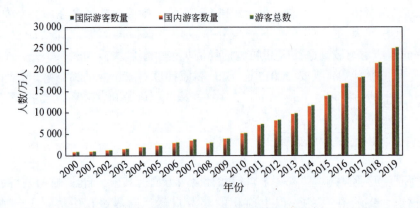

图 9.1　2000～2019 年青藏高原旅游人数

从旅游人口空间分布格局分析，青藏高原旅游人数整体呈现从东部边缘地带向西部递减的规律，呈现出边缘高–中西部低的格局。青海旅游总人数明显高于青藏高原其他地区的旅游总人数（图 9.2）。

(二) 旅游经济收益快速增长，呈现东南高–西北低的空间格局

2000～2019 年，青藏高原旅游总收入呈现不断上升态势，其中 2000～2010 年为缓慢增长阶段，2011～2019 年为急速增长阶段，2019 年旅游总收入是 2000 年的 53 倍。2000～2019 年，青海与西藏旅游总收入基本持平（图 9.3）。

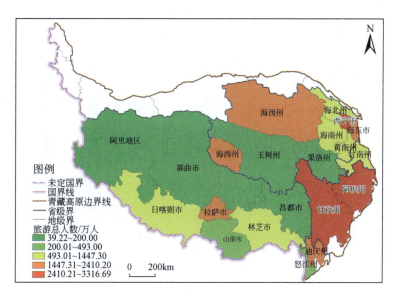

图 9.2   青藏高原旅游总人数空间分布图

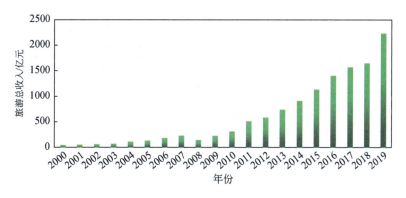

图 9.3   2000～2019 年青藏高原旅游总收入

2000～2019 年，青藏高原人均旅游收入不断增加，其中 2000～2010 年人均旅游收入较低且增长缓慢，2011～2019 年人均旅游收入增长迅速（图 9.4）。西藏人均旅游收入 2007 年后明显高于青海，且随着时间的推移差距越来越大。

2000～2019 年青藏高原国内旅游收入总体呈逐年上升态势，2000～2010 年增长缓慢，2011～2019 年增长迅速，且西藏与青海国内旅游收入基本持平。"十二五"期间国内居民收入和人均可支配收入迅速增加，物质生活的丰富促使人们开始追求精神生活的富足，极大地推动了国内旅游业发展，2019 年国内旅游收入是 2011 年的 4.86 倍（图 9.5）。

2000～2019 年青藏高原旅游外汇收入呈波动上升态势，在 2004 年、2008 年、2012 年和 2015 年出现明显的下降（图 9.6）。青海旅游外汇收入在 2000～2016 年缓慢增长，2016 年后青海全力推进旅游业改革发展，积极开办包括国际野生动物摄影大赛、国际藜麦高峰

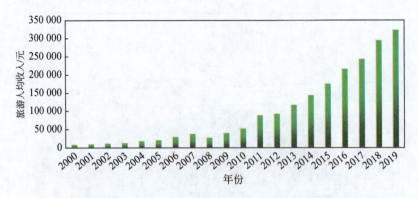

图 9.4　2000~2019 年青藏高原人均旅游收入

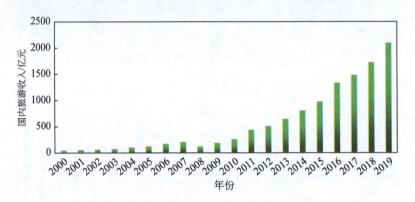

图 9.5　2000~2019 年青藏高原国内旅游收入

论坛、国际陨石峰会等在内的世界级盛会，大大增强了区域的国际知名度，2019 年青海旅游外汇收入较 2016 年增长了 152%。

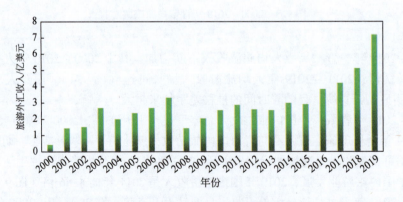

图 9.6　2000~2019 年青藏高原旅游外汇收入

2000～2019 年青藏高原旅游总收入呈不断增长态势，可依据总收入额将其划分为高旅游收入区（≥275.00 亿元）、中高旅游收入区（110 亿～275.00 亿元）、中等旅游收入区（33.66 亿～110 亿元）、中低旅游收入区（10.66 亿～33.66 亿元）和低旅游收入区（≤10.66 亿元）五个类别。其中，高旅游收入区包括拉萨市、西宁市和甘孜州，中高旅游收入区为阿坝州和迪庆州，中等旅游收入区包括日喀则市、山南市、林芝市、海东市和甘南州，中低旅游收入区包括青海的海北州、海南州和黄南州及西藏的昌都市，低旅游收入区包括西藏阿里地区、那曲市、青海的玉树州和果洛州。可见，拉萨市、西宁市、甘孜州等交通可达性较高的地区旅游总收入明显较高（图9.7）。

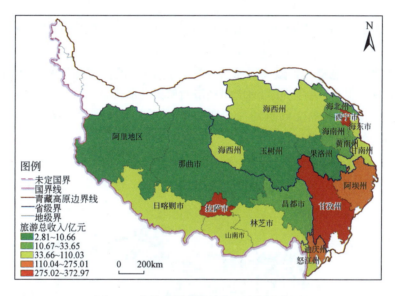

图 9.7　青藏高原旅游总收入空间分布图

（三）旅游产业比值稳步增长，对经济发展贡献率攀升，呈现南高北低–东高西低的空间格局

2000～2019 年，青藏高原旅游总收入占 GDP 的比例总体呈稳步增长态势，旅游经济对高原经济的贡献率日益增强。2000 年青藏高原旅游总收入占 GDP 的比例为 8.86%，2019 年提高到 36.95%，旅游业已成为支撑青藏高原经济发展的支柱产业（图9.8）。旅游经济对省域经济具有巨大的带动作用，西藏经济发展对旅游经济的依赖度高于青海。

旅游业作为服务业的重要组成部分，对青藏高原第三产业的发展起到重要推动作用。青藏高原旅游经济对第三产业发展的贡献率整体呈上升趋势，从 2000 年的 20% 提升到 2019 年的 70.8%（图9.8），西藏旅游总收入占第三产业增加值的比例整体高于青海。甘肃甘南州、四川阿坝州和甘孜州、云南怒江州和迪庆州旅游总收入占第三产业增加值的比例都呈现出稳步增长的趋势。

2000～2019 年，青藏高原绝大多数地区旅游总收入占 GDP 的比例逐年递增，但仍有

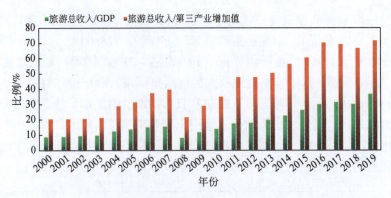

图 9.8 2000～2019 年青藏高原旅游总收入占 GDP 和第三产业增加值的比例

部分区域呈波动递减态势。青藏高原旅游总收入占 GDP 的比例整体呈现南高北低、东高西低的分布规律。其中，拉萨市和迪庆州经济对旅游业的倚重程度最高，2019 旅游总收入占 GDP 的比例均超过 50%。阿里地区、那曲市和海西州的旅游总收入占 GDP 的比例最低，普遍不足 5%（图 9.9）。

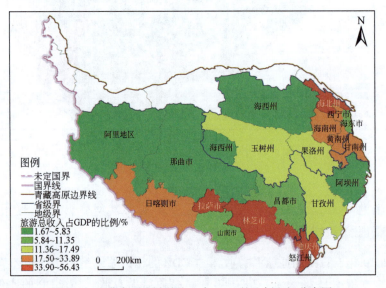

图 9.9 青藏高原旅游总收入占 GDP 的比例空间分布图

二、旅游业发展现状特征

（一）旅游产业实现升级发展

近年来，西藏围绕"重要的世界旅游目的地"的战略定位，旅游业规模逐步壮大，接待能力显著增强，旅游业各项指标实现新的突破。游客量与旅游收入实现跨越式增长，2019 年接待游客、总收入分别比 2015 年末增长 1.9 倍。一批景区实现品质升级，如布达拉宫、大昭寺被列为 5A 级景区，A 级景区总量达到 127 处。旅游接待设施完备，拥有星级饭店（宾馆）264 家、星级家庭旅馆 448 家、餐饮旅游企业 253 家、旅游客运企业 19 家、旅行社 310 家。青海旅游业发展步入快车道，整体呈现出持续、健康、快速增长的良好态势。2015～2019 年接待海内外旅游者总人数从 2315.4 万人次增加到 5080.17 万人次，年均增长 21.71%，旅游总收入从 248.03 亿元增加到 561.33 亿元，年均增长 22.65%。旅游业对青海经济发展的带动作用更为显著，占 GDP 的比例由 2001 年的 4.4% 增加到 2019 年的 18.9%。

从其他区域来看，迪庆州"十三五"期间共接待国内外游客约 1.01 亿人次，与"十二五"期间接待 6294.28 万人次相比，增长 60.46%；旅游总收入为 1107.72 亿元，与"十二五"期间总收入（581.07 亿元）相比，增长 90.63%。2019 年与"十二五"末期相比，旅游接待人数增长 25.23%，旅游总收入增长 65.74%。迪庆州旅游产业规模迅猛扩大的同时，全域旅游有序推进，目前迪庆州已经形成以农副产品、手工艺品、藏医藏药为核心的旅游商业系统，以精品酒店、特色民俗、乡村客栈为支撑的休闲度假系统，以藏民家访、民俗演艺、艺术工坊为载体的旅游文化系统，分级分片的旅游交通运输系统，以及以五大国家公园为核心的旅游服务综合片区。甘孜州 2016 年实施稻城亚丁、海螺沟等一批重点景区创 A 升级，建设重大旅游项目 296 个，推出精品旅游线路 26 条，建成乡村旅游示范乡（镇）12 个、示范村 32 个，2019 年全州接待游客 3316.69 万人次、实现旅游收入 366.98 亿元，分别是 2014 年的 4.1 倍、4.6 倍，拉动就业 24 万人，旅游业成为推动经济持续增长的新引擎。甘南州 2019 年旅游人数达到 1447 万人次，旅游综合收入为 74 亿元，尕秀景区、阿万仓湿地景区、扎尕那景区升级为国家 4A 级景区，创建国家 A 级旅游景区 31 处。落实拉卜楞、冶力关、扎尕那等重点景区旅游基础设施建设项目投资 27 亿元，建成风情线观景台 82 个，建成旅游厕所 286 座，建成旅游专业村 167 个，农（牧）家乐 1449 户，实施文化旅游精品亮点工程和智慧旅游等项目，建设万亩油菜观赏带和高原花卉彩色长廊，乡村旅游新业态初具规模。

（二）旅游设施不断改善，旅游项目更加丰富

西藏逐步推进以自然生态产品为主体、藏域文化体验为补充的旅游产品体系，旅游产品的丰富度、吸引力和消费点得到有效提升。同时，打造一批新的旅游文化项目，包括拉萨古城改造工程、《文成公主》实景剧、《梦回古格》舞剧等。鲁朗国际旅游 2016 年正式对外开放，将成为知名的国际旅游小镇、藏东南旅游集散中心和西藏重要的旅游地标。青海新增互助土族故土园国家 5A 级旅游景区，金银滩·原子城、茶卡盐湖景区等 5A 创建扎实推进。全省现有 A 级旅游景区 134 家，国家级全域旅游示范区两个、省级 10 个，省级旅游度假区 10 个，省级旅游休闲街区 17 个，全国乡村旅游重点乡镇 3 个、重点村 33 个，省级乡村旅游重点村 180 个，乡村旅游接待点 2325 家，旅行社 568 家，星级饭店 322 家，新建改建旅游厕所 1886 座。青海旅游交通基础设施也有了很大改善。在铁路方面，

由兰新铁路、兰青铁路、青藏铁路、格敦铁路串联成的铁路网正在形成，兰州到西宁用时不到1h。在公路方面，基本实现省会西宁至州府公路高速化，高速公路突破2000km；省际公路等级得到提高，州、县、乡公路通达水平得到提升，所有具备条件的乡镇，80%以上的行政村（牧委会）通沥青（水泥）路。在民航方面，完成西宁机场二期扩建工程、格尔木机场扩建工程，玉树、德令哈、大武、花土沟机场建成通航。同时，青海围绕大旅游产业建设、高原特色旅游产品建设和自驾车旅游新增长极培育三大工程，打造青海旅游特色产品体系。加快建设贵德黄河温泉、互助七彩土乡、循化撒拉人家、同仁热贡文化、祁连与门源等"风情小镇"，实施黄南热贡文化旅游区、三江源生态旅游示范区、原子城·金银滩、祁连旅游风光带、门源百里花海等重点旅游项目建设，策划设计了丝绸之路南线、唐蕃古道、玉树康巴风情等旅游精品线路。同时，冬季旅游产品不断丰富，涵盖冬、春季民俗、宗教、体育、冰雪、休闲、摄影等旅游新业态。

迪庆州已基本形成五大旅游产品体系，包括以普达措国家公园体制试点区和白水台为主的生态游，虎跳峡和澜沧江大峡谷、哈巴雪山、蓝月山谷为主的探险游，塔城滇金丝猴、纳帕海国际湿地为主的科学考察游，松赞林寺、梅里雪山为主的朝圣游，巴拉格宗大峡谷、独克宗古城为主的休闲旅游度假游等。2016年底，迪庆州建成了包括1个5A级景区在内的A级景区18个，星级饭店89家，旅行社43家，藏民家访24家，经标准化评定的旅游汽车467辆，全州共有5.4万个床位数，旅游直接从业人员有2万人。"十三五"期间，迪庆州共推进20多个文旅建设项目，投资233.33亿元。截至2019年，累计完成投资151.053亿元，旅游服务不断完善。

甘孜州2012年提出全域旅游发展战略，把全州作为一个大景区来建设，按"三圈两轴"布局启动全域旅游。2015年启动了海螺沟创建"5A"景区，泸定桥、康定木格措、丹巴甲居藏寨创建"4A"景区等系列创"A"活动，并将甘孜旅游精准定位为"全域山地旅游"。2016年实施旅游项目96个，启动实施"十大工程"。

（三）旅游品牌不断壮大，旅游产业竞争力持续提升

西藏开发旅游文化合作交流的综合性高端国际平台。2016年第三届藏博会茶马古道旅游推介会暨"最西藏"线路发布会召开，成功推出5条精品旅游线路，包括东、南、西、北环线和西藏经典自驾游线路。此外，诸如"寻找茶马古道西藏秘径·体验文化融合之旅"旅游文化推广活动、中国西藏旅游海外推广周等活动有效增强了西藏旅游的知名度。西藏与中国大香格里拉旅游推广联盟，联合制定了2016~2018年营销行动计划，进一步优化整合了西藏、四川、云南三地旅游宣传营销资源，增强了大香格里拉旅游区的国际竞争力。青海大力推广"大美青海"旅游品牌。"大美青海"宣传片在央视及相关媒介传播；借助区位优势，在北京、上海、广州公交站点展示以"青海蓝"为主题的五种色彩系列旅游宣传广告；组织旅游企业赴省外开展"大美青海专项旅游推介会"，分别启动福建、广东、江苏等省"万人畅游大美青海"活动。成功举办第二届中国西部自驾车旅游联盟年会系列活动、"乐乘高铁·畅游丝路"等系列推广活动。

为顺应全球旅游发展的新趋势，迪庆州紧紧围绕打造"世界的香格里拉"这一目标，始终坚持国际高原全域旅游目的地这一定位，着力开拓旅游市场、提升旅游服务质量，"香格里拉"旅游整体形象得到进一步的提升。另外，主动融入云南旅游强省建设中，实现"大项目带动"战略，用精品景区做强做大"香格里拉"旅游品牌。优化旅游宣传推广体系和运作机制，积极开拓境外客源市场，优化游客结构。突出抓好暑期、秋冬季专题旅游产品推广。积极开拓中远程航空旅游市场。甘孜州实施品牌战略，拓宽增收渠道，"木雅风景区"以"政府+公司+贫困村"的模式进行开发，工程建设以雇用当地劳动力为主，景区开发公司为当地居民购买医保、社保。农民以房屋、宅基地、草场、森林等资源，采取股份制、合伙制、合作制等形式，参与景区开发并从中获得收益。甘南州围绕"突出民族特色、展现历史文化、体现生态山水"三大优势，全力培育以冶力关、大峪沟为代表的山水生态游，以拉卜楞寺、郎木寺为代表的宗教文化游，以"天下黄河第一弯"为代表的草原湿地游，以腊子口、俄界会议遗址为代表的红色文化游。

（四）旅游服务向全域化、标准化迈进

近年来，西藏大力推进全域旅游示范区建设，通过产业围绕旅游转、产品围绕旅游造、服务围绕旅游优、品牌围绕旅游亮、民生围绕旅游兴，推动旅游业由"景区旅游"向"全域旅游"发展模式转变，构建新兴旅游发展格局。目前拉萨市、林芝市、日喀则市和阿里地区普兰县已被确定为国家全域旅游示范区；拉萨市城关区、堆龙德庆区和林芝市工布江达县、波密县已被确定为自治区级的全域旅游示范区。西藏将 2016 年确定为西藏旅游服务标准化建设年，打造了拉萨市纳木措景区、林芝市巴松措景区、日喀则市珠峰景区等 7 个旅游精品试点标准化景区。此外，《西藏自治区旅行社接待服务细则》《西藏自治区导游服务细则》《西藏自治区星级饭店接待服务细则》《西藏自治区旅游客运服务细则》正式颁布实施，这标志着西藏旅游服务地方标准体系逐步形成，旅游服务开始迈入标准化、规范化、制度化轨道。青海全面开展旅游标准化示范城市创建工作，不断提高旅游行业管理水平、提升服务质量、推进旅游产业转型升级、提升城市接待水平和打造城市旅游品牌。西宁是全省旅游服务"大本营"，西宁旅游直接影响到青海旅游形象，通过全国旅游标准化示范城市创建，有利于西宁旅游业在数量扩张、高速发展的同时，尽快实现质的跨越，为广大游客和市民提供一个宜游的旅游环境。

三、旅游业发展存在问题

（一）生态环境保护没有引起足够重视，旅游服务需要进一步规范

青藏高原生态环境脆弱，易受到人类活动干扰且极难恢复，而且青藏高原独特的生态环境也是旅游发展的背景条件和重要物质基础，两者相互依存、相辅相成。因此青藏高原各区域都重视保护生态环境，并实施各项政策保护生态环境，减少旅游活动带来的影响，如实施退耕还林、退牧还草、石漠化治理、水土保持、生态养殖等工程；积极创建森林公

园、自然保护区、湿地公园等自然保护地；严格环境保护执法，加大环境执法监管力度等。目前，成效已开始显现，如根据《青海省 2016 环境状况公报》，三江源地区经过多年生态保护工程，区域内空气质量与水质均达优。未来青藏高原旅游业发展将更加注重生态环境保护，并实施更加切实有效的保护、监测和监管措施，将旅游发展对生态环境的损害减到最低。

青藏高原旅游发展来自国内旅游市场的活跃与推动，自身旅游服务一直滞后于市场需求。近年来，青藏高原地区已开展旅游市场综合整治工作，旨在规范旅游市场，加强旅游行业管理，创造良好的旅游氛围。例如，阿坝州集中开展旅游市场行业专项治理工作，积极开展涉旅企业行政约谈工作，引导涉旅企业诚信经营。在未来，青藏高原旅游市场将进一步制定、规范相关服务细则，包括规范导游、旅行社服务，督查星级饭店，强化旅游购物店标准，监督旅游商品价格等。

（二）旅游产业方式较为粗放，旅游产品体系较为单一

伴随着生态文明建设等一系列国家政策的实施推广，青藏高原旅游的发展将迎来更大的机遇和更广阔的前景。在未来，青藏高原将加快旅游产业大发展，突出"特色、高端、精品"，实施旅游转型升级工程，争创一批品位高、特色突出的精品旅游景区，打造旅游精品线路，逐步完善旅游配套设施建设。试点建设三江源国家公园、祁连山国家公园、普达措国家公园，完善布达拉宫建筑群、三江并流、可可西里世界遗产旅游建设。大力传承、发展优秀非物质文化遗产，加快发展唐卡、藏毯、演艺等特色文化产业。促进旅游与文化、生态、藏医药、民族手工业互动融合发展，建设一批旅游产业要素齐全、设备完善的旅游产品基地。以"互联网+"模式整合当地旅游资源大力发展电子商务等新兴业态，创建智慧型旅游区和创新智慧型旅游方式。积极发展休闲娱乐、文化体验、高原体育等产业。

青藏高原独特的自然环境使其发展传统观光旅游具有天生的优势，而随着旅游市场需求从观赏型逐渐转变为体验型、休闲型。青藏高原各旅游区已经开始结合区域资源特征，开发符合市场需求的旅游产品。例如，云南迪庆州积极开发文化产品，将尼西土陶相唐卡画坊等非遗产品从传统工艺转化为时尚产品。在未来，青藏高原一方面以已有的旅游产品为主体，加快产品转型升级，打造特色、精品旅游产品；另一方面开发新的旅游产品，使其内容更加丰富，产品体系更加完善。依托各地区丰富和独特的地域文化，开发文化演艺娱乐产品和民族文化产品；依托高原、山地、湖泊等自然环境，开发自驾、体育、探险、滑雪等户外体验产品；依托冰川、雪域风光和地热资源，开发淡季旅游产品依托高原优势自然资源和良好的生态环境，开发精品生态旅游产品；依托民族村寨和民族风情，开发特色乡村旅游产品等。

（三）旅游产业与其他产业需要进一步融合，旅游市场需求亟须多元化

旅游作为青藏高原未来需求旺盛、潜力巨大的产业，将充分拓展旅游产业自身发展空间，推进旅游转型升级，并以其强劲的市场开拓力量和人文交流优势，通过带动和融合相

关产业发展给青藏高原经济社会发展带来深刻影响。将由旅游市场带来的巨大人流、物流、信息流、资金流转化为带动相关产业发展的强大动力，以巨大的市场力量和市场机制，为各产业搭建巨大的供需对接平台，形成"旅游+生态""旅游+商贸""旅游+娱乐""旅游+工业""旅游+农业""旅游+牧业"等产业的联动发展格局。充分发挥旅游的融合能力和集成作用，为相关产业和领域发展提供平台，不仅提升其发展水平，更要创造和放大其综合价值，产生"1+1>2"的效果。充分拓展旅游的带动作用，培育全产业链。旅游业具有天然的开放性、动态性，带动的对象、内容、方式可以不断拓展丰富。通过旅游发展产业化、产业发展旅游化，丰富旅游产品，壮大旅游产业规模，同时又促进相关产业链条的拉长和产业的升级增值。

青藏高原以其独特的生态环境背景一直为世人所向往。随着近年交通基础设施的逐渐完善，青藏高原各地区旅游市场，总体处于快速上升态势。旅游人数激增，入境旅游市场不断扩张，旅游收入逐年增加，旅游产业已成为青藏高原许多地区的支柱产业。随着旅游市场更加细分和出行方式多种多样，可预见青藏高原旅游市场需求将会更加多元化。

（四）全域旅游需要全面推进，旅游区域合作需要进一步强化

现代人的生活方式、旅游方式都发生了很大变化，对旅游目的地的视角、评价标准与以往大不相同。一个区域的旅游质量、口碑不单单取决于旅行社、酒店、景区等的服务质量，而是由整个区域的综合环境决定的。全域旅游将推动青藏高原跳出单一的景点景区、饭店、宾馆的格局，从全域整体优化旅游环境，优化旅游的全过程，配套旅游的基础设施、公共服务体系和旅游服务要素。目前，青藏高原不少地区已经开始实施全域旅游战略，推动旅游产业转型升级、推动旅游要素充分配套、推动旅游行业健康成长。

青藏高原环境虽然与众不同，但就区域内部而言，环境、资源、文化同质性问题严重。因此，为避免争抢客源、内部无序竞争，境内各旅游区将建立合作联动机制，深化区域合作，注重旅游联盟发展。主动融入国家"一带一路"倡议，重点开展交通建设旅游资源开发、现代物流体系建设等领域合作。坚持"市场开放、客源互送、优势互补、合作共赢"的原则，打造成都–阿坝世界遗产旅游精品廊道、川甘青国际旅游目的地、丝绸之路旅游协作区、滇藏旅游走廊等一系列跨区域旅游合作区，互联互动，共塑旅游"大品牌"、共推旅游"大线路"，联合打造友好合作的旅游发展环境。

（五）旅游发展红利需要推向居民

旅游业对当地经济和产业发展有极强的带动作用，同时也能惠及当地居民。青藏高原正深入提升旅游的综合带动能力。依托农村特色旅游资源，积极培育康养健身游、乡村体验游、特色文化游等新业态。甘孜州探索出了用基础建设保障脱贫、用景区建设促进脱贫、用旅游商品带动脱贫、用专合组织引领脱贫、用乡村旅游加快脱贫、用人才培养支撑脱贫、用对口支援助推脱贫、用智慧旅游提升脱贫、用优惠政策支持脱贫九大旅游扶贫方式。西藏确定了151个重点旅游扶贫村，完成了30个试点村的支持工作，其中拉萨市达东村通过旅游带动村民脱贫致富，就是旅游扶贫成功的典型例子。未来青藏高原居民将在

更多方面、更深层次享受旅游带来的效益，如享受更加完善的公共服务设施、更加良好的城市环境、更加丰富的商贸产品，还有与外界更加紧密的联系、更加开放的思维及更多的旅游决策权。

第三节　旅游业发展目标预测及对生态环境的压力分析

一、旅游业发展目标预测

依据各地市州 2000~2019 年旅游人口和年旅游收入统计数据（图 9.10、图 9.11），运用 Excel 软件分别绘制各地市州旅游人口和旅游收入的柱形图，添加线性趋势线，进而生成预测方程（表 9.1）。

（一）旅游人口预测

2000~2019 年青藏高原旅游总人次呈现稳步增长态势，年均增长 19.57%。其中，海西州年旅游人口增幅最大，为 37.32%；果洛州年旅游人口增幅最小，为 7.57%。依据表 9.1 所列公式对各地市州年旅游人口预测值进行加总，做出如下预测：到 2025 年，青藏高原年旅游人为 36 316.35 万人次（约合 3.63 亿人次）；到 2050 年，青藏高原年旅游人口将达到 55 818.87 万人次（约合 5.58 亿人次），是 2000 年旅游人口的 66.18 倍，是 2019 年旅游人口的 2.22 倍。2050 年，阿坝州的旅游人口数最大，为 8978.94 万人次，果洛州的旅游人口数最小，为 108.29 万人次（图 9.12）。

（二）旅游收入预测

2000~2019 年青藏高原旅游总收入总体呈现上升态势，年均增长 23.13%。其中，那曲市年旅游收入增幅最大，为 46.51%；果洛州年旅游收入增幅最小，为 16.28%。据表 9.1 所列公式对各地市州年旅游收入预测值进行加总，做出如下预测。

到 2025 年，青藏高原年旅游收入为 2180.33 亿元；到 2050 年，青藏高原年旅游收入将达到 4707.89 亿元，是 2000 年旅游收入的 111.88 倍，是 2019 年旅游收入的 2.15 倍。2050 年，西宁市的旅游收入最高，为 756.38 亿元，果洛州的旅游收入最低，为 8.04 亿元（图 9.13）。

二、旅游人口阈值估算

（一）阈值估算方法

1. 青藏高原景区开发标准

青藏高原面积广阔，旅游资源丰富，旅游景观类型多样，自然旅游景观大体可分为冰川沙地、林草谷地、河湖盐井三类，人文旅游景观大体可分为宫殿寺庙、城镇公园、民俗

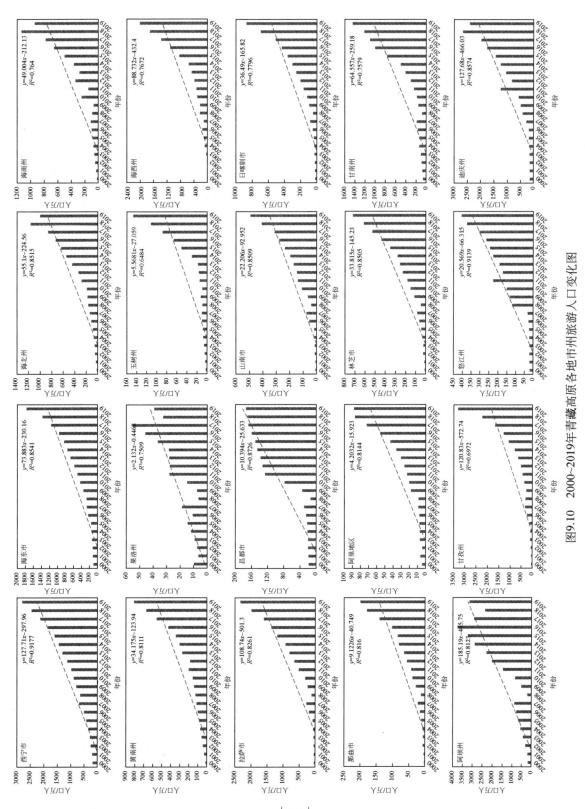

图9.10 2000~2019年青藏高原各地市州旅游人口变化图

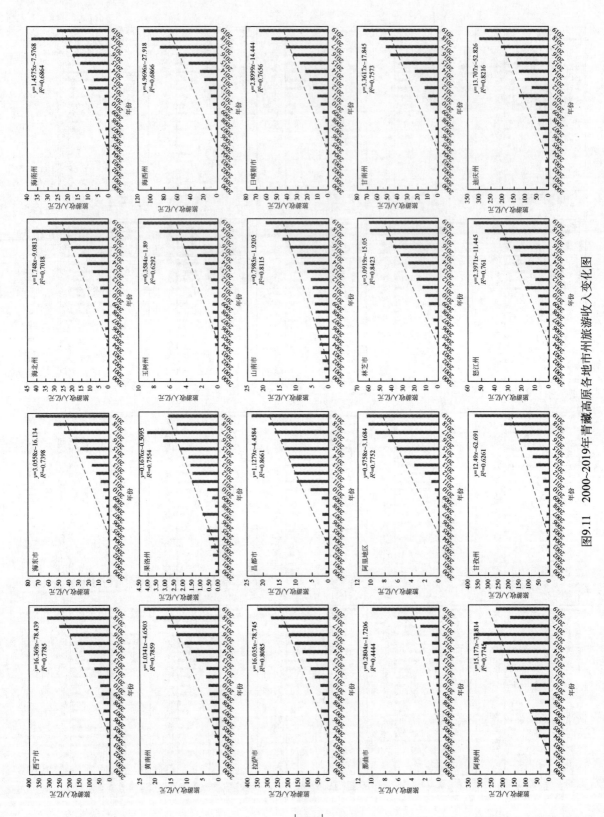

图9.11 2000~2019年青藏高原各地市州旅游收入变化图

表 9.1　2000～2019 年青藏高原各地市州旅游人口与旅游收入预测方程

地区	年旅游人口预测方程	年旅游收入预测方程
西宁市	$y=127.71x-297.96$	$y=16.369x-78.439$
海东市	$y=73.883x-230.16$	$y=3.0558x-16.134$
海北州	$y=55.1x-224.56$	$y=1.748x-9.0813$
海南州	$y=49.004x-212.13$	$y=1.4575x-7.5768$
黄南州	$y=34.175x-123.94$	$y=1.0341x-4.6503$
果洛州	$y=2.132x-0.4468$	$y=0.1676x-0.5095$
玉树州	$y=5.5681x-27.059$	$y=0.3584x-1.89$
海西州	$y=88.732x-432.4$	$y=4.9696x-27.918$
拉萨市	$y=108.74x-501.3$	$y=16.035x-78.745$
昌都市	$y=10.394x-25.633$	$y=1.1279x-4.4584$
山南市	$y=22.206x-92.952$	$y=0.7985x-1.9205$
日喀则市	$y=36.49x-165.82$	$y=2.8999x-14.444$
那曲市	$y=9.1226x-40.749$	$y=0.2804x-1.7206$
阿里地区	$y=4.2032x-15.923$	$y=0.5758x-3.1684$
林芝市	$y=33.815x-145.23$	$y=3.0919x-15.05$
甘南州	$y=64.557x-259.18$	$y=3.3617x-17.845$
阿坝州	$y=185.19x-465.75$	$y=15.177x-37.814$
甘孜州	$y=120.83x-572.74$	$y=12.49x-62.691$
怒江州	$y=20.569x-66.315$	$y=2.3971x-11.445$
迪庆州	$y=127.68x-466.03$	$y=13.707x-52.826$

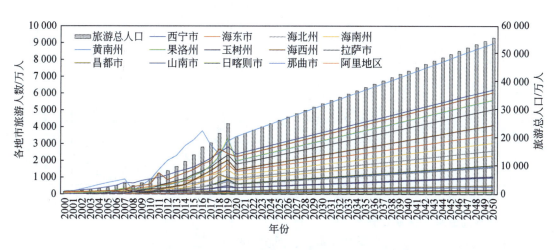

图 9.12　2000～2050 年青藏高原旅游人口统计及预测图

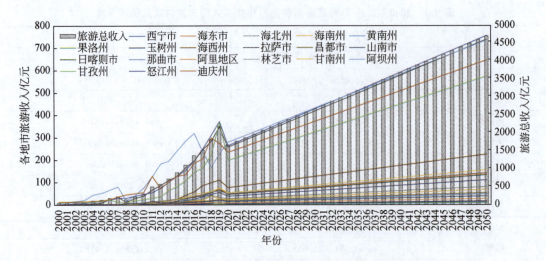

图 9.13　2000～2050 年青藏高原旅游收入统计及预测图

园区、室内场馆、步道街区五类。考虑数据可得性，本研究以西藏、青海为主体，参考国家标准《风景名胜区总体规划标准》及相关文献，依据《青海省主体功能区规划》《西藏自治区主体功能规划》等青藏高原主体功能区划分要求，制定标准（表9.2）。

表 9.2　西藏青海景区开发面积占比及旅游人口密度标准

禁止开发区			限制开发区			重点开发区		
景观类别	开发面积占比/%	计算指标/(m²/人)	景观类别	开发面积占比/%	计算指标/(m²/人)	景观类别	开发面积占比/%	计算指标/(m²/人)
冰川沙地	0.2	12 000	冰川沙地	0.5	8 000	冰川沙地	1	6 000
林草谷地	0.5	2 400	林草谷地	1	1 200	林草谷地	2	800
河湖盐井	1.5	1 500	河湖盐井	3	1 000	河湖盐井	5	500
景观类别	开发面积占比/%	计算指标/(m²/人)	景观类别	开发面积占比/%	计算指标/(m²/人)	景观类别	开发面积占比/%	计算指标/(m²/人)
宫殿寺庙	30	400	宫殿寺庙	40	300	宫殿寺庙	60	200
城镇公园	20	600	城镇公园	30	450	城镇公园	40	300
民俗园区	10	500	民俗园区	20	300	民俗园区	30	200
室内场馆	30	20	室内场馆	50	15	室内场馆	70	10
步道街区	40	10	步道街区	60	8	步道街区	80	5

2. 青藏高原游人容量计算方法

游人容量占比计算方法主要有线路法、面积法和卡口法。

（1）线路法：以每个游人所占平均道路面积计，5～10m²/人。

（2）面积法：以每个游人所占平均游览面积计。其中，主景景点：50～100m²/人

（景点面积）；一般景点：100～400m²/人（景点面积）；浴场海域：10～20m²/人（海拔-2～0m水面）；浴场沙滩：5～10m²/人（海拔0～2m沙滩）。

（3）卡口法：实测卡口处单位时间通过的合理游人量，单位以"人次/单位时间"表示。

西藏和青海现共有A级景区241处，为方便计算，本研究选取面积法作为计算其旅游业阈值的方法。

（二）旅游人口阈值分析

本研究统计了西藏和青海A级以上景区的计算面积（m²）、计算指标（m²/人）、一次性容量（人/次）、日周转率（次）、日游人容量（人次/日）、年适游天数（日）、年旅游容量（人次/a）等指标，分别运用线路法、面积法和卡口法等评估方法，计算出不同目标时段的A级景区年旅游容量。计算指标参考国家标准《风景名胜区总体规划标准》，计算面积为景区面积与开发率的乘积。其中：

$$年旅游容量=日游人容量*年适游天数$$
$$日游人容量=一次性容量*日周转率$$
$$一次性容量=计算面积/计算指标$$

结果显示，青海和西藏旅游业的年接待阈值约为2.7亿人次。对照预测结果，青海和西藏旅游业将于2025年开始面临超载风险。2050年青海和西藏年旅游人口将达到接待阈值的2.07倍，高原景区将面临巨大压力。

面对高原景区即将到来的超载危机，应尽快做好各主要景区的旅游容量测算工作，一定时间内在重点开发区继续保持现有的开发强度，维持青藏高原旅游经济的正常增长。适当减少限制开发区域内景区的旅游人口，关停部分禁止开发区景区，将发展旅游经济与保护生态有机地结合起来，在不超出发展阈值的前提下突出地方特色，做强高原旅游业。

三、旅游业发展对生态环境的压力分析

（一）指标体系的构建

基于可持续发展理论，遵循数据获取的科学性、准确性和可获取性原则，本研究用旅游市场规模表征旅游业发展水平，旅游发展系统划分为国内市场规模及国际市场规模，分别用国际旅游者数量及国内旅游者数量表示。考虑到青藏高原地区生态环境问题主要集中在林地破坏、草场退化、冰川消亡、湿地退化和建筑扬尘排放等问题，本研究选取生态环境绿化度、安全度和风险度三个子系统对青藏高原生态环境现状进行评价。其中，生态环境绿化度子系统包括森林面积和草场面积，生态环境安全度包括冰川面积和湿地面积，生态环境风险度包括建设用地面积（表9.3）。

表 9.3 青藏高原地区旅游发展与生态环境系统评价指标体系

系统	子系统	评价指标	单位	序号	性质	主观权重	客观权重	综合权重
旅游发展	国内市场规模	国际旅游者数量	万人	x_3	正向指标	0.481	0.201	0.325
	国际市场规模	国内旅游者数量	万人	x_4	正向指标	0.519	0.799	0.675
生态环境	生态环境绿化度	森林面积	%	y_1	正向指标	0.654	0.182	0.393
		草场面积	%	y_2	正向指标	0.346	0.818	0.607
	生态环境安全度	冰川面积	%	y_3	正向指标	0.291	0.624	0.452
		湿地面积	%	y_4	正向指标	0.406	0.455	0.430
	生态环境风险度	建设用地面积	%	y_5	负向指标	0.594	0.545	0.570

(二) 评估方法

生态足迹指生产特定人口消费的所有资源和消纳这些人口产生的所有废物需要的生物生产性面积。根据生态足迹概念和理论,本研究选取林地、草地、冰川、湿地、建筑用地来对青藏高原地区的生态足迹进行探讨。生态环境压力指数则是一定范围内单位生态承载面积上的生态足迹,这个指标表征地区环境承受压力大小。本研究依据生态足迹及生态承载力压力指数,来得出青藏高原地区的生态环境压力指数。

计算公式如下:

$$EF = \sum_{i=1}^{5} \eta_i A_i \tag{9.1}$$

$$ef = EF/n \tag{9.2}$$

式中,EF 为总生态足迹,hm^2;ef 为人均生态足迹;n 为旅游人口数;i 为生物生产性土地类型;η_i 为均衡因子;A_i 为消费由 i 类土地提供的项目折算的生物生产面积。

生态承载力:

$$EC = \sum_{i=1}^{5} \eta_i \lambda_i \alpha_i \tag{9.3}$$

$$ec = EC/n \tag{9.4}$$

式中,EC 为区域总生态承载力,hm^2;n 为旅游人口数;ec 为人均生态承载力;α_i 为人均生物生产性土地面积;η_i 为均衡因子;λ_i 为产量因子。出于谨慎考虑,参照世界环境与发展委员会 (WCED)《我们共同的未来》一书,人类应将生态生产性土地面积的 12% 用于生物多样性的保护。因此,在计算生态承载力时扣除 12% 的生物多样性保护面积,得到可利用的人均生态承载力。

生态环境压力指数:

$$Q = EC/ef \tag{9.5}$$

式中,Q 为该地区的生态环境压力指数;EC 为区域总生态承载力,hm^2;ef 为人均生态足迹。

（三） 数据来源及处理

本研究旅游数据主要来源于 2000～2020 年的《中国区域经济统计年鉴》《西藏统计年鉴》《青海统计年鉴》，以及各地市《国民经济和社会发展统计公报》，部分缺失数据采用指数平滑方法补充。土地利用数据来源于 MODIS 土地覆盖数据。

采用联合国粮食及农业组织 1993 年的计算数据，均衡因子分别取：林地 0.5、草地 1.4、水域 1、建筑用地 0.4。产量因子分别取：林地 0.84、草地 0.14、水域 0.22、建筑用地 1。

（四） 旅游人口对生态环境的年度压力指数分析

从青藏高原旅游人口的生态足迹、生态承载力等压力指标计算其旅游人口对生态环境的压力指数。根据公式，计算出青藏高原各地市（州、地区）的旅游人口的人均生态足迹，结果如图 9.14 所示。青藏高原各地市（州、地区）旅游人口人均生态足迹呈下降趋势，且区域差异显著，那曲市及阿里地区远高于其他地区，西宁市的人均生态足迹最小。从内部差异来看，那曲市 2000 年人均生态足迹是西宁市的 5478 倍，而在 2019 年则为 675 倍，内部及时间差异变化较大，这是由于青藏高原地区复杂的自然、气候环境，加上那曲市复杂的地形环境及较为闭塞的交通，造成地区间旅游活动的差异较大。随着交通通达度变高，交通的连带作用也开始显现，那曲市的旅游活动逐渐增多，交通引起的区域间旅游活动差异缩小，因而产生的人均生态足迹也随之缩小。人均生态足迹反映区域人口数量对资源的需求和对环境的影响规模，因此，在青藏高原地区脆弱的生态环境水平上，积极引导旅游人口改变消费方式，倡导绿色消费。

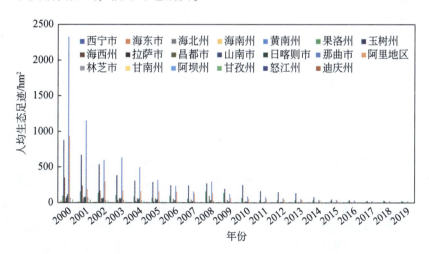

图 9.14　2000～2019 年青藏高原各地市（州、地区）旅游人口的人均生态足迹统计图

2000～2019 年青藏高原各地市（州、地区）的旅游人口的人均生态承载力均呈逐渐下降趋势（图 9.15）。青藏高原各地区的区域差异较大，呈现出严重的两极分化，且随着

时间的推移, 区域间差异逐渐缩小。具体来看, 海东市、西宁市、拉萨市、迪庆州的人均生态承载力较小, 果洛州、那曲市、阿里地区、玉树州人均生态承载力较大。从下降比例来看, 海西州、那曲市下降最为明显, 从变化情况来看, 那曲市人均生态承载力下降最多, 下降了291hm², 西宁市变化最小, 仅下降了0.06hm²。那曲市2000年人均生态环境承载力是西宁市的4801倍, 而在2019年则为650倍, 这与其旅游开发活动的逐渐增多密切相关, 且对那曲市人均生态承载力贡献最多的为草地面积及冰川面积, 西宁市则为林地面积, 由于两个地区自然环境及气候环境不同, 因此地区差异较大。

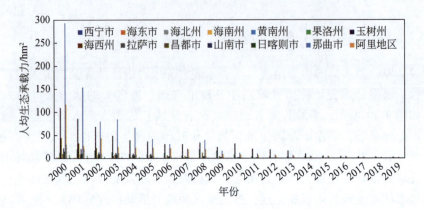

图9.15 2000～2019年青藏高原各地市（州、地区）旅游人口的人均生态承载力统计图

从时序变化情况来看, 2000～2019年青藏高原各地市（州、地区）旅游人口的生态环境压力指数呈波动上升状态（图9.16）, 其中海西州旅游人口的生态环境压力指数年均增幅最大, 为37.92%, 果洛州旅游人口的生态环境压力指数年均增幅最小, 为7.60%。旅游人口的生态环境压力在区域间差异较大, 2019年迪庆州旅游人口的生态环境压力指数最大, 为600.09; 果洛州旅游人口的生态环境压力指数最小, 为4.93。从空间分布来看, 随着时间的推移, 空间差异逐渐增大, 2000年仅迪庆州、阿坝州和西宁市旅游人口的生态环境压力指数较大, 2019年除果洛州旅游人口的生态环境压力指数低, 其余地区均有阶段上升。

从生态环境压力指数空间布局来看, 生态环境压力指数较高的地区主要为西宁市、拉萨市、甘孜州、阿坝州、迪庆州、海东市、海西州, 且具有较强的空间集聚性（图9.17）。2000～2019年青藏高原东部及南部变化较大, 为生态环境压力指数高值区。2000年, 青藏高原地区整体生态环境压力指数呈较低状态。2000～2010年, 青藏高原地区生态环境压力指数西宁市、阿坝州、迪庆州变化较大, 其余地市（州、地区）仍处于低值区。2010～2015年, 青藏高原地区东部及北部的海西州和中部的拉萨市生态环境压力指数上升, 西部地区仍处于低值区。截至2019年, 青藏高原仅阿里地区、那曲市、昌都市、玉树州、果洛州处于较低状态, 旅游人口造成的生态压力问题凸显。

青藏高原多数地区生态环境压力指数仍在继续增长, 对生态资源的索取持续增加, 而生态环境容量相对有限, 生态赤字较为严重, 生态环境压力持续增大, 且有恶化的变动趋

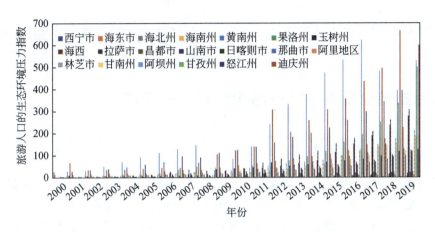

图 9.16　2000～2019 年青藏高原各地市（州、地区）的旅游人口的生态环境压力指数时序分析图

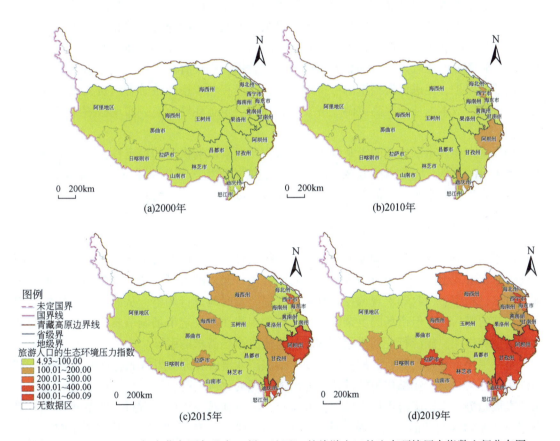

图 9.17　2000～2019 年青藏高原各地市（州、地区）的旅游人口的生态环境压力指数空间分布图

势。因此，在未来旅游发展中，需要适量地控制旅游人口及开放强度，积极推进青藏高原地区生态安全屏障保护，合理进行规划，以确保世界最后一方净土的生态安全。

第四节　旅游业发展与生态环境容量相适应的调控策略

一、绿色旅游业发展与产业结构优化调控策略

(一) 旅游市场结构调控策略

积极开拓高需求、高消费、高素养的旅游客源。随着人们收入水平和生活质量的日益提高，随着带薪假日的增多，高需求旅游客源市场不断扩大已成为国际旅游市场的发展趋势。因此，要不断扩大旅游市场的范围和规模，就必须顺应国际旅游的发展趋势，开发多样化的旅游产品，提供优质化和个性化的旅游服务，满足旅游者的高需求，只有这样，才能不断增加旅游者的数量和规模。通过开发多样化的旅游产品，进一步提高旅游设施质量和服务水平，丰富旅游活动的内容和形式，提供更方便的旅游通达条件和更优质的旅游产品，在满足旅游者多样化需求，延长旅游停留时间的基础上，才能不断增加旅游者消费支出，增加旅游业的总收入。增加高素养旅游者的数量，不仅有利于加强对生态环境和历史文化遗迹的保护，促进旅游经济的可持续发展；而且有利于增加旅游者消费支出，减少追加的环境保护成本，从而提高旅游经济效益和社会、生态环境效益，实现旅游经济的良性发展。

加强生产要素市场供求的宏观调控。保持生产要素市场供求的稳定性，维持旅游市场需求和供给的平衡，在旅游的旺季等时期，有必要加强生产要素供求的宏观调控和配置，使旅游产品生产对生产要素的需求得到保障供应，以维护旅游市场的稳定。

(二) 旅游产业结构调控策略

以市场调节为主、宏观调控为辅，二者有机结合，宏观调控与市场调节分别具有不同的优势，在宏观上，对于旅游经济结构中的不合理状况，国家可以通过行政手段、预算投资、价格、利率、税收等宏观调控措施强制性地、及时地进行调整，从而避免市场失灵和市场调节的滞后性，但市场的复杂性及其运行的规律性又决定市场调节具有不可替代的基础性地位和作用，旅游行业的供给结构总是受旅游市场需求的引导。

坚持主导行业与关联行业的协调发展，形成产业链，要充分发挥旅行社的"龙头"带动作用，并与旅游产业结构中的其他行业形成合理的比例关系，同时也要深入研究旅游市场的发展趋势，根据旅游市场需求变化的特点，分析和研究不同旅游行业的变化趋势，着重解决"瓶颈"行业的制约，及时调整相关行业的供给及运行状态，保持整个旅游产业结构的合理性，以适应旅游经济发展的要求。

加快旅游企业的集团化发展，国际经验表明，专业化、综合性强的企业集团是增强旅游竞争力的重要手段，它能够发挥规模经济的优势，降低旅游市场的风险，是旅游产业结构合理化和高度化的重要措施之一。

同时，处理好旅游供给结构与旅游需求结构相适应的关系，处理好主导行业与关联行业相协调的关系，处理好旅游目的地国家或地区旅游产业结构同国际旅游产业结构接轨的关系。

（三）旅游管理组织结构调控策略

加快建立完善多部门综合管理制度，有利于落实全域旅游战略的制度保障，有利于旅游业统一领导、统一规划、统一管理、统一协调；以贯彻落实《国务院办公厅关于加强旅游市场综合监管的通知》（国办发〔2016〕5号）为标志，文化和旅游部积极落实监管责任，推动旅游市场监管和综合执法体制机制的改革与完善；推动旅游管理向法治化、市场化、信息化转变；推进导游自由执业改革，发挥市场对导游资源的支配作用；推进旅游国有企业改革。

二、基于生态环境保护的高原旅游空间管控策略

围绕落实建设"具有高原和民族特色的世界旅游目的地"目标，以世界顶级自然生态和藏文化资源富集地为基础，结合西藏当前旅游业发展实际和未来五年发展趋势，科学构建"12345"旅游空间布局：一心（以拉萨为中心）、两区（林芝国际生态旅游区、冈底斯国际旅游合作区）、三廊（茶马古道、唐竺古道、西昆仑廊道）、四环（东、西、南、北四条精品环线）、五圈（珠峰生态文化旅游圈、雅砻文化旅游圈、康巴文化旅游圈、羌塘草原文化旅游圈、象雄文化旅游圈），加快由景点旅游发展模式向全域旅游发展模式转变。

青海着力构建以旅游目的地为主体，以点带面、以线连片的旅游发展新格局。按照"城市依托、龙头带动、交通串联、创新引领、四化同步"的思路，推进资源开发、市场营销、旅游管理等区域一体化进程，持续打造环夏都西宁旅游圈，形成集清凉避暑、高原旅游、宗教朝圣、都市休闲、户外运动等于一体的复合型旅游目的地，该旅游地已成为在全国具有较强竞争力、吸引力、影响力的综合旅游目的地。通过加强祁连风光旅游北线、青藏铁路（公路）旅游中线、唐蕃古道旅游南线等重点景区和线路建设，形成内容丰富，特色鲜明的旅游产业链，将青海旅游向纵深方向全域推进。将青海黄河上游旅游景观廊道、青海湖人文旅游景观廊道、祁连风光带生态旅游景观廊道提升打造成为国家风景道，推动交通、市场、服务、信息、品牌一体化建设，促进区域旅游经济一体化发展。推进柴达木、三江源、大年保玉则旅游板块建设，打造区域旅游目的地。

三、鼓励性政策

（一）鼓励旅游景区培育与提升

实现景区优化升级，首先是实施品牌化战略。形成覆盖A级景区动态管理机制，加快

AAA 级以上景区和国家旅游度假区创建，培育一批世界旅游品牌。积极鼓励有客源市场需求和地方特色的宗教风貌、工业工矿等申报 A 级景区。鼓励自然保护区、森林公园在实验区发展生态休闲度假。旅游景区结合自身条件，积极发展不同类型，符合市场需求的休闲旅游产品。

（二）鼓励全季旅游产品开发

以秋、冬季旅游工作推进会为抓手，切实转变传统固化思维，不断加大淡季旅游投入力度。不断加大秋、冬季旅游市场监管力度，通过合理安排部署、联合部门执法、责令限期整改等举措，全方位督查、规范旅游市场秩序。开展"秋冬大会战"活动和星级评定工作，组织旅游、发改、公安、交通、安监、市监、消防等部门，在全州不定期开展旅游市场综合整治活动，确保秋、冬季旅游市场秩序稳定与安全。围绕房价虚高、景区管理混乱等突出问题进行严厉惩处，切实提升海西旅游形象，营造良好的旅游环境。大力发展和培育 A 级景区、星级饭店和星级乡村旅游点等旅游市场主体，进一步提高旅游市场接待服务水平。

（三）鼓励全域旅游与全民就业

全力推进"旅游+"，支持旅游业与农业、工业及第三产业等相关产业的融合发展，进一步丰富产业内涵。在旅游沿线大力发展生态休闲度假、农耕体验、乡村手工艺等田园综合体，打造休闲农业观光园区和乡村旅游点。依托工业园区，开发集娱乐、科普于一体的工业旅游产品，推动特色盐产品、昆仑玉、枸杞、藜麦等旅游商品和特色产品的加工及制造销售，打造食用盐、矿泉水、牛羊肉等绿色产品，提升旅游业综合效益。谋划开展文化旅游创意产品展示销售、景区旅游项目推介等活动，积极开展旅游演艺节目。加快建设和完善旅游在线服务、网络营销、智慧票务、电子门禁等系统，规范旅游引导标识系统，构建"旅游资讯一览无余、旅游交易一键敲定、旅游管理一屏监控"的全域智慧旅游体系，提高旅游信息化水平，实现 4G 网络、WIFI 全覆盖。

（四）大力发展智慧旅游

夯实智慧旅游发展信息化基础，建立完善旅游信息基础数据平台，建立游客信息服务体系，建立智慧旅游管理体系，构建智慧旅游营销体系，推动智慧旅游产业发展，加强示范标准建设，加快创新融合发展，建立景区门票预约制度，推进数据开放共享。

四、限制性政策

（一）根据景区承载力限制旅游人口

景区要核算游客最大承载量，并制定相关游客流量控制预案，当游客人数达到景区最大承载量的80%时，必须限制游客进景区。在主要景点前设置电子显示屏，显示旅游者的密集分布情况，供旅游者合理选择景点。可采用门禁票务系统、景点实时监控系统等技术手段，逐步推进旅游者流量监测常态化，针对节假日及大型活动制定相应的旅游者流量控制预案。假日期间，客流一旦超过最佳日接待量，到达高峰值就要分流，分期分批进入景区。

（二）根据文化保护级别限制游客人口

大众旅游的发展在局部地区会造成对遗产资源的商业化利用，从而使资产资源面临退化和枯竭的危险，科学、合理的旅游发展在更大层面上将会有利于文化遗产的保护。应在政府主管部门的有力监督下，合理处理文化保护与旅游发展的关系，充分发挥青藏高原文化遗产和自然景观的优势，将科学、经济与艺术有机地结合起来。本着"保护为主，抢救第一，合理利用，加强管理"的原则保护文物，根据文化遗产保护级别和承载能力限制旅客人数，保障青藏高原文旅融合与可持续发展。

主要参考文献

鲍超，马海涛．2015．西藏城镇特色产业发展的战略重点与科技支撑保障措施．中国科学院院刊，30（3）：322-332.

邓维杰，尹雪梦．2015．青藏高原社区传统畜牧业形态与旅游开发增收途径研究——以四川省红原县哈拉玛村为例．农村经济，(5)：50-54.

方怀龙，邢震，李俊清，等．2004．西藏林芝旅游资源空间特性与区划．东北林业大学学报，(6)：51-54.

冯海英．2015．利益相关者理论视角下民俗旅游与土族文化重构——以青海互助土族自治县庄村为例．青海民族研究，26（3）：74-76.

胡平．2000．旅游人口研究初探——兼谈人口分析在旅游市场中的重要性．人口研究，(6)：62-65.

觉安拉姆，阿贵，泽勇，等．2010．青藏铁路对西藏民俗文化旅游的影响及对策．西藏大学学报（社会科学版），25（1）：31-35，48.

喇明清．2013．论青藏高原旅游开发与生态环境保护的协调发展．社会科学研究，(6)：118-120.

兰措卓玛．2016．关系视角下旅游发展对青海民族村寨的影响分析．青海社会科学，(2)：127-130.

刘峰贵，王锋，张海峰，等．2012．青藏高原文化旅游资源开发探讨．青海社会科学，(5)：77-81，119.

刘晖．2013．民族旅游开发与非物质文化遗产的保护和传承——以青海互助土族自治县小庄村为例．中南民族大学学报（人文社会科学版），33（4）：50-53.

彭贵康，康宁，李志强，等．2010．青藏高原东坡一座充满神奇魅力的城市——雅安市生态旅游景观资源研究．生态经济，(5)：128-134.

钱俊希，张瀚．2016．想象、展演与权力：西藏旅游过程中的"他者性"建构．旅游学刊，31（6）：82-93.

沈宏益．2018．西藏乡村旅游扶贫开发探讨．西藏研究，(2)：117-124.

史薇蕊，边世平．2014．论非物质文化遗产青海"花儿"的旅游开发．生态经济，30（6）：160-162.

孙勇，郭锐，陈劲锋，等．2021．青藏高原旅游产业时空格局演变及驱动机制——基于新创企业视角．科技促进发展，17（11）：1943-1950.

田祥利．2017．对口援藏资金投入对西藏中南地区旅游经济发展的效果评估与建议．资源开发与市场，33（1）：105-109.

田祥利, 白凯. 2013. 旅游目的地突发事件对西藏入境旅游市场规模影响与政策响应. 旅游学刊, 28 (3): 38-46.

图登克珠. 2017. 西藏旅游扶贫与农牧民增收问题研究. 西藏大学学报 (社会科学版), 32 (1): 134-138, 168.

王立磊, 胥兴安. 2017. 少数民族旅游地居民对社区关爱的多维度感知——基于青海海晏部分旅游社区的质性研究. 四川师范大学学报 (社会科学版), 44 (4): 80-86.

王鑫, 陈媛, 王丽佳. 2022. 青藏高原草原生态旅游游憩价值评估——基于修正旅行费用区间分析法. 干旱区资源与环境, 36 (8): 192-200.

王永志. 2012. 区域合作视角下藏彝走廊旅游资源开发及对策分析. 管理现代化, (3): 35-37.

肖星, 侯佩旭, 李亚兵. 2003. 青藏铁路沿线旅游资源特色与开发对策. 地域研究与开发, (3): 85-88.

徐明. 2007. 以旅游开发促进青藏高原文化保护研究. 浙江学刊, (5): 186-189.

徐宁, 图登克珠. 2016. "一带一路" 背景下西藏边境旅游发展的战略选择. 西藏大学学报 (社会科学版), 31 (2): 147-152.

徐宁, 图登克珠, 蒙媛, 等. 2017. "一带一路" 背景下西藏边境旅游扶贫开发思路及模式研究. 中国藏学, (4): 134-138.

闫红瑛. 2017. "一带一路" 战略背景下中国西藏与南亚相邻国家旅游合作与发展问题探析. 西藏民族大学学报 (哲学社会科学版), 38 (3): 125-130.

羊进拉毛, 张海云. 2022. "一带一路" 背景下旅游文化与国家形象传播——基于青藏地区的田野考察. 北方民族大学学报, (1): 161-168.

杨春宇, 邢洋, 左文超. 等. 2016. 文化旅游产业创新系统集聚研究——基于全国 31 省市的 PEF 实证分析. 旅游学刊, 31 (4): 81-96.

杨建鹏, 丁玲辉. 2016. 西藏乡村旅游与民族节庆和藏族传统体育文化融合发展研究. 西南民族大学学报 (人文社科版), 37 (1): 46-50.

杨景元, 王慧玲, 雷巍. 2018. 论西藏民族传统文化融入乡村旅游发展. 农业经济, (8): 46-47.

杨明洪, 刘建霞. 2017. 旅游资源规模化开发与农牧民生计方式转换——基于西藏 "国际旅游小镇" 的案例研究. 民族学刊, 8 (3): 9-18, 99-100.

余志康, 孙根年, 冯庆, 等. 2014. 青藏高原旅游气候舒适性与气候风险的时空动态分析. 资源科学, 36 (11): 2327-2336.

查瑞波, 孙根年, 董治宝, 等. 2016. 青藏高原大气氧分压及游客高原反应风险评价. 生态环境学报, 25 (1): 92-98.

张爱儒. 2009. 青藏高原发展生态旅游的现实依据及可行性研究. 生态经济, (4): 118-120, 129.

张源. 2007. 青海省阶梯式旅游模式的探讨. 中国土族, (1): 45-48.

赵国栋. 2017. 宏观视角的西藏文化产业发展策略分析. 西藏民族大学学报 (哲学社会科学版), 38 (1): 106-114.

钟高峥, 耿娇阳, 麻学锋. 2012. 西藏旅游产业发展与经济增长的相关性研究. 经济地理, 32 (11): 166-170.

周大鸣. 2014. 人类学与民族旅游: 中国的实践. 旅游学刊, 29 (2): 103-109.

周芳, 马守春, 张敏. 2018. 西藏旅游收入乘数模型及主要因素的关联分析. 数学的实践与认识, 48 (16): 110-115.

Yang M, Liu J, Zhang Y. 2016. Local participation and cultural inclusion: a case study on lunang's tourism development in the context of policy of partner assistance to Tibet. China Tibetology, (2): 19-39.

Zhang C M, Ge Y T, Xi J C, et al. 2016. The comprehensive evaluation research of suitability of cultural tourism base in China. Resources Science, 38 (12): 17-23.

Zhang H. 2017. Problems in the development of plateau modern agriculture in Tibet "one river and two streams" agro-ecological basin and countermeasures. Meteorological & Environmental Research, 8 (2): 5.

|第十章| 青藏高原城镇化对区域环境质量的影响

根据历年环境统计资料，本章分析了 2000~2019 年青藏高原地区"三废"排放的变化态势。发现总体上"三废"排放均有不同程度增加。研究期内废水排放总量上升 99.35%，2000~2003 年呈现下降趋势，2003 年达到谷底后开始大幅上升，呈波动增加态势；2017 年 SO_2 排放总量较 2000 年上升 1.92 倍，SO_2 排放总量 2000~2011 年呈现持续上升趋势，2011 年达到峰值后开始小幅下降，到 2015 年开始大幅下降；2017 年工业固体废物产生量较 2000 年上升 36.84 倍，工业固体废弃物产生量 2000~2010 年呈现平缓上升趋势，2010~2011 年剧烈增长，随后波动上升。其中，对于每一种污染物排放青海地区占有绝对比例，变化趋势与青藏高原趋势基本相同，西藏地区仅占有较小比例。本研究对青藏高原环境状况进行梳理，2020 年青海地表水环境质量和大气环境质量较好；2020 年西藏 7 市（地）空气质量平均优良率达到 99.4%。西藏地表水断面水质达标率为 100%，主要河流、湖泊水质全部达到或优于中国《地表水环境质量标准》Ⅲ类标准。并分析重点地区环境污染排放演变态势及环境质量状况。从废水、大气、固体废弃物、土壤污染防治，空间布局优化，产业结构升级，体制机制保障等方面结合青藏高原的实际情况和特色提出青藏高原环境污染防治措施。

第一节 青藏高原主要污染物排放特征

受污染物统计数据的限制，据不完全统计 2000~2017 年青藏高原青海和西藏废水排放量由 1.72 亿 t 增加到 3.43 亿 t，工业废气排放量由 622.4 万 t 增加到 5589 万 t，工业固体废弃物产生量由 353.8 万 t 增加到 13 756 万 t，青藏高原"三废"排放量均有不同程度增加，均集中在青海。但青藏高原单位 GDP 的"三废"排放量近年来大幅度下降。

一、废水排放特征

根据废水排放数据（国家统计局，2003~2018；青海省统计局，2000~2018；西藏自治区统计局，2000~2018；青海省环境保护厅，2000~2017；西藏自治区环境保护厅，2005~2017）得到 2000~2017 年青藏高原地区废水及其污染物排放变化态势（图 10.1）。从图 10.1 可看出，2003~2015 年青藏高原地区废水排放变化态势存在较为明显的差异。废水排放总量 2000~2003 年呈现下降趋势，于 2003 年达到谷底后开始大幅上升，呈波动增加态势，2017 年较 2000 年上升 99.35%，排放量较初期上升近 1 倍。其中，青海占有较大比例，从 2000 年开始逐步上升，2017 年较 2000 年上升 1.26 倍；西藏的废水排放总量 2000~2003 年呈现下降趋势，于 2003 年达到谷底后开始上升，呈波动增加态势，2017 年较 2000 年上升 37.89%，排放量较初期上升幅度相对较小。

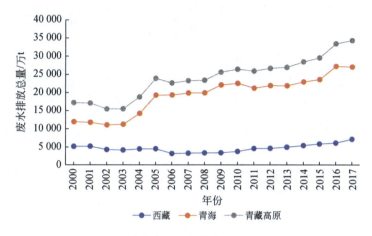

图 10.1 青藏高原历年废水排放总量变化

与废水排放总量相比，废水中化学需氧量（COD）排放大致呈分阶段变化态势，变化幅度也相对较大（图 10.2）。2003~2019 年青藏高原地区 COD 于 2015 年出现排放高峰，2015 年后 COD 排放量迅速下降，末期排放量较初期下降 6%。其中，青海占有较大比例，呈现出与青藏高原相似的变化态势，也在 2015 年达到峰值，随即下降，2019 年 COD 排放量较 2003 年下降 38%；西藏 COD 排放量变化态势除了 2009~2010 年剧烈增加，其余年份变化不明显，2019 年 COD 排放量较 2003 年增加 1.22 倍。青藏高原地区废水中氨氮排放量大致呈上升–平稳–下降态势，2003~2011 年上升，2011~2015 年基本保持平稳，最后几年有明显下降，2019 年氨氮排放量较 2003 年增加了 16%。其中，青海呈现出相似的变化态势，2019 年氨氮排放量较 2003 年下降了 22%；西藏则在 2003~2017 年逐年缓慢增长，2017 年后开始下降，2019 年氨氮排放量较 2003 年增加了 1.07 倍。

为更好地从宏观层面把握青藏高原地区环境污染演变态势，图 10.3 给出青藏高原废水污染排放量占全国排放量比例的变化情况。2003~2017 年青藏高原废水及主要污染物排放量占全国排放量比例均有所提升，其中，废水排放量占全国排放量比例呈波动增长的态势，由 2003 年的 0.32% 提升至 2017 年的 0.49%；COD 排放量占全国排放量比例先升高再下降，再升高后下降，2017 年所占比例较 2003 年提高 1.7 倍，达 0.81%；氨氮排放量占全国排放量比例先升高再下降，再升高后下降，2017 年所占比例较 2003 年提高 1.57 倍，达 0.86%。

总体上，青藏高原的废水污染排放由青海占主导，青海废水排放总量的增长率大于西藏，而西藏的 COD 和氨氮排放量的增长率却大于青海，说明西藏废水 COD 和氨氮浓度的增长超过青海。青藏高原整体上的废水排放在全国的排放中还占有较小的比例，截至 2017 年，废水排放总量仅占到 0.49%。2000~2017 年青藏高原地区单位 GDP 的废水排放量整

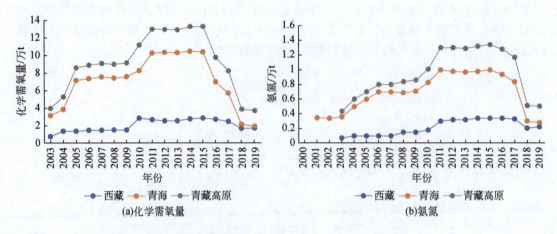

图 10.2　青藏高原历年废水中主要污染物排放量

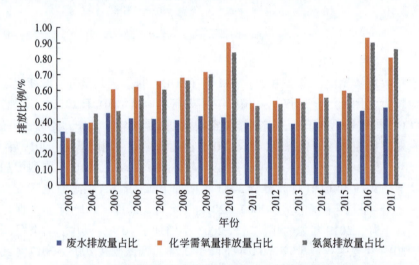

图 10.3　青藏高原历年废水及污染物占全国排放量的比例

体呈现下降趋势，除了在 2004 年、2005 年有明显回弹，但随即大幅度下降，到 2011 年之后下降幅度变缓（图 10.4），2017 年单位 GDP 的废水排放量比 2000 年下降 80.68%。青海单位 GDP 的废水排放总量变化趋势与青藏高原大体一致，西藏则一直下降。2000 ~ 2017 年青藏高原单位 GDP 的化学需氧量和氨氮排放量总体上呈下降趋势。其中 2003 ~ 2005 年呈现上升趋势，之后一直持续下降。就单位 GDP 的化学需氧量排放量而言（图 10.5），青藏高原 2005 年达到最大值（10.86kg/万元），2019 年比 2003 年下降 88.48%；青海 2019 年比 2003 年下降 91.90%；西藏 2019 年比 2003 年下降 75.82%。就单位 GDP 的氨氮排放量而言，青藏高原 2003 ~ 2005 年先升高，之后一直下降，2019 年比 2003 年下降 85.67%；青海也是 2003 ~ 2005 年升高，之后一直下降，2019 年比 2003 年下降 89.80%；西藏从 2004 年开始下降，2019 年比 2003 年下降 66.48%。青藏高原历年单位

GDP 的废水排放量与全国基本一致，略低于全国水平；2003 年青藏高原单位 GDP 的化学需氧量排放量和氨氮排放量低于全国水平，2004～2010 年，青藏高原单位 GDP 的化学需氧量排放量和氨氮排放量明显高于全国水平，从 2011 年开始，青藏高原历年单位 GDP 的化学需氧量排放量和氨氮排放量略高于全国水平。

图 10.4　青藏高原单位 GDP 的废水排放总量变化

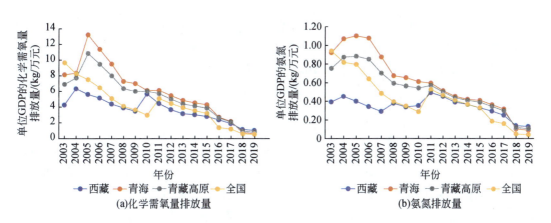

图 10.5　青藏高原历年单位 GDP 的废水主要污染物排放量

二、废气排放特征

根据废气排放数据（国家统计局，2003～2018；青海省统计局，2000～2018；西藏自治区统计局，2000～2018；青海省环境保护厅，2000～2017；西藏自治区环境保护厅，2005～2017）得到 2000～2017 年青藏高原地区废气及其污染物排放变化态势（图 10.6）。从图 10.6 可看出，2000～2015 年青藏高原地区废气排放总体呈现上升态势。废气排放总量 2000～2014 年呈现持续上升趋势，于 2014 年达到峰值后开始下降，2015 年较 2000 年上升7.98倍，排放量较初期上升近8倍。其中，青海占有较大比例，从2000年开始逐步上升，到2014年后开始下降，2015年较2000年上升7.90倍；研究期内西藏的废气排放总量呈现波动上升趋势，2000~2010年变化幅度很小，2010年开始呈现大幅度上升，2015年较2000年上升11.20倍，排放量较初期上升幅度相对较大。

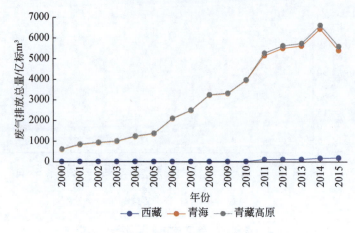

图10.6　青藏高原历年废气排放总量变化

　　从图10.7可以看出，2000~2017年青藏高原地区废气中SO$_2$排放变化态势存在较为明显的差异。SO$_2$排放总量2000~2011年呈现持续上升趋势，于2011年达到峰值后开始小幅下降，到2015年开始大幅下降，2017年较2000年上升1.92倍，排放量较初期上升近两倍。其中，青海占有较大比例，从2000年开始逐步上升，到2011年后开始下降，2017年较2000年上升1.89倍；西藏的SO$_2$排放总量呈现波动上升趋势，2017年较2000年上升3.38倍，排放量较初期上升幅度相对较大。从图10.7可以看出，与废气中SO$_2$排放相比，烟（粉）尘排放量大致呈现复杂变化态势，变化幅度也相对较大，2000~2017年青藏高原烟（粉）尘排放量于2015年出现排放高峰，2015年后烟（粉）尘排放量迅速下降，末期排放量较初期增加62.94%。其中，青海地区占有绝对比例，呈现出与青藏高原相似的变化态势，也在2015年达到峰值，随即下降，2017年烟（粉）尘排放量较2000年上升72.67%；西藏烟（粉）尘排放量变化态势除了2010~2011年、2013~2014年有剧烈增加，其余年份变化较为缓和，2017年烟（粉）尘排放量较2000年减少22.63%。

　　为更好地从宏观层面把握青藏高原地区环境污染演变态势，图10.8给出青藏高原地区废气污染排放占全国排放量比例的变化情况。2000~2017年青藏高原废气中主要污染物排放量占全国排放量比例均有所提升，其中，废气排放总量占全国比例呈波动增长的态势，由2000年的0.45%提升至2015年的0.72%；SO$_2$排放量占全国排放量比例缓慢持续增长，2016年所占比例较2000年提高5.66倍，达1.10%；烟（粉）尘排放量占全国排放量比例波动上升，2017年所占比例较2000年提高3.38倍，达1.71%，在三项中占比最高。

　　青藏高原地区整体上的废气及其污染排放在全国总体排放中还占有较小的比例，截至

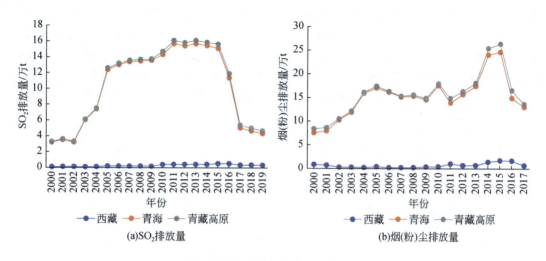

图 10.7　青藏高原历年废气中主要污染物排放量变化

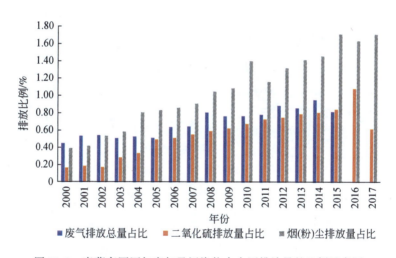

图 10.8　青藏高原历年废气及污染物占全国排放量的比例示意图

2015 年，废气排放总量仅占到 0.72%，2017 年 SO_2 排放量占比仅为 0.58%，烟（粉）尘占比为 1.71%。但研究期内这些污染排放的比例在不断增大。2000～2015 年青藏高原地区单位 GDP 的废气排放量总体上呈现波动式平稳变化，略有下降（图 10.9），2015 年比 2000 年下降 0.52%。青海单位 GDP 的废气排放量变化趋势与青藏高原大体一致，西藏 2000～2010 年一直下降，2011 年有所回升，之后保持波动式稳定。2000～2017 年青藏高原单位 GDP 的废气中 SO_2 和烟（粉）尘排放量总体上呈下降趋势（图 10.10）。其中，单位 GDP 的 SO_2 排放量先下降再上升，从 2005 年起一直下降，2019 年比 2000 年下降 88.38%；单位 GDP 的烟（粉）尘排放量先上升，从 2004 年起一直下降，2017 年比 2000 年下降 84.21%。就单位 GDP 的 SO_2 排放量而言，青海 2019 年比 2000 年下降 88.00%；西藏 2019 年比 2000 年下降 70.75%。就单位 GDP 的烟（粉）尘排放量而言，青海从 2005 年起一直下降，2014 年有个回弹，2017 年比 2000 年下降 82.65%；西藏刚开始有大幅度下降，从 2002 年开始波动式平稳，2017 年比 2000 年下降 93.05%。青藏高原历年单位 GDP 的废气排放量高于全国水平；2000～2004 年，青藏高原单位 GDP 的 SO_2 排放量低于全国水平，2005 年以后高于全国水平，2000～2017 年青藏高原历年单位 GDP 的烟（粉）尘排放量始终高于全国水平。

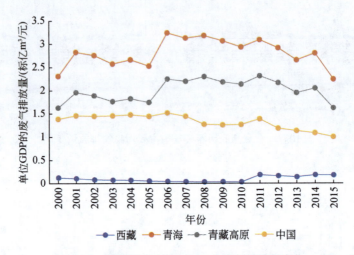

图 10.9　青藏高原历年单位 GDP 废气排放量变化

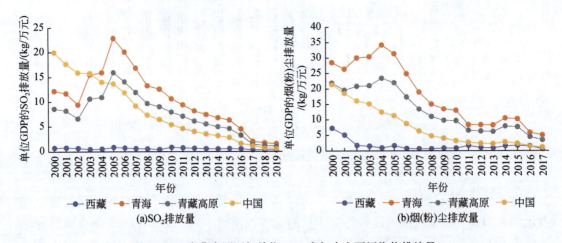

(a)SO_2 排放量　　　　　　　　　　(b)烟(粉)尘排放量

图 10.10　青藏高原历年单位 GDP 废气中主要污染物排放量

三、固体废弃物排放特征

根据工业固体废弃物排放数据（国家统计局，2003～2018；青海省统计局，2000～

2018；西藏自治区统计局，2000~2018；青海省环境保护厅，2000~2017；西藏自治区环境保护厅，2005~2017）得到2000~2017年青藏高原工业固体废弃物产生量变化情况（图10.11）。从图10.11看出，2000~2017年青藏高原工业固体废弃物产生量总体呈现上升态势。工业固体废弃物产生量从2000~2010年呈现平缓上升趋势，2010~2011年剧烈增长，随后波动上升，2017年较2000年上升36.84倍。其中，青海占有绝对比例，变化趋势与青藏高原趋势基本相同，2017年较2000年上升37.60倍；西藏的工业固体废弃物产生量呈现波动上升趋势，2000~2010年变化幅度很小，2010年开始呈现大幅度上升，2017年较2000年上升21.92倍，较初期上升幅度相对于青海较小。

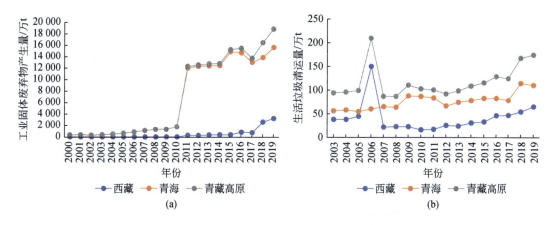

图10.11　青藏高原历年工业固体废弃物产生量与生活垃圾清运量变化

2003~2017年青藏高原生活垃圾清运量变化态势除了2005~2007年存在较为明显的波动，其他时间均平稳地波动起伏。青藏高原生活垃圾清运量上升32.27%。其中，青海占有较大比例，从2003年开始波动上升，2017年较2000年上升39.00%；西藏的生活垃圾清运量在2005~2007年存在剧烈上升和下降，其他时间呈现波动上升趋势，2017年较2003年上升22.37%，较初期上升幅度相对于青海较小。

为更好地从宏观层面把握青藏高原工业固体废弃物产生量演变态势，图10.12给出青藏高原工业固体废弃物产生量和生活垃圾清理运量占全国比例的变化情况。2000~2016年青藏高原工业固体废弃物产生量占全国比例均有所提升，提升8.31倍，2003~2016年生活垃圾清运量所占比例有所下降，下降0.09%。2010年之前，两者所占比例相当，从2011年开始工业固体废弃物产生量的比例有了大幅度增加。

总体上，青海在青藏高原的工业固体废弃物产生量占绝对主导地位，青海工业固体废弃物产生量和生活垃圾清运量的增长率均大于西藏。青藏高原固体废弃物产生量和生活垃圾清运量在全国占有较小的比例，但相对废水和废气污染物的排放，青藏高原工业固体废弃物产生量所占比例较大，2017年已达4.04%。2000~2017年青藏高原单位GDP的工业固体废弃物产生量2000~2010年保持稳定，2011年陡然增长，之后持续下降，2017年比2000年增长2.67倍（图10.13）。青海单位GDP的工业固体废弃物产生量变化趋势与青

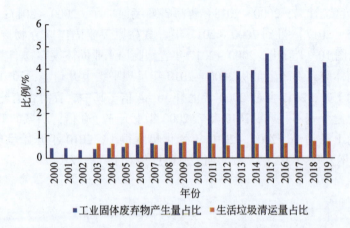

图 10.12　青藏高原历年工业固体废弃物与生活垃圾清运量占全国比例的变化情况

藏高原大体一致，2017 年比 2000 年增长 2.88 倍；西藏在 2000～2010 年保持稳定，2011 年增长后开始持续轻微下降，2017 年比 2000 年增长 1.06 倍。2003～2017 年青藏高原单位 GDP 的生活垃圾清运量整体上呈下降趋势，其中 2006 年有个回弹。青藏高原 2006 年达到最大值（223.37kg/万元），2017 年比 2003 年下降 80.66%；青海 2017 年比 2003 年下降 79.34%；西藏 2017 年比 2003 年下降 82.72%。青藏高原历年单位 GDP 的工业固体废弃物产生量 2000～2010 年与全国基本一致，2011 年以后显著高于全国水平；青藏高原单位 GDP 的生活垃圾清运量 2003～2007 年高于全国水平，2007 年以后青藏高原单位 GDP 的生活垃圾清运量与全国水平相差不大，2007 年比 2003 下降 80.66%。

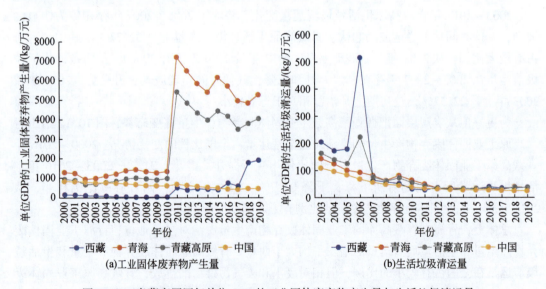

图 10.13　青藏高原历年单位 GDP 的工业固体废弃物产生量与生活垃圾清运量

第二节　青藏高原环境质量变化态势

青藏高原地表水环境质量较好，其中长江干流、黄河干流、澜沧江、青海内陆河水环境质量均能达到相应标准要求，但黄河支流湟水河及其支流水质污染较为严重。大气环境质量较好，主要污染物为可吸入颗粒物和细颗粒物。声环境质量总体较好，但部分中心城市交通干道两侧区域交通噪声出现超标。2020 年青海环境空气质量优良天数比例平均为97.2%，同比上升 1.1%，其中主要城市西宁市、海东市优良天数比例分别为 92.1%、95%。长江、黄河、澜沧江及湟水流域水质持续改善。2020 年西藏地级以上城市环境空气优良天数比例达 99.4%，其中林芝市、昌都市空气环境质量优良天数比例达到 100%，西藏主要江河湖泊及饮用水水源地水质达标率为 100%，全区主要江河、湖泊水质整体保持良好，达到国家规定相应水域的环境质量标准。

一、总体环境质量明显改善

采用由空气清新指数、水体洁净指数、土壤安全指数、生态良好指数、人居整洁指数加权求和计算得到的区域环境质量综合指数，分别对西藏和青海区域环境质量综合指数、空气清新指数、水体洁净指数、土壤安全指数、生态良好指数、人居整洁指数进行计算，发现青藏高原主体区西藏和青海环境质量综合指数与各项分指数均逐步提升，表明青藏高原生态环境质量在明显改善。

由图 10.14 看出，2000～2019 年，西藏和青海的环境质量综合指数逐渐增加，其中西藏环境质量综合指数由 64.21 增加到 79.31，青海环境质量综合指数由 52.54 增加到

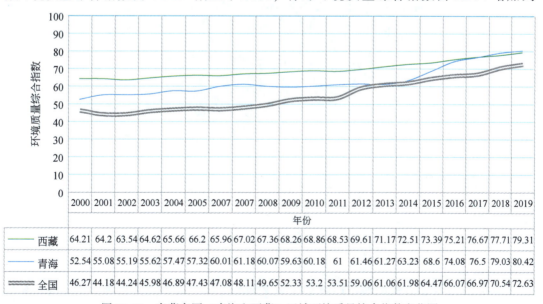

	2000	2001	2002	2003	2004	2005	2007	2007	2008	2009	2010	2011	2012	2013	2014	2015	2016	2017	2018	2019
西藏	64.21	64.2	63.54	64.62	65.66	66.2	65.96	67.02	67.36	68.26	68.86	68.53	69.61	71.17	72.51	73.39	75.21	76.67	77.71	79.31
青海	52.54	55.08	55.19	55.62	57.47	57.32	60.01	61.18	60.07	59.63	60.18	61	61.46	61.27	63.23	68.6	74.08	76.5	79.03	80.42
全国	46.27	44.18	44.24	45.98	46.89	47.43	47.08	48.11	49.65	52.33	53.2	53.51	59.06	61.06	61.98	64.47	66.07	66.97	70.54	72.63

图 10.14　青藏高原（青海和西藏）区域环境质量综合指数变化图

80.42，均高于全国环境质量综合指数。说明青藏高原生态环境保护取得了举世瞩目的巨大成效，环境质量正在明显改善。

二、大气环境质量持续优良

青藏高原整体大气环境保持优良，各地级行政区环境空气优良天数比例均已处于90%以上，呈现出中部高两端低的空间特征（图10.15），西藏的地级行政区明显优于青海。玉树州、昌都市、拉萨市、林芝市的环境空气优良天数比例已达到100%。相对来讲西宁市环境空气优良天数比例处于最低。青藏高原人类活动强度较低，空气质量受人类活动影响较小，污染物种类较少，浓度较低。随着绿色能源推广、生态城镇建设和农村环境综合治理的不断推进，青藏高原空气质量进一步改善。2016年，全国颗粒物年均浓度达标的96个重点城市中，16个位于青藏高原。目前，青藏高原仍然是地球上最洁净的地区之一（青海省环境保护厅，2000~2017；西藏自治区环境保护厅，2005~2017）。

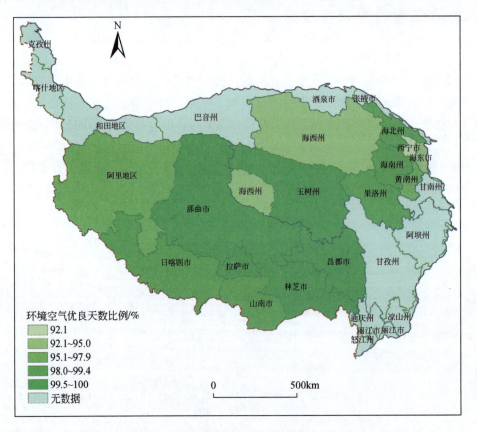

图10.15　青藏高原环境空气优良天数比例分布图

早在1998年，青海的城市环境空气呈煤烟型污染，以尘类污染为主。主要污染因子为总悬浮颗粒物和降尘，二氧化硫和氮氧化物污染尚不突出。西宁市、大通县空气污染综合指数分别为 1.69、2.8，西宁市位居全国 52 个重点城市的第 23 位。西宁市仍属重度污染，大通县发展为重度污染。据监测，西宁市和大通县两城镇环境空气中，总悬浮颗粒物年浓度均值分别达 507μg/m³ 和 810μg/m³，西宁市超过《环境空气质量标准》（GB 3095—2012）二级标准的 1.5 倍，大通县超标 3 倍。到 2017 年，青海两市 6 州政府所在地城市（镇）环境空气质量达标天数比例平均为 92.4%，同比上升 4.4%，环境空气中 6 项污染物平均浓度达到《环境空气质量标准》（GB 3095—2012）二级标准。可吸入颗粒物（PM_{10}）和细颗粒物（$PM_{2.5}$）平均浓度分别为 67μg/m³ 和 30μg/m³，同比分别下降 15.2% 和 14.3%；二氧化硫（SO_2）平均浓度为 20μg/m³，同比持平；二氧化氮（NO_2）和臭氧（O_3）日均值第 90 百分位浓度平均分别为 22mg/m³ 和 133mg/m³，同比分别上升 4.8% 和 3.9%；一氧化碳（CO）日均值第 95 百分位浓度平均为 1.6mg/m³，同比下降 9.1%。

2001 年西藏大气污染仍然以自然界的尘为主，主要污染物为 PM_{10}。二氧化硫、氮氧化物浓度均能满足《环境空气质量标准》（GB 3095—2012）二级标准，总悬浮颗粒物浓度在超过《环境空气质量标准》（GB 3095—2012）二级标准，超标率为 39.8%。拉萨市优为 106 天，良为 241 天，轻度污染为 18 天，优良率达到 95.1%；拉萨市未出现酸雨；珠穆朗玛峰地区的空气质量能达到《环境空气质量标准》（GB 3095—2012）的一级标准。到 2017 年，全区主要城镇大气环境质量整体保持优良，环境空气优良率为 97.5%；拉萨市未出现酸雨；拉萨市全年环境空气质量优良天数为 361 天，占全年有效监测天数的 99.2%，根据中国环境监测总站统计，拉萨市环境空气质量在全国 74 个重点城市中排名第二位；珠穆朗玛峰区域环境空气质量继续保持在优良状态，达到一级标准（中国环境监测总站，2000～2015）。

青藏高原地级行政单元 $PM_{2.5}$ 浓度均已处于 40μg/m³ 以下（图 10.16），呈现西南低东北高的空间分布格局。西藏的地级行政单元 $PM_{2.5}$ 浓度明显低于青海。林芝市、阿里地区、玉树州的 $PM_{2.5}$ 浓度最低。海东市的 $PM_{2.5}$ 浓度处于最高。青藏高原各个地级行政单元 PM_{10} 浓度均已处于 70μg/m³ 以下（图 10.17），呈现由东北向西南递减的空间分布格局。西藏的地级行政单元 PM_{10} 浓度明显低于青海。林芝市、阿里地区、玉树州的 PM_{10} 浓度最低。西宁市和甘南州的 PM_{10} 浓度处于最高。

采用由 $PM_{2.5}$ 浓度、PM_{10} 浓度、空气质量优良天数比例等指标综合而成的反映环境空气质量优良状况和空气清新程度的空气清新指数计算表明，2000～2019 年青藏高原西藏和青海的空气清新指数逐渐增加，其中西藏空气清新指数由 87.23 增加到 96.96，青海由 70.55 增加到 94.28，均远高于全国空气清新指数（图 10.18）。说明青藏高原空气环境质量综合治理取得显著成效，高原空气环境质量非常清新。

三、水体环境质量稳定良好

国家及地方政府在流域综合治理、农村与城镇人居环境改善、工矿污染防控等方面实施了一系列的环境保护工程。青藏高原环境质量及人居环境持续向好（青海省环境保护

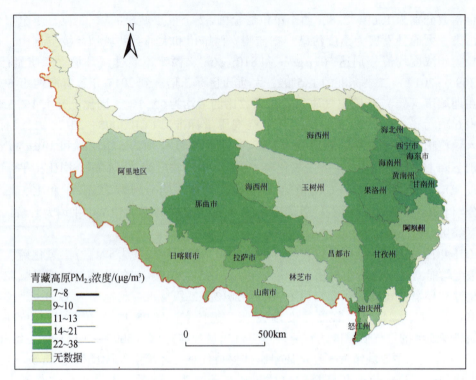

图 10.16　青藏高原 PM$_{2.5}$ 浓度分布图

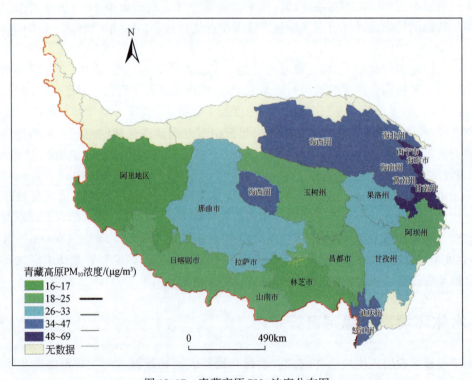

图 10.17　青藏高原 PM$_{10}$ 浓度分布图

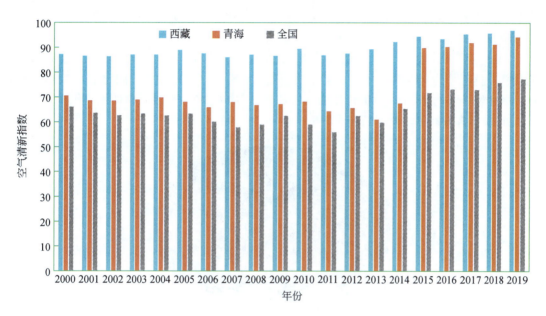

图 10.18   青藏高原（青海和西藏）空气清新指数变化图

厅，2000~2017；西藏自治区环境保护厅，2005~2017；国务院新闻办公室，2018）。

青藏高原是亚洲多条主要江河的源头区，也是中国水资源管理和水环境保护最严格的区域之一。国家不断加大对青藏高原水环境保护力度，主要措施包括：编制重要水域综合规划，划定江河湖泊水功能区，明确水域功能和水质保护目标，核定重要江河湖泊水功能区纳污能力和限排总量，实行最严格的水资源管理制度。建立省（区）、地（市）、县（区）三级行政区考核指标体系，推进水生态环境保护与修复，保障青藏高原水生态环境安全。

"十二五"期间，国家投入253.12亿元，用于青藏高原农村饮水、水土保持、牧区水利等工程建设，解决了457.1万农牧民的饮水安全问题，并建成1400多座寺庙通水工程，保障了高氟、高砷、苦咸、污染水及局部严重缺水地区的饮水安全。2014年，国家投入4.78亿元，支持纳木措、羊卓雍措、克鲁克湖和黄河源湖泊群等湖泊流域的环境治理与生态修复。近年来，实施小流域生态综合治理、坡耕地水土流失综合整治等工程，新增水土流失治理面积1730km^2。实施三江源、青海湖、祁连山生态保护等工程，每年向下游输送600亿m^{3}的优质水。目前，青藏高原主要江河湖泊基本处于天然状态，水质状况保持良好。

在1998年湟水水质达不到应执行的地面水环境质量标准，湟水干流及其主要支流水污染呈有机物污染型，主要污染因子为石油类、氨氮、生化需氧量、挥发酚和高锰酸盐指数。在17个监测断面中，1998年湟水干流、北川河、南川河、沙唐川河污染呈加重趋势，58.8%的断面呈重污染或严重污染。当时由于没有城市生活污水处理设施，生活污水成为湟水河的主要污染源。1998年湟水流域南川、北川、西纳川、平安地下水质综合评价分值为 0.71 ~ 2.14，地下水质属良好级，是优良的饮用水；南川下游 S4 井和胜利公园泉综合评分值为 7.11，地下水质属较差级。

2020 年青海地表水 62 个水质例行监测断面中，其中 61 个监测断面水质达到水环境功能目标，达标率为 98.4% 。Ⅰ ~ Ⅲ类水质断面 62 个，占比为 100% ，同比上升 3.3 个百分点，其中：Ⅰ类占 16.1% 、Ⅱ类占 69.4% 、Ⅲ类占 14.5% 。地表水整体水质优良。

2020 年青海地表水监测断面水质情况（图 10.19）分别如下。

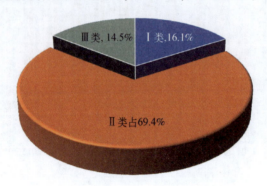

图 10.19　2020 年青海地表水监测断面水质情况

长江干流：境内水质达到Ⅰ类，水质状况优。

黄河干流：境内水质达到Ⅱ类，水质状况优。

澜沧江干流：境内水质达到Ⅰ类，水质状况优。

湟水流域：湟水干流和主要支流 28 个监测断面水质均达到水环境功能（水质考核）目标，达标率为 100% 。Ⅰ ~ Ⅲ类断面 28 个，占 100% ，水质状况优良。湟水出境民和桥断面Ⅳ类水质达标率为 100% 。

柴达木内陆河流域：流域中的巴音河、格尔木河、都兰河、察汗乌苏河 4 条河流 11 个监测断面水质达到Ⅱ类，水质状况优。

黑河干流：境内水质达到Ⅱ类，水质状况优。

青海湖流域：主要入湖河流布哈河、沙柳河水质达到Ⅰ类，水质状况优。

集中式生活饮用水水源地：青海 12 个市州级、38 个县级城市（镇）集中式生活饮用水水源地（地下水水源地 33 个、地表水水源地 17 个）水质状况保持稳定。其中，45 个水源地水质达到Ⅲ类及以上，占 90% ；5 个水源地水质个别指标本底略有超标。

重要水功能区水质：列入全国重要江河湖泊的水功能区共 46 个，其中，参与评价水功能区 44 个（两个排污控制区不参与评价），达标率为 100% ；评价总河长 6745.1km，达标河长 6745.1km，达标河长 100% 。

2020 年，西藏主要江河、湖泊水质整体保持良好，达到国家规定相应水域的环境质量标准。澜沧江、金沙江、雅鲁藏布江、怒江干流水质达到Ⅱ类标准；拉萨河、年楚河、尼洋河等流经重要城镇的河流水质达到Ⅲ类及以上标准；发源于珠穆朗玛峰的绒布河水质达到Ⅰ类标准。班公措、羊卓雍措和纳木措水质均为Ⅱ类标准，色林错水质达到Ⅲ类标准。

另外，西藏全区七地（市）行署（人民政府）所在地城镇 20 个集中式生活饮用水水源地水质均达到《地表水环境质量标准》（GB 3838—2002）或《地下水质量标准》（GB/T 14848—2017）Ⅲ类标准要求。

采用由地表水水质优良比例、地表水劣Ⅴ类水体比例、集中式饮用水水源地水质达标率等指标综合而成的水体洁净指数计算表明，2000～2019 年青藏高原西藏和青海的水体洁净指数逐渐增加，其中西藏水体洁净指数持续保持 100，青海由 65.28 增加到 93.52，均远高于全国水体洁净指数（图 10.20）。说明青藏高原水体保护与水体环境质量综合治理取得显著成效，青藏高原水体环境质量整体上一直保持洁净状态。

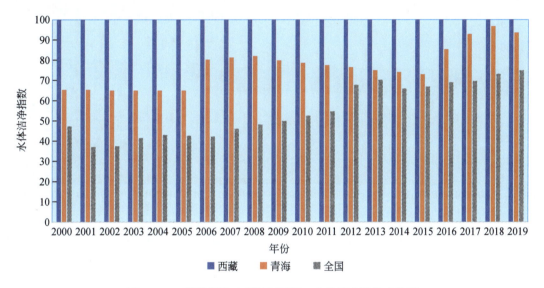

图 10.20　青藏高原（青海和西藏）水体洁净指数变化图

四、土壤环境质量接近净土

土壤功能有效提升。青藏高原是全球受污染最少的地区之一，土壤环境总体处于自然本底状态。土壤类型和重金属元素含量受控于成土母岩性质与气候条件，人类活动的影响较小。高原湖泊沉积物中铜、镍、铅等重金属元素含量低于人类活动频繁区湖泊沉积物。从耕地土壤来看，西藏大部分耕地土壤重金属元素含量优于国家一级土壤标准。

随着生态建设与环境保护相关措施的逐步实施，青藏高原土壤生态功能得到有效提升。近 50 年，中国草地土壤碳储量呈波动式增加趋势，其中青藏高原草地土壤碳储量的贡献最大（63.1%），高原高寒草地 3m 深的土壤无机碳库约占全国土壤无机碳库的 70%。从水源涵养能力看，青藏高原年均水源涵养量达 3450 亿 m^3。三江源生态保护与建设一期工程完成后，林草生态系统年均水源涵养量比工程实施前增加了 15.60%；围栏封育等措施也促进土壤有机碳、土壤水分、土壤微生物环境等性状改善。

采用由受污染耕地安全利用率、污染地块安全利用率、农膜回收率、化肥利用率、农药利用率等指标综合而成的土壤安全指数计算表明，2000~2019 年青藏高原西藏和青海的土壤安全指数逐渐增加，其中西藏土壤安全指数由 54.26 增加到 64.26，青海由 58.98 增加到 80.98（图 10.21）。说明青藏高原土壤环境保护取得显著成效，青藏高原土壤环境质量整体上一直保持洁净状态。

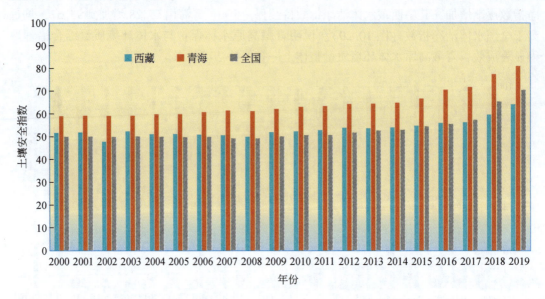

图 10.21 青藏高原（青海和西藏）土壤安全指数变化图

五、人居环境质量逐步改善

自 2009 年以来，国家累计投入 62.94 亿元，支持青藏高原城镇的生活污水垃圾处理设施与污水管网项目，提高了当地城镇生活污水、垃圾处理能力。自"十二五"以来，国家累计投入 54.52 亿元，支持高原各省（自治区）开展农村环境综合整治。其中，安排西藏 3.49 亿元、四川 16.31 亿元、云南 14.54 亿元、甘肃 8.99 亿元、青海 11.19 亿元。

自 2008 年以来，青海开展农村环境连片整治工作，累计投入专项资金 17.4 亿元，对 3015 个村庄和游牧民定居点实施了环境综合整治，受益人口为 220 万人，占全省农村总人口的 76%。2014 年，青海启动高原美丽乡村建设工作，截至 2017 年底，已完成建设投资 107.7 亿元。目前，青海城市生活污水处理率和生活垃圾无害化处理率分别达到 78.02% 和 96.69%，城镇人居环境明显改善。西藏加强城乡社区绿化美化，解决垃圾分类处理、噪声污染处理、污水排放、秸秆焚烧等问题。

自 2010 年以来，西藏安排资金 118.18 亿元，开展 5261 个村人居环境建设和环境综合整治工作，建立农村环境长效管护机制，改善环境质量。四川甘孜州实施"垃圾污水三年行动"，2017 年落实地方政府专项债券资金 2.75 亿元用于新型城镇化建设。截至 2017 年底，四川阿坝州共投资 5.85 亿元用于建设污水、垃圾处理设施。云南迪庆州禁止在辖区内销售、提供、使用不降解的塑料制品，水污染、土壤污染和大气污染治理取得明显成效。甘肃甘南州已投入 52.46 亿元，实施 703 个生态文明小康村建设项目，改善这些村基础设施、公共服务、社会保障和生态环境等生产生活条件。

采用由城市生活污水集中处理率、城市生活垃圾无害化处理率、建成区绿化覆盖率、农村卫生厕所普及率、人均农村生物质等指标综合而成的人居整洁指数计算表明，2000～2019 年青藏高原西藏和青海的人居整洁指数逐渐增加，其中西藏人居整洁指数由 6.56 增加到 59.62，青海由 23.48 增加到 77.73（图 10.22）。说明青藏高原人居环境改善取得显著成效，青藏高原人居环境质量得到显著改善，但与全国人居整洁指数相比还有较大差距，还需要加大投入继续加强青藏高原人居环境建设。

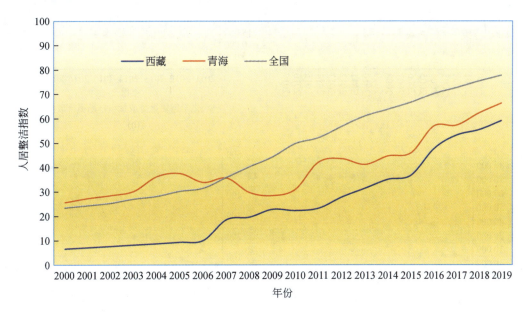

图 10.22　青藏高原（青海和西藏）人居整洁指数变化图

第三节　西宁市与拉萨市环境质量变化

一、西宁市

西宁市废水排放量整体呈现上升态势（西宁统计局，2000～2018），阶梯形上升特征明显，2000～2004 年，排放量保持平稳，略有下降，2004～2005 年剧烈上升，到一定高度，在 2005～2010 年保持这一高度，2010～2011 年又经历了飞跃，2011 年后在这一高度上逐渐平稳下降，2015 年开始又有上升（图 10.23）。2017 年废水排放总量较 2000 年上升

4.70 倍；2000～2014 年西宁市 SO_2 与烟（粉）尘排放量呈现时间序列上相反的上升态势，SO_2 排放量先上升（2000～2005 年），后平稳（2005～2014 年），而烟（粉）尘排放量先平稳（2000～2010 年），后上升（2010～2014 年）。2014 年两者都开始下降，2017 年 SO_2 排放量比 2000 年上升 1.44 倍，而 2017 年烟（粉）尘排放量比 2000 年下降 24.64%。工业固体废弃物产生量整体上升，表现为先上升后下降，呈现倒"U"形，在 2014 年到达峰值，2017 年工业固体废弃物产生量较 2000 年增加 4.20 倍。

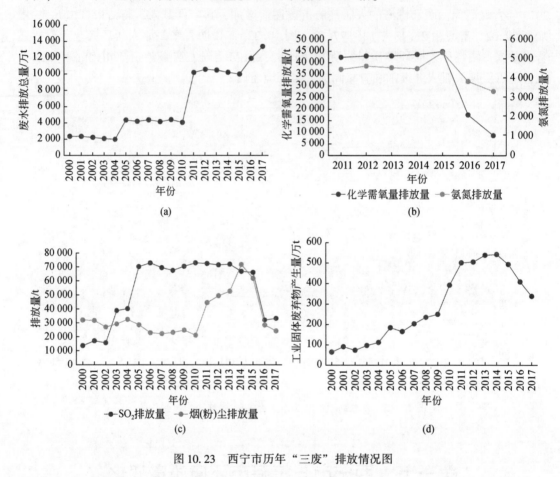

图 10.23   西宁市历年"三废"排放情况图

西宁市历年单位 GDP 的"三废"排放量总体呈现下降趋势，均有较大幅度的下降（图 10.24）。2017 年单位 GDP 的废水排放量比 2000 年下降 54.90%，2017 年单位 GDP 的化学需氧量排放量比 2011 年下降 87.80%，2017 年单位 GDP 的氨氮排放量比 2011 年下降 55.30%%，2017 年单位 GDP 的 SO_2 排放量比 2011 年下降 80.71%，2017 年单位 GDP 的烟（粉）尘排放量比 2011 年下降 94.03%，2017 年单位 GDP 的工业固体废弃物产生量比 2011 年下降 58.82%。西宁市推进生态文明建设，绿色产业发展取得显著成效。

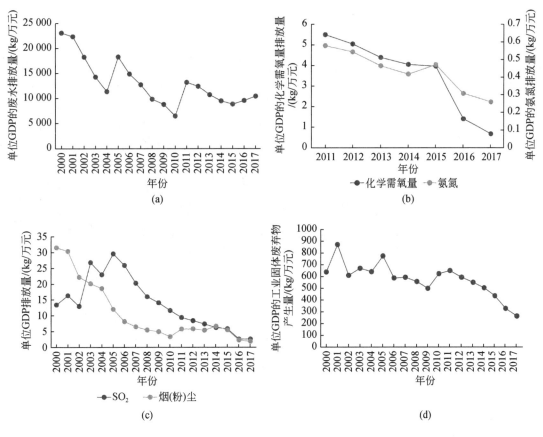

图 10.24　西宁市单位 GDP 的"三废"排放量图

为了体现西宁市环境污染排放的重要性,图 10.25 表明"三废"排放占比情况。废水排放量占比在 2000~2010 年维持在 15% 左右的水平,到 2010 年开始有巨大增加趋势,之后略微下降,但都维持在 30% 以上。SO_2 排放量占比呈现先增加后下降的趋势,2017 年与 2000 年保持相当水平,分别为 41.54% 和 42.12%。烟(粉)尘排放量占比波动式持续下降,从 2000 年的 39% 下降到 2014 年的 28.22%。西宁工业固体废弃物产生量占比 2000~2010 年在 20% 左右波动,2010 年后下降到 5% 以下,逐年下降,2017 年较 2000 年下降 86.26%。

2020 年西宁市环境空气质量达标天数比例为 92.10%(图 10.26),比 2009 年上升 11.9 个百分点。环境空气中 PM_{10} 和 $PM_{2.5}$ 年均浓度分别为 61μg/m³ 和 35μg/m³,比 2013 年分别下降 62.58% 和 50.00%;SO_2 和 NO_2 年均浓度分别为 15μg/m³ 和 36μg/m³,比 2006 年分别下降 34.78% 和上升 24.14%。

西宁市环境空气质量达标率从 2009 年的 80.20%,经历波动式变化,到 2019 年达到 92.10%。影响西宁市环境空气质量的首要污染物在 2007 年及以前为总悬浮颗粒物,从 2008 开始,PM_{10} 成为影响城市环境空气质量的首要污染物,到 2013 年主要污染物变成

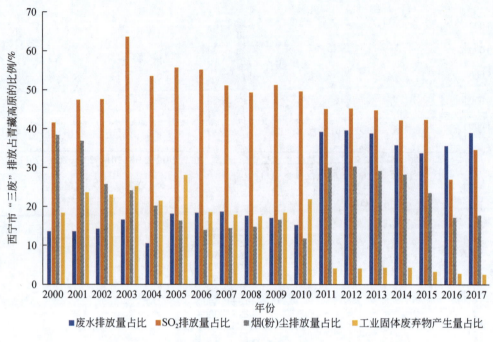

图 10.25　西宁市历年 "三废" 排放占青藏高原的比例

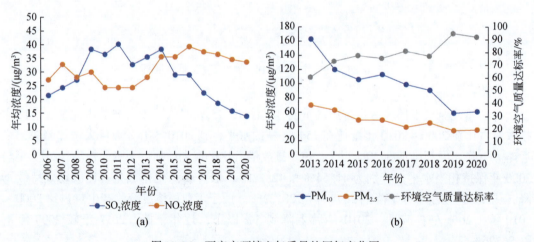

(a)　　　　　　　　　　　　　(b)

图 10.26　西宁市环境空气质量的历年变化图

PM_{10} 和 $PM_{2.5}$。西宁市的 SO_2 浓度从 2006 年起先上升后下降，波动式变化，2019 年浓度较 2006 年减少了 8μg/m³，NO_2 浓度从 2006 年的 26μg/m³ 上升到 2020 年的 36μg/m³，增加 38.46%。这说明近些年脱硝比脱硫起步稍晚，人们对脱硝的关注较少。

二、拉萨市

根据环境统计资料（中国环境监测总站，2000~2015）和中国统计年鉴，得到拉萨市历年"三废"排放数据（图10.27）。拉萨市的废水排放量在2011~2017年处于上升阶段，2017年废水排放量较2011年上升92.00%。化学需氧量排放量和氨氮排放量在2011~2013年逐渐下降，之后一直上升，化学需氧量排放量在2017年上升25.03%，氨氮排放量2017年比2011年上升37.79%。

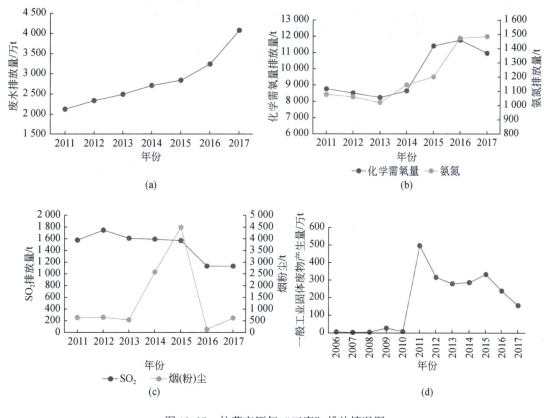

图10.27　拉萨市历年"三废"排放情况图

拉萨市SO₂排放量2011~2015年保持波动式平稳，2015年陡然下降，2016~2017年又保持平稳，2017年较2011年下降28.22%。拉萨市工业烟（粉）尘排放量在2011~2013年基本平稳，略微下降，在2013年后陡然上升，2015年开始陡然下降，2017年又回升，2017年排放量较2011年下降1.74%。

拉萨市一般工业固体废弃物产生量2006~2010年变化不大，但从2010年开始剧烈猛增，之后波动式下降，2017年产生量较2006年增加34.11倍。

为了把握拉萨市环境污染排放在整个青藏高原中的位置，图10.28表明拉萨市"三废"排放量占比情况。废水排放量占比在 2011~2017 年维持在 8% 以上水平。SO₂ 排放量占比主要在 1% 左右浮动。烟（粉）尘排放量占比波动式增长，2011 年的 0.98% 上升到 2017 年的 1.02%。拉萨工业固体废弃物产生量占比在 2011~2017 年总体下降，从 2011 年

图 10.28　拉萨市主要污染物排放量占青藏高原的比例图

的 4.03% 上升到 2015 年的 1.15%。拉萨"三废"排放量在高原所占位置较低。

拉萨市历年单位 GDP 的"三废"排放量总体呈现下降趋势，均有较大幅度的下降（图 10.29）。2017 年单位 GDP 的废水排放量比 2011 年下降 11.04%，2017 年单位 GDP 的化学需氧量排放量比 2011 年下降 42.07%，2017 年单位 GDP 的氨氮排放量比 2011 年下降 36.15%，2017 年单位 GDP 的 SO₂ 排放量比 2011 年下降 66.74%，2017 年单位 GDP 的烟（粉）尘排放量比 2011 年下降 54.47%，2017 年单位 GDP 的工业固体废弃物产生量比 2011 年下降 85.58%。拉萨市环境空气质量达标率从 2013 年的 94.52%，经历波动式变化，到 2020 年达到 100%。拉萨市 SO₂ 浓度从 2006 年起先升下降，呈波动式变化，2020 年浓度较 2006 年减少 22.22%，NO₂ 浓度从 2006 年的 26μg/m³ 下降到 2020 年的 18.5μg/m³，下降 28.85%。2013~2020 年，PM₁₀ 和 PM₂.₅ 分别下降 27.50% 和 53.85%（图 10.30）。

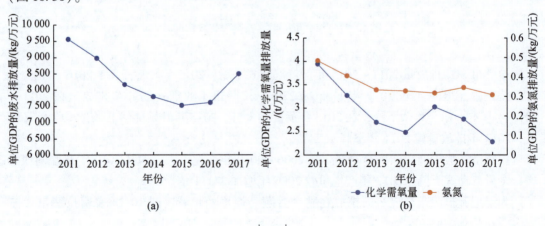

(a)　　　　　　　　　(b)

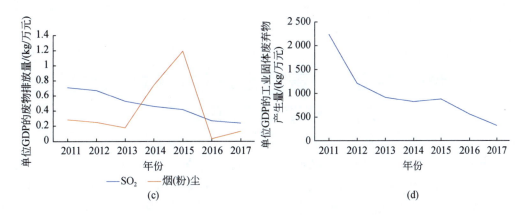

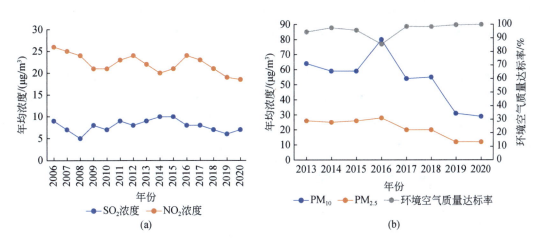

图 10.29　拉萨市单位 GDP 的主要污染物排放量变化图

图 10.30　拉萨市环境空气质量的历年变化图

主要参考文献

国家统计局 . 2003 ~ 2018. 中国统计年鉴 . 北京：中国统计出版社 .

国家统计局 . 2005 ~ 2018. 中国环境统计年鉴 . 北京：中国统计出版社 .

国务院新闻办公室 . 2018. 《青藏高原生态文明建设状况》白皮书，2018 ~ 7-19.

青海省环境保护厅 . 2000 ~ 2017. 青海省环境状况公报 .

青海省统计局 . 2000 ~ 2018. 青海统计年鉴 . 北京：中国统计出版社 .

西宁统计局 . 2000 ~ 2018. 西宁统计年鉴 . 北京：中国统计出版社 .

西藏自治区环境保护厅 . 2005 ~ 2017. 西藏自治区环境状况公报 .

西藏自治区统计局 . 2000 ~ 2018. 西藏统计年鉴 . 北京：中国统计出版社 .

中国环境监测总站 . 2000 ~ 2015. 中国环境统计年报 .

第十一章 青藏高原地区碳氮足迹 与贸易隐含碳氮转移

国内早期关于青藏高原地区大规模的研究主要来自两方面：一是中央政府和中国科学院组织的科学考察，二是有关省（自治区）行政主管部门和科研院所开展的工作。需要指出的是，以往涉及青藏高原资源环境的研究，主要基于域内的视角（Li，2017）。近年来，随着区域间商品贸易的蓬勃发展，尤其是国家西部大开发战略和"一带一路"倡议的持续推进，青藏高原地区经济社会快速发展，同时生态环境状况也发生了一些变化，特别是对区域内外贸易等人类活动的敏感性日益增强。在此背景下，亟须"跳出青藏高原看青藏高原"，从更为广泛的视角审视青藏高原的城镇化进程及其生态环境效应。青藏高原地区包括中国西藏和青海全域、新疆、甘肃、四川、云南的部分地区。由于投入产出表数据可得性的限制，本章研究范围包括西藏、青海、新疆、甘肃、四川、云南6省（自治区）全域。通过聚焦我国省际商品和服务贸易供应链导致的青藏高原地区隐含碳氮转移问题，旨在为青藏高原地区经济社会与生态环境协调发展提供政策依据和技术支撑。

第一节 青藏高原地区碳氮排放特征

一、碳排放状况

随着全球变暖日益加剧，气候变化已成为人类社会面临的重大挑战（张琦峰等，2018），改变传统高耗能、高污染的产业发展模式从而降低碳排放强度和碳排放总量，是中国高质量发展的必经之路（蒋丹等，2020）。如图 11.1 所示，2009 年青藏高原地区五个省（自治区）（西藏数据缺失）的碳排放总量为 100 590.607 万 t，具体从高到低依次为四川 33 567.332 万 t、新疆 24 690.738 万 t、云南 22 713.016 万 t、甘肃 15 476.926 万 t、青海 4142.595 万 t。2012 年，新疆以 37 794.645 万 t 的总碳排放量超越四川的 36 346.76 万 t 跃升成为排放量最高的省（自治区）并持续保持。2019 年青藏高原地区五个省（自治区）的总碳排放量为 147 056.419 万 t，排序依次为新疆 61 079.015 万 t、四川 33 463.125 万 t、云南 25 297.395 万 t、甘肃 21 253.851 万 t、青海 5963.033 万 t。2009 ~ 2019 年除了四川的二氧化碳排放总量有所起伏，其余省（自治区）均保持上升趋势，新疆增幅最大，为 36 388.277 万 t。同样地，人均二氧化碳排放量除四川下降外，其他省

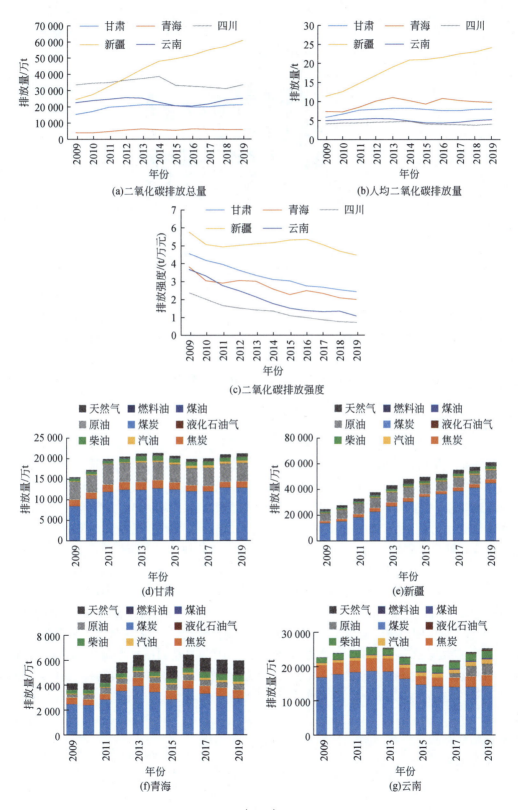

(a)二氧化碳排放总量

(b)人均二氧化碳排放量

(c)二氧化碳排放强度

(d)甘肃

(e)新疆

(f)青海

(g)云南

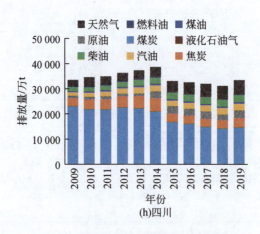

图 11.1　青藏高原地区历史碳排放状况
资料来源：CSMAR 数据库

（自治区）均上升。此外，各省（自治区）的二氧化碳排放强度总体呈下降趋势。四川二氧化碳排放强度最低，从 2009 年的 2.372t/万元下降至 2019 年的 0.781t/万元，云南从 3.681t/万元下降至 1.089t/万元，青海从 3.831t/万元下降至 2.011t/万元，甘肃从 4.569t/万元下降至 2.438t/万元，新疆从 5.773t/万元下降至 4.492t/万元。

二、氮排放状况

伴随着工业化和城镇化进程不断加快，大气污染问题日趋严重。氮氧化物（NO_x）作为美国国家环境保护局认定的六大主要污染物之一，是 $PM_{2.5}$ 和臭氧污染的重要前体物，不仅导致雾霾、酸雨等大气环境问题，还易诱发呼吸系统、癌症和心血管等疾病，严重威胁人体健康（方恺等，2020）。如图 11.2 所示，2011 年青藏高原地区六个省（自治区）的氮排放总量为 2 624 055t，其中新疆排放最多，为 755 090t；西藏排放最少，为 40 623t；其余省（自治区）排序依次为四川 674 853t、云南 548 518t、甘肃 480 855t、青海 124 116t。2017 年，四川排放了 647 100t，超越新疆（602 400t），成为六个省（自治区）中氮排放最多的省（自治区）。2020 年，青藏高原地区六个省（自治区）的氮排放总量为 1 356 071t，其中四川排放最多，为 404 504t；西藏排放最少，为 53 902t；其余省（自治区）排序依次为云南 344 393t、新疆 285 885t、甘肃 196 416t、青海 70 971t。从时间看，除西藏外，其余省（自治区）的氮排放总量、人均氮排放量和氮排放强度均处于总体下降的趋势。从来源看，西藏的机动车排放占比较大，其余省（自治区）接近一半甚至一半以上的来源为工业源污染。所有省（自治区）的城镇生活源污染和集中式污染占比都不高。

(a)氮氧化物排放总量

(b)人均氮氧化物排放量

(c)氮氧化物排放强度

(d)甘肃

(e)青海

(f)云南

(g)四川

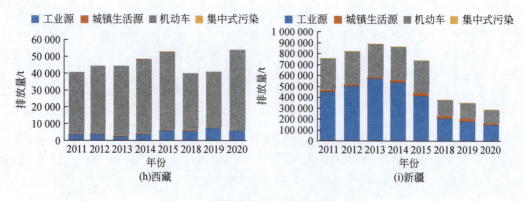

图 11.2　青藏高原地区历史氮排放状况

资料来源：CSMAR 数据库

第二节　青藏高原地区多区域投入产出模型

　　许多学者利用不同的研究方法进行贸易隐含碳氮物转移测算，最主要有两种方法：一种是生命周期评价（LCA）方法，主要用于核算某一产品或服务的资源环境足迹（韦韬和彭水军，2017）；另一种则是投入产出分析（IOA）方法。IOA 旨在追踪研究对象生产过程中初始投入、中间投入、总投入与中间产出、最终产出、总产出之间复杂的经济关系，适用于区域、国家等中宏观尺度研究。该方法最先由美国经济学家 Leontief 于 1936 年提出，用于预测美国 1950 年的钢铁需求量（Leontief，1936），之后逐渐用于研究经济过程中隐含的能源、环境压力等问题。投入产出模型在研究资源环境问题时可分为价值型、实物型和混合型三种形式，其本质都是将生产部门或区域间的经济关系转换为资源消耗或环境排放的实物关系，据此将碳氮物转移过程清晰地展现出来，并分摊到各部门或区域中去（张琦峰等，2018）。其实质是在直接经济和间接经济核算的基础上，通过核算单位经济量中的虚拟资源或隐含环境压力（又称环境卫星账户），进而表征全部经济量中的资源环境要素。以基于 IOA 的碳足迹核算为例，其核算过程可以概括为投入产出表的选取与处理、碳足迹模型构建、碳足迹核算和结果分析四个步骤。需要根据核算对象选取适当尺度和时间的投入产出表并对其进行部门聚合等预处理，同时减少部门间生产技术差异、规模差异等因素导致的误差。模型构建的核心为建立碳排放强度系数矩阵、Leontief 逆矩阵和最终需求矩阵，其中碳排放强度系数矩阵可以通过统计年鉴中各部门的能源消费量、能源碳排放因子和部门产值计算得到，Leontief 逆矩阵和最终需求矩阵数据通常均由投入产出表计算得到（张琦峰等，2018）。

　　IOA 已成为中宏观层面资源环境足迹核算的主要方法，能够综合反映经济系统内各部门直接和间接的排放转移，克服部门间生产关系复杂导致的重复或遗漏计算问题，减少系统边界划定带来的不确定性，相比 LCA 具有更高的经济性优势。本节将运用最新可得的投入产出数据与资源环境和社会经济统计数据，构建多区域投入产出（MRIO）模型，对青藏高原地区中国境内的西藏、青海、新疆、甘肃、四川、云南等省（自治区）的贸易隐含碳氮转移进行测度。具体研究内容包括：相关概念与理论基础介绍、隐含资源环境要素的选取、MRIO 模型方法介绍与建模等内容。

一、隐含碳氮转移的相关概念及理论基础

（一）相关概念

排放转移指一个国家、地区或行业、企业将环境排放所带来的损失、危害等转移到另一个经济主体的现象，在经济学上表现为环境问题的"负外部性"（Lucas et al., 1992）。排放转移的途径分为两种：一种是自然途径，包括大气、河流挟带等；另一种是经济途径，包括跨区域投资、商品贸易流等方式。通过贸易实现交换的商品和服务在生命周期过程中各种排放被统称为隐含排放。隐含排放转移基于"自由贸易"原则和各经济体的"比较优势"，存在"污染避难所"假说，具有较强的隐蔽性。由于隐含排放反映一个国家和地区最终消费引致的生态环境影响，因此，只有立足于消费者负责的研究视角，综合考虑直接和间接的污染物跨区域转移，才能从根本上识别出隐含排放转移的本质（Zhang and Fang, 2019）。

（二）理论基础

1. 贸易与资源环境关系理论

贸易与资源环境关系理论研究最早可以追溯到 20 世纪下半叶，其目的是提高资源环境与贸易政策的相容性并且避免两者之间产生冲突和对立。经济学家认为贸易与资源环境之间是一种复杂的关系，一方面，资源环境为贸易提供物质基础；另一方面，贸易也会改变资源禀赋和环境质量。在当今这个经济全球化和区域经济一体化时代，无所不在的产业链、供应链和价值链打破了传统的封闭经济体，使得生产和消费的发生区域相分离，不仅促使区域间产品与产品的交换，同时也推动区域间资源与环境要素的广泛交换。有关贸易对资源环境的影响，也形成了两种截然相反的观点：一种认为贸易会对资源环境产生消极的影响，代表性主张为"污染避难所"假说；另一种观点则认为贸易利于缓解资源缺乏和改善环境质量，代表性学说是"环境库兹涅茨曲线"。其中，"污染避难所"假说认为，贸易会使高排放产业从环境标准比较严格的国家或地区转移到环境标准比较宽松的国家或地区，从而导致环境标准较低的国家或地区碳氮排放量增加，环境负荷加剧，最终成为环境标准较高国家或地区的"污染避难所"（Copeland and Taylor, 1994）。"环境库兹涅茨曲线"假说则认为环境质量与经济增长之间呈现倒"U"形关系，即处于经济发展水平较低阶段时，人均收入水平的提高会使环境排放越来越严重，到达最高点后，随着收入水平不断提高，环境排放会逐渐减轻，环境质量逐步得到改善（Panayoutou, 1993）。

2. 产业关联理论

贸易隐含排放转移的测算以不同经济体的各产业部门之间的投入产出关联为依托，使

得产业关联成为研究该问题的出发点。产业关联指通过各部门间的投入-产出数量关系而结成的某种形式和程度的联系。产业关联理论又称产业联系理论，相比产业结构理论，它更广泛细致地用精确的量化方法来探寻产业部门之间质的联系和量的关系，属于产业经济学的"中观"范畴。产业关联理论侧重于研究产业之间的中间投入和中间产出之间的关系，主要应用IOA方法来解决。产业关联的分析路径有两种：一是某产业部门的投入需求引致相关产业部门的产出供给，即"后向关联效应"；二是某产业部门的产出供给引致相关产业部门的投入需求，即"前向关联效应"。二者分别从需求和供给的角度来衡量产业部门间的关联效应。从产业关联测度理论的发展演化来看，最初这两种关联测度都基于Leontief投入产出模型体系，定量分析一定时期内国民经济各产业部门在社会生产过程中形成的直接和间接的相互依存、相互制约的技术经济联系。在当前经济全球化和国内市场经济一体化的趋势下，同一国家不同地区间的经济、技术和资源环境联系日益密切，传统的以封闭经济条件为基础的单区域投入产出（SRIO）模型越来越无法全面体现不同区域和产业部门之间的复杂关联，越来越多的学者开始采用MRIO模型进行研究，这是因为MRIO模型不仅可以反映地区内部各产业部门之间的经济关联，还可以系统全面地反映不同区域、不同产业部门间的经济联系，以及资源和环境要素在地区间的合理配置或空间溢出、反馈效应等特征。

二、隐含碳氮要素的选取

根据青藏高原地区社会经济活动与资源环境的实际特点，本章将碳排放和氮排放作为贸易隐含排放转移的研究对象。

（一）碳排放

为应对以全球变暖为主要特征的气候变化问题，减少碳排放已成为世界各国的共识（Fang et al., 2017）。贸易隐含碳排放及与之相伴存在的碳泄漏、碳排放转移等问题事关国家间碳排放责任划分，成为国际气候谈判争论的焦点（Arce et al., 2016；Caro et al., 2017；彭水军等, 2016）。面临巨大的减排压力，中国政府近年来不断加强对气候变化问题的关注力度，实现了由气候变化的参与者向引领者的身份转变。为实现中国国家自主贡献确定的行动目标，分解落实应对气候变化措施任务成为重要举措，尤其突出了省级地方政府在完成减排目标方面的责任与职能。然而，由于资源禀赋、产业结构和经济社会发展水平等方面的差异，各省（自治区、直辖市）碳排放的强度和规模存在较大差异，尤其在开放经济的条件下，省（自治区、直辖市）间更加紧密的贸易联系在优化资源配置、提高社会福利水平的同时，也通过向其他省（自治区、直辖市）转移高碳排放产业、增加碳密集型产品进口等方式进行排放转移，产生了省际贸易隐含碳排放，使得各省（自治区、直辖市）的消费碳排放与生产碳排放出现严重背离（Guo et al., 2012；何雄浪和张泽义, 2015；潘元鸽等, 2013），这势必会影响各省（自治区、直辖市）碳减排战略措施的制定与实施。此外，青藏高原地域辽阔，东西跨31°，南北跨13°，平均海拔在4000m以上。

在海拔高、温度低的极端环境下，植被和土壤对气候变化的响应极为敏感，青藏高原成为对气候变化最为敏感的地区之一（张亚亚等，2018）。因此，厘清青藏高原与国内其他省（自治区、直辖市）间贸易隐含碳排放的基本状况，对青藏高原推进气候变化协同治理、合理制定和顺利完成减排目标具有重要意义。

（二）氮排放

氮元素作为生物生命活动必需的基本元素之一，其储量和分配显著影响生态系统的结构、功能及生产力水平（Vitousek et al.，2002）。随着工业化和城镇化迅速发展，化石燃料燃烧和农业活动导致大量含氮污染物进入大气环境，给人体健康和生态环境造成严重威胁，甚至影响到全球气候变化。进入大气中的含氮污染物，一部分可溶于雨滴和云层，然后随降雨和降雪等落到地面；另一部分则可在重力或气流的作用下沉降到地面，被植被、土壤和水体等介质吸附，形成"氮沉降"。目前，中国已经成为继美国之后全球氮沉降热点地区，区域性氮沉降观测也在京津冀地区、中国东部南北样带森林和南部亚热带森林等地区相继展开。而在中国西部，尤其是地域广袤的青藏高原地区，氮沉降观测仍十分匮乏，这对中国氮沉降的定量评估产生很大的不确定性。此外，冰芯和湖芯记录揭示青藏高原活性氮沉降数十年来呈持续增加趋势，且多梯度氮施肥试验表明青藏高原高寒生态系统对活性氮沉降增加非常敏感（Liu et al.，2015）。因此，探讨青藏高原与国内其他省（自治区、直辖市）间的贸易隐含氮排放转移对青藏高原地区具有重要意义。

三、多区域投入产出模型及数据

SRIO 模型是最早应用的 IOA 模型，通常用于评估某个国家或区域由最终需求导致的资源消耗和环境影响。SRIO 模型为了简化传统 IOA 所需数据及其计算过程，假定进口产品和服务的技术水平与国内生产技术水平相同，忽视境内外生产技术差异对资源环境足迹的影响，从而导致进出口产品的隐含碳氮转移测算结果严重失真。事实上，大多数国家和区域作为开放的经济体，其中间产品和最终消费部分依靠进口，这部分隐含碳氮转移都无法在 SRIO 模型中准确体现。为克服 SRIO 模型的缺陷，MRIO 模型应运而生。作为经济学原理成功应用于资源环境研究的范例，MRIO 模型能够清晰地追踪生态环境影响的地理空间分布信息，从而为量化隐含碳氮转移与分布提供一条切实可行的途径。现如今，MRIO 模型已成为应用最广、效果最优的 IOA 模型。

（一）多区域投入产出数据

MRIO 表是本章分析的数据基础。中国的投入产出表每 5 年编制一次，当前发布的投入产出表多为中国 30 省（自治区、直辖市）分部门的 MRIO 表，如石敏俊和张卓颖（2012）编制的 2002 年中国 30 省（自治区、直辖市）21 部门投入产出表，刘卫东等（2012）编制的 2007 年中国 30 省（自治区、直辖市）30 部门区域间投入产出表和 2010 年中国 30 省（自治区、直辖市）30 部门区域间投入产出表，Mi 等（2017）编制的 2012

年中国 30 省（自治区、直辖市）30 部门投入产出表等。但以上 MRIO 表均不包括西藏数据。表 11.1 为 MRIO 表的基本结构。

表 11.1　多区域投入产出表的基本结构

地区	部门	中间使用									最终使用			出口	总产出
		地区 1			···		地区 m				地区 1	···	地区 m		
		部门 1	···	部门 n	···	部门 1	···	部门 n							
中间投入	地区 1	部门 1												E_1^1	X_1^1
		···												···	···
		部门 n												E_n^1	X_n^1
	···	···								（第 I 象限）X		（第 II 象限）Y			
	地区 m	部门 1												E_1^m	X_1^m
		···												···	···
		部门 n												E_n^m	X_n^m
最初投入		（第 III 象限）V													
总投入		X_1^1	···	X_n^1	···	X_1^m	···	X_n^m							

2018 年，中国科学院区域可持续发展分析与模拟重点实验室编制了包含西藏在内的《2012 年中国 31 省区市区域间投入产出表》（刘卫东等，2018），其划分为 42 部门（表 11.2）。基于此数据源，结合各省（自治区、直辖市）的资源环境和社会经济统计数据，可以深入探究青藏高原地区的贸易隐含碳氮转移状况。在 MRIO 数据库的基础上，构造出直接消耗系数矩阵、Leontief 逆矩阵和最终需求系数矩阵，结合核算出的各省（自治区、直辖市）不同资源环境要素的强度系数矩阵，运用 MATLAB 软件测算出青藏高原地区贸易隐含的碳氮转移规模。

（二）其他数据来源说明

本章选取碳排放和氮排放作为青藏高原与国内其他省（自治区、直辖市）间贸易隐含碳氮转移研究的主要对象。由于各省（自治区、直辖市）各产业部门的碳排放和氮排放尚未有一致的官方统计数据，因此本章利用各省（自治区、直辖市）的二氧化碳排放量数据和废气中的氮氧化物排放量数据，结合国家统计局中各产业部门 GDP 占各省（自治区、直辖市）地区总产值的比例，将各省（自治区、直辖市）二氧化碳排放量数据和废气中的氮氧化物排放量数据分配到各产业部门。考虑到国家统计局中的产业部门分类，最终将 MRIO 表中的 42 个产业部门聚合为 9 个产业部门，分别是农林牧渔业部门，工业部门，建筑业部门,批发和零售业部门,交通运输、仓储和邮政业部门,住宿和餐饮业部门,金融业部门,房地产业部门和其他行业部门。

表 11.2 中国 31 省(自治区、直辖市)区域间投入产出表部门划分

序号	部门	序号	部门
01	农林牧渔产品和服务	22	其他制造产品
02	煤炭采选产品	23	废品废料
03	石油和天然气开采产品	24	金属制品、机械和设备修理服务
04	金属矿采选产品	25	电力、热力的生产和供应
05	非金属矿和其他矿采选产品	26	燃气生产和供应
06	食品和烟草	27	水的生产和供应
07	纺织品	28	建筑
08	纺织服装鞋帽皮革羽绒及其制品	29	批发和零售
09	木材加工品和家具	30	交通运输、仓储和邮政
10	造纸印刷和文教体育用品	31	住宿和餐饮
11	石油、炼焦产品和核燃料加工品	32	信息传输、软件和信息技术服务
12	化学产品	33	金融
13	非金属矿物制品	34	房地产
14	金属冶炼和压延加工品	35	租赁和商务服务
15	金属制品	36	科学研究和技术服务
16	通用设备	37	水利、环境和公共设施管理
17	专用设备	38	居民服务、修理和其他服务
18	交通运输设备	39	教育
19	电气机械和器材	40	卫生和社会工作
20	通信设备、计算机和其他电子设备	41	文化、体育和娱乐
21	仪器仪表	42	公共管理、社会保障和社会组织

1. 碳排放数据

二氧化碳排放数据来源于中国碳排放数据库(CEADs),CEADs 利用政府间气候变化专门委员会(IPCC)的部门排放核算方法发布中国及其 30 个省(自治区、直辖市)的最新二氧化碳排放清单。所有排放清单均根据国家统计局最新能源数据进行修订编制。由于西藏能源消费水平低,工业发展规模小,历来被排除在包括二氧化碳排放在内的中国能源统计报告之外。因此,本章采用新近核算的西藏 2014 年二氧化碳排放数据(Shan et al., 2017)作为其 2012 年的碳排放数据。在此基础上,采用各省(自治区、直辖市)各产业部门 GDP 在地区总产值中的占比,将此二氧化碳排放总量数据分配到 9 个产业部门。

2. 氮排放数据

氮排放数据来源于国家统计局公布的各省(自治区、直辖市)2012 年氮氧化物排放

数据。需要说明的是,本章尚未将废水中的氮排放数据包括在内。在此基础上,利用各省(自治区、直辖市)各产业部门 GDP 在地区总产值中的占比,将此氮氧化物排放量数据分配到 9 个产业部门。

(三) 数据处理

第一步,运用 31 省(自治区、直辖市)各产业部门的二氧化碳排放数据和氮氧化物排放数据,除以 MRIO 表中的各省(自治区、直辖市)各产业部门的总产出数据,即可得到各省(自治区、直辖市)各部门单位产值的碳排放和氮排放,即碳排放系数和氮排放系数。在此基础上采用 MATLAB 将三种系数进行对角化处理。

第二步,用经过部门重新聚合的 MRIO 表中各省(自治区、直辖市)各部门的中间使用数据除以各省(自治区、直辖市)各部门的总投入,获得各省(自治区、直辖市)各产业部门的直接消耗系数,并在此基础上进行 Leontief 逆矩阵核算。

第三步,各省(自治区、直辖市)的最终使用包括五部分:农村居民消费、城镇居民消费、政府消费、固定资本形成总额和存货增加,本章将这五种最终使用进行加总,得出各省(自治区、直辖市)各产业部门的最终使用数据,并对其进行对角化处理。至此,采用 MRIO 模型核算贸易隐含碳氮转移所需各部分数据均已计算出。在此基础上,运用碳排放系数和氮排放系数,以及 Leontief 逆矩阵和最终使用矩阵,分析出各省(自治区、直辖市)各部门的贸易隐含碳排放转移和氮排放转移规模与路径。

四、隐含碳氮转移的 MRIO 模型

如前所述,IOA 可以分为 SRIO 和 MRIO 两类方法。其中,SRIO 方法基于一国或地区投入产出表,研究该国或地区与最终消费有关的隐含碳氮转移的方法,克服单一区域资源环境要素核算困难和截断误差的问题。SRIO 模型假设本国与外国的产品拥有同样的生产技术水平,即"国内技术假定",不能反映出各国(区域)、各部门之间的贸易联系与产业关联,使得测算结果偏差较大。然而,随着国际贸易日益频繁和国际分工不断细化,不同区域、国家之间的产品和服务交互作用愈发明显,区域和国家开始趋于一体化和全球化发展,环境保护和生态建设也开始趋向于一体化发展(方创琳和任宇飞,2017)。SRIO 模型的局限性显现,难以将不同经济体间的经济贸易关系反映出来,其中隐含的资源环境要素也就无从表征。另外,愈发频繁的远程贸易过程使不同区域、国家生产技术差异导致的隐含资源环境要素差距进一步加大,SRIO 方法关于区域内外部生产技术同质性的假设导致不同区域的生产技术差异无法体现出来。

为克服上述不足,反映不同区域间初始投入、中间投入、总投入与中间产出、最终产出、总产出的 MRIO 模型应运而生,该模型不仅可以反映同一区域内部不同生产部门之间的经济关系,还能将区域间不同部门的经济关系一并表现出来,从而客观表征区域间由贸易导致的资源环境要素转移。

在现实的开放经济体中,MRIO 模型能够通过区分各研究区域的生产结构、技术和消

费，明确地显示出区域间不同产业部门的商品和服务流动。假定经济体中共有 z 个区域，每个区域都有 n 个部门，r 地区和 s 地区为其中任意两个区域。在 MRIO 模型框架下，根据行向平衡关系，有

$$X = \left[I-(I-M)A^{rs} \right]^{-1}(I-M)Y^{rs} \tag{11.1}$$

式中，X 为 $z×1$ 维列向量，表示总产出；I 为单位矩阵；M 为进口系数，且 $M = IM/(X + IM - EX)$；A 为 $z×z$ 维对角阵，其元素 A^{rs} 为 $n×n$ 维区域间投入系数矩阵，代表 s 地区产出需要由 r 地区投入的产品比例；$\left[I-(I-M)A^{rs} \right]^{-1}$ 为剔除进口后的 Leontief 逆矩阵，表示单位最终产品对投入部门的总需求，包括直接需求和间接需求；Y^{rs} 为区域间贸易系数矩阵，表示最终需求中的省际贸易部分。

为测度省际贸易隐含的排放转移，依据本章选取的碳排放和氮排放，需要在 MRIO 模型的基础上引入直接碳排放系数和直接氮排放系数矩阵 EF，其元素 ef_{ij} 为每个投入产出部门的直接使用系数，即各投入产出部门资源环境使用量与各部门总产出的比值；EF^{rs} 为各区域使用强度系数矩阵组成的行向量；$\widehat{EF}^{rs}$ 是 EF^{rs} 的对角矩阵，代表各省（自治区、直辖市）每个部门的使用强度系数。据此得到省（自治区、直辖市）之间碳氮转移矩阵：

$$T^{rs} = EF^{rs} \left[I-(I-M)A^{rs} \right]^{-1}(I-M)Y^{rs} = L * (I-M)Y^{rs} \tag{11.2}$$

式中，$L = EF^{rs} \left[I-(I-M)A^{rs} \right]^{-1}$ 为完全使用系数，表示单位产出的直接和间接资源环境流动或转移之和；调出的贸易隐含资源环境要素为 $T_r^e = \sum_{s=1, s \neq r}^{z} T_{rs}$；调入的贸易隐含资源环境要素为 $T_r^i = \sum_{i=1, i \neq r}^{z} T_{ir}$；资源环境要素转移平衡（净调出的贸易隐含资源环境要素）为 $T_r^b = \sum_{s=1, s \neq r}^{z} T_{rs} - \sum_{i=1, i \neq r}^{z} T_{ir}$。

第三节　青藏高原地区隐含碳氮转移分析

一、隐含碳氮转移状况

基于构建的 MRIO 模型，对青藏高原地区贸易隐含的碳排放转移和氮排放转移情况进行深入分析，分别从青藏高原地区各省（自治区、直辖市）整体和分产业部门视角进行论述。

（一）青藏高原地区碳排放转移

1. 碳足迹

青藏高原地区的碳足迹由各省（自治区、直辖市）的本地碳排放加上转入的碳排放再减去转出的碳排放计算得出。结果显示，青藏高原地区的碳足迹总量为 182 567.14 万 t，约占全国碳足迹的 6.73%。在青藏高原地区的六省（自治区）中，四川的碳足迹最高

（图11.3），其次为云南、新疆、甘肃、青海和西藏。其中，西藏由于特殊的自然环境和相对迟缓的工业经济发展，碳足迹最少，仅占青藏高原地区碳足迹总量的1.86%。西藏、青海、新疆、甘肃、四川和云南各省（自治区）的碳足迹分别为3400.19万t、9701.02万t、45 140.14万t、25 831.54万t、52 236.33万t和46 257.93万t。六省（自治区）各产业部门的碳足迹分布如图11.3所示。

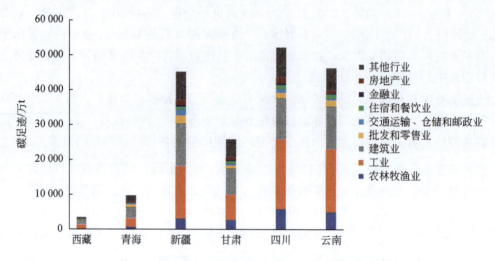

图11.3　青藏高原地区各省（自治区）各产业部门的碳足迹

从图11.3可以看出，对六省（自治区）的各产业部门来说，碳足迹分布差异较大。西藏、青海、甘肃碳足迹最多的部门均是建筑业部门，碳足迹分别为1298.04万t、3269.74万t和7555.26万t，其次为工业部门；而对新疆、四川和云南来说，碳足迹最多的部门则为工业部门，碳足迹分别为15 071.12万t、20 061.33万t和17 991.87万t，其次为建筑业部门。总体上，对青藏高原地区来说，碳足迹较多集中在工业部门和建筑业部门，这也从侧面反映出青藏高原不同省（自治区）处于不同的发展阶段，如西藏、青海和甘肃一定程度上处于快速城镇化过程，因而其建筑业部门的碳足迹最多；而新疆、云南和四川则与前三个省（自治区）不同，城镇化水平相对较高，工业部门相对其他产业部门来说具有更高的碳排放水平。

2. 碳排放转移

青藏高原地区的西藏、青海、新疆、甘肃、四川和云南与国内其他省（自治区、直辖市）间的碳排放转移（包括隐含碳排放的转出和转入）如图11.4所示。从图11.4可以看出，六省（自治区、直辖市）与国内其他省（自治区、直辖市）间的碳排放转移较为密切。青藏高原地区转出的碳排放为22 300.72万t，而转入的碳排放为33 519.94万t，综合贸易隐含碳排放的转出与转入，得出青藏高原地区整体上表现为贸易隐含碳排放的净转入地区。

表11.3展现青藏高原地区贸易隐含碳排放转移数据。从表11.3可以看出，青藏高原地区贸易隐含碳排放转出最多的省（自治区）是新疆，其次为甘肃，碳排放的转出量分别

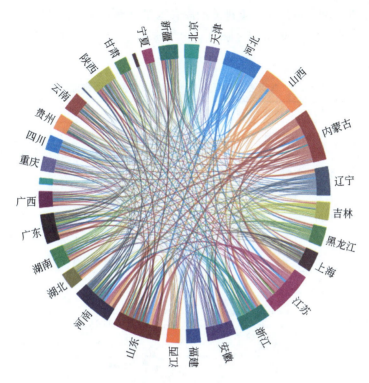

图 11.4 青藏高原地区与国内其他省（自治区、直辖市）间的碳排放转移

为 80.85 万 t 和 53.83 万 t；西藏的贸易隐含碳排放转出量最少，仅为 0.01 万 t。而贸易隐含碳排放转入最多的省（自治区）是云南，其次为四川，转入的隐含碳排放分别为 104.03 万 t 和 85.95 万 t，西藏转入的贸易隐含碳排放仍然最少。此外，青藏高原地区的西藏、青海、四川和云南贸易隐含碳排放的转入量均大于转出量，为贸易隐含碳排放的净转入省（自治区）。其中，云南为最大的贸易隐含碳排放净转入省（自治区），达 57.96 万 t；而新疆和甘肃则相反，其贸易隐含碳排放的转出量大于转入量，表现为贸易隐含碳排放净转出省（自治区）。

表 11.3　青藏高原地区贸易隐含碳排放转移　　　　　　（单位：万 t）

项目	西藏	青海	新疆	甘肃	四川	云南
隐含碳排放转入	9.15	15.47	73.31	47.29	85.95	104.03
隐含碳排放转出	0.01	9.01	80.85	53.83	32.95	46.37

注：蓝色表示贸易隐含碳排放的净转入省（自治区），橙色表示贸易隐含碳排放的净转出省（自治区）。

分产业部门来说，青藏高原地区六省（自治区）各产业部门的贸易隐含碳排放转移存在较大差异（表 11.4）。对于青藏高原地区整体，农林牧渔业，工业，建筑业，批发和零售业，交通运输、仓储和邮政业，住宿和餐饮业，房地产业和其他行业均为贸易隐含碳排放的净转入部门。其中，建筑业部门从国内其他省（自治区、直辖市）转入了最多的碳排放，其次为工业部门和其他行业，碳排放的净转入量分别为 39 065.22 万 t、30 337.25 万 t 和 12 827.86 万 t；青藏高原地区的金融业则为贸易隐含碳排放的净转出部门，碳排放的净转出量为 2892.81 万 t。

表 11.4　青藏高原地区各产业部门贸易隐含碳排放转移　　　（单位：万 t）

产业	项目	西藏	青海	新疆	甘肃	四川	云南	合计
农林牧渔业	转出	14.20	165.50	3 685.18	1 570.26	1 929.15	1 325.99	8690.28
	转入	90.07	396.53	1 695.94	2 158.85	4 307.77	3 591.56	12 240.72
工业	转出	35.96	2 107.65	7 241.63	4 727.96	5 957.78	4 280.89	24 351.87
	转入	1 254.50	1 933.30	13 290.90	6 188.17	15 307.53	16 714.72	54 689.12
建筑业	转出	11.48	86.61	44.73	112.21	36.14	58.31	349.48
	转入	1 181.01	2 574.39	9 423.10	6 029.00	9 670.85	10 536.35	39 414.70
批发和零售业	转出	18.12	99.35	789.83	807.94	917.99	925.89	3 559.12
	转入	103.07	515.61	1 716.42	524.78	1 076.23	1 036.75	4 972.86
交通运输、仓储和邮政业	转出	9.41	87.74	804.81	748.69	476.83	355.72	2 483.20
	转入	63.64	296.45	1 264.15	311.96	832.97	442.74	3 211.91
住宿和餐饮业	转出	12.52	48.02	222.90	195.66	432.81	289.57	1 201.48
	转入	32.64	77.10	507.41	499.33	884.16	786.09	2 786.73
金融业	转出	15.87	231.81	999.68	382.64	1 090.01	743.74	3 463.75
	转入	10.54	16.33	118.40	138.77	160.93	125.97	570.94
房地产业	转出	6.22	7.89	83.26	94.12	121.11	104.39	416.99
	转入	44.09	252.68	763.65	546.59	960.79	551.69	3 119.49
其他行业	转出	30.35	179.45	392.02	518.93	919.33	801.00	2 841.08
	转入	291.38	873.80	3 251.64	2 227.11	5 340.22	3 684.79	15 668.94

注：蓝色表示贸易隐含碳排放的净转入部门，橙色表示贸易隐含碳排放的净转出部门。

具体就各省（自治区）而言，西藏的农林牧渔业，工业，建筑业，批发和零售业，交通运输、仓储和邮政业，住宿和餐饮业，房地产业和其他行业转出的贸易隐含碳排放均大于各产业部门从国内其他省（自治区、直辖市）转入的碳排放，是贸易隐含碳排放的净转入部门，尤其是工业和建筑业部门，碳排放的净转入量分别为 1218.54 万 t 和 1169.53 万 t，只有金融业与此相反，是贸易隐含碳排放的净转出部门，即转出的碳排放大于该部门从国内其他省（自治区、直辖市）转入的碳排放；青海的工业部门和金融业部门转出的贸易隐含碳排放大于其从国内各省（自治区、直辖市）转入的碳排放，是贸易隐含碳排放的净转出部门，碳排放的净转出量分别为 174.35 万 t 和 215.48 万 t，其余产业部门则为贸易隐含碳排放的净转入部门，尤其是建筑业部门，碳排放的净转入量达 2487.78 万 t；新疆除了农林牧渔业和金融业为贸易隐含碳排放的净转出部门，其余 7 个产业均为贸易隐含碳排放的净转入部门，其中，工业部门和建筑业部门尤为突出，其碳排放净转入量分别高达 6049.27 万 t 和 9378.37 万 t；甘肃的批发和零售业，交通运输、仓储和邮政业，金融业均为贸易隐含碳排放的净转出部门，其中，交通运输、仓储和邮政业的碳排放净转出量最多，达 436.73 万 t，其余产业则为贸易隐含碳排放的净转入部门，建筑业部门尤为突出，碳排放的净转入量为 5916.79 万 t；四川除了金融业为贸易隐含碳排放的净转出部门，其余产业均为贸易隐含碳排放的净转入部门，其中，建筑业部门净转入的碳排放最多，其次为工业部门，两部门从国内其他省（自治区、直辖市）净转入的碳排放分别为 9634.71 万 t 和 9349.75 万 t。云南除了金融业为贸易隐含碳排放的净转出部门，其余产业均为贸易隐含碳排放的净转入部门，其中，建筑业部门和工业部门是碳排放净转入量最多的部门。

（二）青藏高原地区氮排放转移

1. 氮足迹

青藏高原地区的氮足迹由各省（自治区、直辖市）的本地氮排放加上转入的氮排放再减去转出的氮排放计算得出。结果显示，青藏高原地区的氮足迹总量为 252.72 万 t，约占全国氮足迹的 12.67%。在青藏高原地区的六省（自治区）中，四川的氮足迹最高，其次为新疆、云南、甘肃、青海和西藏。其中，西藏由于特殊的自然环境和相对迟缓的工业经济发展，其氮足迹最少，仅占青藏高原地区氮足迹总量的 2.13%。西藏、青海、新疆、甘肃、四川和云南各省（自治区）的氮足迹分别为 5.37 万 t、13.68 万 t、63.86 万 t、40.38 万 t、69.86 万 t 和 59.56 万 t。六省（自治区）各产业部门的氮足迹分布如图 11.5 所示。

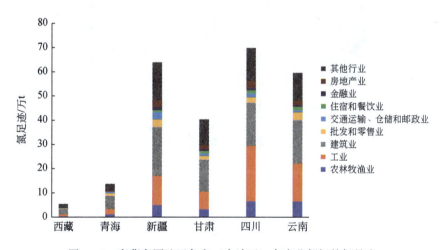

图 11.5　青藏高原地区各省（自治区）各产业部门的氮足迹

从图 11.5 可以看出，对于六省（自治区）的各产业部门，氮足迹的分布差异较大。西藏、青海、新疆和甘肃氮足迹最多的部门均是建筑业部门，氮足迹分别为 2.22 万 t、5.42 万 t、20.09 万 t 和 13.10 万 t，其次为其他行业部门；而对四川来说，氮足迹最多的部门则为工业部门，氮足迹达 22.95 万 t，其次为建筑业部门；云南则正好相反，氮足迹最多的部门为建筑业部门，达 17.89 万 t，然后为工业部门。总体来说，青藏高原地区氮足迹较多的部门集中在建筑业部门、其他行业和工业部门。青藏高原地区的社会经济发展与城镇化水平，以及青藏高原地区与国内其他省（自治区、直辖市）间日益密切的贸易联系，共同作用于此地区的氮足迹。

2. 氮排放转移

青藏高原地区的西藏、青海、新疆、甘肃、四川和云南与国内其他省（自治区、直辖市）间的氮排放转移（包括隐含氮排放的转出与转入）如图 11.6 所示。可以看出，六省（自治区）与国内其他省（自治区、直辖市）间的氮排放转移较为密切。青藏高原地区的氮排放转出量为 56.89 万 t，转入量为 74.95 万 t，综合贸易隐含氮排放的转出与转入，得出青藏高原地区整体上表现为贸易隐含氮排放的净转入地区。

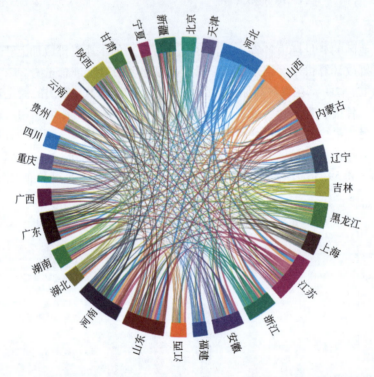

图 11.6　青藏高原地区与国内其他省（自治区、直辖市）间的氮排放转移

表 11.5 展现青藏高原地区内各省（自治区）的贸易隐含氮排放转移情况。可以看出，贸易隐含氮排放转出最多的省（自治区）是新疆，其次为甘肃，贸易隐含氮排放的转出量分别为 19.87 万 t 和 14.66 万 t；而西藏转出的贸易隐含氮排放最少，几乎可以忽略不计。转入贸易隐含氮排放最多的省（自治区）则是云南，其次为四川，氮排放转入量分别为 23.25 万 t 和 19.16 万 t，西藏转入的贸易隐含氮排放依然最少。此外，青藏高原地区的西藏、青海、四川和云南，其转入的贸易隐含氮排放均大于转出的贸易隐含氮排放，表现为贸易隐含氮排放净转入省（自治区）。其中，四川为贸易隐含氮排放净转入最多的省（自治区），氮排放净转入量为 11.66 万 t；而新疆和甘肃转出的贸易隐含氮排放则大于转入的贸易隐含氮排放，为贸易隐含氮排放净转出省（自治区）。

表 11.5　青藏高原地区贸易隐含氮排放转移　　　　（单位：万 t）

项目	西藏	青海	新疆	甘肃	四川	云南
隐含氮排放转入	2.06	3.57	16.45	10.46	19.16	23.25
隐含氮排放转出	0.00	1.94	19.87	14.66	7.50	12.92

注：蓝色表示贸易隐含氮排放的净转入省（自治区），橙色表示贸易隐含氮排放的净转出省（自治区）。

　　分产业部门来说，青藏高原地区六省（自治区）各产业部门的贸易隐含氮排放转移存在较大差异（表 11.6）。对于青藏高原地区整体，农林牧渔业，工业，批发和零售业，交通运输、仓储和邮政业，住宿和餐饮业，金融业均为贸易隐含氮排放的净转出部门。其中，工业部门净转出的氮排放最多，其次为农林牧渔业，两部门净转出的氮排放分别为 22.27 万 t 和 13.57 万 t。建筑业、房地产业和其他行业则为贸易隐含氮排放的净转入部门。其中，建筑业部门净转入的氮排放最多，为 52.32 万 t。

表 11.6　青藏高原地区各产业部门贸易隐含氮排放转移　　　　（单位：万 t）

产业	项目	西藏	青海	新疆	甘肃	四川	云南	合计
农林牧渔业	转出	0.11	0.36	9.06	4.28	4.39	3.69	21.89
	转入	0.05	0.32	1.37	1.39	2.89	2.30	8.32
工业	转出	0.29	4.53	17.80	12.88	13.56	11.93	60.99
	转入	0.79	1.25	7.74	4.64	12.14	12.16	38.72
建筑业	转出	0.09	0.19	0.11	0.31	0.08	0.16	0.94
	转入	1.28	3.93	13.26	8.94	12.94	12.91	53.26
批发和零售业	转出	0.15	0.21	1.94	2.20	2.09	2.58	9.17
	转入	0.11	0.57	1.69	0.71	1.10	1.08	5.26
交通运输、仓储和邮政业	转出	0.08	0.19	1.98	2.04	1.09	0.99	6.37
	转入	0.07	0.33	1.75	0.42	0.96	0.52	4.05
住宿和餐饮业	转出	0.10	0.10	0.55	0.53	0.98	0.81	3.07
	转入	0.02	0.06	0.43	0.64	0.95	0.87	2.97
金融业	转出	0.13	0.50	2.46	1.04	2.48	2.07	8.68
	转入	0.02	0.03	0.20	0.20	0.22	0.18	0.85
房地产业	转出	0.05	0.02	0.20	0.26	0.28	0.29	1.10
	转入	0.05	0.33	0.99	0.72	1.26	0.73	4.08
其他行业	转出	0.24	0.39	0.96	1.41	2.09	2.23	7.32
	转入	0.33	0.92	4.22	3.06	6.24	4.33	19.10

注：蓝色表示贸易隐含氮排放的净转入部门，橙色表示贸易隐含氮排放的净转出部门。

　　具体就各省（自治区）而言，西藏的农林牧渔业，批发和零售业，交通运输、仓储和邮政业，住宿和餐饮业，金融业均是贸易隐含氮排放的净转出部门，而工业、建筑业和其他行业则为贸易隐含氮排放的净转入部门。其中，建筑业部门净转入的氮排放最多，为 1.19 万 t，房地产业属于氮排放转出与转入基本持平的部门；青海的农林牧渔业、工业、住宿和餐饮业、金融业均是贸易隐含氮排放的净转出部门，其中，工业部门净转出的氮排放最多，为3.28万t，其余产业部门则为贸易隐含氮排放的净转入部门，建筑业部门尤为显著；新疆的农林牧渔业，工业，批发和零售业，交通运输、仓储和邮政业，住宿和餐饮业，金融业均是贸易隐含氮排放的净转出部门，其中，工业部门净转出的氮排放最多，建筑业、房地产业和其他行业则为贸易隐含氮排放的净转入部门，建筑业成为净氮排放转入最多的部门；甘肃的农林牧渔业，工业，批发和零售业，交通运输、仓储和邮政业，金融业均为贸易隐含氮排放净转出的部门，其中，工业部门净转出的氮排放量最多，为8.24万t，建筑业、住宿和餐饮业、房地产业和其他行业则为贸易隐含氮排放的净转入部门，特别是建筑业表现突出；四川的农林牧渔业，工业，批发和零售业，交通运输、仓储和邮政业，住宿和餐饮业，金融业均为贸易隐含氮排放的净转出部门，其中，金融业净转出的氮排放量最多，为2.26万t，建筑业、房地产业和其他行业则为贸易隐含氮排放的净转入部门，其中，建筑业部门的氮排放净转入量最多，达12.86万t。云南除了农林牧渔业，批发和零售业，交通运输、仓储和邮政业，金融业为贸易隐含氮排放的净转出部门外，其余的工业、建筑业、住宿和餐饮业、房地产业和其他行业均为贸易隐含氮排放的净转入部门，其中，建筑业是净转入氮排放最多的部门，其次为其他行业，贸易隐含氮排放净转入量分别为12.75万t和2.10万t。

二、与国内其他省（自治区、直辖市）隐含碳氮转移状况

前述内容主要立足于资源环境要素的视角，分隐含碳排放转移和氮排放转移对青藏高原地区的隐含碳氮转移状况进行分析，下面则对青藏高原地区六省（自治区）与国内其他省（自治区、直辖市）间的隐含碳氮转移情况进行分析。

（一）西藏隐含碳氮转移

西藏与国内其他各省（自治区、直辖市）间的隐含碳氮转移存在较大差异。在西藏与国内其他省（自治区、直辖市）间的贸易隐含碳排放转移中，西藏转出到河南的隐含碳排放最多，为7.70万t，其次为新疆和贵州，隐含碳排放的转出量分别为3.25万t和2.62万t，西藏隐含碳排放较少转出到福建、广东、山西、安徽和山东等省（自治区）。对于转入到西藏的隐含碳排放，内蒙古最多，为86.47万t，其次为山东和山西，从这两省（自治区）转入的隐含碳排放分别为73.08万t和65.27万t，西藏从青海、海南、四川、江西和湖北等省（自治区）则转入较少的隐含碳排放；在西藏与国内其他省（自治区、直辖市）间的贸易隐含氮排放转移中，西藏转出到河南的隐含氮排放最多，为0.06万t，其次为新疆和贵州，转出到这两省（自治区）的隐含氮排放分别为0.03万t和0.02万t，西藏隐含氮排放转出最少的省（自治区）包括福建、广东、山西、安徽和山东。此外，西藏从国内其他省（自治区、直辖市）转入的隐含氮排放也存在显著差异，其中，从河南转入的隐含氮排放最多，为0.18万t，其次为内蒙古和河北，隐含氮排放转入量分别0.16万t和0.16万t，从青海、海南、四川、湖北和北京等省（自治区、直辖市）转入的隐含氮排

放则较少。

（二）青海隐含碳氮转移

青海与国内其他各省（自治区、直辖市）间的隐含碳氮转移存在较大差异。在青海与国内其他省（自治区、直辖市）间的贸易隐含碳排放转移中，青海转出到河南的隐含碳排放最多，为104.74万t，其次为浙江和江苏，转出到这两省（自治区）的隐含碳排放分别为82.67万t和75.81万t，青海转出到山东、西藏、海南、广西和贵州等省（自治区）的隐含碳排放则相对较少。对于转入到青海的隐含碳排放，青海从江苏转入最多的隐含碳排放，为219.84万t，其次为内蒙古和山西，从这两省（自治区）转入的隐含碳排放分别为153.50万t和109.56万t，青海从山东、西藏、海南、江西和湖北等省（自治区）则转入较少的隐含碳排放；在青海与国内其他省（自治区、直辖市）间的贸易隐含氮排放转移中，青海转出到河南的隐含氮排放最多，为0.23万t，其次为浙江和江苏，转出到这两省（自治区）的氮排放分别为0.18万t和0.16万t，转出到山东、西藏、海南、广西和贵州等省（自治区）的隐含氮排放则较少。青海从国内其他省（自治区、直辖市）转入的隐含氮排放也存在较大差异，其中，青海从江苏转入最多的隐含氮排放，为0.52万t，其次为内蒙古和河北，隐含氮排放的转入量分别0.28万t和0.25万t，而从山东、西藏、海南、湖北和福建等省（自治区）转入的氮排放则较少。

（三）新疆隐含碳氮转移

新疆与国内其他各省（自治区、直辖市）间的隐含碳氮转移存在较大差异。在新疆与国内其他省（自治区、直辖市）间的贸易隐含碳排放转移中，新疆转出到山东的隐含碳排放最多，为670.87万t，其次为河南和浙江，转出的隐含碳排放分别为627.75万t和620.83万t，新疆隐含碳排放较少转出的省（自治区）则主要是西藏、青海、福建、海南和宁夏。对于新疆从国内其他省（自治区、直辖市）转入的隐含碳排放，最大为内蒙古，转入的隐含碳排放为813.89万t，其次为山东和江苏，转入的隐含碳排放分别为662.80万t和606.09万t。西藏、青海、海南、江西和四川等省（自治区）转入到新疆的隐含碳排放则较少；在新疆与国内其他省（自治区、直辖市）间的贸易隐含氮排放转移中，新疆转出到山东的隐含氮排放最多，为1.65万t，其次为河南和浙江，转出的隐含氮排放分别为1.54万t和1.53万t，新疆转出到西藏、青海、福建、海南和宁夏等省（自治区）的隐含氮排放则较少。新疆从国内其他省（自治区、直辖市）转入的隐含氮排放存在较大差异，其中，新疆从内蒙古转入的隐含氮排放最多，为1.46万t，其次为江苏和河南，转入的隐含氮排放分别1.45万t和1.27万t，从西藏、青海、海南、北京和四川转入新疆的隐含氮排放则较少。

（四）甘肃隐含碳氮转移

甘肃与国内其他各省（自治区、直辖市）间的隐含碳氮转移存在较大差异。在甘肃与国内其他省（自治区、直辖市）间的贸易隐含碳排放转移中，甘肃转出到浙江的隐含碳排放最多, 为383.44万t, 其次为江苏和河南, 转出到这两省 (自治区) 的隐含碳排放分别为372.02万t和337.53万t。甘肃转出到西藏、海南、宁夏、青海和天津等省 (自治区、直辖市) 的隐含碳排放则较少。甘肃从国内各省 (自治区、直辖市) 转入的隐含碳排放存在明显差异, 其中, 从内蒙古转入的隐含碳排放最多, 为524.74万t, 其次为山西和山东, 隐含碳排放的转入量分别为483.66万t和405.76万t, 从西藏、海南、北京、青海和江西等省 (自治区、直辖市) 转入的隐含碳排放则较少; 在甘肃与国内其他省 (自治区、直辖市) 间的隐含氮排放转移中, 甘肃转出到浙江的隐含氮排放最多, 为1.04万t, 其次为江苏和河南, 转出的隐含氮排放分别为1.01万t和0.92万t, 甘肃转出到西藏、海南、宁夏、青海和天津等省 (自治区、直辖市) 的隐含氮排放则较少。此外, 甘肃从内蒙古转入的隐含氮排放最多, 为0.94万t, 其次为河北和江苏, 转入的隐含氮排放分别为0.84万t和0.84万t, 从西藏、海南、北京、青海和湖北等省 (自治区、直辖市) 转入的隐含氮排放则较少。

(五) 四川隐含碳氮转移

四川与国内其他各省 (自治区、直辖市) 间的隐含碳氮转移存在较大差异。在四川与国内其他省 (自治区、直辖市) 间的贸易隐含碳排放转移中, 四川转出到江苏的隐含碳排放最多, 为27.137万t, 其次为广东和浙江, 转出到这两省 (自治区) 的隐含碳排放分别为209.29万t和190.09万。四川转出到西藏、青海、海南、宁夏和吉林等省 (自治区) 的隐含碳排放则相对较少。四川从国内各省 (自治区、直辖市) 转入的隐含碳排放存在明显差异, 其中, 从内蒙古转入的隐含碳排放最多, 为979.30万t, 其次为山西和山东, 转入的隐含碳排放分别为797.17万t和721.25万t, 从西藏、青海、海南、北京和江西等省 (自治区、直辖市) 转入的隐含碳排放则较少; 在四川与国内其他省 (自治区、直辖市) 间的贸易隐含氮排放转移中, 四川转出到江苏的隐含氮排放最多, 为0.63万t, 其次为广东和浙江, 转出的隐含氮排放分别为0.48万t和0.43万t, 从四川转出到西藏、青海、海南、宁夏和吉林等省 (自治区) 的隐含氮排放则较少。此外, 从国内其他省 (自治区、直辖市) 转入到四川的氮排放也存在差异, 其中, 四川从内蒙古转入最多的隐含氮排放, 为1.76万t, 其次为河北和山东, 隐含氮排放的转入量分别为1.57万t和1.24万t, 从西藏、青海、海南、北京和湖北等省 (自治区、直辖市) 转入的隐含氮排放则较少。

(六) 云南隐含碳氮转移

云南与国内其他各省 (自治区、直辖市) 间的隐含碳氮转移存在较大差异。在云南与国内其他省 (自治区、直辖市) 间的贸易隐含碳排放转移中, 云南转出到江苏的隐含碳排放最多, 为391.88万t, 其次为浙江和广东, 转出到这两省 (自治区) 的隐含碳排放分别为370.62万t和331.99万t, 转出到西藏、青海、宁夏、海南和甘肃等省 (自治区) 的隐含碳排放则相对较少。云南从国内其他省 (自治区、直辖市) 转入的隐含碳排放也不尽相同, 其中, 云南从内蒙古转入最多的隐含碳排放, 转入的碳排放为1005.86万t, 其次为山东和江苏, 隐含碳排放的转入量分别为989.60万t和797.39万t, 从西藏、青海、海南、北京和江西等省（自治区、直辖市）转入的隐含碳排放则较少；在云南与国内其他省（自治区、直辖市）间的贸易隐含氮排放转移中，云南转出到江苏的隐含氮排放最多，为1.09万t，其次为浙江和广东，转出的隐含氮排放分别为1.03万t和0.92万t，转出到西藏、青海、宁夏、海南和甘肃等省（自治区）的隐含氮排放则较少。云南从国内其他省（自治区、直辖市）转入的隐含氮排放则不尽相同，从江苏转入的隐含氮排放最多，为1.90万t，其次为内蒙古和河南，隐含氮排放的转入量均为1.81万t，从西藏、青海、海南、北京和天津等省（自治区、直辖市）转入的隐含氮排放则较少。

三、研究结论

整体上来看，青藏高原地区的碳足迹和氮足迹在全国占比较小，尤其是碳足迹，仅占全国碳足迹总量的6.73%。受制于特殊的地理位置和经济发展条件，西藏的水足迹、碳足迹和氮足迹在青藏高原六省（自治区）中均为最小。四川是青藏高原地区经济发展水平较高的省（自治区），其碳足迹和氮足迹均最大，分别为52 236.33万t和69.86万t。可见，贸易隐含碳排放与氮排放的规模与各省（自治区）的经济发展水平密切相关。

青藏高原地区的碳足迹和氮足迹在各省（自治区）的各产业部门中分布差异显著。尤为突出的是各省（自治区）的建筑业部门、工业部门和其他行业。具体来说，西藏、青海和甘肃的建筑业部门碳足迹最多，再次为工业部门，而新疆、四川和云南碳足迹最多的部门则为工业部门，其次为建筑业部门；西藏、青海、新疆和甘肃氮足迹最多的部门均为建筑业，其次为其他行业部门，四川工业部门的氮足迹最多，再次为建筑业部门，云南则相反，建筑业部门的氮足迹最多，然后为工业部门。由此可见，青藏高原地区的碳足迹和氮足迹集中分布在建筑业、工业和其他行业，这一方面与青藏高原地区整体的快速城镇化发展路径密切相关，另一方面也与青藏高原地区不同省（自治区）各自的发展水平相对应。

青藏高原地区整体上属于贸易隐含碳排放的净转入地区和贸易隐含氮排放的净转入地区。六省（自治区）与国内其他省（自治区、直辖市）之间呈现紧密的碳排放转移和氮排放转移关联，且省际差异明显。在贸易隐含碳排放转移中，新疆和甘肃转出的隐含碳排放最多，转入隐含碳排放最多的省（自治区）则是云南，其次为四川，西藏转出和转入的隐含碳排放均为最少。新疆是最大的隐含碳排放净转出省（自治区），其次为甘肃，云南则是最大的隐含碳排放净转入省（自治区），其次为四川、青海和西藏；在贸易隐含氮排放转移中，新疆和甘肃转出的隐含氮排放最多，转入隐含氮排放最多的省（自治区）则是云南，其次为四川，西藏转出和转入的隐含氮排放均最少。甘肃是最大的隐含氮排放净转出省（自治区），其次为新疆，四川则是最大的隐含氮排放净转入省（自治区），其次为云南、青海和西藏。

分产业部门来看，青藏高原地区各产业部门在贸易隐含碳排放转移和贸易隐含氮排放转移的规模上存在较大差异。在贸易隐含碳排放转移方面，除金融业为贸易隐含碳排放的净转出部门外，其他部门均为贸易隐含碳排放的净转入部门；在贸易隐含氮排放转移方面，除建筑业、房地产业和其他行业为贸易隐含氮排放的净转入部门外，其他部门均为贸易隐含氮排放的净转出部门。在贸易隐含碳排放的转移格局中，金融业部门比较特殊，在六省（自治区）均为贸易隐含碳排放的净转出部门，而建筑业、住宿和餐饮业、房地产业和其他行业在六省（自治区）均为贸易隐含碳排放的净转入部门；不同于碳排放转移的情况，在贸易隐含氮排放转移格局中，各省（自治区）的农林牧渔业，交通运输、仓储和邮政业，金融业部门均为贸易隐含氮排放的净转出部门，而建筑业、房地产业和其他行业在六省（自治区）则均为贸易隐含氮排放的净转入部门。

四、调控建议

（一）推进青藏高原地区建筑业低碳转型

青藏高原地区整体上属于贸易隐含碳排放的净转入地区，碳排放的净转入量为112.18万 t。尽管青藏高原地区本地排放的碳排放较少，但是通过省际贸易的方式，还是间接地转入较多的隐含碳排放，不利于区域低碳转型目标的顺利完成。在青藏高原地区，城镇化水平普遍不高，故在未来较长一段时期内仍将是优先发展的重要方向。鉴于建筑业部门导致青藏高原地区转入大量的隐含碳排放，不断发展低碳技术、打造绿色节能建筑势在必行。必须大力提倡新材料、新工艺、新能源，优化产品生产工艺、提升房屋建设与管理水平，延长建筑物的使用寿命，加快探索符合地区实际特点的城乡低碳化发展道路。此外，促进产业结构优化提升是青藏高原地区降低隐含碳排放转入的根本举措。工业部门作为高碳排放产业，须重点提升能源利用效率，增加清洁能源的使用份额，优化能源消费结构。大力发展低碳农牧业和现代服务业，打造低碳化高附加值的特色产业体系。与此同时，利用青藏高原地区丰富的森林、草原和湿地等生态资源，不断提高自然碳汇能力，力争尽早实现地区"净零"排放。

（二）加强青藏高原地区氮排放污染防控

氮氧化物是造成大气污染的主要污染源之一，而青藏高原地区整体上属于贸易隐含氮排放的净转入地区，氮排放的净转入量为18.06万 t。通过省际贸易的方式，青藏高原地区转入较多的隐含氮排放，尤其是四川和云南等省（自治区）。此外，建筑业、房地产业和其他行业是贸易隐含氮排放的主要净转入部门。因此，应通过推广使用清洁能源、提升技术水平和采用新工艺等措施，重点加强这三个部门氮氧化物排放的防范与控制。由于氮氧化物主要来自化石燃料燃烧和化学工业生产，因此应提升能源品质、改进燃烧方法和燃烧设备、提升化工企业过程监管。同时，要科学制定交通运输业发展规划，适度控制中长期汽车保有量。还应推广采用燃脱硝技术来降低氮氧化物的排放量。然而，与脱硫技术不同，脱硝技术总体尚处于起步阶段，需要根据各地区和产业部门的实际情况，审慎推广合适、高效的脱硝技术手段，并在现有基础上，通过产学研相结合的方式，进一步研究开发新技术。

（三）构建跨区域碳氮排放防控联动机制

青藏高原六省（自治区）是省际贸易的受益者，表现为贸易隐含碳排放和氮排放的净转入地区，但这实际上加剧隐含碳排放和氮排放来源省（自治区）的环境负担，不利于巴黎协定和 2030 年可持续发展目标在我国的实现。因此，青藏高原各省（自治区）要积极优化贸易结构，减少高碳和高氮排放部门产品的比例，引导鼓励绿色低碳低污染产品的贸易流通。由于青藏高原各省（自治区）内部及与国内其他省（自治区、直辖市）间的贸易隐含碳排放和氮排放转移往往具有伴生关系，因此提升资源利用效率、降低环境排放离不开区域层面跨省区、跨部门的协同治理机制。推动建立跨区域碳氮排放防控联动机制必须立足于青藏高原地区资源丰富、要素成本较低的优势，优先选择与其他省（自治区、直辖市）间资源环境要素流动较少的产业部门作为切入点，而对于当前发育尚不成熟的产业部门，应尽快加强政策扶持与技术、人才引进，创新产业承接模式，发展配套服务产业，严控高资源消耗和环境污染产业部门的准入和转移。

主要参考文献

方创琳，任宇飞. 2017. 京津冀城市群地区城镇化与生态环境近远程耦合能值代谢效率及环境压力分析. 中国科学：地球科学，47（7）：833-846.

方恺，王婷婷，何坚坚，等. 2020. "一带一路"沿线地区 NO_2 浓度时空变化特征及其驱动因素. 生态学报，40（13）：4241-4251.

何雄浪，张泽义. 2015. 经济活动空间分布的探究：技术溢出、环境污染与贸易自由化. 地理科学，35（2）：161-167.

蒋丹，张林荣，孙华平，等. 2020. 中国征收碳税应对碳关税的经济分析——以美国为例. 生态学报，40（2）：440-446.

刘卫东，陈杰，唐志鹏，等. 2012. 中国 2007 年 30 省区（市）区域间投入产出表编制理论与实践. 北京：中国统计出版社.

刘卫东，唐志鹏，韩梦瑶，等. 2018. 2012 年中国 31 省区市区域间投入产出表. 北京：中国统计出版社.

潘元鸽，潘文卿，吴添. 2013. 中国地区间贸易隐含 CO_2 测算. 统计研究，30（9）：21-28.

彭水军，张文城，卫瑞. 2016. 碳排放的国家责任核算方案. 经济研究，51（3）：137-150.

石敏俊，张卓颖. 2012. 中国省区间投入产出模型与区际经济联系. 北京：科学出版社.

韦韬，彭水军. 2017. 基于多区域投入产出模型的国际贸易隐含能源及碳排放转移研究. 资源科学，39（1）：94-104.

张琦峰，方恺，徐明，等. 2018. 基于投入产出分析的碳足迹研究进展. 自然资源学报，33（4）：696-708.

张亚亚，郭颖，刘海红，等. 2018. 青藏高原表土有机碳、全氮含量分布及其影响因素. 生态环境学报，27（5）：78-84.

Arce G, López L A, Guan D. 2016. Carbon emissions embodied in international trade：the post-China era. Applied Energy, 184：1063-1072.

Caro D, Pulselli F M, Borghesi S, et al. 2017. Mapping the international flows of GHG emissions within a more feasible consumption-based framework. Journal of Cleaner Production, 147：142-151.

Copeland B R, Taylor M S. 1994. North-south trade and the environment. The Quarterly Journal of Economics, 109 (3): 755-787.

Fang K, Dong L, Ren J, et al. 2017. Carbon footprints of urban transition: tracking circular economy promotions in Guiyang, China. Ecological Modelling, 365: 30-44.

Guo J, Zhang Z, Meng L. 2012. China's provincial CO_2 emissions embodied in international and interprovincial trade. Energy Policy, 42 (3): 486-497.

Leontief W W. 1936. Quantitative input and output relations in the economic systems of the United States. Review of Economics & Statistics, 18 (3): 105-125.

Li W. 2017. An overview of ecological research conducted on the Qinghai-Tibetan Plateau. Journal of Resources and Ecology, 8 (1): 1-4.

Liu Y W, Wang Y S, Pan Y P, et al. 2015. Wet deposition of atmospheric inorganic nitrogen at five remote sites in the Tibetan Plateau. Atmospheric Chemistry and Physics, 15 (20): 11683-11700.

Lucas R E B, Wheeler D, Hettige H. 1992. Economic development, environmental regulation, and the international migration of toxic industrial pollution: 1960-1988. Policy Research Working Paper Series, (4): 13-18.

Mi Z, Meng J, Guan D, et al. 2017. Chinese CO_2 emission flows have reversed since the global financial crisis. Nature Communications, 8 (1): 1712.

Nannipieri P, Eldor P. 2009. The chemical and functional characterization of soil N and its biotic components. Soil Biology & Biochemistry, 41 (12): 2357-2369.

Panayoutou T. 1993. Empirical tests and policy analysis of environmental degradation at different stages of economic development. ILO Technology and Employ Programmed Working Paper, WP238.

Shan Y, Zheng H, Guan D, et al. 2017. Energy consumption and CO_2 emissions in Tibet and its cities in 2014. Earth's Future, 5 (8): 854-864.

Vitousek P M, Hättenschwiler S, Olander L, et al. 2002. Nitrogen and nature. AMBIO: a Journal of the Human Environment, 31 (2): 97-102.

Zhang Q, Fang K. 2019. Comment on "Consumption-based versus production-based accounting of CO_2 emissions: is there evidence for carbon leakage?". Environmental Science and Policy, 101: 94-96.

|第十二章|　青藏高原城镇化与生态环境交互影响的总体判断及趋势预估

科学评估青藏高原城镇化与生态环境交互影响的总体状况，对优化城镇化速度和质量，修复和提升生态环境具有重要意义。在梳理青藏高原城镇化与生态环境交互影响研究进展的基础上，本章尝试利用距离协调耦合度模型和 Tapio 解耦模型研究青藏高原城镇化与生态环境交互胁迫的复杂关系及其动态演化特征、解耦路径，并利用灰色系统预测方法对青藏高原城镇化与生态环境的未来耦合状况进行预测，以期为青藏高原新型城镇化发展及城镇化与生态环境的均衡协调发展提供参考。通过构建一套青藏高原城镇化与生态环境交互影响分析模型体系，实现从综合评价指数分析、耦合协调度量化、耦合类型识别、解耦路径探索到未来趋势预测的全过程解析。研究发现，2000～2020 年青藏高原不同尺度间城镇化综合评价指数呈阶段性上升趋势，青海的整体城镇化指数高于西藏；生态环境指数变化趋势不同，青海呈下降态势，西藏则趋向平稳。2000～2020 年青藏高原城镇化与生态环境耦合协调度由 2000 年的 0.4202 上升为 2020 年的 0.6720，年平均上升速度为 2.38%，协调类型由失调衰退类向濒临失调衰退类转变，最后转为勉强协调发展类，基本属于城镇化滞后型。城镇化指数与生态环境指数呈现出强脱钩、弱脱钩交互出现的波动态势，说明不同尺度间存在城镇化与生态环境的负相互作用。通过预测，青藏高原在未来 15 年内，系统耦合协调度将稳步上升，但各地增长速度将存在显著差距。

第一节　研究进展与研究方法

一、研究进展

城镇化与生态环境具有交互影响的耦合关系，伴随城镇化水平不断提高，城镇化对生态环境的影响不断显现，而生态环境对城镇化的约束作用也更加突出（张引等，2016）。目前城镇化与生态环境相关理论研究主要包括两方面：一方面，着重研究城镇化与生态环境两者交互胁迫关系，从人口、空间、经济和社会层面研究城镇化对生态环境的影响，从资源开发利用、居民生活质量、产业选择等层面研究生态环境对城镇化的约束作用。另一方面，很多学者关注城镇化与生态环境交互作用规律，典型代表即 Grossman 和 Krueger 研究了空气质量与人均收入之间的关系，指出污染在低收入水平上随人均 GDP 增加而上升，高收入水平上随 GDP 增长而下降（Grossman and Krueger，1991），并在 1995 年进一步实证研究, 揭示了人均收入与环境质量之间呈现倒 "U" 形曲线关系, 即环境库兹涅茨曲线 (Krueger and Grossman, 1995)。马世骏和王如松 (1984) 提出社会–经济–自然复合生态系统理论, 认为社会、经济和自然是三个不同性质的系统, 但其各自的生存和发展都受其他系统结构和功能的制约, 城镇化系统与生态环境系统的交互关系是复合生态系统的核心。刘耀彬和宋学锋 (2005) 基于耗散结构理论提出了城镇化与生态环境耦合发展模式及判别依据; 黄金川和方创琳 (2003) 将环境库兹涅茨曲线与城镇化对数曲线进行逻辑复合, 推导出城镇化与生态环境交互耦合的数理函数与几何曲线。

城镇化与生态环境在不同地域单元表现为不同的作用类型和机制。在生态环境极为脆弱的青藏高原, 二者表现出怎样的模式和特殊性一直是学者关注的重要议题之一。青藏高原被称为 "世界屋脊" "第三极", 同时它也是 "江河源", 是欧亚大陆上孕育江河最多的地区。它也是 "生态源", 是高寒生物自然种质资源库 (刘同德, 2009)。青藏高原不同生态系统每年生产产品经济价值约为 170 亿元, 每年水源涵养量达 2612 亿 m^3, 其经济价值为 1744 亿元 (鲁春霞等, 2004)。青藏高原地区整体生态环境脆弱程度以极重度、中度脆弱为主 (袁烽迪等, 2018), 其中西藏与青海脆弱度分别高达 0.8329 和 0.8045, 属极强度脆弱区 (赵跃龙和张玲娟, 1998)。近 40 年来, 青藏高原地区人口迅速增长, 同时资源的不合理开发利用使青藏高原呈现生态环境退化趋势, 具体表现为草场退化、生物资源减少、物种多样性降低、自然灾害频发等, 人口、资源和环境之间的矛盾日趋尖锐 (牛亚菲, 1999)。青藏高原环境变化不仅在区域地表过程具有敏感响应, 在长时间尺度和大空间范围上也会影响到整个北半球乃至全球气候环境系统, 直接影响高原本身、亚洲甚至全球人类生存环境 (姚檀栋和朱立平, 2006)。这一过程中, 城镇化作为最不可逆的人类活动对青藏高原的生态环境变化影响较大, 只有寻求一种协调生态环境的城镇化发展模式才能缓解乃至最终抑制该地区的生态退化状况, 使生态资源得到可持续利用, 形成青藏高原地区的可持续发展态势。

正是鉴于青藏高原地区特殊的生态地位、生态脆弱性与显著的空间转移效应, 对该地区城镇化与生态环境耦合状况的研究十分必要。目前, 比较有代表性的研究如下: 薛冰等 (2007) 分析了青海 1978~2000 年人口–资源–环境耦合演变关系后发现青海整体生态环境恶化未得到有效遏制, 环境压力加速上升, 可持续性指数较低; 杨皓然 (2013) 利用协同学思想与模糊推理方法构建耦合模型, 测算青海 2000~2010 年生态经济系统耦合度, 得出其生态经济系统耦合度高而协调度低, 属于中度协调的勉强调和状态; 张明霞和王得祥 (2018) 在省域层面测算青海 2010~2016 年城镇化与生态环境耦合协调度后, 认为青海城镇化发展进入 "更高级、更成熟阶段", "青海城市化发展和生态环境耦合协调度大致以 I 型综合协调类型为主"。樊杰等 (2015) 认为西藏 2000 年后经济社会发展生态环境负效应得到遏制, 环境质量逐步改善。曹诗颂等 (2016) 在对中国贫困地区生态环境脆弱性与经济贫困的耦合关系研究中, 指出西藏地区耦合度一般属于生态环境落后型。汪中华 (2005) 在民族地区生态建设与经济发展耦合研究中对青藏高原地区进行了分析, 指出该区存在经济贫困与生态退化的恶性循环。

综上所述，青藏高原城镇化与生态环境交互影响的研究缺少全面系统的论述，整体区域尺度的定量分析缺失，仅针对单个省域展开研究，没有关注地区间对比，研究尺度上并未深入到地级行政单元，只在省域层面进行；指标体系上，现有研究并未考虑青藏高原生态特殊性，使用的生态环境数据多数来自统计数据，并未从遥感数据等方面入手，获取更有效的指标；时间尺度上，只针对现实情况展开研究，没有对未来状况进行预测；研究方法上，仅关注城镇化与生态环境耦合关系，并未对两者解耦关系进行分析。

二、研究尺度与数据来源

（一）空间尺度与基础单元

本章拟从三个空间尺度对青藏高原城镇化与生态环境交互影响关系进行研究，分别为青藏高原整体尺度、省域尺度及地级行政单元尺度。青藏高原层面，研究区域包括青海与西藏。省域层面包括青海与西藏两个省级单元。地级行政单元层面包括青海与西藏下辖的15个地级行政单元，其中8个地级市、6个自治州及1个地区，分别为西宁市、海东市、拉萨市、日喀则市、昌都市、林芝市、山南市、那曲市、海北州、黄南州、海南州、果洛州、玉树州、海西州、阿里地区。

（二）数据来源

鉴于数据的可获得性，本章的数据周期为2000~2020年。社会经济数据来自《青海省统计年鉴》（2001~2021年）、《西藏统计年鉴》（2001~2020年）、《中国统计年鉴》（2001~2021年），为降低数据缺少对分析结果造成的影响，极少量缺失数据采用增长率替代法进行了弥补。土地覆被数据来源于ESACCI（European space agency climate change initiative，http://maps.elie.ucl.ac.be/CCI/viewer/download.php），数据分辨率为300m×300m。生态系统服务价值参考谢高地构建的基于单位面积价值当量因子的生态系统服务价值评估方法进行计算。植被覆盖度来源于MODIS（moderate resolution imaging spectroradiometer，https://modis.gsfc.nasa.gov/data/dataprod/mod13.php），相关景观指数根据土地覆被数据，利用Fragstats V4.2计算得到，CO_2排放量数据参考相关文献进行计算（Wang and Li，2016），$PM_{2.5}$数据来自大气成分分析组（Atmospheric Composition Analysis Group）。

三、城镇化与生态环境综合评价指标体系

（一）城镇化综合评价指标体系建立

城镇化是人口不断向城市集中、城市空间不断扩张、经济与社会不断发展的过程，为准确评价研究区域发展水平，结合地区实际情况，并基于数据可得性，将城镇化分为人口

城镇化、经济城镇化、空间城镇化、社会城镇化 4 个一级指标，采用城镇人口密度及第二、第三产业产值占 GDP 比重等 10 个基础指标构成青藏高原地区城镇化综合评价指标体系。利用熵值法与层次分析法计算各项指标权重，对青藏高原地区城镇化水平进行综合评价（表 12.1）。

表 12.1　城镇化综合评价指标及权重

准则层	权重计算			指标层	权重计算		
	熵值法	层次分析法	综合权重		熵值法	层次分析法	综合权重
人口城镇化	0.2034	0.1238	0.1599	城镇人口密度（人/km²）	0.5461	0.3333	0.4130
				城镇人口比例（%）	0.5518	0.6667	0.5870
经济城镇化	0.3898	0.3875	0.3917	人均地区生产总值（万元）	0.2838	0.4704	0.3547
				第二、第三产业产值占 GDP 的比例（%）	0.2874	0.2797	0.2752
				财政收入占地区生产总值的比例（%）	0.2872	0.1142	0.1758
				全社会固定资产投资总额（万元）	0.2950	0.1358	0.1943
空间城镇化	0.1072	0.1011	0.1049	每万人拥有城市建成区面积（km²）	1.0000	1.0000	1.0000
社会城镇化	0.2996	0.3875	0.3434	城镇居民人均可支配收入（元）	0.3695	0.5499	0.4369
				每万人拥有卫生机构数量（个）	0.3797	0.2098	0.2735
				社会消费品零售总额（万元）	0.3719	0.2402	0.2896

（二）生态环境综合评价指标体系建立

生态环境现状受到生态系统结构、生态环境压力及生态环境保护三者共同影响，不同区域自然条件不同，自然生态系统种类繁多，不同生态系统状态对人类生存的适宜度不同，且人们生产生活开发利用的方式也不同，故生态环境受影响的原因和程度也不同。青藏高原地区生态环境具有特殊性，在构建评价指标体系衡量其生态环境状况时，需考虑高原特殊条件，如冰川、未利用地、草场等特殊类型土地的变化状况。故本章将生态环境质量分为生态环境结构、生态环境功能、生态环境压力及生态环境格局 4 个 1 级指标，并通过景观破碎度（patch density，PD）、香农指数（Shannon's diversity index，SHDI）、景观连通性指数（connectance index，CONNECT）、森林覆盖率等 13 个基础指标构成青藏高原生态环境综合评价指标体系（表 12.2）。

表 12.2　生态环境综合评价指标及权重

准则层	权重计算			指标层	权重计算		
	熵值法	层次分析法	综合权重		熵值法	层次分析法	综合权重
生态环境结构	0.3709	0.3145	0.3464	草地覆盖率（%）	0.2182	0.2234	0.2209
				湿地占比（%）	0.2019	0.1829	0.1923
				森林覆盖率（%）	0.1677	0.1688	0.1684
				冰川占比（%）	0.1968	0.1829	0.1898
				植被覆盖度	0.2155	0.2420	0.2285
生态环境功能	0.1480	0.2845	0.2081	生态空间占比（%）	0.5412	0.4013	0.4707
				生态系统服务价值（元）	0.4588	0.5987	0.5293
生态环境压力	0.2470	0.2005	0.2257	$PM_{2.5}$平均浓度（μg）	0.3317	0.2702	0.3001
				CO_2排放量（万 t）	0.3339	0.3528	0.3440
				生物栖息地侵占量（hm^2）	0.3345	0.3771	0.3560
生态环境格局	0.2341	0.2005	0.2197	景观破碎度	0.3446	0.3548	0.3502
				景观连通性指数	0.3166	0.3548	0.3356
				香农指数	0.3388	0.2905	0.3142

（三）指标预处理及权重求解

为消除各项指标的数量级及量纲差异对计算结果的影响，须对指标进行标准化处理，以降低随机因素干扰。城镇化与生态环境不同的指标可分为正效应指标与负效应指标，需要分别采用不同的标准化处理公式：

$$A_{ij}=\begin{cases}X_{ij}-\min(X_{ij})/\max(X_{ij})-\min(X_{ij})\\\max(X_{ij})-X_{ij}/\max(X_{ij})-\min(X_{ij})\end{cases} \tag{12.1}$$

式中，i 为指标序号；j 为年份；X_{ij} 为实际计算值；$\max(X_{ij})$ 和 $\min(X_{ij})$ 分别为第 i 指标的最大值和最小值，由于生态环境压力指标实际反映生态恶化程度，需采用不同的公式，经过标准化处理后，所有指标值均越大越优。

指标权重反映指标相对重要程度，对评价结果的准确性和可靠性有重要影响，目前确定权重的方法分为主观赋权法与客观赋权法两类。其中，主观赋权法包括层次分析法和德尔菲法等；客观赋权法有熵值法、主成分分析法、因子分析法、变异系数法。客观赋权法较为客观，但可能最终得到的权重与实际重要性不相符合，而主观赋权法则带有个人主观随意性，故本研究将主客观赋权法相结合，采用熵值法与层次分析法相结合，缩小主客观权重偏差，利用最小信息熵原理对主客观权重进行综合，缩小偏差。w_{1i} 和 w_{2i} 分别为熵值法和层次分析法计算所得权重。具体计算公式为（梁龙武等，2019）

$$w_i=\frac{(w_{1i}\times w_{2i})^{\frac{1}{2}}}{\sum_{i=1}^{n}(w_{1i}\times w_{2i})^{\frac{1}{2}}} \tag{12.2}$$

（四）城镇化与生态环境系统发展度求解

采用系统指数评估模型，运用线性加权方法先计算人口、经济、社会、空间城市化子系统的生态环境结构、生态环境功能、生态环境压力、生态环境格局子系统评价指数值，进而得出城镇化和生态环境系统发展度，计算公式为（梁龙武等，2019）

$$f(x) = \sum_{i=1}^{n} w_i \times x_i, \quad g(y) = \sum_{j=1}^{m} w_j \times y_j \tag{12.3}$$

$$F(x) = \sum_{i=1}^{n} W_i \times f(x), \quad G(y) = \sum_{j=1}^{m} W_j \times g(y) \tag{12.4}$$

式中，$f(x)$ 和 $g(y)$ 分别为城镇化和生态环境子系统综合评价值；$F(x)$ 和 $G(y)$ 分别为城镇化和生态环境系统综合评价值；x_i 和 y_j 分别为城镇化和生态环境评价指标标准化数值；w_i 和 w_j 分别为城镇化和生态环境评价指标综合权重；W_i 和 W_j 分别为城镇化和生态环境子系统权重。

四、城镇化与生态环境耦合度测算模型

发展是系统本身的一种演化过程，指系统或系统组成要素本身从小到大、从简单到复杂、从低级到高级、从无序到有序的变化过程，某一系统或某一要素的发展可能建立在其他系统或要素的破坏甚至消失的基础上。例如，只追求城镇化速度，盲目扩张城市空间，对资源环境进行掠夺，最终导致生态环境系统崩溃，这种发展观是片面的、狭隘的、落后的，必须树立多元发展观，关注协调发展（廖重斌，1999）。

协调是两种或两种以上子系统间配合得当、和谐一致、良性循环的关系，以达到减少系统运行的负效应、提高系统的整体输出功能和协同效应的目的，协调度是这种效应的测度，指子系统在发展过程中和谐一致的程度，协调度模型能够评价城镇化系统与生态环境系统交互耦合的协调程度。现有协调度模型包括离差系数最小化协调度模型、隶属函数协调度模型、基尼系数协调度模型、数据包络协调度模型（汤铃等，2010）。

由于系统或要素的交错、动态和不平衡性的特性，协调度在有些情况下很难反映出系统或要素间作用的整体"功效"与"协同"效应。为此，引入协调发展度的概念，其目的是评判系统或要素间交互耦合的协调程度。协调发展度能够反映系统或要素间总体协调发展程度或水平高低，它综合系统或要素间总体协调发展程度或水平高低，综合系统或要素间的协调状况（协调度）及二者所处的发展层次（崔峰，2008）。城镇化与生态环境耦合协调发展指使两个子系统内部各要素间，按一定数量和结构组成的有机整体配合得当、有效运转。这个整体的目的是在提高城镇化水平的同时，使城镇化发展对生态环境的影响控制在生态环境的承载力之内，以提高人们对生活的满意度。定量分析城镇化与生态环境耦合协调程度，可以更为细致清楚地了解发展过程中的问题，从而针对性地解决问题。

目前学者对城镇化与生态环境耦合协调发展动态的研究主要集中于耦合协调度测量、

耦合协调类别判别等方面。例如，张明媛等（2008）运用灰色系统模型对大连市防灾减灾投入与城市经济发展水平耦合协调度进行定量测度；乔标和方创琳（2006）运用双指数模型，对河西走廊地区多个城市的城镇化与生态环境交互双指数曲线进行了验证分析；姜涛等（2002）利用投入-产出模型对人口-资源-环境-经济系统的耦合度进行了定量分析，并建立了基于动态投入-产出原理的可持续发展多目标发展最优规划框架模型；He 等（2017）采用耦合协调度模型对上海市城镇化与生态环境系统耦合发展状况进行了分析，其城市化与生态环境之间的协调耦合程度符合"S"形曲线，完成从"严重不平衡发展"到"略微不平衡发展"的耦合发展阶段的转变。

（一）基于距离协调度的系统协调发展度评价模型

本章主要运用基于距离协调度的系统协调发展度模型，此模型在协调度计算上"引入欧氏距离公式，度量系统实际状态与理想状态的距离，即评价变量的实际值与理想值的偏差"（汤铃等，2010），变形后的距离协调度能够反映系统实际协调状态与理想协调状态的距离，即评价变量的理想值与实际值的偏差。

城镇化系统与生态环境系统存在长期相互关系，假定城镇化与生态环境系统的理想协调状态为 A′，当系统处于理想协调时，两系统相互拉动并处于相同发展状态，则根据理想协调状态。以两系统发展度为评价变量，则理想值等于另一系统发展度的实际值。

以 x_{1t}、x'_{1t} 和 x_{2t}、x'_{2t} 分别代表城镇化子系统和生态环境子系统第 t 年发展度实际值和理想值，则有 $(x'_{1t}, x'_{2t})^{\mathrm{T}} = (x_{2t}, x_{1t})^{\mathrm{T}}$。距离协调度计算公式为（汤铃等，2010）

$$c_t = \left(\sqrt{ 1 - \sqrt{ \frac{\sum_{i=1}^{2} (x_{it} - x'_{it})}{\sum_{i=1}^{2} s_i^2} } } \right)^k \tag{12.5}$$

假定两系统同等重要，取 $s_1 = s_2 = 1$，k 为调节系数，一般取 $k = 2$，则城镇化与生态环境系统距离协调度为（汤铃等，2010）

$$c_t = \left(\sqrt{ 1 - \sqrt{ \frac{(x_{1t} - x'_{2t}) - (x_{2t} - x'_{1t})}{2} } } \right)^2 = 1 - |(x_{1t} - x_{2t})| \tag{12.6}$$

式中，c_t 为第 t 年的系统协调度，c_t 值越大，说明系统实际协调状态与理想协调状态距离更近，城镇化与生态环境系统的协调水平越高。

系统协调发展度反映系统协调发展水平，基于距离协调度的系统协调发展度计算公式为（汤铃等，2010）

$$d_t = D(x_t, c_t) = \sqrt{x_t c_t} \tag{12.7}$$

式中，d_t 为第 t 年的系统协调发展度，d_t 值越高，系统协调发展水平越高。

（二）城镇化与生态环境系统协调发展度等级划分

参照已有研究，依据协调发展度的大小，将城镇化与生态环境系统的协调发展状况分为三大类，即协调发展类、过渡类及失调衰退类，根据具体数值细化为 5 小类，并参考城镇化与生态环境发展度水平差异及研究区域实际情况，进一步划分为 15 种基本类型（廖重斌，1999）。

表 12.3　城镇化与生态环境协调发展的分类体系及其判别标准

大类	协调发展度	亚类	$f(x)$ 与 $g(y)$ 对比关系	基本类型
协调发展类	0.60~1.00	协调发展（5）	$f(x)>g(y)$	协调发展类生态环境滞后型（5-1）
			$f(x)=g(y)$	协调发展类城镇化生态环境同步型（5-2）
			$f(x)<g(y)$	协调发展类城镇化滞后型（5-3）
过渡类	0.50~0.59	勉强协调发展（4）	$f(x)>g(y)$	勉强协调发展类生态环境滞后型（4-1）
			$f(x)=g(y)$	勉强协调发展类城镇化生态环境同步型（4-2）
			$f(x)<g(y)$	勉强协调发展类城镇化滞后型（4-3）
	0.40~0.49	濒临失调衰退类（3）	$f(x)>g(y)$	濒临失调衰退类生态环境滞后型（3-1）
			$f(x)=g(y)$	濒临失调衰退类城镇化生态环境共损型（3-2）
			$f(x)<g(y)$	濒临失调衰退类城镇化滞后型（3-3）
失调衰退类	0.30~0.39	轻度失调衰退类（2）	$f(x)>g(y)$	轻度失调衰退类生态环境滞后型（2-1）
			$f(x)=g(y)$	轻度失调衰退类城镇化生态环境共损型（2-2）
			$f(x)<g(y)$	轻度失调衰退类城镇化滞后型（2-3）
	0~0.29	严重失调衰退类（1）	$f(x)>g(y)$	严重失调衰退类生态环境滞后型（1-1）
			$f(x)=g(y)$	严重失调衰退类城镇化生态环境共损型（1-2）
			$f(x)<g(y)$	严重失调衰退类城镇化滞后型（1-3）

五、城镇化与生态环境交互影响关系脱钩模型

"脱钩"原本为物理学概念，指两个或多个物理量之间最初的相互关系降低或不复存在。经济合作与发展组织将脱钩理论概念引入环境经济领域，用于形容阻断经济增长与资源消耗或环境污染之间的联系。众多学者开始利用脱钩理论来判断地区发展状态，如 de Freitas 和 Kaneko（2011）采用脱钩模型对巴西经济增长与碳排放之间的关系进行分析；Mattila（2012）利用生态足迹表征环境压力，与经济投入–产出进行脱钩分析，以此判断对芬兰经济是否可持续。国内学者郭莎莎等（2018）利用脱钩模型，分析了北京市城镇化与资源过程之间的近远程耦合与解耦复杂关系。目前测度方法主要有 IPAT 模型法、Tapio弹性系数法和脱钩指数法。本章选用最为常用的 Tapio 脱钩模型。

（一）Tapio 脱钩模型

脱钩模型表征的是变量间的阻断关系，一般用于刻画生态环境压力与经济驱动力之间的关系，Tapio 在经济合作与发展组织的基础上对指标加以完善，提出更为全面细致的

Tapio 弹性系数法，将脱钩细分为扩张性复钩、强复钩、弱复钩、弱脱钩、强脱钩、衰退脱钩等。本章采用此方法，与基于距离协调度的系统协调发展度评价方法联合，能够更进一步刻画各协调发展阶段内部城镇化与生态环境之间相互影响的复杂关系，具体计算公式为

$$DI_t = \frac{(E_t - E_{t-1})/E_{t-1}}{(U_t - U_{t-1})/U_{t-1}} \tag{12.8}$$

式中，E_t 和 E_{t-1} 分别为第 t 年和第 $t-1$ 年的生态环境水平指数；U_t 和 U_{t-1} 分别为第 t 年和第 $t-1$ 年的城镇化水平指数。DI_t 为第 t 年的脱钩指数。

（二）Tapio 脱钩状态类型划分

Tapio 以 0、0.8、1.2 为临界值，并参考生态环境指数增长率与城镇化指数增长率的正负情况，将脱钩指数分为 8 类（李坦等，2019）。

表 12.4　脱钩指数与脱钩状态类型划分标准

状态		城镇化指数增长率（ΔU）	生态环境指数增长率（ΔE）	脱钩指数 DI
脱钩	衰退脱钩	−	−	DI>1.2
	强脱钩	+	−	DI<0.0
	弱脱钩	+	+	0.0<DI<0.8
连接	扩张连接	+	+	0.8<DI<1.2
	衰退连接	−	−	0.8<DI<1.2
负脱钩	扩张负脱钩	+	+	DI>1.2
	强负脱钩	−	+	DI<0.0
	弱负脱钩	−	−	0.0<DI<0.8

第二节　青藏高原城镇化与生态环境耦合度的总体判断

一、城镇化与生态环境综合评价指数分析

（一）城镇化综合评价指数时空演化过程

1. 青藏高原尺度

如图 12.1 所示，2000~2020 年，青藏高原、青海、西藏城镇化综合评价指数发展趋势相似，均呈现明显上升态势，总体表现为起点低、平稳上升，起点值均低于 0.2，相差小于 0.05，终点值出现差异，其大小顺序为青海>青藏高原>西藏。

青藏高原城镇化综合评价指数逐年上升，上升过程可分为两个阶段，2000~2004 年为

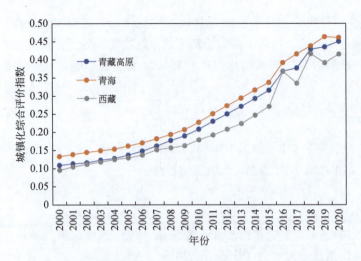

图 12.1　2000~2020 年青藏高原、青海、西藏城镇化综合评价指数时间变化图

缓慢增长阶段，城镇化综合评价指数增长率小于 10%，2005~2015 年为快速增长阶段，城镇化综合评价指数增长率均大于 10%。总体增长率先增大后减小，峰值出现于 2007 年，城镇化综合评价指数年增长率达到 14.46%，其后虽有波动，但总体呈下降趋势。从上升幅度来看，青藏高原与青海相似，大于西藏，2015 年与 2000 年青藏高原的城镇化综合评价指数之差为西藏的 1.7 倍、青海的 1.5 倍，每年评价指数值大于青海与西藏城镇化综合评价指数的平均值。2015~2020 年青藏高原进入波动增长期，其城镇化综合评价指数增长率大小变动幅度较大。

2. 省域尺度

青海与西藏两者城镇化发展过程存在相似性，也存在差异性，相似性表现在两者城镇化评价指数上升趋势相同，均呈现阶段性，即存在缓慢增长与快速增长两阶段，差异性则表现在两者进入快速增长阶段的时间节点不同，以 10% 增长率作为缓慢增长与快速增长的界限。青海 2007 年开始进入快速增长阶段，西藏则直至 2010 年增长率才大于 10%，中间仅出现过两次短暂波动，分别为 2001 年和 2007 年。

在城镇化综合评价指数水平差异方面，青海城镇化综合评价指数值在 2000~2020 年一直大于西藏，青海平均城镇化综合评价指数值为 0.2626，西藏为 0.2161，青海 2001 年城镇化综合评价指数开始大于 0.13，而西藏直至 2006 年才增长至 0.13，两者存在阶段性差异，同时两者城镇化综合评价指数差值呈现先缩小后扩大的趋势，最小值出现在 2004 年，此后差距不断扩大，最终从 2004 年 0.0293 增长至 2020 年 0.0460，扩大近两倍，说明西藏 2000~2020 年城镇化效率低于青海。增长率方面，青海与西藏两者增长率差异呈现波动下降，2012 年开始，西藏增长率超过青海，且差距持续缩小，但两者差距在此期间并未缩小，可能归因于西藏初始水平值较低。

3. 地级单元尺度

从城镇化综合评价指数水平来看，青藏高原 15 个地级单元之间与省域层面类似，也表现出相似性及差异性，如图 12.2 所示，其相似性在于，总体均表现稳步上升的特征，2000 年 14 个地级单元城镇化综合评价指数均低于 0.20，发展过程未表现出明显的阶段性，增长率处于波动状态。差异性则表现在各地级单元城镇化综合评价指数出现明显分层现象，且海西州城镇化水平始终处于优势地位，而日喀则市、昌都市、玉树州始终处于最低层次，从各地级单元多年城镇化水平指数平均值来看，均值最高为海西州，最低为昌都市，而海西州数值为昌都市的 3 倍多，差异较大。从城镇化综合评价指数增幅来看，各地级单元中海西州增幅最大，那曲市最小，海西州数值约为那曲市的两倍。从城镇化综合评价指数增速来看，年均增速超过 10% 的为昌都市、日喀则市、阿里地区、山南市和拉萨市。

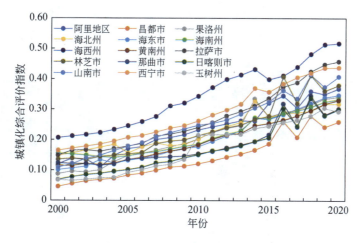

图 12.2 2000～2020 年青藏高原各地级行政单元城镇化综合评价指数随时间变化图

为直观显示青藏高原城镇化水平时空演变格局，本章选取 2000 年、2005 年、2010 年、2015 年和 2020 年青藏高原城镇化水平进行空间可视化分析，为体现不同时间尺度下城镇化综合评价指数的标准性和可比性，依据数理倍数关系将当年城镇化水平平均值的 0.5 倍、1.0 倍、1.5 倍作为划分标准。城镇化类型相应区分为高城镇化区（>1.5 倍）、偏高城镇化（1.0～1.5 倍）、中城镇化区（0.5～1.0 倍）、低城镇化区（<0.5 倍）4 种类型，如图 12.3 所示。从图 12.3 可得出以下结论：低城镇化区域出现频率较低，高城镇化、中城镇化与偏高城镇化空间格局相对稳定。从图 12.3 可看出，海西州 2000～2020 年始终处于城镇化综合评价指数最高等级，作为青海两座主要城市格尔木市与德令哈市所在州，城市的发展极大地带动海西州的城镇化水平发展，使得海西州城镇化综合评价指数保持高增速增长。昌都市 2000 年处于低城镇化阶段，昌都市气候寒冷，最低海拔约 3100m，平均海拔达 3500m，冰川多，年平均气温低，地区内大部分面积归类于生态屏障区，对保护高原环境有重要作用，城镇化进程落后于其他地区。

2000 年，西藏偏高城镇化区多于青海，但境内存在 1 个低城镇化区，即昌都市，青海海西州和海东市城镇化综合评价指数较高，属于高城镇化区，与海西州相邻的海南州、海

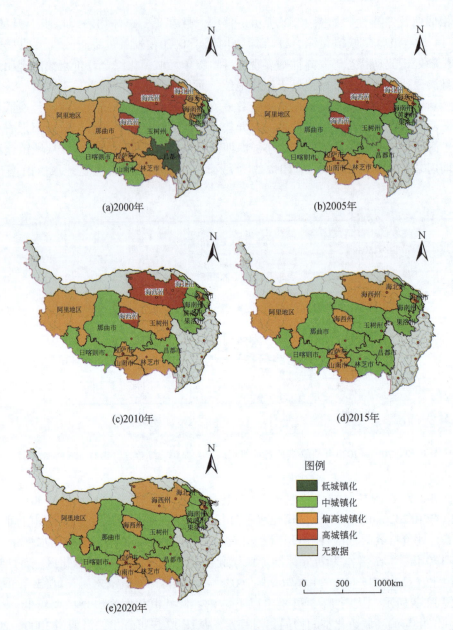

图 12.3 2000~2020 年青藏高原各地级市城镇化综合评价指数空间演变

北州同属偏高城镇化区，说明两地市对青海城镇化发展起带动作用。2005 年由于整体城镇化综合评价指数的升高，增速较低的海南州下降至中城镇化阶段，青海两个增长极格局相对稳定。西藏那曲市下降至中城镇化阶段，山南市跃升至偏高城镇化阶段。2010 年，玉树州跃升至偏高城镇化阶段，由于聚集效应，黄南州、海南州、海东市的资源要素向西宁市、海北州转移，自身进程受阻，这一时期青海城镇化仍旧为双增长极带动局面。2015年，青海城镇化综合评价指数表现更均质化，高城镇化仅有海东市，玉树州下降至中城镇化阶段可能与 2010 年遭遇地震，灾后重建有关。西藏在此后城镇化空间格局未再发生变化，以拉萨市为增长极，带动全区发展。

（二）生态环境综合评价指数时空演化过程

1. 青藏高原尺度

如图 12.4 所示，2000～2020 年青藏高原、青海、西藏生态环境综合评价指数呈现不同的变化趋势，西藏基本保持恒定，略有下降，青藏高原与青海为波动下降，变化趋势可分为两阶段，2000～2011 年为缓慢下降阶段，2012～2020 年为剧烈下降阶段。而从起点值上看，青海与西藏生态环境综合评价指数相差 0.1，青藏高原生态环境综合评价指数与两省（自治区）平均值相近，三者生态环境综合评价指数大小排序为西藏>青藏高原>青海。

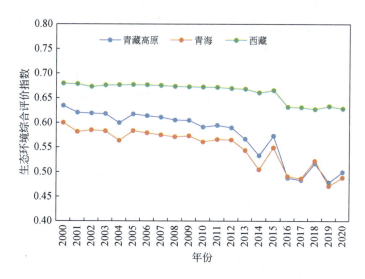

图 12.4　2000～2020 年青藏高原、青海、西藏生态环境综合评价指数随时间变化图

青藏高原整体生态环境综合评价指数处于不断下降过程中，其下降可分为两个阶段，2000～2014 年持续下降，其中 2010～2012 年为低速下降阶段，生态环境综合评价指数年平均减速为 0.8%，而 2013 年与 2014 年降低速度分别为 5.00% 与 7.85%，总降低幅度为 0.0832，为初始值的 13.30%，与青海、西藏之和基本持平。2016～2020 年表现出波动下降，在大幅下降后有两次回升。

2. 省域尺度

省域层面看，西藏与青海生态环境发展趋势截然不同，两省（自治区）生态环境综合评价指数差距不断拉大，而生态环境综合评价指数增长率在 2000～2006 年和 2014～2020 年两个阶段内，差异最大，青海由于初始生态环境综合评价指数低于西藏，并由于多年持续下降，生态环境综合评价指数始终低于西藏。

3. 地级单元尺度

从地级单元尺度上看，各地级单元发展趋势同样表现出相似性与差异性，相似性在于都表现为阶段性，2000～2013 年为平稳阶段，差异性表现于生态环境综合评价指数数值上，具体可分为 3 个层次（图 12.5），最低为海东市、海西州，处于 0.4～0.45 区间；其次是阿里地区、昌都市、海南州、拉萨市、日喀则市，处于 0.5～0.55 区间；其余为第三层次，高于 0.55 而小于 0.6。2013～2020 年出现大幅度的波动，差异性表现于波动趋势上，其中海西州、山南市、玉树州明显下降，而黄南州与西宁市明显上升，其余各地级单元持续保持平稳。

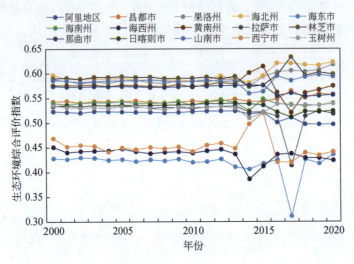

图 12.5　2000～2020 年青藏高原各地级市单元生态环境综合评价指数随时间变化图

为直观显示青藏高原生态环境水平时空演变格局，与城镇化指数相同，选取 2000 年、2005 年、2010 年、2015 年和 2020 年青藏高原生态环境评价指数进行空间可视化分析，依据各地级单元实际生态环境综合评价指数，为最大程度凸显其差异，以 0.5、0.55、0.6 为临界值，将生态环境类型区分为优生态环境区（>0.6）、偏优生态环境区（0.55～0.6）、中生态环境区（0.5～0.55）、劣生态环境区（<0.5）4 种类型，如图 12.6 所示。从图 12.6 可得出结论：生态环境综合评价指数空间格局相对稳定。从图 12.6 可得出，低值区分布于青海，高值区出现在西藏，其中那曲市、山南市、林芝市始终为偏优生态环境区，西藏将旅游业确立为其战略主导产业，打造国际生态旅游区，实现生态城镇化，故在城镇化进程中并未与生态环境相互冲突，而形成了协调发展的趋势。而海西州与海东市始终处于最低层次。海西州的四大支柱产业为天然气、盐湖化工、有色金属和煤炭，虽然在经济效益上实现极大增长，但高能耗、高污染的发展模式也对生态环境造成极大影响；伴随西宁都市圈规划，在海东市承接周边产业转移过程中，工业生产给海东市带来较大的负面影响。空间格局上，2000～2010 年生态环境空间格局稳定，并未发生变化，青海西宁市、海东市、海西州为劣生态环境区，其中西宁市与海西州在城镇化综合评价指数中处于

高城镇化地区，说明其城镇化进程对生态环境水平有所影响。西藏林芝市、山南市、那曲市为偏优生态环境区，其余为中等生态环境区，整体处于偏优阶段。西藏生态环境水平优于青海。2015 年，青海海西州和海东市仍然为劣生态环境区，西藏昌都市也上升至偏优生态环境区阶段，生态环境水平逐步好转。黄南州转变为优生态环境区。

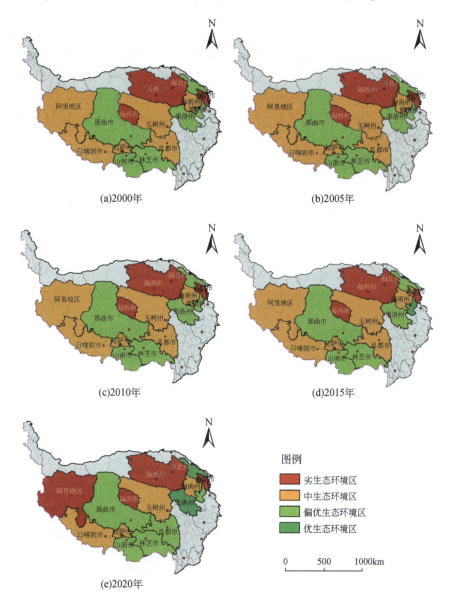

图 12.6　2000～2020 年青藏高原各地级市生态环境综合评价指数空间演变图

二、不同尺度城镇化与生态环境耦合度变化的时空过程分析

（一）青藏高原尺度

从耦合协调度来看，2000～2020年青藏高原耦合协调度由2000年的0.4202上升为2020年的0.672，年平均上升速度为2.38%，如图12.7所示。其中，青海城镇化与生态环境耦合协调度由2000年的0.4428上升为2020年的0.6795，年平均上升速度为2.16%；西藏城镇化与生态环境耦合协调度由2000年的0.4017上升为2020年的0.6406，年平均上升速度为2.36%。表明青藏高原作为一个整体，在城镇化发展的同时生态环境得到有效保护，对青藏高原生态环境保护初见成效。

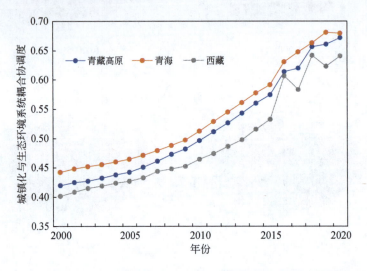

图12.7　2000～2020年青藏高原、青海、西藏耦合协调度随时间变化图

（二）省域尺度分析

省域层面，从耦合协调度增长速度来看，青海、西藏城镇化与生态环境系统耦合协调度上升趋势相同，但与青藏高原整体不同，表现出阶段性，且两省（自治区）进入不同阶段的时间节点不同，青海2005年开始快速增长，而西藏则在2011年增速才开始出现明显增长。2000～2020年平均增长率两省（自治区）相差不大，耦合协调度年增长率极差值分别为3.05%、3.71%，即说明青海增长速度波动更为剧烈，其城镇化与生态环境相互影响的变化幅度更大，而西藏上升趋势更为稳定。两者耦合协调度差值经历下降、上升、再下降的阶段，时间节点分别为2004年、2013年。

（三）地级单元尺度分析

从图 12.8 可以看出，青藏高原各地级单元城镇化与生态环境系统协调度整体呈现稳步上升趋势，但整体数值不高，情况并不乐观。从数值分布上看，2000 年各地级单元耦合协调度分为两个类型，昌都市，仅有 0.38，处于轻度失调衰退类，其余地级单元均属于过渡类型中濒临失调衰退类，最高值为海西州；2020 年，原濒临失调衰退类型中再次分化为两类，其中阿里地区、海西州、拉萨市、林芝市、山南市、西宁市耦合协调度大于 0.60，转为协调发展类，最高值为拉萨市。昌都市耦合协调度上升至 0.54，变为勉强协调发展类，但仍然处于最低水平。耦合协调度上升幅度前三位是山南市、西宁市、果洛州。

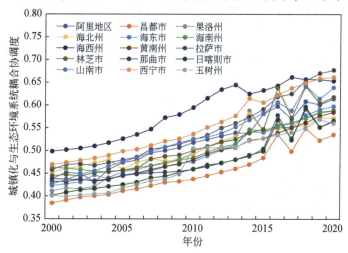

图 12.8 2000～2020 年青藏高原各地级市耦合协调度随时间变化图

从城镇化与生态环境耦合协调度增长趋势来看，海西州是唯一出现上升-下降趋势的地区，海西州重要产业为农牧业，草场退化，生态灾害严重，且海北州地理位置特殊，草原旱灾频发，夏季暴雨又会引发洪涝灾害。虽通过一些重大生态保护和建设工程的实施，生态环境得到改善，但历史欠账多，可能后续生态建设投入不足，是出现下降趋势的原因。

三、不同尺度城镇化与生态环境交互影响类型的识别分析

（一）青藏高原及省域尺度分析

从表 12.5 可以看出，青藏高原整体城镇化与生态环境耦合类型分为三个阶段，2000～2010 年为濒临失调衰退类城镇化滞后型，2011～2015 年转变为勉强协调发展类城镇化滞后型，2016～2017 年转为协调发展类城镇化滞后型，可以看出青藏高原一直处于城镇化发展滞后阶段，可以认为其不协调问题基本是由落后的城镇化进程引起的，随着城镇化进程

不断推进,协调度也不断上升。

表 12.5　青藏高原、青海省、西藏城镇化与生态环境耦合类型结果

区域	2000 年	2001 年	2002 年	2003 年	2004 年	2005 年	2006 年	2007 年	2008 年	2009 年	2010 年
青藏高原	3-3	3-3	3-3	3-3	3-3	3-3	3-3	3-3	3-3	3-3	3-3
青海	3-3	3-3	3-3	3-3	3-3	3-3	3-3	3-3	3-3	3-3	4-3
西藏	3-3	3-3	3-3	3-3	3-3	3-3	3-3	3-3	3-3	3-3	3-3
区域	2011 年	2012 年	2013 年	2014 年	2015 年	2016 年	2017 年	2018 年	2019 年	2020 年	
青藏高原	4-3	4-3	4-3	4-3	4-3	5-3	5-3	5-2	5-2	5-2	
青海	4-3	4-3	4-3	4-3	5-2	5-2	5-2	5-2	5-2		
西藏	3-3	3-3	3-3	4-3	4-3	5-3	4-3	5-3	5-3	5-3	

青海整体城镇化与生态环境耦合类型包含三个阶段,2000~2009 年为濒临失调衰退类城镇化滞后型,2010~2015 年为勉强协调发展类城镇化滞后型,2016~2020 年变为协调发展类城镇化生态环境同步型,而这一过程是生态环境水平不断下降,最终与并不高的城镇化水平持平造成的,并非两者协同增长造成的。

西藏整体城镇化与生态环境耦合类型包含两个阶段,2000~2013 年为濒临失调衰退类城镇化滞后型,2014~2017 年则转变为勉强协调发展类城镇化滞后型,2018~2020 年为协调发展类城镇化滞后型。说明西藏的城镇化发展尚有空间,还未达到生态承载力,可以在有限程度内继续进行城镇化进程。

(二) 地级单元尺度分析

青藏高原各地级单元城镇化与生态环境耦合协调类型上,其变化趋势为由失调类转变为过渡类,部分地级市成功转型为协调发展类,选取 2000 年、2005 年、2010 年、2015 年和 2020 年耦合类型进行详细分析。结果显示 (图 12.9),2000 年,15 个地级单元中有 1 个是轻度失调衰退类,其余 14 个属于濒临失调衰退类;2005 年,14 个地级单元仍然属于濒临失调衰退类,海西州迈入勉强协调发展类;2010 年,8 个地级单元属于濒临失调衰退类,6 个地级单元属于勉强协调发展类,1 个地级单元属于勉强协调发展类;2015 年仅剩昌都市还处于濒临失调衰退类,11 个地级单元属于勉强发展协调类,两个地级单元属于协调发展类,分别为西宁市、海西州。2020 年,9 个地级单元属于勉强协调发展类,6 个地级单元进入协调发展阶段,其中西宁市、拉萨市、海西州为同步型。

各地级单元的城镇化水平与生态环境水平不断接近。但由前述生态环境水平分析可知,各地级市的生态环境指数均不断下降,故目前这种协调是在城镇化不断发展,生态环境不断恶化的条件下形成的,是一种非良性的城镇化,并不持久。以海西州为例,其 2001 年率先转变为勉强协调发展类,此后协调度不断升高,但由于生态环境水平下降,虽然城镇化不断发展,2010 年海西州协调度类型变为协调发展类同步型,但 2013 年生态环境恶化的不良影响开始显现,其耦合协调度增长停滞,呈现波动式下降趋势。说明生态环境的变化已经对城镇化继续发展造成压力,海西州需要思索发展路线,制定更为绿色可持续的

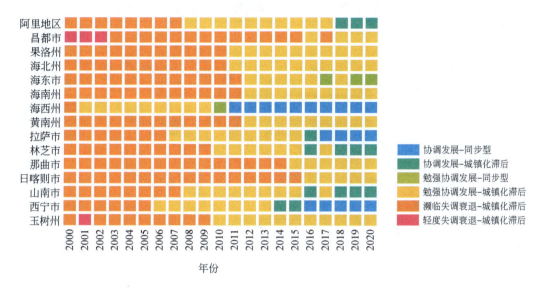

图 12.9　青藏高原各地级市城镇化与生态环境耦合类型结果图

城镇化政策。与之相反，西宁市在 2006 年转为勉强协调发展类，及时注意到生态环境的不良趋势，调整发展思路，生态环境水平与城镇化水平同时增长，进入良性发展阶段，协调度持续上升，转入协调发展类。

第三节　青藏高原城镇化与生态环境交互影响的解耦分析与趋势预估

一、城镇化与生态环境交互影响关系的解耦分析

（一）青藏高原及省域尺度分析

如表 12.6 所示，青藏高原 2000~2015 年城镇化指数与生态环境指数脱钩状态主要呈现出强脱钩、弱脱钩、扩张连接、扩张负脱钩四种状态，并呈动态变化态势，以强脱钩为主，弱脱钩仅出现 3 次，2015 年为扩张连接，2020 年为扩张负脱钩。表明青藏高原城镇化与生态环境耦合协调度虽保持增长，但是其实质情况是生态环境指数不断下降，城镇化指数不断上升的结果，这一关系在 2000~2020 年一直处于不断强化状态，也证明青藏高原目前城镇化的发展是建立在生态环境不断下降的状态，虽还未达到生态承载力，城镇化尚有上升空间，但应当开始重视生态环境保护。

表 12.6 青藏高原生态环境指数增长率与城镇化指数增长率及脱钩关系

年份	U	E	DI	脱钩程度
2001	0.0385	−0.0220	−0.5722	强脱钩
2002	0.0240	−0.0024	−0.1016	强脱钩
2003	0.0601	−0.0015	−0.0254	强脱钩
2004	0.0370	−0.0298	−0.8030	强脱钩
2005	0.0718	0.0295	0.4108	弱脱钩
2006	0.0822	−0.0054	−0.0660	强脱钩
2007	0.0928	−0.0048	−0.0521	强脱钩
2008	0.0943	−0.0092	−0.0977	强脱钩
2009	0.0710	−0.0013	−0.0182	强脱钩
2010	0.0965	−0.0223	−0.2309	强脱钩
2011	0.1041	0.0057	0.0545	弱脱钩
2012	0.0889	−0.0080	−0.0898	强脱钩
2013	0.0837	−0.0389	−0.4652	强脱钩
2014	0.0803	−0.0597	−0.7435	强脱钩
2015	0.0780	0.0754	0.9660	扩张连接
2016	0.1657	−0.1493	−0.9011	强脱钩
2017	0.0239	−0.0091	−0.3791	强脱钩
2018	0.1371	0.0702	0.5119	弱脱钩
2019	0.0144	−0.0745	−5.1930	强脱钩
2020	0.0356	0.0436	1.2243	扩张负脱钩

青海 2000～2020 年城镇化指数与生态环境指数脱钩状态呈现出一种波动状态，2000～2014 年，其脱钩状态一直在强脱钩与弱脱钩之间往复变换（表 12.7），直至 2015 年转变为扩张负脱钩状态，但此后仍以强弱脱钩为主。可以看出，其城镇化与生态环境的耦合度虽然一直呈上升趋势，但是其城镇化进程的负效应较为显著，是一种不可持续的、暂时的协调状态，需要对现在的生态环境多加注意，不应盲目追求城镇化增速。

西藏与青海相同，但其波动较青海小，从 2006～2014 年一直维持在强脱钩状态，其脱钩指数也较小，可以看出西藏城镇化与生态环境两系统的发展趋势虽不一致，但目前城镇化进程并未对生态环境造成较大压力，具有一定的城镇化潜力，应当进一步推进城镇化进程，但要制定合理的政策。

表 12.7　青海、西藏生态环境指数增长率与城镇化指数增长率及脱钩关系

年份	地区	U	E	DI	状态	地区	U	E	DI	状态
2001	青海	0.0405	−0.0307	−0.7583	强脱钩	西藏	0.0947	−0.0017	−0.0180	强脱钩
2002	青海	0.0420	0.0061	0.1445	弱脱钩	西藏	0.0675	−0.0082	−0.1216	强脱钩
2003	青海	0.0313	−0.0034	−0.1092	强脱钩	西藏	0.0553	0.0046	0.0824	弱脱钩
2004	青海	0.0284	−0.0332	−1.1700	强脱钩	西藏	0.0572	0.0009	0.0164	弱脱钩
2005	青海	0.0559	0.0351	0.6280	弱脱钩	西藏	0.0370	0.0004	0.0121	弱脱钩
2006	青海	0.0534	−0.0074	−0.1390	强脱钩	西藏	0.0596	−0.0005	−0.0089	强脱钩
2007	青海	0.0634	−0.0069	−0.1089	强脱钩	西藏	0.1054	−0.0017	−0.0160	强脱钩
2008	青海	0.0647	−0.0067	−0.1037	强脱钩	西藏	0.0348	−0.0028	−0.0800	强脱钩
2009	青海	0.0686	0.0032	0.0470	弱脱钩	西藏	0.0373	−0.0012	−0.0310	强脱钩
2010	青海	0.0980	−0.0215	−0.2191	强脱钩	西藏	0.0997	−0.0006	−0.0063	强脱钩
2011	青海	0.1029	0.0089	0.0866	弱脱钩	西藏	0.0734	−0.0009	−0.0128	强脱钩
2012	青海	0.0896	−0.0017	−0.0186	强脱钩	西藏	0.0835	−0.0033	−0.0400	强脱钩
2013	青海	0.0771	−0.0379	−0.4909	强脱钩	西藏	0.0737	−0.0017	−0.0233	强脱钩
2014	青海	0.0750	−0.0715	−0.9531	强脱钩	西藏	0.1042	−0.0113	−0.1086	强脱钩
2015	青海	0.0665	0.0877	1.3197	扩张负脱钩	西藏	0.0980	0.0072	0.0740	弱脱钩
2016	青海	0.1604	−0.1061	−0.6611	强脱钩	西藏	0.3566	−0.0507	−0.1421	强脱钩
2017	青海	0.0609	−0.0090	−0.1480	强脱钩	西藏	−0.0886	−0.0012	0.0133	弱负脱钩
2018	青海	0.0529	0.0735	1.3887	扩张负脱钩	西藏	0.2426	−0.0059	−0.0241	强脱钩
2019	青海	0.0579	−0.0969	−1.6729	强脱钩	西藏	−0.0602	0.0097	−0.1618	强负脱钩
2020	青海	−0.0052	0.0357	−6.8105	强负脱钩	西藏	0.0607	−0.0079	−0.1296	强脱钩

（二）地级单元尺度分析

青藏高原各地级单元城镇化指数与生态环境指数脱钩状态以强脱钩与弱脱钩交替出现为主，即以城镇化指数正增长与生态环境指数负增长和城镇化指数增长高于生态环境指数增长两种情形为主，说明青藏高原各地级单元目前所处城镇化进程对本地区生态环境造成压力，两系统耦合度虽不断上升，但脱钩指数表明城镇化与生态环境存在相互负向作用，这种负向作用在时间尺度上呈现波动趋势。

参考强脱钩与弱脱钩分别代表的意义，根据各地级单元在2000～2020年强脱钩次数与弱脱钩次数对比关系（图12.10），将其分为3组，对应类型为积极城镇化（强脱钩次数＜弱脱钩次数）、中性城镇化（强脱钩次数＝弱脱钩次数）和消极城镇化（强脱钩次数＞

弱脱钩次数），分类如下：①积极城镇化：昌都市、黄南州、林芝市、日喀则市；②中性城镇化：海西州、山南市；③消极城镇化：阿里地区、果洛州、海北州、海东市、海南州、拉萨市、那曲市、西宁市、玉树州。

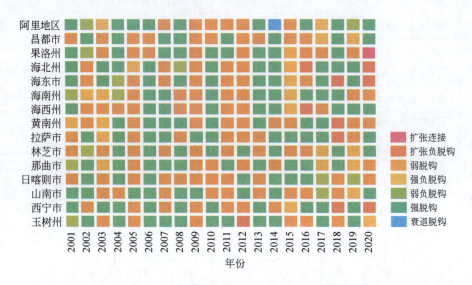

图 12.10　青藏高原各地级市生态环境指数与城镇化指数脱钩关系图

二、城镇化与生态环境交互影响的变化趋势预估分析

（一）未来演化趋势的预测方法

采用灰色系统模型进行青藏高原镇化与生态环境耦合度的预测分析。灰色系统理论由我国学者邓聚龙教授于 1982 提出来，是用于研究数据量少、信息贫瘠的不确定性问题的理论方法。灰色系统理论以"部分信息已知，部分信息未知"的"小样本""贫信息"不确定性系统为研究对象，通过对部分已知信息的生成、开发，提取有价值的信息，实现对系统运行行为、演化规律的正确描述和有效监控。灰色预测 GM（1，1）模型已被广泛应用于工业、农业、交通等社会经济领域。本章采用该模型中的数列预测方法，及通过对指标随着时间演化的情况做定量预测，得到该指标的未来数值（周成等，2016）。

首先，设原始时间序列为

$$A_0 = \left[a_0(1) - \delta/\beta \right] e^{-\beta k} + \delta/\beta, \quad k = 1, 2, \cdots, n$$

通过对 A_0 做累加处理生成序列：

$$A_1 = \left[a_1(1), a_1(2), \cdots, a_1(n) \right]$$

构造矩阵 B、Y_n，相应微分方程为

$$\frac{dA_1}{dt} + \beta A_1 = \delta$$

式中，β 为发展灰度；δ 为内生控制灰数。

其次，设待估参数向量并利用最小二乘法求解，最终得到的预测模型为

$$a_1^{\mathrm{T}}\hat{A}_1(k+1)=\left[a_0(1)-\delta/\beta\right]_e^{(-\beta k)}+\delta/\beta,\quad k=1,2,\cdots,n$$

最后，对预测模型进行精度检验，若检验结果同时满足 $P>0.7$ 且 $C<0.65$，则模型通过检验可求得该指标合理且有效的预测值。

（二）未来演化趋势预估分析

利用 2000～2020 年青藏高原各单元城镇化与生态环境耦合协调度数据，代入灰色系统 GM（1，1）模型中，将获得的 2000～2020 年耦合协调度数值与实际值进行比较，计算相对精度和后检验误差检验比值 C 值，结果如表 12.8 所示，各预测单元的 C 值均小于 0.35，所有计算值与实际值平均相对误差处于 4% 范围内，模型精度比较满意，可以进行预测。预测年份为 2021～2035 年，预测前提条件是假定未来 15 年城镇化不存在较大波动的情况。

表 12.8　青藏高原各单元城镇化与生态环境耦合协调度未来变化预测精度表

预测单元	青藏	青海	西藏	阿里地区	昌都市	果洛州	海北州	海东市	海南州
平均相对误差/%	2.04	2.27	3.95	1.48	2.10	1.16	1.08	1.51	1.82
相对精度/%	99.9	99.9	99.9	99.9	95.2	95.2	95.2	99.9	99.9
C 值	0.021	0.028	0.086	0.034	0.072	0.041	0.110	0.024	0.054
预测单元	海西州	黄南州	拉萨市	林芝市	那曲市	日喀则市	山南市	西宁市	玉树州
平均相对误差/%	1.97	0.92	1.79	2.69	3.27	2.52	0.93	1.26	1.99
相对精度/%	99.9	99.9	99.9	95.2	90.5	90.5	99.9	99.9	99.9
C 值	0.067	0.014	0.029	0.100	0.185	0.091	0.018	0.017	0.041

根据 GM（1，1）预测结果（表 12.9），到 2035 年青藏高原城镇化与生态环境耦合度总体呈上升趋势，由 2020 年的 0.672 上升到 2025 年 0.7564，再上升到 2030 年的 0.8365 和 2035 年的 0.8866，表明未来十几年青藏高原城镇化与生态环境之间将保持更加耦合协调发展状态，城镇化发展更好地保护生态环境，生态环境改善促进城镇化进一步实现绿色发展（图 12.11）。

从青海和西藏分析，青海城镇化与生态环境耦合度由 2020 年的 0.6795 上升到 2025 年 0.7870，再上升到 2030 年的 0.8699 和 2035 年的 0.8727，西藏城镇化与生态环境耦合度由 2020 年的 0.6406 上升到 2025 年 0.6772，再上升到 2030 年的 0.7389 和 2035 年的 0.8005，耦合度都均呈现上升态势，说明随着青藏高原生态环境保护与可持续发展方案的实施，将更进一步使青藏高原城镇化与生态环境之间保持持续协调状态。

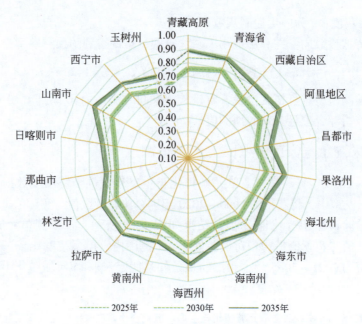

图 12.11 青藏高原城镇化与生态环境耦合协调度未来变化趋势预测图

表 12.9 青藏高原各单元城镇化与生态环境耦合度未来变化预测表

预测单元	2025 年预测值	2030 年预测值	2035 年预测值
青藏高原	0.7564	0.8365	0.8866
青海	0.7870	0.8699	0.8727
西藏	0.6772	0.7389	0.8005
阿里地区	0.6780	0.7420	0.8130
昌都市	0.5780	0.6230	0.6690
果洛州	0.6520	0.7060	0.7630
海北州	0.6160	0.6570	0.7020
海东市	0.6510	0.7160	0.7870
海南州	0.6320	0.6840	0.7400
海西州	0.7420	0.8040	0.8710
黄南州	0.6300	0.6870	0.7490
拉萨市	0.7112	0.7672	0.8232
林芝市	0.6770	0.7360	0.7970
那曲市	0.6020	0.6450	0.6900
日喀则市	0.6140	0.6650	0.7180
山南市	0.7090	0.7840	0.8660
西宁市	0.7119	0.7646	0.8173
玉树州	0.6290	0.6840	0.7410

从地级市尺度分析，通过预测分析发现青藏高原各地级单元在未来 15 年内，系统耦合协调度将稳步上升，如果延续当前发展趋势，未来青藏高原的城镇化与生态环境的关系将逐步趋于协调。但各地增长速度将存在显著差距，其中昌都市与那曲市最为缓慢。2025年昌都市仍然处于勉强协调发展阶段，到 2030 年昌都市进入协调发展阶段，到 2035 年，仅昌都市、那曲市协调度小于 0.7。随着兰西城市群、西宁都市圈、拉萨城市圈相继提出并发展壮大，青藏高原各地级单元城镇化程度将会进一步提高，其生态环境制约也会更加凸显。从预测结果来看，昌都市与那曲市在城镇化进程中需要更进一步实施促进城镇化水平和质量提升的措施，提高城镇化发展质量与效率。但是这一结果只是预测耦合协调度的变化，还需要参考城镇化与生态环境指数的变化趋势，及时调整发展策略。

主要参考文献

曹诗颂，王艳慧，段福洲，等.2016. 中国贫困地区生态环境脆弱性与经济贫困的耦合关系——基于连片特困区 714 个贫困县的实证分析. 应用生态学报，27（8）：2614-2622.

崔峰.2008. 上海市旅游经济与生态环境协调发展度研究. 中国人口·资源与环境，（5）：64-69.

樊杰，徐勇，王传胜，等.2015. 西藏近半个世纪以来人类活动的生态环境效应. 科学通报，60（32）：3057-3066.

郭莎莎，陈明星，刘慧.2018. 城镇化与资源环境的耦合过程与解耦分析. 地理研究，37（8）：1599-1608.

黄金川，方创琳.2003. 城市化与生态环境交互耦合机制与规律性分析. 地理研究，（2）：211-220.

姜涛，袁建华，何林，等.2002. 人口–资源–环境–经济系统分析模型体系. 系统工程理论与实践，（12）：67-72.

李坦，王静，张庆国，等.2019. 合肥市生态足迹时空特征与脱钩效应变化及灰色预测分析. 生态学报，39（5）：1-12.

梁龙武，王振波，方创琳，等.2019. 京津冀城市群城市化与生态环境时空分异及协同发展格局. 生态学报，39（4）：1212-1225.

廖重斌.1999. 环境与经济协调发展的定量评判及其分类体系——以珠江三角洲城市群为例. 热带地理，（2）：76-82.

刘同德.2009. 青藏高原区域可持续发展研究. 天津：天津大学.

刘耀彬，宋学锋.2005. 城市化与生态环境耦合模式及判别. 地理科学，（4）：26-32.

鲁春霞，谢高地，肖玉，等.2004. 青藏高原生态系统服务功能的价值评估. 生态学报，（12）：2749-2755.

马世骏，王如松.1984. 社会–经济–自然复合生态系统. 生态学报，（1）：1-9.

牛亚菲.1999. 青藏高原生态环境问题研究. 地理科学进展，（2）：69-77.

乔标，方创琳.2005. 城市化与生态环境协调发展的动态耦合模型及其在干旱区的应用. 生态学报，（11）：211-217.

乔标，方创琳.2006. 干旱区城市化与生态环境交互耦合的规律性及其验证. 生态学报，（7）：2183-2190.

汤铃，李建平，余乐安，等.2010. 基于距离协调度模型的系统协调发展定量评价方法. 系统工程理论与实践，30（4）：594-602.

汪中华.2005. 我国民族地区生态建设与经济发展的耦合研究. 哈尔滨：东北林业大学.

薛冰，陈兴鹏，伍俊辉，等.2007. 青海人口–资源–环境关系的耦合演变研究. 兰州大学学报（自然科学版），（1）：33-36.

杨皓然 . 2013. 青海省生态经济系统耦合分析 . 青海社会科学，(5)：59-63.

姚檀栋，朱立平 . 2006. 青藏高原环境变化对全球变化的响应及其适应对策 . 地球科学进展，(5)：459-464.

袁烽迪，张溪，魏永强 . 2018. 青藏高原生态屏障区生态环境脆弱性评价研究 . 地理空间信息，16（4）：67-69.

张明霞，王得祥 . 2018. 青海城市化与生态环境耦合关系测度 . 青海社会科学，(3)：59-65.

张明媛，袁永博，周晶，等 . 2008. 基于灰色系统模型的城市承灾经济协调性分析 . 系统工程理论与实践，(3)：171-176.

张引，杨庆媛，闵婕 . 2016. 重庆市新型城镇化质量与生态环境承载力耦合分析 . 地理学报，71（5）：817-828.

赵跃龙，张玲娟 . 1998. 脆弱生态环境定量评价方法的研究 . 地理科学进展，(1)：67-72.

中华人民共和国国务院新闻办公室 . 2018. 青藏高原生态文明建设状况 .

周成，冯学钢，唐睿 . 2016. 区域经济 - 生态环境 - 旅游产业耦合协调发展分析与预测 . 经济地理，36（3）：186-193.

de Freitas L C, Kaneko S. 2011. Decomposing the decoupling of CO_2 emissions and economic growth in Brazil. Ecological Economics, 70（8）：1459-1469.

Grossman G M, Krueger A B. 1991. Environmental impacts of a north American Free Trade Agreement. Social Science Electronic Publishing, 8（2）：223-250.

He J, Wang S, Liu Y, et al. 2017. Examining the relationship between urbanization and the eco- environment using a coupling analysis：Case study of Shanghai, China. Ecological Indicators, 77：185-193.

Krueger A B, Grossman G M. 1995. Economic growth and the environment. The Quarterly Journal of Economics, 110（2）：353-377.

Mattila T. 2012. Any sustainable decoupling in the finnish economy? A comparison of the pathways and sensitivities of GDP and ecological footprint 2002-2005. Ecological Indicators, 16：128-134.

Tonkaz T, Çetin M. 2007. Effects of urbanization and land- use type on monthly extreme temperatures in a developing semi-arid region, Turkey. Journal of Arid Environments, 68（1）：143-158.

Wang Y, Li G D. 2016. Mapping urban CO_2 emissions using DMSP/OLS 'city lights' satellite data in China. Environment and Planning A：Economy and Space, 49：248-251.

|第十三章| 基本结论与对策建议

通过分析青藏高原城镇化过程对生态环境的影响认识到,青藏高原推进城镇化具有特殊性和不可取代的特殊战略地位,青藏高原人口呈缓慢增长态势,空间分布极不均衡,旅游人口快速增长,人口结构呈"年轻型";高原城镇化发展处在中期阶段,城镇化水平偏低,城镇数量少规模小;高原城镇化发展尚未给区域生态环境带来较大威胁;高原城镇化对水土资源利用的影响微弱,引发的生态环境影响不明显;高原工业化处在中期阶段,工业发展对生态环境的影响较小但不可忽视;高原旅游业迅速发展面临超载风险,带来的生态环境压力日益凸显;高原城镇化发展带来的污染物排放水平降低,区域环境质量显著改善;高原城镇化与生态环境耦合协调度以2.52%的增速稳定上升,表明当前高原城镇化与生态环境之间保持着良好的协调状态,城镇化发展并没有对生态环境造成较大的负面影响,反而使二者交互作用保持动态协调态势,未来还将继续保持耦合协调态势。为了进一步推动青藏高原城镇化绿色发展,需要从科技创新、产城融合、纵横结合、文化传承、流域治理、守土固边、对口支援、绿色现代化示范区建设等方面提出保障对策措施。

第一节 基本结论

一、青藏高原推进城镇化具有不可取代的特殊性与特殊战略地位

(一) 青藏高原城镇化发展的重要性

青藏高原是我国最大的安全屏障与生态安全屏障,其城镇化为青藏高原最强烈人类活动过程的城镇化,是护卫国家安全屏障的固边型城镇化,是保护国家生态安全屏障的绿色城镇化,是保护"亚洲水塔"避免失稳失衡的护塔型城镇化,是传承中华民族传统文化的文化型城镇化,也是确保高原人民同全国一道基本实现现代化的新型城镇化。在"世界屋脊"青藏高原上推进城镇化绿色发展,开展青藏高原城镇化过程与生态环境效应的研究,是深入贯彻落实习近平总书记"为守护好世界上最后一方净土、建设美丽的青藏高原作出新贡献,让青藏高原各族群众生活更加幸福安康"重要指示的具体举措,是落实中央全面深化改革委员会第二十次会议审议通过的《青藏高原生态环境保护和可持续发展方案》(2021年)的主要手段,是服务地方城镇化高质量发展的重要出口。可推进民族地区城镇化融入国家新型城镇化发展大格局,选择具有中国特色与青藏高原特点的城镇化绿色发展之路,探索美丽中国建设的青藏高原模式和美丽青藏建设之道,巩固国家脱贫成果、保障

边疆民族地区社会稳定及长治久安，建设好两屏四基地并守护好世界上最后一方净土。

（二）青藏高原城镇化发展的特殊性

青藏高原城镇化发展有着与内地城镇化截然不同的特殊自然基础、特殊发展性质、特殊发展阶段、特殊发展动力和特殊民族自治等十二大"特殊性"。这种特殊性表现为：青藏高原城镇化是一个高寒缺氧型、游客带动型、服务驱动型、低度开发型、小聚大散型、单一内资型、中段稳定型、社会包容型和守土固边型的城镇化，是一个投资拉动型、文化传承型、对口支援型和高原文明型的低速低水平城镇化，这些特殊性决定青藏高原的城镇化有着与内地地区完全不同的城镇化发展道路。而内地城镇化表现出来的是低暖富氧型、主人带动型、高度开发型、工业驱动型、逐步升级型、社会和谐型、多元融资型、文化融合型、自力更生型、均衡发展型、繁荣富强型和生态文明型城镇化。

二、青藏高原常住人口缓慢增长，旅游人口快速增长，人口结构呈"年轻型"

基于 1982 年第三次全国人口普查、1990 年第四次全国人口普查、2000 年第五次全国人口普查、2010 年第六次全国人口普查、2020 年第七次全国人口普查资料，构建青藏高原分县市人口数据集，分析改革开放以来青藏高原人口变迁过程，结论如下。

（一）青藏高原常住人口缓慢增长

从 1982 年的 839.49 万人增长至 2020 年 1313.41 万人，年均增长 12.47 万人，高原人口占全国总人口的比例从 1982 年的 0.84% 增长至 2020 年的 0.91%。其中，青海常住总人口从 1982 年的 387.73 万人增长至 2020 年的 592.40 万人，年均增长 5.39 万人；西藏常住总人口从 1982 年的 187.13 万人增长至 2020 年的 364.81 万人，年均增长 4.68 万人。人口最稠密地区集中在西宁市及河湟谷地地区、拉萨市及一江两河地区、三江并流云南段地区以及各地县政府驻地，人口稀疏区广泛分布在西北侧地区。

（二）青藏高原城镇人口适速增长

从 1982 年的 126.22 万人增长至 2020 年的 624.98 万人，年均增长人口 13.13 万人，相当于每年增加 1 个小城市。其中，青海城镇人口从 1982 年的 79.79 万人增长至 2020 年的 355.94 万人，年均增长 7.27 万人；西藏城镇人口从 1982 年的 17.92 万人增长至 2020 年的 130.34 万人，年均增长 2.96 万人。

（三）青藏高原流动人口持续增加

从 1990 年的 29.77 万人增长至 2020 年的 246.27 万人，年均增长 7.22 万人。其中，青海流动人口从 1990 年的 18.10 万人增长至 2020 年的 123.96 万人，年均增长 3.53 万人；西藏流动人口从 1990 年的 6.24 万人增长至 2020 年的 77.81 万人，年均增长 2.39 万人。

流动人口占总人口的比例从 1990 年的 3. 10% 增至 2020 年的 18. 75%，按照国际上流动人口占比 10% 界定流动人口活跃状态，青藏高原在 2010 年后进入流动人口迁移的活跃状态。

（四） 青藏高原旅游人口快速增长

2007 年青藏高原旅游人口仅为 1403. 60 万人，2019 年增长至 8471. 65 万人，年均增长游客 589 万人，2020 年降至 6809. 8 万人。其中，青海旅游人口从 2007 年的 1001. 60 万人增长至 2019 年的 4459. 50 万人，年均增长 288. 16 万人；2020 年降至 3311 万人。西藏旅游人口从 2007 年的 402. 94 万人增长至 2019 年的 4012. 15 万人，年均增长 300. 77 万人，2020 年降至 3498. 80 万人。

（五） 青藏高原少数民族人口缓慢增长

作为藏族等少数民族聚居区，青藏高原少数民族人口保持缓慢增长态势，从 1990 年的 752. 16 万人增长至 2015 年 846. 20 万人，2020 年达到 894. 70 万人，年均增长 9. 02 万人。其中，青海少数民族人口从 2000 年的 221. 69 万人增长至 2020 年的 293. 04 万人，年均增长 3. 57 万人；西藏少数民族人口从 2000 年的 245. 78 万人增长至 2020 年的 320. 47 万人，年均增长 3. 73 万人。

（六） 青藏高原边境人口缓慢增长

从 1982 年的 20. 54 万人增长至 2015 年 34. 92 万人，2020 年的 45. 39 万人，年均增长 0. 4 万人，占比正在下降。从占青藏高原的人口比例来看，边境地区人口份额呈现波动上升态势，从 1982 年的 3. 03% 持续增长至 2000 年的 3. 41%，年均增长 0. 02 个百分点；2010 年边境地区人口份额下降至 3. 32%，2020 年又回升至 3. 46%。

（七） 青藏高原人口呈现西疏东密、南密北疏、高疏低密的大致分异规律

具有经度西疏东密、纬度南密北疏、垂直高疏低密的空间分异特征，具有距离“寒旱核心区”近疏远密的极向地域分异特征。自祁连县到吉隆县可连接一条青藏高原人口地域分异的“祁吉线”，以“祁吉线”为界，两侧面积大致相同，但东南半壁与西北半壁人口比值为 93：7。东南半壁集中青藏高原大多数人口高密度区和主要城镇，西北半壁包括大量无人区和自然保护区。

（八） 青藏高原人口年龄结构尚属“年轻型”

人口金字塔结构呈现“底宽尖窄”的特征，无论男或女，年轻型的年龄结构优势都十分突出，老龄化不突出。2020 年，青藏高原性别比为 106. 95，全国同期性别比为 104. 80，青藏高原高于全国，男性人口比例高于女性人口比例，人口具有自然增长补偿能力。但近年来，生育水平有所下降，相对于 21 世纪初期，0～10 岁人口占总人口的比例有所降低。

三、青藏高原城镇化发展处在中期阶段，城镇化水平偏低，城镇数量少规模小

（一）青藏高原城镇化水平低于全国平均水平，总体处在城镇化中期阶段

1990 年、2000 年青藏高原城镇化水平低于 30%，处于城镇化发展初期阶段，2010 年时达到 37.05%，明显低于同期全国水平（49.68%），2020 年达到 47.58%，也低于同期全国平均水平（63.8%），目前总体处在城镇化中期发展阶段。但青藏高原始终存在城镇化高水平地区。例如，拉萨市区、西宁市区以及大柴旦、茫崖、冷湖、格尔木市等工矿县市，其人口城镇化率甚至达到 90% 以上。城镇化空间分异上呈现"东高西低"的格局，其中青海西部柴达木盆地是高水平城镇化集聚区，羌塘地区是低水平城镇化区，地级行政中心所在县市多呈现"自身高、周边低"的城镇化格局。高原城镇化发展以外部驱动为主导，同时受政策及制度等机制影响。投资拉动、服务带动、文化传承、游客带动、社会包容、对口支援等对青藏高原城镇化发展都具有重要推动和催化作用。

（二）青藏高原城镇数量少，规模小，密度低

2020 年青藏高原仅有 493 座城镇，城镇密度仅为 1.84 个/万 km^2，远低于全国城镇密度平均水平（20.14 个/万 km^2），是一个人口稀少、人口与城镇密度极低、城镇化水平偏低的地区。不仅数量少，而且规模极小，2020 年城镇人口小于 1 万人的城镇数占高原城镇总数的比例高达 84.38%，小于 5 万人的城镇数占 97.97%；城镇建设用地规模更小，小于 1 km^2 的城镇占比 71.20%，小于 5 km^2 的城镇数占比高达 90% 以上。城镇空间分布呈现出"东南密集、西北稀疏""大分散、小集聚"的格局。大中小城市发育不足，城镇职能较为单一，城镇人口规模重心位于青藏高原东南部地区，呈现"先向西南，再向东北，又向西南"的迁移趋势，总体向西南方向偏移 29.9°，移动距离为 116.6km；城镇用地规模重心呈现"先向东南，再向西北，再向东北"的迁移趋势，总体向东北方向偏移 48.8°，移动距离为 43.5km。

（三）青藏高原正在形成"三圈四带多节点"的城镇化空间格局

"三圈"指西宁都市圈、拉萨城市圈和柴达木城镇圈，"四带"指沿青藏铁路线城镇带、沿川藏通道线城镇带、沿唐蕃古道城镇带、边境地区周边城镇带，"多节点"指多个重要城市节点，包括海东市、山南市、林芝市、日喀则市、那曲市、昌都市、玉树市、德令哈市、茫崖市、同仁市、马尔康市、香格里拉市、合作市、康定市、米林市、错那市等重要节点城市。

（四）青藏高原未来城镇化规模不会超出其承载阈值

采用队列要素法预测的 2020 年青藏高原常住总人口为 1313.18 万人，与实际值

（1313.41 万人）很接近，说明模型拟合效果良好。以此预测到 2030 年青藏高原常住人口将达到 1500 万人左右，城镇化率将达到 50.68%，2035 年达到 1600 万人左右，城镇化率将达到 52.5%，2050 年达到 1900 万人左右，城镇化率将达到 55.26%，将长期处于城镇化发展的中期阶段，基本符合青藏高原城镇化发展的客观规律。这一预测结果仍在青藏高原人口承载阈值 2620 万人范围之内。其中，西藏 2020 年常住人口达到 364.81 万人，到 2030 年达到 410 万人左右，2035 年达到 440 万人左右，2050 年达到 520 万人左右，不超过 805 万人的人口承载阈值。青海 2020 年常住人口达到 592.39 万人，到 2030 年达到 680 万人左右，2035 年达到 730 万人左右，2050 年达到 870 万人左右，不超过 1175 万人的人口承载阈值。

四、青藏高原城镇化发展尚未给区域生态环境带来较大威胁

采用基于熵权的物元可拓模型，将青藏高原城镇化发展带来生态环境影响的可拓性划分为Ⅰ（差）→Ⅱ（较差）→Ⅲ（一般）→Ⅳ（良）→Ⅴ（优）5 个不同等级，确定标准阈值体系和关键阈值后，将待评价物元数据依次输入到物元可拓模型，分别计算不同等级的单个评价指标关联度和综合关联度，并取关联度最大值的原则来定最终评价等级，得到 2000～2020 年青藏高原、青海、西藏的最终评价等级结果。

（一）城镇化对生态环境影响评级呈"优→良→较差→一般"的波动好转趋势

2000～2007 年青藏高原城镇化对生态环境影响由"优"向"较差"等级转变，自 2008 年生态环境影响开始好转，在 2011 年达到"优"，实现由"较差"等级向"优"等级的关键性转变；2012～2015 年的评价等级呈现波动，2015～2020 年呈现稳中有降，且在 2018 年起保持在一般等级。

（二）青海与西藏城镇化发展对生态环境的影响评价等级均呈好转趋势

青海城镇化发展对生态环境影响评价等级评价结果经历由"较差→一般→良→优"的波动上升变化。其中 2000～2008 年整体上升，由一般上升为最高等级，2008 年起经历由"优→一般→良"的等级变化，自 2014 年起上升为最高等级，且一直保持至 2020 年。西藏城镇化发展对生态环境影响评价等级在波动上升，经历由"较差→较好→优"的等级变化，说明城镇化发展带来的生态环境影响变化有好转趋势。

（三）高原城镇化水平综合指数快速上升，生态环境质量综合指数保持平稳

城镇化水平综合指数从 2000 年的 0.22 上升至 2020 年的 0.59，反映出青藏高原 2000～2020 年城镇化发展水平不断提高。其中，青海城镇化指数从 2000 年的 0.26 上升至 2020 年的 0.72，西藏城镇化指数从 2000 年的 0.11 提高到 2020 年的 0.61。青藏高原生态环境质量指数从 2000 年的 0.53 变化至 2020 年的 0.59，变化幅度较小，其中西藏生态环境质量综合指数最高，从 2000 年的 0.58 变化至 2020 年的 0.67，青海生态环境质量综合

指数低，从 2000 年的 0.4 变化至 2020 年的 0.5。拉萨城市圈与西宁都市圈作为青藏高原重点城镇化地区，城镇化与生态环境协调性不断提升，城镇化与生态环境之间出现不同程度失衡，在城镇化进程中需以生态环境保护为首要任务，实现城镇化与生态环境和谐发展。

（四）青藏高原重点城市对周边植被覆盖产生了小范围局地影响

基于 MODIS 的 NDVI 统计分析 2000～2020 年草地植被覆盖变化发现，青藏高原地区草地植被呈现好转态势，主要集中于海东市、海南州、海西州、黄南州、昌都市、林芝市和阿里地区；但在一些人类活动强烈的西宁市、林芝市、玉树州、昌都市和拉萨市等地区，草地植被覆盖状态退化趋势明显。西宁城市化造成周边植被的显著退化，而且距离城市中心越近植被退化越明显，其 NDVI 越低；拉萨市 1km 缓冲区内的植被覆盖受人类活动干扰程度较为严重，影响辐射的范围在 5km 范围内。

（五）青藏高原城镇化发展没有给区域生态环境带来较大威胁反而有所改善

从青藏高原及青海、西藏 2000～2020 年基于城镇化发展水平与生态环境质量综合系统中各评价指标及其综合等级关联度年际变化可知，青藏高原 33 个评价指标中大多数指标都呈现出不同程度等级上升趋势，等级可视化为红色（评级为差）较少，与其综合评价等级的变化结果吻合，说明青藏高原城镇化发展没有给区域生态环境带来较大威胁。相反，随着城镇化进程的推进，各项保护措施不断开展，青藏高原城镇化改善当地生态环境，这一点符合城镇化与生态环境交互胁迫的双指数曲线和交互耦合的"S"形曲线；青海的红色（评级为差）等级出现略多，西藏虽有红色，但随着年际变化呈现出变少趋势。

五、青藏高原城镇化对水土资源利用的影响微弱，引发的生态环境影响不明显

（一）青藏高原城镇化与用水量呈弱脱钩关系

通过脱钩弹性系数计算发现，1997～2016 年青海与西藏用水量增长率总体低于城镇化水平增长率，用水量与城镇化关系呈弱脱钩关系。水资源的可持续利用要求用水量变化与城镇化进程脱钩，建议至 2035 年，保持城镇化与用水总量关系的弱脱钩状态，之后实现青藏高原用水总量零增长甚至负增长，保障青藏高原水资源安全。

（二）青藏高原水资源与用水需求严重空间错配，部分地区供需矛盾突出

尽管青藏高原水资源总量极其丰富，但时空分布不均衡，水资源与用水需求在空间分布上存在严重的错配关系，部分地区水资源供需矛盾突出。在省（自治区）尺度无水资源短缺，但在地级单元中有 3 个地级单元出现水资源短缺，在 115 个县级单元中有 29 个县级单元出现不同程度的水资源短缺，水资源短缺县域集中在青海的河湟谷地、柴达木盆地

与西藏的一江两河流域等人口、城镇密集区域，水资源短缺人口占总人口的56.4%，出现水资源短缺的面积占总面积的10.4%。

（三）青藏高原是虚拟水净输出区域

在2012年中国区域间投入产出表的基础上，通过测算青海与中国其他省（自治区、直辖市）之间的虚拟水贸易关系，建立省（自治区、直辖市）城镇与农村地区的虚拟水贸易网络模型分析发现，青海从中国其他省（自治区、直辖市）净输入虚拟水2.16亿 m^3，西藏向中国其他省（自治区、直辖市）净输出虚拟水4.40亿 m^3。青藏高原贸易产品输出结构以农产品为主导，带来青藏高原虚拟水净输出16.53亿 m^3；青藏高原与其他省（自治区、直辖市）的贸易存在逆差，贸易量因素导致青藏高原虚拟水净输入10.51亿 m^3。研究结果可为制定青藏高原水资源短缺对策、虚拟水策略、保障"亚洲水塔"功能提供科学依据。

（四）高原城镇化对土地利用影响微弱，由此引发的生态环境影响不明显

基于1990~2020年每5年一期100m分辨率的土地利用数据，对青藏高原生态用地和城乡建设用地在不同时段的空间转移情况利用土地利用转移矩阵、核密度及标准差椭圆进行分析发现，青藏高原城乡建设用地增加幅度明显，由1990年的1224km²增加至2020年的2707.4km²，30年青藏高原发生用地转移的面积为14 987.84km²，仅占青藏高原总面积的0.55%，其中青海占1.08%，西藏占比只有0.13%。30年共有2066.54km²生态用地转移为城乡建设用地，是城乡建设用地向生态用地转移量的5.6倍。可见，城镇化发展对生态用地的占用宏观上尚未对青藏高原的生态环境造成明显影响。

六、青藏高原工业化处在中期阶段，工业发展对生态环境的影响较 小但不可忽视

（一）青藏高原处在工业化中期阶段，工业增加值占比呈先升后降趋势

在20世纪六七十年代开始发展工业，21世纪以来青藏高原工业化进程加快，工业总量增长迅速，工业结构持续改善，工业布局趋于稳定。2000年、2010年和2020年青藏高原工业增加值分别为88.97亿元、653.38亿元和931.06亿元，占青藏高原GDP的比例分别为23.32%、35.17%和18.97%，占比呈先升后降趋势。工业对经济发展的贡献率波动较大，基本保持在20%~40%。

（二）青藏高原工业结构以重工业占绝对优势

从轻重工业结构来看，青藏高原重工业占绝对优势，但轻工业发展速度较快。对工业增加值贡献率较高的主要有有色金属产业，电力、热力生产和供应业，化学原料和化学制品制造业，非金属矿物制品业，黑色金属产业及石油和天然气开采业，2020年六大工业行

业产值分别为 725.66 亿元、578.91 亿元、303.27 亿元、191.18 亿元、152.60 亿元和 177.20 亿元，占青藏高原 GDP 的比例分别为 14.78%、11.79%、6.18%、3.89%、3.11% 和 3.61%，合计占青藏高原工业总产值的比例为 43.36%。青藏高原工业产值高值区集中在东北部地区，形成西宁市、柴达木工业基地和拉萨市三个工业高产值区。

（三）青藏高原工业发展对生态环境的影响较小但不可忽视

2000～2020 年，青藏高原的生态环境水平总体良好，工业化发展对生态环境的影响较小。重要工业城市格尔木市和拉萨市的工业化进程对局部生态环境产生了较大影响。青藏高原工业园区建设对生态环境的影响并不显著，这表明园区工业的清洁生产程度较高，青藏高原工业化对生态环境的压力来自未进驻园区的工业企业。青藏高原共建设 4 家国家级工业园区和 19 家省级工业园区，园区内的产业以清洁产业为主，如新能源、藏医药、食品饮料、特色轻工等，基本实现清洁生产，对生态环境影响较小。部分园区设有盐湖化工、石油天然气化工、有色金属冶炼等存在污染排放的工业，由于目前工业规模较小，废水废气等污染物虽有排放但体量较小，对当地生态环境造成的影响并不显著，但污染已初显苗头。

（四）青藏高原工业化对生态环境的影响主要表现为水污染

通过测度 2000～2015 年青藏高原工业化综合水平与生态环境质量综合水平之间的关系，发现伴随工业化发展，青藏高原的生态环境综合水平变化较小。重点工业城市西宁市和格尔木市在工业化进程中产生的废水、废气、废渣等污染物对当地的生态环境造成了一定程度的破坏；拉萨市由于工业水平较为落后，对生态环境造成的影响较小。

（五）青藏高原绿色工业化发展方向

加快培育发展高原智能制造业、高原生物医药业、高原新型能源业、高原新材料业、高原净土健康产业和高原民族手工业等绿色工业，运用转型升级、生态发展、循环发展、特色发展及创新发展模式，转变以青藏高原传统资源开发为主的发展方向和模式，推动青藏高原绿色工业化发展，实施工业重点发展区、工业优化发展区、工业限制发展区和工业禁止发展区的分区发展策略。

七、青藏高原旅游业迅速发展面临超载风险，带来的生态环境压力日益凸显

（一）青藏高原旅游业发展迅速

青藏高原城镇化进程是旅游业拉动的城镇化，近年来高原旅游业发展增速明显，2000～2019 年，青藏高原旅游人口由 843.43 万人次增加到 25 137 万人次，年均增长率高达 20%，旅游总收入占 GDP 的比例由 8.86% 上升为 36.95%，旅游业已成为支撑青藏高

原经济发展的支柱产业。旅游经济收益由缓慢增长到快速增长，呈现东南高西北低的空间格局，高交通可达性区域成为收入集聚中心；旅游产业比例稳步增长，对第三产业发展贡献率逐年攀升，呈现南高北低-东高西低的空间格局。

（二）未来旅游业发展面临超载风险

预计未来青藏高原旅游业仍将保持较快发展势头，预测到 2030 年青藏高原年旅游人口将达到 3.63 亿人次，到 2050 年将达到 5.58 亿人次。而根据旅游人口阈值计算模型计算结果，青海和西藏旅游业的年接待阈值约为 2.7 亿人次。对照预测结果，若不及时加以限制，青海和西藏旅游业将于 2025 年开始面临超载风险。2050 年青海和西藏年旅游人口将超过接待阈值的 2.07 倍，高原景区将面临巨大压力。青藏高原 A 级景区大多分布于重点开发区域（共有 95 处），约占 A 级景区数的 43.58%，位于限制开发区域和禁止开发区域的 A 级景区分别有 79 处和 44 处，分别占 A 级景区总数的 36.24% 和 20.18%。面对高原景区即将到来的超载危机，应尽快做好各主要景区的旅游容量测算工作。

（三）旅游业快速发展正对青藏高原脆弱生态环境造成负面影响

具体表现：一是 2000～2020 年青藏高原各自治州及市区旅游人口的人均生态承载力均呈下降趋势，其中海西州、山南市下降最为明显，年降幅分别为 26.97%、24.41%；旅游人口的生态环境压力指数呈波动上升状态，其中海西州旅游人口生态环境压力指数年均增幅最大，为 36.84%。二是 2000～2020 年青藏高原各地市州旅游经济对生态环境压力指数呈上升趋势，西宁旅游生态环境压力指数上升最快。青藏高原在积极发展旅游业带动城镇化与经济发展的同时，应高度关注生态环境变化，将旅游业发展规模控制在生态环境可承载范围之内，努力促成青藏高原旅游业发展与生态环境保护的良性互动。适当减少限制开发区域内景区的旅游人口，关停部分禁止开发区景区，将发展旅游经济与保护生态环境有机结合起来，在不超出发展阈值的前提下突出地方特色，做强高原旅游业。

八、青藏高原城镇化发展带来的污染物排放水平降低，区域环境质量显著改善

（一）青藏高原主要污染物排放量缓慢增加，单位 GDP 排放量显著降低

受污染物统计数据的限制，据不完全统计 2000～2017 年青藏高原青海和西藏废水排放量由 1.72 亿 t 增加到 3.43 亿 t，工业废气排放量由 622.4 万 t 增加到 5589 万 t，工业固体废弃物产生量由 353.8 万 t 增加到 13 756 万 t，青藏高原"三废"排放量均有不同程度增加，均集中在青海。但青藏高原单位 GDP 的"三废"排放量近年来大幅度下降。2017 年单位 GDP 的废水排放量比 2000 下降 80.68%，单位 GDP 的化学需氧量和单位 GDP 的氨氮排放量比 2003 年分别下降 69.69% 和 60.57%；2000～2015 年青藏高原单位 GDP 的废气排放量总体上有下降，2015 年比 2000 年下降 0.52%，2017 年单位 GDP 的二氧化硫排放

量和单位 GDP 的烟（粉）尘排放量比 2000 年分别下降 71.66% 和 84.21%；青藏高原固体废弃物产生量在 2011 年以来不断下降，下降 37.14%，2017 年单位 GDP 的生活垃圾清运量比 2003 年下降 80.66%。

（二）总体环境质量明显改善

采用由空气清新指数、水体洁净指数、土壤安全指数、生态良好指数、人居整洁指数加权求和计算得到的区域环境质量综合指数，分别对西藏和青海区域环境质量综合指数和空气清新指数、水体洁净指数、土壤安全指数、生态良好指数、人居整洁指数进行计算，发现青藏高原主体区西藏和青海环境质量综合指数与各项分指数均逐步提升，表明青藏高原生态环境质量在明显改善。2000~2019 年，西藏和青海的环境质量指数逐步增加，其中西藏环境质量综合指数由 64.1 增加到 79.31，青海环境质量综合指数由 52.54 增加到 80.42，均高于全国环境质量综合指数。说明青藏高原生态环境保护取得了举世瞩目的巨大成效，环境质量正在明显改善，仍然是全球受污染最少、地球上最洁净的地区之一。

（三）空气环境质量持续优良

各地级行政区环境空气优良天数比例均已处于 90% 以上，呈现出中部高两端低的空间特征，西藏的地级行政区明显优于青海。玉树州、昌都市、拉萨市、林芝市的环境空气优良天数比例已达到 100%。采用由 $PM_{2.5}$ 浓度、PM_{10} 浓度、空气质量优良天数比例等指标综合而成的空气清新指数计算表明，2000~2019 年青藏高原西藏和青海的空气清新指数逐步增加，其中西藏空气清新指数由 87.23 增加到 96.96，青海空气清新指数由 70.55 增加到 94.28，均远高于全国空气清新指数。说明青藏高原空气环境质量综合治理取得显著成效，空气非常清新。

（四）水体环境质量稳定良好

采用由地表水水质优良比例、地表水劣 V 类水体比例、集中式饮用水水源地水质达标率等指标综合而成的水体洁净指数计算表明，2000~2019 年青藏高原西藏和青海的水体洁净指数逐步增加，其中西藏水体洁净指数持续保持 100，青海水体洁净指数由 65.28 增加到 93.52，均远高于全国水体洁净指数。说明青藏高原水体保护与水体环境质量综合治理取得显著成效，水体环境质量总体上一直保持洁净状态。

（五）土壤环境质量接近净土

采用由受污染耕地安全利用率、污染地块安全利用率、农膜回收率、化肥利用率、农药利用率等指标综合而成的土壤安全指数计算表明，2000~2019 年青藏高原西藏和青海的土壤安全指数逐步增加，其中西藏土壤安全指数由 54.26 增加到 64.26，青海土壤安全指数由 58.98 增加到 80.98。说明青藏高原土壤环境保护取得显著成效，土壤环境质量总体上一直保持洁净状态。

（六）人居环境质量逐步改善

采用由城市生活污水集中处理率、城市生活垃圾无害化处理率、建成区绿化覆盖率、农村卫生厕所普及率、人均农村生物质等指标综合而成的人居整洁指数计算表明，2000 ～ 2019 年青藏高原西藏和青海的人居整洁指数逐步增加，其中西藏人居整洁指数由 6.56 增加到 59.62，青海人居整洁指数由 23.48 增加到 77.73。说明青藏高原人居环境改善取得显著成效，人居环境质量得到显著改善，但与全国人居整洁指数相比还有较大差距，还需要加大投入继续加强青藏高原人居环境建设。

九、青藏高原城镇化与生态环境耦合协调度以 2.52% 的增速稳定上升

科学评估青藏高原城镇化与生态环境交互影响的总体状况，对优化城镇化速度和质量，修复和提升生态环境具有重要意义。在梳理青藏高原城镇化与生态环境交互影响研究进展的基础上，利用距离协调耦合度模型和 Tapio 解耦模型研究青藏高原城镇化与生态环境交互胁迫的复杂关系及其动态演化特征、解耦路径，并利用灰色系统预测方法对青藏高原城镇化与生态环境的未来耦合状况进行预测，得出如下结论。

（一）青藏高原城镇化发展综合评价指数呈波动上升态势

2000 ～ 2020 年，青藏高原、青海、西藏城镇化综合评价指数发展趋势相似，均呈明显上升态势，总体表现为起点低、平稳上升，起点值均低于 0.2，相差小于 0.05，终点值出现差异，其大小顺序为青海>青藏高原>西藏。上升过程可分为两个阶段，2000 ～ 2004 年为缓慢增长阶段，城镇化指数增长率小于 10%，2005 ～ 2015 年为快速增长阶段，城镇化指数增长率均大于 10%。2015 ～ 2020 年青藏高原进入波动增长期，其城镇化指数增长率大小变动幅度较大。

（二）青藏高原生态环境综合评价指数呈现波动下降态势

2000 ～ 2020 年青藏高原、青海、西藏生态环境综合评价指数呈现不同的增减趋势，西藏基本保持恒定，略有下降，青藏高原与青海为波动下降，变化趋势可分为两个阶段，2000 ～ 2015 年为缓慢下降阶段，2016 ～ 2020 年表现出波动下降，在下降后有两次回升。生态环境评价指数大小排序为西藏>青藏高原>青海。

（三）青藏高原城镇化与生态环境耦合协调度总体呈上升态势

从耦合协调度来看，2000 ～ 2020 年青藏高原耦合协调度由 2000 年的 0.4202 上升为 2020 年的 0.672，年平均上升速度为 2.38%。其中，青海城镇化与生态环境耦合协调度由 2000 年的 0.4428 上升为 2020 年的 0.6795，年平均上升速度为 2.16%；西藏城镇化与生态环境耦合协调度由 2000 年的 0.4017 上升为 2020 年的 0.6406，年平均上升速度为

2.36%。表明青藏高原作为一个整体,在城镇化发展的同时生态环境得到有效保护,对青藏高原生态环境保护初见成效。

（四）青藏高原未来城镇化与生态环境耦合协调度继续呈上升趋势

利用 2000~2020 年青藏高原各单元城镇化与生态环境耦合协调度数据,代入 GM（1,1）模型预测得知,青藏高原在未来 15 年内系统耦合协调度将稳步上升,由 2020 年的 0.672 上升到 2025 年 0.7564,再上升到 2030 年的 0.8365 和 2035 年的 0.8866,表明未来 15 年青藏高原城镇化与生态环境之间将保持更加耦合协调发展状态,城镇化发展更好地保护生态环境,生态环境改善促进城镇化进一步实现绿色发展。从青海和西藏分析,青海城镇化与生态环境耦合度由 2020 年的 0.6795 上升到 2025 年 0.7870,再上升到 2030 年的 0.8699 和 2035 年的 0.8727,西藏城镇化与生态环境耦合度由 2020 年的 0.6406 上升到 2025 年 0.6772,再上升到 2030 年的 0.7389 和 2035 年的 0.8005,耦合度均呈现上升态势,说明青藏高原生态环境保护与可持续发展方案的实施将更进一步使城镇化与生态环境之间保持持续的动态协调状态。

第二节 对策建议

推动青藏高原城镇化实现高质量绿色发展的主要对策建议包括:依靠科技创新驱动,积极稳妥推进青藏高原城镇化的高质量发展;通过产城融合,以绿色产业发展支撑青藏高原走绿色城镇化之路;通过城乡融合,有序推进青藏高原城乡人口合理流动,健全城乡一体化体制机制;通过纵横结合,构建青藏高原生态补偿长效机制,筑牢国家生态安全屏障,走生态城镇化之路;抢救性保护并传承青藏高原特色文化,建设特色文化小镇,走文化传承型城镇化之路;推进美丽青藏与高原美丽城市建设,统筹流域综合治理,把青藏高原的青海纳入长江经济带"共抓大保护,不搞大开发"范畴;适度集聚青藏高原边境人口,构建固边型村镇体系,走守土固边型城镇化之路;从国家安全高度,适时慎重推动撤县设市和撤地设市;强化对口支援,进一步加强青藏高原城镇化发展的点对点结对制度。

一、依靠科技创新,积极稳妥推进青藏高原城镇化高质量发展

（一）开展青藏高原城镇化高质量发展的关键技术研究与应用示范

创新驱动是青藏高原走新型城镇化发展之路的关键。从建设创新型青藏的战略高度出发,最大限度地发挥科技对经济社会发展的支撑引领作用,牢牢抓住"科技兴藏,稳边富民"这一核心,以科技为支撑,以惠民为导向,以现代信息技术为载体,重点实施创新驱动、科技兴藏、科技惠民、科技稳藏战略,不断提升科技创新对青藏高原城镇化发展的贡献率,到 2035 年科技进步对经济发展的贡献率达到 55%,对农牧业发展的贡献率达到 60%,科学技术普及率达到 95%。

围绕青藏高原推行新型城镇化发展的重大科技需求，以提升城镇化质量为关键，以转移农牧民、保障农牧民、提高农牧民、富裕农牧民为目的，重点开展以下重大科技项目攻关：青藏高原城镇化与生态环境耦合机理与耦合器调控关键技术、青藏高原都市圈高质量发展与国土空间格局优化关键技术、青藏高原生态-生产-生活空间优化配置与质量提升技术、青藏高原人口与城镇化综合承载阈值核算技术、青藏高原碳中和关键技术、青藏高原现代农牧业发展与农牧民增收的关键技术、藏药材种植与产业化及标准化全产业链关键技术、青藏高原智慧旅游业发展的关键支撑技术与运行应用技术、青藏高原传统文化资源挖掘保护与传承的数字化及产业化关键技术、青藏高原民族地区城镇化高质量发展路径与模式选择技术、高寒地区民居建筑节能技术改造集成研发与示范、新型城镇化背景下青藏高原特色优势产业选择及产业布局决策支持系统技术研发与示范、大数据支撑下的青藏高原智慧城市建设关键技术集成研发与应用、高原病与大骨节病发生机理与综合防治技术及临床应用、青藏高原资源与生态环境容量及可持续发展保障研究等。通过这些关键技术的研发与应用示范，为青藏高原实现城镇化绿色发展目标、与全国同步基本实现现代化提供科技支撑（葛全胜等，2015）。

（二）编制《青藏高原科技创新发展规划》，成立青藏高原科技创新机构

围绕青藏高原新型城镇化发展的特殊需要，启动编制《青藏高原科技创新发展规划》，明确青藏高原及各地科技发展现状与需求、各单位及各地科技创新与科技合作对口选择、援藏科技的重点方向与发展目标、科技创新的合作模式与运作机理、科技创新的重点项目与实施内容、科技创新的机构设置与保障措施。着力解决青藏高原在新型城镇化发展过程中存在的关键难题，探索青藏高原科技创新的特色模式，成立青藏高原科技创新研究院。同时，成立面向科学前沿的协同创新中心，包括面向文化传承创新的协同创新中心，面向青藏高原特色行业产业的协同创新中心，面向青藏高原各区域发展的协同创新中心。

（三）建设一批国家创新型城市和智慧低碳小城镇

依靠科技创新驱动，把西宁市、拉萨市、格尔木市建成国家创新型城市，填补青藏高原没有国家级创新型城市的空白；把昌都市、林芝市、海东市建成国家智慧城市试点市；依托互联网时代第三次工业革命带来的分散合作式、个性化、就地化、数字化生产、分散布局、分布式生产与供应及扁平化结构的新型发展模式，在青藏高原不受任何资源限制和自然条件限制地积极发展智慧产业、低碳产业和云计算产业，创造条件建设一批智慧低碳小城镇，成为青藏高原新型城镇化绿色发展的新方向。

二、通过产城融合，以绿色产业支撑青藏高原城镇化绿色发展

（一）重点发展绿色产业，构建绿色产业体系

绿色产业是青藏高原实现跨越式发展和富民强区目标的重要支撑产业，也是青藏高原

推进产业结构升级和新型城镇化发展、实现绿色现代化的关键。重点发展藏医药产业、净土健康产业、天然饮用水产业、新能源产业、绿色矿业、智慧旅游业、民族手工业、现代农牧业等特色优势产业，建设农牧业产业集聚区、工业产业集聚区和服务业集聚区。在建设过程中，注重产城融合，把产业发展贯穿于城镇开发建设的全过程，为推进新型城镇化提供产业支撑。以海东市为例，经过多年努力，海东市工业园区作为青藏高原"产城一体、产城融合"的领军地区，工业园区新兴产业正在聚集，信息产业、节能环保产业、新能源产业、高新技术产业、国际物流商贸、保税及空港产业等产业园在海东市工业园区初具形态。作为"丝绸之路经济带"上的节点城市，海东市正向"产城融合"的现代化城市大步迈进。

总之，未来应当着力打造青藏高原重要的绿色工矿及新能源产业基地，建成以水电、矿产等为支柱的高原特色资源城镇，依托高原民族文化、生态环境、人文景观等，加快发展具有产业支撑、富有地域特色、人居环境良好的城镇。积极构建以县城为主体，小城镇为支撑，布局合理、优势互补、特色鲜明、相互依托的高原特色绿色城镇体系。产城融合，你中有我，我中有你，产业和城市相互融合才能共同发展，从而形成具有青藏高原特色的"以产兴城、以城带乡、城乡互动、统筹发展"的城镇化发展新模式。

重点培育发展高原智能制造业、高原生物医药业、高原新型能源业、高原新材料业、高原净土健康业和高原民族手工业，积极发展绿色农业和现代服务业，构建具有高原特色的绿色产业体系。继续提升盐湖化工、油气化工、煤化工、有色黑色金属、新能源、高原特色生物六大特色优势产业的绿色发展层次和水平，做大做强比较优势明显、市场前景广阔、符合政策导向的绿色产业。推进技术创新与绿色产业发展的深度融合，加快构建绿色产业技术体系，运用高新技术改造传统产业，有针对性地解决制约绿色产业发展的关键技术和共性技术问题。

大力发展清洁能源和可再生能源，为青藏高原新型城镇化提供能源支撑。坚持区内供给和区外输入并举、规模化与分布式相结合的原则，加强城镇化必需的能源基础设施建设，在主电网无法覆盖的偏远城镇大力发展小水电、风能、分布式太阳能、地热能等新能源，提高新能源和可再生能源利用比例。实施城镇取暖替代工程，利用电力、燃气、太阳能和地热能逐步取代薪柴和牛粪燃烧等传统取暖方式。

（二）建立产业准入负面清单制度，推进工业防污减排

贯彻落实《青藏高原生态环境保护和可持续发展方案》，建立产业准入负面清单制度。坚持把保护生态环境作为底线、红线、高压线，严格环境准入，对不符合有关规划、产业政策、清洁生产、总量控制、污染物排放标准和环境功能区划要求的建设项目坚决不予审批，努力从源头上控制新增污染物的产生。加快工业结构调整，抑制高碳排放强度、环境全要素生产率低的行业过快增长，继续化解产能严重过剩矛盾，以有色金属、化学制品、电力生产等行业为重点，提高并严格执行能耗、环保和安全等行业准入条件。

加快淘汰落后产能。制定《工业行业淘汰落后产能目标计划》，进一步健全淘汰落后产能工作协调机制和退出机制，研究符合高原地理条件的工业行业主要产品能耗限额指导

目录。加快淘汰落后技术和设备，引入机械化、自动化、智能化设备，改进工艺流程，提高企业设计、制造、工艺、管理水平，有效减少排放。

加强工业节能降耗和减排。全面实施工业污染源达标排放，实施工业污染源监测和信息公开，排查并公布不达标工业污染源名单。深入推进重点污染物减排，控制污染物排放总量，严格控制化学需氧量、氨氮、二氧化硫、氮氧化物等主要污染物排放。把节能降耗作为转变工业发展方式的切入点，理顺要素价格市场形成机制，提高产业准入能耗、物耗、水耗和生态环保标准，促进企业产品升级，加快向高端、智能、绿色方向转型转产，降低单位国内生产总值能源消耗，减少主要污染物排放总量，促进经济发展绿色化。

（三）制定绿色产业标准，建立绿色发展指标体系

参照《绿色产业指导目录（2019 年版）》，结合青藏高原实际制定《青藏高原绿色产业指导目录》；制定青藏高原绿色产业标准，厘清绿色产业发展边界。发挥高原企业在标准制定中的重要作用，支持高原企业主导或参与绿色产业标准制定修订工作。设立青藏高原绿色产业专家委员会，逐步建立完善绿色产业认定机制。

结合青藏高原实际，建立健全绿色发展指标体系，为绿色发展提供监测评价支撑。既坚持生态保护的高标准，又注重区域内部差异，从资源利用、环境治理、环境质量、生态保护、增长质量、绿色生活和公众满意程度方面制定绿色发展指标体系，主要包括主要资源产出率、主要废弃物循环利用率、万元地区生产总值能耗下降、资源循环利用产业总产值、主要污染物和碳排放总量、环境污染治理总投资占 GDP 的比例等与绿色发展有重要关系的指标。

（四）建设绿色产业园区，发展循环产业基地

推动建设一批定位鲜明、产业关联、特色突出、优势互补的绿色产业园区，培育绿色产业集群，形成若干绿色产业发展集聚区。提高清洁能源在园区能源结构中的比例，推广应用节能新产品、新技术、新设备和新材料，促进科技、人才资源和金融资本向园区集聚，建立产学研相结合的绿色产业创新体系，建设具备技术创新、科技示范、产业孵化、信息交流功能的绿色产业园区。发挥新兴产业引领作用，培育新能源、新材料、新业态、特色生物、现代服务等战略性新兴产业集群。

以柴达木盆地为重点，加快柴达木循环经济试验区、西宁经济技术开发区、藏青工业园等园区的循环化改造，实行循环经济发展模式，强化基地资源综合开发利用能力，延伸盐湖化工等传统基础原材料产业链，大力研发推广余热余压回收、水循环利用、废渣资源化、脱硫脱硝除尘等新工艺及新技术，大幅降低能耗、物耗和水耗，实现矿产资源综合利用、工业固体废弃物综合利用、热能及废气回收利用，形成科技创新驱动发展、基地产业上下游对接、废弃物综合利用的循环发展格局。

三、通过城乡融合，走青藏高原城乡人口合理流动的宿镇牧乡型城镇化之路

青藏高原土地面积大，人口总量小，居住很分散，人口密度较低，西藏重点生态功能区和禁止开发区分别占全区总面积的 67.8% 和 37.6%，在这样一片分散的国土上推进以农牧民为核心的主动型城镇化，就需要宜聚则聚、宜散则散、适度集聚、适度规模、聚散结合，突出国省干线节点城镇和特色小城镇等城镇化发展的重点区域，将高海拔地区、高山峡谷生存条件艰苦区和地质灾害频发区的农牧民疏散到人口承载能力强的河谷城镇地区。在疏解集聚过程中，既要充分尊重农牧民意愿，又要统筹考虑农牧民生活习惯、城镇综合承载能力，积极稳妥推进农牧区人口向小城镇适度聚集，增强农牧民非农就业能力，让进入小城镇的农牧民留得住、回得去、过得好，逐步融入城镇，公平享受社会公共服务。建立有效的人口集聚机制，因地制宜，营造合理有序、具有区域特色的人口集聚环境，对推动和促进高原城镇化与生态环境相协调、实现青藏高原可持续发展有着至关重要的作用。

（一）有序推进农牧业人口镇民化

积极探索跨行政区域自愿搬迁农牧民落户政策，落实易地搬迁新出生人口在迁入地落户，保障搬迁农牧民同等享受当地居民权利。建立农牧民创新创业扶持基金，鼓励西藏、青海籍大学生毕业后在城镇创业，将城镇打造成为就业基地和创业乐园，以创新带动创业，以创业带动就业，以就业拉动城镇化质量的提升。对牧民进城兴办第二、第三产业给予一定的优惠政策。探索城镇建设用地增加规模和吸纳农牧业转移人口落户数量的挂钩机制。适度增加集约利用程度高、发展潜力大、吸纳人口多的城镇建设用地供给，积极稳妥推进农村土地使用制度改革，积极推进农牧区土地草场确权登记和颁证工作。

（1）实现以小城镇为主导的农牧民镇民化，而非市民化。与内地广泛推行的城市化过程相比，青藏高原不宜大规模提出城市化和市民化，将更多的农牧民集聚到西宁、拉萨等城市里，而是要结合青藏高原地广人稀的特点和守土固边的历史使命，更多地引导农牧民就近集聚到附近的小城镇里，把青藏高原小城镇作为就近就地镇民化的主要主体，把改善小城镇的基础设施和公共服务设施作为青藏高原新型城镇化的重中之重，把城市和县城的基础设施与公共服务设施延伸到小城镇里，逐步拓展到农牧区。这就是青藏高原独特的农牧民镇民化过程（方创琳，2022）。

（2）推进以农牧民社区建设为主导的渐进城镇化，以标准化农牧民社区拉动人口集聚。一方面，对于就近集中到小城镇里的农牧民，建议修建标准化的农牧民定居点，即花园式农牧民社区，实现农牧民小区社区化；另一方面，可在条件较好的乡下地区集中建设农牧民社区，对分散的农牧民定居点合并改造，扩大农牧民社区规模，实现"牧区养殖，社区加工"的经营模式，多渠道增加就业岗位。按照新社区建设标准，加快推进以确保农牧民增收和民生改善为主目标的城镇化，有序推进农牧业人口镇民化和社区化。这种模式

可做到农牧民不进城仍然可以享受到城市市民的各种待遇，没有必要将所有的农牧民赶进城里，农牧民仍为农业人口，分散定居点变为集中标准化社区，是农村到农村、农民到农民的过程，既做农牧民有土地经营和草场放牧，又做镇民或社员，这样既保证农牧民土地经营权和草场放牧权不受损失，又让农牧民享受城镇化成果。同时，做好农牧民进入小城镇或农牧民社区后的就业、就学、就医、居住等各项保障工作。鼓励城市工业、社会资金向小城镇和农牧民社区延伸，投向农畜产品加工业、农用资料生产业等城乡关联产业，为农牧民创造更多的就业机会。

（3）推进渐进城镇化的自主模式，尝试以股份制合作将农牧民变为股民。在青藏高原城镇化过程中，一定要吸取内地被动城镇化的教训，按照主动城镇化的思路，遵循"尊重农民意愿，和谐稳定第一"的原则，实行"以农民为主导、自我决策、自己评估、自主建设、自愿集资、自治管理"的自主城镇化发展模式，同时按照"统一规划、统一筹资、统一建设、统一管理"的建设原则，建设农牧民新社区。这种自主城镇化模式充分尊重民意，让农牧民自己做决策；充分发扬民主，让农牧民自己评估拆迁；充分汇聚民资，让农牧民自己建设；充分保障民利，让农牧民自己得实惠。在自主城镇化进程中，鼓励农牧民通过股份制合作、土地草场合作、信用合作和劳务技术合作等多种形式，探索"公司+基地+农户"的合作模式，建设农牧民社区，鼓励农村土地、草场以出让、转让、租赁、入股形式向专业大户、专业牧场、农牧民合作社、农牧业企业流转，发展各种形式的农牧业规模经营。将农牧民的承包地或草场以入股的方式整合，并对草原、林地、水面和废弃地等一次性作价，由股份合作公司统一经营管理，以股份制的方式经营农牧民社区，共建共享城市各种基础设施和公共服务设施，将部分农牧民转变为股民，社区居民不仅能够获得土地入股的股金，还可以到公司打工，增加收入，实现双赢（方创琳和李广东，2015）。

（二）牧在乡里，住在镇里，就近落户，就地就业

推进青藏高原农牧区新型城镇化的最佳途径就是在小城镇建牧民集中社区住家，乡下办牧场，即把家安在小城镇里，老人、小孩等住在城镇里，青壮年在乡下放牧或者雇人放牧。通过这种过渡办法，由农牧民到城镇居民，经过若干年完全脱离畜业，转入第二、第三产业，剩下的一部分牧户变成规模较大的家庭牧场，这应是青藏高原绿色城镇化的发展目标。早在"九五"期间，甘肃阿克塞、肃北相当一部分牧民紧紧抓住县城搬迁机遇，雇人放牧，自己在城里从事第二、第三产业，政府出台优惠政策，积极引导牧区人口向县城聚集，在县城修建了标准化牧民定居点——民族村、牧民新村和花园式牧民小区。这些成功经验值得借鉴。

（三）实施有选择的生态移民政策

生态环境是一个地区赖以发展的最基本的条件，生态环境的可持续性是实现青藏高原经济增长的前提条件。只有具备良好的生态环境，才能够在此基础上进行一系列的建设和发展。对生活在缺土地、缺粮食、缺水缺电、缺通信、缺科教、缺医疗的、自然条件恶劣、自然灾害频发的民众来讲，他们为了生存，只能不断向大自然索取，导致生态条件越

来越差，生计资源逐年枯竭，自然灾害接连不断。因此，要从根本上解决问题，改变其生产、生活方式，采取退人还山、生态移民、保护无人生态区是造福子孙后代的长远之计，事实证明，只有把生态移民与"退耕还林""退牧还草"有机结合起来，才能降低生态保护的成本。将这些在基本不具备人类生产生活条件的零星村寨居住的人口迁移到沿江（江河沿岸）、沿路（公路）、沿坝（自然条件较好的坝区）三沿地区，建立生态移民新区。因地制宜，统筹规划，试点示范，稳步推进，实现迁得出、稳得住，让生态移民得利受益，让迁出地重返绿色，让濒危或灭绝的野生动植物重返生机，让迁移民众生活富足。

（四）建立健全城乡融合发展体制机制

消除城乡二元结构，推进城乡融合发展是现阶段城镇化推进过程中遇到的难题之一（方创琳，2014）。鉴于青藏高原特殊的自然环境，社会经济发展滞后，城乡收入差距大，很多城镇远离中心城市，且大部分相距上千千米，若一味效仿内地实行的城乡一体化模式，可能会适得其反，难以达到预期效果。根据经济社会发展中存在的矛盾和困难，青藏高原城乡融合发展的目标就是要以推进城镇化进程为重点，建立整体协调、层次合理的城乡空间，构建资源集约型、环境友好型、富有高原特色的城乡经济社会融合新格局，打造富有持续发展能力的现代城乡。建设过程中应全面把握城乡融合发展的内涵，紧密结合青海省情和西藏区情，坚持加快推进城镇化与乡村振兴并举，推进建设城乡融合发展的系统工程，包括游牧民定居工程、城镇居民安居工程、农民聚居工程、城乡教育资源再配置工程、城乡医疗卫生全覆盖工程、城乡文化生活新繁荣工程、城乡社会保障有依靠工程、城乡交通干线畅通工程、乡村公路通达工程、城乡净水工程、城乡清水工程、城乡电力保障工程、城乡通信覆盖工程、城乡新能源普及工程、城乡高原生态植被恢复工程、大美青藏旅游观光工程、城乡综合防灾整治工程等。

四、通过纵横结合，构建青藏高原生态补偿长效机制，走生态城镇化之路

青藏高原生态屏障是我国"两屏三带"生态安全战略格局的重要组成部分、"亚洲水塔"以及长江、黄河和澜沧江的源头，对构建长江经济带"共抓大保护"格局和实现黄河生态经济带的协同保护具有重要意义。构建青藏高原生态补偿机制有助于筑牢青藏高原国家生态安全屏障，是撬动长江和黄河流域生态保护、缓解环境与经济发展矛盾的重要手段，对深化生态文明机制体制改革具有重要意义，也可以为全球生态文明建设贡献中国智慧和力量。

（一）青藏高原生态补偿机制构建中亟待解决的问题

（1）青藏高原"绿水青山"向"金山银山"转化缺乏可行路径。将青藏高原的"绿水青山"向"金山银山"转化在本质上就是在护美"绿水青山"的基础上，通过经济生态化、生态经济化的过程，不断完善转化机制，将青藏高原的生态资源转化为生态资产。

但在当前的经济决策过程中，由于缺乏协调"绿水青山"与"金山银山"的综合机制，在资源环境产权不清晰、价值被低估的同时，生态环保要求难以融入生产、流通、分配、消费等全过程和各领域，生态补偿无法真正实施，进而使许多地方和部门在处理环境与经济发展关系方面仍存在偏差。

（2）青藏高原现行生态补偿机制零散、补偿资金来源单一、亟待顶层设计。2008～2017 年，仅青海、西藏重点生态功能区转移支付资金已达 246 亿元，补助范围涉及 77 个县域和全部国家级禁止开发区，生态补偿取得了初步的效果。但在补偿实践中还存在补偿资金来源单一、利益相关方不太明确、补偿标准以及补偿破体系碎化等问题，从而导致资金投入与生态改善效果并不完全匹配。亟待国家层面整合多源资金、多种手段和多元机制，构建综合性的生态补偿体系。

（3）大流域上下游补偿关系复杂，区域协调难度大。青藏高原生态资产直接的受益者是长江和黄河等大河大江的中下游区域。将源头区域的西藏、青海纳入生态补偿范畴，是实现大流域补偿的基础。但在"共抓大保护、不搞大开发"的背景下，目前并未构建起生态补偿的区域协调机制。加之上下游补偿关系复杂，协调上下游、左右岸各方利益关系的难度大，进一步导致生态补偿的长效机制迟迟无法建立。

（二）构建纵横结合的高原生态补偿长效机制，设立高原生态补偿专项基金

建议在现有中央转移支付的纵向补偿机制的基础上，有序推进建立长江和黄河流域地区间横向生态保护补偿机制，实现对青藏高原"绿水青山"的长期补偿和保护。鼓励青藏高原生态功能直接受益地区与源头地区、流域下游与上游通过资金补偿、对口协作、产业转移、人才培训、共建园区等方式构建横向生态保护补偿关系。将纵向的利益补偿机制和横向的利益补偿机制相结合，政府力量和市场力量并用。探索建立多元化补偿机制，统筹建立青藏高原生态补偿专项基金，完善生态保护成效与资金分配挂钩的激励约束机制。

按照"谁受益谁补偿"的原则，以长江和黄河流域为试验区探索上中下游开发地区、受益地区与生态保护地区横向生态保护补偿机制试点。根据跨界生态环境状况制定补偿标准，促进地方政府落实行政区域生态环境保护责任，对因加强生态保护付出发展代价的地区实施补偿。同时推进一体化保护与发展，建立流域补偿联席会议制度，开展共同检测、联合执法和联合整治等工作。有序推进水权、排污权交易，推行环境污染第三方治理。推进省际环境信息共享。

（三）实施生态补偿后效评估和动态监测制度

实施生态补偿后，后效评估要进一步加强，建议强化对生态补偿效果的动态监测、评估和应对能力建设。健全生态保护补偿绩效考核评价机制，加大绩效评价结果的运用。加强森林、草原、湿地、水流、耕地等生态监测能力建设，完善水土保持、水文水资源监测站网络布局，加强草原生态监测能力建设，全面开展耕地环境污染监测。完善重点生态功能区、重要江河湖泊水功能区监控点位布局和自动监测网络，制定和完善监测评估指标体系。建立生态保护补偿统计指标体系和信息发布制度，加强生态保护补偿效益评估。

五、保护特色文化，建设特色文化小镇走文化传承型城镇化之路

青藏高原依托于雪域高原独特的自然条件与生存环境，造就了以藏文化为主体的多民族交叉融合的青藏文化体系，形成诸如门巴、象雄、格萨尔、昆仑、珞巴、纳西、僜人、夏尔巴等历史悠久、特色鲜明、内容丰富的多元文化，这些独特的文化是中华文化体系中的瑰宝，是维护祖国统一加强民族团结的重要着力点，是民族发展延续的根基，也是青藏高原未来新型城镇化与乡村振兴的灵魂。实地调研认为，青藏高原具有非常厚重的地域特色文化，但由于人类活动的影响，导致特色文化正面临失传问题，亟须采取抢救性措施，建立和保护文化传承地。

（一）青藏高原特色文化保护与传承中存在的主要问题

调研发现，旅游、投资、易地扶贫搬迁和生态移民工程构成青藏高原人口城镇化的主要驱动力。人口城镇化有效推动了青藏高原地区的城镇化进程，但也给特色文化资源的保护、开发与利用带来实质性问题。一是"一刀切"的生态移民导致特色文化濒危流失，亟待保护。据第六次全国人口普查数据，青藏高原海拔 4700m 以上纳入易地搬迁和生态移民工程的区域面积约 115 万 km^2，占高原总面积的 45%，而其中生存的藏、门巴、珞巴、纳西等多民族人口约占高原总人口的 26.5%，致使相应的民族文化处于濒危状态。二是青藏高原城乡规划与建设对特色文化重视不够，削弱保护与传承力度。三是青藏高原旅游发展忽视民族文化传播，民族文化旅游景点或项目在规划和经营上重点强调外在包装、经营业绩和旅游产品，失去了许多原汁原味的民族文化元素。四是文化保护与传承载体及文化传承人才严重缺失。目前，西藏自治区级非物质文化遗产名录项目共 323 项，而同级非物质文化遗产项目代表性传承人只有 221 人；纳入青海非遗代表作名录的项目累计 253 项，同级非物质文化遗产项目代表性传承人只有 198 人，非遗传承人的数量远小于非遗项目数量，所面临失传风险的概率增大。

（二）保护和传承青藏高原特色文化、建设特色文化小镇

（1）编制青藏高原特色文化保护与传承清单，抢救性地建立一批各具特色的高原文化保护传承基地。以中央第六次西藏工作座谈会"建设重要的中华民族特色文化保护地"战略部署为契机，分层分级分类汇总与梳理青藏高原特色文化体系，构建高原特色文化体系综合时空数据库，建立高原特色文化保护与传承评估指标体系，依据特色文化保护与传承的紧迫程度确立高原特色文化保护与传承清单，分区域、分阶段、分类型建立一批濒危传统文化保护基地，如普兰县象雄文化保护基地、互助县撒哈族文化传承基地、拉卜楞寺藏医药传承基地、塔尔寺酥油花艺术传承基地等，形成青藏高原濒危传统文化保护基地群。

（2）加快编制青藏高原特色文化保护传承规划，建立青藏高原古丝绸之路文化传承带。中华民族特色文化保护地的建设必须将新型城镇化与民族特色文化保护与传承深度融合，实施"民族特色文化渗透的青藏高原新型城镇化"发展路径。以青藏高原现有城镇体

系为基础，选取茶马古道、唐蕃古道和古丝绸之路上的芒康、昌都、玉树、拉孜等作为民族特色文化核心节点，编制特色文化保护传承规划，有选择性地建设一批青藏高原中华文化名镇名村名街，构建与拉萨城市圈、兰西城市群和边境城镇带相融合的"青藏高原唐蕃-茶马-古丝绸之路文化带"。在此基础上，建立青藏高原特色文化保护与传承体检评估机制，分区域、分阶段对核心城市和重点城镇的特色文化保护与传承工作进行体验与评估。

（3）因类因地制宜地建设一批青藏高原特色文化产业集聚区。依据青藏高原不同区域独特丰富的文化资源禀赋，构建一批具有一定规模的特色文化产业集聚区，挖掘文化内涵，聚焦优势，整合资源，积极破除"散""小""同质化"壁垒，打造青藏高原文化产品和品牌，做大做强核心产业，加快新兴文化业态，延伸产业链和供应链，创新文化传播内容和方式，将文化资源的文化价值转换为文化产业的经济价值和社会价值，大力发展以互联网为基础的网络文化、动漫文化、新媒体文化，扶持一批高科技、高成长性的企业，实现高原特色文化的创造性发展和创新性转化。

（4）实施青藏高原文化保护和传承的抢救性人才工程。青藏高原民族特色文化传承人的意义在于培固民族文化之根、弘扬民族精神之魂。借助新时期文化援藏的重大机遇，成立青藏高原文化传承中心，实施抢救性文化保护与传承的人才工程，重点资助面向高原民族特色文化经典研究、文化传承培训、文化经典保护筹款、经典翻译等的人才项目，切实推动高原特色文化体系的永续保护与传承。

六、统筹流域治理，把青藏高原的青海纳入长江经济带"共抓大保护，不搞大开发"范畴

按照习近平总书记提出的"共抓大保护，不搞大开发"的战略总方针推动长江经济带高质量发展，是建设生态文明、关系人民福祉和民族未来的长远大计，是实现我国"两个一百年"奋斗目标和中华民族伟大复兴中国梦的战略选择。但位于长江源头、地处青藏高原生态安全屏障的青海未纳入长江经济带建设的范畴，直接影响着长江经济带一体化高质量绿色发展的成败，建议从国家安全战略高度，调整长江经济带的范围，把青海纳入长江经济带"共抓大保护，不搞大开发"范畴，调整《长江经济带发展规划纲要》，制定相关政策，保障长江上游地区的青藏高原实现高质量绿色发展。

（一）把青海纳入长江经济带"共抓大保护，不搞大开发"的理由

（1）青海是长江源头和长江经济带的源头，是长江经济带的有机组成部分。长江发源于青海唐古拉山脉各拉丹冬雪山西南侧，长江源头主要有沱沱河、当曲和楚玛尔河三支，全长6380km，其中位于青海内的长江干流沱沱河和通大河全长1180km，占长江干流总长度的18.5%。从自然地理角度分析，长江干流流经青海、西藏、四川、云南、重庆、湖北、湖南、江西、安徽、江苏、上海11个省（自治区、直辖市）。在长江干流上、中、下游地区的划分中，青海属于长江上游地区的重要组成部分，在中国综合自然区划中，长江

流域分属华中区、西南区和青藏区，其中青藏区就是青藏高原中部和东部的青海。千百年来，从青藏高原到太平洋，滚滚向东的长江水，涵养着沿江生态，养育着亿万百姓。长江经济带建设以长江源头为发起点，以长江干流为支撑，长江经济带共抓大保护的前提就是优先协调好长江上、中、下游地区水资源开发利用与生态环境保护的关系，实现长江上中下游流域经济发展一体化。"君住长江头，我住长江尾。日日思君不见君，共饮长江水"的诗句体现长江上、下游理应共进退，一损俱损，一荣俱荣。但目前没有把长江上游的青海纳入长江经济带共抓大保护的范畴。

（2）青海是长江经济带上游地区青藏高原的重要生态屏障。2016年8月23日习近平总书记在青海考察时强调，"青海最大的价值在生态、最大的责任在生态、最大的潜力也在生态"，"青海生态地位重要而特殊，必须担负起保护三江源、保护'中华水塔'的重大责任"。在国家主体功能区规划中，青海是青藏高原生态安全屏障的核心区，若不把青海纳入长江经济带共抓大保护的范畴，推动绿色发展，将不利于进一步筑牢青藏高原生态安全屏障。

（3）长江经济带发展总方针发生战略转变需要调整共抓大保护的范围。2014年国务院曾以国发〔2014〕39号文件下发了《国务院关于依托黄金水道推动长江经济带发展的指导意见》，提出以开放提升竞争力，依托黄金水道推动长江经济带发展，打造中国经济新支撑带。由于强调东西双向开放，将不再把长江流域的云南、贵州纳入长江经济带范畴。时隔两年之后的2016年3月，随着长江流域开发与保护的矛盾日益尖锐，由中共中央审议通过的《长江经济带发展规划纲要》明确提出，长江经济带发展的战略定位转变为坚持生态优先、绿色发展，共抓大保护，不搞大开发。长江经济带发展总方针由"打造中国经济新支撑带"转变为"共抓大保护，不搞大开发"，给青海保护好长江上游地区生态安全带来了历史机遇，赋予了历史重任，但青海不在"共抓大保护，不搞大开发"的范围。长江经济带建设的战略方针调整，其空间范围也需要做出相应调整。

（二）把青海纳入长江经济带"共抓大保护，不搞大开发"范畴的建议

（1）尊重长江流域形成的自然规律，调整长江经济带的空间范围，把青海纳入长江经济带"共抓大保护，不搞大开发"的范畴。长江经济带是依托长江流域建设的绿色生态经济带，首先是一个流域概念，其次是一个区域概念，长江经济带空间范围确定的第一依据首先应尊重长江流域形成的自然规律，优先选择把长江干流上、中、下游省（自治区）纳入长江经济带高质量发展范围。建议调整长江经济带的空间范围，把地处长江上游的青海纳入长江经济带"共抓大保护，不搞大开发"的范畴，制定相应的产业准入负面清单和区域发展负面清单，把生态保护摆在突出重要地位，突出保护好青海作为长江源头、"亚洲水塔"和国家生态安全屏障的生态价值。

（2）树立长江经济带流域发展一体化和"一盘棋"思想，把青海纳入《长江经济带发展规划纲要》和《长江经济带国土空间规划》。为了以长江流域一体化发展为主线，统筹长江流域上、中、下游地区的错位分工和协调发展，协调上、中、下游不同生态承载力和肩负的不同生态功能，形成合理的生态、经济分工协作、有效共赢的生态责任分担和利

益共享机制，建议把青海纳入《长江经济带发展规划纲要》，纳入《长江经济带国土空间规划》中去，真正体现习近平总书记强调的长江经济带发展的"一盘棋"战略思想，实现长江经济带"生态更优美，交通更顺畅，经济更协调，市场更统一，机制更科学"的目标。

（3）创新长江流域上下游横向生态补偿机制，建立长江经济带生态补偿基金。将长江上游的青海纳入长江经济带"共抓大保护、不搞大开发"的范畴之后，以提高长江中上游生态屏障地区生态功能为抓手，加大对这些地区的生态补偿力度。以生态补偿倒逼产业转型，培育生态化、多元化的优势特色产业；以实施生态补偿为契机，建立长江经济带生态补偿大数据平台，创新长江经济带流域上下游横向生态补偿的长效机制，形成全流域、多方位的生态补偿体系。探索构建长江经济带生态补偿基金，形成政府主导、企业和社会各界参与、市场化运作、可持续的生态补偿投融资机制，不断强化共抓大保护的协同性。努力把长江经济带建成美丽中国建设的样板带和高质量发展的绿色经济带。

七、集聚边境人口，构建固边型村镇体系走守土固边型城镇化之路

（一）引导人口向青藏高原边境地区集聚的可行性及国家安全需求

（1）低海拔地区良好的资源环境承载力和不断提升的交通可达性有利于边境人口集聚。青藏高原边境地区拥有喜马拉雅五条沟、藏东南"西藏江南"等海拔相对较低地区，这些区域是青藏高原难得的水资源充沛、气候温润、农林资源丰富的生态宜居地带。以前由于交通不畅，许多沟谷地区难以到达，城镇化速度较慢。随着边境地区路网拓展、路面硬化等工程实施，这些低海拔地区的交通可达性明显提升，甚至发展成为通往边境口岸走廊要道，有利于促进人口集聚。

（2）南亚广阔的市场腹地和与日增长的跨境交流有利于边境地区转型发展。南亚人口稠密、经济崛起活力强、市场腹地广阔，有利于推进农牧为主的经济结构向边贸、物流、旅游等多元开放性经济结构升级，必将带来丰富的非农就业机会，有利于推动边境地区城镇化发展。

（3）内地长期的对口支援和日益频繁的合作往来有利于边境地区巩固脱贫成果。边境地区是巩固脱贫成果的重点攻坚地区，青藏高原边境地区本身具有良好的农林牧产业基础、旅游资源和国际商贸物流区位，通过与内地的产业合作、劳务协作、人才支援和资金支持，有利于为边境地区发展提速，帮助边境地区巩固脱贫成果，共享现代化发展成果。

（二）推进青藏高原边境地区人口适度集聚，构建固边型村镇体系

（1）建设固边戍边的特色镇村，引导外来人口向边境地区集聚。系统开展青藏高原边境地区资源环境承载力评估，遴选地质条件良好、人居环境适宜的地区，作为固边镇村发展用地；大力推进口岸型特色小镇建设，通过边境贸易吸引外地人在边境镇从业生活，包括吉隆镇、普兰镇、帕里镇、陈塘镇、亚热乡、下亚东乡等，加快樟木口岸的恢复重建和

樟木镇的重新开放；鼓励西藏高海拔移民向边境地区迁居，建设移民特色村镇，保障移民安居乐业。

（2）拓宽边境地区生计模式，引导本地户籍人口常住和回流固边。通过与内地对口支援地区合作，发展旅游、边贸、特色农牧业等多元生计模式，增加非农产业就业机会，不鼓励大规模拆村并点工程，分散式村落亦有利于边境地区"处处有人、常常有人"。

（3）大力发展青藏高原边境生态旅游，确保边境地区适量的旅游活动人口固边。依托边境地区低海拔、相对富氧优势以及山林沟谷资源，推进吉隆沟、亚东沟、陈塘沟、墨脱、札达等边境旅游资源开发，高标准、高品质打造高原边境生态旅游目的地；充分挖掘边境地区特色，打造边境地区旅游型特色小镇，扶持本地人口的旅游从业，如夏尔巴尔聚居区陈塘镇、多民族聚居区察瓦龙乡等；建立边境游客监测和应急管理系统，在正常边防检查控制下吸引游客常来常往，在边境紧张等时期及时管控游客。

（4）优化升级边境交通，构建固边的"梳状"镇村体系。一是沿沟谷、古道等构建"口岸（边境岗哨）—边贸镇（乡）—边境县城"梳齿纵轴，连通边境前沿的边贸中心与内陆腹地的行政中心，形成功能互补的边防走廊；二是沿国道318、国道219等构建与边境线平行的梳柄横轴，作为每条梳齿纵轴的内陆腹地连接线，连通拉萨市、日喀则市、山南市、林芝市等后方中枢；三是以边境口岸、边贸城镇等为基点，建立横向乡村通道，保障边境前沿的国防巡逻和生态保护巡逻，填补梳齿纵轴间的空白地带。

（5）建立边境地区人才帮扶机制，积极培育本地技术人才。充分发挥内地与西藏对口支援的平台，建立远程协作平台，重点推进医疗、教育、农林科技、边贸管理等领域的知识学习和技术帮扶；针对自身技术短板和特色需求，定向培养本地人才，制定优惠政策吸引本地在外毕业生回乡工作，加强重视本地老匠人、老艺人、老学者的技能传播；建立城镇村知识传播网络，组织各村镇的农林科技、森林防护、边境管理等专业人才培训，通过专业人员向老百姓传播知识提升边境地区老百姓的文化水平和专业技能。

八、坚持生态优先，率先建设符合青藏高原特点的绿色城镇化与绿色现代化示范区

（一）率先建设绿色城镇化与绿色现代化示范区的战略意义

（1）建设绿色现代化示范区是落实党的二十大报告提出建设中国式现代化的战略举措。党的十九大报告开启了全面建设社会主义现代化国家的新征程，提出到2035年基本实现社会主义现代化，到本世纪中叶把我国建成富强民主文明和谐美丽的社会主义现代化强国。党的二十大报告明确提出建设中国式现代化。中国式现代化建设在不同地区需要不同路径，其中绿色现代化路径就成为青藏高原实现基本现代化的必然选项。

（2）建设绿色现代化示范区是夯实青藏高原国家安全屏障和国家生态安全屏障的紧迫需要。对进一步建设国家重要的安全屏障、重要的生态安全屏障、重要的战略资源储备基地、重要的高原特色农产品基地、重要的中华民族特色文化保护地和重要的世界旅游目的

地的"两屏四基地"具有十分重要的战略意义（葛全胜等，2015）。

（3）建设绿色现代化示范区可为全国同类地区走绿色现代化之路提供成功样板。在青藏高原地区建设绿色现代化示范区，就是要最大限度地发挥青藏高原生态资本优势，彰显生态系统服务价值，提供宝贵的生态产品，推动欠发达地区由传统粗放的生产方式转为绿色低碳的生产方式，由黑色发展的路径依赖转变为绿色发展的战略转型，探索出一条绿色跨越的现代化发展模式，走出一条生态建设与经济发展的双赢之路，为全国同类地区走绿色现代化之路提供成功样板范例。

（二）构建绿色城镇体系，创建青藏高原"五位一体"绿色现代化示范区

在青藏高原地区推行绿色城镇化，建设绿色现代化示范区，就是要绕过先污染后治理的重工业化传统发展路径，依托生态优势和生态资源，大发展绿色产业，构建绿色产业体系，探索出一条既能保护好生态环境、又能实现繁荣富强的双赢之路。

（1）创建"五位一体"的青藏高原绿色现代化示范区。依据青藏高原特殊的区位条件、生态本底、资源禀赋和经济发展基础，大力践行"绿水青山就是金山银山，保护生态环境就是保护生产力，改善生态环境就是发展生产力"的理念，创建包括绿色农业现代化示范区、绿色工矿业现代化示范区、绿色旅游业现代化示范区、绿色科技现代化示范区、绿色能源现代化示范区共5类构成的"五位一体"绿色现代化示范区，举生态旗，打绿色牌，走特色路，将青藏高原建设成世界级绿色现代化示范区。

（2）构建"五维一体"的绿色发展支撑体系。围绕绿色现代化示范区建设，以绿色、高端、智能为目标，构建包括绿色生态支撑体系、绿色产业支撑体系、绿色能源支撑体系、绿色城镇支撑体系和绿色服务支撑体系共5个维度在内的绿色发展支撑体系，优化绿色产业发展的总体布局，加大绿色科技引进转化力度，按照"传统产业生态化、特色产业规模化、新兴产业高端化、产业发展绿色化"思路，大力发展大生态、大旅游、大数据、大健康和新能源、新技术、高端制造产业，延伸绿色产业链，坚持生态链–产业链–创新链–技术链–资本链五链联动，构建资源节约型、环境友好型、安全生产型绿色产业体系，最终将青藏高原建成国家绿色现代化示范区。

（三）制定青藏高原绿色城镇化与绿色现代化建设路线图

把绿色现代化示范区试点纳入青藏高原可持续发展的重要任务，制定绿色现代化发展路线图。推进青藏高原绿色发展的新旧动能转换，培育绿色现代化建设的新动能和新模式，制定绿色现代化示范区试点建设总体规划，明确绿色现代化示范区的建设重点及分阶段建设目标，制定青藏高原绿色现代化发展路线图和时间表，确保到2035年同全国一道率先基本实现现代化。

（四）设立青藏高原绿色城镇化与绿色现代化示范区建设专项基金

按照中央拨款和青藏高原地区地方财政收入的一定比例，设立青藏高原绿色现代化示范区建设专项基金。借鉴发达国家经验，通过政府开征环境税、气候变化税等作为投资，

建立按企业模式运作的商业化基金，如英国的"碳基金""环境改善基金""绿色能源基金"等。通过征收碳排放税、燃油消费税等环境税收，用于发展生态友好型绿色产业和绿色发展支撑体系建设。将环境效益显著项目纳入绿色项目库，在全国性的资产交易中心挂牌融资。开展林业碳汇交易试点，探索构建森林、草原、湿地等生态修复工程参与碳汇交易的有效途径。开展重点区位商品林赎买、生态系统价值核算、生态产品价值实现等试点，探索可复制、可推广的绿色现代化新模式。

九、强化对口支援，进一步加强青藏高原城镇化发展的点对点结对制度

经过 20 多年对口支援的探索和实践，中央各部门、全国各省市对口支援青藏工作已经形成全方位、多层次、宽领域的对口支援格局，构建了可持续和长效合作的对口支援机制，对口支援有效助推了青藏高原城镇化建设和社会经济发展，培育了一批地方特色优势产业，为产业发展提供了支撑，为生态文明建设和可持续发展提供了资金、人才、科技和管理支撑（方创琳和李广东，2015）。

在推进新型城镇化的新形势下，建议进一步加强对口支援，筹措更多的资金和人才投入到青藏高原新型城镇化发展上来，依靠过去对口支援的基础，尝试推行青藏高原与内地新型城镇化发展的点对点结对制度，如北京市结对拉萨市、上海市结对日喀则市、天津市结对昌都市、广东城市结对林芝市、湖北城市结对山南市、浙江城市结对那曲市、河北城市结对阿里地区城镇，通过市对市、市对镇、镇对镇等点对点的对口结对、互帮互学、互促互进，在城镇基础设施建设、公共服务设施均等化、战略通道建设和能源保障等领域，在现代农牧业发展合作、优势特色产业合作、高原生态环境建设合作、民生保障合作、农牧民镇民化成本分担合作等方面开展援助，注入新活力，共同推动青藏高原新型城镇化扎实推进，稳见成效。

主要参考文献

方创琳. 2022. 青藏高原城镇化发展的特殊思路与绿色发展路径. 地理学报，77（8）：1907-1919.

方创琳. 2014. 中国新型城镇化发展报告. 北京：科学出版社.

方创琳，李广东. 2015. 西藏新型城镇化的特殊性及渐进模式与对策建议. 中国科学院院刊，30（3）：294-305.

葛全胜，方创琳，张宪洲. 2015. 西藏经济社会发展战略与创新对策. 中国科学院院刊，30（3）：286-293.